Theorie und Praxis der Schule

Oder:
Schulreform konkret – im Haus des Lebens und Lernens

von

Rainer Winkel

Schneider Verlag Hohengehren GmbH

Umschlaggestaltung: Wolfgang H. Ariwald, BDG, 59519 Möhnesee
nach einer Zeichnung von Larissa Winkel, die auch sämtliche Karikaturen anfertigte.

Gedruckt auf umweltfreundlichem Papier (chlor- und säurefrei hergestellt).

Den Lehrerinnen und Lehrern in unseren Schulen *in Respekt* –
dem treuen Gefährten und Nestor der Gruppenpädagogik
Ernst Meyer *in Freundschaft* –
und den Kindern dieser Welt *in Liebe* gewidmet

Die Deutsche Bibliothek – CIP-Einheitsaufnahme

Winkel, Rainer:
Theorie und Praxis der Schule oder: Schulreform konkret – im Haus des Lebens und Lernens / von Rainer Winkel. –
Baltmannsweiler : Schneider-Verl. Hohengehren, 1997
ISBN 3-87116-852-1

Printed in Germany – Druck: Wilhelm Jungmann Göppingen

Von den vielen Millionen Sätzen, die Pädagogen gesagt und geschrieben, bewiesen und bestritten, verlangt und verraten haben, sind – nach meinem Dafürhalten – die folgenden fünf die wichtigsten:

Ich nenne die Schule eine Menschen-Werkstatt (Hominum Officina) ..., in der alle das Ganze von Grund auf gelehrt werden soll (ubi Omnes, Omnia, Omnino, doceantur). Johann Amos Comenius: Große Didaktik, 1657, Kap. 11,1.

✻

Ich betrachte die folgenden beiden Grundsätze als untrennbar: (Gebt Kindern) immer genug und niemals zuviel (toujours assez et jamais trop)! Jean-Jacques Rousseau: Emile oder Über die Erziehung, 1762, 1. Buch, 17. Anm.

✻

Von allen Fehlern und Untugenden seiner Zöglinge muß der Erzieher den Grund in sich selbst suchen ... Meine Meinung ist gar nicht, daß der Grund von allen Fehlern und Untugenden seiner Zöglinge in dem Erzieher wirklich läge, sondern ich will nur, daß er ihn in sich suchen soll. Christian Gotthilf Salzmann: Ameisenbüchlein oder Anweisung zu einer vernünftigen Erziehung der Erzieher, 1806 (Symbolum).

✻

So steht der Erzieher vor zwei Kindern: dem zu erziehenden vor ihm und dem verdrängten in ihm. Siegfried Bernfeld: Sisyphos oder die Grenzen der Erziehung, Or. Leipzig-Wien-Zürich: Internationaler Psychoanalytischer Verlag 1925, S. 147; Neuausgabe: Frankfurt/M.: Suhrkamp Taschenbuch 1973, S. 141.

✻

Das wichtigste Curriculum des Lehrers ist seine Person. Hartmut von Hentig: Neue Sammlung, 1981, Seite 110.

Derjenige, dem diese fünf Gedanken einsichtig geworden sind, hat von Pädagogik mehr verstanden als ... Aber wie gesagt: Nach meinem Dafürhalten.

Inhaltsverzeichnis

Verzeichnis der Abbildungen

VOR DEM (SCHUL-)HAUS

„Nur auf dem Pfad der Nacht
erreicht man die Morgenröte.“
Khalil Gibran[1]

0. Moment mal oder: Ehe Sie mit der Tür ins Haus fallen oder gar nicht erst reinkommen

Hans Fallada, jener tragisch-umwitterte Schriftsteller und Interpret der „kleinen Leute", sagte einmal über seinen 1947 erschienenen Roman „Jeder stirbt für sich allein": „Das erste Kapitel ist wie die Tür zu einem Haus, steht man erst in der Tür, dann braucht man nur noch weiterzugehen."[2]

Nun, Sie liebe Leserin und lieber Leser, stehen noch nicht vor der ersten Tür zu diesem (Schul-)Haus bzw. vor dem I. Kapitel zu dieser (Schul-)Theorie und (Schul-)-Praxis, und deshalb ist ein Vorwort angemessen. Allerdings ist es eher eine Warnung just auf der Schwelle als eine Girlande über dem Türbalken – eine dreifache Warnung, damit Sie zwar eintreten, nicht aber mit der Tür ins Haus fallen ...

Zunächst möchte ich Sie vor *falschen Erwartungen* warnen: Dieses Buch ist kein Roman, keine Unterhaltung und kein bloßer Spaß – ein trockener Schinken hoffentlich auch nicht. Es geht um die Konstruktion einer recht anspruchsvollen Theorie sowie um die Verbesserung einer weitgehend leidigen Praxis, wobei Theorie und Praxis in einer noch zu kennzeichnenden Weise miteinander verbunden sind. Ich habe mich zwar um eine klare, eine nachvollziehbare, eine verständliche Sprache bemüht, kann aber nicht ausschließen, daß sich das eine oder andere Fremdwort erst im Zusammenhang erschließt oder manche Überlegungen erst im Gespräch mit anderen ihre Tiefendimensionen ausleuchten. Just um dieser Verständlichkeit willen finden Sie in diesem Buch drei Arten von Texten: Einmal den üblichen argumentativen Text des Vortragens von Gedanken; zum anderen kursiv gedruckte *Beispiele*, *Fallberichte* oder auch *Exkurse*, kleinere Ausflüge also in spezielle Gebiete sowie kleinere **Einschübe**, die immer dann präsentiert werden, wenn Denken und Sehen eine Erholung benötigen. Und schließlich gibt es **ÜBUNGEN** bzw. **ÜBUNGSAUFGABEN**, die fett gedruckt sind, zur Vertiefung einladen, Partner- und Gruppenarbeiten ermöglichen oder Diskussionen anregen wollen. Auch die zahlreichen Abbildungen bzw. Skizzen haben die Absicht, etwas zu veranschaulichen, was mit Worten allein nur mühsam zu erklären ist. Vor allem den in der Lehrerbildung tätigen Kolleginnen und Kollegen sollen diese Abbildungen dienlich sein, weshalb sie selbstverständlich reproduziert werden können – zum Beispiel auf Kopierfolien. Erwarten Sie also bitte ein zwar anspruchsvolles, aber hoffentlich auch verständlich geschriebenes Buch!

Sodann möchte ich Sie gern vor den *möglichen Konsequenzen* warnen: Dieses Buch will Sie nicht in Ruhe lassen, sondern über Anregungen aufregen. Wenn Sie nach der Lektüre bzw. nach der Durcharbeitung wieder in denselben Trott verfallen oder die alten Gedanken nur mit noch mehr Zement ummauern, dann hat die Allianz zwischen Autor und Leserschaft nicht gestimmt. Wer Neues hinzu-lernen will, muß manch Altes erst hinweg-lernen, ver-lieren, was in dem Verb lernen etymologisch verborgen ist: lernen geht auf das althochdeutsche Wort *lirnên* zurück: einer (neuen) Spur nachgehen, einen alten Weg aufgeben, Bekanntes ver-lieren, Neues gewinnen ... Erwarten Sie also bitte nicht nur eine Bestätigung Ihrer bisherigen Theorie und Ihrer gewohnten Praxis, sondern auch manche Zumutung, die Schule neu zu denken *und* neu zu machen!

Und schließlich möchte ich Sie vor *jedweder Ungeduld* warnen. Mit den kleinen Schritten kann man gewiß hier und heute beginnen. Aber eine lange Reise wird daraus erst in Jahren und Jahrzehnten. Was so lange gebraucht hat sich zu etablieren (wie die Schule), kann nicht von heute auf morgen verändert werden. Dazu ist, wie *Max Weber* (1919) sagte, „ein starkes langsames Bohren von harten Brettern mit Leidenschaft und Augenmaß zugleich“[3] erforderlich. Umgekehrt: Ohne die kleinen Bemühungen im Alltag bleiben die großen Visionen Utopien – im wörtlichen Sinn: Orte des Nirgendwo. Und daß auch die kleinen Schritte so ihre Tücken haben, findet sich in dem Aphorismus des polnischen Satirikers *Stanislaw Jerzy Lec* bestätigt, der einmal gesagt hat: „Am schwersten erklettert man Gipfel, die zehn Zentimeter hoch sind.“[4] Erwarten Sie also bitte von sich selbst die Bereitschaft, kühn in die Ferne zu schauen *und* scharf vor die eigenen Füße zu sehen!

*

Kein Buch entsteht ohne die Mithilfe anderer, denen ich danken möchte. Die Freunde und Gefährten wußten, daß ich ein mir vom Berliner Wissenschaftssenator gewährtes Forschungssemester 1995/96 ausnahmsweise mal nicht dazu nutzen würde, um selbst wieder Unterricht zu erteilen, sondern um dieses Buch hier zu schreiben, das ich gleichsam als „mein Hauptwerk“ ansehe. Alle bisherigen Vorarbeiten – so kommt es mir nachträglich vor – liefen darauf hinaus, die *Theorie und Praxis der Schule* zu konzipieren. Dafür, daß sie in Ruhe mich arbeiten ließen, keinen Vortrag erbettelten und keine Lehrerfortbildung, mit anderen Aufsätzen sich ebenso geduldeten wie mit nicht unwichtigen Gutachten – dafür danke ich.

1978 erschien die kleine Schrift „Schulpädagogik“ von *Jakob Muth*[5]. In einer Rezension schrieb ich damals (in: *betrifft: erziehung*, 8/1978, S. 75) über dieses *opusculum*: „*Die* ... systematisch gegliederte Schulpädagogik haben wir noch nicht – aber inmitten einer Fülle von unzulänglichen Entwürfen endlich einen gelungenen Versuch, die Substanz für eine noch zu entwickelnde Gesamtdarstellung schulpädagogischer Probleme zu präsentieren.“ Wer in die pädagogische Werkstatt *Muth*s hineinschauen durfte, wußte, daß er vorhatte, *die* "Theorie der Schule" zu schreiben. Sein Gesundheitszustand jedoch ließ dies von Jahr zu Jahr unwahrscheinlicher werden, und sein Tod (am 26.4.1993) hinterließ dieses Vermächtnis. In manchen Gesprächen, vor allem in seinen letzten Jahren, gab er mir zu verstehen, von wem er erwarte, daß er sich „dieser Müh' und Plag“ unterziehen möge. Für dieses Zu-Trauen, aber auch diese Zu-Mutung, danke ich ihm, der bis heute mein Lehrer geblieben ist!

Sodann sind die Kollegen zu nennen, ohne deren Arbeiten mein eigenes Schaffen ärmer wäre. Allen voran und doch stellvertretend nenne ich: *Peter Fauser, Hans-Jochen Gamm, Herbert Gudjons, Dagmar Hänsel, Hartmut von Hentig, Hans Gün-*

ther Homfeldt, *Werner Korthaase*, *Christine Lost*, *Ernst Meyer*, *Reinhold Miller* und *Hans-Günter Rolff*. Über die häufig unvollkommene, aber auch gelungene Praxis der Schule (und die Gründe, die dazu führen) habe ich enorm gelernt von: *Heide Bambach*, *Karl Gebauer*, *Wolfgang Harder*, *Hans-Josef Müller*, *Enja Riegel*, *Angelika Knubbertz*, *Peter Ortling*, *Ulrich Scheel*, *Susanne Thurn* und von jenen vielen, vielen Lehrerinnen und Lehrern, die mich nicht nur in „ihren“ Unterricht ließen, sondern auch gemeinsame Engagements herstellten.

Meinen Mitarbeitern *Katja Hanke*, *Alexis Kivi* und *Hans Peter Schöniger*, M. A., sei für viele Ratschläge, Ermutigungen und Hilfeleistungen ebenso herzlich gedankt wie den beiden Sekretärinnen: Frau *Brigitta Pöhler* und Frau *Christa Schubert*, die in souveräner Manier auch diesen Text erfaßte.

Und schließlich ist es mir ein Herzensbedürfnis, meiner Familie zu danken. Die Tochter *Larissa* fertigte die Karikaturen zum Bau des Hauses an; der Sohn *Aljoscha* lernte die schulische Praxis kennen; und meine Frau *Inge* war und ist die beste Gesprächspartnerin – seit vielen, vielen Jahren …

*

So, nun mögen Sie blättern, schauen, sich hineindenken und mit einer ersten Übung beginnen, ehe Sie das Kapitel I. aufschlagen, die Eingangstüre öffnen.

ÜBUNG 1 (allein oder mit anderen):

Nehmen Sie bitte eine Kugel aus Holz oder Styropor oder einen Ball und rollen Sie im Sitzen diese/n etwa drei Meter weit auf einen Gegenstand oder eine gleichfalls sitzende Person zu. Dann machen Sie dieselbe Übung mit der sog. Cusanus-Kugel, also einer Kugel, die eine Delle hat. Notfalls schneiden Sie ein Stück aus dem Styropor-Ball heraus:

$$\text{Von A} \xrightarrow[\text{nach}]{\bigcirc} \text{B} \,|\,|\, \text{Von A} \xrightarrow[\text{nach}]{\text{C}} \text{B.}$$

Danach diskutieren oder bedenken Sie bitte folgenden Satz, den *Hartmut von Hentig* **(1979) geschrieben hat: „Die Schritte können klein sein, wenn die Gedanken groß sind.“[6]**

Oder

ÜBUNG 2 (allein oder mit anderen):

Verdunkeln Sie bitte einen Raum oder verbinden Sie Ihre Augen und laufen Sie umher, ohne gegen andere oder jemanden zu stoßen. Dabei sollen Sie lautstark schimpfen. Nach zwei Minuten setzen Sie sich hin und messen bei sich oder einem anderen die Pulsfrequenz. Wenn Sie nach weiteren zwei Minuten zur Ruhe gekommen sind, zünden Sie bitte eine Kerze an und schauen eine Zeitlang in den heller werdenden Raum. Dann messen Sie abermals den Puls und bedenken still, also ohne zu reden, eine der drei folgenden Sentenzen:

„Es ist besser, eine Kerze anzuzünden, als die Dunkelheit zu verfluchen.“ Chinesisches Sprichwort

„Ich finde, es ist immer ein bißchen ein Alibi, wenn man meint, man könne alleine nichts bewirken.“ *Petra Kelly*[7]

„Ein Mensch soll nicht alles tun, sondern etwas.“ *Henry David Thoreau*[8]

*

Anmerkungen

1 *Khalil Gibran*: Lieder, die der Wind schrieb. Wuppertal: Hammer 1991, S. 3. Auch alle anderen Worte dieses 1883 im libanesischen Becharré geborenen und 1931 in New York verstorbenen Schriftstellers und Malers sind aus diesem Buch.

2 Zitiert in: *Zeitung des Berliner Schiller-Theaters*, 2/1980, S. 11, in dem Anfang 1981 eine Theaterfassung dieses Romans von *Peter Zadek* inszeniert wurde.

3 *Max Weber*: Politik als Beruf. (Or. 1919) Stuttgart: Reclam 1992, S. 82.

4 *Stanislaw Jerzy Lec*: Neue unfrisierte Gedanken. München: Hanser 10.1987, S. 46.

5 *Jakob Muth*: Schulpädagogik. Einführung in ihre aktuellen Fragestellungen. Essen: Neue Deutsche Schule 1978.

6 *Hartmut von Hentig*: Die Reform der Schule war nicht radikal genug. 2. Teil. In: betrifft: erziehung, 12 (11/1979), S. 30 – 37, zit. S. 37.

7 *Petra Kelly*: Mit dem Herzen denken. Texte für eine glaubwürdige Politik. München: C. H. Beck 1990, S. 267.

8 *Henry David Thoreau*: Über die Pflicht zum Ungehorsam gegen den Staat. (Or. 1849) Zürich: Diogenes 1973, S. 18.

IM PARTERRE

„Mit seinem Verstand
kann der Mensch nicht ergründen,
wovon der Regen kündet,
wenn er auf die Blätter der Bäume
oder auf die Fensterscheiben tropft.“
Khalil Gibran

I. Kapitel: Theorie, Praxis und Kunst oder: Was Huizinga mit einem Faß und was beide mit Breughel zu tun haben

ÜBUNG 3 (allein):

Bevor Sie dieses Kapitel lesen, nehmen Sie sich bitte ein paar Minuten Zeit und beantworten mit wenigen Worten drei Fragen:

1. Was ist eine THEORIE? ______________________________

____

2. Was ist die PRAXIS? ______________________________

____

3. Was verstehen Sie unter KUNST? ______________________________

____

Selbstverständlich können Sie Ihre Antworten auch auf gesonderte Blätter oder Kärtchen schreiben. Heben Sie diese aber bitte auf – am Ende dieses Kapitels sind sie noch einmal nötig.

*

Und nun wollen wir uns einer der wohl schwierigsten Fragen des menschlichen Daseins zuwenden, der Frage nämlich: Wie kommt der Mensch, wie kommen wir alle zu unseren Erkenntnissen, Einsichten, Theorien – zum Beispiel zu der hier vorgelegten *Theorie der Schule*? Was unterscheidet sie von der *Praxis* des Schulalltags? Und wenn *Alfred Andersch* eine literarische „Schulgeschichte" schreibt[1], eine einzige Griechischstunde darstellt, in der ein 14jähriger Untertertianer von dem allseits gefürchteten Oberstudiendirektor, genannt *Rex*, buchstäblich fertiggemacht wird, dann dürfen wir drittens fragen: Was kennzeichnet gegenüber der Theorie und der Praxis die *Kunst*?

Jeder Mensch kann drei verschiedene Seinsweisen bzw. Lebensführungen aktivieren: Er kann theoretisch, praktisch und künstlerisch tätig sein. In der *Theorie* nähert er sich der Wirklichkeit im Modus von Nachdenklichkeit; er will sie erforschen, erklären, verstehen. Deshalb ist er auf Beweise angewiesen. Solche Beweise können zum einen empirisch-statistisch sein, also letztlich in Zahlen sich ausdrücken. Wer nachweisen oder widerlegen will, daß blonde Schülerinnen bessere Mathematikzensuren erhalten als brünette, muß (1.) repräsentative Stichproben bilden, (2.) exakt die realiter erteilten Zensuren ermitteln, sie (3.) zu den jeweiligen Versuchs- und Kontrollgruppen in Beziehung setzen und (4.) sicherstellen, daß die Fehlermarge nicht zu groß ist und die Ergebnisse dadurch verzerrt werden, also zum Beispiel nicht zu viele Mädchen mit gefärbtem Haar in den Vergleichsgruppen waren. Zählen, messen und wiegen sind in diesem wissenschaftlichen Verfahren die basalen Operationen, die natürlich komplizierte Steigerungen erfahren (etwa: Mittelwerte, Korrelationen oder Signifikanzen berechnen). Der jeweilige Theoretiker stellt bestimmte Hypothesen auf und falsifiziert (widerlegt) oder verifiziert (bestätigt) sie. *Karl Popper* hat dieses Paradigma (Muster) zum zentralen Merkmal der Wissenschaft erklärt, denn der Theoretiker ist in der Tat auf das ihm gemäße Medium angewiesen, das der Wissenschaft nämlich, der Erkenntnissuche. *Popper* sprach von der „Falsifizierbarkeit des Wissens", die allein Erkenntnisfortschritte erlaube. Dies geht bis auf *Sokrates* zurück, dessen „Wissenschaftstheorie" in dem (richtig übersetzten) Satz gipfelt: Ich weiß nur das, was ich noch nicht weiß[2], mit anderen Worten: Exakt beweisen kann ich nur das, was ich widerlegt habe. Wenn ich nachgewiesen habe, daß 2 + 2 nicht 5 ist, heißt das noch nicht zwangsläufig, daß das Ergebnis 4 ist ... Nun gibt es aber Sachverhalte, die einen anderen methodischen Zugang erfordern. Wer – um im Beispiel zu bleiben – wissen will, ob oder was mittelalterliche Schulordnungen über Mädchen im allgemeinen und blonde sowie brünette Schülerinnen im besonderen gesagt haben, kann nicht eine Meinungsumfrage veranstalten, Testverfahren durchführen oder den Chi-Quadrat-Test zur Prüfung einer Nullhypothese anwenden. Er muß sich historisch-hermeneutischer Methoden bedienen, über deren Eigenart gleichfalls ganze Bibliotheken informieren ... Noch komplizierter wird es, wenn ein bestimmter Sachverhalt, eine Aussage, eine Norm oder auch eine ganze Theorie kritisch geprüft werden muß. Wer Aussagen darüber macht, was – beispielsweise – heute unter der „Bildung von jungen Menschen" zu verstehen sei, muß es sich gefallen lassen, einer systematischen, ideologiekritischen oder auch hermeneutischen (interpretierenden) Kritik unterzogen zu werden, mehr noch: Er selbst muß sich ideologiekritischer Methoden bedienen, wenn seine Sätze in sich widerspruchsfrei (immanent also) *und* von außen gesehen (also emanent) der kritischen Prüfung standhalten sollen ... Entscheidend ist nun, daß kein Methodendesign das andere ersetzen kann, keines prinzipiell den anderen überlegen ist, sondern die jeweilige Methode zu dem zu erforschenden Gegenstand „passen" muß, im Extremfall alle Methoden (*multiple approaches*) ihre partielle Anwendung finden. Nebenbei: Das II. Kapitel dieses Buches (S. 25 ff.), in dem die Genese der Schule nachgezeichnet und daraus wichtige allgemeine Erkenntnisse gezogen werden, muß sich historisch-systematischer Methoden bedienen, wohingegen der Abschnitt über die leidige Zensurengebung (S. 220 ff.) streng empirisch-statistisch vorzugehen hat. Festzuhalten bleibt: *Eine* Seinsweise menschlichen Lebens artikuliert sich in der intellektuellen, theoretischen Vorgehensweise; sie will über Beweis und Gegenbeweis Wissen schaffen und muß deshalb die intersubjektive Nachprüfbarkeit ihrer „erkenntnisleitenden Interessen" (*J. Habermas*, 1968) ebenso voraussetzen wie die ihres methodischen Vorgehens, ihrer Resultate und ihrer moralischen Verantwortung.

Eine zweite Seinsweise ist die der praktischen Lebensführung. Wer einen Nagel in die Wand schlägt, bewältigt ein Stück Wirklichkeit und denkt über sie (hoffentlich) spätestens dann nach, wenn ihm diese Tätigkeit mißlingt. In der *Praxis* geht es um Tätigsein, um Da-Sein im Alltag, um leben und handeln – zumindest schwerpunktmäßig. Denn natürlich „handelt" auch der Theoretiker (er rechnet zum Beispiel gerade einen Prozentsatz aus). Aber im Zentrum seines momentanen Wirkens liegt nicht die Bewältigung einer bestimmten Wirklichkeit, sondern ihre Erklärung. Darin unterscheiden sich beide. Die Griechen nannten den, der zu-schaut oder nachsinnt: *theá-orós. Theoría* ist also ein bestimmter Zugang zur Welt, der letztlich Wahrheiten ermitteln will. Demgegenüber nannten die Griechen eine Handlung oder Verrichtung *πραΣιS*, in der es im Endeffekt nicht um die Erklärung, sondern die Bewältigung der Wirklichkeit geht.

Und schließlich leben wir alle (mal mehr, mal weniger) aus der *Kunst* heraus. *Aisthesis*, also das Gestaltungs- und Empfindungsvermögen, nähert sich nicht erklärend oder bewältigend der Realität, sondern gestaltend: Nicht denken und handeln, sondern wahrnehmen will der Künstler, sinnlich wahrnehmen und empfinden: Sprache, Töne, Farben usw. sind ihm nicht als Nachweise oder Handlungsvollzüge wichtig, sondern als ästhetische Elemente. Dem Künstler geht es also um das Faszinosum, die Ästhetisierung der Wirklichkeit, um Mimesis als Nachschöpfung, um Emphase, Imagination, um Betroffenheit – nach einem Wort von *Franz Koppe* (1983, S. 135) nicht um „apophantische" (also behauptende), sondern um „endeetische", um bedürfnisartikulierende Rede. Er schreibt: (in *W. Oelmüller*, 1982, S. 128): „Auf diese Weise bringt sich Kunst, unter dem Schein einer *anderen* Wirklichkeit, nur um so eindringlicher als kreativer Ausdruck von Betroffenheitswirklichkeit zur Geltung."

Zusammenfassend können wir festhalten: Die Theorie (in Gestalt von Wissenschaft) hat es mit der Erklärung, die Praxis (im Lebensvollzug) mit der Bewältigung und die Kunst (in der sinnlichen Wahrnehmung) mit der Ästhetisierung der Wirklichkeit zu tun.

Theorie = Erklärung } von Wirklichkeit
Praxis - Bewältigung
*

ÜBUNG 4 (zunächst allein, dann mit anderen vergleichend):

Im folgenden finden Sie eine Liste von Substantiven, Verben und Adjektiven bzw. Adverben. Ordnen Sie diese bitte den drei Seinsweisen zu!

Nachdenklichkeit, Ästhetik, Leben, Beweis, Alltag, Erkennen von Wirklichkeit, Betroffenheit, Bewältigung von Wirklichkeit, Ästhetisierung von Wirklichkeit, Gefühl, Wahrheit, Tätigkeit... beweisen, nachdenken, empfinden, handeln, gestalten, bewältigen, aufklären, aufrütteln, aufbauen ... sinnlich, intellektuell, objektiv, effektiv, statistisch, mimetisch, unvollkommen, emotional, alltäglich ...

THEORIE	PRAXIS	KUNST

Nun wird mancher fragen: Was sollen diese Bemerkungen über Theorie, Praxis und die Kunst – in einem Buch über Schule? Die Antwort ist eine doppelte: Zum einen geht es auch in der Schule um mehr oder weniger künstlerische, praktische und theoretische Sachverhalte, die sich zum Beispiel in den Fächern Musik, Turnen oder Mathematik angesiedelt haben. Insofern müssen wir diese drei Seinsweisen sowie ihr Verhältnis zueinander klären. Darüber hinaus aber beansprucht dieses Buch, sowohl eine Theorie der Schule zu konzipieren als auch sich ihrer zu verbessernden Praxis zuzuwenden, wozu sie drittens ästhetische Elemente (etwa der Sprache oder der Illustration) benötigt. Just diese Trias hat es mit der Schule gemein. Denn auch im Unterricht einer jeden Schule geht es um Nachdenken, um praktisches Tun und um ästhetische Gestaltung. Jede Lehrerin, jeder Lehrer ist auf (zum Beispiel didaktisch-methodische) Theorien angewiesen, weil sie, weil er die Praxis (des Lehrens und Erziehens) möglichst gut bewältigen muß. Lehrer sind aber auch Künstler – etwa in der Gestaltung des Klassenraums, in der Rhythmisierung der Zeit, der Choreographie des Lehrens, der Darstellung von Phänomenen, der Stilisierung ihrer selbst oder der Ästhetisierung von Umwelten – ein vielschichtiger Sachverhalt also, der vor allem von der Waldorfpädagogik betont wird: Den „Unterricht ... (als) einer gewissen künstlerischen Gestaltung“[3] hat *Rudolf Steiner* immer auch in einem ästhetischen Zusammenhang gesehen.

Weil dem so ist und in den folgenden Kapiteln über Theorien, Praxen und ästhetische Phänomene Aussagen gemacht werden sollen, waren diese drei Begriffe als verschiedene Seinsweisen *einer* Lebensführung zu kennzeichnen. Denn daran soll nicht gezweifelt werden: *Letztlich* sind Theorie, Praxis und Kunst nicht zu trennen; wer aber ihre Gemeinsamkeit sehen will, muß zunächst ihre Unterschiede wahrnehmen.

Bevor wir einen weiteren Schritt auf dem Weg der phänomenologischen Klärung unternehmen, möchte ich dazu einladen, die Abbildung Nr. 1 (auf S. 14) zu betrachten. Sie ist die Kopie eines Bildes des niederländischen Malers *Pieter Breughel* d.Ä., der von 1525 bis 1569 lebte, also am Ausgang des Mittelalters. Wer genauer (vielleicht mit einem Vergrößerungsglas) hinsieht, erkennt unschwer wenigstens fünf Sachverhalte: 1. Es handelt sich um sehr viele Spieler (mehr als 200) sowie Spiele und Spielereien (wenigstens 62). 2. Es spielen nicht nur Kinder, sondern auch Erwachsene miteinander. 3. Das Bild hat kein Zentrum, allenfalls Fluchtlinien auf eine ferne Kirche zu. 4. Die Gestalten ähneln sich auffallend. Und 5. Heutige Spieler, Spiele und Spielereien sehen ganz anders aus als auf diesem – hauptsächlich in sandgelben und braunen Ölfarben gehaltenen – 118 x 161 cm großen Renaissancegemälde auf Eichenholz.

Dieses im Wiener Kunsthistorischen Museum hängende Bild ist gewiß ein großes Kunstwerk, nicht weil es uns theoretisch belehren oder zur praktischen Nachahmung anregen will, sondern weil uns durch das Bild dieses bunte, „tolle", absichtslose Treiben erfreut, es uns am Spiel über die Betrachtung teilhaben läßt, wir Formen und Farben, Bewegungen und Belustigungen geradezu genießen – etwa die beiden (unten, halbrechts) auf einem Faß schaukelnden Knaben (?) oder Männer (?). Selbstvergessen geben sie sich ihrer Bewegung hin, suchen das Abgleiten und Balancehalten, An-Spannung und Ent-Spannung ... Der Pionier der Spieltheorie, der Holländer *Johan Huizinga* (1872 – 1945) spricht vom Menschen als dem „Homo Ludens" (so der Titel seines 1938 erschienenen Hauptwerkes) deshalb, weil er das Spiel zu den Anthropina des Menschen zählt: Zum Wesenskern des Menschlichen gehört das Spielen mit anderen. Just daran läßt dieses *Kunst*werk uns teilhaben, ästhetisiert unsere Wirklichkeit ...

Abbildung 1: Pieter Breughel d.Ä.: Kinderspiele (1560)

Darüber hinaus lädt es zum Nachdenken ein – über Recherche, Beweis, Experiment: Wir können zum Beispiel in folgender Übersicht insgesamt 62 Spiele(reien) auflisten:

1. Geschicklichkeitsspiel mit Fangsteinen aus Knochen
2. Mädchen spielen mit Puppen
3. Spiel im Zimmer, mit einer Maske verblüffen oder erschrekken
4. Spiel mit sich bewegender Holzspindel
5. Seifenblasen
6. Hüte aus Reisig oder Schilf tragen
7. Spiel mit einem gefangenen Vogel
8. Kind zeigt seinen Spielkreisel, der am Stab befestigt ist
9. Junge spritzt aus selbstgemachter Wasserpistole
10. Nachgespielte Taufprozession
11. Reiten auf dem Steckenpferd
12. Mädchen schlägt Trommel und bläst ins Horn
13. Mit Metall behängte Reifen werden geschlagen, so daß es klingelt
14. Kind mit Papierkrone bläst eine Schweinsblase auf
15. Kaufladenspiel mit vorgestelltem Stein (20b)
16. Springen über einen „Bock" aus Mitspielern („Bock steh still")
17. „Hobeln": Zur Strafe wird ein Spielverlierer geschaukelt
18. Messerwerfen: Das im Mund gehaltene Messer wird in die Erde gerammt
19. Schaukeln auf dem Faß
20. Schaukeln
21. Blinde Kuh
22. Junge und Mädchen beim Ratespiel
23. Seilziehen im Reiterkampf
24. Hammel- oder Bockspringen
25. Gassenlaufen über ausgestreckte Beine
26. Turn- und Geschicklichkeitsübungen: Verknoten (a), Kopfstand (b), Rolle (c)
27. Reiten auf dem Zaungeländer
28. Hochzeitsprozession
29. Topfschlagen
30. Stelzengehen
31. „Hütlein durch das Bein" – Weitwurf einer Mütze unter den Beinen durch
32. Haareziehen als Spielstrafe
33. (mit Papier) bekröntes Mädchen, das ein Brot trägt
34. Plumpsack
35. Nüsseschießen (getroffene Nüsse dürfen behalten werden)
36. Turnen am Reck
37. Balancespiel mit dem Besen
38. Lärmen mit der Klappe oder Ratsche
39. Spielkampf mit Stöcken
40. Burgspiel um die Königsrolle auf dem Sandhaufen
41. Mädchen lassen durch schnelles Drehen ihre Röcke aufblähen
42. Schwimmen im Bach, auch mit Hilfe einer Schweinsblase
43. Klettern auf dem Baum
44. Wahlspiel mit blauem Tuch
45. Spiel mit weißen Kugeln (gegen die Wand)
46. Der Kreisel wird getrieben
47. Nachahmungsspiel mit weißem Papierstreifen (z. B. Angeln)
48. Möglicherweise werden im Korb Gegenstände versteckt
49. Kegelspiel mit Kugeln
50. Triebelspiel: mit dem Stock wird die eigene Grube geschützt und versucht, eine Kugel in der Grube des Mitspielers zu plazieren
51. Lochball: wie beim Minigolf muß eine Murmel oder ein Ball aus Entfernung eingelocht werden
52. „Teufel an der Kette": der Teufel, der sich nicht wehren darf, wird geneckt, sein Gehilfe verteidigt ihn
53. Geschicklichkeitsübung „Wandlaufen"
54. Wirbeln der Mütze auf dem Stock
55. Prozession, möglicherweise mit Papierlaternen
56. „Hintenanhängen", – durch das Maß eines aufgesagten Verses wechselt die Führung der Reihe
57. Singen oder Imitieren
58. Gänsemarsch
59. Ein Kind wird von der Bank gedrückt
60. Handwerkergesten werden erraten
61. Schultertragen
62. Vier Jugen als Block ahmen den Fünften auf dem Steckenpferd nach

Daran lassen sich Forschungsfragen knüpfen: Welche Spiele wurden im 16., 17., 18., 19. oder 20. Jahrhundert gespielt? Ab wann gab es reine Kinder-, Mädchen- oder Jungenspiele? Inwiefern waren Arbeit und Spiel getrennt? (Das Zunft-Haus ist in die Spiel-Welt einbezogen ...) Kurz: Das Bild ist nicht nur ein *Kunst*-Werk, sondern lädt auch zur Er-*Forschung* des Phänomens „Spielen" ein.

Und schließlich gibt es auch Verbindungen zur Spiel-*Praxis* – über Animation, Imitation, Ausprobieren etc. Weil ästhetische, kognitive und körperliche Elemente letztlich eine untrennbare Einheit bilden, wirken sie wechselseitig aufeinander und sind verschiedene Teile, Phasen oder auch Widerstände *eines* Lernprozesses, den es in diesem Eingangsbereich unseres Schul-Hauses zu markieren galt. Über dem Hauptportal meiner „Hochschule der Künste" in Berlin findet sich der in Stein gemeißelte Spruch: Erudiendae Artibus Juventuti. Das Adjektiv *rudis* heißt im Lateinischen: roh, unbehauen, un-gebildet; *erudire* bedeutet also wörtlich: entrohen, im übertragenen Sinne: jemanden verfeinern, bilden. Der durch die Künste zu bildenden Jugend möchte die Berliner HdK dienen. Vielleicht wird man den Spruch eines Tages ergänzen: *et scientia*. Der durch die Künste und die Wissenschaft zu bildenden Jugend. Dann wäre jene Triade von Theorie, Praxis und Kunst in das Verhältnis gerückt, dem die bisherigen Ausführungen dieses I. Kapitels vor allem dienlich sein wollten ...

*

Dieses Dreierverhältnis wollen wir in einem weiteren Gedankengang *pädagogisch* präzisieren. Dazu greifen wir auf die Arbeiten eines Systematikers zurück, der zu Recht als einer der größten Erziehungswissenschaftler gilt: *Johann Friedrich Herbart* – er lebte von 1776 bis 1841.

Das Wort *Takt* kann recht verschiedene Bedeutungen haben: Wir kennen den Takt als Zeiteinheit in einem Musikstück, als Tonmaß also. Darüber hinaus sprechen wir vom Takt als Versmaß in einem Gedicht. Wir kennen den Takt, in dem die Uhr schlägt, nach dem ein Tänzer tanzt, als Arbeitsabschnitt in der Fließbandabfertigung oder auch im Hubraum eines Motors ... Und wir kennen Takt als ein spezielles Feingefühl, als eine bestimmte Umgangsform, über die sich *Adolph Freiherr von Knigge*[5] (im Jahre 1788) so feinfühlig ausgelassen hat.

Dieses Substantiv geht auf das lateinische Verb *tangere* zurück, dessen Flexionen bzw. Beugungen *tango, tetegi, tactus* lauten: jemanden oder etwas sanft berühren. Just diese Bedeutung hatte *Herbart* im Auge, als er 1802 in seiner Göttinger Antrittsvorlesung den Begriff Takt in die Schul- und Unterrichtstheorie einbrachte. Er wollte das schwierige Verhältnis zwischen Theorie und Praxis begrifflich klären. Nachdem *Herbart* begründet hatte, warum die Theorie (der Erziehung) das Allgemeine ins Auge zu fassen habe, die Praxis aber das Besondere, den konkreten Menschen also, schreibt er (Bd. 1, S. 126): „Nun schiebt sich aber ... zwischen die Theorie und die Praxis ganz unwillkürlich ein Mittelglied ein, ein gewisser *Takt* nämlich, eine schnelle Beurteilung und Entscheidung, die nicht wie der Schlendrian ewig gleichförmig verfährt, aber auch nicht, wie eine vollkommen durchgeführte Theorie wenigstens *sollte*, sich rühmen darf, bei strenger Konsequenz und in völliger Besonnenheit an die Regel zugleich die wahre Forderung des individuellen Falles ganz und gerade zu treffen." Taktlos ist also jener, der die Theorie mißachtet *und* die Praxis ignoriert; taktvoll jener, der beide Seinsweisen sanft berührt und in sich zu koinzidieren vermag. *Herbart* ging sogar so weit, daß er die Qualität eines Pädagogen von eben dem Takt abhängig machte, den es zu lernen gilt: „Die Frage ... ob jemand ein guter oder schlechter Erzieher sein werde, ist einzig diese: *wie* sich jener Takt bei ihm ausbilde, ob getreu oder ungetreu den Gesetzen, welche die Wissenschaft in ihrer weiten Allgemeinheit ausspricht" (ebd.). Wo aber lernt man diesen Takt, diese kunstvolle Berührung? "Im *Handeln* nur lernt man die Kunst, erlangt man Takt, Fertigkeit, Gewandtheit, Geschicklichkeit; aber selbst im Handeln lernt die Kunst nur *der*, welcher vorher im Denken die Wissenschaft gelernt, sie sich zu eigen gemacht, sich durch sie gestimmt und die künftigen Eindrücke, welche die Erfahrung auf ihn machen sollte, vorbestimmt hatte" (ebd., S. 127).

Wie wir es auch drehen und wenden mögen: Theorie und Praxis sind wie die Brennpunkte einer Ellipse aufeinander bezogen, bedingen einander, wirken antinomisch miteinander und werden von der Kunst, taktvoll zu sein, im Gleichgewicht gehalten.

Dieser „Pädagogische Takt“ wird uns noch einmal beschäftigen, wenn wir eine bestimmte Schultheorie (die von *Jakob Muth* nämlich) vorzustellen haben.

Abbildung 2: Theorie, Praxis und Kunst

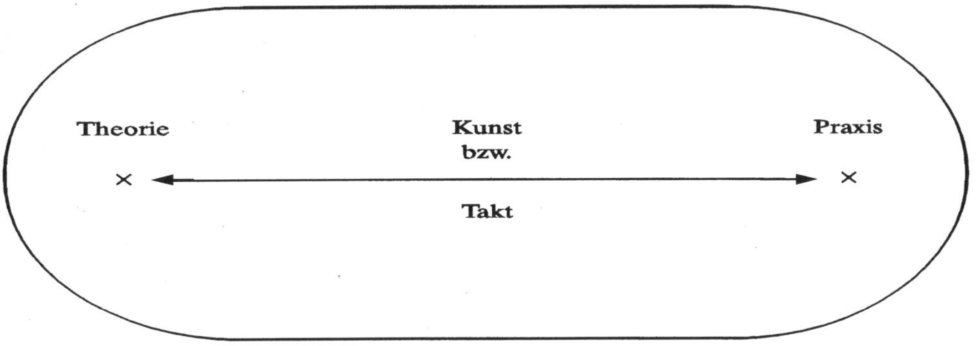

Vor Abschluß dieses I. Kapitels interessiert vielleicht ein erster Exkurs.

Exkurs 1: Kinder und Jugendliche um das Jahr 2000 n. Chr.

Vielleicht betrachten Sie noch einmal das Breughel-Bild auf Seite 14. Gibt es heute, rund 450 Jahre später, auch nur ein einziges Kind, das eine solche Anzahl von Spielen kennt oder beherrscht? Spielen die Kinder um 2000 n. Chr. noch „Blindekuh“ und „Plumpsack“?

Zunächst vier empirisch-demographische Trends, die in den „Statistischen Jahrbüchern“ ihre jährliche Aktualisierung erfahren: Immer mehr bundesdeutsche Kinder wachsen als Einzelkinder auf – zur Zeit mehr als ein Drittel. Zweitens ist bemerkenswert, daß von diesen Kindern immer mehr von Alleinerziehenden versorgt werden – etwa ein Viertel. Schließlich haben wir zu registrieren, daß jedes Jahr etwa 100.000 Kinder zu Scheidungswaisen werden – denn etwa jede 3. Ehe zerbricht. Und viertens wollen wir nicht unterschlagen bzw. vergessen, daß es dem bundesdeutschen Single-Kind im Durchschnitt, verglichen mit den über 1,5 Milliarden Kindern unter 15 Jahren, die auf unserem Globus leben, materiell enorm gut geht – weltweit lebt die Hälfte aller Kinder in bitterster Armut, und jährlich sterben etwa 16 Millionen Kinder an Hunger und den daraus entstehenden Krankheiten. (Man beziehe dies einmal auf die Bundesrepublik Deutschland: Herrschten bei uns Verhältnisse wie, sagen wir, in Nigeria, hätte der Tod all unsere Kinder in nur fünf Monaten hinweggerafft!) Wer sich darüber hinaus in die aktuelle Kinder- und Jugendforschung einliest[4], dem dürften die Thesen zu der Abbildung 3 nicht fremd sein.

Abbildung 3: Merkmale heutiger Kindheit und Jugend

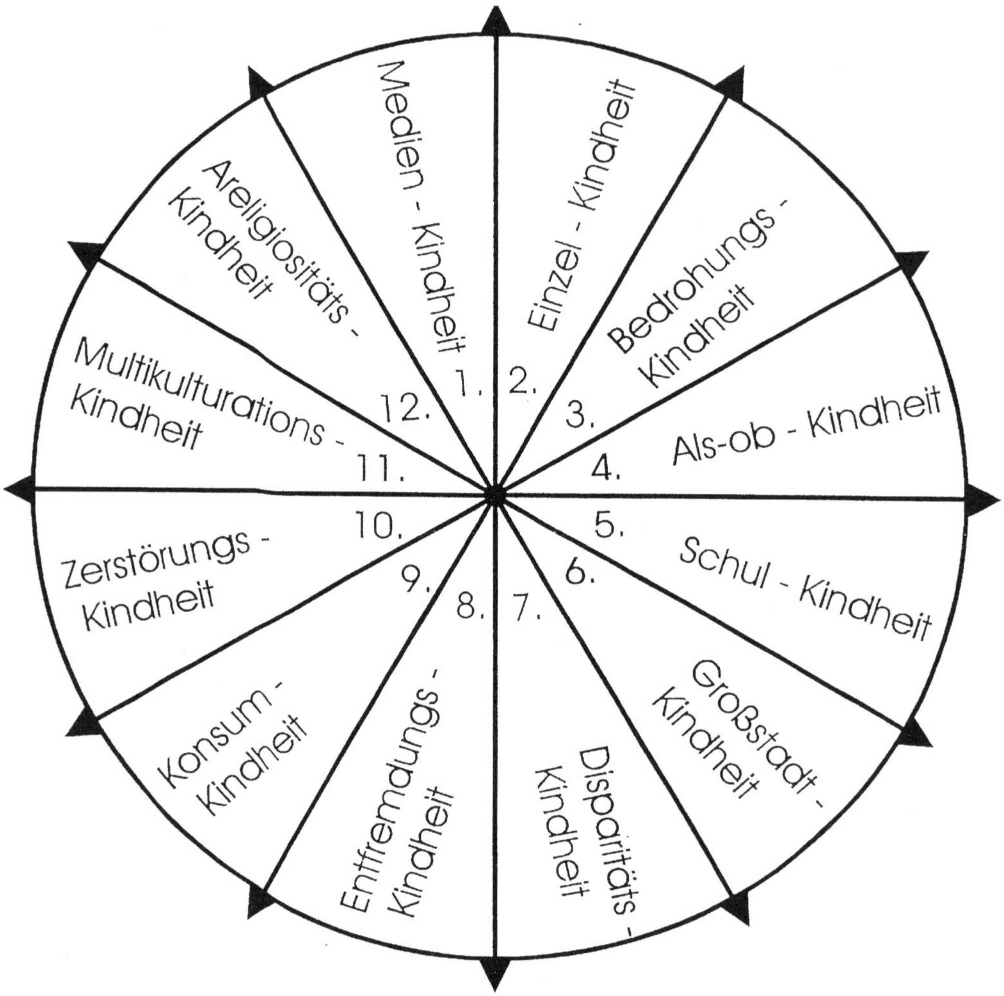

Zwölf Thesen (also begründbare Ansichten) zur Problematik einer sich verändernden Kindheit und Jugend – in Familie und Schulen

Wer heute mit Kindern und Jugendlichen praktisch zu tun hat und darüber hinaus die entsprechende Fachliteratur konsultiert, wird gegenüber seiner oder ihrer Kindheit bzw. früheren Jugendzeiten hierzulande wenigstens folgende zwölf Veränderungen registrieren:

1. Kindheit ist heute vor allem *Medien-Kindheit*, d. h. eine über visuelle und akustische, olfaktorische und gustatorische, haptische und motorische Sinnesreize weitgehend sekundär oder auch tertiär vermittelte Realität.

2. Kindheit ist heute zweitens überwiegend *Einzel-Kindheit*, d.h. eine ohne Geschwister, weitläufige Verwandtschaft und intergeneratives Tiefengefälle erfahrene Realität, in der „Verinselung", soziale Schrumpfung und Ego-zentrik besser gedeihen als Gemeinsinn.
3. Kindheit ist heute drittens *Bedrohungs-Kindheit*, d.h. eine von vielen Gefahren, Bürgerkriegen, Terroranschlägen, Drogenhändlern und Kriminalität durchdrungene Realität.
4. Kindheit ist heute viertens *Als-ob-Kindheit*, d.h. eine viel zu früh von der Welt der Erwachsenen, also ihren Sorgen und Problemen (von Scheidungen bis hin zu Leistungserwartungen) unterbrochene Realität.
5. Kindheit ist heute fünftens *Schul-Kindheit*, d.h. eine immer noch allzu oft von 15.000 Stunden kognitiver Belehrung, zensierter Kontrolle, lahmgelegter Körperlichkeit und erzwungener Langeweile gekennzeichnete Realität.
6. Kindheit ist heute sechstens *Großstadt-Kindheit* (mit eventueller Suburb-Kultur), d.h. eine von rasendem Verkehr, Staus, Kriminalität, Drogen usw. auf der einen, auf der anderen Seite aber auch von einem Rund-um-die-Uhr-Service, Warenüberangebot u.ä. „Segnungen" sowie den damit verbundenen Widersprüchen ausgehaltene Realität.
7. Kaum eine Generation ist so *uneinheitlich* wie die heutige Jugend; von den „Grufties" über die „Skins" bis hin zu den „Yuppies" und den „Ökofreaks" reicht die Palette.
8. Kaum eine Generation – so lautete das zweite Merkmal – hat so *wenig Intergenerativität* wie die heutige Jugend: Verwandte sind selten, die Mehrgenerationenfamilie ist fast ausgestorben, aber daraus resultiert ein achtes Merkmal. Familienserien (von der „Lindenstraße" bis hin zu „Dallas" und „Denver") ersetzen die fehlenden Brüder, Schwestern, Onkels, Tanten und die selbst nicht mehr erlebten Beziehungen. Das bedeutet: Immer mehr Menschen machen immer weniger Erfahrungen über die Wirksamkeit eigener Handlungen, sondern erhalten lediglich die visuelle Beobachtung fremden Handelns, wodurch ihre Steuerung eigenen Tuns nicht mehr selbst-, sondern *fremdbestimmt* wird.
9. Kaum eine Generation hat mit so vielen, so problematischen und so überwältigenden Produkten einer *gigantischen Medien- und Konsumindustrie* zu tun wie die heutige Jugend: Die meisten können rund-um-die-Uhr essen, trinken, es hell und warm haben, irgendwohin fahren, Filme sehen, Musik hören, Geld abheben, aber – sie können keinen Knopf drücken, ohne letztlich ökologisch zu sündigen, und sie können keine Sexualität schutzlos ausleben, ohne ihr Leben zu riskieren.
10. Kaum eine Generation hat zehntens dermaßen mit *Irreparabilität* zu tun wie die heutigen Kinder und Jugendlichen: Ozonlöcher sind nicht mehr zu schlie-

ßen, tote Meere nicht mehr zum Leben zu erwecken, und wer an Aids erkrankt, ist dem Tod geweiht.

11. Ein nicht unwesentliches Merkmal ist die *Multikulturalität*, in der heutige Kinder und Jugendliche aufwachsen – mit all den damit verbundenen Chancen und Gefährdungen. Vielfalt bedeutet immer auch die Möglichkeit der Erweiterung, der Bereicherung und der Toleranz, aber sie birgt (wenn damit Beliebigkeit verbunden ist) auch die Gefahr der Nivellierung, der Gleichgültigkeit und letztlich der kulturellen Entwurzelung.
12. Und schließlich macht sich, ausgehend von der Erwachsenenwelt, in der Kinder- und Jugendkultur eine Form von *Areligiosität* breit, die kein „Anti" mehr kennt, also keine Auseinandersetzung, sondern fast nur noch Gleichgültigkeit in religiösen (gar konfessionellen) Fragen. Warum wir leben, wo wir herkommen, wo wir hingehen, wie Schuld zu erklären ist ... all diese Fragen existieren in „Sofies Welt" nicht mehr, sondern die 14jährige *Sofie Amundsen* findet sie (in dem gleichlautenden Roman von *Jostein Gaarder*, 1993), auf kleinen Zetteln, im Briefkasten, anonym: *Wer bist Du? – Woher kommt die Welt?* – so fragt vielleicht bald niemand mehr ...

All diese zwölf Merkmale sind in sich ambivalent, konstituieren also keinen Verfallszustand heutiger Sozialisationsbedingungen – ein Paradies freilich auch nicht. Entscheidend ist die Qualität der Verarbeitung in Familie, Schule, Freizeit etc. Versagen hier Eltern und Lehrer, so schlagen die Merkmale negativ durch, während bei einem konstruktiven Umgang manche Chancen realisiert werden, die frühere Generationen kaum hatten. Ein Zweites kommt hinzu:

Die meisten unserer 13.241.909 Kinder (bis zum 15. Lebensjahr) verhalten sich durchaus „vernünftig", zumindest umweltkonform. Wer z. B. im heutigen Verkehr so gehen würde, wie Goethe „im Walde" („so für mich hin"), der wäre seines Lebens nicht sicher; und wessen visuelle Wahrnehmung so verweilend bliebe wie Rilkes „Panther" („Nur manchmal schiebt der Vorhang der Pupille/ sich lautlos auf ..."), der könnte eben nicht jenes TV-Gebot erfüllen, das da lautet: Umschalten erwünscht! Denn nur der Hin- und Herschaltende erfährt mehr oder auch – gar nichts mehr ...

*

***Infans**, so nannten die Römer ein Kind (das noch nicht sprechen kann: fari = sprechen). **Infantia**, also Kindheit, bezog sich zunächst nur auf dieses lallende Alter. Erst Jahrhunderte später, so Neil Postman, entwickelte sich im Zuge des Lesens, Schreibens und Buchdruckens (1456 erschien die erste Mainzer „Gutenberg-Bibel") jenes moderne Verständnis von Kindheit als einer eigenständigen Lebensphase, die in der*

Romantik ihre vehemente Befürwortung und Verglorifizierung fand. Viele Anzeichen sprechen dafür, daß diese (bürgerliche) Kindheit so nicht mehr weiterbestehen wird. Ob sie allmählich verschwindet, wie Postman vermutet, von der Erwachsenheit gleichsam aufgesogen wird (so daß immer mehr Kinder immer früher adultieren) ober ob, wie Dieter Lenzen prognostiziert, genau umgekehrt Kindheit sich immer mehr in die Welt der Erwachsenen ausdehnt (so daß immer mehr Erwachsene infantilisieren), ist nur ein scheinbarer Gegensatz: Die Neuen Medien (Fernsehen, Computer, Internet, Telespiele u. a.m.) nivellieren alles und jeden. Serien im Fernsehen werden auf einen IQ von etwa 80 – 90 Punkte „geeicht", damit alle intellektuell folgen können. So vergreist der Steppke von 8 Jahren, und der 80jährige Altenheimbewohner wird infantil …

In diesem Zusammenhang müssen wir die Schule betrachten: Liefert sie sich diesen neuen Gegebenheiten kritiklos aus, wird sie genauso bedeutungslos wie in der Attitüde einer kulturpessimistischen Kassandra, die Neues generell als für den Beginn von Verfall, Auflösung oder moralischer Verkommenheit deklariert. Heutige Kinder und Jugendliche sind gewiß nicht schlechter oder besser als frühere Generationen, aber – sie sind **anders**, *weil sich ihre Aufwachsbedingungen geändert haben. Und wo diese anders geworden sind, ändern sich die* **Lernographien** *der Kinder, das heißt: ihre gewandelten* **Bio***graphien bedingen neue* **Lerno***graphien, neue Lern***geschichten**.

Um diesen Sachverhalt zu illustrieren, will ich meine eigene Lernographie skizzieren. Als Angehöriger der sog. „Kriegskinder" bzw. der „Trümmerhaufengeneration" (U. Preuss-Lausitz, 1983) haben allein meine sechs Sinne anderes auf andere Weise gelernt als mein 1901 geborener Vater, meine 1917 geborene Mutter, unsere 1973 geborene Tochter oder unser 1975 geborener Sohn.

- *Ich* **sah**: *statische Buchstaben, unbewegliche Bilder, langsame Fahrzeuge, spazierengehende Menschen, vor dem Haus sitzende Nachbarn … Aber: Ich sah keine Nachrichten.*
- *Ich* **hörte**: *Stimmen, die einen Körper zum Anfassen hatten, gelegentliche Wunschkonzerte im Radio, unendlich viele Familiengespräche, wie sich ein Pärchen liebte, Caesar den Rubicon überschreiten und daß Bienen anders summen als Hummeln … Aber: Ich hörte nichts in Stereo und Quadrophonie.*
- *Ich* **roch**: *Pflaumenmus und Männerschweiß, Bettfedern und Kreide, die Angst des Referendars und ranzige Butter, Stimmungen und Weihrauch .. Aber: Ich roch nicht (vergeblich) an Wachsblumen.*
- *Ich* **schmeckte**: *Holzspielzeug und Gräser, Natronwasser und Pferdewurst, zerkaute Bleistifte und selbstgemachte Klöße … Aber: Ich schmeckte weder Plastik noch Cheeseburger.*
- *Ich* **fühlte**: *Welche Pilze wässrig, welche Brennesseln eßbar sind, wann meine Haare gewaschen und meine Fußbälle eingefettet werden mußten, ob die träumende Mutter Hilfe benötigte und die streitenden Geschwister einen Vermittler brauchten … Aber: Ich fühlte weder Sonnenbänke noch Styropor. Und:*

● *Ich* **bewegte** *mich: mit dem Roller, Fahrrad und per pedes, nicht schneller als mein Zeitgefühl dies zuließ, ohne Umweltschäden anzurichten (jedenfalls hatte ich kein Bewußtsein davon) und – sofern eine Reise zu unternehmen war – immer zwischen den Ritualen des Abschied-nehmens und Begrüßt-werdens ... Aber: Ich saß nicht stundenlang bewegungslos in einem Kindersitz und wurde über glühend-heiße Autobahnen gefahren oder in Maschinen geflogen, noch ehe ich so richtig laufen konnte. Und: Ich sagte – je nachdem –: „Guten Tag!“ – „Gute Nacht!“ – „Auf Wiedersehen!“ – „Ade!“ Niemals aber: „Tschüß!“ Oder gar: „Hallo!“*

Ich lernte nicht so gründlich wie mein Vater, aber auch nicht so langsam; nicht so schwebend wie die Mutter, aber auch nicht so leicht; sondern: schrittweise, vom Leichten zum Schweren, vom Nahen zum Fernen, vom Konkreten zum Abstrakten, vom Sicheren zum Problematischen, vom Fremd- zum Selbstbestimmten, vom Last- zum Lustvollen, erst das Kognitive und dann das Emotionale (und das Praktische nur außerhalb der Schule). Habe ich gründlicher oder oberflächlicher, ängstlicher oder freudiger, selektiver oder ganzheitlicher gelernt? Halten wir fest: Jede Generation hat ihre eigene Lernographie und benötigt allein schon deshalb die ihr gemäße Schule, Erziehung und Bildung. Freilich greifen wir damit schon weit voraus. Denn was heißt das konkret: Die ihr gemäße Schule, Erziehung und Bildung?

*

Am Ende dieses I. Kapitels steht die Erinnerung an die 3. ÜBUNG, die fortgeführt werden soll zur

ÜBUNG 4 (allein und/oder mit anderen):

Definieren Sie bitte, im Vergleich zur 3. ÜBUNG, noch einmal die drei folgenden Begriffe und setzen Sie diese – vielleicht mit Hilfe einer Skizze – in eine Beziehung zueinander!

1. THEORIE ist ____________________

____

2. PRAXIS ist ____________________

____

3. KUNST ist ____________________

____

*

Anmerkungen

[1] Vgl. *Alfred Andersch*: Der Vater eines Mörders. Eine Schulgeschichte. Zürich: Diogenes 1980.

[2] Vgl. dazu: *Ekkehard Martens*: Die Sache des Sokrates. Stuttgart: Reclam 1992. *Martens* arbeitet (S. 113ff.) vier verschiedene Interpretationsebenen des Sokratischen Nichtwissens heraus, das nicht simple Ignoranz bzw. Dummheit meint, sondern das Eingeständnis, über die wichtigsten Dinge keine hinreichenden Kenntnisse zu besitzen – im Gegensatz zu den Göttern. Weise ist also derjenige Mensch, dem diese Beschränkung insofern selbstverständlich geworden ist, als er einräumt, exakter das benennen zu können, was er (noch) nicht weiß als jenes, das er (vermeintlich) zu wissen meint.

[3] *Rudolf Steiner*: Erziehungskunst. Methodisch-Didaktisches. (Or. 1919) Dornach: Rudolf Steiner-Nachlaßverwaltung 1975, S. 37. (TB, Bd. 618).

[4] Vgl. *Kunst + Unterricht*, Nr. 195/Sept. 1995,S. 38.

[5] Vgl. *Adolph Freiherr von Knigge*: Über den Umgang mit Menschen. (Or. 1788) Darmstadt: Wissenschaftliche Buchgesellschaft 1967.

Literaturhinweise

Die am Ende eine jeden Kapitels angeführten Literaturhinweise sollen zwei Zwecken dienen: Zum einen belegen sie – wenn auch knapp – die vorgetragenen Wissensbestände. Und zum anderen möchten sie – über die Anmerkungen hinaus – einem vertiefenden Studium der jeweiligen Problematik Anregungen geben. Daß dabei ausschließlich solche Hinweise gegeben werden, die mit hoher Wahrscheinlichkeit diese Funktion erfüllen, auf jeden Fall dem Hinweisgeber selbst vertiefende Einsichten geboten haben, sei nicht verschwiegen.

Deutsches Jugendinstitut (Hrsg.): Was für Kinder. München: Kösel 1993.

Fölling-Albers, Maria: Schulkinder heute. Weinheim-Basel: Beltz 1992.

Gudjons, Herbert: Pädagogisches Grundwissen. Bad Heilbrunn: Klinkhardt 1.1993; 4.1995.

Habermas, Jürgen: Erkenntnis und Interesse. Frankfurt/M.: Suhrkamp 1968.

Herbart, Johann Friedrich: Pädagogische Schriften. 3 Bde. Düsseldorf-München: Küpper 1964f.

Huizinga, Johan: Homo Ludens. (Or. 1938) Reinbek: Rowohlt 1970.

Koppe, Franz: Grundbegriffe der Ästhetik. Frankfurt/M.: Suhrkamp 1983.

Lenzen, Dieter: Mythologie der Kindheit. Reinbek: Rowohlt 1985.

Meyer-Abich, Klaus Michael: Wissenschaft für die Zukunft. Holistisches Denken in ökologischer und gesellschaftlicher Verantwortung. München: C.H. Beck 1988.

Oelmüller, Willi (Hrsg.): Kolloquium Kunst und Philosophie 2: Ästhetischer Schein. Paderborn: Schöningh 1982.

Popper, Karl R.: Logik der Forschung. Tübingen. Mohr 8.1984.

Ders.: Die offene Gesellschaft und ihre Feinde. 2 Bde. München: Francke 6.1980. UTB (Bd. 472f.).

Postman, Neil: Das Verschwinden der Kindheit. Frankfurt/M.: S. Fischer 1983.

Ders.: Wir amüsieren uns zu Tode. Frankfurt/M.: S. Fischer 1985.

Ders.: Keine Götter mehr. Das Ende der Erziehung. Berlin: Berlin Verlag 1995.

Preuss-Lausitz, Ulf u. a.: Kriegskinder, Konsumkinder, Krisenkinder. Zur Sozialgeschichte seit dem Zweiten Weltkrieg. Weinheim-Basel: Beltz 1983.

Statistisches Bundesamt (Hrsg.): Statistisches Jahrbuch 1995 für die Bundesrepublik Deutschland. Wiesbaden: Statistisches Bundesamt 1995ff.

Vogelsang, Heide: Spielpädagogik. Baltmannsweiler: Schneider 1994.

Zentrum für Kindheits- und Jugendforschung (Hrsg.): Wandlungen der Kindheit. Opladen: Leske + Budrich 1993.

*„Mit einer Weisheit,
die keine Tränen kennt,
mit einer Philosophie,
die nicht zu lachen versteht,
und mit einer Größe,
die sich nicht vor Kindern verneigt,
will ich nichts zu tun haben.“*

Khalil Gibran

II. Kapitel: Theorien der Schule oder: Turbulenz der Begriffe und der Unvollkommenen Zähmung

Kaum etwas kann so viel und so viel Unterschiedliches sein und bedeuten wie die Schule. Wir können sie organisieren, verwalten und managen; wir können sie langweilig finden, öde oder gar überflüssig. An der Schule kann man leiden, schier verzweifeln, gar zerbrechen. In Schulen wird gelacht, getobt und gespielt; gelernt, gelehrt und gelobt; getadelt, geschimpft und geschlagen. Es gibt großartige Lehrer, interessante Stunden und gebildete Kollegien; es gibt aber auch humorlose Miesepeter, verbeamtete Stundenhalter und gelangweilte Folienkommentatoren. Was immer wir über die Schule denken, was wir wegen ihr empfinden und was immer wir in ihr tun, hängt auch davon ab, welche Vorstellung wir von ihr haben, kurz: von der Theorie unseres Handelns. Sie beeinflußt unser Tun und Lassen nicht weniger und folgenloser als unsere Hoffnungen und Wünsche, unsere Erfahrungen und Erinnerungen. Damit wir nun nicht blindlings handeln oder tatenlos denken, ist es nötig, uns mit den wichtigsten Theorien der Schule (aus den letzten 30 Jahren) vertraut zu machen. Begründen möchte ich das Verfahren des Vertrautmachens: Ich werde diese elf Theorien gleichsam Revue passieren lassen, sie also nicht ausführlich würdigen, sondern lediglich nach ihren bleibenden Erkenntnissen und noch mehr nach ihren Unvollkommenheiten befragen. Gerade diese Analyse *ex negativo* soll weder eine pauschale Zurückweisung aller Theorien noch eine völlige Negation jeder einzelnen Theorie bedeuten – im Gegenteil: Was die Kollegen in ihnen vorgelegt haben, ist auch für die hier noch zu konzipierende *Theorie der Schule* unverzichtbar. Und doch legitimiert sie sich vor allem aus den Defiziten ihrer Vorläuferinnen, die es folglich deutlicher zu markieren gilt als ihre bleibenden Verdienste. Die Tatsache, daß sie kaum unter ein gemeinsames Dach erziehungswissenschaftlicher Überlegungen zu bringen sind, wird noch zu kennzeichnen sein und ist gewiß auch Folge eines zum Teil desolaten Zustands der Erziehungswissenschaft selbst – leider.

Und ein Zweites gilt es vorab zu klären. Was Theorie im Kontext von Praxis und Kunst ist, konnte das vorausgegangene Kapitel – hoffentlich – klären. Darüber hinaus aber muß die Theorie noch gegenüber zwei anderen (nicht Seinsweisen, sondern) Ergebnissen unterschieden werden, damit das Gemeinsame sichtbar wird. Als Erkenntnissuche ist Theorie phänomenologisch sowie existentiell von der praktischen Bewältigungsbemühung und der künstlerischen Gestaltungsabsicht unterschieden worden. Die Theorie produziert also immer auch ein „Produkt" bzw. ein Ergebnis: Aus der *ignorantia* soll *scientia*, aus dem Nicht- bzw. Noch-Nicht-Wissen soll Wissen werden, das *letztlich* Verallgemeinerungsfähigkeit beansprucht, also nachvollziehbar ist, intersubjektiv transmissibel (zwischen verschiedenen Menschen letztlich zustimmungsfähig). Theorien haben also die Absicht, möglichst nicht widerlegbar zu sein, objektive Aussagen zu machen, zwingend zu sein.

Eine gewisse Vorstufe der Theoriebildung ist mit dem Begriff *Modell* gekennzeichnet. *Herwig Blankertz'* Buch „Theorien und Modelle der Didaktik"[1] hat zu Recht einen Unterschied gemacht zwischen didaktischen Überlegungen, die schon den Grad allgemeiner Theorien erreicht haben und solchen, die noch auf einer Ebene der Modellbildung angesiedelt sind.

Noch vorläufiger ist die *Programmatik*, also die wünschenswerte Vision, die erklärte Absicht, die begründete Hoffnung eines Gedankens.

Um es an einem Beispiel zu illustrieren: Wer – sagen wir – einen Berlin-Besuch vorhat, entwirft für seinen Aufenthalt ein Programm: Ob und wann er in die Philharmonie, ins Theater oder ins Charlottenburger Schloß gehen will ... Er macht sich Notizen, Skizzen, Pläne. In diese hinein fließen Hoffnungen, Wünsche, Absichten, die er gegenüber anderen oder sich selbst begründen wird, wenn sie nicht bloße Launen sein wollen. Eine gute Programmatik ist folglich keine Praxis und keine Kunst, auch wenn sie in die eine münden und in die andere „verliebt" sein mag. Sie ist ein erstes Ergebnis kognitiv-rationaler Bemühungen und quasi die erste Stufe auf dem Weg zur Theorie.

Sie ermöglicht zum Beispiel, daß ich mir als potentieller Berlin-Besucher selbst einen Plan mache oder einen fertigen Stadtplan besorge, in den ich meine Besuchsorte eintrage. Solch ein Plan ist ein Modell von Berlin, nicht aber Berlin selbst. Modelle sind Abbildungen und Reduktionen von komplexeren Wirklichkeiten: Sie zeigen etwa die wichtigsten Straßen (nicht aber deren Gefälle) oder die Bodenbeschaffenheiten (nicht aber die über dem Boden herrschenden Temperaturen). Modelle dienen der Orientierung und wollen die zu erforschende Wirklichkeit in bestimmten Teilen korrekt (aber sinnbildlich) wiedergeben. Sie sind mehr als begründete Absichten und doch weniger als auf Objektivität angelegte Theorien. Ihre Konkretion läßt solch eine Objektivität noch nicht zu, ihre Abstraktion erlaubt andererseits bereits die Überschreitung der Wirklichkeit.

Noch abstrakter ist die Theorie, die – so unser Exempel – mit der (Haupt-)Stadt Berlin verbunden sein kann: Welchen Sinn hat Urbanität in Multikulturalität? Wie balanciert die Stadtplanung Wohnqualität, Arbeitsmöglichkeit, Verkehr, Freizeit und Repräsentanz von Bauwerken aus? Was für ein Mensch-sein soll sich in der Stadt Berlin realisieren? Das sind Fragen einer „Theorie der Stadt Berlin", die natürlich Programmatik und Modelle benötigt, aber diese ins Allgemeingültige übersteigt. Und sie ist so lange ***die*** *„Theorie von Berlin" bis eine überzeugendere an ihre Stelle tritt. Es können also nicht mehrere Theorien über denselben Sachverhalt nebeneinander mit derselben Gültigkeit existieren. Dann wären sie beliebig (austauschbar) und würden ihren Charakter als möglichst objektive Nachweise verlieren ...*

Halten wir einstweilen fest: Die in den folgenden Abschnitten wahrzunehmenden „Theorien der Schule" sind auch unter dem Gesichtspunkt zu würdigen, inwiefern sie gegenüber Modellen und Programmatiken ihren Charakter als Theorien (also historisch-systematischen Ausführungen) unter Beweis stellen können.

Abbildung 4: Theorien, Modelle und Programmatiken (T, M und P)

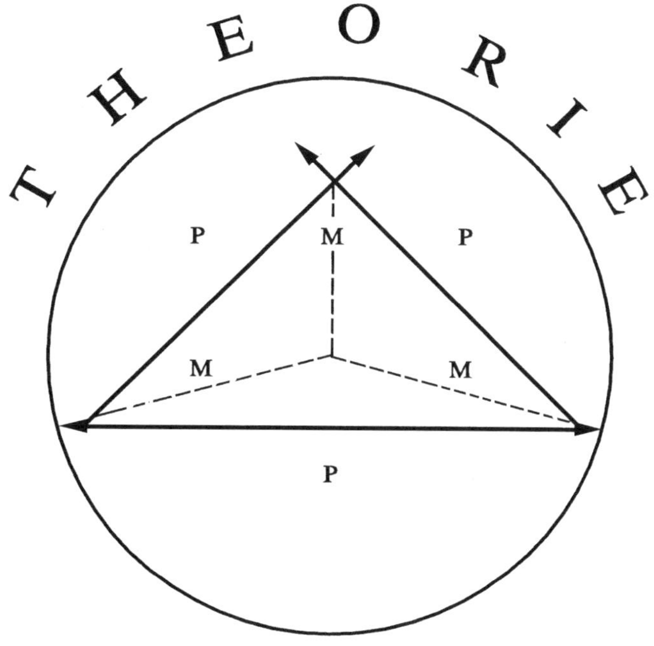

1. Theodor Wilhelm (geb. 1906): „Theorie der Schule" (1967) [2]

Als erste nach 1945 bedeutsame Theorie der Schule gilt die von dem erst im fortgeschrittenen Alter von 53 Jahren an die Universität Kiel berufenen und dort lehrenden *Theodor Wilhelm*, der auch unter dem Pseudonym *Friedrich Oetinger* publizierte[3] und als exzellenter *Kerschensteiner*-Interpret galt[4]. Als ich zum ersten Mal diese 468seitige Monographie durcharbeitete, war ich noch Student und empfand „*den Wilhelm*" geradezu als Befreiung. Endlich einmal eine Neuvermessung der gesamten schulischen Landschaft, ohne die alten und längst verlassenen Terrains doch wieder als geheime Landkarten zu benutzen. Und auch heute – nach einer neuerlichen Lektüre – imponiert an dieser Theorie vor allem dies:

- Sie hängt nicht in der Luft, sondern basiert auf einem anthropologischen Fundament, das wie folgt umrissen wird: Da ist zunächst die „Metaphysik der Freiheit" zu kennzeichnen (von der Produktivität des *Ich*, über die Vernünftigkeit des *Willens*, bis hin zur persönlichkeitsbildenden Macht des Geistes und den verpflichtenden *Werten*).
- Dieses Fundament erlaubt zweitens eine Ausleuchtung des „Erziehungsgeschehens" (wobei die anthropologischen Voraussetzungen ebenso in den Blick geraten wie die Seinsweisen des Kindes, des Schülers, des Jugendlichen und des Erwachsenen).

- Aber auch der „Sozialisationszusammenhang" gehört zum anthropologischen Fundament der Schule (biologisch, soziologisch, kognitiv).
- Eine vierte Dimension ist die der „Geschichte", die – als Idee der geschichtlichen Bildung – weder die Gegenwart verabsolutieren noch die Vergangenheit in Bausch und Bogen verurteilen darf.
- Fünftens schließlich gehört auch die „Ökologie der Schule" zu ihrem anthropologischen Fundament, womit *Wilhelm* (1967!) kein grün-buntes Umweltbewußtsein avisierte, sondern den geeigneten „Ort der Schule in der menschlich-sachlichen Gesamtlandschaft" (S. 65).

In dieser Stringenz und in noch größerer Ausführlichkeit hat lediglich *Heinrich Roth* die Pädagogik anthropologisch fundiert, dessen „Pädagogische Anthropologie" (1966 und 1971) von *Wilhelm* jedoch nur *en passant* zur Kenntnis genommen wurde[5]. (Übrigens ist die *Roth*sche „Pädagogische Anthropologie" bis heute ebenso wenig überholt wie seine „Pädagogische Psychologie des Lehrens und Lernens"[6], die erstmals 1957 erschien und in der Lehrerausbildung – nach meinen Beobachtungen – viel zu wenig Beachtung findet).

- Weniger überzeugend (weil streckenweise apologetisch) sind die Ausführungen zu den „Stationen der Ziellehre", die *Wilhelm* unter den Stichworten „Autonome Bildung", „Staatsbürgerliche Gesinnung" und „Politische Linientreue" zu kennzeichnen versucht. Immerhin bleibt die Einsicht: Nie wieder darf Schule den Versuch unternehmen, „den Menschen als Subjekt außer Funktion zu setzen" (*T. Wilhelm*, 1967, S. 109).
- Die „Theorie der Schulformen" koinzidiert bei *Wilhelm* letztlich in einer Absage an ideologische und romantisch-idealistische Bestimmungen, jedoch in einem Plädoyer für eine Schule, die den „Anschluß an die Wissenschaft" (S. 130) herstellt, mehr noch: eine Schule, die selbst zur „Wissenschaftsschule" (S. 212) wird, die demzufolge allein „nach dem Maßstab der Wissenschaften" (S. 213) zu konzipieren ist.
- Just dieser Funktionsbestimmung zufolge vermißt *Wilhelm* den ihr entsprechenden „Orientierungshorizont" dreifach: als Erziehungsplanung, als wissenschaftliche Schule und als Ordnung der Vorstellungswelt.
- Auch die „Ökonomik der Vermittlung" (als didaktische Problematik, Aneignung und Zubereitung) ist deshalb so entschieden gegen *W. Klafki* und alle bildungstheoretisch fundierten Didaktiken gerichtet, weil *Wilhelm* nicht den in und durch Schule zu *erziehenden* bzw. zu *bildenden* Menschen (den *homo educandus*) im Auge hat, sondern den „*homo oeconomice discens*" (S. 256), den auf ökonomische und effiziente Weise *lernenden* Menschen.
- Diese Einschränkung beachtend sind die 100 Seiten umfassenden Ausführungen zum „Vorstellungsgelände" einer solchen Schule einleuchtend: Der Horizont des Glaubens, des Rechts, der (mathematisch-naturwissenschaftlichen) Strukturen, der Interpretation und der Überlieferung umwölbt in der Tat die Vorstel-

lungswelt des lernenden Schülers. Wenige Jahre später sollte *Hartmut von Hentig* (1971) im Zuge der Gründung der „Bielefelder Laborschule" (1974) ebenfalls von fünf „Erfahrungsbereichen", aus denen allmählich „Fächer" werden, sprechen[7]: vom Umgang von Menschen mit Menschen (Sozialwissenschaften); vom Umgang mit Sachen: beobachtend, messend, experimentierend (Naturwissenschaften); vom Umgang mit Sachen, aber: erfindend, spielend, gestaltend (Künste); vom Umgang mit Gedachtem, Gesprochenem, Geschriebenem (Sprachen, Mathematik); und vom Umgang mit dem eigenen Körper (Sport, Tanz, Gymnastik, Gesundheit).

- Das gewiß bleibende Verdienst dieser Schultheorie ist zugleich ihr Verhängnis: Denn zum einen hat sie die Schule aus dem Dunstkreis einer ideologischen oder auch allzu volkstümlichen Begründung heraus- und an die Standards wissenschaftlicher Kriterien herangeführt. Andererseits blieb sie just in dieser Einseitigkeit hängen und vermochte andere Fundierungen, Funktionen und Folgen nicht wahrzunehmen. Im Gegenteil: *Wilhelm* verstärkte diese Einseitigkeit, als er z. B. in kleineren „Nachträgen"[8] die Schule mit Begriffen wie „Laboratorium fürs Überdenken" (*T. Wilhelm*, 1984a, S. 62) belegte, wobei dem „Primat der kognitiven Befassung mit der Sache" (1984b, S. 39) unbedingt zu folgen sei – Reizworte, die vor allem gegenüber der aufkommenden Schulreform und der „linken" Alternativschuldiskussion geäußert wurden. All dies vollzog sich z. T. entlang mancher polemischen Attacke gegen die 68er-Revolte, die ihrerseits wiederum *Theodor Wilhelm* heftig wegen seiner Verstrickung in den Nationalsozialismus öffentlich kritisierte[9].
- Es bleibt das abschließende Urteil: Diese erste große Nachkriegs-Theorie der Schule ist verdienstvoll insofern, als sie an der Aufklärungsfunktion von Schule strikt festhält, mit anderen Worten: in der Tradition *Kants* und *Herbarts* den Aufbau der „Urteilskraft"[10] sowie eines – nur gegenüber der Vernunft sich rechtfertigenden – „Gedankenkreises"[11] für unverzichtbar erklärt. Andererseits erspart sie sich jedes antinomische Denken und verfehlt „Ganzheitlichkeit" just durch diese Einseitigkeit. Daß die Schule auch, aber nicht nur „Lernen durch Unterricht" (*T. Wilhelm*, 1984, S. 35) zu veranstalten hat, vor allem nicht nur der „gedanklichen Durchdringung" (ebd., S. 42) der Welt dient, sollten andere und spätere Theorien erst deutlich machen. Wer jedenfalls damals den „Laboratorien fürs Überdenken" in der Schule auch „Nischen von Zärtlichkeit" aus anthropologischen und didaktischen Gründen zur Seite stellte (wie zum Beispiel der Verfasser[12]), bekam *Wilhelms* gnadenlose Pejoration zu spüren[13].

*

2. Wolfgang Kramp (1927 – 1983): „Studien zur Theorie der Schule" (1973) [14]

Die nachfolgenden Schultheorien werden die jeweils vorweg geschilderten Probleme nicht ein weiteres Mal präsentieren, sondern sich auf die neu zur Sprache gebrachten Sachverhalte beschränken, wobei der Blickwinkel des Betrachters auch und gerade auf das Defizitäre gerichtet bleibt. Unter diesem Gesichtspunkt sind hier folgende drei Sachverhalte bedeutsam:

- *Wolfgang Kramp* war Erziehungswissenschaftler an der Universität Düsseldorf und nahm vor allem die fehlende „Tradition des Nachdenkens" (S. 12) über eine Theorie der Schule zum Anlaß, eine solche aufzubauen. Wenn es der Schultheorie – nach einer Definition *E. Reimers* – um die „Deskription, Analyse und Kritik der Institution Schule einschließlich ihrer Bezüge wie ihres inneren Geschehens" (S. 19) geht, dann sind in der Tat die drei wichtigsten Aufgaben einer Schultheorie die folgenden: Erstens gilt es, die vorwissenschaftlichen, die impliziten Schultheoreme bewußt zu machen, die bekanntlich alles Reden über und alles Handeln in der Schule immer schon kennzeichnen bzw. konstituieren und – un(auf)geklärt zu Ideologien verkommen. Darüber hinaus soll sie die reale Schulpraxis erhellen, sie analysieren, kritisieren, legitimieren etc. Und schließlich sind die Fragen, Probleme, Methoden und Ergebnisse der Schulforschung so aufeinander zu beziehen, daß daraus explizit ein Ganzes entsteht: die überzeugende Theorie und Praxis der Schule nämlich. Zum zweiten:
- Deskription, Analyse und Kritik, lauten also die Stichworte der Schultheorie – *d'accord*! Wo aber finden sie ihren Anfang? Wo ihr Ende? Wo ihre Bezugspunkte? Wo ihre Koinzidenz? Gehört auch die (gesamte) Schulgeschichte dazu? Die internationale Komparatistik? Sind die von *Heide Bambach*[15] gesammelten und von ihren Laborschulkindern geschriebenen „Erfundenen Geschichten" ebenso einzubeziehen wie – sagen wir – die „Rangkorrelationen von Schülerleistungen zwischen Klassenstufen verschiedener Schulen", die z.B. *H. Ditton* und *L. Krecker*[16] errechnet haben? Kurz: Bei *Kramp* wird nicht deutlich, was Schultheorie *in nuce*, im Kern also kennzeichnet. Zwar entfaltet er eine Fülle von Fragestellungen und Einsichten, aber welches der letztlich überzeugende Maßstab ist, der all die möglichen *dates, facts, and figures* auswählt, ordnet und beurteilt, bleibt ungeklärt. Gerade deshalb sind die Äußerungen über Schule hierzulande so zahlreich, so beliebig, so disparat. Jeder Autor sucht sich die ihm gemäßen „Fakten" heraus; jede Redaktion bereitet das ihr sinnvoll erscheinende „Dossier" vor; und jeder fachwissenschaftliche „Kongreß" findet das ihm sympathische „Motto". So fahren die Schultheorien bzw. die Schlagworte über die Schule Karussell; so wechseln die Moden, und so werden die Gräben zwischen abstrakten und mit der Praxis kaum noch etwas zu tun habenden Theorien auf der einen und den jedwede Theorie vermeidenden Praxen auf der anderen Seite immer größer: Die Begriffe taumeln, und die Handlungen werden Routine … Kurz:

War *Wilhelm* letztlich an der Einseitigkeit gescheitert, wird man *Kramp* zumindest vorhalten müssen, die notwendige Begrenzung unterlassen zu haben. So bleibt es hierzulande bei „Studien zur …“, bei „Prolegomena für …“ oder bei „Umrissen einer Theorie der Schule“, die allesamt Resultate einer Überforderung von Theorie sind. Auch und gerade die gute Theorie ist weder einseitig noch grenzenlos, wohl aber im schwankenden Modus des „Sowohl-als-auch“ zu konzipieren *und* in der erklärten Absicht, sich bescheiden auf das „Wesentliche“ konzentrieren zu wollen.

- Die 2. Studie widmet *Kramp* der Erläuterung verschiedener Wesens-Bestimmungen von Schule, die gedacht werden kann: als (1.) Lehr- und Unterrichtsanstalt, in der geplanter, systematischer, methodisch aufgebauter Unterricht stattfindet (*O. Willmann, G. Reichwein* u. a.); als (2.) Vorbereitung auf das Erwachsenenleben einschließlich der Vermittlung berufsnützlicher Kompetenzen (*G. Kerschensteiner, H. Weinstock* u. a.); als (3.) Überlieferung des kulturellen Erbes (*M. Stallmann, P. Hördt*); als (4.) Vergeistigung bzw. Bildung des einzelnen (*W. v. Humboldt, T. Ballauff*); als (5.) Erziehungsstätte, Sozialisation des Individuums sowie Reproduktion und Erneuerung der Gesellschaft (*J. H. Pestalozzi*, viele Reformpädagogen); als (6.) Lebens- und Erziehungsgemeinschaft, pädagogische Provinz bzw. Modell einer zukünftigen Erwachsenenwelt (*P. Petersen, P. Oestreich*); und als (7.) Ensemble mehrerer Bestimmungen (*W. Flitner, E. Lichtenstein* u. a.). Weil nun keiner dieser sieben Ansätze für sich Gültigkeit beanspruchen konnte und kann, erklärt *Kramp* „die Frage nach dem Wesen der Schule für eine wissenschaftliche Schultheorie … als (den) denkbar ungeeignetsten Ausgangspunkt“ (S. 34). Dieses Verdikt hat bis heute gewirkt. Denn wer traute sich schon, eine Theorie der Schule zu entwerfen (indem er zunächst nach dem Wesen der Schule fragte), wenn er von einem der gefürchteten Türhüter wissenschaftlicher Behausungen ein ums andere Mal gesagt bekam, daß „Einsichten in das Wesen *der* Schule auf diesem Wege niemals zu gewinnen“ (S. 35) seien. Dabei hätte *Kramp* just die letzte, die siebte Tradition aufnehmen und begrifflich schärfen müssen, um der selbst auferlegten Absage zu entgehen. Was heißt das? Der eigenen Position ein wenig vorgreifend, liegt folgender Gedanke nahe: Wenn Schule als eine geschichtlich und gesellschaftspolitisch zu verstehende (also sich wandelnde) Institution des Lehrens, Lernens und Lebens zu begreifen ist, in der die unterschiedlichsten sozial-kulturell-ökonomischen Interessen aufgenommen, ignoriert oder zurückgewiesen wurden (von unterdrückender Anpassung bis hin zur schrankenlosen Selbstbestimmung), dann ist Schule ein äußerst widersprüchlicher Ort, in dem die verschiedensten Spannungen, Herrschaftsverhältnisse, Visionen, Bedürfnisse, Erfahrungen etc. eine Rolle spielen. Folglich kann die Theorie dieser Praxis nur eine antinomische sein, eine die Wider-Sprüche, die Gegen-Sätze, die Anti-nomien abbildende und eventuell miteinander versöhnende Theorie. Schule ist defektes Faktum *und* mögliche Verbesserung – immer schon gewesen und auch in Zukunft so bleibend! Als Vertreter eines

Theoriebegriffs im Kontext des „Kritischen Rationalismus", der offen behauptet, daß die Frage, „auf welchem Wege die Hypothesen zustande kommen ..., für die Theorie selbst relativ unerheblich" (S. 43) ist, sind erkenntnisleitende Interessen, Entwürfe, Antinomien und ähnliche „Ungereimtheiten" für *W. Kramp* hingegen vor- und unwissenschaftliche Phänomene. Er kann Vorhandenes immer nur falsifizieren, also die Objektivationen anderer als normative bzw. unwissenschaftliche Entwürfe deklarieren, deren Widerlegung allein Wissenschaftlichkeit zu beanspruchen vermag. Theorie hat allenfalls zu deskribieren, Vorhandenes also *ab*-zuschreiben, Gegebenes zu falsifizieren, Seiendes zu kritisieren ..., nichts aber zu präskribieren, Wünschenswertes *vor*-zuschreiben, Gegebenes zu verifizieren, Sollendes zu begründen – so *Kramp*, der seinerzeit einem orthodoxen Positivismus anheimgefallen ist und (aus Prestigegründen?) meinte, das in den Naturwissenschaften dominierende Paradigma der Falsifikation bedenkenlos in die Sozialwissenschaften transportieren zu müssen. Eine solche Position aber ist der Beginn vom Ende wissenschaftlicher Pluralität und der Anfang der Zerstörung der dialektischen Einheit von Theorie und Praxis – schlimmer: Das Ende eines offenen Gespräches verschiedener Theoretiker und Praktiker. So kanzelt *Kramp* die bereits vorgestellte „Theorie der Schule" von *T. Wilhelm* als „pseudotheoretische Rechtfertigungslehre" (S. 52), ab; die noch zu kennzeichnende Schultheorie *T. Ballauffs* etikettiert er süffisant als „Aphorismensammlung" (S. 50); und die gleichfalls noch zu würdigende Schul-Konzeption *H. v. Hentigs* (in ihrer frühen Fassung[17]) etikettiert er als „quasitheoretisches Fragment" (S. 66). *Descende caelo*! Steige herab vom Himmel! – hätte *Horaz* ihm wohl zugerufen. Wir aber rufen eine nächste Theorie auf ...

*

3. Hermann Oblinger (geb. 1921): „Theorie der Schule" (1976) [18]

Hermann Oblinger, zunächst an der PH, dann an der Universität Augsburg tätig, hat eine Theorie der Schule vorgelegt, die bis heute aufgrund von zwei Merkmalen besticht: Sie klärt sowohl die Möglichkeiten als auch die Grenzen dessen, was Theorie ist, und sie kennzeichnet ihren Gegenstandsbereich auf eine, die Probleme exemplarisch auswählende Weise, so daß die geistige Durchdringung seines Werkes dazu beiträgt, sich – im Sinne des im 1. Kapitel definierten Begriffes – ein eigenes Orientierungs-Modell zu erarbeiten, ohne das die komplexe Schulwirklichkeit weder deskriptiv erfaßt noch präskriptiv verbessert werden kann. Entlang von zwei auf *Oblinger* basierenden Abbildungen sollen diese Vorzüge herausgestellt werden. Um die beiden damit verbundenen Unzulänglichkeiten gleichfalls aufzuzeigen, wurden sie an entscheidenden Stellen verändert.

- *Theoría* wurde in der griechischen Philosophie die Schau der Dinge genannt; Schultheorie könnte man von daher das Durch- und Überschauen der mit Schule verbundenen Probleme nennen – zum Zwecke ihrer Verbesserung. Das erinnert an die klassische Definition von *Edgar Reimers*, der 1964 einer zeitgemäßen Theorie der Schule die dreifache Aufgabe zugewiesen hatte, nämlich: „Deskription, Analyse und Kritik der Institution Schule einschließlich ihrer Bezüge wie ihres inneren Geschehens“[19] zu leisten. Zwar ist *Oblinger* gerade gegenüber der dritten Aufgabe sehr zurückhaltend, aber im Gegensatz zu *Kramp* schreibt er: „Soweit die Bewertung aus der Analyse selbst erwächst, ist dies wissenschaftlich annehmbar“ (S. 16). Damit öffnet *Oblinger* die erziehungswissenschaftliche Diskussion über Schule wieder (nicht die schulpolitische und schulpraktische, die damals vehement geführt wurden), und zwar in Richtung ihrer möglichen Verbesserung. Aus dem zu kritisierenden Sein entspringt das wünschenswerte Sollen – ein Zerreißen dieser Dialektik fällt hinter den Nachweis von *Wilhelm Dilthey* zurück, der um 1884 in seinen „Grundlinien eines Systems der Pädagogik“ just diese Dialektik ausführlich begründet hatte[20], – denn: „Die Wissenschaft der Pädagogik ... kann nur beginnen mit der *Deskription* des Erziehers in seinem Verhältnis zum Zögling. Denn zunächst gilt es, das *Phänomen selber hinzustellen* und ... so deutlich als möglich zu machen.“ Weil aber menschlicher Geist immer schon kritischer Geist ist, der in jeder Analyse stets auch die Defizite wahr-nimmt, entspringt im hermeneutischen Prozeß, im Prozeß des Verstehens der dargestellten Wirklichkeit eine Sollensperspektive, mit anderen Worten: die Melioration, die Verbesserung der leidigen Realität. Noch einmal *Dilthey*: „Indem dann die einzelnen Vorgänge ... in ihrer Vollkommenheit beschrieben werden, können daraus Formeln, welche die Vollkommenheit des Vorganges *vorschreiben*, oder Regeln abgeleitet werden ... Sie (gemeint die pädagogische Theorie, *r.w.*) ist sonach Deskription, Analysis, Regelgebung oder Prinzipienlehre.“ Hier also wurzelt die schultheoretische Trias, die aber *Oblinger* (1976) lediglich in ihren ersten beiden Teilen darstellt. Im Aufweis der realen „Hauptleinen“ (S. 84) des schulischen Theorie-Netzes sowie in deren Analyse und Verbindungen ist *Oblingers* Werk bis heute gültig – über die von ihm gewünschte „Schule als Schülerschule oder Lebenserfüllungsanstalt” (S. 153) erfährt man jedoch nur, daß eine solche Ausarbeitung einer späteren Publikation vorbehalten bleibt.

● Wie die Abbildung 5 zeigt, finden die Prozesse des Lehrens und Lernens immer schon lebensweltlich statt – informell, institutionslos, ungeplant, situativ – *by the way*. Je näher wir dem Zentrum des Kreises kommen, desto formeller, geplanter, systematischer wird das Lehren und das Lernen – *formal education* bzw. *instruction* nennen diesen Vorgang englische und amerikanische Autoren. Im Mittelpunkt jedweder allgemeinen Schulbildung steht der Unterricht, der nicht alles ausfüllt, was schulisches Leben konstituiert, aber ihm die zentrale Position zuweist. *Herbart* drückte es 1818 wie folgt aus: „Schulen (machen) ihrer Natur nach das Lehren und Lernen zur Hauptsache“[21], nicht aber zur alleinigen Sache. Als „erziehender Unterricht“[22] zielt schulisches Lehren und Lernen auf die (allgemeine) Bildung des Menschen. So gesehen ist das „Herz der Schule“ der um Bil-

Abbildung 5:
Der Gegenstandsbereich einer Theorie der Schule (in Anlehnung an H. Oblinger)

dung sich bemühende Unterricht. Diesen Gedanken legt *Oblinger* nahe, aber nicht aus.

Auch in der nächsten Abbildung wird deutlich, daß die Schultheorie *Oblinger*s einerseits grundlegende Einsichten vermittelt, letztlich aber eine Theorie der Schule ohne Didaktik ist. Denn just der gesamte Unterbau fehlt bei ihm – und zwar sowohl in der ursprünglichen, also daraufhin noch nicht veränderten Skizze, als auch in den neun Bestimmungsmomenten („Thesen") zur Konstitution von Schule. Es sind dies im einzelnen:

1. Die Schule als Eingliederungsanstalt –
2. Die Schule als Bildungsanstalt –
3. Die Schule als Ausbildungsanstalt.

Abbildung 6:
Struktur-Modell einer Theorie der Schule (in Anlehnung an H. Oblinger)

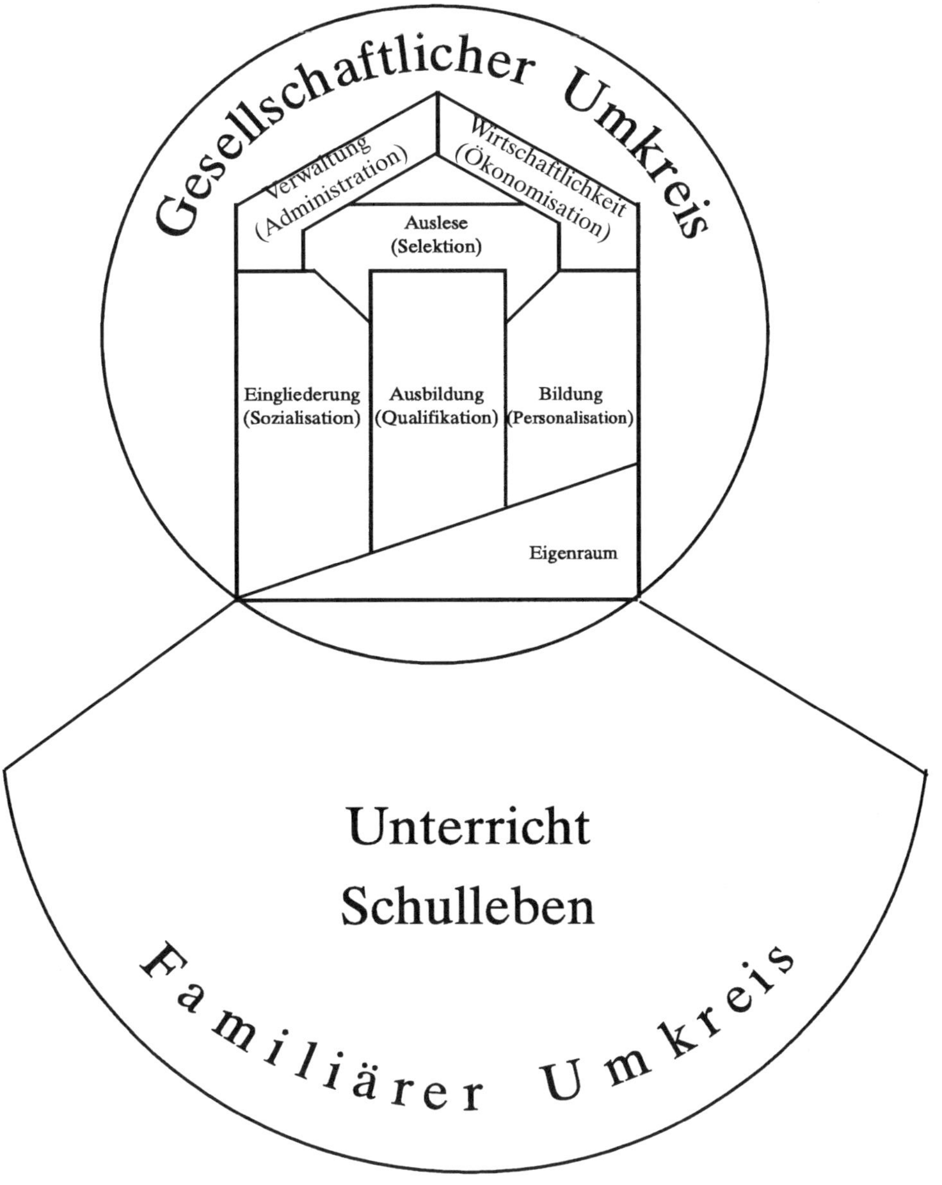

Alle drei bezeichnet *Oblinger* als „Primärfunktionen" bzw. „pädagogische Grundaufgaben" (S. 19ff) der Schule. Gleichsam quer zu diesen drei liegt eine Selektionsfunktion der Schule, die sich mitunter „krebsartig" in die pädagogischen Aufgaben hineinfrißt, nämlich:

4. Die Schule als Ausleseanstalt.

Zusatzaspekte gewinnt die Schule durch die folgenden drei Merkmale:

5. Die Schule als Verwaltungseinrichtung –

6. Die Schule als wirtschaftliche Anstalt –
7. Die Schule als relativer Eigenraum.

Darüber hinaus wird deutlich:

8. Die Schule als Geflecht gegenseitiger Wirkungsverhältnisse – und
9. Die Schule im gesellschaftlichen Umkreis.

So zutreffend all diese historisch gewachsenen primären und sekundären Funktionsbestimmungen sind und so differenziert *Oblinger* sie jeweils mit „Umrissen“, „Belegen“ und „Folgen“ zur Sprache bringt, so abgeschirmt bleibt er gegenüber didaktischen Fragen. Dabei hätten zumindest die beiden ersten Aufgabenbereiche mehr Didaktik verdient als in Form einiger Literaturhinweise. Immerhin: Die Verdienste dieser Schultheorie sollen trotz unserer Kritik nicht geleugnet werden …

*

4. Bijan Adl-Amini (geb. 1943): „Schultheorie“ (1976) [23]

Der gleichfalls an der Kieler Universität wirkende *Adl-Amini* legte 1976 ein Büchlein vor, das drei Errungenschaften versprach: die wichtigsten Schultheorien der letzten 50 Jahre (1925 – 1975) kritisch unter die Lupe zu nehmen; selbst keine neue Schultheorie vorzulegen; und – wenn das Ziel dieser Arbeit erreicht sei – die Theorie der Schule aufzuheben, denn: „dann wird man die Diskussion über Theorie der Schule … als abgeschlossen betrachten“ (S. 17) können.

Mit dem Selbstbewußtsein eines die „Kritische Theorie“ der Frankfurter Schule im Rücken Habenden eilt *Adl-Amini* auf immerhin 58 (!) Seiten durch 50 Jahre Geschichte der Schultheorie: von *Georg* (nicht *Adolf*) *Reichwein*s Aufsatz über „Grundlinien einer Theorie der Schule“ aus dem Jahre 1925 über *Philipp Hördt*s „Theorie der Schule“ (1933) und den Gedanken zur einer „Theorie der deutschen Schule“ *Wilhelm Roessler*s (1966) bis hin zu der Frage „Schultheorie – wozu?“, die *Hermann Holstein* (1975) aufwarf. In seiner Diagnose wird man dem Autor tendenziell zustimmen: Die meisten schultheoretischen Begriffe haben „etwas formlos Schwammiges“ (S. 15) an sich; die daraus entwickelten Theorien sind – sich gegenseitig kaum zur Kenntnis nehmend – von einem „traditionslosen Nebeneinander“ (S. 79) gekennzeichnet; und häufig wird Schultheorie gleichgesetzt mit Erziehungs- oder gar Bildungstheorie, Didaktik oder gar Schulpädagogik, das heißt: „Begriff und Gegenstandsbereich der Schultheorie (sind) bis heute ungeklärt geblieben“ (ebd.).

Wie aber sieht es mit der Prophezeiung *Adl-Amini*s aus, die Schultheorie aufzuheben? Für überflüssig hält er sie vor allem aus zwei Gründen: Zum einen sei die Beschäftigung mit einer „Theorie der Schule“ ein typisch deutsches Unterfangen, das andere Länder nicht nötig hätten … Und zum zweiten gäbe es einen viel besseren Ersatz für die allesamt nicht stichhaltigen Schultheorien, und das sei die Curriculumtheorie …

Das erste Argument ist relativ leicht zu widerlegen: *Adl-Amini* konsultierte das Nachschlagewerk „The Encyclopedia of Education“, fand dort den Begriff „Theory of School“ nicht und schloß daraus, „daß die Theorie der Schule eine Erfindung der deutschen Pädagogik ist, ein offensichtlich gegenstandsloser Begriff“ (S. 80). Natürlich ist der Begriff „Theorie der Schule“ ein typisch deutscher Begriff, der aber auch und gerade in den anglo-amerikanischen Staaten seine Pendants (aber nicht Synonyme) hat: Von *John Dewey*s „Democracy and Education“ (1916), deren schultheoretische Bedeutung *Fritz Bohnsack* (1976) einer ausführlichen Analyse unterzogen[24] hat, über das Programm eines „Deschooling Society“, das *Ivan Illich* (1970) vorgelegt hatte[25], bis hin zu *Neil Postman*s „The End of Education“[26] reichen die Überlegungen – *Towards a Theory of Education* ...

Auch das zweite Argument ist sehr vordergründig: Bekanntlich hatte *S. B. Robinsohn* in seiner bahnbrechenden Schrift (1967) die Bildungsreform als eine in der Tat permanente Revision des (schulischen) Curriculum verstanden[27], die sich entlang dieses Dreischritts vollzieht: Bestimmte (zukünftige) *Lebenssituationen* erfordern (bestimmte) *Bewältigungen*, wozu die Heranwachsenden (hier und jetzt) curriculare *Qualifikationen* erwerben müssen. Und da dies in einem sich stetig wandelnden Prozeß verläuft, ist das Curriculum und die damit verbundene Theorie prinzipiell offen und revisionsbedürftig. Soweit *Robinsohn*. Nun grenzt *Adl-Amini* zwei verschiedene Schultheorien scharf voneinander ab, die von einem linearen und einem multidimensionalen Typus nämlich. „Wie kann das gegebene Lernziel X optimal und effektiv vermittelt werden?“ – so fragen die einen, letztlich alle Schultheorien. „Warum muß das Lernziel X erreicht werden?“ – so fragt die *Amini*'sche Theorie (S. 110). Dies aber leistet die durch die „Kritische Theorie“ angereicherte Curriculumtheorie – folglich: Auch die „multidimensionale Schultheorie hat mithin keinen eigenen Objektbereich. Die systematische Herleitung ihres Objektbereiches hat ergeben, daß dieser mit dem Objektbereich der Curriculumtheorie identisch ist. Sie ist somit in der Curriculumtheorie aufgehoben. Ihre Aufhebung heißt indessen *Verzicht* auf den Begriff Theorie der Schule, der als Begriff ohne Inhalt leer, d. h. *überflüssig* ist” (S. 114). Mit diesen Worten endet das *opusculum Amini*s. Dem setzen wir zwei aus dem bisherigen Referieren abzuleitende Einsichten entgegen:

- Im Zentrum der (auch von *Robinsohn* vertretenen) Curriculumtheorie stehen die zu lehrenden und zu lernenden Inhalte des Unterrichts und nicht das gesamte Geflecht schulischer Realitäten. Und zweitens:
- Bereits *W. Kramp* hatte einer auf Akzeptanz zielenden Schultheorie die Berücksichtigung von wenigstens sieben Faktoren abverlangt[28]:
  1. Die *politischen Instanzen* und *gesellschaftlichen Gruppen*, die *de jure* Macht über die Schule haben;
  2. Die dahinter sich verbergenden *Normen*;
  3. Die der Schule zugesprochenen *Aufgaben*;
  4. Die der Schule bereitgestellten *Mittel*;
  5. Die von den Schülern in die Schule mitgebrachten *Kompetenzen*;

6. Die *Prinzipien der Lehrerbildung*; und
7. Die in der Schule waltenden *didaktischen Strategien*.

Ein solcher Umriß überschreitet weit das Terrain curricularen Denkens, Planens und Handelns, weshalb eine Gleichsetzung der einen mit der anderen Theorie nur um den Preis möglich ist, daß Curriculum mit Schule gleichgesetzt wird. Eine solche Aufblähung aber wird weder dem Unterricht noch der Schule gerecht.

Nicht überzeugen kann auch die begriffliche Klärung von (multidimensionaler) Schul*theorie* und Schul*pädagogik*, die „neben der Schulorganisation das ganze innere Geschehen der Schule" behandelt, schreibt *Adl-Amini* (S. 90) und fährt fort: „Wenn die Schulpädagogik ihr Augenmerk hauptsächlich der praktischen Arbeit in der Schule widmet, so leistet die Theorie der Schule ein Stück Aufklärungsarbeit über die Bedingungen der Möglichkeit dieser Praxis" (ebd.). Eine solche Trennung weist der Schulpädagogik die Funktion der „tumben" Praxis und der Schultheorie die der aufklärenden Theorie zu – eine in der deutschen Wissenschaftsgeschichte in der Tat nicht selten propagierte Mesalliance.

Wie wenig bzw. gar nicht *Adl-Amini* die Prophezeiung einer Aufhebung der Schultheorie in der Curriculumtheorie sowie einer Trennung von Schultheorie und Schulpädagogik selber durchhalten konnte, macht sein neun Jahre später publizierter „Grundriß einer pädagogischen Schultheorie" (1985) deutlich. Er bleibt entgegen seiner eigenen Prophezeiung bei einer Theorie der *Schule*; versteht sie explizit als *pädagogische*, d. h. als eine „für den Aufbau einer am Menschen orientierten Schultheorie"[29]; er konzipiert sie *interdisziplinär*; und begreift das Verhältnis von Schulpädagogik und Schultheorie als ein *dialektisches*. In der folgenden Skizze soll dieser Fortschritt sichtbar gemacht werden.

Abbildung 7:
Der Grundriß einer Theorie der Schule (in Anlehnung an B. Adl-Amini)

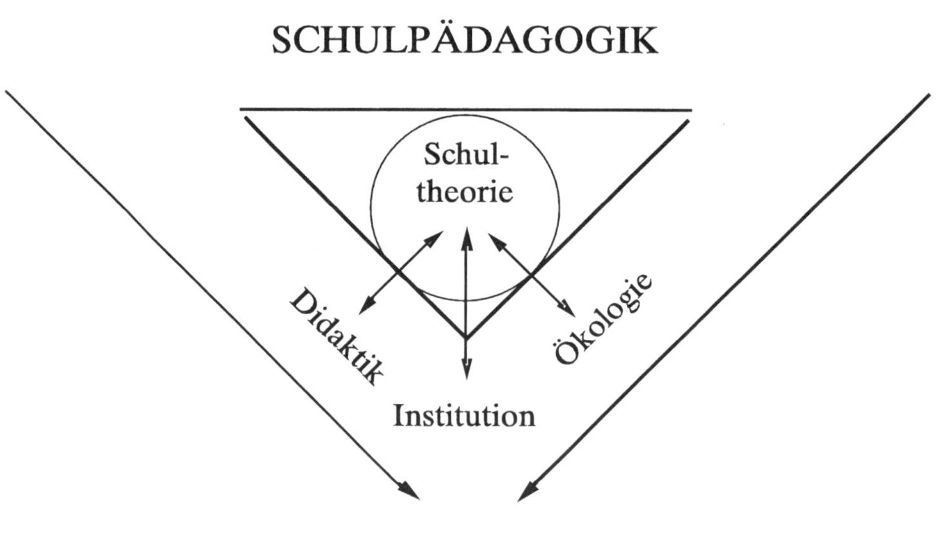

Schulpädagogik ist ein bestimmter *Bereich* der Pädagogik respektive Erziehungswissenschaft – vergleichbar der Historischen Pädagogik oder der Vergleichenden Erziehungswissenschaft. Innerhalb dieses praktischen Handlungsfeldes wirken bestimmte Theorien, und diese wiederum öffnen sich gegenüber den Problemen der Praxen. Die Schultheorie ist folglich eine gezielte Erkenntnissuche im Umkreis von Schule, und diese ist ein bestimmtes Handlungsfeld im Bereich der Schulpädagogik. Überzeugend entfaltet *Adl-Amini* die drei „Grundpfeiler" seiner umfassend revidierten Schultheorie:

- Da ist zunächst die *Institution* der Schule – als Organisation und Prozeß, die es beide zu erforschen gilt.
- Den zweiten Grundpfeiler bildet die *Didaktik* – als Zieltheorie, Prozeßtheorie und Handlungstheorie gleichsam das Herzstück jeder Schultheorie.
- Und schließlich gehört auch die *Ökologie* zur Schultheorie – sie meint in diesem Zusammenhang räumliche, dingliche und interpersonale Umwelt.

Da auf alle drei konstitutiven Elemente im Rahmen der hier zu vertretenden Schultheorie in späteren Kapiteln noch ausführlicher eingegangen wird, seien die Arbeiten von *Adl-Amini* an dieser Stelle verabschiedet. Das Büchlein von 1976 wurde nicht zuletzt deshalb relativ ausführlich referiert, weil es beispielhaft demonstriert, mit welcher Begriffsturbulenz wir es hierzulande zu tun haben, wenn es um die Klärung von Schule geht, und wie manche Autoren selbst ihre schärfsten Widersacher (geworden oder auch geblieben) sind – zum Glück.

*

5. Helmut Fend (geb. 1940): „Theorie der Schule" (1980) [30]

Spätestens mit dem zunächst in Konstanz und dann in Zürich lehrenden Österreicher *Helmut Fend* begann der Siegeszug der Soziologie innerhalb der und später über die Pädagogik. Die Schule als gesellschaftliche Institution, als *Funktion* (also abhängige Größe) *der Gesellschaft*, wurde ebenso betont wie die Gesellschaft als *Funktion der Schule* vernachlässigt. Die Betonung bedeutete zunächst einmal eine notwendige Erweiterung des analysierenden Blicks, denn es stimmt: „Die Schule – als Institution – erzieht"[31]. *Fend* arbeitete (sein Buch über „Gesellschaftliche Bedingungen schulischer Sozialisation" aus dem Jahre 1974 fortführend) besonders folgende gesellschaftliche Funktionen der Schule (genauer: der schulisch-institutionalisierten Sozialisation) heraus:

- Die Qualifikationsfunktion des Schulsystems -
- Die Selektions- und Allokationsfunktion des Schulsystems und:
- Die Legitimations- und Integrationsfunktion des Schulsystems.

Entlang einer Fülle empirisch-statistischer Daten sowie historischer Einordnungen läuft seine Theorie der Schule letztlich auf eine „Soziologie der Schule" hinaus, in der Schulen „als Instanzen der sozialen Beeinflussung“[32] angesehen, d. h. deskriptiv erfaßt und auf ihre normative Dimension ideologiekritisch ausgelegt werden. Eine solche Analyse, die auf *Talcott Parsons* zurückgeht, ist zu Recht eine „strukturell-funktionale Schultheorie“[33] genannt worden, die einerseits der in allzu naiver Idealität erstarrten Pädagogik die notwendige Gesellschaftsperspektive zumutete, andererseits aber auch an vielen Stellen über eine formale Sozialisationsanalyse nicht hinauskam. Immerhin markiert *Fend* einen Siegeszug der Soziologie innerhalb *der* sowie über *die* Pädagogik, der etwa Mitte der 70er Jahre begann und z. T. noch heute anhält. Autoren wie *H.-G. Rolff*[34], *K. Hurrelmann*[35], *K. Klemm*[36] oder *K.-J. Tillmann*[37] mögen hier wenigstens genannt werden. Wer als Pädagoge ihre Arbeiten liest, wird die vielschichtige Analyse der Schule als *soziale* Institution bzw. als *zweckrationale* Veranstaltung von Lehr- und Lernprozessen für ungemein aufklärend ansehen, andererseits just die Beschreibung der Schule als *formale* Organisation bzw. als *strukturell-funktionales* Gebilde, in dem sich die personalen Bezüge sowie die erziehlichen und didaktischen Probleme immer mehr verflüchtigen, für einseitig halten. Von Haus aus sind *Fend* u. a. Soziologen, deren Bücher Titel wie diese haben: „Gesellschaftliche Bedingungen schulischer Sozialisation“ (*Fend*, 1974), „Erziehung und Gesellschaft“ (*Hurrelmann*, 1975), „Soziologie der Schulreform“ (*Rolff*, 1980) oder „Sozialisationstheorien“ (*Tillmann*, 1989). Auch die „Schulstatistiken“ (wie sie *Klemm* regelmäßig vorlegt), die „Jahrbücher der Schulentwicklung“ (aus dem Dortmunder Institut für Schulentwicklungsforschung) oder die Arbeiten zur „Organisationsentwicklung von Schulen“ (die *Rolff* eingebracht hat), sind dringend benötigte *dates, facts, and figures* ... und doch sind sie mehr oder weniger quantitativ, formal, die Strukturen und (Inter-)Dependenzen aufzeigend, nicht aber qualitativ das, *was* da 'strategisch gelernt', 'schulisch sozialisiert' oder durch 'Wandel selbstorganisiert' werden soll. Zu diesem Genre zählen übrigens auch die Arbeiten von *Peter Fürstenau* – wenn auch psychoanalytisch akzentuiert[38]. Halten wir einstweilen fest:

So legitim die Schul-Soziologie die strukturell-funktional-organisatorischen Prozesse abzubilden sich bemüht, so notwendig muß die Schul-Pädagogik darauf bestehen, die im Rahmen dieser Strukturen aufzubringenden „Inhalte“ in Gestalt von edukativen und didaktischen Sachverhalten zu erforschen. Deshalb ist die *Fend*'sche Theorie in der Tat ein Meilenstein, hinter den niemand ohne Preisgabe von Wissenschaftlichkeit zurückeilen kann, der aber andererseits über sich und seine Markierung hinausweist.

*

1. Einschub: Lehrer-werden ist nicht schwer, Lehrer-sein hingegen sehr

Nun haben Sie sich – vielleicht sogar entlang der Lektüre der angegebenen Primärliteratur – recht mühevoll durch fünf Schultheorien gearbeitet. Da ist es an der Zeit, ein wenig zu verweilen, innezuhalten, den Humor nicht zu verlieren. Vielleicht verhelfen dazu die drei in verschiedenen Lehrerzimmern entdeckten Wandsprüche und die abschließende Karikatur:

Jeder macht, was er will;
keiner macht, was er soll;
aber alle machen mit –
Das ist Gruppenarbeit
unter Lehrern!

✻

Sechs Stunden Schule sind besser
als gar kein Schlaf –
Schüler mit solchen Ansichten
unterrichte ich gern!

✻

Theorie ist,
wenn man alles weiss,
aber nichts klappt.
Praxis ist,
wenn alles klappt,
aber keiner weiss warum.
An unserer Schule
sind Theorie und Praxis vereint:
Nichts klappt, und keiner weiß warum!

6. Karl Sauer (geb. 1925): „Einführung in die Theorie der Schule“ (1981) [39]

Dieses Büchlein des 1963 an der (damaligen) PH Lüneburg tätigen, aber aus gesundheitlichen Gründen sich mehr und mehr zurückziehenden *Karl Sauer* setzt die Kenntnis schulischer Strukturen voraus und ist primär an den anthropologischen sowie den gesellschaftspolitischen Voraussetzungen von Schule interessiert, ehe es dann in sechs miteinander verzahnten Kapiteln das „Verhältnis von Schule und Leben“ bestimmt, also „Schule und Verschulung“ problematisiert, die „Schularten und Schulstufen“ beschreibt, das „Schulleben“ selbst ausleuchtet, das oft leidige „Verhältnis von Schule und Hochschule“ klärt und – „Grundzüge einer zeitgerechten Schule“ skizziert. Natürlich können auch in diesem Abschnitt nur einige wenige Erkenntnisse dieser Theorie referiert werden. Ich beschränke mich erstens auf die Korrektur eines Zitates – nicht aus besserwisserischen Gründen, sondern weil es seit Jahrhunderten in entstellter Form durch die Pädagogik geistert und schlimme Folgen anrichtet. Und zweitens sollen mit Hilfe des *Sauer*'schen Buches Grundzüge einer zeitgerechten Schule verdeutlicht werden, zumal sie gegenüber den bisher ins Auge gefaßten eine erhebliche Bereicherung darstellen.

Sauer zitiert das „vielzitierte Seneca-Wort '*Non scholae sed vitae discimus*'“ (S. 6), um aber das Gegenteil zu begründen: „Das Ziel der Schule ist nicht die direkte Vorbereitung zum 'tätigen Leben'; da sie in 'Distanz' zum 'Leben' steht, verläuft der Weg zu ihm indirekt“ (ebd.). Nun, *Sauer* hätte sich bei dem Wahrheitsbeweis nicht um „eine ungewöhnliche Deutung“ (ebd.) dieses angeblichen *Seneca*-Wortes bemühen müssen, sondern das Original als Beleg anführen können. Dort heißt es nämlich am Ende des 106sten Briefes von *Lucius Annaeus Seneca*, d.J., der von 4 v. Chr. bis zum Jahre 65 n. Chr. lebte, an seinen Freund *Lucilius*[40]:

> *„Latrunculis ludimus. In supervacuis subtilitas teritur: non faciunt bonos ista, sed doctos. Apertior res est sapere, immo simplicior: paucis est ad mentem bonam uti literis, sed nos ut cetera in supervacuum diffundimus ita philosophiam ipsam. Quemadmodum omnium rerum sic litterarum quoque intemperantia laboramus: non vitae, sed scholae discimus. VALE.“*
>
> *Übersetzt lautet dieser Briefschluß: "Mit Steinchen spielen wir. Mit überflüssigen Fragestellungen jedoch nutzt man den Scharfsinn ab: nicht gut macht derlei, sondern bloß 'gelehrt'. Eine klarere Sache ist es, weise zu werden, nein, eine einfachere: wenig Wissenschaft braucht man für eine sittliche Seelenhaltung; doch wir verzetteln uns ins Überflüssige, sogar die Philosophen selbst. Wie in allen Dingen, so auch in der Wissenschaft, leiden wir an Maßlosigkeit: nicht für das Leben, sondern für die Schule lernen wir. LEBE WOHL!"*

Seneca, einflußreicher Politiker, Philosoph, Dichter und Erzieher (dem zeitweilig der spätere Kaiser *Nero* als Kind anvertraut wurde) und der nach dem Scheitern der „Pisonischen Verschwörung“ als angeblicher Mitwisser zum Freitod gezwungen wurde, wußte, warum er das Verhältnis „Schule und Leben“ eben nicht so zu kennzeichnen hatte, wie es in vielen Abschlußfeiern beschworen wird – meist um die in öder Langeweile absolvierte Schulzeit nachträglich gegenüber den „reifen" Schülern zu rechtfertigen. In der Tat: Nicht für das Leben, sondern für die Schule lernen wir! Was soll das auch für ein Leben sein, für das wir angeblich zu lernen hätten? Für den Konsum? Die Fernsehserien? Den Fußball? Den Halbtagsjob im Büro? Den Verkehr? (Heute …) Für den Aufenthalt in den Thermen? Die Gladiatorenkämpfe im Collosseum? Das Ziegelsteine-Schleppen in einer *insula*, einer römischen Wohnsiedlung also? Die Beherrschung der Zahlen? (Damals …) Wer das Lernen dem Leben nicht unkritisch ausliefern, es nicht an sich wandelnde Zwecke bloß anpassen und letztlich von der Diktatur des Alltags nicht beherrschen lassen will, der muß es gegenüber seinem Eigenwert schützen. Schule ist um der Bildung willen da; Lernen dient der Aufklärung; und Erziehung hat die Selbstbestimmung in Verantwortung gegenüber dem Gemeinsinn zum Ziel. Lassen wir es also bei dem korrekt zitierten *Seneca*, der die Eigenständigkeit der Schule gegenüber dem Leben betont hat. *Otto Willmann* (1839 – 1920), in Leipzig, Wien und vor allem in Prag wirkender Philosoph und Pädagoge, schrieb im zweiten Band seines 1882ff. erschienenen Hauptwerkes „Didaktik als Bildungslehre"[41]: „Der Maxime, daß die Jugend für das Leben lernen solle, stellt die Schule die andere gegenüber, daß sie auch für das Lernen leben müsse … Die Schule nimmt das Recht in Anspruch, geistige Kräfte zu wecken und zu pflegen, ohne durchgängig an den Nachweis von deren künftiger Verwendbarkeit gebunden zu sein".

*

Nun zu wenigstens drei der von *Sauer* skizzierten insgesamt sechs Grundzügen einer zeitgerechten Schule, die *in nuce* seine eigene (viel zu wenig beachtete!) Schultheorie beinhalten und uns zu folgenden Ausführungen anregen:

- Da ist erstens das „pädagogische Selbstbewußtsein" der Lehrer/innen zu nennen. Nicht eine *Rolle* soll der Lehrer, die Lehrerin spielen, sondern Lehrer/in *sein* – auch und gerade in der jeweiligen geschlechtsspezifischen Eigen-Art. Dies bedeutet zumindest zweierlei: Die Annahme jenes „Pädagogischen Bezuges", den *Herman Nohl* definiert hatte als „das leidenschaftliche Verhältnis eines reifen Menschen zu einem werdenden Menschen, und zwar um seiner selbst willen, daß er zu seinem Leben und seiner Form komme."[42]

  Und zweitens bedeutet Lehrer/in-sein, zwischen all den Widersprüchen und Ungereimtheiten, den Divergenzen und Antinomien, den Konflikten und notwendigen Spannungen zu vermitteln: Vergangenheit, Gegenwart und Zukunft; Herausforderung und Förderung; kognitive, emotionale und soziale Dimensionen; Ich, Du und Wir; Grenzen markieren und Freiräume gewähren … In Schule und Erziehung kann es keine Harmonie geben, sondern nur das mitunter schier verzweifelte Bemühen, die jeweils berechtigten Anliegen verschiedener Sachverhalte auszubalancieren – der Antinomielehrer, die konfliktfähige Lehrerin kennzeichnen eine gute Schule.

- Zweitens besteht *Sauer* darauf, daß sich die in der Schule zu leistende Unterrichts-, Erziehungs- und Bildungsarbeit an den „Grundwerten" zu orientieren habe. 1968ff. war es bekanntlich üblich geworden, den „Rekurs auf innere Werte" 'ideologiekritisch zu hinterfragen' (und die dabei selbst aufgebrachte Ideologie hinter einem Schwall von Soziologismen zu verbergen.) *A. Combe* z.B. (!) tat dies in seinem damaligen Besteller „Kritik der Lehrerrolle" (1971) vehement, indem er Lehrern mit solchen Werten unterstellte, sie würden sich damit zu idealen „Herrschaftsgehilfen"[43] machen (lassen). Geisteswissenschaftlich orientierte Pädagogen wie *G. Kerschensteiner* (1854 – 1932), *A. Fischer* (1880 – 1937) oder auch *E. Spranger* (1882 – 1963), für die das „Streben nach Werteverwirklichung im anderen Menschen", die „wertbejahende Hinwendung zu fremdem Leben" oder schlicht und ergreifend die „pädagogische Liebe" fundamentale Orientierungen waren, wurden ironisiert, verhöhnt und verspottet oder auch als Wegbereiter unheilvoller Entwicklungen gebrandmarkt. Von solcher „Ideologiekritik" hat sich die Pädagogik viele Jahre lang nicht erholt und erst im Zuge einer ratloser werdenden Gesamtsituation 1990ff. sich darauf besonnen, daß eine Erziehung ohne Werte letztlich wert-los ist und eine Schule ohne Ziele ziel-los herumirrt. Welche Werte aber können und müssen in unserer Demokratie Gültigkeit beanspruchen? Es sind die auf den Trümmern einer schrecklichen Barbarei aufgestellten grundgesetzlichen Werte, die in der Würde des Menschen kulminieren: Freiheit, Gerechtigkeit sowie Brüderlichkeit/Schwesterlichkeit (also Solidarität und Gemeinsinn) lauten jene Werte, die Erziehung in der Schule stets von neuem, in welch winzigen Ausmaßen auch immer sowie oft gegen viele Schwierigkeiten und Widerstände erfahrbar zu machen hat. „Daß Auschwitz nicht noch einmal sei"[44], mit anderen Worten: Daß *Wahrheit* im und durch Wissen sowie *Menschlichkeit* inmitten von mancher Barbarei lern- und erfahrbar werden, ist ohne den mal belächelten, mal heftig kritisierten „Rekurs auf innere Werte" nicht einlösbar – da haben *Adorno* und *Sauer* recht.

- Und drittens schließlich beschreibt *Sauer* das Verhältnis der Schule (vor allem) zum Staat entlang der Formel von einer „relativen Autonomie". Seine ungemein anregenden Ausführungen berechtigen zu folgenden Fortsetzungen:

  Nomos kommt aus dem Griechischen und meint das Gesetz; *auto* heißt: selbst; ich selbst gebe mir das Gesetz; bin deshalb autonom und bezeichne diesen erstrebten oder erreichten Zustand als Autonomie. Dies sollte man wissen, bevor man über die „Autonomie der Schule" oder gar „die autonome Schule" redet. Denn ein solcher Prozeß oder Zustand ist weder erreichbar noch wünschenswert, sondern eine Utopie, eine gefährliche dazu. Zum einen ist nämlich keine Schule, auch die freieste Alternativschule nicht, losgelöst von den sie umgebenden gesellschaftlichen, juristischen oder ökonomischen Gegebenheiten denkbar, sie ist und bleibt Teil eines größeren Ganzen. Und zweitens soll sie dies auch sein, weil sie anderenfalls just jene *Antinomie* zerstört, für deren Aushalten sie da zu sein hat – die Antinomie nämlich zwischen der jeweils älteren Generation und ihrem Recht auf Tradierung ihrer Ein- und Ansichten einerseits und dem Recht der jüngeren Generation auf ihre eigenen Wege und Ziele andererseits. Der wohl bedeutendste Begründer eines Denkens in Wider-Sprüchen, der 1768 geborene und 1834 verstorbene Theologe und Pädagoge *Friedrich Schleiermacher*, hat diesen Sachverhalt in seinen „Vorlesungen aus dem Jahre 1826“ wie folgt ausgedrückt: „Die Erziehung soll so eingerichtet werden, daß beides in möglichster Zusammenstimmung sei, daß die Jugend tüchtig werde einzutreten in das, was sie vorfindet, aber auch tüchtig in die sich darbietenden Verbesserungen mit Kraft einzugehen.“[45] Zeiten, in denen das herrische Entweder-oder kommandiert, in denen die -ismen walten oder *Political* respektive *Pedagogical Correctness* dominiert, sind solche „Zusammenstimmungen“ freilich zuwider, erfordern sie doch permanent ein mühevolles Herstellen jenes Ausgleichs, der zwischen zwei gleichermaßen berechtigten Sachverhalten walten muß, wenn der eine zugunsten des anderen nicht preisgegeben, gar zerstört werden soll. Eine um „relative Autonomie“ (besser: um ein Bestmaß an Selbstbestimmung) sich bemühende Schule ist in der Tat eine wesentliche Grundlage einer demokratischen und humanen Schule, die Subordination nicht weniger zurückweisen muß als die Usurpation von Allmächtigkeit.

*

7. Theodor Ballauff (1911–1995): „Funktionen der Schule“(1984) [46]

Über 500 Seiten stark ist die hier zu würdigende Schrift des Mainzer Erziehungswissenschaftlers *Theodor Ballauff*, der damit an sein 1964 erschienenes Büchlein „Schule der Zukunft“[47] anknüpfte, 1984 aber weit ausholende „historisch-systematische Analysen zur Scolarisation“ vorlegte. Die beiden ersten Sätze (auf S. 1) lauten: „Die Geschichte der Schule ist ein Trauerspiel. Gemessen an dem, was man ihr auftrug und was man von ihr erwartete, enttäuschten ihre Institution und die Vorgänge in ihr immer aufs neue.“ Und zuletzt lesen wir die Sätze (auf S. 431): „Die simple Zielsetzung der Sozialisation: Qualifikation und Identität wird sie (gemeint: die Schule, *r. w.*) in ihrer eruditiven Funktion in selbstlose Verantwortung der Wahrheit zu verwandeln trachten, eingedenk der Unbezielbarkeit der Bildung. Ein Kranz von konvertierten Funktionen kann und muß diese Mittelbarkeit, Unplanbarkeit und Unbewirkbarkeit der Bildung ermöglichen. Ja alle Funktionen können mehr oder minder ihre Konversion dadurch erreichen, daß sie zu jener Ermöglichung beitragen.“

Zwischen der harten Anklage und dem versöhnlichen Schluß wird (keine Geschichte der Schule geboten, wohl aber) „eine historische Empirie der Interpretation der Schule und der Reflexion dieser Interpretationen in ihren versuchten Realisationen” (S. 7). Dabei will *Ballauff* nichts 'beweisen', sondern verstehen, warum die Schule, die sich in ihren Funktionen expliziert und exponiert, in den verschiedenen

Epochen mal in dieser, mal in jener Gestalt zeigte, mit anderen Worten: mal diese, mal jene Funktionen besonders ausprägte, vernachlässigte oder umwendete (konvertierte). Seine Methode ist hermeneutischer, verstehender (nicht beweisender) Art: „Verstehen ist nicht Erklären ... Erklärend verfahren wir, wenn wir nach Ursachen forschen ...; das Verstehen forscht nicht nach Ursache und Wirkung, nach dem *Warum,* sondern erfaßt die Bedeutung" – schrieb *Rüdiger Safranski* in seiner großen „Schopenhauer-Biographie"[48]. Die Schule in ihrem Realitätsprozeß verstehen und auf ihre Potentialität hin auslegen, ist *Ballauffs* Anliegen. Dazu dient ihm „ein Kranz von Funktionen", der in der folgenden Abbildung 8 dargestellt ist und auf sein Geworden-sein hin von *Ballauff* in immer wieder neu ansetzenden Längsschnitten durch die Geschichte ausführlich analysiert wird – was hier natürlich nicht geschehen kann.

Ballauff ist Bildungstheoretiker[49], schließt keine dieser 31 Funktionen generell aus, sondern befragt sie auf ihre bildende Bedeutung hin. „Schule, die sich nicht um Bildung bemüht, betreibt den Meuchelmord der Schule", sagte er in einem Gespräch[50] und fügte hinzu: „Der Mensch wird Mensch, indem er teilhat am Denken. Und dies sollten Schüler lernen, daß sie nicht *über* das Denken verfügen, sondern *am* Denken partizipieren."

Wie die Speichen eines Rades drehen sich die Funktionen der Schule im Laufe der Geschichte – oder werden gedreht: Zur Zeit *Karls des Großen* z. B. dominierte die emendative Funktion ähnlich wie nach dem 1. Weltkrieg: dem einen waren missionarische Verbesserungen wichtig, dem andern reformpädagogische. Daß die Schule eine Funktion der Gesellschaft ist, kann historisch genauso belegt werden wie der umgekehrte Sachverhalt: „Die Gesellschaft ist auch eine Funktion all dessen, was in ihr als Schule fungiert. Wie und was die Schule tradiert, wie sie formiert und sozialisiert, auf was hin sie ausrichtet und welche Infragestellungen sie mit sich bringt, das alles wird die Gesellschaft, wird einen Staat, ein Gemeinwesen auf die Dauer tiefgreifend beeinflussen" (*T. Ballauff*, 2.1984, S. 9).

Im einzelnen geht *Ballauff* bei der Analyse der Funktionen so vor, daß er sie in der Regel unter folgenden Aspekten 'abhandelt': Da werden zunächst die jeweiligen Intentionen herausgestellt – z. B. die der exonerierenden, also der entlastenden Funktion (ebd., S. 242ff.) der Schule. Eltern, bestimmte gesellschaftliche (Berufs-)-Gruppen überantworten die Kinder, um selbst freier zu sein bei ihrer Arbeit oder auch ihrem Vergnügen. Sodann sucht *Ballauff* die in der Geschichte vorfindlichen Argumentationen, seien es Schulordnungen oder Monographien. Drittens werden die Motivationen herausgestellt; viertens die organisatorischen Formationen; fünftens die Realisation; und schließlich trägt er eine kurze Kritik vor. Dabei zeigen sich alle Schulfunktionen in ihrer Ambivalenz: Eine sinnvolle Entlastung z. B. kann zur Abschiebung werden, eine partielle Überantwortung zur Kasernierung. Die entscheidende Frage bleibt: Was oder wer, welcher Umstand oder Prozeß entscheidet über die Qualität der jeweiligen Funktion? Rückschauend läßt sich dies häufig ausmachen: Dominanz, Einseitigkeit, Verbindung mit anderen Funktionen etc. sind

Abbildung 8: Die Funktionen der Schule (nach T. Ballauff)

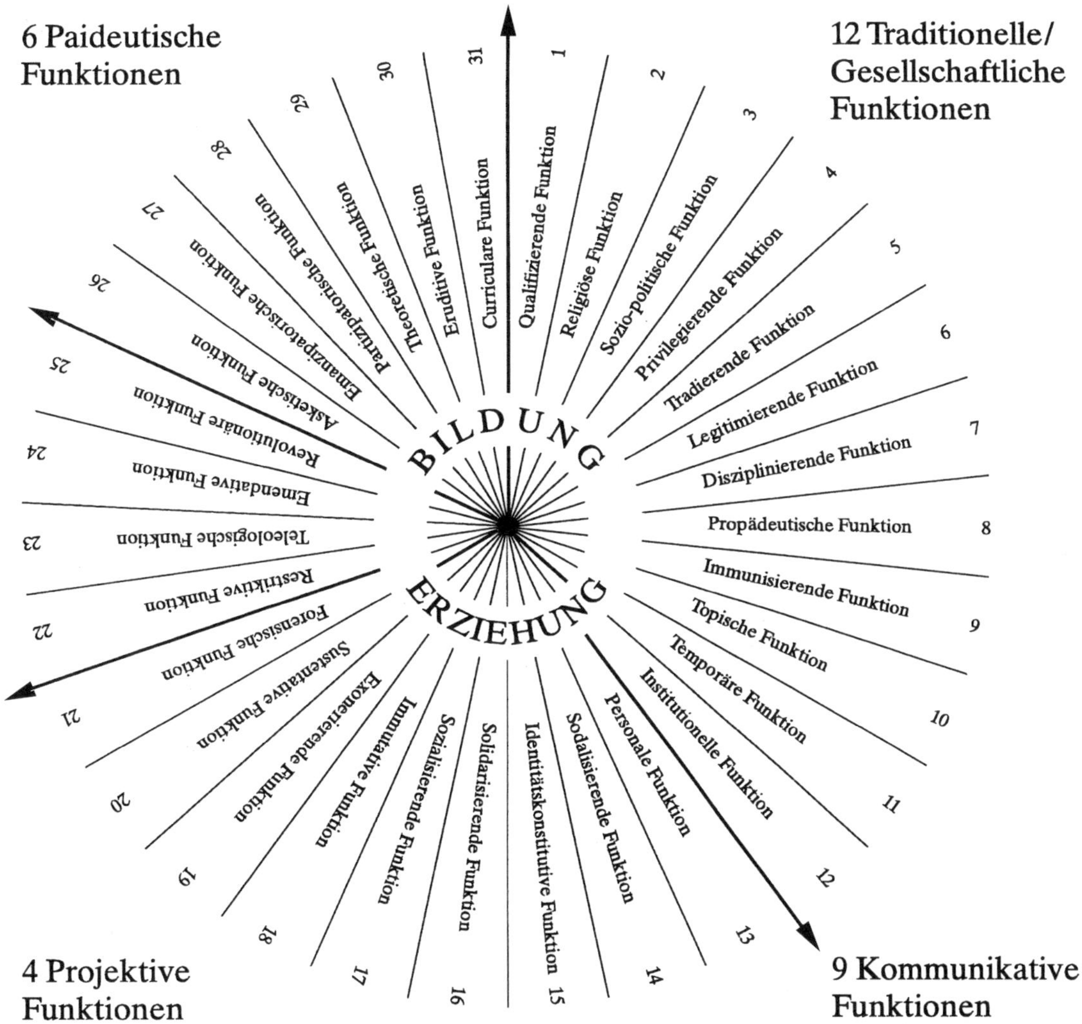

wichtige Indikatoren. Was aber entscheidet heute über die morgige Schule? Welche Funktionen sollen besonders beachtet, unterstützt oder auch eingeschränkt werden? Die Antworten auf diese zentralen Fragen bleiben bei *Ballauff* relativ unscharf, sind häufig nur indirekt zu erschließen oder werden auf die mögliche „Konversion" verwiesen, „wie sich Funktionen in sich 'umwenden' lassen und so einen neuen Sinn, eine Konversion ins Positive finden: die ... disziplinierende in die asketische ..., die sozialisierende in die eruditive Funktion" (ebd. S. 431). Zu vermuten bleibt, daß es eines zweiten Bandes bedurft hätte, um die „Konversionen" exakt zu bestimmen. Vielleicht ist aber auch die damit verbundene Vorstellung falsch. Eine Mitte, in der alle Funktionen gleichsam koinzidieren oder der die Funktionen zumindest aufgrund ihrer Erziehungs- und Bildungsmächtigkeit ihre Orientierung gewähren, scheint mir die angemessenere Metapher zu sein. Immerhin: Wer sich an der mitunter recht schwer verständlichen Sprache *Ballauffs* und den vielen, vielen Fremdwörtern nicht stört, wird dieses Buch nach der Lektüre als ein anderer aus der Hand legen – wissender und gebildeter.

*

8. Werner Heldmann (geb. 1927): „Kultureller und gesellschaftlicher Auftrag von Schule" (1990) [51]

Der zunächst an der PH Neuss und ab 1980 an der Universität Düsseldorf wirkende *Werner Heldmann* legte 1990 eine 756seitige Arbeit vor, die in vielerlei Hinsicht an die 23 Jahre früher erschienene *Wilhelm*'sche „Theorie der Schule" erinnert: Sie hat monographischen Charakter, ist eine bildungstheoretische Studie zum Schulkonzept des nordrhein-westfälischen Philologenverbandes über „Die soziale Leistungsschule", und sie ist eine in der wissenschaftlichen Diskussion zwar häufig zitierte, aber kaum durchgearbeitete Theorie der Schule – leider. Zunächst seien zwei positive Merkmale von zahlreichen Vorzügen dieser Studie herausgestellt. Zum einen bettet sie die deutsche Schultheorie in den *europäischen* geistesgeschichtlichen und bildungspolitischen Kontext ein, was die vorausgegangenen Theorien kaum versuchten: „Die Bildungspolitik muß sich daher im Blick auf die Herausforderungen, die der gemeinsame Markt in Europa und das vereinigte Deutschland mit sich bringen, auf das Unverzichtbare besinnen" (S. 50). Was aber ist das Unverzichtbare? *Heldmann* fährt fort: „Unverzichtbar sind hier die Prinzipien Qualität und Leistung, die auch die bestimmenden Marktprinzipien in Europa sein werden" (ebd.). Zum zweiten hat *Heldmann* das gesamte Bildungssystem in der Bundesrepublik Deutschland daraufhin *strukturell* neu entworfen, und zwar wie in der 9. Abbildung sichtbar gemacht. Entscheidend ist die Begründung. Er schreibt (auf S. 327): „Die Freiheit, die Mitmenschlichkeit und die Leistung stehen in einem sich gegenseitig bedingenden Zusammenhang. Jede Verabsolutierung oder Abschwächung eines Aspektes zu Lasten oder zu Gunsten der anderen Aspekte führt zu Ungerechtigkeiten, zu menschlichen Notlagen und zu sozialen Mißständen. Dieses zu verhindern, ist die Aufgabe des freiheitlichen Sozialstaates, der sozialen Leistungsgesellschaft und der sozialen Leistungsschule."

So bestechend auf den ersten Blick auch diese zweite Aussage ist, in der um ein mühsam auszubalancierendes Zur-Geltung-Bringen divergenter Ansprüche geworben wird, so deutlich zeigt sich ihr Nachteil auf den zweiten Blick. Denn an dem gegliederten Schulsystem wird deshalb nicht gerüttelt, weil dem freien Angebot letztlich der Vorrang zugestanden wird: *in dubio pro libertate* (nicht aber *pro humanitate* oder *pro qualitate*). Nicht nur im Zweifelsfall – was man noch hinnehmen würde -, sondern *vorweg* rangiert die Freiheit (zu wählen) vor der Mitmenschlichkeit (um der anderen willen) und der Leistung (vor allem der Schwachen). Diese apriorische Priorität löst *Heldmann* dadurch ein, daß er so *früh* wie möglich Selektionen anbietet (in der 4jährigen Grundschule) und die bekannten Schulformen wie die vier Säulen eines Tempels *nebeneinander* stellt. Ein System aber, das bestimmte Gruppen um deren Freiheit willen bevorzugt und andere benachteiligt, kann nicht uneingeschränkt der freien Wahl überantwortet werden – es sei denn um den Preis der Fortsetzung seiner eingeschränkten Menschlichkeit.

Auch im ersten Argument liegt ein Nachteil: So richtig die Blickerweiterung auf Europa ist und so unverzichtbar Qualität und Leistung sind (denn mit Ignoranz ist Bildung nicht zu haben), so falsch ist der Bezugspunkt: bei *Heldmann* der Markt, womit wohl der ökonomische Sektor gemeint ist. Schule aber dient nicht dem Markt, sondern der Bildung von jungen Menschen, zu der gewiß auch die vom Individuum für sich und für andere aufzubringende und die von der Gesellschaft für den einzelnen und bestimmte Gruppen zu gewährende Leistung gehört – aber letztlicher Bezugspunkt von Bildung in der Schule ist die Leistung (wozu?) eben nicht.

Vielen anderen Passagen im *Heldmann*'schen Oeuvre wird man zustimmen können, so daß manche davon in die eigene Konzeption einfließen werden.[52]

Abbildung 9: Die Struktur der Sozialen Leistungsschule (nach W. Heldmann)

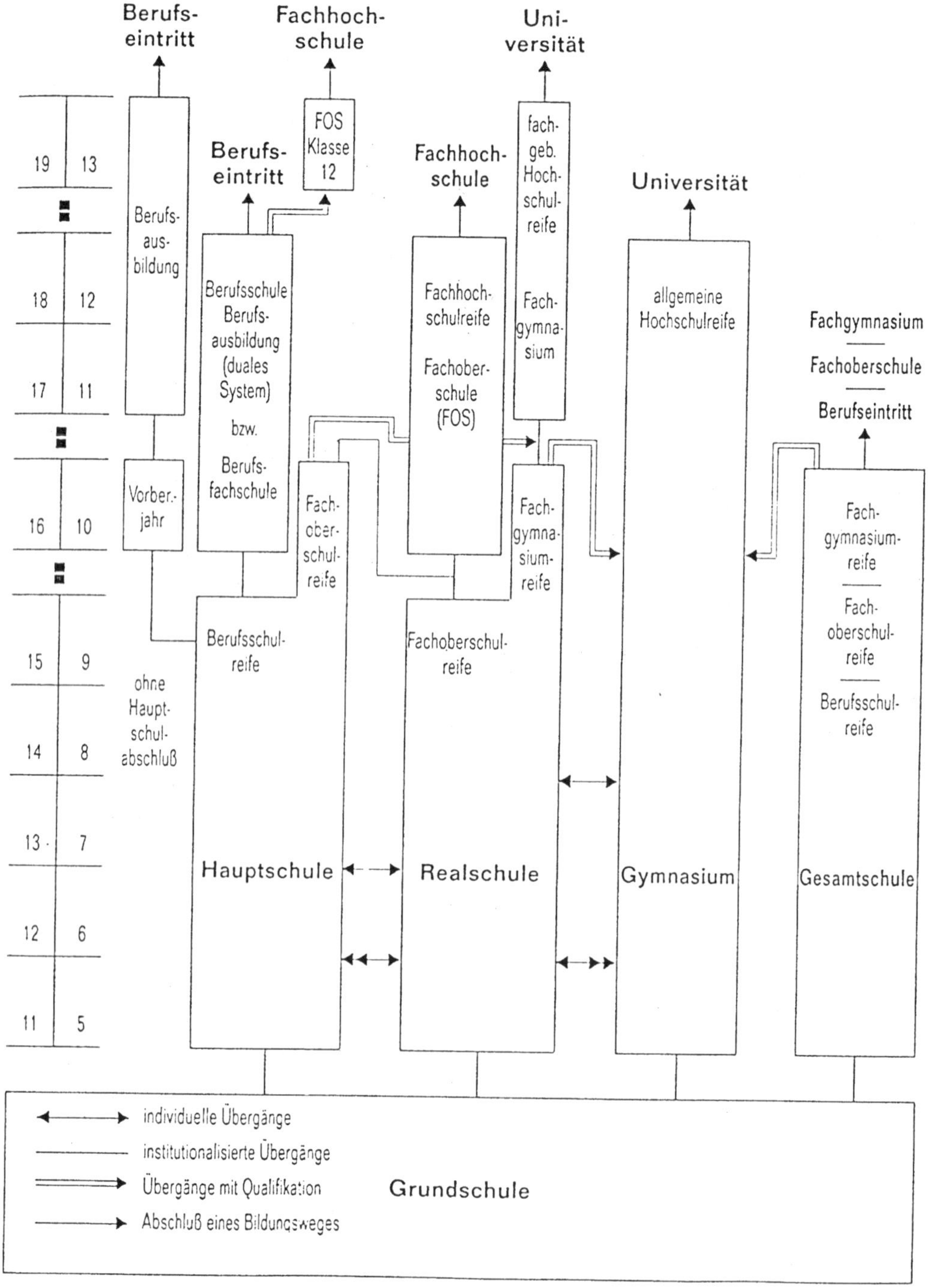

*

9. Jakob Muth (1927 – 1993): „Schule als Leben“ (1992) [53]

Der zunächst an verschiedenen PHs und ab 1970 an der Bochumer Universität lehrende *Jakob Muth* war Schüler von *T. Ballauff* und *O. F. Bollnow* und hinterließ ein reichhaltiges Oeuvre: im Bereich der Didaktik, der Integrationspädagogik und der Schultheorie bzw. der Schulpädagogik. Auch hier wollen wir uns beschränken und nur auf das eingehen, was bisher noch nicht (hinreichend) zur Sprache gekommen ist[54].

„Seit 1958 lehre ich Schulpädagogik im Hochschulbereich. Von diesem Jahr an beschäftigt mich in der akademischen Lehre die Schultheorie“, schrieb *J. Muth* 1984 in einem Abriß seines bisherigen Wirkens[55]. Und er verwies die Theorie der Schule an drei Aufgaben: an ihre eigene „historische Dimension“, an die „Eigengesetzlichkeit und den Eigenwert“ von Kindheit und Jugend sowie an den „Kanon der Allgemeinbildung“. Mit diesem letzteren ist vor allem gemeint, „daß der Schule die Aufgabe der Menschenbildung zukommt, daß, bevor gelehrt wird, 'Grundstücke zu vermessen', gelehrt worden sein sollte, 'woran ein Mensch genug hat'. Darauf muß sich die Schultheorie in unserer Zeit wieder besinnen.“[56] Woran aber hat ein Mensch genug? Wo liegen seine Möglichkeiten und seine Grenzen? Auf zwei Schriften *Muth*s soll genauer eingegangen werden.

Da ist zunächst die im Anschluß an *Herbart* (1962; 3.1982) konzipierte Untersuchung über den „Pädagogischen Takt“, auf die bereits im I. Kapitel eingegangen wurde. *Muth* hat zwar keine vollständige Theorie der Schule hinterlassen, wohl aber wichtige Bausteine einer solchen zu einem bedeutsamen Umriß geformt. Im Zentrum dieser Umriß-Theorie, die eine anthropologisch-personale ist, stehen der Lehrer und der Schüler – die Genera sind hier ohne Belang. Hatte *Herbart* den „Pädagogischen Takt“ als „Mittelglied“ zwischen der pädagogischen Wissenschaft und der pädagogischen Praxis und damit als ein umklammerndes Element bezeichnet[57], so nähert sich *Muth* dieser Problematik auf phänomenologische Weise. Weil „alles Lernen letztlich unstetig und in einer prinzipiellen Unverfügbarkeit für den Lernenden“[58] ist, kann auch der Lehrende keine endgültige Planbarkeit und Steuerbarkeit des Unterrichts usurpieren, sondern ist an jenen Takt, jenes behutsame Agieren und Reagieren verwiesen, das *Muth* zweifach ausdimensioniert: als Pädagogischen Takt in Form erzieherischen und als Form didaktischen Handelns[59]:

Pädagogischer Takt –	
(nach *Jakob Muth*) er äußert sich:	
als erzieherisches Handeln	**als didaktisches Handeln**
1. in der Verbindlichkeit der Sprache	1. in der Situationssicherheit
2. in der Natürlichkeit des Handelns	2. in der dramaturgischen Fähigkeit
3. in der Vermeidung der Verletzung	3. in der improvisatorischen Gabe
4. in der Wahrung der Distanz	4. im Wagnis freier Formen

Ohne diesen Takt, der als Element der Bildung auch einer letztlichen Unverfügbarkeit anheimgegeben ist, kann Schule ihre pädagogisch-didaktische Aufgabe nicht erfüllen: nämlich einzuladen in das der Wahrheit verpflichtete Denken und in das mitmenschliche Handeln – um der Bildung der Schüler willen.

Für diesen jungen Menschen findet Schule statt; Schüler-sein ist (s)ein Beruf; die Theorie dieser Schule ist am Wohl und Wehe jedes einzelnen Kindes interessiert. Erst vor dieser Folie werden die von *Muth* in seiner „Schulpädagogik" (1978) entfalteten Probleme didaktisch bedeutsam – also:

- die Beurteilungs- und Auswahlkriterien,
- die Formen der Differenzierung,
- die verschiedenen Curricula,
- die Methoden und
- die Integration behinderter Kinder.

Ob innere Differenzierung oder Tagesschule, Zensurenfreiheit oder Team Teaching, Koedukation oder Epochenunterricht, Außerschulisches Lernen oder Medienverbund ... all diese Alltagsrituale einer um eine gute Qualität bemühten Schule sind nur dann schulpädagogisch und also schulpraktisch sinnvoll, wenn sie schultheoretisch in der Einsicht koinzidieren, die sein Lehrer *Ballauff* (3.1968, S. 22) wie folgt ausgedrückt und (1984) hinreichend begründet hat: „Wir müssen deshalb eine eigenständige Schule fordern, die, mit eigenen Maßgaben ausgerüstet, den einzelnen freigeben darf, inmitten der Gesellschaft seinen eigenen Weg zu gehen, auch auf die 'Gefahr' hin, daß daraus Kritik an der Gesellschaft und ihre Umwandlung resultieren." Welche zahlreichen Probleme mit dieser eigenständigen „Schule als Leben" verbunden sind, hat *Muth* in der gleichlautenden, in seiner letzten Schrift (1992), ausführlich erläutert.

*

10. Hartmut von Hentig (geb. 1925): „Die Schule neu denken" (1993) [60]

Wohl kaum ein anderer Pädagoge hat – zumindest im 20. Jahrhundert – mehr über die Schule geschrieben und mehr für die Reform der Schule getan als der 1925 geborene *Hartmut von Hentig* – Gründer (1974) und langjähriger Wissenschaftlicher Leiter der Bielefelder Laborschule und des dortigen Oberstufenkollegs (bis 1987). Sein Werk ist immens[61]: es umfaßt Dutzende von Büchern, Hunderte von Aufsätzen; in ungezählten Vorträgen, in Filmen und auf Tagungen hat *Hentig* für „seine" Schule geworben, gestritten, gelitten – 1993 erschien das Buch „Die Schule neu denken", das vieles von dem bündelt, was er vorher ausgebreitet hatte. Ihn und seine Schulkonzeption hier vorzustellen, bereitet also zum einen wegen der schier überquellenden Quantität die meisten Skrupel, zum anderen gesteht sein Referent, daß er diesem publizistischen und praktischen Engagement wichtige Impulse verdankt, mehr noch: ohne *HvH* wäre es die hier vorgelegte Schrift mit Sicherheit eine andere.

Damit sind wir beim Problem, denn *Hentig* ist gewiß ein großer Anreger innerhalb der Pädagogik, ein leidenschaftliche Reformer von Schule, ein Förderer vieler Reformer ..., aber er ist kein Systematiker, kein in der Erziehungs*wissenschaft* eindeutig zu ortender Kollege, kein Theoretiker, der ein – wie auch immer zu tradierendes – Theoriegebäude hinterlassen hat. Vergleichbar seinem großen Vor-Bild *J. – J. Rousseau* oder auch *J. H. Pestalozzi* oder *J. Dewey* oder ... muß man dieses Lebens-Werk als ein Vademecum betrachten, das einen zu einem lebenslangen Gespräch einlädt. Mit diesen Vorüberlegungen seien insgesamt drei Merkmale der *Hentig*'schen Schulkonzeption vorgetragen und drei kritische Anmerkungen gemacht.

1. Merkmal: *Hentig*s Schule ist eine Gesamtschule, die Schüler so lange wie möglich beieinander und so spät wie notwendig getrennte Lernwege gehen läßt. Zwar haben auch einige der vorweg referierten Schul*männer* (!) die Strukturfrage aufgeworfen und sich – wie *Muth* zum Beispiel – für die Gesamtschule ausgesprochen, aber so klug und so pädagogisch (also jenseits vom Chancengleichheitsgerede) wie *Hentig* hat niemand die gesamtschulartige Struktur der Schule begründet. Seine 13 „Lernziele der Gesamtschule"[62] sind bis heute Vermächtnis und Auftrag zugleich.

2. Merkmal: *Hentig*s Schule ist eine Lebens- und Erfahrungsschule, in der so viel Erfahrungslernen wie möglich und so wenig Belehrung wie notwendig stattfindet. Daß auch dieses zweite Merkmal seine ausführliche – bis auf *Platon* bzw. die *„Sokrates-Frage"* nach der Lehrbarkeit der Wahrheit (der *alétheia*) und der Lernbarkeit des Guten (der *areté*) zurückgehende – erkenntnistheoretische Begründung erfährt, sei hier wenigstens erwähnt. „Lernen durch Handeln" – auch geistiges Handeln, *„learning by doing" – with hand and head,* das hatte *Hentig*, der an der „University of Chicago" studiert und die dortige „Laboratory School" von *John Dewey* stets als eine entscheidende Anregung empfunden hat, in vielen Dimensionen entfaltet. Allmählich entwickeln sich deshalb die Fächer an der Bielefelder Laborschule, auch heute noch, also nach *Hentig*s Ausscheiden[63], aus den fünf Erfahrungsbereichen:

Umgang von Menschen mit Menschen (Sozialwissenschaften); Umgang mit Sachen – beobachtend, messend, experimentierend (Naturwissenschaften); Umgang mit Sachen – erfindend, spielend, gestaltend (Künste); Umgang mit Gedachtem, Gesprochenem und Geschriebenem (Sprachen/Mathematik); Umgang mit dem eigenen Körper (Sport, Tanz, Gymnastik, Körperpflege).

3. Merkmal: *Hentig*s Schule ist eine reformpädagogische Schule, die sich den klassischen Forderungen der *progressive education* ebenso verpflichtet weiß wie neuen und auf die aktuellen Belange bezogenen Reformen. Ob Projektunterricht oder *community education*, lerndiagnostisches Beurteilen oder Erlebnispädagogik, die Unterhaltung eines Schulgartens oder die Pflege von Tieren ... durchaus eklektisch und völlig unkonventionell werden die verschiedensten reformpädagogischen Rituale in der *Hentig*'schen Schule aufgehoben – im dreifachen Sinn des Wortes: mitgenommen, bewahrt und auf einer höheren Ebene in ein neues Gesamtkonzept überführt. Denn sie dienen nicht dem Ankurbeln einer Kraft, mit deren Hilfe die Reformen gleichsam Karussell fahren, sondern der Bereitstellung jener Grunderfahrungen, die junge Menschen gemacht haben müssen, „um in der Gesellschaft, in der Kultur zu bestehen: körperliche, sinnliche, intellektuelle, ästhetische, politische, sittliche“[64] Erfahrungen.

Wenn im folgenden drei Einwände gegen die hier vorzustellende Konzeption von Schule formuliert werden, dann nehmen sie nichts von der positiven Würdigung *dieser* Merkmale zurück, sondern bringen drei weitere zur Sprache, die allerdings hier auf eine kritische Skepsis stoßen.

1. Einwand: *Hentig*s Überlegungen zur Schule münden, besonders in seiner „Übung zur praktischen Vernunft“ (1993), nicht in eine Theorie der Schule, sondern bleiben programmatisch. Im I. Kapitel sind die Unterschiede zwischen Programmatik, Modell und Theorie herausgearbeitet worden, so daß wir uns hier beschränken können. Vergleichbar der von der *Bildungskommission NRW* (1995) vorgelegten Denkschrift „Zukunft der Bildung – Schule der Zukunft“[65] findet man in *Hentig*s Schrift(en) viele wünschenswerte Reformvorschläge, aber sie bleiben Programm, sind mitunter Modell und nur hier oder da von theoretischer Valenz. Eine Theorie der Schule jedoch muß sich historisch-systematisch begründen, und das will die *Hentig*'sche Schulkonzeption ganz und gar nicht. Sie will provozieren, anregen, einklagen ... – und tut dies zumeist mit klugen Argumenten: nicht weniger, aber auch nicht mehr.

2. Einwand: Immer wieder taucht in fast allen Schriften *Hentig*s die Metapher von der *polis* auf, die gleichsam als (schul-)pädagogisches Idealmodell fungiert. „Auch heute“, schreibt *Hentig* (1993, S. 9), „sind unsere Schulen nicht ein Lebens- und Erfahrungsraum, nicht *a place for kids to grow up* in, nicht die polis, an deren Idealen, Aufgaben und Problemen die jungen Menschen lernen und sich bewähren ...“ Natürlich denkt *Hentig* dabei nicht nur, aber auch an den einstigen Stadtstaat Athen, meint aber letztlich die Polis als „die Gesamtheit unserer gemeinsamen Lebensordnungen“ (ebd., S. 182) und definiert „die Schule als (!) *polis*“ (ebd., S. 179): Die Schule als ein Staat (?), eine Gesellschaft (?), eine Lebensgemeinschaft (?) im klei-

nen, deren dort gelernte Einsichten auf das große Ganze übertragbar sind? Die *res humana* als Verkleinerung der *res publica*? Eine doppelte Skepsis bleibt: Da ist zum einen die geschichtliche Realität. Wer die in der Geschichtswissenschaft als erstklassig geltenden Darstellungen der athenischen Stadtgeschichte von *Christian Meier* (1993) und *Christian Habicht* (1995) sowie die Geschichte des antiken Rom von *Frank Kolb* (1995) liest, also die von dem Münchener Althistoriker *Meier* minutiös ausgebreiteten politischen, sozialen und religiösen Probleme der Polis Athen ebenso durcharbeitet[66] wie die epigraphische Studie des seit 1973 am „*Institute for Advanced Study*“ in Princeton forschenden *Habicht* über das Geistes- und Politikleben der 'Schule von Hellas'[67], wer darüber hinaus die Schrift des Tübinger Altertumsforschers *Kolb* über die römische Kaiserstadt mit ihren Bauten, Quartieren, Versorgungen, Vergnügungen, Bevölkerungen, Topographien und Religionen konsultiert[68], der wird der heutigen Schule eine andere Metapher zuordnen wollen als die der *polis*, in der es – neben grandiosen Dingen und Ereignissen – auch Sklaven und entrechtete Frauen, Oligarchien und quälende Kultriten, Verbannungen und Schierlingsbecher gab. Diese u. a. Realitäten sollen doch wohl nicht im Ernst zur Gesamtheit *unserer* Lebensordnungen zählen ... Darüber hinaus ist die Analogie (hier die Schule als Stadt im kleinen, dort die große Republik) nicht überzeugend und schon von *Georg Kerschensteiner* in seiner *Dewey*-Rezeption mißverstanden, aber von *T. Wilhelm* als Fehlschluß aufgedeckt worden[69]. *Dewey* hatte in seinem Buch „The School and Society“ (1900) gefordert: „*To make each one of our schools an embryonic community life, active with types of occupation that reflect the life of the larger society, and permeatet throughout with the spirit of art, history, and science.*“ Dieses Postulat übersetzte *Kerschensteiner* in seinen 1907 zum erstenmal publizierten „Grundfragen der Schulorganisation“ (5.1927, S. 7) wie folgt: „Jede von unseren Schulen ist zu einem Staatsleben im kleinen zu machen, das durch seine Beschäftigungsarten das Leben der größeren Gesellschaft widerspiegelt, und das durchtränkt ist vom Geiste der Kunst, Geschichte und Naturwissenschaften.“[70] Zwei Fehler beging *Kerschensteiner*: Die „amerikanische 'community' ist nicht der deutsche 'Staat', und was *Dewey* mit der 'embryonalen' Rekonstruktion des öffentlichen Lebens in der Schule meint, ist etwas anderes als eine bloße Verkleinerung des Maßstabs“ (*T. Wilhelm*, 1957, S. 154f.). Keine Schule ist Staat oder Gesellschaft *en miniature*, so wie kein Embryo ein Mensch im verkleinerten Maßstab ist, sondern ein durchaus eigenes Wesen. Allenfalls, wie der exzellente *Dewey*-Spezialist *F. Bohnsack* vermerkte, läßt sich folgender Bezug herstellen: „Die Schule trägt nach *Dewey* den *Keim* der zukünftigen, und das heißt auch: der neuen und besseren Gesellschaft in sich“[71]. Wer also – wie *Kerschensteiner* – aus *Deweys* Elementarisierung eine maßstabgerechte Abbildung macht, rückt Schule und Gesellschaft in ein falsches Verhältnis. Deshalb und weil just dieses Verhältnis von geradezu fundamentaler Bedeutung für eine Theorie der Schule ist, wird es hier so ausführlich besprochen. *Hentigs* Analogie (von der Schule *als* polis) ist zumindest mißverständlich und lädt andere zu simplen Verkürzungen ein. *H. Goetze* z. B. behauptet bei seiner euphorischen Propagierung des „Offenen Unterrichts“, der jetzt auch als Allheilmittel für verhaltensgestörte Schüler angepriesen wird, allen Ernstes: „Im Offenen Unterricht ist die Lehrkraft ... selbst ein Modell für eine demokratische Mini-Gesellschaft“[72]. Gerade die deutsche Schule hat in ihrer wechselvollen Geschichte viele Metaphern erhalten und beansprucht, zurückgewiesen und geraubt bekommen. Eine *polis* aber ist sie mit Sicherheit nicht – kann und soll sie auch nicht sein.

3. Einwand: Diese dritte Bitte um ein kritisches Gespräch, das Bleibendes von Vorübergehendem eines großen Anregers trennen möchte, bezieht sich auf einen Wesenszug des gesamten *Hentig*, der aber in seinen schulpädagogischen Arbeiten besonders deutlich wird. Gemeint ist ein Hang zur Überforderung, Überzeichnung, Überdrehung. Er selbst drückte dies (1985, S. 15) wie folgt aus: „So habe ich selber bei der Gründung meiner Bielefelder Schulen gesündigt und bin 'idealistisch' verfahren; ich habe um der Stimmigkeit der Idee willen den Menschen – Eltern, Lehrern, Behörden (nicht den Schülern!) – ein Maß an Vernunft abverlangt, für das ich ihnen die Voraussetzungen schuldig geblieben bin.„ Auf just diesen mitunter schier grenzenlosen Idealismus, der nur noch von seiner überquellenden Liebe zu Kindern übertroffen wird, bezieht sich mein Einwand. Wer die Maßstäbe und Anforderungen an „eine gute Schule“ zu hoch ansetzt, muß sich nicht wundern, wenn ihm nur wenige Idealisten folgen. Entsprechend resignativ klingen manche späten Äußerungen *Hentigs*, der z. B. in der Zeit (Nr. 37, vom 8.9.1995, S. 10) einräumt: „Ich glaube nicht, daß wir die Schule als Lebens- und Erfahrungsraum der künftigen Bürger wirklich wollen.” Ein Programm – und sei es noch so wünschenswert – gibt sich auf und wird aufgegeben, wenn es keine oder zu wenige Unterzeichner findet; andererseits stellt eine Theorie – und sei sie noch so wenig populär – ihre Wahrheit erst in der kritischen Auseinandersetzung unter Beweis, d. h. wenn sie auf Wider-Stand trifft. Vielleicht liegt darin Vermächtnis, aber auch manches Verhängnis dieses großen deutschen Pädagogen des 20. Jahrhunderts. *On verra* ...

*

11. Hans Jürgen Apel (geb. 1939): „Theorie der Schule“ (1995) [73]

Die letzte der hier zu kennzeichnenden Schultheorien stammt von dem zunächst in Köln und seit 1990 an der Universität Bayreuth tätigen *Hans Jürgen Apel*. Sie will (nicht im Stile geisteswissenschaftlicher Untersuchungen historisch-systematische, sondern) historische *und* systematische Grundlinien herausarbeiten. Entsprechend zweigeteilt ist das Buch. An die „Deutsche Schulgeschichte“ des Teams *Herrlitz*, *Hopf* und *Titze*[74] anknüpfend und die Untersuchungen von *H. Kemper*[75] zugrundelegend, liefert *Apel* zunächst eine gut 60 Seiten lange Geschichte des Denkens über das Denken von Schule. Man hat richtig gelesen. Denn alle Schultheorie ist letztlich ein Denken über Schule, und wer darüber in rekonstruierender Absicht nachdenkt, schreibt eine Geschichte des Denkens über das Denken. Der Zeitraum der Darstellung beschränkt sich auf die erste Hälfte des 19. Jahrhunderts bis 1980: Die ab 1809 von *Hegel* als Rektor des Nürnberger Ägidiengymnasiums gehaltenen fünf Schulreden[76] bilden den Auftakt, *Theodor Schulze*s „Schule im Widerspruch“[77] das Ende dieses historischen Kurses. Sodann referiert *Apel* systematische Gedanken zu einer Theorie der Schule – und zwar aus fünf verschiedenen Wissensbereichen: aus der Soziologie, Sozialpsychologie, Sozialpädagogik, der Schulforschung und der Erziehungswissenschaft. Auch diese 125 Seiten sind informativ und gehören gewiß zum nicht zu veräußernden Haushalt einer zeitgemäßen Theorie der Schule, so daß man auf Seite 254 gespannt die vom Autor nun als Ertrag einzubringende eigene Theorie erwartet. Jedoch: Es folgen drei kleine Kapitel (von insgesamt 23 Seiten) über „Die überforderte Schule“, „Mündig durch Schule“ und ein „Fazit“. Um nicht ungerecht zu erscheinen: *Apel*s Buch ist eine exzellente historische und systematische Referierung von mehr oder weniger bekannten Denkbemühungen über die Schule, aber einen eigenständigen und den Forschungsertrag vermehrenden Beitrag zu einer Theorie der Schule liefert es nicht.

Kritisch anzumerken sind folgende Sachverhalte: Warum im Zentrum der historischen Darstellung *Hegel* und *Scheibert*[78] stehen, wird nicht begründet, auch nicht die Auslassung der Referierung so wichtiger schultheoretischer Arbeiten wie die von *Sauer*, *Ballauff*, *Heldmann*, *Muth* und *Hentig*. Zweitens wird man zumindest fragen dürfen, warum *Apel* aus der Fülle der historischen und systematischen Überlegungen so wenig für einen eigenen theoretischen Umriß macht und ob die von ihm vorgetragenen Schlußgedanken wirklich den Nerv der Schule und ihrer Probleme treffen. Und drittens schließlich bleibt vieles bei *Apel* unverbunden nebeneinander stehen, so daß man z. B. nicht recht weiß, ob nun die – sagen wir – erziehungswissenschaftlichen Perspektiven auf die Theorie der Schule bedeutsamer sind als die – sagen wir – sozialpsychologischen ... Ob nun *Philipp Hördt*s „Theorie der Schule“ nach „allem Gesagten (eine) völkische Orientierung“[79] besaß, wenn es zwei Seiten vorher heißt, diese Theorie könne „nicht darauf reduziert werden, eine Theorie der Schule für den Nationalsozialismus zu liefern“ ... Oder wenn behauptet wird, eine „in Analogie zur therapeutischen Situation häufiger geforderte symmetrische Kommunikation Gleichberechtigter ist in Schulklassen eine Fiktion“[80] und dann wieder – im Anschluß an *Klafki* – die „Selbst- und Mitbestimmungsfähigkeit“[81] des Schülers beschworen wird ... Es ist *Apel* zuzustimmen: „Schule ist eine gesellschaftliche Einrichtung zwischen Familie und wirklicher Welt“[82]. Und eine pädagogische Theorie dieser Einrichtung muß eine Sichtweise einnehmen, „bei der Schule als Ort der Erziehung und Bildung, als Stätte des Lernens und der pädagogischen Interaktion erscheint und die Frage nach einer *Gestaltung* der Institution unter bildungstheoretischem Gesichtspunkt im Vordergrund steht.“[83] So richtig diese Forderung ist, so wenig wird sie aber eingelöst. Folgenlos kann man halt nicht an dem – nicht nur nach meinem Dafürhalten – bedeutendsten Schultheoretiker des Abendlandes (an *Johann Amos Comenius*) vorbeigehen. Und so ganz ohne kritische Rückfragen läßt sich eine Theorie eben nicht konzipieren, eine Theorie jedenfalls, die nicht am Aufweis ihrer selbst, sondern – über Deskription und Kritik – an der Praxis und ihrer Reform interessiert ist.

* * *

Damit haben wir das Ziel dieses II. Kapitels erreicht. Es bleibt die ernüchternde, aber notwendige Erkenntnis, die *Ernst Matthes* in seiner Dissertation über „Probleme, Perspektiven und Grenzen einer erziehungswissenschaftlichen Schultheorie" wie folgt festgehalten hat: "Solange keine wissenschaftlich gesicherte pädagogische Theorie besteht, die erst eine pädagogische Konzeption legitimieren und entwerfen könnte, ist der an sich notwendige Versuch einer Begriffs- und Gegenstandsbestimmung hinsichtlich einer pädagogischen Schultheorie ohne Tragweite"[84]. Andererseits sollten und konnten die wohl wichtigsten Bausteine vorhandener Schultheorien aus den letzten Jahrzehnten ausfindig gemacht und herbeigeschafft werden. Sie bilden gleichsam das Fundament bzw. den Schotter, auf dem sich die hier vorzulegende Theorie der Schule bauen läßt. Vorher freilich ist ein hinreichend großer Keller auszuheben, mit anderen Worten: in die Vergangenheit zu steigen, die Historie zu befragen, die Geschichte der Gegenwart zugrundezulegen. Es wird uns das 17. Jahrhundert beschäftigen und ein Pädagoge bei dieser historischen Fundierung helfen, der wie kein zweiter für die Schule wissenschaftlich gearbeitet und in der Praxis gekämpft, gelitten und geschuftet hat. Bevor Sie aber dieses III. Kapitel studieren, sei Ihnen eine kleine und hoffentlich entspannende Rätsel-Aufgabe gestellt:

Im folgenden finden Sie elf Zitate – alle aus den Werken unserer Schultheoretiker. Bitte ordnen Sie diese richtig zu, und vielleicht veranstalten Sie – z. B. in einem Seminar – ein Streitgespräch, bei dem jedem Teilnehmer ein bestimmtes Zitat zugeordnet wird, das er in einer Diskussion verteidigen soll. (Die Auflösung unseres Rätsels findet sich am Ende der Anmerkungen zu diesem Kapitel unter der Nr. 85.)

Rätselaufgabe: Lehrer/in-sein

1. *„Es ist schon schwer, gute Lehrer zu bekommen, aber vollkommen aussichtslos, die schlechten loszuwerden!"*
2. *„Fachkompetenz, Allgemeinbildung und philosophisches Orientierungswissen bilden zusammen die Grundlage, von der her der Lehrer seine erzieherische Aufgabe verstehen sollte. Damit sind Maßstäbe gesetzt, die das erzieherische Handeln des einzelnen Lehrers wie auch seine jeweilige subjektive Befindlichkeit übersteigen."*
3. *„Den jungen Menschen als 'potentiell mündig' zu verstehen und ihm entsprechend zu begegnen, bedeutet, ihm auch im Raume der Schule einen Handlungsraum zu eröffnen, der nicht ständiger Aufsicht und Kontrolle unterliegt. Der Lehrer als Staatsbeamter kommt dabei in eine Situation unaufhebbarer Widersprüche."*
4. *„Theorie der Schule ist die ständige ideologiekritische Durchleuchtung der curricularen Entscheidungsprozesse."*

5. *„Indem die spätbürgerliche Gesellschaft den Lehrern wider besseres Wissen das Image überangepaßter Erfüllungshilfen eines repressiven Sozialisationssystems zuschreibt, macht sie mit Hilfe dieser self-fulfilling prophecy die Lehrer am Ende unfähig, Erziehung so zu betreiben, wie sie selbst es eigentlich wünschen und zu tun versuchen, nämlich im Sinne von Aufklärung und Emanzipation."*

6. *„Die Idee der 'Bildungshochschule', die von Spranger in den zwanziger Jahren vorangetragen wurde und die das Gesicht der Pädagogischen Akademien der Weimarer Republik bestimmt hat, steht repräsentativ für das Verhältnis zwischen Pädagogik und Wissenschaften ... 'Bildnerhochschulen' dienen ... der Aufgabe, künftige Lehrer mit denjenigen Kenntnissen und Fertigkeiten auszurüsten, die sie brauchen, um ihrem Lebensweg gewachsen zu sein. Aber das ist nur die eine Seite ihres Auftrages. Mindestens ebenso wichtig war ..., daß diese die Lernenden während ihrer zweijährigen Ausbildung in ihrer persönlichen Gesamtentwicklung so weit fördern, daß sie auch 'menschlich' der Aufgabe der Jugendbildung gewachsen sind."*

7. *„Als selbstverantwortlicher, seinem Gewissen verpflichteter Anwalt der überzeitlichen Werte führt er (gemeint: der Lehrer, r.w.) einerseits die Schüler zu den Normen, von deren Sinn und Rechtmäßigkeit er überzeugt ist; als Anwalt des Schülers schützt er andererseits diesen vor ungerechtfertigten Ansprüchen der Gesellschaft."*

8. *„Die durchschnittliche Aufmerksamkeit der Schüler einer Klasse stand in einem konsistenten signifikanten Zusammenhang mit dem Leistungszuwachs. Dies traf insbesondere auf Unaufmerksamkeitsmerkmale, Lärm, abweichendes Verhalten, Disziplinprobleme usw. zu ... Die Anzahl der nicht auf Leistungsverhalten bezogenen Befehle (des Lehrers, r.w.) korrelierte jedoch negativ mit den Lernzuwächsen."*

9. *„Nachdem 1780 Schulmeister Weißenstein in Dürrenzimmern gebeten hatte, das ihm angetragene Zollamt statt der müßigen Stunden annehmen zu dürfen, und dabei nicht nur auf die Kärglichkeit seines Gehalts, sondern auch darauf hingewiesen hatte, daß die meisten Zollgeschäfte im Herbst während der Vakanz zu erledigen seien ..., wehrte sich 1812 Schulmeister Reuther gegen das Akzisamt, das ihm aufgedrungen werden sollte und gab dazu folgende Begründung: es gibt tausend Störungen beim Unterricht, wenn ich bei jedem Verkauf eines Kalbs oder für einige Pfund Butter, die auf den Markt getragen werden, die Metzger mit ihren Hunden oder die Butterweiber in die Schulstube soll hineintreten lassen ..."*

10. *„Eigentlich deckt ein schmeichelnder Lehrer die Schwächen des Schülers zu, statt ihm zu helfen, darüber hinwegzukommen. Er betrügt ihn um die Realität und verwehrt oder erschwert ihm eine realistische Einsicht in die eigene Situation des Lernens."*

11. *„Die Überforderung der Schule besteht nicht darin, sich um einzelne Schülerinnen und Schüler kümmern zu sollen, sondern darin, diesen den zu Hause erfah-*

renen Mangel ersetzen zu sollen. Das ist nicht möglich. Selbst eine sozialpädagogische Fortsetzung von Schule am Nachmittag kann dies nicht leisten, auch wenn sie die Fähigkeit, mit der Situation umzugehen, vielleicht verbessern kann; denn Schule bleibt Schule – eine Einrichtung zu anderem Zweck."

Anmerkungen

1 *Herwig Blankertz*: Theorien und Modelle der Didaktik. München: Juventa 1.1969; 13.1991.

2 *Theodor Wilhelm*: Theorie der Schule. Stuttgart: J. B. Metzlersche Verlagsbuchhandlung 1967.

3 Vgl. z. B.: *Friedrich Oetinger*: Partnerschaft – Die Aufgabe der politischen Erziehung. Stuttgart: Metzlersche Verlagsbuchhandlung 1951.

4 Vor allem: *Theodor Wilhelm*: Die Pädagogik Kerschensteiners – Vermächtnis und Verhängnis. Stuttgart: Metzlersche Verlagsbuchhandlung 1957.

5 *Heinrich Roth*: Pädagogische Anthropologie. 2 Bde. Hannover: Schroedel 1966 und 1971.

6 *Ders.*: Pädagogische Psychologie des Lehrens und Lernens. Hannover: Schroedel 1.1957; 16.1983.

7 Vgl. *Hartmut von Hentig u. a.*: Die Bielefelder Laborschule. Stuttgart: Klett 1971. Darüber hinaus: *Annemarie von der Groeben/Maria F. Rieger*: Ein Zipfel der besseren Welt. Leben und Lernen in der Bielefelder Laborschule. Essen: Neue Deutsche Schule 1991. *Ders.*: Das Ende des Schulmonopols. In: Die Deutsche Schule, 76 (1/1984), S. 59 – 67 (a). *Ders.*: Funktionswandel der Schule. Essen: Neue Deutsche Schule 1984 (b).

8 *Theodor Wilhelm*: Pflegefall Staatsschule. Nachtrag zur Theorie der Schule. Stuttgart: Metzlersche Verlagsbuchhandlung 1982.

9 Vgl. den größeren Zusammenhang sehend: *Wolfgang Keim*: Erziehung unter der Nazi-Diktatur. Bd. I. Darmstadt: Wissenschaftliche Buchgesellschaft 1995.

10 *Immanuel Kant*: Über Pädagogik. (Or. 1803) In: *Ders.*: Werke. Bd. XII. Frankfurt/M.: Suhrkamp-Insel 1968, S. 691 – 761, bes. S. 707ff.

11 *Johann Friedrich Herbart*: Pädagogische Schriften. 3 Bde. Düsseldorf-München: Küpper 1964f. Vgl. bes. Bd. 2, S. 29ff und Bd. 3, S. 180ff.

12 Vgl. *Rainer Winkel*: Das Ende der Schule. München: List 1974. Auf die Aufzählung von *Wilhelm*s Polemiken sei hier verzichtet.

13 Vgl. *Theodor Wilhelm*: Staatsschulen – Staatsbeamte. Zürich-Osnabrück: Edition Interfrom-Fromm 1978. In diesem Pamphlet werden entschiedene Schulreformer und Alternativschulvertreter kurzerhand als „kommunistische Agenten" (S. 42) oder „potentiellen Terror" (S. 26) ausübende Staatsfeinde bezeichnet.

14 *Wolfgang Kramp*: Studien zur Theorie der Schule. München: Kösel 1973.

15 *Heide Bambach*: Erfundene Geschichten erzählen es richtig. Konstanz: Faude 1989.

16 *Hartmut Ditton/Lothar Krecker*: Qualität von Schule und Unterricht. Empirische Befunde zu Fragestellungen und Aufgaben der Forschung. In: Zeitschrift für Pädagogik, 41 (4/1995), S. 507 – 528.

17 Vgl. *Hartmut von Hentig*: Die Schule im Regelkreis. Stuttgart: Klett 1965.

18 *Hermann Oblinger*: Theorie der Schule. Donauwörth: Auer o.J. (ca. 1976)

19 *Edgar Reimers*: Stichwort Schule. In: *Hans-H. Groothoff* (Hrsg.): Pädagogik. Frankfurt/M.: Fischer 1964, S. 254 – 268, zit. S. 254.

20 *Wilhelm Dilthey*: Grundlinien eines Systems der Pädagogik. (Or. ca. 1884ff.) In: *Ders.*: Gesammelte Werke. IX. Band. Stuttgart-Göttingen: Teubner-Vandenhoeck & Ruprecht 3.1961, S. 165 – 231.

21 *Johann Friedrich Herbart*: Pädagogische Schriften. 1. Bd. Düsseldorf-München: Küpper 1964, S. 168.

[22] Vgl. ebd. 2. Bd., bes. S. 59ff. und 3. Bd., bes. S. 180ff. Darüber hinaus die Studie von *Jörg Ramseger*: Was heißt, durch Unterricht erziehen? Erziehender Unterricht und Schulreform. Weinheim: Beltz 1991.

[23] *Bijan Adl-Amini*: Schultheorie – Geschichte, Gegenstand und Grenzen. Weinheim-Basel: Beltz 1976.

[24] *Fritz Bohnsack*: Erziehung zur Demokratie. John Deweys Pädagogik und ihre Bedeutung für die Reform unserer Schule. Ravensburg: Maier 1976, bes. S. 419 – 528, die ausschließlich „Deweys Theorie der Schule" gewidmet sind. Auch *Deweys* Hauptwerk selbst ist Dank der Neuherausgabe durch *Jürgen Oelkers* wieder greifbar. *John Dewey*: Demokratie und Erziehung. (Or. 1916) Weinheim-Basel: Beltz 1993.

[25] *Ivan Illich*: Deschooling Society. New York u. a.: Harper & Row 1970. Dt. Ausg.: Entschulung der Gesellschaft. München: Kösel 1972.

[26] *Neil Postman*: The End of Education. New York: Knopf 1995. Dt. Ausg.: Keine Götter mehr. Das Ende der Erziehung. Berlin: Berlin Verlag 1995.

[27] *Saul B. Robinsohn*: Bildungsreform als Revision des Curriculum. Neuwied-Berlin: Luchterhand 1967.

[28] Vgl. *W. Kramp*, a. a. O., S. 83f.

[29] *Bijan Adl-Amini*: Grundriß einer pädagogischen Schultheorie. In: *Walter Twellmann* (Hrsg.): Handbuch Schule und Unterricht. Bd. 7.1. Düsseldorf: Schwann 1985, S. 63 – 94, zit. S. 63.

[30] *Helmut Fend*: Theorie der Schule. München: Urban & Schwarzenberg 1980. Vgl. auch sein früheres Werk, das er im Untertitel noch „Soziologie der Schule" genannt hatte: Gesellschaftliche Bedingungen schulischer Sozialisation. Weinheim-Basel: Beltz 1974.

[31] *Siegfried Bernfeld*: Sisyphos oder die Grenzen der Erziehung. Frankfurt/M.: Suhrkamp 1967, S. 28. Seit 1991 bringt *Ulrich Herrmann* im Beltz Verlag „Sämtliche Werke" *Bernfelds* in 16 Bänden heraus – der „Sisyphos" wird in Band 9 enthalten sein.

[32] Vgl. *H. Fend* (1980, S. 379).

[33] Vgl. *Karlheinz Fingerle*, in: *Klaus-Jürgen Tillmann* (Hrsg.): Schultheorien. Hamburg: Bergmann & Helbig 1987, S. 47ff.

[34] Vgl. *Hans-Günter Rolff u. a.*: Strategisches Lernen in der Gesamtschule. Reinbek: Rowohlt 1974. *Ders.*: Wandel durch Selbstorganisation. Weinheim-München: Juventa 1993. *Ders.*: Soziologie der Schulreform. Weinheim-Basel: Beltz 1980.

[35] Vgl. *Klaus Hurrelmann*: Erziehungssystem und Gesellschaft. Reinbek: Rowohlt 1975.

[36] Vgl. *Klaus Klemm u. a.*: Bildungsgesamtplan '90. Weinheim-München: Juventa 1990.

[37] Vgl. *Klaus-Jürgen Tillmann*: Sozialisationstheorien. Reinbek: Rowohlt 1989.

[38] Vgl. *Peter Fürstenau*: Zur Psychoanalyse als Institution. In: Das Argument. 6 (2/1964), S. 65 – 78. Dieser Aufsatz und andere Arbeiten finden sich in: *Ders.* (Hrsg.): Der psychoanalytische Beitrag zur Erziehungswissenschaft. Darmstadt: Wissenschaftliche Buchgesellschaft 1974.

[39] *Karl Sauer*: Einführung in die Theorie der Schule. Darmstadt: Wissenschaftliche Buchgesellschaft 1981.

[40] *L. Annaeus Seneca*: Ad Lucilium Epistulae Morales. LXX – CXXIX (XXX). Hrsg. von *Manfred Rosenbach*. In: *Ders.*: Philosophische Schriften. IV. Band. Darmstadt: Wissenschaftliche Buchgesellschaft 1984, S. 626f.

[41] *Otto Willmann*: Didaktik als Bildungslehre. (1. Bd. Or. 1882. 2. Bd. Or. 1888) Braunschweig: Vieweg und Sohn 3.1903, zit. 2. Bd. S. 19f.

[42] *Herman Nohl*: Die pädagogische Bewegung in Deutschland und ihre Theorie. (Or. 1933) Frankfurt/M.: Schulte-Bulmke 4.1957, S. 134.

[43] *Arno Combe*: Kritik der Lehrerrolle. (Or. 1971) München: List Taschenbuch 1973, S. 23ff.

[44] Vgl. *Theodor W. Adorno*: Erziehung nach Auschwitz. (Or. 1966) In: *Ders.*: Erziehung zur Mündigkeit. Frankfurt/M.: Suhrkamp Taschenbuch 1970, S. 88 – 104, zit. S. 88.

[45] *Friedrich Schleiermacher*: Pädagogische Schriften I. Die Vorlesungen aus dem Jahre 1826. Frankfurt/M.: Ullstein Taschenbuch 1983, S. 31.

[46] *Theodor Ballauff*: Funktionen der Schule. Frankfurt/M.: Deutsches Institut für Internationale Pädagogische Forschung 1984. Köln-Wien: Böhlau 2.1984.

[47] *Theodor Ballauff*: Schule der Zukunft. Bochum: Kamp o.J. (ca. 1964; 3.1968)

[48] *Rüdiger Safranski*: Schopenhauer und die wilden Jahre der Philosophie. (Or. 1987) Reinbek: Rowohlt 1990, S. 305f.

[49] Vgl. z.B. *Theodor Ballauff*: Philosophische Begründungen der Pädagogik. Berlin: Duncker & Humblot 1966. *Ders.*: Systematische Pädagogik. Heidelberg: Quelle & Meyer 2.1966.

[50] *Rainer Winkel*: Gespräche mit Pädagogen. Weinheim-Basel: Beltz 1989, S. 25f.

[51] *Wilhelm Heldmann*: Kultureller und gesellschaftlicher Auftrag von Schule. Krefeld: Pädagogik & Hochschul Verlag 1990.

[52] Besonders anregend sind die Ausführungen zu den neu zu strukturierenden Inhalten in den 17 Fächern des Gymnasiums, denen andererseits wiederum keine Querverbindungen zugeordnet werden. So bleiben sie interessante Fächer, werden aber keine „Integrated Studies in the Secondary School". Ed. by *David Warwick*. London: University of London Press 1973. Dt. Ausgabe: Alternativen zur Curriculumreform. Hrsg. von *David Warwick/Rainer Winkel*. Heidelberg: Quelle & Meyer 1975.

[53] *Jakob Muth*: Schule als Leben. Baltmannsweiler: Schneider 1992.

[54] Wenigstens hingewiesen sei auf folgende Hauptwerke: *Jakob Muth*: Pädagogischer Takt. Heidelberg: Quelle & Meyer 1962; Essen: Neue Deutsche Schule 3.1982. *Ders.*: Schülersein als Beruf. Heidelberg: Quelle & Meyer 1966. *Ders.*: Von acht bis eins. Essen: Neue Deutsche Schule 1967, 3.1970. *Ders.*: Schulpädagogik. Essen: Neue Deutsche Schule 1978. *Ders.*: Integration von Behinderten. Essen: Neue Deutsche Schule 1986. *Ders.*: Tines Odyssee zur Grundschule. Essen: Neue Deutsche Schule 1991.

[55] *Jakob Muth*, in: *Rainer Winkel* (Hrsg.): Deutsche Pädagogen der Gegenwart. Bd. 1. Düsseldorf: Schwann 1984, S. 234.

[56] Ebd., S. 237.

[57] Vgl. *Johann Friedrich Herbart*: Pädagogische Schriften. 1. Bd. Düsseldorf: Küpper 1964, S. 121 – 130, zit. S. 126.

[58] *J. Muth*, 1978, S. 21.

[59] *Ders.*; 3.1982.

[60] *Hartmut von Hentig*: Die Schule neu denken. Eine Übung in praktischer Vernunft. München: Hanser 1993.

[61] Vgl. wenigstens folgende Schriften: *Hartmut von Hentig*: Platonisches Lehren. Stuttgart: Klett 1966. *Ders.*: Systemzwang und Selbstbestimmung. Stuttgart: Klett 1968. *Ders.*: Lernziele der Gesamtschule. Stuttgart: Klett 1969. *Ders.*: Cuernavaca oder: Alternativen zur Schule? Stuttgart-München: Klett-Kösel 1971. *Ders.*: Schule als Erfahrungsraum? Stuttgart: Klett 1973. *Ders.*: Die Menschen stärken, die Sachen klären. Stuttgart: Reclam 1985. Aber auch die von mir überaus geschätzten „Kinderbücher" (?) seien erwähnt. *Ders.*: Paff, der Kater oder Wenn wir lieben. München: Hanser 1978. *Ders.*: Die häßliche kleine Fledermaus. Bielefeld: Pendragon 1993.

[62] Vgl. *H. v. Hentig*, 1968, S. 75 – 152 und 1969, S. 13 – 43.

[63] Vgl. dazu das Buch von *Annemarie von der Groeben/Maria F. Rieger*: Ein Zipfel der besseren Welt. Leben und Lernen in der Bielefelder Laborschule. Essen: Neue Deutsche Schule 1991. Frau *Rieger* war die erste Schulleiterin der LS (jetzt wird sie von *Susanne Thurn* geleitet); und *A. v. d. Groeben* ist Didaktische Leiterin an der LS.

[64] *H. v. Hentig*, 1993, S. 68.

[65] *Bildungskommission NRW*: Zukunft der Bildung – Schule der Zukunft. Neuwied: Luchterhand 1995. Diese programmatische Denkschrift enthält viel Wünschenswertes, manch Utopisches und einiges Ungereimtes – wie auch immer: An ihr haben 23 „Fachleute" mitgearbeitet, so daß schon von daher keine in sich geschlossene Theorie der Schule entstehen konnte, weshalb sie hier nicht weiter besprochen werden muß.

[66] *Christian Meier*: Athen. Ein Neubeginn der Weltgeschichte. Berlin: Siedler 1993.

[67] *Christian Habicht*: Athen. Die Geschichte der Stadt in hellenistischer Zeit. München: C. H. Beck 1995.

[68] *Frank Kolb*: Rom. Die Geschichte der Stadt in der Antike. München: C. H. Beck 1995.

[69] Vgl. *Theodor Wilhelm*: Die Pädagogik Kerschensteiners. Stuttgart: Metzler 1957, bes. S. 152ff.

[70] Vgl. *Georg Kerschensteiner*: Grundfragen der Schulorganisation. (Or. 1907) Leipzig-Berlin: Teubner 5.1927. Darüber hinaus: *John Dewey*: Demokratie und Erziehung. (Or. 1916) Weinheim-Basel: Beltz 1993.

[71] *Fritz Bohnsack*: John Deweys Theorie der Schule. In: Pädagogische Rundschau. 18 (3/1964), S. 249 – 271, zit. S. 261. Vgl. auch seine bereits erwähnte Monographie: Erziehung zur Demokratie. Ravensburg: Maier 1976, bes. S. 459ff.

[72] *Herbert Goetze*: „Wenn Freie Arbeit schwierig wird ...“ In: *Günter Reiß/Gerhard Eberle* (Hrsg.): Offener Unterricht – Freie Arbeit mit lernschwachen Schülerinnen und Schülern. Weinheim: Deutscher Studien Verlag 2.1994, S. 254 – 273, zit. S. 272.

[73] *Hans Jürgen Apel*: Theorie der Schule. Historische und systematische Grundlinien. Donauwörth: Auer 1995.

[74] *Hans-Georg Herrlitz/Wulf Hopf/Hartmut Titze*: Deutsche Schulgeschichte von 1800 bis zur Gegenwart. Weinheim-München: Juventa 1993.

[75] *Herwart Kemper*: Schultheorie als Schul- und Reformkritik. Frankfurt-Bern: Peter Lang 1983. *Ders.*: Schule und bürgerliche Gesellschaft Teil I u. II. Weinheim: Deutscher Studien Verlag 1990.

[76] Vgl. *Georg Wilhelm Friedrich Hegel*: Werke. Bd. 4. Frankfurt/M.: Suhrkamp 1970, S. 305 – 376. Streng genommen hat *Hegel* in den Jahren 1809 – 1815 nicht fünf, sondern sechs „Schulreden“ gehalten, wenn man die auf seinen Amtsvorgänger hinzunimmt!

[77] *Theodor Schulze*: Schule im Widerspruch. München: Kösel 1980.

[78] Es handelt sich um den kaum noch in einem pädagogischen Lexikon verzeichneten *Carl Gottfried Scheibert* (1803 – 1898), seinerzeit Direktor der Friedrich-Wilhelms-Schule in Stettin, mit seiner Schrift: „Das Wesen und die Stellung der höheren Bürgerschule“. Berlin: 1848. Gemeint war die Realschule als gleichwertige, aber verschiedenartige Schule neben dem Gymnasium. Freilich: Wesentliche Gedanken hatte der Autor 12 Jahre vorher bereits in folgendem Buch publiziert: *Carl Gottfried Scheibert*: Das Gymnasium und die höhere Bürgerschule. Andeutungen. Berlin: G. Reimer 1836.

[79] *Hans Jürgen Apel*, a. a. O., S. 98.

[80] Ebd., S. 127.

[81] Ebd., S. 240.

[82] Ebd., S. 271.

[83] Ebd., S. 270.

[84] *Ernst Matthes*: Probleme, Perspektiven und Grenzen einer erziehungswissenschaftlichen Schultheorie. Diss. Freie Universität Berlin, Fachbereich Erziehungswissenschaften 1978, S. 193.

[85] Die Zitate finden sich bei:

1. *H. v. Hentig*, 1993, S. 240.
2. *W. Heldmann*, 1990, S. 442.
3. *K. Sauer*, 1981, S. 93.
4. *B. Adl-Amini*, 1976, S. 104.
5. *W. Kramp*, 1973, S. 135.
6. *T. Wilhelm*, 1967, S. 248f.
7. *H. Oblinger*, 1976, S. 151.
8. *H. Fend*, 1980, S. 317.
9. *T. Ballauff*, 1984, S. 256.
10. *J. Muth*, 1992, S. 47
11. *H. J. Apel*, 1995, S. 258.

IM KELLER

*„Es gibt keinen Fortschritt,
wenn man das verbessert,
was bereits getan wurde,
sondern nur dann,
wenn man das anstrebt,
was noch nicht getan worden ist."
Khalil Gibran*

III. Kapitel:Comenius, Graham und Postman – zur (historischen) Fundierung der Schultheorie oder: Was Schulen (1634) mit Aktien (1934) zu tun und was beide für das 3. Jahrtausend (2000ff.) zu sagen haben

1. Historia (non) docet

Im Jahre 1934 erschien ein zwar bemerkenswertes Buch, das aber normalerweise keinen Pädagogen interessieren würde, wenn nicht ... Es heißt „*Security Analysis*" und ist von dem damals an der Columbia-University lehrenden Wirtschaftswissenschaftler *Benjamin Graham* geschrieben worden[1]. *Graham* entfaltete darin eine Theorie, die in den 30er Jahren des 20. Jahrhunderts geradezu revolutionär wirkte: Nicht der Tageskurs bzw. die aktuelle Notierung an der Börse ist ein verläßlicher Indikator für den Wert der jeweiligen Aktie, sondern ihr „innerer Wert" – *intrinsic value*. Der Kurswert signalisiert lediglich das, was die Anleger glauben, sei die Aktie wert, nicht aber das, was sie wirklich wert ist. Über diesen *intrinsic value* bestimmen Parameter wie Umsatz, Wert der Anlagen, Rendite etc. Eine neue Investmenttheorie entstand ab 1934 ...

Im Jahre 1634 saß ein damals 42jähriger Lehrer und Heimatvertriebener, Böhmischer Bruder und Theologe im polnischen Lissa und entschied, in Zukunft nur noch Lateinisch zu schreiben. 1630 hatte der schwedische König *Gustav Adolf* beschlossen, unmittelbar in den damaligen Krieg, den man später den 30jährigen nennen sollte, einzugreifen. Von den Protestanten begrüßt schlägt *Gustav Adolf* die Kaiserlichen bei Breitenfeld (1631); die Schweden erobern mit den verbündeten Sachsen Böhmen zurück, so daß auch die aus ihrer Heimat vertriebenen Böhmischen Brüder auf ihre Rückkehr hoffen. Aber ... *Wallenstein* vertreibt die Sachsen aus Prag; *Gustav Adolf* fällt bei Lützen; die Hoffnungen der *unitas fratrum* platzen wie Seifenblasen. Da faßt der enttäuschte *Jan Amos Komenský* den Entschluß, in Zukunft nur noch lateinisch zu schreiben, sich *Johann Amos Comenius* zu nennen und damit zu signalisieren, daß er in seine geliebte Heimat wohl nicht mehr zurückkehren wird und als Weltbürger sein Leben zu gestalten habe. Wenn die Politik so schmählich versagt und auch der Glaube um sein Bekenntnis gebracht wird, bleibt nur die Pädagogik, das Lehren und Lernen, die Schule eben. Eine neue Schultheorie entstand ab 1634 ...

In ihren Umrissen hatte sie *Comenius* freilich schon ab 1628 verfaßt: Zu Beginn dieses Jahres waren etwa 1000 Exulanten im polnischen Leszno (Lissa) angekommen – unter ihnen der 35jährige *Komenský*, der wenige Jahre vorher (1622) seine Frau und die beiden Söhne im Zuge der Brandschatzung von Fulnek verloren hatte. Jetzt begleiteten ihn seine zweite Frau und zwei Töchter. Um für seine Familie den Lebensunterhalt zu verdienen, nahm er eine Stelle als Lehrergehilfe an der Lateinschule in Lissa an – 1632 wurde er deren Rektor. Um diese praktische Arbeit theoretisch zu fundieren, verfaßte er von 1628 bis 1632 die „Böhmische Didaktik“[2], und just diese übersetzte und überarbeitete er ab 1634 so, daß sie als „*Didactica magna*“ in lateinischer Sprache vorlag. Veröffentlicht wurde sie hingegen erst im Rahmen der „*Opera didactica omnia*“ im Jahre 1657. Und die ersten verläßlichen deutschen Übersetzungen erschienen ab 1875; wir ziehen im folgenden die *Flitner*'sche Edition zu Rate[3].

Zuvor aber müssen wir begründen, warum – die Metapher sei gestattet – hier ein Keller freigelegt bzw. die Vergangenheit befragt wird. Lehrt sie uns denn wirklich etwas, die Geschichte? Oder stimmt die gegenteilige Behauptung: *Historia non docet*!?

Wenn die Geschichte als „Beleg-für-etwas“ in Anspruch genommen wird, hat sie uns nichts zu sagen, dient sie als Rechtfertigung von Ideologien, wird sie instrumentalisiert für einen, wie auch immer sich bezeichnenden, -ismus. Für die kujonierte Geschichte gilt der Satz: Sie lehrt nichts und belehrt niemanden; sie beweist nichts und rechtfertigt allenfalls schiere Macht. „Schon *Comenius* sagte ...“ ist der falsche Umgang mit der Geschichte.

Aber auch die Absage an das Studium des Vergangenen führt in die Irre. Von dem großen deutschen Historiker *Leopold von Ranke* (1795 – 1886) stammt der berühmt gewordene Satz: „Man hat der Historie das Amt, die Vergangenheit zu richten, die Mitwelt zum Nutzen zukünftiger Jahre zu belehren, beigemessen: so hoher Aemter unterwindet sich gegenwärtiger Versuch nicht: er will blos zeigen, wie es eigentlich gewesen“[4]. Umgekehrt müssen wir ergänzen: Ohne eine gründliche Erforschung dessen, was da wirklich war (gedacht, gesagt, geschrieben und getan wurde), kann keine Lehre daraus gezogen werden ... Der Geschichte sich zuzuwenden, ist also ebenso notwendig wie ihre vordergründige Anwendung zurückzuweisen. Man muß schon die Vergangenheit (soweit dies möglich ist) kennen, wenn man die Gegenwart verstehen und die Zukunft gestalten will.

Warum aber muß die hier vorzulegende Theorie der Schule nicht nur die zeitgenössischen bzw. die jüngeren Schultheorien in ihren eigenen Gedankengang einbeziehen, sondern darüber hinaus bis in das 17. Jahrhundert zurückgehen? Ausgerechnet das 17te, das barocke, das Zeitalter von *Hobbes* (1588 – 1679), *Descartes* (1596 – 1650) und – zwischen beiden geboren: *Johann Amos Comenius* (28.3.1592 – 15.11.1670). Die Antwort auf diese Frage hat mit der normativen Kraft der Geschichte zu tun. Jede Theorie, so haben wir festgestellt, ist nur dann als eine solche zu bezeichnen, wenn sie sich historisch-systematisch begründet. In ihrer systematischen Entfaltung demonstriert sie ihre Horizontalität: die Aspekte, Dimensionen, Bereiche etc. ihres Gegenstandes. In ihrer historischen Fundierung aber gründet ihre Vertikalität: die Verbindlichkeit, Normativität, Legitimation etc. ihrer Aussagen.

Ein Beispiel:

Als mein Vater im Februar 1945 auf den noch rauchenden Trümmern seines Dresdener Verlagshauses auf die Knie sank, mal die Hände faltete, mal die Fäuste ballte, da leistete er einen Schwur: Nie wieder, so erzählte er uns später, dürfte sich das wiederholen, was wir den Faschismus nennen! Nie wieder wollte er dulden und schweigen, Kompromisse hinnehmen und an die eigene Familie denken, wenn es um Verbrechen an Menschen ginge. Eher wolle er am Galgen enden als noch einmal Zeuge zu sein schrecklicher Unmenschlichkeit … T. W. Adorno hat dieses persönliche Bekenntnis, das damals nicht wenige auf den Trümmern von Barbarei ausriefen, gut 20 Jahre später in die oft zitierte allgemeine Forderung einbezogen, die darin gipfelt, „daß Auschwitz nicht noch einmal sei"[5] *– das sei die allererste Forderung an Erziehung. Hinter diesen Anspruch kann niemand zurückkehren – es sei denn, er verrät Geschichte, ignoriert die Lehren, wiederholt die Tragik auf anderen Bühnen. So möchte man dem 20. Jahrhundert die historische Erfahrung zumuten, daß alles – auch und gerade in Schulen – getan werden muß, damit nie wieder Auschwitz sei. Entlarvendes Wissen und mitfühlende Bildung, nüchterner Unterricht und soziale Erziehung entlang dieses Anspruchs haben unsere Schulen folglich zu leisten, die ihre Geschichte kennen und aus ihr „lernen" wollen.*

Im 19. Jahrhundert ist ein anderer pädagogischer Anspruch auszumachen: Schleiermacher (1768 – 1834) und Herbart (1776 – 1841), Froebel (1782 – 1852) und Diesterweg (1790 – 1866), Marx (1818 – 1883) und Nietzsche (1844 – 1900) mögen sich in vielerlei Hinsicht widersprechen, über eines bestand – die großen Aufklärer Jean-Jacques Rousseau (1712 – 1778) sowie Immanuel Kant (1724 – 1804) im Rücken – hingegen Konsens: Aufklärung und Gerechtigkeit sind unverzichtbare Elemente, Verfahren und Ziele von schulischer Bildung. Daß Dummheit und Ausbeutung nie wieder seien – so lautete der Anspruch des 19. Jahrhunderts an die Nachkommenden.

Im 18. Jahrhundert, der Epoche der Aufklärung[6]*, als Basedow (1724 – 1790) und Salzmann (1741 – 1796), Herder (1744 – 1811) und Pestalozzi (1746 – 1827) wirkten, Zeitgenossen des „Citoyen de Genève" und des „Königsberger Philosophen" also, dominierte die Formel, daß Kinderleid und Kinderelend nie wieder seien … Und im 17. Jahrhundert – on verra.*

Kehren wir zu unserem Gedankengang zurück: Im Generationenvertrag liegt es begründet, daß jede Generation der nachfolgenden ihre Erfahrungen und Hoffnungen, ihre Sehnsüchte und Ängste, ihre Einsichten und Aussichten mitteilt … kurz: einen Anspruch formuliert, der nicht deshalb verpflichtend ist, weil er im Himmel abgesegnet wurde oder weil er von den Älteren auf die Jüngeren übergegangen, sondern weil er historisch gewachsen ist. *Der Mensch ist das, was er von sich erwartet.* In diesem anthropologischen Grund-Gesetz formuliert er seine Möglichkeit, bedenkt er seine Notwendigkeit und gestaltet er seine Wirklichkeit. Wir würden also diesen Generationenvertrag kündigen, wenn uns die Postulate und Bemühungen, die Versagungen und Leistungen, die Grund-Gesetze der Eltern und Großeltern, der vorausgegangenen Generationen gleichgültig wären. Eine Schultheorie benötigt zunächst Normativität, Verbindlichkeit also. Diese kann sie überzeugend (nicht überredend!) weder metaphysisch ableiten noch ideologisch setzen, weder einem in einer *paedagogia perennis* waltenden ewigen Weltengeist noch einer akuten Bedürftigkeit, weder der Partikularität bestimmter Gruppen noch der Beliebigkeit auszutragender Konflikte überantworten, sondern nur der Geschichte und dem in ihr sich auffindenden An-Spruch des Menschen an die Menschen. Weil wir im 17. Jahrhundert durch *Johann Amos Comenius* den bisher nicht widerlegten und auch nicht überschrittenen Anspruch an eine humane Schule in diesem Sinne als verbindliche Erkenntnis akzeptiert haben, muß sie hier zu Rate gezogen werden, ist sie tragendes Gewölbe jedweder zeitgenössischen Schultheorie, die nicht nach dem Kurswert bestimmter Schulen, sondern nach dem der Schule anhaftenden inneren Wert zu fragen hat. Daß auch ein solches Argumentieren von sich wandelnden historisch-gesellschaftlichen Prozessen begleitet wird, hat *Andreas Flitner* in einem Aufsatz anläßlich des 250sten Geburtstages von *Johann Heinrich Pestalozzi* (in der Zeit, Nr. 3/1996, vom 12.1.1996, S. 34) betont: „Was die Nachwelt einem Autor entnimmt, hat ... oft nicht so sehr mit diesem Autor zu tun als mit den Bedürfnissen derer, die sich selbst und ihre Angelegenheiten in ihm als einem zitierbaren Klassiker bespiegeln." Dies trifft natürlich auch auf die umgekehrte Einstellung zu: Wer einen bestimmten historischen Sachverhalt oder Autor ignoriert, „verrät" damit immer auch das, was er aus bestimmten Gründen verschweigen möchte.

2. Didactica magna

Bevor wir uns mit der „Großen Didaktik" im Kontext des Comenianischen Gesamtwerkes genauer beschäftigen, sei eine kleine Übung vorgeschaltet.

ÜBUNG 5 (nur allein):

Im folgenden finden Sie zwei verschiedene Charakteristika. Bitte vermuten Sie, auf wen die 1. und auf wen die 2. Kennzeichnung zutreffen könnte!

1. **Dieser Mensch hat einen „Schatz unvergänglicher Erziehungs- und Unterrichtsweisheit" hinterlassen; er ist „für immer aufgenommen in das goldene Buch der deutschen Schule"; ihm gebührt „ein fester Ehrenplatz unter den vornehmsten Meistern und Förderern", mehr noch: er ist ein „Prophet der Humanität"; ein „unsterblicher Geist"; ein „großer Freund der Menschheit und der Jugend"; „vielleicht der größte pädagogische Kopf", den Europa hervorgebracht hat; ein wahrer „praeceptor mundi" ...**

*

2. **Dieser Mensch hingegen bedient sich recht „unwissenschaftlicher Methoden"; ist in einer „gewissen Enge und Einseitigkeit" verfangen; sein „Aber-Glaube an die Zauberkraft der Mechanisierung versteigt sich ins Bizarre und Komische"; er deklariert „die Wissenschaft zur Erlösungsinstanz"; ist „als Gelehrter auf die**

schiefe Bahn geraten"; mehr noch: er ist „ein Visionär"; er ist „totalitär"; „ein Fanatiker", „ein Betrüger und Beutelschneider" und „ein Spinner im Großformat" …[7]

*

„Praeceptor mundi" der eine, ein „Fanaticus, Visionarius, et Enthusiasta in folio" der andere. Bitte vermuten Sie, auf wen die eine und auf wen die andere Kennzeichnung zutreffen könnte!

(Wenn Sie das Buch herumdrehen, finden Sie die Auflösung.)

In beiden Fällen handelt es sich um *Johann Amos Comenius*, der sowohl von seinen Zeitgenossen als auch von späteren und heutigen Lesern seiner Schriften ausgesprochen unterschiedlich beurteilt wurde bzw. wird.

Nun, was für eine Theorie von Schule hinterließ uns *J. A. C.*, dessen von einem tschechischen Künstler gestaltete Statuette und Statue auf der folgenden Seite zu betrachten sind?

Lange Zeit nahm man an, die „*Opera didactica omnia*", die von der „*Didactica magna*" eröffnet werden, seien die alleinigen Hauptwerke des *Comenius* – bis 1935 *Dmitrij Tschižewskij* in der Bibliothek des Waisenhauses zu Halle a. d. Saale Teile jener „Allgemeinen Beratung über die Verbesserung der menschlichen Angelegenheiten" fand. Dieses Werk („*De rerum humanarum emendatione consultatio catholica*") besteht aus sieben Teilen und gilt seither als die zweite große Säule, auf der das immense Lebens-Werk dieses Mannes ruht: Die „*Panegersia*" (der universale Weckruf) eröffnet es; die „*Panaugia*" (die universale Aufklärung bzw. Erleuchtung) begründet es; die „*Pansophia*" (die universale Weisheit) soll es ermöglichen; in der Mitte, an der vierten Position, steht – ganz im barocken Sinne – das Wichtigste: die „*Pampaedia*" (die universale Bildung des Menschen); es folgen die „*Panglottia*" (die universale Sprachpflege); die „*Panorthosia*" (die universale Verbesserung) und die „*Pannuthesia*" (der universale Mahnruf). Ab 1650, während seiner schulreformerischen Tätigkeit im ungarischen Sárospatak und nachdem er auch seine zweite Frau *Dorothea* verloren hatte, begann er mit der Niederschrift der „*Pampaedia*"[8]. Alle Menschen sollen durch das Ganze von Grund auf zur Vollkommenheit geführt werden: *OMNES homines excoli, et OMNIBUS excoli, et OMNINO excoli* (S. 14). Zwar ist der Mensch von Gott als ein zum Guten befähigtes Wesen geschaffen worden, seine Freiheit aber hat er zum Bösen genutzt, benutzt sie weiterhin, folglich bedarf er der Erlösung und der Gnade. So ist die von Gott geschaffene Welt (*constitutio*) vom Menschen verkehrt worden (*destitutio*) und wartet auf Erneuerung (auf *restitutio*). Weil alles von Gott kommt, durch Gott ist und zu Gott zurückkehren will (*a*

Abbildung 10: Johann Amos Comenius

Statue und Statuette in Bronze, gestaltet von dem Prager Künstler *Josef Vajce*, der zunächst die überlebensgroße Comenius-Statue für den Berliner Comenius-Garten schuf, der am 11. Juni 1995 eröffnet wurde. Die formverwandte Statuette wird den von der Comenius-Stiftung mit dem Comenius-Preis geehrten Persönlichkeiten überreicht.

Bisherige Preisträger waren: *Jakob Muth* (1993), *Hartmut von Hentig* (1994) und *Hildegard Hamm-Brücher* (1995), die gehalten sind, die mit dem Preis verbundene Geldsumme an praktisch tätige Pädagogen oder (notleidende) Kinder und Jugendliche weiterzugeben.

DEO, per DEUM, *ad DEUM*), ist Bildung ebenso nötig wie Sittlichkeit und Religion. *Eruditio*, *mores* und *religio* sind die wahren Bedürfnisse des Menschen, wenn er „die Vollkommenheit seines Urbilds wirklich nachahmen“ will, schreibt *Comenius* in der „Großen Didaktik“[9] und fährt fort: „Dabei verstehen wir unter gelehrter Bildung die Kenntnis aller Dinge, Künste und Sprachen; unter Sittlichkeit nicht nur den äußeren Anstand, sondern das ganze innere und äußere Verhalten; unter Religiosität jene innere Verehrung, durch welche der Geist des Menschen mit der höchsten Gottheit sich verknüpft und vereinigt. In diesen drei Bedürfnissen liegt die ganze Würde des Menschen beschlossen“ (ebd., S. 29). Im lateinischen Original bezeichnet *Comenius* diese „Bedürfnisse“ als „*genuina Hominis requisita*“[10], als dem Menschen angestammte Ausdrucksformen. Wie vordergründig assoziieren wir hingegen bei dem Wort „Bedürfnis” allerlei Begehrlichkeiten! *Comenius* fundiert seine Schultheorie zunächst einmal über die Philosophie hinaus theologisch, indem er die Frage nach dem Sinn allen Lebens und Sterbens stellt – und eine Antwort, aus seinem Glauben hinaus, gibt. Der Mensch war gut, wurde böse und kann wieder gut werden, wenn er glaubt *und* lernt, das heißt: Wissen zum Ge-Wissen werden läßt, seinem Tun einen Sinn verleiht. So gesehen steht *Comenius* an der Schwelle zur Neuzeit: Einerseits bleibt er dem mittelalterlichen Glauben verpflichtet, andererseits setzt er auf die Kraft des Menschen: Er kann (in seinen Grenzen) dazu beitragen, daß die Welt und sein persönliches Schicksal wieder in Ordnung kommen. Nicht in einer allmächtigen Attitüde kann er dies tun, wohl aber in Demut und in Für-Sorge gegenüber den Dingen, Lebewesen und sich selbst. Die Zeitgenossen freilich hörten wenig und selten auf solch eine Botschaft. Auch in Sárospatak ist er letztlich gescheitert. Einen Grund sah *Comenius* in der falschen Theorie der Schule – zum Beispiel in den Köpfen der Lehrer, wenn er schreibt: „Meine Methode zielt insgesamt darauf ab, daß die Tretmühle Schule in Spiel und Vergnügen verwandelt wird. Das will hier niemand in den Kopf. Den freien Geist behandeln sie geradezu wie einen Sklaven“[11]. Damit wollte *Comenius* – um Gottes und der Kinder willen – keiner Spiel- und Spaß-Schule das Wort reden, wohl aber einer Schule, die über Lernarbeit Freude und Vergnügen bereitet. Das *in* und *durch* Schule zu erwerbende Wissen stiftet und hat also einen Sinn, nicht einen Zweck, wie bei *Francis Bacon* (1561 – 1626), der in seinem „Novum Organum“ (von 1620), als *Comenius* Lehrer und Prediger in Fulnek war und seine erschütternden „Briefe an den Himmel“ schrieb, die Parole ausgab: „Wissen ist Macht!“ – „*Knowledge is power*!“[12] Was haben wir seitdem nicht alles an Wissen angehäuft – Wissen über Ganglienzellen im Gehirn bis hin zum Wissen über Geschwindigkeiten ferner Galaxien ... Aber ist die Welt, ist der einzelne Mensch mit Hilfe all dieser „nützlichen“, dieser „vernünftigen“, dieser „wissenschaftlichen“ Daten gebildeter, glücklicher, heiler geworden? In seiner „Kritik der zynischen Vernunft“ schreibt *Peter Sloterdijk*[13]: „Wir sind aufgeklärt, wir sind apathisch. Von einer *Liebe* zur Weisheit ist weiter keine Rede. Es gibt kein Wissen mehr, dessen Freund (*philos*) man sein könnte. Bei dem, was wir wissen, kommen wir nicht auf den Gedanken, es zu lieben, sondern fragen uns, wie wir es fertigbringen, mit ihm zu leben, ohne zu versteinern.”

Just darin liegt die *crux* der Moderne: Wir haben keinen ethischen, keinen emotionalen, keinen philosophischen Bezug mehr zu dem sich weiter rasend vermehrenden Wissen und wenn, dann ein herrscherliches, ein imperiales. Und solange wir daran nicht pädagogisch arbeiten, kann es nichts Gutes (allenfalls Effektives) bewirken. In einem Interview, auf das bleibende Problem eines vernünftigen Gebrauchs der Vernunft angesprochen, beharrt deshalb *Sloterdijk* auf dem Grundbegriff allen philosophischen Erkennens, dem Begriff der „Weltfremdheit", ohne die Wahrheiten nicht zu ermitteln sind: „Theorie ist auch eine Form der Weltfremdheit, sie ist der Schlaf der Vernunft, die glaubt, sie sei immer da"[14].

Nichts also gegen Wissen, Vernunft und Aufklärung, aber viel Bedenken gegenüber einer Erkenntnissuche, die nur Daten anhäufen will, weil dies der Ausbreitung von „Macht und Herrlichkeit" dient. Weil unser Wissen keine ethischen Bedingungen eingeht, es statt dessen der Akkumulation von Macht, Einfluß, Be-Herrschung dient, schlägt es dialektisch gegen uns selbst zurück und bedroht mittlerweile unser gesamtes Dasein. *Comenius* hatte die Schule eingebettet in einen religiösen und anthropologischen Zusammenhang: Der eine verschaffte ihr Sinn, der andere Zuversicht. „Der Mensch soll das Wahre wissen; vom Falschen lasse er sich nicht verführen ... Und schließlich gehe er mit den Sachen, mit den Menschen und mit Gott nicht unbesonnen um, sondern mit allem verfahre er der Ordnung gemäß. So wird er es verstehen, nie vom Ziel seines Glückes abzuweichen"[15]. Glück („*felicitas*") aber meint nicht „*happiness*" oder „Lust", „*fun*" oder „Spaß", ein – wie auch immer geartetes – „*feeling*" oder „Empfinden", sondern das Heil des Menschen. Weil der Schule dieser Sinn, mitunter jedweder Sinn, abhanden gekommen ist, fürchtet der amerikanische Medienpädagoge *Neil Postman* „The End of Education"[16], daß in dieses Vakuum von Sinnlosigkeit die falschen Götter Einlaß finden und nach dem „Verschwinden der Kindheit"[17] sowie einem Sich-zu-Tode-Amüsieren[18] den Schulen das Ende droht ...

Die Neuzeit schuf – effektiv und wissenschaftlich – die „weltliche" Schule, in der jedwede religiöse Bindung (die keine kirchliche sein muß) allenfalls in konzedierten Randstunden belächelt, schlechterenfalls ironisiert und schlimmstenfalls verboten wurde. Damit wirkte sie mehr oder weniger, gewollt oder ungewollt, an jenem Dilemma mit, das *Comenius* deutlich gesehen und warnend zu verhindern versucht hat: „Was ist das für eine Tollheit, daß wir uns überall gegenseitig bekämpfen? Daß weder Berge, noch Flüsse, noch Seen, noch Meere, noch die Hemisphäre selbst uns voreinander sichern können?"[19] Das hat nichts mit frömmelnder Ideologie oder der Re-Etablierung von Konfessionsschulen zu tun, wohl aber mit dem Sinn allen Lehrens und Lernens, der über den Menschen hinausweist und nach dem Sinn der Schöpfung selbst fragt. Ohne ein solches Fragen wird Schule frag-los eine bloße Lernfabrik.

Die Schule – so könnten wir erstens festhalten – braucht einen über sie hinausreichenden Sinn, wenn all ihr Tun und Lassen letztlich nicht sinn-los bleiben soll. Diesen zu vermitteln, ist Aufgabe der Lehrerschaft.

*

Aber *Comenius* hat die Schule nicht nur theologisch, sondern auch anthropologisch grundgelegt, spiegelbildlich gleichsam, denn der Mensch ist – in seiner Sprache – Ebenbild Gottes.

Alle Menschen gilt es, das Ganze von Grund auf zu lehren: *„Omnes, Omnia, Omnino, doceantur*“[20]. „Nicht nur die Kinder der Reichen und Vornehmen sollen zum Schulbesuch angehalten werden, sondern alle in gleicher Weise, Adlige und Nichtadlige, Reiche und Arme, Knaben und Mädchen aus allen Städten, Flecken, Dörfern und Gehöften“[21]. Nachdem er die „Große Didaktik" zunächst (in den ersten vier Kapiteln) auf den Sinn des Lebens ausgerichtet hatte, leuchtet er in den nächsten Kapiteln (fünf bis neun) ihre anthropologischen Dimensionen aus: Der Mensch besitzt die Möglichkeit zur Bildung, zur Sittlichkeit und Frömmigkeit; ohne diese drei auszubildenden „Anlagen“ hingegen verfehlt er seine Menschlichkeit, bleibt er nur das, was er auch ist: ein essender, trinkender und sich fortpflanzender Organismus. Diese anthropologische Möglichkeit bezieht *Comenius* vor allem auf die „Behinderten“ und die damals in unvorstellbar rigider Weise benachteiligten Mädchen, das „schwächere Geschlecht“, den *„sequior sexus*“ – wie er es zutreffend nennt. Er schreibt, die einen im Auge habend: „Je träger und schwächlicher einer von Natur aus ist, umso mehr bedarf er der Hilfe … Und man findet keine noch so unglückliche Geistesanlage, daß sie durch Pflege nicht verbessert werden könnte“[22]. Und, die anderen meinend, schreibt er: „Auch ließe sich keine ausreichende Begründung dafür geben …, das schwächere Geschlecht von den Studien der Weisheit, weder von den in lateinischer noch von den in der Muttersprache vermittelten, insgesamt auszuschließen. Denn sie sind in gleicher Weise Gottes Ebenbilder, in gleicher Weise der Gnade und des Reiches künftiger Zeiten teilhaftig, in gleicher Weise, ja oft mehr als unser Geschlecht mit einem lebhaften und für die Weisheit empfänglichen Geiste begabt“[23].

Man beachte die Begründung: Ebenbild Gottes (“*imago Dei*”). Nicht weil Gleichheit *herr*schen soll, sind Mädchen und Frauen besonders zu fördern, sondern weil ihre anthropologische Ausstattung dieselbe ist. Und man erkläre eine solche humane Begründung bitte nicht für beliebig. Sie bewirkt anderes als die soziologische, die letztlich auf Quotenregelungen hinausläuft, auf den Machtkampf und damit – früher oder später – neue Unterdrückung zeitigt.

Die Schule – so müssen wir zweitens festhalten – wird bei Comenius grundsätzlich sowie in all ihren einzelnen Prozeduren auf ihre anthropologische Möglichkeit verpflichtet, das heißt: an ihr humanes Potential, an ihre emendative Kraft erinnert.

*

Erst gegenüber diesen Dimensionen unternimmt es *Comenius*, die Schule zunächst didaktisch und dann mathetisch zu entwerfen. Was heißt das? Das Wort Didaktik kommt aus dem Griechischen: *didaskein* heißt lehren, unterweisen, bilden. Im Lateinischen heißt der Gelehrte bzw. der Lehrer *didacticus*. Didaktik als Theorie des Lehrens ist folglich auf das Unterrichten bezogen, nicht auf das gesamte mögliche Lehrgeschehen im Leben eines Menschen. Didaktik meint die Klärung, Begründung, historisch-systematische Fundierung des geplanten, institutionalisierten Unterrichts – aus der Sicht des Lehrers. *Comenius* schreibt:

„Alles, worin die Menschen belehrt werden und was sie lernen, sei

I. kein brockenhaftes Teilwissen, sondern es sei unverkürzt und ganzheitlich (*totalis*);

II. es sei nicht oberflächlich und nur äußerlich, sondern festgegründet (*solidus*) und sachhaltig (*realis*);

III. es sei nicht beschwerlich und erzwungen, sondern lieblich (*lenis*) und angenehm (*placidus*) und dadurch dauerhaft (*durabilis*)"[24].

Dem Fächersalat, dem Uhr- und-Schelle-Diktat, der Paperitis und der Testeritis würde er eine entschiedene Absage erteilen. Als Schule der Bildung definiert *Comenius* die Stätte des Lehrens und Lernens, deshalb muß der Unterricht das Ganze (*omnia*), aber nicht alles umfassen. Daß alles mit allem zu tun hat, jeder mit jedem verbunden ist, will das Präfix *pan* ausdrücken: Ein pansophisches Lehren betreibe die Schule, die entweder eine holistische Schule oder keine Schule ist. Mit dem Adjektiv *holos* bezeichneten die Griechen ein Merkmal, das eben dieses umfassende, auf das Ganze bezogene Lehren meint. Nur wenn in jedem einzelnen Lerndatum das Ganze aufblitzt, kann es seinen Stellenwert und seinen Sinn finden. Das Gegenteil aber hat die moderne Schule betrieben: 45 Minuten Deutsch, 5 Minuten Pause, 45 Minuten Physik, 10 Minuten Pause, 45 Minuten Englisch ... Die Curricula fahren Karussell und lassen die Schüler schwindeln – im doppelten Sinn des Wortes. Zeit ist in pansophischen Schulen nötig und Ordnung, Freude und Reformeifer, Achtung und Liebe. Die von *Comenius* bevorzugte Metapher für eine gute Schule lautet: *hominum officina*, wörtlich: eine Werkstatt der Menschen für die Menschen sei die Schule. „Vollkommen ihrem Zwecke entsprechend nenne ich die Schule, die wahrhaftig eine Menschen-Werkstätte ist, wo nämlich der Geist der Lernenden erleuchtet wird vom Glanze der *Weisheit* ..., wo die Sinne und ihre Neigungen zu allgemeiner Harmonie der *Tugend* gelenkt und die Herzen verlockt werden durch die göttliche *Liebe* ..., mit einem Worte dort, wo alle alles allumfassend gelehrt werden"[25]. Als Triadiker setzt *Comenius* auf den Dreiklang von *sapientia*, *virtus* und *amor*, auf *omnes*, *omnia* und *omnino*; auf Weisheit, Tugend und Liebe also, damit alle das Ganze[26] gründlich studieren können. Wer die folgenden Kapitel der „Didactica magna" liest (insgesamt sind es – wohl in Anlehnung an *Jesus'* Lebensjahre – 33), wird einem weiteren Satz zustimmen:

Die Comenianische Schule ist drittens eine pansophische bzw. eine holistische Schule, in der alle Menschen das Ganze gründlich gelehrt werden soll.

*

Immer wieder betont die „Große Didaktik" die Notwendigkeit der Schulreform: „*Scholas reformari posse in melius*"; „*Reformandarum Scholarum fundamentum esse accuratum in omnibus Ordinem*" – Schulen können und müssen reformiert bzw. verbessert (melioriert) werden, so lauten die Kapitel 12 und 13. Dabei ist nicht nur der Unterricht gemeint, sondern das gesamte schulisch-edukative Terrain. Im berühmten Abschnitt 17 des 17. Kapitels heißt es:

„Die Schule selbst soll eine liebliche Stätte sein (*locus amoenus*), von außen und von innen den Augen einen angenehmen Anblick bieten. Innen ein helles, sauberes Zimmer, das rundherum mit Bildern geschmückt sein soll. Die Bilder können berühmte Männer darstellen oder geschichtliche Ereignisse, es können auch Landkarten sein oder irgendwelche Embleme. Draußen soll nicht nur ein Platz vorhanden sein zum Springen und Spielen, denn dazu muß man den Kindern Gelegenheit geben, wie weiter unten ausgeführt wird, sondern auch ein Garten, in den man sie ab und zu schicken soll, daß sie sich am Anblick der Bäume, Blumen und Gräser freuen können ..."[27] Diese u. a. Passagen berechtigen zu der Aussage:

Die Schule muß nach Comenius viertens gründlich reformiert werden und sie kann die Reform ihrer selbst betreiben, wenn sie klare Ziele mit Hilfe engagierter Lehrer verfolgt.

*

Der Rest ist Didaktik im engeren und Methodik im weiteren Sinne: Gemäß der Natur (*secundum naturam*) ist zu lehren; vom Leichten zum Schweren, vom Nahen zum Fernen gehe man vor; regelmäßiges Üben, Anschaulichkeit, Methodenvielfalt u. a. m. gehören zu den Grundsätzen des Lehrens – in allen vier (nein, nicht Schularten, sondern) „Abstufungen der Schule nach Alter und Fortschritt", also dann, wenn es darum geht, über die Gemeinsamkeiten und Unterschiede nachzudenken („*De Quadripartita Scholarum, secundum aetatis & profectuum gradus fabrica*"). Entsprechend den vier Jahreszeiten soll der Mensch erzogen, unterrichtet und gebildet werden:

1. in der Mutterschule (*schola maternae*) bzw. in der Schule des Kleinkindalters (*schola infantiae*) – und zwar in der Familie vom 1. – 6. Lbj.;
2. in der Muttersprachschule (*schola vernaculae*) bzw. in der Schule der Schulkindheit (*schola pueritiae*) – und zwar in einer öffentlichen Schule vom 6. – 12. Lbj.;

3. in der Lateinschule bzw. im Gymnasium (*schola latina seu gymnasium*) bzw. in der Schule der Jünglingszeit (*schola adolescentiae*) – und zwar in einem 6jährigen Bildungsgang vom 12. – 18. Lbj. Grammatik, Physik, Mathematik, Ethik, Dialektik und Rhetorik lernend; und schließlich
4. in der Akademie (*academia*) sowie auf Reisen (*peregrinationes*), also im jungen Erwachsenenalter (*schola juventutis*) – und zwar in einem gleichfalls 6 Jahre dauernden intensiven Studium der Sprachen, Jurisprudenz, Medizin u. a.m.

Damit demonstriert *Comenius* ein weiteres Mal, daß es ihm nur dann auf die Einzelheiten ankommt, wenn sie auf das Ganze bezogen bleiben, und das Ganze nur dann seine Wirkung entfaltet, wenn es sich in bestimmten Details konkretisiert. Gerade aber unter diesem fünften Aspekt ist *Comenius* gründlich „geplündert" worden: Man suchte sich diese oder jene didaktisch-methodische Anregung heraus, realisierte sie und – vergaß oder ignorierte den Horizont, unter dem sie erst eigentlich ihren Sinn erfuhr. Dem ersten bebilderten Schulbuch, dem 1658 erschienenen „*Orbis Sensualium Pictus*"[28], erging es nicht anders als der „*Didactica magna*": Man nahm sich heraus, was einem beliebte. Ein solcher Umgang mit überliefertem pädagogischem Gut ist genauso illegitim, wie – sagen wir – von *Rudolf Steiner* die Ablehnung der Notengebung, von *Célestin Freinet* die Schuldruckerei oder von *Maria Montessori* die Anschauungsmaterialien zu übernehmen, ansonsten aber deren Pädagogik, deren Anthropologie und deren Weltanschauung zu ignorieren. So betreibt man Abholzung bis zur Entwurzelung und muß sich nicht wundern, wenn zum Schluß nur noch leblose Stümpfe übrigbleiben. Halten wir statt dessen fest:

Die Schule von Comenius ist fünftens eine Schule des lebenslangen Lernens und nach bestimmten didaktisch-methodischen Grundsätzen aufgebaut, die ein in sich geschlossenes Gesamtgeflecht ergeben.

*

Die „Große Didaktik" des *J. A. C.* erweist sich am Ende dieser Referierung als eine Schrift, die mehr ist als eine didaktische Theorie. Sie ist eine Theorie der Schule, indem sie die Voraussetzungen von Schule ebenso systematisch bedenkt wie ihre Konkretionen, ihre Sinnperspektiven nicht weniger als ihre Organisationsstrukturen, indem sie die Schule anthropologisch und „metaphysisch" begründet und ihre zentrale Aufgabe im Akt der Bildung, der *eruditio* des Menschen, ansiedelt. Didaktik geht bei *Comenius* über in Schultheorie, diese ist Teil der Schulpädagogik, die wiederum eingebettet ist in die Allgemeine Pädagogik.

Bevor die „Mathetik" von *Comenius* zum Zwecke einer weiteren Kennzeichnung seiner Schultheorie herangezogen wird, sei der Ertrag dieses III. Kapitels in der Abbildung 11 wiedergegeben.

Abbildung 11: Elemente der Comenianischen Schultheorie

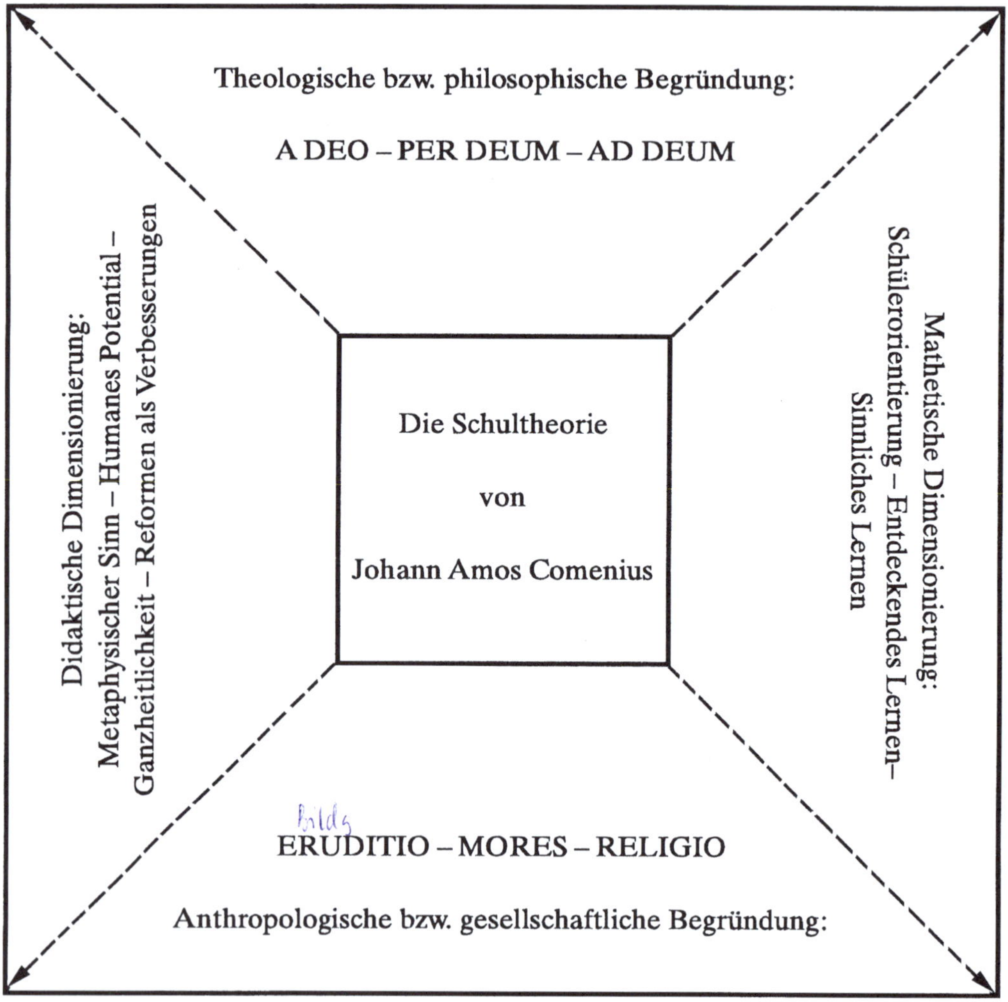

3. Mathetica

1680, also zehn Jahre nach dem Tod von *J. A. C.*, erschien in einem Probedruck von nur 100 Exemplaren ein von *Christian Vladislav Nigrin(us)* herausgegebenes Büchlein mit dem Titel „*Spicilegium didacticum*". Darin befindet sich einer der bemerkenswertesten Comenianischen Texte, die sogenannte „Mathetik".

Wann genau *Comenius* diese „Didaktische Ährenlese" schrieb und ob er sie überhaupt als eigenständige Schrift plante und vollendete, läßt sich heute kaum noch beantworten. Einige erkennen in ihr Teile bzw. überarbeitete Passagen aus seiner „*Pansophia*", andere vermuten eine kompilatorische Edition, die genannter *Nigrinus*, ein exilierter tschechischer Gelehrter, vorgenommen habe als eine Ährenlese aus der „*Pampaedia*", der „*Pansophia*" oder auch aus anderen noch unveröffentlichten Manuskripten. Mit Sicherheit wissen wir, daß das „*Spicilegium didacticum*“ 1680 in Amsterdam erschien, dessen erster Teil die „*Mathetica*“ und dessen zweiter Teil eine „*Didactica*“ enthält. 1893 entdeckte der Universitätsprofessor Dr. *Ján Kvacala* ein Exemplar dieses Druckes in der öffentlichen Bibliothek von St. Petersburg. Er brachte 1895 den lateinischen Text im böhmischen Rosenberg in einem Neudruck heraus. 1896 besorgte *Jan Václav Novák*, ein Prager Comeniusforscher, eine tschechische Übersetzung, die in Prag erschien. 1907 kam dann die „Pädagogische Ährenlese“ in deutscher Sprache im Band 3 (S. 71-96) der von *Carl Theodor Lion* herausgegebenen dreibändigen Werkauswahl von Schriften des *Comenius* heraus, die den Titel trägt: „Joh. Amos Comenius’ Pädagogische Schriften“ (Langensalza, Bibliothek Pädagogischer Klassiker, Verlag Beyer & Söhne). Diese von *Lion* erstmals übersetzte Fassung wurde von mir neuerlich durchgesehen und von *R. Golz u.a.* 1996 publiziert[29]. Auf diese Ausgabe beziehen sich die folgenden Überlegungen.

Wer die Mathetik im Zusammenhang mit der „Böhmischen Didaktik“ und der „Großen Didaktik“ sieht, wird viele Gemeinsamkeiten, viele Pendants und viele Ergänzungen feststellen. Es seien unter drei Stichworten nur einige wenige Gedanken zum Text gestattet:

1. Auch der Begriff Mathetik geht auf ein griechisches Verb zurück: auf *mathein* bzw. *manthanein*. Beide Verbformen bedeuten lernen, stehen im Infinitiv. Aber die griechische Sprache kennt – wie übrigens auch die meisten slawischen Sprachen – zwei Infinitivformen: den Infinitiv Präsenz (*manthanein*) und den Infinitiv Aorist (*mathein*). Der zuerst genannte meint eine lineare, durative, abfolgende Tätigkeit; der zweite hingegen ein punktuelles, ingressives, plötzliches Tun. *Manthanein* will also auf einen Prozeß des Lernens hinweisen; *mathein* auf ein plötzliches Erkennen; beide Verben aber – und deshalb bevorzugte sie *Comenius* – bedeuten: lernen um der *Bildung* willen. Mathetik ist also die Theorie des Lernens, nicht aber eine Lerntheorie. Mathetik bedeutet Klärung des im Unterricht stattfindenden Lerngeschehens – und zwar hier und jetzt, aus der Sicht des Schülers. Unschwer erkennen wir gegenüber der Didaktik das Gemeinsame und die Unterschiede. Beide Male geht es um den Unterricht bzw. das darin zu arrangierende Lehren und Lernen – einmal aus der Sicht des Lehrers, das andere Mal aus der des Schülers. Folglich ist für *Comenius* die Didaktik *ars docendi*, die „Kunst“ (besser: die Theorie) des Lehrens, und Mathetik *ars discendi*, die „Kunst“ (genauer: die Theorie) des Lernens. Wie die Brennpunkte einer Ellipse sind didaktische und mathetische Überlegungen konstitutiv für Unterricht. Und das Ganze bildet eine Lehrer-Schüler-Einheit, so jedenfalls in der idealtypischen Form, wie sie *Comenius* als vorbildlich und notwendig erachtete.

   Ohne die methodische Planung gering zu achten, beharrt *Comenius* zunächst einmal darauf, die Dinge, die Tiere, die Pflanzen, die Menschen und ihre Erkenntnisse sowie ihre Erfahrungen so zu sehen, wie sie – nach bestem Wissen und Gewissen sind. Damit will er keiner Faktenhuberei Vorschub leisten, wohl aber jener Sachlichkeit, die allein Grundlage des Urteilens ist. Zu dieser Sachlichkeit gehören folglich nicht nur die „Inhalte" des Lehrens, wozu die materialen Bildungstheorien neigen, sondern auch die „Arbeitsweisen" des Lernens – auch, aber nicht nur, was die formalen Bildungstheorien gerne übersehen. In der Schule auch lernen, *wie* man lernt, sich prozeß- *und* produktorientiert im Unterricht zu verhalten, ist zum Fanal der klassischen Reformpädagogik geworden – insbesondere zum didaktischen Postulat der „*progressive education*" seit *John Dewey*. Hier, in der Mathetik des *Comenius*, findet diese Forderung an die Schüler („*to learn how to learn*") ihre historisch-systematische Wurzel.

Lange bevor der „schülerorientierte Unterricht" in den 70er Jahren des 20. Jahrhunderts hierzulande ein curricularer Schlager wurde, hat *Comenius* für ihn – als notwendiges Pendant zur Planung und Analyse von Unterricht aus der Sicht des Lehrers – den Grund gelegt. Damit zeigt sich der große Triadiker *Comenius* auch als ein meisterlicher Antinomiker, der eben nicht nur vieles dreifach begründet, sondern dort Duplizitäten aufspürt, wo sie der Sache angemessen sind: Unterricht ist ein zwiespältiges, ganz und gar nicht spannungs- oder widerspruchsfreies Geschehen, das der Lehrer- *und* der Schülerperspektive bedarf ... „Niemand darf gezwungen werden, auf die Worte des Lehrers zu schwören, sondern die Dinge selbst mögen die Einsicht fesseln, und man darf dann dem Lehrer nicht mehr Glauben schenken, als er durch seine Darlegung an der Sache verdient" – so heißt es im Abschnitt 20 der „Mathetik" (S. 168). Besser läßt sich die Schülerorientierung wohl kaum begründen ...

*

2. Das heutige Verb lernen geht auf das althochdeutsche Wort lirnên, das mittelhochdeutsche lirnen und das niederdeutsche lîren zurück: etwas zurücklassen, nachspüren, eine Spur verfolgen. Wer (Neues) lernen und erleben will, muß etwas (Altes) verlassen wollen, aufgeben, ver-lieren. Niemand erkundet neues Terrain, der nicht alte Wege verläßt – auch und gerade im geistigen Bereich. Deshalb definierte *Comenius* kurz und bündig: „*Discere est rem scire quaerere*"; lernen heißt: etwas suchen[30]. Wo also dem Schüler durchaus die offene, schwankende, suchende Bewegung zugebilligt wird, muß die Seele des Lehrers nicht gleich mitschwanken oder gar unsicher werden. Im Gegenteil: Je fester der Erzieher zu seinen Grund-Sätzen steht, desto beweglicher kann und darf der Zögling sein. Denn daß es in der Schule als einer Werkstatt des Menschen für den Menschen um Bildung (*eruditio*), um Sittlichkeit (*mores*) und um Frömmigkeit (*religio*) geht, wird der Lehrer nicht jeden Tag bezweifeln können – so jedenfalls sah es *Comenius*. Daß der Schüler jedoch nur über viele Suchbewegungen hinweg diese Menschlichkeit auszubilden vermag, das wird aus der *Mathetica* deutlich. Aber sie nimmt ihn auch in die Pflicht, denn: „Niemand möge die Schuld seiner Unwissenheit auf einen anderen werfen außer sich selbst ..." – so kann man es im 10. Abschnitt lesen[31]. Das erinnert an *Immanuel Kant*, der mehr als 100 Jahre später

(1784) in seiner berühmten Antwort auf die Frage „Was ist Aufklärung?" schrieb: „Aufklärung ist der Ausgang des Menschen aus seiner selbst verschuldeten Unmündigkeit. Unmündigkeit ist das Unvermögen, sich seines eigenen Verstandes ohne Leitung eines anderen zu bedienen"[32].

Wer Neuland betritt, muß sich zunächst einmal auf sich selbst verlassen, seine eigenen (Verstandes-)Kräfte mobilisieren, kritisch gegenüber anderen Einflüssen und Versprechungen sein. Zum entdeckenden Lernen gehört aber auch die Einsicht, sich nicht rigoros gegen fremde Belehrung abzuschirmen, sondern die eigenen Ansichten mit denen anderer auszubalancieren. Denn: „Weil wir nicht alles mit dem Sinne der Vernunft lernen und durchdringen können, sondern uns auch bisweilen mit dem Urteil und Zeugnis anderer beruhigen müssen, ist mit Recht Umschau zu halten, wie sich der Glaube den Zeugnissen anderer gegenüber vorsichtig zu verhalten habe" – heißt es im Abschnitt 18 der "Mathetik"[33].

Lernen heißt zweitens: im Vertrauen auf sich selbst, aber auch offen gegenüber anderen Neues ent-decken …

*

3. Sechs Sinne hat der Mensch. Er kann hören, sehen, riechen, schmecken, tasten und – sich bewegen. Als *Comenius* 1650 im siebenbürgischen Sárospatak eine Lateinschule einrichtete, konzipierte er ein Buch, das Wort und Bild zusammenführte: „*Orbis Sensualium Pictus*" („Die sichtbare Welt in Bildern"). Weil seine Schüler zu wenig Anschauung von den Dingen besaßen, die es zu erlernen galt, ließ er Holzschnitte anfertigen, in denen 4000 Wörter zu erkennen waren. Sie sollten Vor-Stellungen erlauben. Damit es aber nicht beim bloßen Sehen, beim Gaffen, bleibe, tritt zu jeder „Bildung" die Benamung hinzu, „welche die ganze Bildung durch ein allgemeynes Wort ausdrückt". Und drittens schließlich folgen die Beschreibungen, also „die Auslegungen der unterschiedlichen Stücke des Gemähls"[34] . Das *Comenianische* Bilder-Werk ist sorgfältig durchdacht und komponiert, entsprechend seiner universalen Bildungsidee. Es wird kein Bilderchaos geboten, sondern jedes Bild hat seine Bedeutung im Gesamtzusammenhang des Bildungsgeschehens. Der „Orbis Pictus" ist also gerade nicht der Beginn einer Bilderflut, einer „*virtual reality*", die zu einer Hypertrophie des Sehens, einer „Überbetonung des Optischen in unserer Kultur"[35] führt und die täglich neue Bilderfluten bewirkt. *Comenius* bezog Bilder zum Zwecke der Förderung der Vorstellung didaktisch (vor allem in den Lateinunterricht) mit ein, nicht aber Bilder zum Zwecke der Unterhaltung, des Zappens, der „Werbung" für irgendwelchen Nonsens. Man wende nicht ein, im 17. Jahrhundert habe es kein Fernsehen gegeben und alles sei doch recht primitiv gewesen. Auch spätere Nachahmer des „Orbis pictus" vergaßen zumeist das „medienpädagogische" Konzept des *J. A. Comenius*, sogar der vermeintlich große *Basedow*, in dessen „Elementarwerk" von 1774 es bunt durcheinander ging. Auch beim Sehen statischer Objekte (z. B.

Buchstaben oder Abbildungen) ist unser Auge übrigens nie ganz bewegungslos, sondern unsere Augenbewegung variiert zwischen zwei und 15 Grad. Während dieser „Sprünge“, den sogenannten Sakkaden, erreicht das Auge eine mittlere Drehgeschwindigkeit von etwa 700 Grad pro Sekunde, was in etwa der 1 1/2fachen Geschwindigkeit einer alten 78er Schallplatte entspricht. Demgegenüber müssen wir beim Sehen von beweglichen Bildern die genannte Zahl verzehnfachen. Jedes Computerbild entsteht nun aber aus rasend schnell aneinandergefügten (also beweglichen) Zeichen. Wir argumentieren hier nicht gegen „bewegliche“ Fernsehbilder, wohl aber für ihren vernünftigen, mit anderen Worten: dem kritischen Denken standhaltenden Gebrauch.

Comenius erweist sich auch in seiner dritten mathetischen Grundhaltung als ein ungemein fortschrittlicher, nicht aber modischer Autor. Als Sensualist weiß er – *John Locke* (1632 – 1704) und den englischen Empirismus gleichsam vorwegnehmend -, daß die Sinne „die ersten und sichersten Werkzeuge der menschlichen Erkenntnis“ sind[36]. *Nihil est in intellectu, quod non fuerit in sensu*: Nichts ist im Verstand, was nicht vorher in der sinnlichen Wahrnehmung gewesen wäre. Diesen von *Locke* aufgestellten Grundsatz spürt und variiert er in vielen seiner Werke. Aber nicht ein bestimmter Sinn allein partizipiert am Lernen, sondern der Schüler benötigt alle seine Sinne. „Also müssen die Dinge selbst, die sich sehen, fühlen, hören, riechen usw. lassen, den Sinnen vorgestellt werden, soweit es möglich ist, sei es durch sich oder durch stellvertretende Bilder“[37]. Denn den Augen und Bildern allein ist nicht zu trauen – das hatte übrigens schon *Platon* mit seinem „Höhlengleichnis“ anhand der scheinbaren „Realität“ von Schattenbildern deutlich gemacht. Für ein sinnliches, ein ganzheitliches, ein holistisches Leben und Lernen trat *Comenius* ein, um Trug-Bilder zu verhindern. Wer den „Wert“ der Schule nicht den Börsenmaklern überlassen will, ist an eben jene bildenden Werte verwiesen, die in der griechischen *Paideia* nicht weniger Beachtung fanden als in der *Comenianischen Didaktik und Mathetik*.

*

Damit wollen wir es genug sein lassen – vielleicht noch ein letzter Hinweis zu *Comenius* selbst: Er mag im Bewußtsein einer breiten Öffentlichkeit eine gewisse Popularität behalten haben, die Schule geprägt, in *seinem* Sinne geprägt, hat er nicht, auch wenn viele Schulen seinen Namen tragen. In der dreibändigen, insgesamt 3105 Seiten umfassenden „Deutschen Gesellschaftsgeschichte“ des Bielefelder Historikers *Hans-Ulrich Wehler*[38], in der auch und gerade die „geistigen“ Stömungen der letzten 300 Jahre zur Darstellung kommen, taucht noch nicht einmal der Name des angeblich „unsterblichen Geistes“ mehr auf: *Johann Amos Comenius*.

Immerhin: Das Kellergewölbe für eine zeitgemäße Theorie der Schule konnte mit seiner Hilfe freigelegt bzw. ausgebaut werden – so hoffe ich doch.

Anmerkungen

[1] *Benjamin Graham*: Security Analysis. (Or. 1934) Dt. Ausgabe: *Graham* and *Dodd's* Wertpapieranalyse.Security Analysis. Darmstadt: Hoppenstedt & Co. 5.1992.

[2] *Johann Amos Comenius*: Böhmische Didaktik. (Or. 1632) Paderborn: Schöningh 1970.

[3] *Ders.*: Große Didaktik. (Or. 1657) Stuttgart: Klett-Cotta 8.1993.

[4] *Leopold von Ranke*: Vorrede zu den Geschichten der romanischen und germanischen Völker von 1494 – 1514. (Or. 1824 bzw. 2.1874). In: *Ders.*: Sämtliche Werke. 33. u. 34. Bd. Leipzig: Duncker und Humblot 1874, S. VII.

[5] *Theodor W. Adorno*: Erziehung nach Auschwitz. (Or. 1966). In: *Ders.*: Erziehung zur Mündigkeit. Frankfurt/M.: Suhrkamp Taschenbuch 7.1981, S. 88 – 104, zit. S. 88.

[6] Vgl. dazu: *Rainer Winkel* (Hrsg.): Pädagogische Epochen. Von der Antike bis zur Gegenwart. Düsseldorf: Schwann 1988, bes. die von *H.-E. Tenorth* geschilderte 4. Epoche, die der Aufklärung, S. 121 – 155.

[7] Diese u. a. Kennzeichnungen sammelte *Werner Korthaase* in seinem exzellenten Aufsatz: „Urteile über Comenius ...", abgedruckt in: *Reinhard Golz/Werner Korthaase/Erich Schäfer* (Hrsg.): Comenius und unsere Zeit. Baltmannsweiler: Schneider 1996, S. 246 – 341.

[8] *Johann Amos Comenius*: Pampaedia. (Or. 1676/77) Heidelberg: Quelle & Meyer 2.1965.

[9] *Ders.*: Große Didaktik. (Or. 1657) Stuttgart: Klett-Cotta 8.1993, S. 29.

[10] *Johann Amos Comenius*: Didactica Magna. In: Opera Didactica Omnia. Editio anni 1657 lucis ope expressa. Tomus I. Pars I – II. Sumptibus Academiae Scientiarum Bohemoslovenicae. Pragae In Aedibus Academiae Scientiarum Bohemoslovenicae MCMLVII (1957), caput IV,6., Sp. 23.

[11] Zitiert in: *Veit-Jakobus Dieterich*: Johann Amos Comenius mit Selbstzeugnissen und Bilddokumenten. Reinbek: Rowohlt 1991, S. 96.

[12] Vgl. dazu die pädagogische Problematik in: *Theodor Ballauff/Klaus Schaller*: Pädagogik. Bd. II. Freiburg-München: Alber 1970, S. 125 – 131.

[13] *Peter Sloterdijk*: Kritik der zynischen Vernunft. 2 Bde. Bd. 1. Frankfurt/M.: Suhrkamp 1983, S. 8.

[14] *Ders.*: Theorie ist der Schlaf der Vernunft. *Andreas Geyer* im Gespräch mit *Peter Sloterdijk*. In: Universitas, 50 (11/1995), S. 1021 – 1035, zit. S. 1023.

[15] *Johann Amos Comenius*: Pampaedia. A.a.O., S. 17.

[16] *Neil Postman*: The End of Education. New York: Knopf 1995. Dt. Ausg.: Keine Götter mehr. Das Ende der Erziehung. Berlin: Berlin Verlag 1995.

[17] *Ders.*: Das Verschwinden der Kindheit. (Or. 1982) Frankfurt/M.: S. Fischer 1983.

[18] *Ders.*: Wir amüsieren uns zu Tode. (Or. 1985) Frankfurt/M.: S. Fischer 1985.

[19] *Johann Amos Comenius*: Ausgewählte Schriften zur Reform in Wissenschaft, Religion und Politik. Leipzig: Kröner 1924, S. 65.

[20] *Johann Amos Comenius*: Didactica Magna. A.a.O., caput XI, Sp. 49.

[21] *Johann Amos Comenius*: Große Didaktik. A.a.O., S. 51f.

[22] *Ders.*: A.a.O., S. 52.

[23] *Ders.*: A.a.O., S. 53.

[24] *Ders.*: Pampaedia. A.a.O., S. 97.

[25] *Ders.*: Große Didaktik. A.a.O., S. 59.

[26] Auch wenn *A. Flitner* das Indefinitivpronomen *omnia* stets mit *alles* übersetzt, bevorzugen wir die Kennzeichnung: das Ganze, um einer quantitativen Fehlinterpretation entgegenzuwirken und den Sinn von Fülle, Geschlossenheit bzw. qualitativer Substanz nahezulegen.

[27] *Johann Amos Comenius*: Große Didaktik. A.a.O., S. 99. Wenn hier und an anderen Stellen gelegentlich die Originalwörter in Klammern hinzugesetzt werden, dann deshalb, weil die zitierte deutsche Übersetzung zumindest auch andere Akzente zuläßt. Das Adjektiv bzw. Adverb *amoenus* z. B. heißt auch: reizend gelegen; angenehm zu sehen; wohlig zu fühlen. Die Schule als *„locus*

amoenus" muß also nicht unbedingt eine „liebliche Stätte" sein, was doch allzusehr an eine Biedermeier-Schule erinnert.

[28] *Johann Amos Comenius*: Orbis Sensualium Pictus. Die sichtbare Welt. (Or. 1658) Photolitographischer Nachdruck der Ausgabe Levoca 1685. Prag: SPN 1958.

[29] *Johann Amos Comenius*: Mathetica, d.h. Lernkunst. In: *Reinhard Golz/Werner Korthaase/Erich Schäfer* (Hrsg.): Comenius und unsere Zeit. Baltmannsweiler: Schneider 1996, S. 130 – 148.

[30] So im lateinischen Original: *Johann Amos Comenius*: Spicilegium Didacticum ... Hrsg. von *C. Th. Lion*. Langensalza: 2.1907, 2. Abschnitt.

[31] *Ebd.*, 10. Abschnitt. Oder: Anmerkung 29, S. 132.

[32] *Immanuel Kant*: Beantwortung der Frage: Was ist Aufklärung? In: *Ders.*: Werke. Bd. XI. Frankfurt/M.: Suhrkamp-Insel 1964, S. 51 – 61, zit. S. 53.

[33] Vgl. Anm. 29, S. 167.

[34] *Johann Amos Comenius*: Orbis sensualium pictus. Die sichtbare Welt in Bildern. Meisenheim: Hain 1964, S. 6.

[35] *Joachim-Ernst Behrendt*: Das Dritte Ohr. Vom Hören der Welt. Reinbek: Rowohlt 1988, S. 55.

[36] Vgl. Anm. 29, S. 164, 11. Abschnitt.

[37] *Ebd.*, S. 165, 16. Abschnitt.

[38] *Hans-Ulrich Wehler*: Deutsche Gesellschaftsgeschichte. 3 Bde. München: C.H. Beck 1987; 3.1996; 1995.

IM ERSTEN STOCK

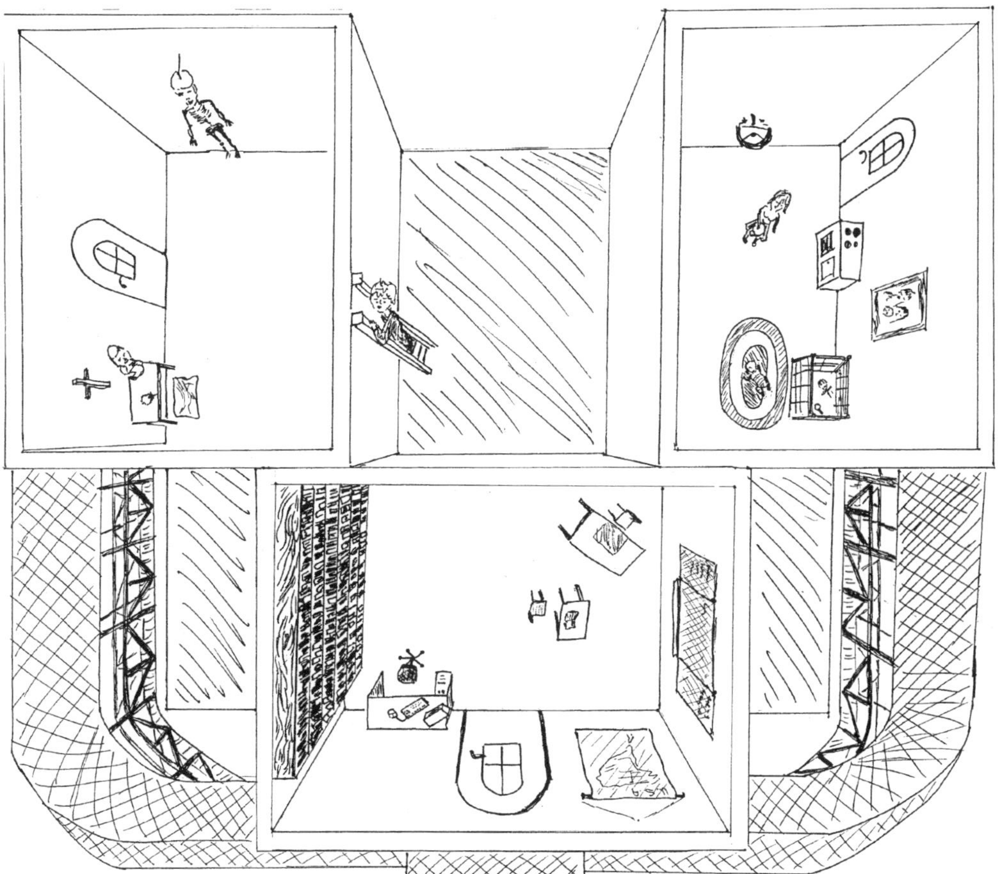

„Die Natur streckt ihre Arme aus,
um uns willkommen zu heißen,
und sie lädt uns ein,
uns an ihrer Schönheit zu erfreuen;
wir jedoch scheuen ihre Stille
und eilen in die vor Menschen wimmelnden Städte,
um uns dort aneinanderzudrängen wie Schafe,
die sich vor einem wilden Wolf fürchten."
Khalil Gibran

IV. Kapitel: 3 x 1 ist mehr als 3 oder: Über Singularitäten, Antinomien und Triaden

Nachdem unser Schul-Haus nun ein – hoffentlich – tragfähiges Fundament sowie ein der Aufbewahrung von Notwendigkeiten dienendes Kellergewölbe besitzt, gilt es, das erste Stockwerk zu errichten. Es soll aus drei großen Zimmern bestehen.

Abbildung 12: Die Nachbarbereiche der Schule

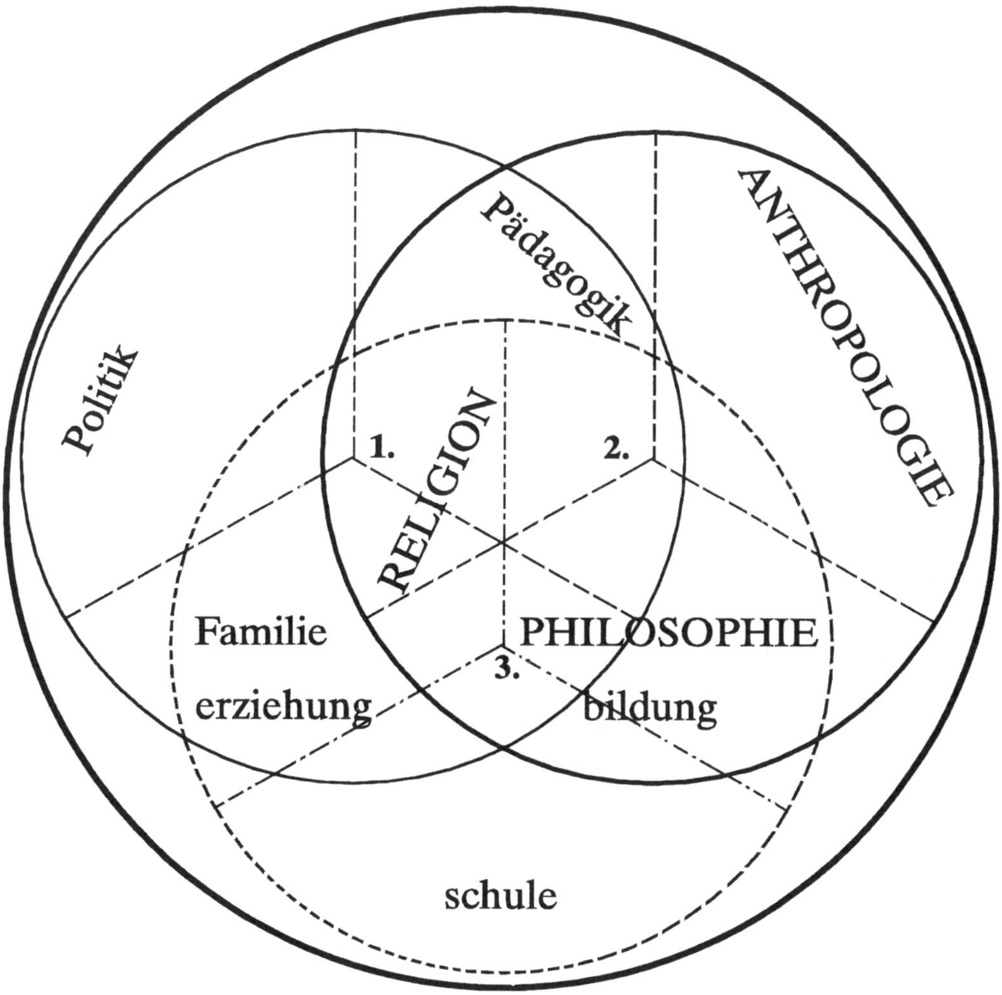

Wo immer unterrichtet wird, hat dies zu tun mit den beiden benachbarten Bemühungen um die Ausbreitung von Menschlichkeit: gemeint sind die politischen und die familiären Absichten. Zweitens sollte niemand in der Schule wirken, der sich über die Aufgaben von Religion, Anthropologie und Philosophie keine Gedanken gemacht hat bzw. macht. Und drittens ist alles schulisch-unterrichtliche Bemühen von den beiden Begriffen flankiert: Erziehung und Bildung. Zwar müssen sich nicht in jeder „Rechtschreibübung" oder bei jedem „Knieaufschwung am Reck" diese drei Problemkreise *expressis verbis* zu Wort melden – andererseits: In jedem „Übungsdiktat" und in jeder „Tangensberechnung" wird implizit das mitschwingen, was in den drei folgenden Abschnitten ins Bewußtsein gehoben werden soll. Und da man nur das in sich (weiter) ausbilden kann, was deutlich zu sehen ist, müssen drei Problembereiche zur Sprache kommen, die zunächst die Abbildung 12 illustriert. Jeder dieser einzelnen Bereiche und jeder der in ihr wurzelnden Funktionszusammenhänge hat seine eigene Dignität, ist singulär und für sich bedeutsam, nicht durch andere gänzlich zu ersetzen und andere nicht voll ersetzungsfähig und doch: Zwischen ihnen walten einerseits enorme Spannungen und Gemeinsamkeiten; sie sind von unzähligen Antinomien durchdrungen, und doch deuten die triadischen Strukturen auf eine Vernetzung hin, ein wechselseitiges Interdependenzverhältnis, das der komplexen Wirklichkeit angemessener ist als ein Denken in Schubladen und/oder Hierarchien – *quod demonstrandum est.*

1. Die erste Triade: Politik, Pädagogik und Familie

Ehe der Gedankengang entfaltet wird, lädt der Autor zu einer **Übung** ein.

ÜBUNG 6 (möglichst in kleinen Gruppen):

Bitte betrachten Sie zunächst die Bleistiftzeichnung von *Paul Klee*. Lesen Sie dann laut den kurzen Bericht des Ministerpräsidenten *Reinhard Höppner.* Und dann schauen Sie sich bitte das Foto des damaligen Bundeskanzlers *Willy Brandt* an, der vor dem Warschauer Denkmal zur Erinnerung an den Gettoaufstand – überwältigt von Scham und Schuld – auf die Knie sank. Lassen Sie sich Zeit dabei … Danach nehmen Sie bitte Papier und Schreibzeug zur Hand und notieren Sie auf drei verschiedene Zettel, die Sie den drei genannten Personen zuordnen, was Ihnen dazu spontan einfällt. Diese Zettel tauschen Sie bitte aus und nehmen Sie zum Anlaß, um miteinander über Ihre Eindrücke zu reden.

Abbildung 13: Paul Klee „Der eitle Pädagoge“

Politik ist gnadenlos

Die Krise unserer Demokratie liegt vor allem in einer nichtfunktionierenden Medien-Öffentlichkeit. Die Reduzierung der Medienwelt auf Schlagzeilen und Bilder ist für mich ein wesentlicher Grund für meine Erfahrungen von Gnadenlosigkeit in der Politik. Ich, der ich 1989 in die Politik gekommen bin, empfinde sie oft als ausgesprochen gewalttätig. Mit ungutem Gefühl erinnere ich mich noch an meine erste Haushaltsdebatte als Oppositionsführer im Landtag. Am nächsten Tag erschien in einer Boulevardzeitung eine Karikatur, in der der damalige Finanzminister mit erhobenen Fäusten in Boxhandschuhen über mich – ausgezählt am Boden liegend – triumphierte. In dem danebenstehenden Bericht wurde die Debatte ebenfalls mit Begriffen aus der Boxersprache geschildert. Vielleicht sind wir Ostdeutschen noch zu empfindlich, aber die Rigorosität dieses Berichtes und die Überzeugung, die mit ihm indirekt transportiert wurde, nämlich, nur wer kräftig zuschlägt, der siegt, hat mich geärgert. Häufig sind schon Journalisten, die es offensichtlich gut mit mir meinen, an mich herangetreten und haben gefordert: Sie müssen aggressiver sein und draufschlagen. Ich sollte die wörtlich genommene Schlagzeile liefern: Höppner greift an. Eine politische Idee vorzutragen, ein Konzept zu formulieren, geht somit häufig nur, wenn man gleichzeitig irgendeinen Politiker der Gegenpartei als Versager hinstellt und heftig attackiert, am besten auch noch seinen Kopf fordert. Das führt bei Politikern zur Sprachdeformation, die nicht positiv formuliert: „Wir wollen etwas vorschlagen“, sondern negativ: „Wir schlagen gegen das, was die anderen vorschlagen“.

Reinhard Höppner, Ministerpräsident von Sachsen-Anhalt

Aus: Die Zeit, Nr. 47, vom 17. 11. 1995, Seite 21

Abbildung 14: Willy Brandts „Kniefall in Warschau“

Kniefall in Warschau

Am 7. Dezember 1970 kniete *Willy Brandt* vor dem Denkmal nieder, das zum Gedenken an den Gettoaufstand in Warschau errichtet worden ist, unweit der Verladerampe, von der aus die Opfer in die Vernichtungslager der SS befördert wurden. Zusammengepfercht wie Vieh fuhren sie in den Tod. Im Frühjahr 1943 – 300 000 Juden waren bereits abtransportiert worden – brach im Getto der Aufstand los. Die letzten 60 000 Einwohner wurden von der Besatzungsmacht umgebracht. Die Erinnerung an sechs Millionen Todesopfer überwältigte den deutschen Kanzler, der – selber ohne Schuld – die Verbrechen seiner Landsleute vor Augen hatte. Die Geste des Kniefalls, die in der Geschichte kein Beispiel hat, war nicht als Bitte um Vergebung ersonnen, sie war auch nicht als Sühne geplant: Der Schmerz hatte den Kanzler übermannt. *Brandt* selber später: „Am Abgrund der deutschen Geschichte und unter der Last der Millionen Ermordeter tat ich, was Menschen tun, wenn die Sprache versagt.“

*

Bereits wenige Wochen nach der sogenannten Machtergreifung (am 30. Januar), im März 1933, wird die Dessauer Wohnung des Malers und Graphikers *Paul Klee* durchsucht. Im April desselben Jahres soll er einen „Ariernachweis“ erbringen. Im Mai wird er als Professor aus der Düsseldorfer Akademie fristlos entlassen. Und noch ehe dieses erste der schlimmsten Jahre deutscher Geschichte zu Ende geht, emigriert er in die Schweiz. Zwei Jahre später bereits bricht seine schwere Krankheit aus – eine progressive Sklerodermie. Am 29. Juni 1940 stirbt einer der größten deutschen Künstler in Locarno, 60jährig (er war am 18.12.1879 geboren worden).

Nun war *Paul Klee* nicht 'nur' Künstler, sondern auch Lehrer: Von 1921 bis 1931 am Bauhaus in Weimar und Dessau sowie von 1931 bis zu seiner Entlassung eben an der Düsseldorfer Akademie. Was es also heißt, zu lehren und zu erziehen, mußte man diesem sich selbst das Äußerste abverlangenden Pädagogen nicht erst mühsam erläutern. Und – *Paul Klee* kannte die Lockungen und Versuchungen, die Gefährdungen und Mißbräuche derer, die junge Menschen zu unterrichten und zu bilden haben.

Noch ehe er Deutschland verließ, fertigte er eine 44,8 mal 27,3 cm große Bleistiftzeichnung an, die uns zunächst beschäftigen soll. Er nannte sie „Eitler Pädagoge“[1].

Wie hingekritzelt erscheinen die Linien, die dennoch eine deutliche Symmetrie bilden, fast ein Kreuz (an dem die Pädagogik zu leiden hat?): Kerzengerade reckt sich die Gestalt des Lehrers empor, um sich mit Beginn des Leibes so abrupt nach hinten zu werfen, daß die Linie vom Hals, Nacken und Kopf fast waagerecht verläuft, das Gesicht zum Himmel starrt und die herabfallenden Arme dazu einen rechten Winkel bilden. Die geschwellte Brust und der buschige Schopf erinnern an einen Gockelhahn, dem es beim Balzen eher auf die Darstellung der eigenen Schönheit als auf die Liebe ankommt. „Schaut her, wie groß, wie tüchtig, wie schön, wie berühmt und begehrt ich bin!“ – so spricht es aus der sich demonstrierenden Gestalt ... Und hinter ihm der Zögling, der Schüler: Nur sein „Vor-Bild“ fixierend, mit aufrechtem Oberkörper, die Beine weit ausholend, folgt er ihm – einen angedeuteten Gipfel überschreitend. Sind die Arme keusch um die Brust geschlungen? Ist die (einstmals neugierig sich in alles hineinsteckende) Nase nur zufällig wie abgeschnitten und damit die des Pädagogen auffällig konterkarierend? Bilden die in die Stirn wallenden Haare ein zweites Paar Augen? Ist in dem auf die Brust des Lehrers herabfallenden Bart ein zweites Gesicht versteckt? – Nun, die Karikatur lädt gewiß zum längeren Verweilen ein; unser Thema aber drängt. Mit Hilfe von *Paul Klee*s Zeichnung „Eitler Pädagoge“ werde ich an drei Sachverhalte erinnert:

1. Die in sich selbst verliebte Pädagogik kultiviert *l'amour propre*, jene solipsistische Eigenliebe, die schon der französische Philosoph und Pädagoge *Jean-Jacques Rousseau* in seinem Erziehungsroman „Emile“ aus dem Jahre 1762 scharf von *l'amour de soi-même* abgegrenzt hat[2], die als liebende Akzeptanz des

eigenen Ich die Bedingung der Möglichkeit der Liebe zu anderen ist. Narzißmus ist eben etwas anderes als Liebe.

2. Die auf das Vor-Bild (und nicht auf das Beispiel) setzende Pädagogik lockt oder indoktriniert und betreibt jene *Ver*ziehung, die den jungen Menschen um seinen eigenen Weg zur Wahrheit und Menschlichkeit betrügt, mehr noch: Sie verunmöglicht die eigentliche Bestimmung des Menschen, die *Johann Amos Comenius* in seiner „Didactica Magna" 105 Jahre zuvor dreifach bestimmte: „daß er 1. aller Dinge kundig sei, 2. die Dinge und sich selbst beherrsche, 3. sich und alles auf Gott als den Ursprung aller Dinge zurückführe."[3] Schieres Ausbeuten ist eben das Gegenteil vom Rechenschaft gebenden Verwalten.
3. Darüber hinaus lehrt mich der „eitle Pädagoge", daß Selbstgerechtigkeit, Selbstgefälligkeit und Kritiklosigkeit den Dreifuß der Eitelkeit bilden. Ihm, dem Eitlen, kann man nichts anhaben; er ist glatt und unfähig zur Auseinandersetzung, bei der er vielleicht gerade diejenigen Federn lassen müßte, mit denen er sich so gerne schmückt. Deshalb fürchtet er nichts so sehr wie jenes unzweideutige Symbolum, das der evangelische Pfarrer und Philanthrop *Christian Gotthilf Salzmann* 44 Jahre nach dem Erscheinen des „Emile" in seinem „Ameisenbüchlein" über die „Anweisung zu einer vernünftigen Erziehung der Erzieher" wie folgt formuliert hatte: „Von allen Fehlern und Untugenden seiner Zöglinge muß der Erzieher den Grund in sich selbst suchen."[4] Konstruktive Kritik beginnt eben stets bei sich selbst.

Die *Klee*'sche Karikatur zeigt also sehr deutlich, wie Pädagogik eben nicht zu sein hat: selbstverliebt, selbstherrlich und selbstgerecht. Als solche ist sie die schlechteste Partnerin der Politik. Die wiederum wird sich gleichfalls davor hüten müssen, nur noch sich selbst zu bedienen, die eigenen Herrschaftsbedürfnisse zu befriedigen oder – um an den *Höppner*'schen Text zu erinnern – unter dem Druck der Medien (nicht vernünftige Konfliktregelungen zu praktizieren, sondern) „Gnadenlosigkeit" zu inszenieren, ansonsten aber Kritik an ihr wie Wasser an einer glatten Wand abtropfen zu lassen. Wehe also einem Staat und seinen Schulen, so wird man im Anschluß an *Paul Klee* sagen dürfen, wenn sich die eitlen Pädagogen mit den medienfixierten Politikern verbünden und – das Sagen haben!

Aber in diesem ersten Zimmer sind noch andere Sachen und Probleme zu sehen, zum Beispiel das geradezu antinomische Verhältnis zwischen Pädagogik und Politik. Was heißt das?

Erziehen hat *Alexander Mitscherlich* zu den drei letztlich nicht lösbaren Aufgaben des menschlichen Lebens gezählt. „Die anderen beiden", schreibt er[5], „sind Regieren und Heilen." So gesehen müssen Pädagogen, Politiker und Ärzte mit allem rechnen – nur nicht mit der prinzipiellen Vermeidung von Unvollkommenheit, von Versagen, (nennen wir es ruhig altmodisch) von Schuld. Das muß begründet werden:

Bereits in *Platon*s um 377 v. Chr. entstandener Schrift „Der Staat"[6], genauer im 7. Buch, in den Abschnitten 514 A – 519 A, im berühmten „Höhlengleichnis" also, finden wir eine erste Antwort: Weil der gefesselte, im Dunst der Höhle die Gaukelbilder begaffende und die Meinungen der anderen bloß nachplappernde Mensch nicht der bleiben soll, der er ist, sondern ein aus der *Doxa* herauszuführender und das Licht der Wahrheit (der *alétheia*) schauender Mensch zu werden vermag, deshalb sind Politik und Pädagogik (*politeia* und *paideia*) nötig. Der Mensch hat einen Realitäts- *und* einen Potentialitätsgrund in sich; er ist der, der er werden kann und folglich das über sich hinausweisende Wesen. In das Sein (das *esse*) ist sein Werden (sein *posse*) gestellt, so daß ihm die „*emendatio rerum humanarum*", die Verbesserung der menschlichen Dinge (wie *Comenius* sein siebenteiliges Hauptwerk nannte), auch als Nezessitätsgrund anheimgegeben ist. ‚Der ich bin, grüßt wehmütig den, der ich sein könnte!' – so notiert der Mensch in sein (vielleicht schon seit 100.000 Jahren geführtes) Tagebuch und bringt damit treffend zum Ausdruck, was seit alters her durch die Geschichte der Menschheit zieht: Jenes *Meliorationsmotiv*, das den Menschen anthropologisch dadurch kennzeichnet, daß sich sein Menschsein erst in der Verbesserung der ihm anvertrauten Dinge, Pflanzen und Lebewesen realisiert. Diese Tatsache ist besonders im Gedächtnis von Reformpädagogen und Reformpolitikern aufbewahrt worden. Der Regensburger *Georg Grunwald* schrieb folgerichtig[7]: „Wo dieser Glaube an die Verbesserungsmöglichkeit der Menschen gänzlich fehlt, hört die eigentliche Erziehung auf."

Wechseln wir über zur Politik. Auch sie schwebt in der Gefahr, die Menschen bloß zu verwalten, in ihrem schieren Da-Sein zu belassen und damit um ihre Potentialität zu betrügen. *Niccolò Machiavelli* (1469 – 1527), jener zynische Propagandist der Erfolgsraison und der Herrschaftsusurpation, hat vor allem in zwei seiner Schriften die theoretischen Grundlagen einer um ihr humanes Potential sich bringenden Politik geliefert. Beide erschienen postum: 1531 der „Discorsi sopra la prima deca di Tito Livio" und ein Jahr später „Il principe", zu deutsch: „Der Fürst"[8]. Politik orientiert sich demnach am Erfolg, dem sich die ethischen Normen unterzuordnen haben. Löwe und Fuchs soll der Politiker sein, ein Wesen voller Macht, voller List und voller Tücke. In der um ihre Möglichkeit beraubten Erziehung würde der junge Mensch zum bloßen Nachahmer oder – um *Theodor Ballauff* zu zitieren[9] – zum „Affen des Menschen", zum Papagei der Erwachsenen degradiert. Wo und wenn sich Politik des Ethisch-Normativen entledigt, steht sie in ihrer ganzen Erbärmlichkeit nackt und abschreckend vor den Menschen. „Die krasse Unbildung der modernen Politiker ..., das Abhandenkommen aller geistigen Voraussetzungen ist so erschütternd, daß ich mich frage, woher sie eigentlich den Mut zur Politik nehmen." Dieser Satz stammt von keinem Misanthropen, sondern von dem ehemaligen österreichischen Bundeskanzler *Bruno Kreisky*[10]. Er gibt zum Denken Anlaß: Pädagogik und Politik benötigen fundierende Werte (anderenfalls sind sie wert-los); sie benötigen zweitens normative Ziele (wenn sie nicht ziel-los herumirren sollen); und drittens müssen sie sich in ihren Grenzen bescheiden lernen (anderenfalls gehen sie am grenzen-losen Anspruch zugrunde).

Wo aber liegen *diese* Normen, Werte und Ziele? Im *Platon*ischen Ideenhimmel? In den Religionen und Mythen? In den Medien und deren Verlautbarungen? Pädagogik und Politik sind *weltliche* Bemühungen, nicht identisch mit den Glaubensaussagen der Religionen oder den Tele-Visionen unserer Tage. Sie fußen auf eben jenen Sollensaussagen der Menschen, wie sie in der Geschichte vorfindlich sind: Die „Magna Charta Libertatum" (von 1215), die „Bill of Rights" (von 1689), die „Allgemeine Erklärung der Menschenrechte" der Vereinten Nationen (von 1948), unser „Grundgesetz" (vom 23. Mai 1949) ..., kurz: Die Grund-Gesetze und Kommuniqués der Menschen selbst beinhalten die Werte, Ziele und Normen ihres möglichen Handelns in Politik und Pädagogik. An nichts anderem sind menschliche Bemühungen zu messen als an den Aussagen über ihre eigenen Vor-Stellungen: An dem, wie wir sein wollen, haben wir zu prüfen, wer wir sind. Ein Beispiel:

Im 34. Paragraphen der Verfassung der Französischen Republik vom 24.6.1793 heißt es[11]: „Unterdrückung der Gesamtheit der Gesellschaft ist es, wenn auch nur eines ihrer Glieder unterdrückt wird; Unterdrückung jedes einzelnen Gliedes ist es, wenn die Gesamtheit der Gesellschaft unterdrückt wird." Weil die Menschen die Freiheit jedes einzelnen für so wichtig deklarieren, daß deren Unterdrückung die Unterdrükkung aller bedeutet ..., sind ihre Worte, Werke und Taten zunächst einmal daran zu messen – auch deren Konkretionen und Aktualisierungen übrigens. Wer zum Beispiel auch nur ein einziges Kind in seiner Bildungsmöglichkeit unterdrückt, unterdrückt die ganze Klasse, stellt also Bildungsgerechtigkeit für alle eben *nicht* her. Sein Tun und Lassen ist angesichts des Anspruchs, den er vor der Geschichte der Forderungen nach mehr Freiheit, Gleichheit und Brüderlichkeit geltend zu machen hat, defizitär.

„Alles Pädagogische", heißt es in den Vorlesungen *Schleiermacher*s aus dem Jahre 1826, „ist dem Ethischen untergeordnet"[12]. Wir können hinzufügen: Alles Politische muß sich messen lassen an den humanen Postulaten der Menschen selbst; und beide – Pädagogik und Politik – sind nicht identische, aber gemeinsame Bemühungen, den Menschen und seine Verhältnisse zu verbessern. Wenn demgegenüber die Pädagogik auf die Eitelkeit setzt und die Politik auf die Herrschaft, treibt die eine nichts als *Ver*ziehung und die andere (zumindest heute) *Tele*kratie, *Medien*-Herrschaft.

Pädagogik und Politik sind also nicht austauschbar, aber auch nicht voneinander zu trennen. Ohne eine Beschäftigung mit Erkenntnissen unserer eigenen Geschichte jedoch würden wir den systematischen Gedanken verlieren bzw. nicht wiederfinden, der ihr Verhältnis als ein antinomisches kennzeichnet: Kein „Entweder-oder" verbessert die Menschen und ihre Verhältnisse, sondern nur ein „Sowohl-als-auch", das auf der einen Seite nichts so sehr benötigt wie die uneitle „Glaubwürdigkeit des Lehrers"[13] und auf der anderen die „Gesinnungs- und Verantwortungsethik des Politikers"[14]. Beide haben das zu überwinden, was *Max Weber* „die ganz gemeine *Eitelkeit*, die Todfeindin aller sachlichen Hingabe"[15], genannt hat. Nur so gewinnen Pädagogik und Politik ihr Ethos zurück und können Verbündete eines dritten Bereiches werden, den wir Familie nennen. Inwiefern?

Nun, jenseits aller Wandlungen, denen auch und gerade die moderne Familie unterworfen ist und die sie mitbetreibt[16], ist die Familie fundamental an der Sicherung von Menschlichkeit beteiligt. Familie soll hier nicht auf eine bestimmte Form festgelegt werden – schon gar nicht auf die der bürgerlich-patriarchalischen Provenienz. Andererseits: Was immer für eine Lebensform sie wählt, wenn sie ein Zusammenschluß aus Liebe ist mit der Möglichkeit, in ihrer Be-Hausung die nachwachsende Generation gedeihlich aufwachsen zu lassen, dann wird sie die folgenden drei *G*s zu vermitteln haben (oder überflüssig sein):

1. Da ist zunächst das vitale Erleben, in einer *G*emeinschaft bedingungslos angenommen, versorgt und geliebt zu werden.
2. Darüber hinaus wird jedes Kind zunächst in der Familie erfahren, daß diese Liebe zwar bedingungs-, aber nicht grenzenlos ist, d. h. es konstituiert seine eigene Identität als Subjektivität durch die Herausforderungen der noch gefilterten Wirklichkeit[17]: Indem es die *G*renzen seiner Freiheit, seiner Rechte, seiner Bedürfnisse etc., kurz: die *G*renzen seiner werdenden Persönlichkeit als solche erfährt, wird aus dem Individuum auch ein sozial sensibler Mensch.
3. Und schließlich ist dieses Aufwachsen nur in *G*eduld möglich. Warten-können, Vertrauen-haben, Stand-halten u. a.m. sind jene „Tugenden", ohne die Kinder eben nicht gedeihen können.

Diesen drei *G*s muß sich jede überholte Familienideologie ebenso stellen wie manch modische Behauptung, die Familie sei überholt. Intakt ist die Familie jedenfalls nicht unbedingt dann oder nur, wenn sie sich am Ideal kleinbürgerlicher Normalität orientiert, am Modell sich selbst regulierender Alleinerziehender freilich auch nicht. Von einer intakten Familie sollten wir nur und erst dann sprechen, wenn jene drei *G*s in ihr und durch sie erfahrbar werden: Liebe in *G*emeinschaft, Freiheit in *G*renzen sowie Aufwachsen in *G*eduld.

Ein entscheidender Gedanke hingegen fehlt noch: Alle drei Bereiche, die gleichzeitig Lebensführungen sind, sind für sich genommen singulär, d. h. einzig, letztlich nicht austauschbar und damit für den einzelnen wie für die Gemeinschaft unverzichtbar. Bei aufkommenden Defekten können wir sie allenfalls kompensieren, lindern und zu heilen versuchen, nicht mehr, aber auch nicht weniger. Darüber hinaus wird jede der drei Lebensführungen mit den anderen in einen antinomischen Wettstreit treten, indem sie die jeweils polare Ergänzung aufbringt. Die Politik ist für die *res publica* da, für die Verbesserung des Gemeinwohls, für die Rahmenbedingungen der beiden anderen Bereiche also. Demgegenüber hat es die Pädagogik mit der *res humana* jedes einzelnen Schülers zu tun: sein Wissen und seine Bildung gilt es optimal (nicht maximal) zu fördern. Und die Familie wird die *res amabilis* als zu tradierendes Gut in die nächste Generation weiterzugeben sich bemühen. So gesehen sind Politik, Pädagogik und Familie singulär, in einem gewissen Wider-Spruch polar aufeinander bezogen und doch als Dreiheit, als Triade, an der Melioration[18] des Menschen und seiner Verhältnisse interessiert.

Ist also Politik im Zentrum ihres Wirkens die gemeinsame, aber konfliktträchtige Regelung von verschiedenen Interessen zum Zwecke eines vernünftigen Zusammenlebens, so dient die Pädagogik der Hervorbringung und der Vermittlung von Wahrheit und Menschlichkeit unter dem Horizont von Rationalität und die Familie der Tradition von Liebe. Damit schafft eine gute Politik der Pädagogik die Bedingungen ihres Wirkens, wohingegen die Pädagogik bemüht ist, in den Köpfen der Menschen die Notwendigkeit einer Ausbreitung von Wahrheit und Menschlichkeit zu begründen – beide freilich sind auf Familien angewiesen, in denen im Herzen von Kindern jenes Gefühl entzündet wird, das wir Liebe in einer Gemeinschaft nennen.

Gerade weil das Gemeinsame zwischen Politik, Pädagogik und Familie sichtbar gemacht werden sollte, sind zunächst die Unterschiede bzw. die Eigenheiten betrachtet worden. Und wer jetzt noch einmal den *eitlen Pädagogen* betrachtet und anschließend den *demütigen Politiker* auf sich wirken läßt, den wollen wir einladen, ein zweites Zimmer im ersten Stock unseres Schul-Hauses zu betreten ...

2. Die zweite Triade: Religion, Anthropologie und Philosophie

Weil es eine Klammer zum vorigen Abschnitt darstellt, soll uns zunächst wieder ein Bild beschäftigen – die Abbildung 15. Es trägt den Titel „Die Treppe der Lebensalter“ und ist als Chromolithographie um 1880 entstanden. Mein Vater (geboren 1901) hat dazu noch folgendes Gedichtchen gesagt[19].

Die Lebensstufen

Zehn Jahr, ein Kind,
Zwanzig Jahr, jung gesinnt,
Dreißig Jahr, rascher Mann,
Vierzig Jahr, wohlgetan,
Fünfzig Jahr, stille stahn,
Sechzig Jahr, geht's Alter an,
Siebzig Jahr, ein Greis,
Achtzig Jahr, schneeweiß,
Neunzig Jahr, gebückt zum Tod,
Hundert Jahre, Gnad' bei Gott!

Nun, er ist im 90. Lebensjahr gestorben und hat gewiß nicht ohne Um- und Irrwege seine Lebensstufen hinter sich gebracht. Das Bild soll also keineswegs suggerieren, Leben vollziehe sich in dieser idealen Abfolge, wohl aber: Alles Leben hat seinen Anfang und sein Ende unter dem Horizont der Frage nach dem Sinn. Wie bei *Comenius* gibt das Bild die Antwort: Alles kommt von Gott (a DEO), alles ist durch Gott (per DEUM), alles kehrt zurück zu Gott (ad DEUM). Und ehe wir darüber lästern oder diese Ansicht als naiv zurückweisen, sei ein wenig zurechtgerückt, was so rasch durcheinander gerät, wenn das Stichwort Religion fällt – noch dazu in einem Kontext, der Wissenschaftlichkeit beansprucht.

Abbildung 15: N.N. „Die Treppe der Lebensalter“

Just darin aber liegt die Krux. Über Religion kann niemand letztlich wissenschaftliche Aussagen machen, aber jede Wissenschaft fußt im letzten auch auf religiösen Aussagen, Überzeugungen des Glaubens also – und sei es der Glaube, an nichts zu glauben. Der Mensch ist immer auch *homo religiosus*, der über seine Existenz hinausfragt. Bezogen auf unsere Schultheorie heißt dies: Zwar sind die hier noch herauszustellenden Überzeugungen letztlich nicht mehr wissenschaftlich beweisbar, aber als Glaubensaussagen sind sie dennoch vorhanden. Und ehe sie sich zwischen den Zeilen verstecken bzw. in der Quasi-Wissenschaftlichkeit äußern, sollen sie offen ausgebreitet werden. Nur so werden sie kritisierbar und damit zu einer transparenten Ebene der Kommunikation – vor allem im Zusammenhang mit einigen wenigen anthropologischen und philosophischen Aussagen, die schon eher wissenschaftliche Beweiskraft besitzen. Ich beginne mit einer sehr persönlichen Erinnerung:

Nach einem heftigen Streit hing – wie wir als Kinder damals sagten – der „Haussegen“ schief. Über irgend etwas waren meine Eltern furchtbar in Rage geraten, sie redeten kaum, und wir Kinder litten erbärmlich. Eines Abends hielt ich es nicht mehr aus. Behutsam schlich ich mich zum Schlafzimmer der Eltern, lauschte und hörte Stimmen. Über was sprachen sie (denn damals gab es noch kein Fernsehen oder Radio in den Schlafzimmern der Menschen)? Zum ersten und einzigen Mal klopfte ich nicht an, sondern drückte behutsam die Türklinke hinunter, öffnete die Tür einen Spalt breit und – sah meine Eltern im Bette sitzen und mit gefalteten Händen beten ... Das hat den damals 12- oder 13jährigen Buben zutiefst beeindruckt und mich bis heute nicht losgelassen. Am Streit zu scheitern drohende Eltern falten die Hände und beten. Und auch hier bitte ich, nicht gleich aufzulachen, entrüstet zu sein oder mit einem spöttischen Allegro zu antworten. Denn: Ist ein solches Tun wirklich „dümmer", „primitiver" oder „unaufgeklärter" als heutige Konfliktlösungen? Wie viele benutzen heutzutage jede Gelegenheit, ihre Probleme (nicht gemeinsam zu lösen, sondern) bloß darzustellen!? Mitunter finden mehrere Talkshows im Fernsehen gleichzeitig statt, in denen man/frau sich „outet" und Millionen Zuschauer geile Voyeuristen sind. Wie viele nehmen – zum Beispiel – die „Telefonberatungen mit *Brigitte Lämmle*" (im Südwest 3) in Anspruch, in denen Kurztherapien im Takt von drei Minuten geboten, dümmliche Analysen und modischer Schnickschnack feilgeboten werden („Du, ich kann dich jetzt unheimlich gut verstehen ..."), aber niemand lacht. Da verdienen sich Quacksalber goldene Nasen, darstellungswütige Egomanen breiten ihre intimsten Gefühle aus, und je weniger die Menschen miteinander reden, desto intensiver reden sie in den Talkshows über sich und andere – stellvertretend für die Millionen Zuschauer. Eine „Tyrannei der Intimität"[20] ist auf diese Weise entstanden, so daß der amerikanische Gesellschaftsanalytiker *Richard Sennett* geradezu von einem „Verfall und Ende des öffentlichen Lebens" spricht. Schamlosigkeit greift um sich, und Therapien sind gefragt, nicht das gemeinsame Gebet. Ehe wir also naserümpfend die Verhaltensweisen unserer Vorfahren zur Kenntnis nehmen oder sie als tote Relikte nostalgisch bestaunen, sollten wir *uns* fragen: Was geschieht mit unserem Leben, wenn ihm die Fragen nach dem Woher, Wohin, Wozu und Warum abhanden kommen? Was verlieren wir, wenn Ungerechtigkeiten, Vertreibungen, Kriege und Katastrophen zu „Krisen", „Konflikten", „Kollisionen" oder „Folgen exponentieller Wachstumsraten" werden, nicht aber auch unter dem Horizont von Versagen, von Schuld, dem Bösen diskutiert werden? Was sind das für Steuerungsinstrumente und Therapien, denen jegliches Fragen nach dem seine Freiheit mißbrauchenden, sich gegen Gott und seine Schöpfung auflehnenden Menschen völlig fremd geworden sind? Im wörtlichen Sinne gnaden-los ist eine solche Welt – „Jenseits von Gut und Böse"[21]. Und schließlich sei gefragt, was an Surrogaten *wir* postmodernen Lebenskünstler zu uns nehmen, wenn wir nicht nur Worte wie „Sünde", „Schuld", „Vergebung" u. a.m., sondern auch die damit verbundenen Erfahrungen auf den Müllplatz der Geschichte werfen? Ist es Zufall, daß die Drogen so viele Konsumenten finden? Die Therapien so viele Patienten? Die Sekten so viele Anhänger? Die Sachen so viele Käufer? Was da an religiösen Sehnsüchten noch vorhanden sein mag, läßt sich allemal kaufen – zum Beispiel als Parfums, die mittlerweile Namen tragen wie *Heaven, Eternity, Extasy, Escape, Opium, Mystère* ... Das alles sollten wir mit bedenken, ehe wir meinen, die Politik, die Pädagogik und die Familie brauchten keine ethische Fundierung ihrer selbst, sondern allenfalls steuerliche Erleichterungen. Die Maßgaben und Maßnahmen zur Verbesserung des Menschen und seiner oft leidigen Verhältnisse sind – so hat der vorausgegangene Abschnitt nachgewiesen – weltliche Bemühungen, die sich der rationalen Nachprüfbarkeit zu stellen haben. *Daß* aber dieser immer wieder versagende, schuldig werdende und auf Vergebung hoffende Mensch Hilfe erwarten darf (weil er „von Gott" geliebt wird), das ist nur im Akt des Glaubens erfahrbar. Insofern entzieht sich diese Dimension menschlicher Existenz des wissenschaftlichen Beweises, und doch gehört es zur Redlichkeit eines Wissenschaftlers, daß er den ihn leitenden Glauben so transparent wie notwendig (nicht wie möglich!) macht. Deshalb bescheiden wir uns hier und gehen auf die beiden anderen der Pädagogik zugeordneten Disziplinen ein: die Anthropologie und die Philosophie.

*

In den Jahren 1966 und 1971 (ich war damals ein zweites Mal Student) erschienen zwei Bücher, die ich bis heute zu den wichtigsten für all diejenigen zähle, die mit jungen Menschen zu tun haben möchten. Sie lauten „Pädagogische Anthropologie", und geschrieben hat sie der Göttinger Pädagoge *Heinrich Roth*[22], der von 1906 bis 1983 lebte. Sie wurden bestaunt und auch gekauft, aber ansonsten noch weniger rezipiert als die ebenfalls von *Roth* konzipierte „Pädagogische Psychologie des Lehrens und Lernens"[23].

Gefragt war damals die „Soziologie", nicht die Anthropologie. Nun ist es nicht Aufgabe dieses Abschnitts, die *Roth*'sche Anthropologie zu referieren. Sie wird hier aber deshalb ausdrücklich erwähnt, weil ohne sie die folgenden Ausführungen gar nicht geschrieben worden wären und weil der Autor über das hinaus, was er im folgenden als seine eigenen anthropologischen Aussagen mitteilen wird, gerne an die „Pädagogische Anthropologie" von *Heinrich Roth* verweist.

Immanuel Kant begann seine Vorlesungen „Über Pädagogik" (ab 1776) mit dem berühmt gewordenen Satz: „Der Mensch ist das einzige Geschöpf, das erzogen werden muß ... Der Mensch kann nur Mensch werden durch Erziehung. Er ist nichts, als was Erziehung aus ihm macht."[24] Der Mensch wird als *homo educandus* begriffen, als jemand der erzogen werden muß. Und seine gesamte Pädagogik, die Teil seiner Philosophie der Aufklärung war, gründet sich auf dieser anthropologischen Aussage: Der Mensch *muß*, um zur Fülle seines Menschseins zu gelangen, erzogen werden. Ein Notwendigkeits-, ein Nezessitätsgrund fundiert also diese Pädagogik. Sie ist heute in einer Zeit, in der die westlichen Industrienationen ihren Weg von der Last- zur Lustgesellschaft fast abgeschlossen haben, natürlich eine erhebliche narzißtische Kränkung. Der in sich selbst verliebte Narziß[25] gibt alles mögliche zu, nur nicht, daß er erzogen werden muß. Denn dies würde bedeuten, daß er sich selbst als unvollkommen, als defizitär (im religiösen Sinn: als sündig) betrachten müßte, was er aufgrund der grandiosen Selbst-Liebe schlechterdings nicht kann. Uns darf dies nicht zur Preisgabe des ersten anthropologischen Satzes verleiten, der da lautet: *Der Mensch ist ein defizitäres Wesen, das erzogen werden muß!*

Bekanntlich wurde *Johann Friedrich Herbart* Nachfolger *Kant*s auf dem Königsberger Lehrstuhl. Seine Pädagogik ist anders anthropologisch fundiert. Lapidar eröffnet er den „Umriß pädagogischer Vorlesungen" (aus dem Jahr 1835) mit dem Satz: „Der Grundbegriff der Pädagogik ist die Bildsamkeit des Zöglings."[26] Hier wird dem Menschen primär nicht die Nezessität zugesprochen, sondern die Potentialität, die Möglichkeit von Erziehung. Eine solche Anthropologie erteilt nicht so sehr jedem selbstverliebten Allmachtswahn eine Absage, wohl aber einem destrukiv-pessimistischen Welt- und Menschenbild. Haftet dem Notwendigkeitsgrund von Erziehung in seiner Perspektive etwas Zwingendes an, eine *educatio strenua* (eine gestrenge Erziehung), so dem Möglichkeitsgrund etwas Freigebendes, eine *educatio aperta* (eine offene Erziehung), die den Reformpädagogen aller Schattierungen allemal sympathischer war und ist als die relativ strenge Aufklärungspädagogik. Der Mensch als *homo educabilis* lautet die anthropologische Leitfigur, aus der sich unser zweiter Satz ergibt:

Der Mensch ist erziehungsfähig, das heißt: ein Wesen, das erzogen werden kann!

Und eine dritte anthropologische Bestimmung gilt es zu beachten. *Peter Petersen* (1884 – 1952), der nicht unumstrittene Begründer der „Jenaplan-Schulen" und der „Pädagogischen Tatsachenforschung", hat nie bestritten, daß jeder junge Mensch erzogen werden kann und erzogen werden muß, aber vor das *posse* (können) und vor das *necesse* (müssen) hat er die Tatsache gestellt, das immer schon vorhandene Sein von Erziehung (das *esse*). Seine Pädagogik gründet auf einem Realitätsgrund, auf der Faktizität, daß immer schon erzogen wird. Folgerichtig heißt es deshalb in *Petersens* „Pädagogik der Gegenwart"[27]: „Pädagogik als erziehungswissenschaftliche Disziplin ist in erster Linie eine beschreibende Wissenschaft. Sie muß gründliche und allseitige Tatsachenforschung treiben" – zum Beispiel die Tatsache erforschen, daß und wie der Mensch immer schon erzogen wird – ob er will oder nicht. Der *homo educatus* begründet als anthropologische Figur eine solche Pädagogik: im intergenerativen Geflecht kann man nicht nicht-erziehen, so daß unser dritter anthropologischer Satz lautet:

Der Mensch ist ein Wesen, das immer schon erzogen wird.

Diese drei anthropologischen Fundierungen von Pädagogik stehen zwar in einer letztlich nicht aufzulösenden Spannung zueinander, aber sie kann man nicht gegeneinander ausspielen oder in eine letztlich zerstörerische „Entweder-oder-Schlacht" schicken. Sie bilden *untereinander* antinomische Strukturen aus, insgesamt jedoch eine klassische Triade – und Triaden kennen bekanntlich keine Prioritäten. Die 1870 geborene und 1952 verstorbene große Reformpädagogin *Maria Montessori* zum Beispiel hat alle drei Bestimmungsmomente des Menschen zur Grundlage ihrer Pädagogik für Kinder gemacht. Sie scheute sich (als katholische Christin) nicht, von den „Abwegigkeiten" (*deviazioni*)[28] des Menschen zu sprechen, ja sogar über die „sieben Todsünden des Menschen" (*peccati mortali*)[29] zu schreiben, also Überheblichkeit, Unkeuschheit, Geiz, Völlerei, Neid, Trägheit und Zorn als defiziente Modi des Menschen zu kritisieren ... Und doch sprach sie jedem Kind die Fähigkeit zu, seinen inneren Bauplan als Möglichkeit zu verwirklichen. „Hilf mir, es allein zu tun!" – „Aiutami a farlo da solo"[30], so übersetzte sie den pädagogischen Ur-Ruf, den jedes Kind an den Erwachsenen richtet und der die „Hilfe zur Selbsthilfe" zu mobilisieren vermag. Aber auch die Realität war für *Montessori* eine feste Größe, mit der ihre Pädagogik rechnete. In ihren Vorträgen aus den frühen 20er Jahren setzte sie sich u. a. mit der Frage auseinander, ob Kinder wirklich zu jener Konzentration geführt werden können, die offenbar Voraussetzung allen Lernens, Erziehens und Bildens ist. Sie fragte sich und ihre Leser: „Ist dies aber möglich?“[31] Und sie antwortete: „Es ist nicht nur möglich, es ist notwendig.“[32] Mehr noch: „Aber da wir diese Sammlung, dieses Versenken der Seele in sich selbst auch bei den Kindern finden, so ist es klar, daß es sich nicht um einen Ausnahmezustand bei besonders begabten Menschen, sondern um eine allgemeine Eigenschaft der menschlichen Seele handelt”[33].

Der Mensch fußt auf einem Notwendigkeits-, einem Möglichkeits- und einem Wirklichkeitsgrund. Er ist das, was er real mitbringt, was er von sich erwartet und was andere mit ihm tun. Jeder einzelne entwirft sich in das, was er über sich denkt, was er für andere fühlt und was er mit anderen tut. Damit haben wir den Menschen als *kommunikatives Wesen* gekennzeichnet: Er realisiert sein Menschsein in Kommunikation mit anderen, mit einem Du, in einem Wir. Dieses dialogische, dieses kommunikative Element, über das niemand so gründlich gearbeitet hat wie der jüdische Religionsphilosoph und Pädagoge *Martin Buber* und der christliche Theologe und politische Widerstandskämpfer *Dietrich Bonhoeffer*[34], soll die zweite anthropologische Grundlage unserer Schultheorie sein. Freilich: Ist die zuerst genannte Fundierung zum großen Teil eine Frage des (persönlichen) Glaubens, so hat die zweite Aussage wesentlich mehr Beweiskraft – gerade das 20. Jahrhundert hat auf schreckliche Weise demonstriert, wohin eine Menschenkunde führt, die weder eine religiöse Bindung kennt noch jeden einzelnen ohne Ausnahme als zum Dialog, zum Mit-Menschen fähigen und bereiten Menschen ansieht.

*

Bleiben ein paar Hinweise zur Philosophie, an der keine Theorie und keine Praxis der Schule vorbeigehen kann.

Keine andere Erkenntnissuche (also Wissenschaft) hat im Zentrum ihrer Bemühungen so entschieden mit „der Wahrheit“ zu tun wie die Philosophie – wohlgemerkt mit der zu beweisenden, nicht mit der geoffenbarten Wahrheit der Religionen, gleichwohl sie sich mit diesen auseinandersetzt. Seit *Pilatus* aber ist die Frage nicht verstummt: Was ist Wahrheit? *Quod est veritas?*[35]

Ein Beispiel: In einem Gymnasium besteht seit Monaten ein Konflikt darüber, ob ein Getränkeautomat aufgestellt werden soll, in dem es u. a. auch Cola-Dosen zu kaufen gibt. Die ökologisch argumentierenden haben sich mit denjenigen verbündet, die eine solch weitreichende Freiheit Schülern nicht einräumen wollen, während die Befürworter auf dem „Selbstbestimmungsrecht“ beharren und sogar viele Eltern hinter sich wissen, denen das Gymnasium sowieso viel zu streng erscheint. Ein echter Interessenkonflikt ist entstanden …

In der 11. Klasse desselben Gymnasiums stehen sich zwei Gruppen gegenüber – nach ausführlicher Besprechung des Gedichts von Gottfried Benn „Nur zwei Dinge“, das bekanntlich mit dem Vers endet[36]:

es gibt nur zwei Dinge: die Leere
und das gezeichnete Ich.

Just darüber entzünden sich die kontroversen Ansichten, die sogar philosophisch-anthropologische Beweise anzuführen sich bemühen. Ein echter Wahrheitskonflikt ist entstanden …

Diese Unterscheidung zwischen zwei verschiedenen Konfliktarten ist deshalb so wichtig, weil über *Interessen*konflikte in einer demokratisch verfaßten Gemeinschaft letztlich per Abstimmung entschieden wird. Über *Wahrheits*konflikte hingegen kann man nicht abstimmen – die Wahrheit will diskursiv ermittelt werden. Sie ist nur in Abwesenheit von Herrschaft konstituierbar, im „herrschaftsfreien Diskurs“ (wie *Jürgen Habermas* sagt), der auch und gerade die Voraussetzungen meiner „erkenntnisleitenden Interessen“ in die Wahrheitssuche einbringt[37]. Über die Wahrhaftigkeit von Aussagen kann also nur das Denken, der Austausch von Argumenten, die Vernunft befinden. Über sie kann niemand verfügen, an ihr haben aber alle Anteil. Mit beiden Konflikten hat eine auf Wahrheit und Menschlichkeit ausgerichtete Schule zu tun, und wir tun als Lehrer gut daran, diese Unterschiede zu sehen, wenn wir das Gemeinsame beider Bemühungen nicht aus den Augen verlieren wollen.

Denn gemeinsam ist beiden eine bestimmte pädagogisch-didaktische Arbeitsweise: Es geht nämlich in und durch Schule um die *Ausbreitung* von Vernunft und Menschlichkeit – ein Postulat der Aufklärung, die als der erste systematische Versuch charakterisiert werden kann, nicht nur die Wirklichkeit und die Notwendigkeit, sondern auch die Möglichkeit des Menschen, seine potentielle Bestimmung *ohne* Rückbezug auf Gott oder eine Religion zu ergründen. Das bedeutet nicht, daß sich die Aufklärung als religionslos oder atheistisch begriffen hätte, in ihrer Beweisführung jedoch beansprucht sie, nur auf die Vernunft, also das widerspruchsfreie Denken, setzen zu müssen. Das Bibelwort „Du sollst deinen Nächsten lieben wie dich selbst“ (*Mt* 19,19) wurzelt im Glauben; die Postulate der Aufklärung (etwa der Kategorische Imperativ) basieren auf der Vernunft – und bekanntlich reichen Wurzeln weiter als Basen. Vor diesem Hintergrund geht es also letztlich um die Frage nach dem richtigen, dem vernünftigen, dem moralisch legitimen Handeln des Menschen. In drei Versionen ist uns dieser „Kategorische Imperativ“ überliefert:

In der 1785 erschienenen „Grundlegung zur Metaphysik der Sitten“ schreibt *Kant*[38]:

„Der kategorische Imperativ ist … dieser: handele nur nach derjenigen Maxime, durch die du zugleich wollen kannst, daß sie ein allgemeines Gesetz werde.“

Und ein paar Zeilen weiter definiert er[39]:

„Handle so, daß du die Menschheit sowohl in deiner Person, als auch in der Person eines jeden andern, jederzeit zugleich als Zweck, niemals bloß als Mittel brauchst.“

Und die knappeste Formulierung findet sich in der drei Jahre später erschienenen „Kritik der praktischen Vernunft“, in der es heißt[40]:

„Handle so, daß die Maxime deines Willens jederzeit zugleich als Prinzip einer allgemeinen Gesetzgebung gelten könne."

Moralisch handeln wir also nur und erst dann, wenn wir über die eigenen Bedürfnisse, die momentanen Gefühle und die partikularen Interessen hinausblicken und uns in den bzw. die anderen hineinversetzen. In einem Kaufhaus nicht zu stehlen, weil ich Angst vor dem Erwischtwerden habe, mag auf einer frühen Stufe der Moralentwicklung verständlich sein, ein allgemeines Gesetz ist eine solche Unterlassung noch nicht. Erst wenn ich etwas unterlasse oder tue, weil ich möchte, daß dies auch alle anderen Menschen unterlassen bzw. tun; erst wenn ich niemanden für meine Zwekke instrumentalisiere, sondern – positiv gewendet – erst wenn ich das Wahre sage und das Gute tue, weil alle Menschen an der Wahrheit und an der Menschlichkeit teilhaben sollen, bin ich Aufklärer und Menschenfreund. In dieser Tradition begreift sich die „Kritische Theorie" der Frankfurter Schule[41], der auch unsere Schultheorie verpflichtet ist. Das bedeutet zumindest dreierlei:

- Sie darf als wissenschaftliche Theorie zwar ihre anthropologische und religiöse Dimension nicht leugnen, hat aber als Theorie einer Wissenschaft auf jeden transzendenten Support zu verzichten, kann also allenfalls transzendental (im *Kant*ischen Sinne) vorgehen, mit anderen Worten: vor aller sinnlichen Erfahrung, allein aufgrund nachvollziehbaren Denkens, *a priori* vernünftig sein.
- Darüber wird sie am universalistischen bzw. kosmopolitischen Anspruch festhalten. Er „geht von der Einheit einer allen Menschen eingeborenen Vernunft aus und benutzt die jeweiligen Standards von Wissenschaft oder Philosophie als Leitfaden für die verbindliche Interpretation dessen, was als vernünftig gelten soll", schreibt *Habermas*[42].
- Und drittens schließlich erteilt sie jeder Art von Gewalt zur Durchsetzung ihrer und anderer Wahrheiten eine Absage, d. h. sie stellt die allgemeinen Menschenrechte dann über Glaubenswahrheiten, wenn die letzteren die zuerst genannten beschädigen. Todesschwadronen im Zuge von Fatwa-Urteilen nimmt sie also ebenso wenig hin wie Verstümmelungen an Kindern (z. B. an den Sexualorganen von Mädchen), auch wenn diese durch religiöse Vorschriften angeblich zwingend erforderlich seien.

Daß diese (hier nur skizzierte) Philosophie Gedankenlosigkeit, Bequemlichkeit und Hedonismus buchstäblich aufscheucht und deshalb eine arge Zumutung für uns alle ist, also auch immer wieder vehemente Gegner auf den Plan ruft[43], wird eingeräumt, nimmt ihr aber nichts von ihrer Wahrheit und Menschlichkeit. *Ivan Illich*, der wohl heftigste Kritiker unserer Schulen, hat den Kategorischen Imperativ fast 200 Jahre nach seiner Urfassung wie folgt aktualisiert und damit in eine vierte Fassung transferiert[44]:

„Handle so, daß die Wirkung deines Handelns mit der Fortdauer genuin menschlichen Lebens vereinbar ist."

Mit dieser Aufforderung lassen Sie uns das dritte Zimmer im ersten Stock unseres Schul-Hauses betreten …

3. Die dritte Triade: Erziehung, Bildung und Schule

Über Erziehung, Bildung und Schule vermag niemand außerhalb seiner eigenen pädagogischen Geschichte zu schreiben. Als immer schon so oder so Er- oder Verzogener, Ge- oder Ungebildeter, Ge- oder Verschulter äußern wir uns über die hier zu klärende Triade. Und wiederum greifen wir zunächst auf die „Klassiker der Pädagogik"[45] zurück – z. B. auf *Herbart*, der in seiner „Allgemeinen Pädagogik" zunächst von der „Regierung der Kinder"[46] spricht, um deren Erziehung zu kennzeichnen. Damit meint er keine willkürliche Unterwerfung, wohl aber die Notwendigkeit, bei einer maßregelnden Erziehung zu beginnen. Zwei Elemente sind es, die „wildes Ungestüm" auf der einen und „blinden Gehorsam" auf der anderen Seite verhindern: „*Autorität* nämlich und *Liebe*"[47]. Wer diese Antinomie auseinanderreißt, zieht entweder verwöhnte, neurotische Egomanen groß oder Sklaven. Das betont auch *Hans-Jochen Gamm*, wenn er in seiner 173 Jahre später erschienenen „Allgemeinen Pädagogik" gleichsam *ex negativo* definiert: „Die beiden Gegenbegriffe von Erziehung sind *Verwahrlosung* und *Indoktrination*".[48] Mich animiert dieser Zugang zu folgenden drei Bestimmungsmomenten von Erziehung, von *educatio*, von Herausführung aus mitgebrachter Unvollkommenheit:

Der Erziehung haftet etwas Zumutendes, gar Einschränkendes und Zwingendes an. In seiner Vorlesung „Über Pädagogik" hat *Kant* die Frage aufgeworfen: „Wie kultiviere ich die Freiheit bei dem Zwange?"[49] Und bis heute hat niemand seine Antwort widerlegen können, die auf ein Aushalten dieser Antinomie hinausläuft. Er schreibt[50]: „Ich soll meinen Zögling gewöhnen, einen Zwang seiner Freiheit zu dulden, und soll ihn selbst zugleich anführen, seine Freiheit gut zu gebrauchen." Ohne eine solche (freiheitseinschränkende) Erziehung kann es keine Bildung geben, bei der man nicht – unter Umgehung von Erziehung – gleichsam beginnen kann. Insofern ist die Antipädagogik eine Täuschung; sie will den Satz *Kant*s nicht wahrhaben, der da lautet: „Der Mensch kann nur Mensch werden durch Erziehung."[51] Leider, so darf man hinzufügen.

Erziehung aber ist mehr als „Kultivierung bei dem Zwange." Als einen Weg „zwischen der Scylla des Gewährenlassens und der Charybdis des Versagens" hat *Sigmund Freud*[52] sie bezeichnet. Und in der Tat: Das gesamte Terrain edukativen Handelns ist von unauflöslichen Spannungen, Widersprüchen bzw. Antinomien durchdrungen. Wir müssen fordern *und* fördern, entlasten *und* belasten, bejahen *und* verneinen, loben *und* tadeln; *heute* das Sprechen und *morgen* das Schreiben betonen; dem *einen* Schüler mehr Grammatik zumuten, den *anderen* davon entlasten; *hier* eingreifen und *dort* uns zurückhalten ... Erziehung verträgt keine Harmonie und keinen Extremismus, keine Konfliktlosigkeit und kein „Entweder-oder", sondern nur jenes mühsame Aushalten eines nötigen „Sowohl-als-auch", von dem *Jean-Jacques Rousseau* in seinem 1762 erschienenen Erziehungsroman „Emile" sagt, daß es sich nach dem Prinzip des „Immer-genug-und-niemals-zuviel" zu richten habe. „*Toujours assez, et jamais trop*": Gebt Kindern immer genug, aber niemals zuviel![53]

Und drittens benötigt Erziehung Werte und Ziele, Normen und Verbindlichkeiten, *R*egeln, *R*ituale und *R*eferees (Schiedsrichter also), die für ihre Einhaltung Verantwortung übernehmen. Diese Sollensaussagen müssen sich grundgesetzlich legitimieren, den freiheitlich-demokratischen Anspruch auch und gerade in der öffentlichen Erziehung anmelden und einzulösen versuchen – letztlich haben sie sich an den allgemeinen Menschenrechten zu orientieren. Konkreter gefragt:

Welche Werte kennzeichnen eigentlich den Menschen und demnach die darauf sich beziehende Erziehung? Es sind die folgenden zwölf, aus denen sich Rechte und Pflichten für jeden einzelnen, jede Gruppe und jede Gemeinschaft ergeben. Nur eine Menschheit, der dieser Katalog zur verbindlichen Richtschnur politischen, ethischen und pädagogischen Handelns geworden ist, wird angesichts der weltweiten Bedrohungen eine Überlebenschance besitzen.

Eine Übersicht über

● Die 12 Werte des Menschen ●

● Gleichwertigkeit aller Werte ●

1. Das Leben an sich
2. Freiheit/Selbstbestimmung/Selbstentfaltung
3. Gerechtigkeit/Gleichheit/Selbstbegrenzung
4. Brüderlichkeit/Schwesterlichkeit/Gemeinwohl
5. Frieden/Freundlichkeit/Gewaltlosigkeit
6. Wahrheit
7. Bildung – Erziehung – Unterricht
8. Lieben-dürfen, Lieben-können, Geliebt-werden
9. Umwelten-schützen
10. Verantwortung gegenüber nachfolgenden Generationen
11. Religiöse Sinnstiftung
12. Ein Tod in Würde und Beistand

● Historisch-gesellschaftliche Entwicklung ●

● Die 12 Werte der Menschheit ●

Es gibt ein Bonmot unter Pädagogen, das lautet: *Jede Erziehung bildet, und jede Bildung erzieht.* Das ist so falsch nicht und drückt – wenn auch feuilletonistisch – die zwischen Erziehung und Bildung rumorende Spannung durchaus zutreffend aus. Beim heutigen Diskussionsstand wird man auch zum Phänomen der Bildung wenigstens drei Bestimmungsmomente anführen müssen. Einer der bedeutendsten Bildungstheoretiker, der 1767 geborene und 1835 verstorbene *Wilhelm von Humboldt*, schrieb 1792 in seinen „Ideen zu einem Versuch, die Grenzen der Wirksamkeit des Staats zu bestimmen", die schon klassisch gewordene Definition[54]:

„Der wahre Zweck des Menschen – nicht der, welchen die wechselnde Neigung, sondern welchen die ewig unveränderliche Vernunft ihm vorschreibt – ist die höchste und proportionierlichste Bildung seiner Kräfte zu einem Ganzen."

Ein um Bildung sich bemühender Mensch wird folglich erstens das *Allgemeine* im Auge haben müssen, das Ganze (seiner Potentialitäten), die Fülle (seiner Notwendigkeiten), die Summe (seiner mehr als die Addition seiner Teile ausmachenden Persönlichkeit). Kognitive, emotionale, soziale, ästhetische, religiöse und körperliche Belange wird er ohne falsche Prioritäten zu integrieren haben; Subjektives und Objektives, Lokales und Kosmopolitisches in sich ausbilden; Partikularität überwinden und stets das Gute und das Wahre, das *bonum et verum omnium*, zur Richtschnur seines Denkens, Fühlens und Handelns machen.

Darüber hinaus läßt sich von Bildung nur dort und dann sprechen, wo und wenn *Wissen und Können* ermöglicht werden. Ignoranz führt nicht zur Bildung, bloße Faktenhuberei freilich auch nicht. Kenntnisse und Fähigkeiten müssen an das humane Potential des Menschen gebunden bleiben und sich vor dem geschichtlichen Auftrag der Verbesserung der menschlichen Angelegenheiten verantworten.

Und schließlich gehört zur Bildung durch Schule immer auch die *Unabgeschlossenheit*. Niemand „ist" gebildet, aber jeder wird eingeladen, den Weg der permanenten Bildung seiner selbst sowie der anderen einzuschlagen – (s)ein Leben lang. Ein solches Bildungsverständnis ist nur im Medium von Freiheit möglich, die über (Freiheit einschränkende) Erziehung hinweg immer mehr zu gewähren ist. Während sich eine auf Freiheit intendierte Erziehung also letztlich überflüssig macht und aufhebt, begleitet uns nur die Bildung als Notwendigkeit, Möglichkeit und Wirklichkeit ein Leben lang. Und von einem nach Bildung strebenden Menschen sollten wir heute erst dann sprechen, wenn er zunächst einmal um die folgenden acht Lebensbereiche weiß, die es wahrzunehmen und – wo immer möglich – mitzugestalten gilt: die Familie, die Religion, der Beruf, die Wissenschaft, die Politik, die Gesellschaft, die Natur (Ökologie) und die Kunst. Was aber heißt: wahrnehmen und gestalten? Hier können wir auf *Comenius* zurückgreifen, an das III. Kapitel also anknüpfen und ein weiteres Mal belegen, daß uns ohne die historische Fundierung die systematischen Aussagen nur sehr bruchstückhaft zum Bewußtsein kämen. Dreifach hatte *Comenius* das Vermögen des Menschen ausdimensioniert: als wissen (*scire*), als können (*posse*) und als wollen (*velle*)[55], denn die Kräfte des Menschen, sein Geist (*mens*), seine Sprache (*lingua*) und seine Hand (*manus*) gilt es in den drei Wirkungsbereichen der Religion

Abbildung 16:

Eine Übersicht über die Schlüsselqualifikationen eines um Bildung sich bemühenden Menschen in acht Lebensbereichen

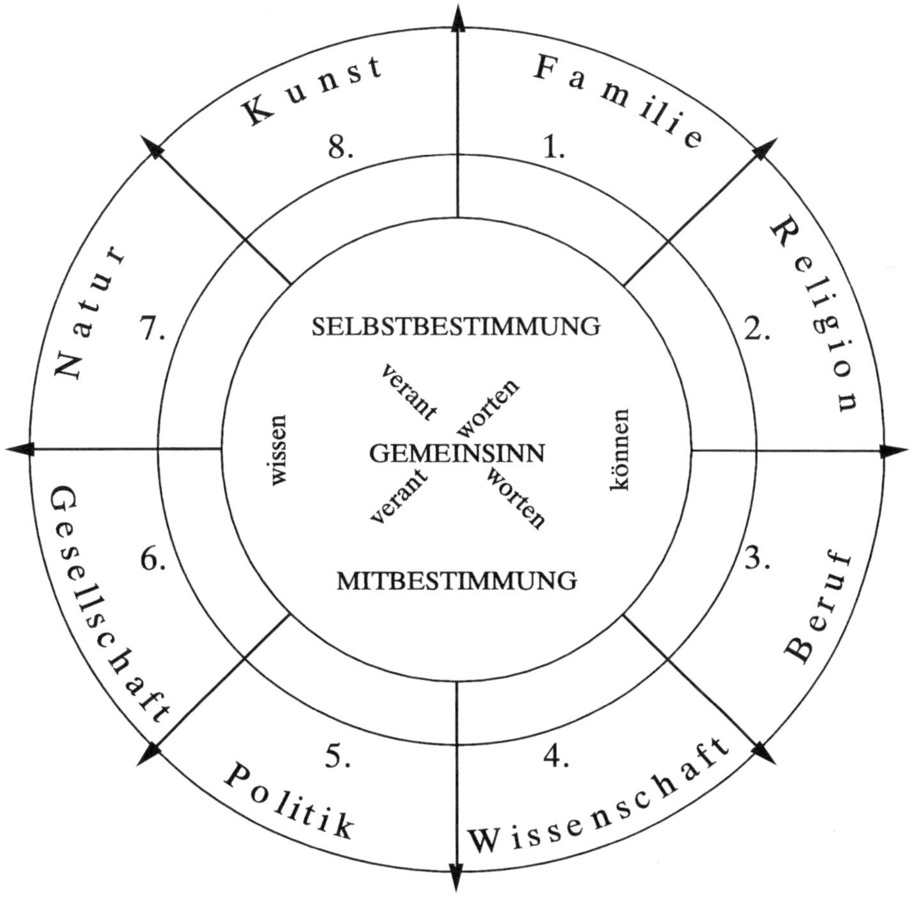

(*religio*), der Philosophie (*philosophia*) und der Politik (*politia*) so auszubilden, daß die Dreistufigkeit des Wissens erreicht wird: *theoria, praxis und chresis* – um die Sachen und Lebewesen (theoretisch) *wissen*, sachgerecht mit ihnen (praktisch) umgehen *können* und sie *verantwortlich* (im Gewissen) zu hüten verstehen, das sind die drei Schlüsselqualifikationen humaner Bildung. *Wolfgang Klafki* hat darüber hinaus dem um Bildung sich bemühenden Menschen drei Fähigkeiten zugesprochen und abverlangt[56] und – über viele Jahre anstrengender Theoriearbeit hinweg – die Umrisse einer Bildungstheorie grundgelegt, die im wesentlichen von der zeitgenössischen Erziehungswissenschaft akzeptiert wird: die Fähigkeit nämlich zur Selbstbestimmung, zur Mitbestimmung und zur Solidarität, vor allem mit denen, für die Selbst- und Mitbestimmung noch erkämpft werden müssen. Nun hat *Klafki*, als er diese drei Momente von Bildung ab Mitte der 60er Jahre in die Diskussion einbrachte, noch nicht wissen können, wie vordergründig gerade der Begriff „Selbstbestimmung“ von einem aufkommenden Subjektivismus und späterem Hedonismus interpretiert werden würde: Das Recht, seine eigenen Interessen auf Kosten anderer durchzusetzen, wurde populär, und ein rücksichtsloser Individualismus machte sich breit – durchaus unter Berufung auf Begriffe wie „Selbstbestimmung“, „Selbstregulierung“, „Emanzipation“, „herrschaftsfreier Diskurs” u. a.m. Um solchen Mißverständnissen vorzubeugen, wird hier der Begriff *Gemeinsinn* eingeführt: der Sinn für die allgemeinen Belange, das Wohl der Gemeinschaft, das Wehe der anderen. *Communitarity* ist sein anglo-amerikanisches Pendant. Und nicht zuletzt aus der dortigen Erziehungsphilosophie sollte uns eine Erkenntnis wieder zuwachsen[57], in der die Bestimmung des einzelnen über sich selbst immer in Verantwortung gegenüber dem Selbstbestimmungsrecht des anderen sowie den Belangen der Gemeinschaft gedacht wird. Eine schrankenlose Selbstbestimmung zerstört jede Gemeinschaft; umgekehrt würde die Diktatur einer Gemeinschaft als kollektive Herrschaft die einzelnen Individuen als solche liquidieren. Wieder erkennen wir den antinomischen Wider-Spruch, der nur in der Triade ausgehalten werden kann: Beide Momente müssen sich wechselseitig begrenzen, relativieren und ausbalancieren. So gesehen befinden sich Ich, Du und Wir zwar in einer letztlich nicht aufzulösenden Spannung zueinander, jedoch als Konstrukt von Bildung formen sie ebenso eine unteilbare Einheit im Pädagogischen wie in der Psychotherapie als Moment von Selbsterfahrung – etwa in Gestalt der von *Ruth C. Cohn* entwickelten „Themenzentrierten Interaktion“[58].

Niemand kann also beanspruchen, ein um Bildung sich bemühender Mensch zu sein, der – sagen wir – keine Ahnung von den ökologischen Problemen hat, in seinem Beruf wegen ausgeschlagener Fortbildungsmöglichkeiten hinter den möglichen Könnensanforderungen zurückfällt und dem es egal ist, ob die Rechte von Frauen in der heutigen Gesellschaft stärker beachtet werden sollten oder nicht.

*

Und die Schule? Wohin treibt dieses riesige Subsystem, das allein in der Bundesrepublik Deutschland (1995) von 9.671.579 Vollzeitschülern frequentiert wurde[59], wobei 654.381 hauptamtliche Lehrer/innen in 39.184 Schulen diesen jungen Menschen Unterricht erteilten und 16 Bundesländer nur für die nötigen Personal- und Sachkosten über 60 Milliarden DM aufbrachten? Wie ist es um die(se) Schule bestellt? Sollte es bestellt sein? Schule – das kann bekanntlich vielerlei bedeuten: Wir können sie halten, veranstalten, selber arrangieren; wir können sie verwalten, erdulden, erleiden; wir können sie abschirmen, öffnen, chaotisieren; wir können sie hinnehmen, stören, schwänzen; wir können in ihr reifen, verkümmern, uns langweilen ... Was immer wir in Schulen auf welche Weise und mit welcher Absicht tun oder lassen, hängt eben auch von der Vorstellung dessen ab, was wir unter Schule verstehen, welchen Sinn wir ihr zusprechen, kurz: von der Theorie unseres Handelns, die uns als Alltagstheorie nicht immer bewußt wird, über die wir aber spätestens dann reflektieren müssen, wenn wir sie zu rechtfertigen haben oder verbessern wollen. Ehe die Umrisse der hier vertretenen Schultheorie skizziert werden, wollen wir fragen, welche Fehlformen von Schule es eigentlich gibt. Genauer: Welche Ideologien sind es, die aus unseren Schulen so unglaublich verschiedene Institutionen „machen“? Und warum sind die festzustellenden Fehlformen so gefährlich für uns alle? Ich karikiere ein wenig und stelle folgende Aberrationen (wörtlich: Ab- bzw. Verirrungen) heraus:

1. Fehlform: Die Schule als Aquadrom

Abbildung 17: Die Schule als Aquadrom

Wer die A 40 von Essen in Richtung Dortmund oder in umgekehrter Richtung fährt, stößt kurz vor Bochum auf ein Hinweisschild: **AQUADROM**. Man kann aber auch in Berlin in die U7 steigen und bis zur Grenzallee fahren und zu einem vergleichbaren Lusttempel gelangen, der sich ***BLUB*** nennt: Gemeint sind jene immer zahlreicher werdenden Anlagen, in der vom Schwimmen, über's Saunieren, Massieren, Essen und Trinken bis hin zum *body building* und Videos-sehen so ziemlich alles zu haben ist, was *Spaß* macht. Just diese Erwartungshaltung hat auch manche Schule ergriffen: Inmitten einer tiefgreifenden Sinnkrise sowie einer als desolat empfundenen Zukunftserwartung kultivieren manche Schüler eine *happy-go-lucky-attitude*: Schule wird eher als Freizeitcenter denn als Ort anstrengenden Lernens angesehen, als eine Art Trost-, Erholungs- und Fluchtort gegenüber der weltweiten Unwirtlichkeit und Zerstörung. Dem korrespondiert die Erleichterungspädagogik mancher

Lehrer: Wenn schon kein (Lern-)Inhalt mehr Sinn stiftet, soll wenigstens die „Atmosphäre" stimmen und die (Verkehrs-)Form angenehm sein. „Lehrende" und „Lernende" (Angestellte und Kunden) dieser Aquadrome treffen sich im Schnittpunkt von Spaß-und-Lust; und da sie nicht permanent diese „Didaktischen Orgasmen" herstellen können, stöhnen die einen unter dem „Burnout"[60] und die anderen unter dem „Leistungsstreß". Freilich: Wo diese „Freizeitschule" nicht gelingt (etwa in schwierigen Stadtteilen oder inmitten problematischer Schülerpopulationen), kommt es zum Verfall der Schule, grassieren Disziplinschwierigkeiten, Gewaltausbrüche, Lernverweigerungen oder jener unbemerkte Absentismus, dem Schüler/innen *und* Lehrer/innen in wachsendem Maße anheimzufallen scheinen. Der *homo otiosus*, der genießende Mensch, mit seinen hedonistischen Bedürfnissen ist hier wie dort letztlich die anthropologische Leitfigur geworden. Schule soll buchstäblich Spaß machen – *it's a great fun!* schreit in den USA so ziemlich jeder Werbemensch. Und da wir gern imitieren, der *Mimesis* also anheimfallen, verwechseln immer häufiger Schüler, Eltern und Lehrer Lern*lust*, Schul*freude* oder Lebens*sinn* mit dem simplen Spaß, den allenfalls die Unterhaltung bietet: So werden Lehrer zu Entertainern und Schüler zum Publikum.

2. Fehlform: Die Schule als Warenhaus

Abbildung 18: Die Schule als Warenhaus

In Schulen dieser Art orientiert man sich am Markt: Die Nachfrage bestimmt das Angebot und dieses die Nachfrage – *ad infinitum*. Vorbilder sind die riesigen High Schools, in deren Regalen *(departments)* hübsch verpackte Waren *(teacher-proof-curricula)* liegen, die es zu testen und bei Geschmack zu erwerben und erfolgreich zu horten gilt *(credits)*. Lehrer als Verkäufer und Schüler als Verbraucher sind an der Akkumulation von Wissen und Können interessiert, denn Schulbildung soll sich bezahlt machen und muß deshalb vor allem effektiv sein. Der *homo consumens* bestimmt über und nutzt am meisten diese Art von Schule – wie ein Warenhaus, ein *shopping-center*, eine Markthalle, eine Lernfabrik.

3. Fehlform: Die Schule als Festung

Abbildung 19: Die Schule als Festung

Schulen dieser Art wollen Bollwerke gegenüber den (ökologischen, den militärischen, sittlichen etc.) Problemen und Bedrohungen sein: Sie schirmen ab, ziehen Gräben, errichten Trutzburgen oder kultivieren Inseln, Berge, *summerhills*[61]. Manche Waldorfschule oder manches Landerziehungsheim wird sich diesem Paradigma durchaus nahe fühlen, ohne freilich stets die Gefahren einer solchen Festungspädagogik einzuräumen. Denn hier interessiert das, was *intra muros* geschieht, die Welt-da-draußen bleibt sekundär. Jenseits der leidigen Realität zu sich selber kommen, lautet – im Anschluß an *Hegel* – das hier gemeinte Schulprogramm, der *homo contemplans* ist sein Ideal. Er betreibt *seine* Bildung, nicht seine *Bildung*. Er sieht sich und die anderen Menschen – wie *Leibniz* – als ein Individuum unter unendlich vielen Monaden, die sich letztlich selbst genügen, die sich zwar Wissensbestände begierig aneignen, aber zum Zweck des eigenen Gedeihens. Einer solchen Anthropologie kommt eine Pädagogik sehr entgegen, die „auf's Innere“ setzt.

4. Fehlform: Die Schule als Kaderschmiede

Abbildung 20: Die Schule als Kaderschmiede

Natürlich gibt es keine Schule, die ein solches Etikett offiziell akzeptieren würde. Und doch kennen wir sie, jene Parteilichkeit, die andere instrumentalisiert: Mal zu „Volksdeutschen“ oder „Parteigenossen“, mal zu „Staatsbürgern“ oder „Antimilitaristen“ oder „Scientologen“ zu machen versucht. Solche Schulen bevorzugen Eindeutigkeit, das Entweder-oder, die Konsequenz und Ausgrenzung. Vor, an und in ihnen waren früher Fahnen und Wimpel „populär“; heute bemalt man dort Transparente und/oder trägt Buttons an dem stolz geschwellten Busen. Ob links oder rechts, ob schwarz, rot, grün oder gelb, ob männlich-chauvinistisch oder weiblich-sakrosankt ..., der andere ist Gegner oder Mittel zum Zweck (meiner Interessen) und soll das realisieren helfen, was ich selbst nicht zustande bringe. Einer solchen Schule fällt „die Aufgabe zu, in der heranwachsenden Generation das Potential gesellschaftlicher Veränderung hervorzubringen“, schrieb *K. Mollenhauer* (1968!)[62], und eine ganze Generation zollte ihm Beifall. Der *homo politicus*, nicht der um Bildung bemühte Mensch, steht im Zentrum dieser (auch manch höheren) Lehranstalt.

5. Fehlform: Die Schule als Sterbeklinik

Abbildung 21: Die Schule als Sterbeklinik

Und schließlich gibt es Schulen, in denen vor allem gelitten und gestorben wird, werden soll, in denen sich Verzagtheit und Resignation breitmachen, das Burnout-Syndrom kultiviert wird, in denen man auf den sanften Schwingen der Postmoderne bzw. einer fernöstlichen Mystik sowie einer neuen Jugendstil-Ästhetik aus der leidigen Realität davonfliegt und – je nachdem – mal in der Toskana landet, in den Schluchten der Romantik oder im Wohlstands-Alkoholismus. Kein Wort hört man in diesen Schulen häufiger als jenes Bindewörtchen *aber*: Alles ist schon mal dagewesen, haben wir schon mal ausprobiert, kennen wir zur Genüge – aber, jedoch, hingegen ... Die Aktivität solcher Schulen scheint sich im Erfinden geeigneter Konjunktionen zu erschöpfen, mit denen hauptsächlich verhindert werden soll, was auch immer vorgeschlagen wird. Dabei geht es also nicht um das Aufspüren und Beseitigen von Schwierigkeiten und Hemmnissen auf dem Weg einer Reform der Schule, sondern um die *Verhinderung* der Schulreform. Jeder Vorschlag wird so lange im Spiegel seiner Schwierigkeiten betrachtet, bis sich niemand mehr traut, ihn zu verwirklichen. Der *homo desperatus* hat in diesen Schulen das Sagen; und mancher Schulleiter bzw. manche Schulleiterin droht just an dieser ihm oder ihr täglich präsentierten Depression innerlich zu zerbrechen.

Nun wird hier nicht behauptet, daß nicht in jeder dieser Fehlformen ein Quentchen vernünftige Schulkonzeption steckt. Jede „gute" Schule wird Freude bereiten wollen und auf Effektivität achten, sich gelegentlich abgrenzen und Politische Bildung betreiben, ja auch die Verzweiflung kennen. Aber wird sie dem *bloßen* Spaß und den mit diesem Wort assoziierten Versprechungen frönen? *Nur* auf *efficiency and effectiveness* setzen? Eine *unüberwindliche* Festung sein wollen? Zur rechten (oder linken) Gesinnung *verleiten* dürfen? Der Resignation *anheimfallen*? Wo Übertreibung, Einseitigkeit, Ausschließlichkeit walten, da werden aus akzeptablen Einzelelementen verhängnisvolle Charakteristika ...

Darüber hinaus soll auch nicht suggeriert werden, solche Fehlformen gäbe es in Reinkultur und sie seien empirisch so vorfindbar wie die dazu gehörenden Gebäude. Und doch kennen wir Schulen, die dem einen oder dem anderen Selbstverständnis mehr oder weniger folgen. Wir kennen sogar Schulen, in denen mehrere oder alle fünf Fehlformen in verschiedenen Mischungsverhältnissen koalierend oder konkurrierend bis hin zum erbarmungslosen Kämpfen aller gegen alle auftreten. Mancher Schulleiterin, manchem Schulleiter hat dieses *bellum omnium contra omnes* den letzten Rest des pädagogischen Optimismus genommen ...

Wir kennen aber auch Schulen, die einer Theorie verpflichtet sind, die im folgenden umrissen werden soll und über die der Autor in den letzten Jahren vor allem unter den Stichworten „Humane Schule“[63] oder auch „Schulreform konkret“[64] manche Vorarbeiten abgeliefert hat, so daß darauf zurückgegriffen werden kann.

„*Officina hominum*“ hatte *Comenius* die Schule genannt, eine Werkstatt des Menschen für den Menschen, in der allen das Ganze von Grund auf gelehrt werden soll: „*ubi Omnes, Omnia, Omnino doceantur*“. Schule ist um der Bildung der Schüler willen da: ihr Wissen und Können gilt es so zu entwickeln, daß sie aufzukommen vermögen für die Dinge, Lebewesen und sich selbst. Deren Melioration gilt es im Auge zu behalten, wenn sie nicht zuschanden werden sollen. „Die Schule hat immer einen doppelten Auftrag: auf die Gesellschaft vorzubereiten, wie sie ist, *und* der kommenden Generation die Möglichkeit zu eröffnen, die Welt umzugestalten“, schrieb *Hentig*[65] folgerichtig. Aus dieser Spannung kann sie niemand entlassen, und just aus dieser Antinomie erwächst ihre Chance. Worin liegen nun ihre zentralen Aufgaben? Es sind deren fünf:

- Schule ist (1.) ein Ort der Gespräche, denen die Funktionen des Regelns und Festlegens zukommen. Das Gespräch ist das Gegenteil von Geschwätzigkeit, zu ihm gehören das Schweigen und (Zu-)Hören, die Rede und Gegen-Rede sowie das Bemühen, Wahrheiten im Diskurs, also ohne Herrschaft und nur entlang von Argumentationen zu ermitteln. Ob im Diskurs Wahrheiten erkundende, im gruppendynamischen Setting Gefühle rückmeldende oder im Streit um Mehrheiten sich bemühende Gespräche ..., sie alle gilt es als Lebensformen und Erfahrungsweisen in der Schule zu lernen. Wo denn auch sonst? Wer nicht erfahren hat, daß Wirklichkeiten (nicht nur Konflikte) über Sprache zu verändern sind, wird zur Resignation oder zur Aggression neigen – auch *nach* einem glänzend bestandenen Abitur.

- Schule ist (2.) ein Ort der Spiele, in denen wir uns erholen und erfreuen. Spiele sind mehr und anderes als Entertainment und Imitation von Medienspektakeln. Eine Spiel-Kompetenz (vom einfachen Imitations- über das Sport- bis hin zum Handlungsspiel) müssen wir genauso lernen wie eine Gesprächskultur, und sie fundiert unser Tun – nicht nur im 1. Schuljahr. Selbst im anstrengendsten praktischen oder wissenschaftlichen Arbeiten sind spielerische Elemente unverzichtbar. Wer nicht erfahren hat, daß zum Lernen auch das Spielen gehört, wird die Freude am Lernen verlieren – früher oder später.

- Die (Lern-)Arbeiten stehen im Zentrum der Schule, worauf *Jakob Muth* in seiner Schrift über „Schülersein als Beruf" (bereits 1966) aufmerksam gemacht hat[66]. Im durchdachten Handeln sowie im auszuhandelnden Denken geht es in diesem Aufgabenbereich um die Curricula, die hier und jetzt zu lehrenden und zu lernenden Inhalte: Fakten, Probleme und Sachverhalte müssen gründlich erarbeitet werden, denn mit Ignoranz und moralischer Entrüstung allein ist die Welt nicht zu verbessern. Wer das Glück anstrengender Lernarbeit nie erfahren hat, wird es woanders suchen – und den Unterschied zwischen *hédoné* (also der vordergründigen Sinneslust) und *eudaimonia* (dem Seelenglück) wohl nie begreifen.

- Reformpädagogen wie *Hugo Gaudig*[67] oder *Peter Petersen*[68] haben immer wieder auf einen (4.) Erfahrungsbereich der Schule hingewiesen: auf die Feiern. Bloße Sketche, Parties oder Würstchengrillereien sind noch lange keine Feiern, in denen es darum geht, etwas zu gestalten und darzustellen, der *Aisthesis* (dem Wahrnehmungs- und Empfindungsvermögen), der Kunst also, Zeit und Gelegenheit einzuräumen. Von der dreiminütigen Geburtstagsfeier im morgendlichen Stuhlkreis bis hin zur Aufführung eines Theaterstückes reicht die hier gemeinte Palette. Und wer Feste nur im Stile von Parties „feiern" durfte, wird in kein Theater und kein Konzert, keinen Gottesdienst und keine Dichterlesung gehen – es sei denn mit der Kamera.

- Und schließlich geht es (5.) in der Schule von heute für morgen um die zwischen den Generationen, Geschlechtern, Behinderten und Nicht-Behinderten sowie zwischen den Kulturen zu veranstaltenden Begegnungen, in denen Fremdes erkundet und Eigenes als solches erfahren wird. Wir sind nun mal eine multikulturelle Gesellschaft und wollen es sein. Mit Andersartigkeit konfrontiert werden, bedeutet nicht nur, Probleme auszuhalten, sondern auch, Bereicherung zu erfahren – vorausgesetzt: man hat etwas, das lohnt, erkundet zu werden. Wo kaum noch ein kulturell-religiöses Erbe vorhanden ist und nur die McDonaldisierung um sich gegriffen hat, kann es keine *community education* geben, die Bestandteil einer humanen und zeitgemäßen Schule ist. Wo dieses Erbe fehlt oder nur kümmerlich vorhanden ist, muß es erst separat vermittelt werden, ehe es integriert in gemeinsame Lehr- und Lernerfahrungen eingebracht werden kann. Begegnungen in der hier avisierten Schule finden ansonsten vierfach statt: zwischen den Generationen, zwischen den Geschlechtern, zwischen Behinderten und Nicht-

Behinderten und – zwischen den Angehörigen verschiedener Länder, Kulturen und Religionen[69]. Wer in diesem Sinne anderen nie begegnet, sondern immer nur bei sich selbst geblieben ist, wird einem Elend anheimfallen, das *Martin Buber* „Vergegnung" nannte[70] – auch wenn er von diesem großen Philosophen und Pädagogen noch nie etwas gehört hat.

In einer weiteren Abbildung sei dieser Umriß einer humanen Schule illustriert.

Abbildung 22: Die fünf Aufgaben bzw. Funktionen einer humanen Schule

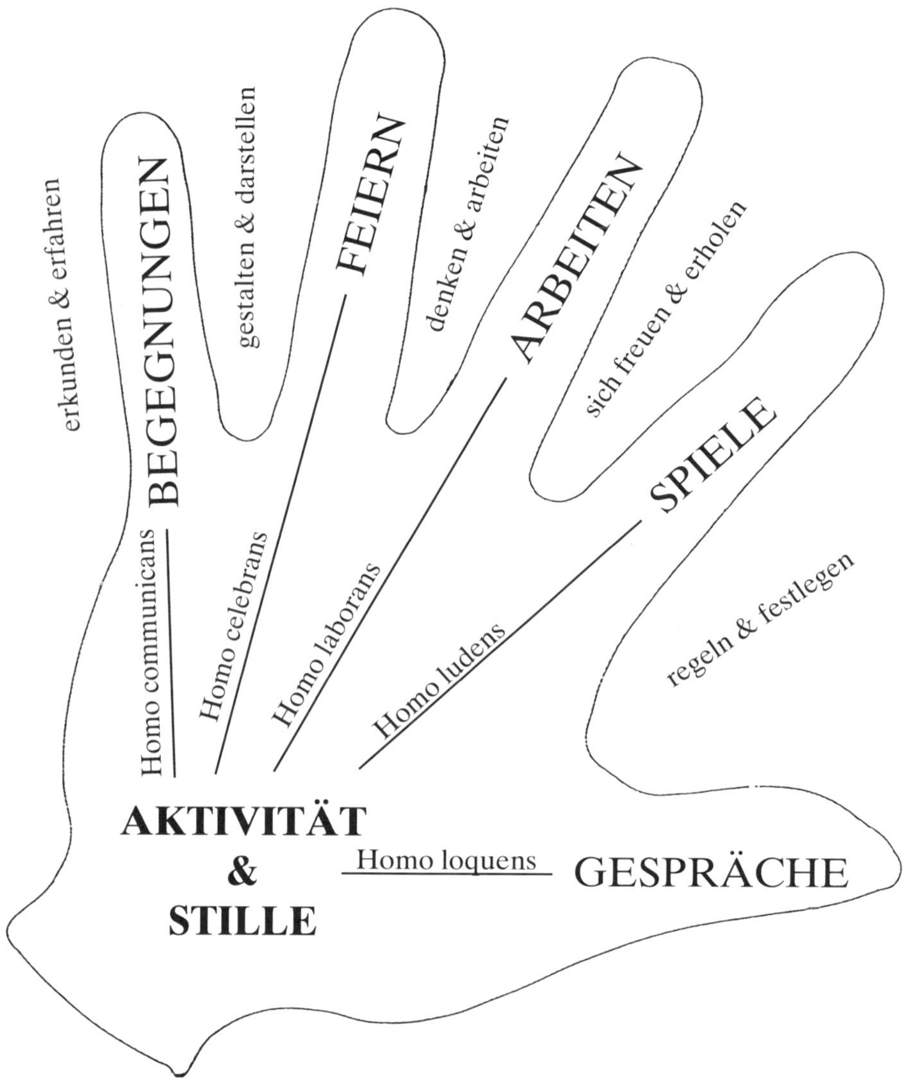

Drei Anmerkungen dazu: Die Idee zu dieser Illustration geht bis auf *Maria Montessori* zurück, die gerade *manus*, die Hand, als Ur-Bild des Menschen ansah. Raubtiere haben Tatzen, Hunde haben Pfoten, Pferde haben Hufe ... Nur der Mensch hat eine Hand, die er zu schließen und zu öffnen vermag. Er kann sie zur Faust ballen, darin seine Kraft zum Widerstand spüren, aber auch zum Schlagen und Töten. Er kann sie öffnen und darin spüren, daß er zu geben, zu schenken, zu liebkosen vermag. Was immer er mit seiner Hand tut, hängt von seinem Bewußtsein, seinen Gefühlen, seiner Erziehung und seiner Bildung ab, die er u. a. in (s)einer Schule erhalten hat. Im Wechsel von *vita activa* und *vita contemplativa* öffnet und schließt sich diese Schule und bringt mal diese, mal jene Aufgabe (in diesem Fach oder in jener Klasse) zur Geltung. Dieser Ur-Rhythmus von Ein-und-Aus (*Goethe* sprach von Systole und Diastole, und auch in der chinesischen Naturphilosophie hielt man an der Antinomie des Yin-und-Yan-Prinzips fest), diese Ur-Bewegung allen pädagogischen und didaktischen Handelns wurzelt buchstäblich in der Pädagogik selbst – hier im Zentrum der Hand.

Denn über alle fünf Aufgaben der Schule soll Bildung ermöglicht werden, das heißt: der Mensch in seiner Wirklichkeit, Möglichkeit und Notwendigkeit ist gefragt. Als sprechender (*loquens*), spielender (*ludens*), arbeitender (*laborans*), feiernder (*celebrans*) und begegnender (*communicans*) Mensch erfährt er in und durch Schule die Bildung seiner selbst und seiner Mitschüler. Und so wie wir eine Hand, der zwei oder drei Finger fehlen, als eine verkrüppelte Hand bezeichnen, so wie uns Wunden an ihr von einer verletzten Hand sprechen lassen, so ist die einseitige oder vernachlässigende Schulbildung Ursache für *Ver*ziehung, für *Halb*bildung oder gar für *Un*bildung.

Drittens schließlich sollten wir an eine Überlegung im I. Kapitel anknüpfen: So berechtigt die (Schul-)Theorie über diese allgemeinen Erkenntnisse ihre Aussagen formuliert, so nachdrücklich hat sie zu schweigen, wenn die (Schul-)Praxis darüber befindet, was sie bei welchen Schülern aufgrund welcher Kenntnisse hier und jetzt anbietet oder zumutet, erspart oder verweigert, eröffnet oder verschließt ... Es gehört zur Dignität der Praxis, daß über die Realisation der allgemeinen Erkenntnisse allein sie zu entscheiden hat.

Mit dieser Bemerkung wollen wir den Umriß unserer Schultheorie mit Hilfe einer weiteren Skizze verdeutlichen: Die Abbildung 23 soll aufzeigen, daß eine solche Schule dreifach zu bestimmen ist – als Lernort sowie als Lebens- und Erfahrungsraum. In ihr soll so viel wie möglich Erfahrungslernen stattfinden und so wenig wie nötig Belehrungslernen. Diese Formel knüpft bewußt an die Bielefelder Laborschule an, die sie nur in einer Hinsicht kritisiert: Das Großraumsystem mag den Frontalunterricht fast verhindern (übrigens auch den guten), schlimmer aber ist die Tatsache, daß in ihm kaum noch jene *s'cholé* erfahrbar wird, die Muße, Stille, Nachdenklichkeit bedeutet und ursprünglich die Bank am Rande der Arena von Athen war, auf der man ruhte, nachdachte, zur Besinnung kam. Muße (*s'cholé*), *schola* (Schule) heißt nicht *F*reizeit oder *F*aulheit, sondern bedeutet geistige Aktivität. Dazu lädt z. B. die „Montessori-Schule" in Krefeld häufiger und behutsamer ein: Inmitten dieser großen (Gesamt-)Schule befindet sich ein Meditationsraum, der Lehrende, Lernende und Besuchende einlädt – in die *s'cholé*, in die *schola*, in die Muße stiller Nachdenklichkeit, was seinerseits in die ganze Schule hineinwirkt ...

Abbildung 23: Die drei Dimensionen einer humanen Schule

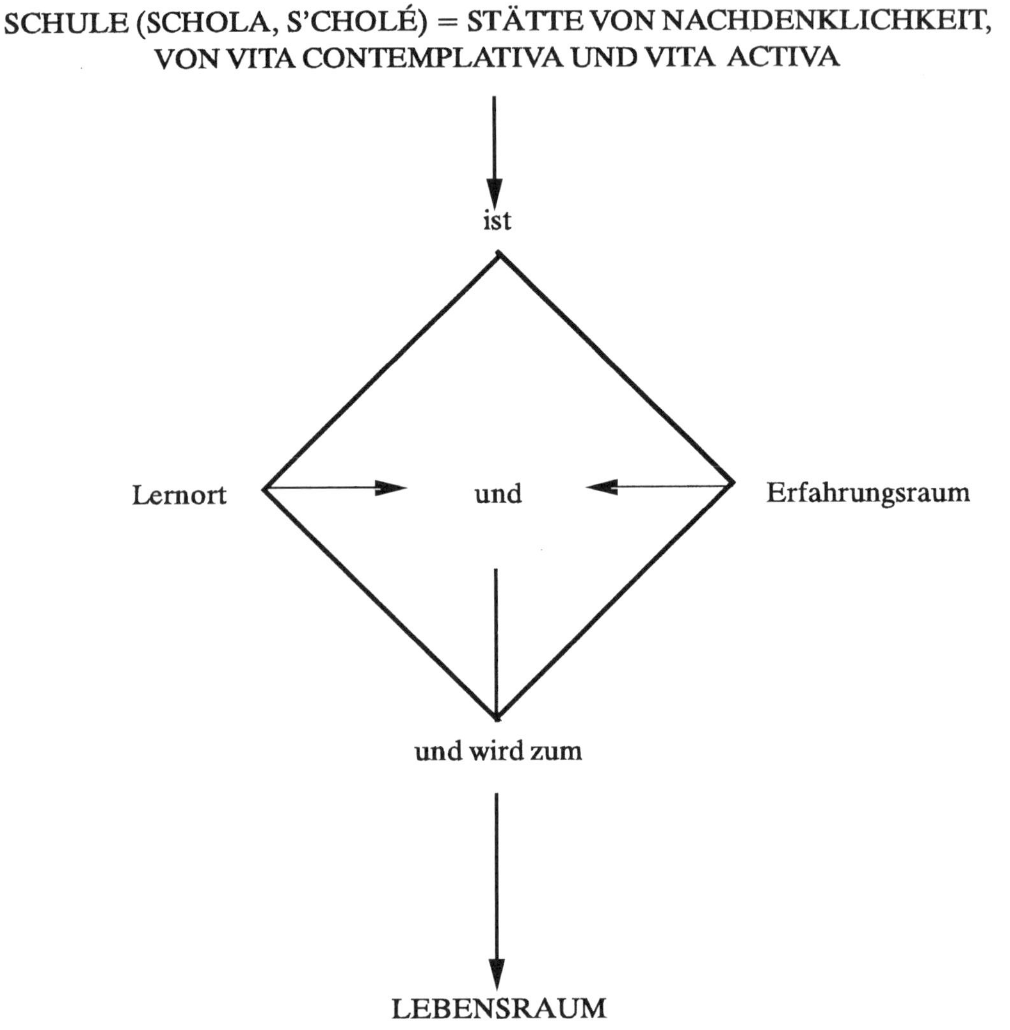

Auf eine sich in dieser Weise entwerfende Schule wird man zusammenfassend wenigstens drei Bestimmungsmomente beziehen müssen:

1. Die Schule, die demokratische und humane Leistungsschule, muß erstens eine *Schule der Bildung und Erziehung* sein, eine „*officina hominum*", eine Werkstatt der Menschen für die Menschen.
2. Darüber hinaus müssen Lehren und Lernen in der Schule *sinnstiftend* wirken. So wie Erziehung ohne Werte letztlich wert-los ist, ist der Unterricht in der Schule ohne Sinn sinn-los. Diesen zu stiften, ist etwas anderes als permanent Spaß erzeugen zu müssen oder Motivationsstrategien zu ermitteln. Und doch steht und fällt mit dem von der Sinnhaftigkeit seines Faches überzeugten Lehrer jedweder Un-

terricht. Nur wer als Lehrender in seinem eigenen fachwissenschaftlichen und didaktischen Bemühen Sinn erfährt, kann Schülern den Sinn des Lernens erschließen.

3. Und drittens schließlich muß die Schule *beweglich* sein – in vielerlei Hinsicht: Ein reichhaltiges Methodenrepertoire gehört ebenso zu dieser Beweglichkeit wie die Öffnung nach außen; wechselseitige Hospitationen verlebendigen das Schulleben nicht unwesentlicher als Spiele, Feste und Feiern; und dem Gruppenunterricht gebührt derselbe Stellenwert wie der professionellen Lehrerkooperation oder dem gekonnten Frontalunterricht.

Eine so verstandene Bildung, Erziehung und Schule kosten keine Mark mehr als ihre Karikaturen; und doch müssen sie mit dem größten Hindernis rechnen, das der Pädagogik seit ihrem Bestehen zu schaffen macht: mit dem kleinen Wörtchen *aber*, das niemand so groß zu schreiben vermag wie, nun ja, die Pädagogen.

*

Mit diesen letzten Hinweisen lade ich den Leser, vielleicht nach einer Pause, herzlich ein, den zweiten Stock zu betreten – ein gar riesiger Wohnraum wird sich auftun, aber auch ein paar hübsche kleine Balkons sind zu betreten, von denen aus eine nicht unbedeutende Aussicht zu genießen ist. Und natürlich gibt es auch große Fenster, durch die – hoffentlich – viel Licht in die verschiedenen Zimmer unseres Schulhauses fallen wird ...

Anmerkungen

1 Die Zeichnung findet sich an vielen Stellen – z. B. in: *Paul Klee*: Als Zeichner 1921 – 1933. Berlin: Bauhaus-Archiv 1985, S. 133. Oder in: *Ders.*: Die Zwitschermaschine und andere Grotesken. Berlin: Eulenspiegel 1981, S. 97.

2 *Jean-Jacques Rousseau*: Emile oder Über die Erziehung. (Or. 1762) Stuttgart: Reclam 1963. An zahlreichen Stellen geht *Rousseau* auf die Unterscheidung von *l'amour propre* und *l'amour de soi-même* ein, bes. S. 211 und 221.

3 *Johann Amos Comenius*: Große Didaktik. (Or. 1657) Stuttgart: Klett-Cotta 8.1993, S. 29.

4 *Christian Gotthilf Salzmann*: Ameisenbüchlein oder Anweisung zu einer vernünftigen Erziehung der Erzieher. (Or. 1806) Bad Heilbrunn: Klinkhardt 2.1964, S. 13.

5 *Alexander Mitscherlich*: Anpassung und Aggression als Probleme in der Gesellschaft heute. In: Universitas, 33 (2/1978), S. 113 – 119, zit. S. 119.

6 *Platon*: Der Staat. (Or. ca. 377 v. Chr.) In: *Ders.*: Sämtliche Werke. 2. Bd. Köln-Heidelberg: Schneider-Hegner 5.1967, bes. S. 248 – 254. Oder: *Rainer Winkel* (Hrsg.): Pädagogische Epochen. Von der Antike bis zur Gegenwart. Düsseldorf: Schwann 1988, bes. S. 21 – 58 u. S. 261 – 265.

7 *Georg Grunwald*: Die Pädagogik des zwanzigsten Jahrhunderts. Freiburg: Herder 1927, S. 59.

8 *Niccolò Machiavelli*: Discorsi. Gedanken über Politik und Staatsführung. (Or. 1531) Stuttgart: Kröner 2.1977. *Ders.*: Der Fürst. (Or. 1532) Stuttgart: Kröner 6.1978. Vgl. auch die beiden Interpretationswerke von *Wolfgang Kersting*: Niccolò Machiavelli. München: Beck 1988. Und: *Quentin Skinner*: Machiavelli zur Einführung. Hamburg: Junius 1988.

9 *Theodor Ballauff*, in: *Rainer Winkel* (Hrsg.): Gespräche mit Pädagogen. Weinheim: Beltz 1988, S. 25.

10 *Bruno Kreisky*: Im Strom der Politik. Erfahrungen eines Europäers. Berlin: Siedler 1988, S. 133.

11 Vgl. *Günther Franz* (Hrsg.): Staatsverfassungen. München: Oldenbourg 1954, S. 379. Oder: *Wolfgang Lautermann*: Amerikanische und Französische Revolution. Geschichte in Quellen. München: Bayerischer Schulbuch-Verlag 1981, S. 364ff.

12 *Friedrich Schleiermacher*: Pädagogische Schriften. I. Die Vorlesungen aus dem Jahre 1826. Frankfurt/M.: Ullstein Taschenbuch 1983, S. 82.

13 Vgl. *Jakob Muth*: Schule als Leben. Baltmannsweiler: Schneider 1992, S. 45 – 50.

14 *Max Weber*: Politik als Beruf. (Or. 1919) In: *Ders.*: Gesammelte politische Schriften. Tübingen: Mohr 3.1971, S. 505 – 560, zit. S. 551 – 559. (Oder: Stuttgart: Reclam 1992, S. 70 ff.)

15 Ebd., S. 546. (Oder: Stuttgart: Reclam 1992, S. 63.)

16 Vgl. dazu: *Deutsches Jugendinstitut* (Hrsg.): Wie geht's der Familie? Ein Handbuch zur Situation der Familien heute. München: Kösel 1988. *Deutsches Jugendinstitut* (Hrsg.): Was für Kinder. Aufwachsen in Deutschland. Ein Handbuch. München: Kösel 1993.

17 Vgl. dazu: *Jürgen Oelkers*: Die Herausforderung der Wirklichkeit durch das Subjekt. Weinheim-München: Juventa 1985, bes. die 3. Studie, S. 54 – 76.

18 Melioration heißt wörtlich: Verbesserung. Vgl. die Steigerung des lateinischen Adjektivs *bonus*, *melior*, *optimus* (gut, *besser*, am besten). Die drei Begriffe *res publica*, *res humana* und *res amabilis* wird man am ehesten übersetzen mit dem Bemühen, in der Öffentlichkeit, im einzelnen Menschen und in der liebenden Gemeinschaft die Sache des Menschen zu befördern.

19 Dieses volkstümliche Gedicht fand damals Aufnahme in viele Lesebücher – auch in das, das mein Vater benutzte: Lesebuch für die Oberklassen katholischer Volksschulen. Hrsg. im Auftrage des Königlichen Provinzial-Schulkollegiums zu Münster: Dortmund: Crüwell 1912, S. 175.

20 *Richard Sennett*: Verfall und Ende des öffentlichen Lebens. Die Tyrannei der Intimität. (Or. 1974) Frankfurt/M.: S. Fischer 1983.

21 So der Titel der Schrift von *Friedrich Nietzsche*: Jenseits von Gut und Böse. (Or. 1886) In: *Ders.*: Sämtliche Werke. Bd. VII. Stuttgart: Kröner 1964, S. 3 – 236.

22 *Heinrich Roth*: Pädagogische Anthropologie. Bd. 1: Bildsamkeit und Bestimmung. Hannover: Schroedel 1966. Bd. 2: Entwicklung und Erziehung. Hannover: Schroedel 1971.

23 *Ders.*: Pädagogische Psychologie des Lehrens und Lernens. (Or. 1957) Hannover: Schroedel 16.1983. Verdienstvoll und gegen ein Vergessen dieses großen Pädagogen gerichtet ist die Schrift von *Dietrich Hoffmann*: Heinrich Roth oder die andere Seite der Pädagogik. Weinheim: Deutscher Studien Verlag 1996.

24 *Immanuel Kant*: Über Pädagogik. (Or. 1803) In: *Ders.*: Werke. Bd. XII. Frankfurt/M.: Suhrkamp-Insel 1964, S. 691 – 761, zit. S. 697 und 699.

25 Vgl. zum modernen Narzißmus das Standardwerk von *Christopher Lasch*: Das Zeitalter des Narzißmus. (Or. 1979) München: Steinhausen 1980. Demgegenüber bleiben die beiden folgenden Bücher in der Nachfolge *Sigmund Freud*s im innerpsychischen Bereich zu Hause: *Heinz Kohut*: Narzißmus. Frankfurt/M.: Suhrkamp 1973. *Thomas Ziehe*: Pubertät und Narzißmus. Frankfurt-Köln: Europäische Verlagsanstalt 1975.

26 *Johann Friedrich Herbart*: Umriß pädagogischer Vorlesungen. (Or. 1835) In: *Ders.*: Pädagogische Schriften. Bd. 3. Düsseldorf-München: Küpper 1965, S. 157 – 300, zit. S. 165.

27 *Peter Petersen*: Pädagogik der Gegenwart. (Or. 1937) Weinheim- Basel: Beltz 1973, S. 129f.

28 Vgl. *Maria Montessori*: Kinder sind anders. (Or. 1938) München: Deutscher Taschenbuch Verlag 2.1988, S. 157. Das Original wurde u. a. deshalb hinzugezogen, weil die Übersetzung nicht immer optimal ist. Bereits der deutsche Titel ist mißverständlich, denn das Buch heißt: Il segreto dell' infanzia. Mailand: Garzanti 17.1989, also „Das Geheimnis der Kindheit". *Le deviazioni* werden auf S. 209f. zur Sprache gebracht, vor den Fluchtbewegungen, *le fughe*, die *Montessori* ebenfalls zu den abweichenden (nicht „abwegigen") Charakterzügen hält: *caratteri deviativi*.

29 Ebd., a. a. O., S. 183f.; im Original, S. 252f.

30 Ebd., a. a. O., S. 201; im Original, S. 277.

31 *Maria Montessori*: Das Kind in der Familie und andere Vorträge. Stuttgart: Klett 1954, S. 59. Vgl. auch: *Dies.*: Dem Leben helfen. Hrsg. von *Günter Schulz-Benesch*. Freiburg: Herder 1992. S. 45.

32 Ebd.

33 Ebd., a. a. O., 1954, S. 56; 1992, S. 43.

34 Vgl. vor allem *Martin Bubers* „Reden über Erziehung" sowie seine Schrift „Ich und Du", in: *Ders.*: Werke. 1. Bd.: Schriften zur Philosophie. München-Heidelberg: Kösel-Lambert Schneider 1964, S. 783 – 832 und S. 77 – 170. Und: *Dietrich Bonhoeffer*: Werke. München: Kaiser 1986 ff., bes. Bd. 1, der seine Habilitationsschrift „Sanctorum Communio" enthält und ein heuristisches Prinzip entwickelt, um zwischen der Ich-, Du- und Wir-Form eine anthropologische Balance herzustellen.

35 Diese Nachfrage des – *Jesus* vernehmenden – *Pontius Pilatus* findet sich nicht bei den drei Synoptikern *Markus*, *Matthäus* und *Lukas*, sondern nur bei *Johannes* 18,38.

36 Das Gedicht findet sich z. B. in: *Gottfried Benn*: Gesammelte Werke. 3. Bd. Gedichte. Wiesbaden: Limes 2.1963, S. 342.

37 Vgl. *Jürgen Habermas*: Erkenntnis und Interesse. Frankfurt/M.: Suhrkamp 1968, bes. S. 234ff.

38 *Immanuel Kant*: Grundlegung zur Metaphysik der Sitten. (Or. 1785) In: *Ders.*: Werke. Bd. VII. Frankfurt/M.: Suhrkamp-Insel 1968, S. 11 – 102, zit. S. 51.

39 Ebd., a. a. O., S. 61.

40 *Ders.*: Kritik der praktischen Vernunft. (Or. 1788) A.a.O. Bd. VII, S. 103 – 302, zit. S. 140.

41 Vgl. bes.: *Max Horkheimer/Theodor W. Adorno*: Dialektik der Aufklärung. (Or. 1947) Frankfurt/M.: Fischer Taschenbuch 1971.

42 *Jürgen Habermas*: Wahrheit und Wahrhaftigkeit. In: Die Zeit, Nr. 50, vom 8.12.1995, S. 59f., zit. S. 59.

43 So polemisiert der ansonsten stets für Fairneß und Gerechtigkeit eintretende *Horst Eberhard Richter* in seinem Buch „Der Gotteskomplex" (Reinbek: Rowohlt 1979, S. 51) gegen den „Kategorischen Imperativ" in einem geradezu ausfallenden Ton und diffamiert ihn „als eine theoretisch verklärte zwangsneurotische Reaktionsbildung, die über einen gänzlich unbewältigten archaischen Egoismus gebreitet ist."

44 *Ivan Illich*: Die Enteignung der Gesundheit. Reinbek: Rowohlt 1975, S. 174.

45 Vgl. *Hans Scheuerl* (Hrsg.): Klassiker der Pädagogik. 2 Bde. München: C. H. Beck 1979.

46 *Johann Friedrich Herbart*: Allgemeine Pädagogik aus dem Zweck der Erziehung abgeleitet. (Or. 1806) In: *Ders.*: Pädagogische Schriften. 2. Bd. Düsseldorf: Küpper 1965, S. 9 – 155, bes. S. 30ff.

47 Ebd., a. a. O., S. 33.

48 *Hans-Jochen Gamm*: Allgemeine Pädagogik. Reinbek: Rowohlt 1979, S. 63.

49 *Immanuel Kant*: Vgl. Anm. 24, S. 711.

50 Ebd.

51 Ebd., a. a. O., S. 699. Zur Antipädagogik vgl. das leidenschaftliche Plädoyer zur Abschaffung der Erziehung von *Ekkehard von Braunmühl* (Antipädagogik. Weinheim-Basel: Beltz 1975) und die kluge Widerlegung von *Andreas Flitner* (Konrad, sprach die Frau Mama … Über Erziehung und Nicht-Erziehung. Berlin: Severin und Siedler 1982).

52 *Sigmund Freud*: Neue Folge der Vorlesungen zur Einführung in die Psychoanalyse. (Or. 1932f.) In: *Ders.*: Studienausgabe. Bd. I. Frankfurt/M.: S. Fischer 1969, S. 447 – 608, zit. S. 578.

53 *Jean-Jacques Rousseau*: Vgl. Anm. 2, S. 176.

54 *Wilhelm von Humboldt*: Ideen zu einem Versuch, die Grenzen der Wirksamkeit des Staats zu bestimmen. In: *Ders.*: Werke. Bd. I. Darmstadt: Wissenschaftliche Buchgesellschaft 2.1969, S. 56 – 233, zit. S. 64. Siehe auch: Stuttgart: Reclam 1967, S. 22.

[55] Auf eine neuerliche Referierung der Fachliteratur wird hier verzichtet; statt dessen wird an das III. Kapitel verwiesen.

[56] Vgl. *Wolfgang Klafki* und aus seinem umfangreichen Oeuvre: Neue Studien zur Bildungstheorie und Didaktik. Weinheim-Basel: Beltz 1985, bes. S. 12 – 30.

[57] Die wohl einzige Untersuchung pädagogischer Grundbegriffe aus der Sicht anglo-amerikanischer Erziehungsphilosophie legte vor *Jürgen Oelkers*: Erziehen und Unterrichten. Grundbegriffe der Pädagogik in analytischer Sicht. Darmstadt: Wissenschaftliche Buchgesellschaft 1985. Zu den Notwendigkeiten und zu den Möglichkeiten eines zeitgemäßen Kommunitarismus vgl. *Amitai Etzioni*: Die Entdeckung des Gemeinwesens: Ansprüche, Verantwortlichkeiten und das Programm des Kommunitarismus. Stuttgart: Poeschel 1995.

[58] Vgl. *Ruth C. Cohn*: Von der Psychoanalyse zur themenzentrierten Interaktion. Stuttgart: Klett-Cotta 10.1991.

[59] Vgl. diese und die folgenden Zahlen laut: *Statistisches Bundesamt* (Hrsg.): Bildung im Zahlenspiegel. Wiesbaden-Stuttgart: Statistisches Bundesamt. Metzler-Poeschel 1995, S. 42, 46 und 59.

[60] Vgl. *Ernst Meyer* (Hrsg.): Burnout und Streß. Baltmannsweiler: Schneider 2.1994.

[61] Vgl. die Anspielung auf *Alexander Sutherland Neill*: Theorie und Praxis der antiautoritären Erziehung. Das Beispiel Summerhill. (Or. 1960) Reinbek: Rowohlt 1969.

[62] *Klaus Mollenhauer*: Erziehung und Emanzipation. München: Juventa 1968, S. 67.

[63] Beispielhaft sei genannt: *Ernst Meyer/Rainer Winkel* (Hrsg.): Humane Schule. Baltmannsweiler: Schneider 1991. Aber auch die gesamte Reihe „Grundlagen der Schulpädagogik", die durch den Band 1 über die „Humane Schule" eröffnet wurde und von der bis jetzt fast 20 Bände vorliegen, soll dem Programm einer Humanisierung der Schule dienen.

[64] Auch hier sei lediglich auf *eine* Publikation hingewiesen, die allerdings vielen Vorträgen als Vorlage diente und an anderen Stellen – in dieser oder jener Fassung – abgedruckt wurde: *Rainer Winkel*: Schulreform konkret. Oder: Die Schule neu denken und neu machen. Teil 1, in: *rhein-pfälzische schulblätter*, 46 (10/1995), Beilage Wissenschaft und Praxis, S. 53 – 56. Teil 2, in: *rhein-pfälzische schulblätter*, 46 (11/1995), Beilage Wissenschaft und Praxis, S. 57 – 61.

[65] *Hartmut von Hentig*: Wie frei sind freie Schulen? Gutachten für ein Verwaltungsgericht. Stuttgart: Klett-Cotta 1985, S. 194.

[66] *Jakob Muth*: Schülersein als Beruf. Heidelberg: Quelle & Meyer 1966.

[67] Vgl. *Hugo Gaudig*: Didaktische Ketzereien. Berlin: B. G. Teubner 1.1904; 6.1925, wo es auf Seite 138 heißt: "Die Schule der Zukunft wird ein reichgestaltetes Leben führen; ungleich stärker differenziert als die Schule von ehedem. Gewiß – das wichtigste 'Lebensgebiet' auch der Schule der Zukunft wird das Gebiet der geistigen Arbeit sein; aber mit größerem Recht als bisher wird sich das Gebiet geistleiblicher Arbeit entwickeln. Neben der Arbeit verkümmerten bisher ihre notwendigen Ergänzungen: das *Spiel* und die *Feier*."

[68] Vgl. *Peter Petersen*: Der Kleine Jena-Plan. (Or. 1927) Weinheim-Basel: Beltz 60.1980, bes. S. 34. Neuausgabe: 61.1996, S. 47 ff. Wichtig ist auch die 62seitige „Einleitung zur Neuausgabe des Kleinen Jena-Plans" von *Dietrich Benner* und *Herwart Kemper*. Weinheim-Basel: Beltz 1991.

[69] Vgl. zum Problem interkultureller Erziehung aus einer schier überquellenden Literatur nur zwei Hinweise: Zum einen die regelmäßige Beilage „Eine Welt in der Schule" in den Fachzeitschriften *Geographie heute*, *Praxis Deutsch*, *Unterricht Biologie*, *Die Grundschulzeitschrift* (im Friedrich Verlag); *Grundschulmagazin*, *Schulmagazin 5-10* (Ehrenwirth Verlag); *Pädagogik* (Beltz Verlag); *Grundschulunterricht*, *Zeitschrift für den Erdkundeunterricht* (Pädagogischer Zeitschriftenverlag); und *Grundschule* (Westermann Verlag). Eine der besten Buchpublikationen stammt von *Petra Hölscher* (Hrsg.): Interkulturelles Lernen. Projekte und Materialien für die Sekundarstufe I. Frankfurt/M.: Cornelsen-Scriptor 1994.

[70] *Martin Buber*: Begegnung. Autobiographische Fragmente. Heidelberg: 3.1978, S. 6. Vgl. auch: *Ders.*: Ereignisse und Begegnungen. Leipzig: Insel 1917.

IM ZWEITEN STOCK

„Ist die Wohnung dunkel,
so kannst du sie nicht mit der Lampe
deines Nachbarn erhellen.
Wenn sie leer ist,
kannst du sie nicht mit dem Reichtum
deines Nachbarn füllen.
Läge sie inmitten einer Wüste,
du könntest sie nicht in einen
von fremder Hand angelegten
Garten verwandeln."
Khalil Gibran

V. Kapitel: Schulreform peu à peu oder: Schnecken sind zielkonstanter als aufgeregte Känguruhs

In diesem zweiten Stock unseres Schul-Hauses soll die Theorie der Schule praktisch werden, mit anderen Worten: Die Schul*reform* gilt es zu begründen, zu beschreiben und zu illustrieren. Drei zeitgenössische Dokumente sollen uns zunächst beschäftigen, ehe die sieben miteinander verbundenen Zimmer dieses Stockwerks betreten werden. Da schreibt mir der Oberstudiendirektor eines nordrhein-westfälischen Gymnasiums u. a.:

> *Als ich wenige Tage nach Ihrem Vortrag durch meine Schule ging, hatte ich ein richtiges Schockerlebnis: Die meisten von uns wollten als Angehörige der sog. 68er-Generation eine Schule machen, in der mit Freude und Lust gelernt und gelehrt wird, in der Chancengleichheit keine Fata Morgana ist und die alten Disziplinierungsrituale der Vergangenheit angehören. Was aber haben und machen wir? Wir unterrichten mit blutigem Ernst. Unsere Schüler sprechen von Frust statt von Lust. Wir zensieren gerecht bis nach dem Komma und selektieren schlimmer als das Gymnasium in den 60er Jahren, in dem gerade wir heutigen Lehrer gelitten haben. Wir machen den stursten Frontalunterricht, sind ein bunt zusammengewürfelter Haufen von über 60 isolierten Einzelkämpfern und scheinen in Resignation erstarrt zu sein. Gleichzeitig – so sagten Sie – haben sich die „Lernographien" unserer Schüler dermaßen verändert, daß immer mehr Kollegen große Disziplinschwierigkeiten haben … Bitte kommen Sie, aber ich kann Ihnen nichts versprechen. Ich jedenfalls kann dieses Kollegium nicht mehr bewegen. Vielleicht bin ich aber auch selbst schon längst erstarrt …*

Einige Wochen später erreicht mich der Brief einer Schulleiterin aus Berlin. Auch daraus darf ich einen Abschnitt zitieren:

> *Wenn Sie kommen, werden Sie sehen, was in unserer Grundschule alles angepackt wurde: Der Schulhof, die Freiarbeit, Lernberichte, Supervision … sogar ein Elternstammtisch ist ins Leben gerufen worden. Nur, und jetzt kommt unser Problem: Jede Woche taucht irgendwo in unserer Schule eine neue Idee auf, sie wird auch positiv gewertet und anfangs heftig unterstützt, aber dabei bleibt es auch. Wir fangen so vieles an und lassen es liegen. Um den Schulgarten kümmert sich niemand mehr (oh, doch, die Hausmeisterin!). Die Freiarbeit haben zwei Kolleginnen wieder aufgegeben (als Antwort auf den gekürzten Lehrmitteletat!). Die Lernberichte lesen sich wie ausgefüllte Formulare, und der Elternstammtisch soll erst nächstes Jahr neu einberufen werden. Da stimmt doch etwas nicht! Oder?*

Stimmt da etwas nicht? Was stimmt da nicht? Zunächst im nordrhein-westfälischen Gymnasium, das eher der im 3. Abschnitt des IV. Kapitels skizzierten „Sterbeklinik" ähnelt als einem in die *enkyklios paideia* einführenden *Gymnasion*, einem die „Sieben Freien Künste" lehrenden *Lykeion*: also einem Grammatik, Rhetorik und Dialektik bzw. Logik (das Trivium) und Arithmetik, Geometrie, Musik und Astronomie (das Quadrivium) lehrenden Ort grundlegender, alltäglicher, umfassender (enkyklischer) Bildung[1]. In der bald darauf stattfindenden Vorbesprechung mit einer vom Kollegium gewählten Arbeitsgruppe zeigt sich das Dilemma: Alles und jedes wird kritisiert, ironisiert, relativiert; zurückgewiesen, angezweifelt, für irreal erklärt ... Aus der Psychoanalyse wissen wir, was Widerstand, Abwehr und Verdrängung sind[2]: Gefühle von Angst, Zweifel, Scham und Hilflosigkeit auf der einen, aber auch Zorn, Wut, Aggression, Haß oder Vernichtungsimpulse auf der anderen Seite werden mit Hilfe des Abwehrmechanismus vom Individuum aus dem Bewußtsein verbannt, um es vor allzu belastenden Emotionen zu schützen. Auch Gruppen („Systeme") bedienen sich (völlig unbewußt) immer dann dieses Abwehrrituals, wenn Überforderung droht. *Wolfgang Schönig*, ein erfahrener Lehrerfortbildner, schreibt[3]: „In Lehrerkollegien begegnet uns der nicht seltene Fall, daß im Laufe der Lebensgeschichte der jeweiligen Schule weitverzweigte und vielschichtige Abwehrsysteme entstanden sind. Es haben sich Abwehrkoalitionen in und zwischen Gruppen des Kollegiums gebildet, die insbesondere dann unbewußt aktiviert werden, wenn die Schule vor einer massiven Herausforderung steht." Das besagte Gymnasium stand in der Tat „vor einer massiven Herausforderung": entweder in der gewohnten Routine zu erstarren oder über sich selbst eine neue Vision zu entwickeln. Da wird jeder von innen sich äußernde Anreger, aber auch jeder externe Berater (gerade weil er von diesem an seinem Dilemma leidenden Kollegium gerufen wurde) zunächst in das Abwehrsystem einbezogen, „als Störenfried der etablierten Ordnung, als Unruhestifter und Feind der liebgewonnenen Handlungsroutine (angesehen, *r. w.*), der gerne zum Bündnispartner gewählt oder aber zum Prügelknaben gemacht wird, damit die eigene Angst besser zu bewältigen ist. Abwehr, vor allem institutionsweite Abwehr, ist immer ein Indiz für mangelnde Veränderungsbereitschaft" (ebd.). Deshalb konnte mit diesem Kollegium eben noch nicht an der Reform seiner Schule gearbeitet werden, sondern es galt, zunächst den Widerstand behutsam zu überwinden.

Aber wir kennen auch einen zweiten Mißgriff der Reform, der in dem Brief der Schulleiterin zum Ausdruck kommt. In solchen Schulen findet man scheinbar alles und realiter nichts – was Bestand hat: Da geistert montags *Freinet* über die Flure und dienstags *Maria Montessori*; mittwochs reden alle von der *community education* und donnerstags von der Freiarbeit; freitags wird der Projektunterricht erfunden und samstags wollen Eltern und Lehrer den Schulhof neu gestalten ... Wollen, möchten, wünschen. In solchen Schulen ist nicht das Bindewörtchen *aber* permanent zu hören, wohl aber reden alle im *Konjunktiv*: Man könnte ja mal ... Wie wäre es denn ... Ich würde gern vorschlagen ... Der Grund dieser Rede im Modus des Irrealis liegt zumeist in der fehlenden Gesamtschau (Theorie) dessen, was da warum und mit welchen Mitteln verändert werden soll. Schulen dieser Art sind von viel Aktivismus geprägt: eine Projektwoche jagt die andere; nach dem Aufenthalt im Schullandheim ist der Theaterbesuch dran; es folgt die Dichterlesung und die Klassenraumgestaltung ... Lehrende und Lernende sind permanent tätig, aber die Reformen und Reförmchen fahren gleichsam Karussell. Da fühlt man sich an *Rilke*s 1906 entstandenes Gedicht „Das Karussell“ erinnert, in dem es zum Schluß heißt[4]:

Und das geht hin und eilt sich, daß es endet,
und kreist und dreht sich nur und hat kein Ziel.
Ein Rot, ein Grün, ein Grau vorbeigesendet,
ein kleines kaum begonnenes Profil – .
Und manchesmal ein Lächeln, hergewendet,
ein seliges, das blendet und verschwendet
an dieses atemlose Spiel ...

Auch hier kann die Arbeit noch nicht dort ansetzen, wo die Schulreform beginnt, sondern muß erst einmal darauf bestehen, innezuhalten, nachzudenken, den Koinzidenzpunkt all dieser Aktivitäten zu suchen.

Der dritte Fehlgriff auf die Schulreform ist nicht widerständig oder hektisch, wohl aber ... Die zur Zeit (morgen kann sich dies schon wieder ändern) wohl populärste Schulreform in den USA wird „The Accelerated Schools Project“ genannt. Über 800 Schulen haben sich dieser Bewegung schon angeschlossen, wollen *accelerated schools* (wörtlich: beschleunigte, angekurbelte, gasgebende) Förderschulen sein. Aus der Empower-Bewegung kommend, die ein Programm zum Selbst-stark-werden entwarf, wollen „Accelerated Schools“ Schulen sein, „in denen alle Schüler/innen gute Leistungen erzielen, ganz gleich aus welcher sozialen Schicht sie kommen, welcher Ethnizität oder Rasse sie angehören und welche Begabungen und Erfahrungen sie in die Schule mitbringen.“[5] Besondere Zuwendung erfahren dabei die „behinderten“ Kinder.

„Danisha ist jetzt in der fünften Klasse, sie hat aber noch nicht gelernt, ihren Namen zu schreiben. Das macht aber nichts, sie nimmt trotzdem am Unterricht teil. In Mathematik lernt sie ihre Zahlen und sortiert Objekte. In Englisch ist sie eifrig dabei, Wörter nachzuziehen und auszumalen. Sie liebt es auch Buchstabenbilder herzustellen, indem sie von Punkt zu Punkt der vorgegebenen Buchstaben Linien zieht. In Sozialkunde hat Danisha oft einen eigenen Unterrichtsplan. Sie lernt, unabhängig durch die Schule zu gehen, Türen zu öffnen und Botschaften zu verschiedenen Lehrer/innen zu bringen. Auch im naturwissenschaftlichen Unterricht hat sie oft andere Aufgaben als ihre Mitschüler/innen. In der letzten Woche hat sie gelernt, wie man mit einer Waschmaschine umgeht. Zur Zeit ist sie begeistert damit beschäftigt, in der Schule Wäsche zu waschen. Dabei liebt sie es, die Wäsche in verschieden farbige Haufen zu sortieren, eine Fertigkeit, die sie schon im Mathematikunterricht gelernt hat. Danisha hat Schwierigkeiten beim Sprechen, und es ist ihr oft schwer, sich verständlich zu machen. Aber die ganze Klasse ist bemüht, Danishas Sprache zu lernen. Die Kinder hören ihr eifrig zu und ermuntern sie zu sprechen. Körperbewegungen und kurze Wörter verbinden sich zu Aussagen, die langsam den Mitschüler/innen zugänglich werden. Vor kurzem sagte Danisha zu Unterrichtsbeginn ganz aufgeregt „Papa, Papa“, mit einer Handbewegung, als ob sie ihn an sich ziehen wollte. Als die Lehrerin die Aussage nicht interpretieren konnte, sagte Danishas Tischnachbarin ganz selbstverständ-

lich: „Oh, Danishas Vater wird sie heute von der Schule abholen." In Belle Elementary School (Missouri), einer Grundschule mit 450 Schüler/innen vom Kindergarten bis zur fünften Klasse, gibt es außer Danisha noch 25 andere Kinder mit Lernstörungen und Behinderungen. Zwei Kinder sind geistig und körperlich schwerstbehindert, ein Kind hat ein Gehirntrauma, und acht Kinder sind geistig behindert. Die restlichen Kinder haben Schwierigkeiten in Englisch, Lesen und Mathematik. Bis vor drei Jahren waren die Kinder mit geistigen und körperlichen Behinderungen in einer Sonderklasse, und die Kinder mit Lernschwierigkeiten waren in verschiedenen Nachhilfeprogrammen, die sie täglich mehrere Stunden vom gemeinsamen Unterricht fernhielten. Als Belle Elementary sich entschloß, am Accelerated- School-Projekt teilzunehmen, besprachen sich alle Sonderschullehrer/innen und schlugen der Schule vor, die Kinder mit Lernschwierigkeiten innerhalb des regulären Unterrichts zu fördern. In den nächsten drei Jahren konnten sie dokumentieren, daß die Klassen, in denen es lernbehinderte Schüler/innen gab, in den allgemeinen Tests besser abschnitten als die Klassen ohne lernbehinderte Schüler/innen.

Soweit dieser Bericht der amerikanischen Professorin *Ilse Brunner*[6], die gleichzeitig Koordinatorin aller „Accelerated Schools" ist. Nun, jeder Amerikaner, der bis zu seinem 40sten Lebensjahr etwa 1 Million Werbespots im Fernsehen gesehen hat[7], weiß, daß seine Worte nicht immer auf die Goldwaage zu legen sind. Mißtrauen wir ihnen und deren immanenter Begründung also ... Kinder mit dem Ganzen von Grund auf vertraut zu machen (*Omnes Omnia Omnino*), so hatte *Comenius* nicht nur, aber besonders in der „Didactica Magna" gefordert[8], nicht aber alle Schüler/innen als gleichermaßen begabt zu behandeln, ihre Defizite zu leugnen und zu besseren Testergebnissen zu führen. Im Gegenteil: Im 12. Kapitel seiner „Großen Didaktik" hat er eine sechsfache Schülertypologie vorgetragen[9], einschließlich der „schwach Begabten" („*malignae naturae*"), über die er aber wie folgt befindet: „Und man findet keine so unglückliche Geistesanlage, daß sie durch Pflege nicht verbessert werden könnte"[10]. Durch Pflege verbessern („*emendationis afferat cultura*") – das ist etwas anderes aus anderen Gründen als die Behauptung: In einer „Accelerated School" machen die „Kinder ... keine Unterschiede mehr zwischen behinderten und gesunden Kindern"[11]. Schrecklich, möchte ich hinzufügen. Denn wer die verschiedenen Fähigkeiten leugnet, wird früher oder später dieselben Belastungen zumuten. Schlimmer noch: Er wird jenem pädagogischen Allmachtswahn frönen, den der amerikanische Behaviorist *John Broadus Watson* wie folgt propagierte[12]:

„Gebt mir ein Dutzend gesunder, wohlgebildeter Kinder und meine eigene Umwelt, in der ich sie erziehe, und ich garantiere, daß ich jedes nach dem Zufall auswähle und es zu einem Spezialisten in irgendeinem Beruf erziehe, zum Arzt, Richter, Künstler, Kaufmann oder zum Bettler und Dieb, ohne Rücksicht auf seine Begabungen, Neigungen, Fähigkeiten, Anlagen und die Herkunft seiner Vorfahren."

Ohne Rücksicht, rücksichts-los also verfährt eine solche Erziehung, die *H.-U. Grunder* den "Kaspar-Hauser-Effekt" genannt hat[13] und die nur mit Hilfe von Verdrängung in einer Welt von *fantasy* und *tele-vision* aushaltbar ist – von unmöglichen

Autorennfahrten über verletzungslose, aber schwer geschlagene Gesichter, bis eben hin zu *dream schools*.

Drittens also pocht unser anfängliches Zurechtrücken auf der Einsicht, daß die Schulreform sich bescheiden muß, keine Illusionen vermitteln darf, die Superlative und besonders die Elative zu meiden hat, denn es ist nicht alles super, Spitze, klasse oder toll. Auch und gerade die Schule ist ein weltlich, ein leidlich Ding; ein gewiß notwendiges, aber ebenso ein mitunter ärgerliches Übel, ein bleibendes *imperfectum*. Gewiß, wir müssen an der Reform der Schule täglich (manchmal stündlich) arbeiten, weil sie sonst verkommt. Wir müssen aber auch wissen, daß die Schule eine *schola reformanda* bleibt, weil das Paradies auf Erden nicht zu haben ist. *Vinko Puljic*, der in vierjährigen Kriegswirren geläuterte Erzbischof von Sarajevo, hat einmal gesagt[14]: „Ein Schwimmer, der gegen eine starke Strömung schwimmt, glaubt auf der Stelle zu stehen, wäre aber, wenn er mit den Armen nicht kräftig gerudert hätte, weit abgetrieben worden. Die gerechte Gesellschaft läßt sich auf Erden nicht verwirklichen ... Aber wenn wir aufhören, es zu versuchen, dann enden wir in der finstersten Barbarei, denn *die* läßt sich verwirklichen."

Und schließlich kennen wir einen Reformismus, der die Überforderung nach sich zieht. Wer – sagen wir – „Freiarbeit" und „Offenen Unterricht", „Community Education" und „Lernberichte", „Team Teaching" und „Elternarbeit" fordert, *ohne* zu bedenken, ob die Voraussetzungen für all diese schönen Verbesserungen gegeben sind, schafft Illusionen im besseren und Ausbeutungsverhältnisse im schlechteren Fall. Sind wir also vor allem denjenigen gegenüber mißtrauisch, die etwas von uns verlangen, was sie selbst nicht eine einzige Stunde lang einlösen müssen – seien es Hochschullehrer oder Schulräte, Schulleiter oder Gewerkschafter, Verbandsfunktionäre oder Seminarleiter ... Über die Qualität und Quantität der Schulreform befinden die Betroffenen- und niemand sonst: also die Lehrer/innen vor Ort, in Zusammenarbeit mit den Schülern und Eltern und allenfalls angeregt sowie unterstützt von außerhalb. So richtig die Erkenntnis ist, daß niemand ein Haus baut, der nicht die Sehnsucht nach Heimat hat, so richtig ist auch die Einsicht: Am besten bauen die ein Haus, die auch darin wohnen wollen und wohnen müssen. Um diese einleitenden Gedanken begrifflich zu schärfen, sollen vier Fehlformen der Schulreform benannt und voneinander unterschieden werden, auch wenn die Übergänge in der Praxis fließend sind:

- Wir kennen erstens den (plakativ geforderten, im Grunde aber) *resignativen Reformismus*: er hat keine Sehnsucht mehr; er arrangiert sich mit jedem Mißstand; und prolongiert das Elend.
- Wir kennen zweitens den *religiösen Reformismus*: er taumelt von einer Heilserwartung zur anderen; er verspricht das Paradies auf Erden; und führt – früher oder später – zu furchtbaren Ent-Täuschungen.
- Wir kennen drittens den *dogmatischen Reformismus*: er setzt ein bestimmtes Merkmal absolut; erklärt alle Ungläubigen, Mißtrauischen und Verweigerer für Häretiker; und endet letztlich im Sektierertum.

- Und viertens schließlich kennen wir den *utopischen Reformismus*: er fordert nicht, sondern überfordert; er ignoriert die Voraussetzungen und die Rahmenbedingungen; er klagt – weil er scheitert – immer die Betroffenen als Schuldige an, so daß er häufig das Gegenteil von dem erreicht, was er predigt, nämlich: Restauration.

Weil diese vier Zugangsweisen der Schulreform schaden, allenfalls Luftschlösser beschwören, aber kein einziges Haus des Lebens und Lernens bauen helfen, wollen wir die Reform der Schule, als Teil jener imperfekten Gesellschaft und als Versammlung unvollkommener Menschen, behutsam betreiben: Sie wird nicht zur Traumschule führen, in der alles nur noch Lust bereitet und Spaß macht. Aber sie wird verhindern, daß Schule dort endet, wo Öde, Langeweile, Desinteresse, Aggression … kurz: die Barbarei beginnt. Und natürlich sollte niemand im folgenden alle sieben Zimmer auf einmal renovieren, wohl aber beginnen, wo es ihm besonders dringlich und am wenigsten mit der Aussicht auf Mißerfolg erscheint – etwa im ersten Zimmer.

1. Lehrer, Schüler, Eltern: Personale Reformen

Charity begins at home – lautet ein englisches Sprichwort. In der Tat: Mit den guten Absichten beginne man bei sich selbst. Im Grunde kann niemand andere unmittelbar verändern oder gar verbessern, darf es wohl auch nicht. Ändern kann und darf ich mich nur selbst. Aber indem ich mich ändere, ändere ich meine Beziehung zu anderen … Beginnen wir unsere Schulreform also dort, wo wir am wenigsten von der Zustimmung oder dem Widerstand anderer abhängig sind: bei uns und unserer eigenen (Lehrer-)Persönlichkeit, die Kollegen, Schülern und Eltern so oder anders begegnen kann.

In den 50er und 60er Jahren konnte man an der kleinen Pädagogischen Akademie Paderborn einen großen Hochschullehrer erleben: *Theodor Schwerdt* (geboren 1899 und verstorben 1990) entwickelte, erprobte, propagierte und diskutierte seine „Kritische Didaktik in Unterrichtsbeispielen“[15], zu der natürlich immer auch ein Exkurs über „Lehrertypen“ gehörte. Diesen pflegte er mit der Bemerkung einzuleiten: „Lehrer *werden* ist nicht schwer, Lehrer *sein* dagegen sehr!“ Nun, heute kennen immer weniger Lehrer *Theodor Schwerdt*, und kaum noch ein Student liest seine einstmals berühmte „Kritische Didaktik“. Und dies hat nicht nur mit dem Lauf der Zeit und den wechselnden Moden in der Pädagogik zu tun, sondern auch und in erster Linie mit einem gänzlich veränderten Lehrermarkt: Wo gestern „Mangel“ herrschte, macht uns heute die „Schwemme“ zu schaffen, so daß fast die Umkehrung jener Bemerkung stimmt – fast. Denn wenn es auch immer schwerer geworden ist, überhaupt noch Lehrer zu *werden*, leichter ist es deshalb noch lange nicht, Lehrer zu *sein*. Denn was heißt das für viele? Es bedeutet für die meisten, in ihrem Kollegium wie in einem Getto zu stecken; mit einem anwachsenden (öffentlichen) Erwartungsdruck zu tun zu haben, wobei die (internen) Möglichkeiten einer pädagogisch-didaktischen Reformarbeit geringer werden; schwierigere Verhältnisse, Verhaltensweisen und Vernehmbare (von Schulbauten über Unterrichtsstörungen bis hin zu Desmotivierten) aushalten zu müssen; und gleichzeitig in einer Zeit, Gesellschaft und Welt erzieherisch wirken zu sollen, die eher verzweifelt und wie gelähmt oder auch narkotisiert den Problemen ihrer Bedrohungen und Zerstörungen gegenübersteht; ja, antipädagogischen und hedonistischen Bewegungen ausgesetzt zu sein, die dem erziehenden Lehrer und dem lehrenden Erzieher den Boden seiner Legitimation unter den Füßen wegziehen, so daß er lieber nur das Notwendigste tut, sich ansonsten raushält, privatisiert, sich zum „Stundenhalter" (wie *Horst Rumpf*[16] ihn nannte) diminuiert, also eher deprofessionalisiert, als sich optimistisch den widersprüchlichen und schwierigen Verhältnissen, Verhaltensweisen und Vernehmbaren zuzuwenden. Und doch: Verzagtheit bringt nichts (außer Verzagen), Resignation schadet den Ohnmächtigen (nicht den Signierenden), und der Privatismus ist das Ende jedweder Demokratie (aber das Freizeitprogramm der Telekratie). Deshalb ist es unumgänglich, auch und gerade heute nach dem zu fragen, was Lehrer-sein ist, ausmacht, prägt, formt und gefährdet; worin es sich dokumentiert, einrichtet, schützt und versteckt; von wem oder was es bedroht, gefährdet, verhunzt und vermarktet wird; wie es – zugegeben: nur kontrafaktisch – aufgebaut, am Leben erhalten, unterstützt und „gebildet" werden kann. Denn daran soll, auch hier, nicht gezweifelt werden, „daß die Umstände von den Menschen verändert und der Erzieher selbst erzogen werden muß"[17], indem er sich selbst erzieht und die Bildung seiner selbst ein Leben lang betreibt. Dann, und nur dann, stimmt die Aussage des britischen Politikers und politischen Schriftstellers *Henry Peter Brougham*: „Das Alphabet des Schullehrers ist mächtiger als das Bajonett des Soldaten."[18]

So unbestritten diese Notwendigkeit eines *life-long-learning* also war und ist, so zahlreich waren und sind die Versuche, Lehrer (aus)zu-bilden. Hier ist nicht der Platz, auf die Geschichte des Lehrerberufs einzugehen, jene Odyssee nachzufahren, die wahrlich in seltsamen Gegenden haltmachte: bei Sklaven und Mönchen, bei Schweinehirten und Unteroffizieren, bei Küstern und Hofmeistern, bei Pfarrern und Schneidern[19]. *Daß* aber diese in der Geschichte wechselnden Ausbildungsformen und -inhalte immer auch ganz verschiedene Lehrertypen schufen bzw. stützten, sei festgehalten.

Hier soll nun weniger diese Geschichte als ihr jeweiliges Resultat betrachtet werden: der sich verändernde „Typ" des Lehrers. Um die Bandbreite dieser Typologie zu illustrieren, greife ich auf zwei recht unterschiedliche Schilderungen zurück. Die eine porträtiert Lehrer um 1920, die andere um 1985:

„Die gerettete Zunge" hat *Elias Canetti* die Geschichte seiner Jugend genannt[20]. Und er wäre nicht der aufmerksame „Ohrenzeuge"[21] *Canetti* gewesen, wenn er nicht vorgehabt hätte, zu charakterisieren und zu porträtieren, zu karikieren und zu ironisieren – auch seine ehemaligen Lehrer. Als der 15jährige *Elias* ein Schweizer Gymnasium besuchte, haben ihm weniger bestimmte Lehrerverhaltensweisen als vielmehr Lehrertypen zu schaffen gemacht, im schlechten wie im guten Sinn. Hier eine sehr geraffte Auswahl der porträtierten Lehrer:

„Ein Lehrer, wie man ihn sich wünscht, energisch und hell, war Karl Beck. Rasch wie ein Wind betrat er die Klasse, schon stand er vorn, er verlor keine Zeit, schon war er mitten in der Sache ... Seine Mathematik war klar und wandte sich an jeden ... Ein ganz leichter Spott lag auf seinem Gesicht, aber keine Spur von Ironie ... Die Distanz, die er hielt, war eine geistige ... Eines Tages empfing (die Klasse) ihn mit Gebrüll, er stand schon in der offenen Tür, die Klasse brüllte weiter. Er sah sich die Sache sehr kurz an, sagte zornig: „Ich gebe keinen Unterricht!“, schlug die Türe hinter sich zu und war verschwunden. Keine Strafe, kein Gericht, keine Untersuchung, er war einfach nicht da. Die Klasse blieb mit ihrem Gebrüll allein” (S. 265).

*

„Letsch kommandierte mehr, als er unterrichtete ... Er war so streng, daß er kein einziges Mal lächelte oder lachte ... Er war knapp bis zur Tollheit und erwartete dieselbe Knappheit von uns. Die schlechten Noten prasselten wie Prügel über die Klasse nieder, er war verhaßt, so sehr, daß dieser Haß bei vielen seiner Schüler zur einzigen Erinnerung an ihn wurde” (S. 266).

*

„Besseres wäre von Karl Fenner zu berichten, dem Lehrer für Naturgeschichte ... Er erklärte uns mit unendlicher Geduld den Bau von Pflanzen und von Tieren ... Ich war immer der Schlechteste im Zeichnen, so schlecht, daß ich das Mitleid Fenners spürte, der ein zärtlicher und warmer Mensch war ..., aber sein Unterricht war sachlich und genau bedacht, von einer Gründlichkeit, die eine Lust war ..., was man bei ihm durchgenommen hatte, vergaß man nie, es war einem für immer eingezeichnet” (S. 267ff).

*

„Karl Schoch ... hatte es mit sich und seinen Schülern schwer. Er hatte einen kleinen, eiförmigen Kopf von rötlicher Farbe und kanariengelbem Haar ... Vielleicht trugen seine Bewegungen, die etwas Abgehacktes oder Hüpfendens hatten, zu seinem Spitznamen bei: er hieß ... 'der Kanarienvogel' ... Mit leisem Gezwitscher, das sich auf den Kanarienvogel bezog, wurde er empfangen. Mit lautem Gezwitscher wurde er nach der Stunde entlassen. Er nahm nie Notiz davon, er verlor kein Wort darüber ... Einmal, als wir ihn erwarteten, das Vogelgezwitscher hatte schon eingesetzt, erschien ein anderer Lehrer und sagte: 'Herr Schoch wird nicht mehr kommen.' Wir dachten, er sei krank, aber bald erfuhren wir die Wahrheit ... Er hatte sich die Adern aufgeschnitten und war verblutet“ (S. 275f).

Bereits drei oder vier Generationen später scheinen diese „Lehrertypen" quasi ausgestorben zu sein. In seinem Buch über "Lehrer heute" hat *Herbert Stubenrauch* insgesamt 15 soziale Lehrerporträts unserer Tage aufgrund umfänglicher Interviews gezeichnet, aus denen gleichfalls einige wenige typische Merkmale referiert werden sollen[22].

Die 35jährige Haupt- und Realschullehrerin Anna Stein meint:
„Was meine Person in der Schule betrifft, bin ich eigentlich ziemlich sicher, daß ich bei den Schülern beliebt bin ... Schule ist nicht so wichtig für die Schüler, aber Schule als Ort der Kommunikation, als Treffpunkt für die Schüler, ist sehr bedeutend ... Schule ist für die Schüler angenehm, wenn kein Unterricht stattfindet ... Ja, ich würd' schon noch einmal Lehrerin werden wollen ..., weil die positiven Seiten, die ich beschrieben habe, eigentlich überwiegen, weil ich über Schüler und Kollegen ziemlich viel Bestätigung bekomme" (S. 27ff).

*

Der 50jährige Studienrat Manfred Eggebrecht äußert sich wie folgt:
„Freiheit und Zwang sind für mich sehr konkret widersprüchliche Aspekte in meinem Beruf ..., die Unfreiheit besteht eben darin, eingespannt zu sein in so eine Institution, ob man will oder nicht, Jahr für Jahr, Woche für Woche, Wochentag für Wochentag, nach demselben Stundenplan ... Ich empfinde es auch als entwürdigend und als Verletzung, wenn man immer wieder durch diesen Apparat gezwungen wird, sich raumzeitlich so und so zu verhalten ... Ich gehe noch an dem Widerspruch, Selektionsbeamter, Wissensvermittler und zugleich Sozialarbeiter für die Schüler zu sein, kaputt" (S. 41ff).

*

Die 45jährige Sonderschullehrerin Margarete Stern erzählt:
„Ich habe in der vierten Klasse ein Türkenmädchen, die heißt Fatima. Als ich zur Rechenstunde kam, hat sie mir gleich einen kleinen Plastikfotoapparat gezeigt ... Da haben wir alle erst mal durchgeguckt ... Nach zehn Minuten habe ich gesagt, jetzt müssen wir anfangen ..., da seh' ich, die spielt wieder damit rum ... Ich ermahne sie nochmals, und da knipst sie wieder. So, dann habe ich ... angedroht, daß ich den Apparat zum Fenster rausschmeiße ... Ich dreh' mich um, und sie klickt wieder. So, dann ... habe ich ihn ... zum Fenster rausgeworfen ..., aber es hat mir auch schon leid getan ... Ich wollte das gern wieder in Ordnung bringen und habe unheimlich gesucht und habe ihn wirklich in der letzten Minute vor dem Pausenzeichen gefunden ... Fatima kam angerannt, wir haben uns umarmt ... Ja, ich liebe die Schüler" (S. 49ff).

Der vorzeitig pensionierte Oberstudienrat Gerhard Abel gesteht:
„Wann ich das Handtuch geworfen habe, das weiß ich gar nicht genau ... Da mehrten sich meine Krankheitszustände ... Also bin ich zu einem Therapeuten gegangen, und dieser hat mir in der Tat ... attestiert, daß erstens die Schule nicht in der Lage sei, mich in einem psychischen Gleichgewicht zu halten, sondern daß vielmehr die Schule durch ihre Struktur all das, was ich ... mit autoritären Strukturen erfahren habe, genau reproduziert. Und zweitens stand drin, daß die Musikausübung ein sehr wichtiger Faktor für mein psychisches Gleichgewicht ist und ... daß ich das weitermache" (S. 75).

*

Und Werner Morgenstern, der 46jährige Leiter einer Berliner Gesamtschule, stöhnt:
„Weißt du, ich bin eigentlich ganz müde, fühle mich ausgebrannt. Woher soll ich noch die Kraft kriegen, gegen diesen ganzen Scheiß der Welt anzugehen? Ich mit meiner kleinen Schubkarre soll das alles wegfahren? Ich bin doch nicht größenwahnsinnig! Ich kann das doch gar nicht alles leisten, was die und mein Über-Ich von mir verlangen. Ich bin einfach müde, ich mag nicht mehr und muß immer am Vormittag in der Schule noch so tun, als ... würden wir den Kindern und den Erwartungen der Eltern gerecht. Das macht mich ganz fertig. Hier in der WG, da fühl' ich mich aufgehoben, da ist eigentlich mein Zuhause" (S. 165).

* * *

Die Unterschiede sind frappierend. Einer sei hier herausgestellt. *Der* Lehrer (!) im ersten Drittel (und z. T. noch bis in die 60er Jahre) dieses Jahrhunderts hatte das Problem zu lösen: Wie verwirkliche ich *mit Hilfe der* mir von der Gesellschaft zur Verfügung gestellten Autorität die gewünschte Disziplin, Ordnung, Leistung und Gesinnung? Demgegenüber fragt sich *die* heutige Lehrerin und *der* – vor allem in der Grundschule immer seltener werdende – heutige Lehrer: Wie erreiche ich *ohne den Rückgriff auf Autorität* selbstverantwortliches Handeln, Offenheit, Engagement und kritisches Bewußtsein? Die einen waren also gehaßte „Dompteure" (im schlechteren) und respektierte „Autoritäten" (im besseren Fall). Die anderen sind entweder verzweifelte „Beziehungsarbeiter" (sofern sie noch nicht resigniert haben) oder fluchtbereite „Alternativisten" (die eher aufs Land ziehen als gewisse Konsequenzen – z. B. die Konsequenz aus dem Irrtum, der behauptet(e), Freiheit und Regellosigkeit seien identisch und jeder um Ordnung Bemühte ein rechtsradikaler Chauvi, wenn nicht gar ein offenkundiger Faschist).

Es bleibt die Notwendigkeit inmitten vieler Möglichkeiten, die Persönlichkeit des Lehrers zu bilden. Aber wie und – in welchen Ausmaßen?

Einer der wichtigsten Aufsätze inmitten der ansonsten überquellenden Literatur zur Lehrerpersönlichkeit[23] stammt von *Herbert Gudjons*[24], dem es zum erstenmal gelungen ist, wesentliche Aussagen der psychoanalytischen Theorie auf das Problem der Persönlichkeit des Lehrers so zu beziehen, daß es *pädagogisch* sichtbar wird. Denn daran krankten bekanntlich die älteren Lehrertypologien: sie klassifizierten und schrieben fest, anstatt zu beschreiben und auf Veränderungen hin zu öffnen. Wenn *Christian Caselmann* z. B. dem mehr der Sache zugewandten Lehrer das Attribut *logotrop* zuordnete und den eher das Kind und seine Bedürfnisse im Auge habenden einen *paidotropen* Lehrer nannte[25]; wenn die Waldorfpädagogik im Rückgriff auf *Hippokrates* von *sanguinischen*, *cholerischen*, *phlegmatischen* und *melancholischen* Lehrern spricht; die einen im Anschluß an *C. G. Jung* von *intro-* und *extravertierten*, die anderen von *autoritären* oder *laissez-faire-haften* Erziehern reden ..., dann schweben all diese Typisierungen in der Gefahr, daß in sie nicht(s) hineingelernt werden kann – vor allem nicht durch die Betroffenen selbst. Genau da setzt die *Gudjons*'sche Bemühung an. Denn selbstverständlich gibt es „typische Züge", „hervorstechende Merkmale" und „bleibende Eigenschaften" des Lehrers. Und doch: Die folgenden Erläuterungen wollen den von *Gudjons* aufgezeigten Neuansatz aufnehmen und an einer entscheidenden Stelle fortführen.

Wer sich vor dem Weiterlesen einige Zeit in die folgende Abbildung vertieft, erkennt unschwer dies:

Jeder Mensch spürt bestimmte Kräfte, Bedürfnisse, Ängste, Grundhaltungen und Krankheitsgefahren in sich und von seinen Mitmenschen her. Diese jeweilige Kraft *zur*, dieses bestimmte Bedürfnis *nach*, manche Angst *vor*, eine bestimmte Grundhaltung *gegenüber* sowie die eine oder andere Erkrankung *an* ... bilden ein untrennbares und wechselseitig aufeinander wirkendes Ganzes, das lediglich zum Zweck der Verständlichkeit im folgenden wie ein zu zergliederndes Cluster von Merkmalen erläutert werden soll. Daß dabei die Erkenntnisse von *Fritz Riemann*[26] und *Margaret S. Mahler*[27] die theoretische Grundlage bilden, sei ausdrücklich betont. Die Kraft zur Individuation, die Tendenz zur Selbstwerdung ist in jedem Menschen vorhanden: Schon der Säugling lebt nicht nur mit der Realität einer Mutter-Kind-Symbiose, sondern auch mit der Potentialität, ein unverwechselbares eigenes Ich zu werden. Dazu freilich ist ein gewisses Maß an Distanz zum Du nötig: Ich und Du sind nicht identisch und deckungsgleich, sondern zwei Pole einer elliptischen Beziehung. Wird nun dieses Bedürfnis nach Distanz gar nicht oder zu abrupt und überwältigend befriedigt, entsteht Angst, genauer: „Die Angst vor Nähe" (*Schmidbauer*[28]), davor: überhaupt Bindungen vertrauensvoll einzugehen, da sie entweder die eigene Selbstwerdung bedrohen oder aber für den Aufbau des eigenen Ich überflüssig sind. Besonders anfällig für solche intentionalen Gehemmtheiten ist der werdende Mensch in der ersten, derjenigen Phase also, in der Urvertrauen und basale Bindungen angestrebt, aber auch erschwert und verhindert werden können. Schizothyme – also markant (sich) abgrenzende – Verhaltensweisen können sich in einer solchen Biographie zum Schutze der bedrohten Persönlichkeit ausbilden. Wird nun diese Tendenz nicht

Abbildung 24: Die Persönlichkeit des Lehrers

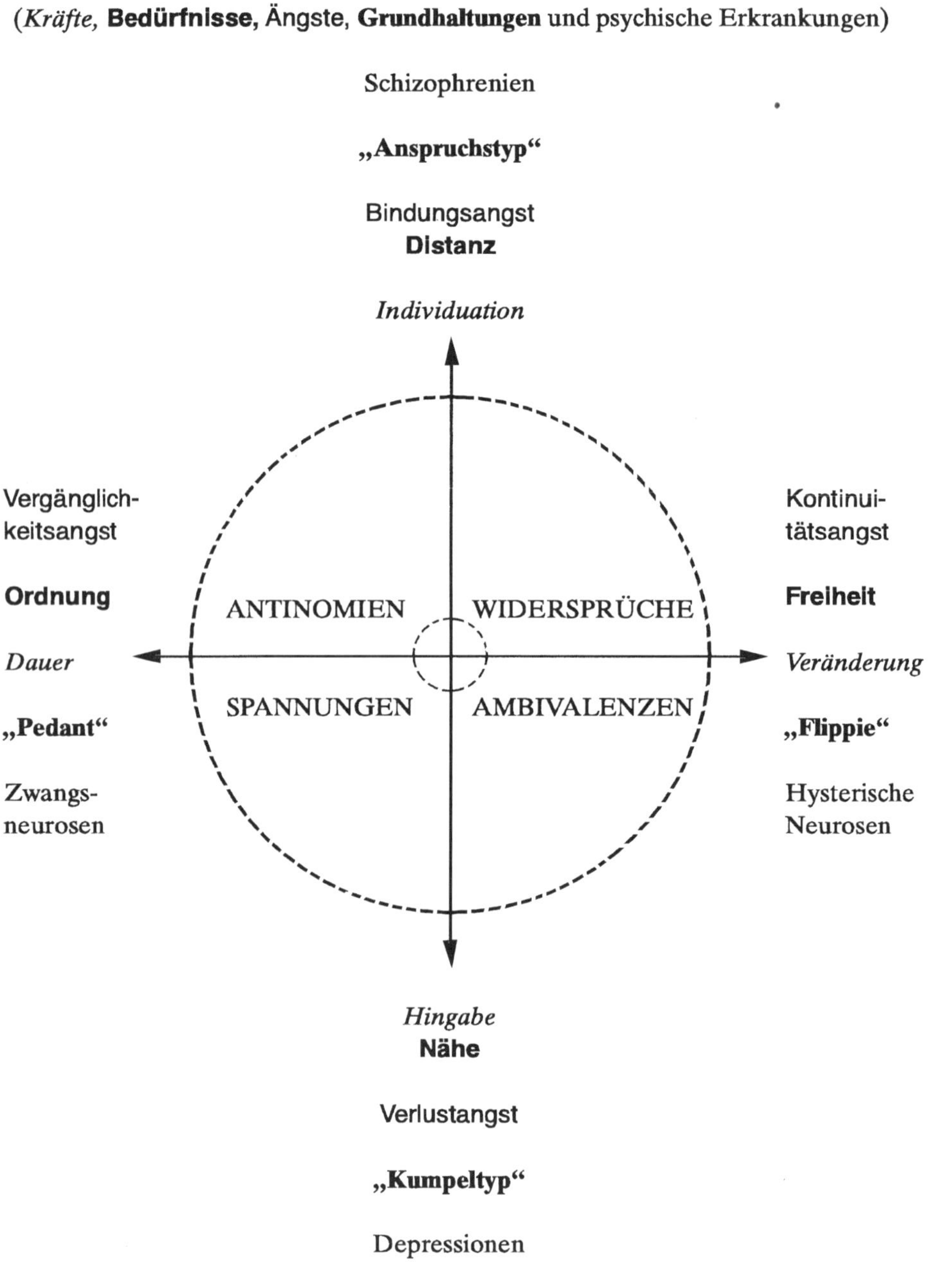

aufgehalten, ein solches – zunächst einmal völlig gesundes – Verhalten progredieren, extreme Ausmaße annehmen, überwertig werden, dann schwebt ein solcher Mensch zumindest in der Gefahr, in eine derjenigen Krankheiten zu taumeln, die wir dem schizophrenen Formenkreis zuordnen.

Für alle anderen jedoch gilt: Menschen mit zur Individuation drängenden Kräften, auf Distanz wertlegenden Bedürfnissen, vor allzu engen Bindungen sie warnenden Ängsten sowie Menschen mit zur Abspaltung unliebsamer Triebe, Gefühle und Gedanken tendierenden psychisch-sozialen Gefährdungen entwickeln im Laufe ihres Lebens gewisse Grundhaltungen und bringen diese ihre Persönlichkeit auch in ihren Beruf ein. Soweit es sich um den pädagogischen handelt, könnten wir von einem sachlich orientierten, eher kühlen und bedächtigen, um Gerechtigkeit und Leistung bemühten *Anspruchslehrer* sprechen, der nicht besser oder schlechter als seine Kollegen ist, sondern lediglich anders. Problematisch wird diese Lehrerpersönlichkeit nur und erst dann, wenn sie extreme Formen annimmt.

Um eben jene Übertreibung zu verhindern, kennen wir alle eine entsprechende Gegenkraft in uns: die Kraft zur Hingabe an ein Du, aus der ein Bedürfnis nach Nähe resultiert. Auch diese aber muß entwickelt, erzogen, gebildet werden, wenn die Angst vor der Ferne nicht überhandnehmen soll. Wenn hier – vor allem in der oralen Phase – unnötige Versagungen zugemutet werden, wer weder über den Mund (lat. *os, oris*) noch seine Hände genügend haben bzw. greifen (lat. *captare*) durfte, wessen Besitzansprüche umgekehrt grenzenlos befriedigt wurden, wer gar keine Frustrationen zu verarbeiten gelernt hat, wird auf Trennungen und Versagungen weinerlich oder aggressiv reagieren, gewisse melancholische Züge ausbilden und im Krankheitsfall mit Depressionen (bzw. deren Schutzmauern: den Süchten) zu tun haben.

Dieser Teil unserer Persönlichkeit sucht also Nähe, Wärme, Verständnis und Liebe. Menschen, deren Kräfte, Bedürfnisse, Ängste und Gefährdungen aus diesem Bereich heraus dominieren, konstituieren eine Grundhaltung, die von einem Hang zum Emotionalen gekennzeichnet ist. In der Schule werden sie gern als *Kumpellehrer* wahrgenommen, die – in positiven Fällen – engagiert die Interessen von Schülern vertreten, jedoch – in negativen Zusammenhängen – um die Gunst ihrer Schüler geradezu buhlen.

Eine dritte Kraft in uns strebt nach Dauer und Kontinuität, will Tradition und Konservation. Ein Bedürfnis nach Überschaubarkeit, Regelhaftigkeit und Ordnung wird (vornehmlich in einer dritten Lebensphase) grundgelegt und kommt der Sehnsucht nach Erwartbarkeit und Übersichtlichkeit entgegen. Wird es nicht oder nur unzureichend akzeptiert, mobilisiert dies eine Angst vor der allzu raschen Vergänglichkeit, auf die oft genug hektisch-panisch reagiert wird. Umgekehrt: Wo ein Kind (z. B. in der Phase der Überwindung des unwillkürlichen Einnässens und Einkotens) auf Ordnung, Regeln und Gehorsam gleichsam getrimmt wird, ist die Gefahr groß, daß daraus krampfhafte Verhaltensweisen und Einstellungen erwachsen, ja im Extremfall Zwangsneurosen entstehen.

Bleiben solche Übertreibungen hingegen aus, dann sorgt dieser Teil unserer Persönlichkeit dafür, daß wir nicht chaotisieren und sprunghaft-hektisch (wie ein Känguruh) reagieren, sondern eine Haltung ausbilden, die gelassen und konsequent inmitten von gelegentlich allzu großer Offenheit auf Regelungen, Eindeutigkeiten und Überschaubarkeiten besteht. Dominiert eine solche Einstellung bei einem Pädagogen, könnten wir von einem *Ordnungslehrer* sprechen, der seine positiven Seiten im Herstellen von strukturierter Gestaltung besitzt, in den negativen Zügen jedoch den Pedanten und Ordnungsfanatiker abgibt.

Um eben jene Perversion zu verhindern, ist die Kultivierung einer vierten Kraft (als Gegengewicht) nötig: die Kraft zur Veränderung, zur Reform, zur Verbesserung. Nur Dauer hieße Erstarrung, nur Ordnung bedeutet Leblosigkeit. Dieses Bedürfnis nach Neuheit, Freiheit und Offenheit wird in derjenigen Phase besonders gelernt, in der die Beziehungen des Kindes zu den Eltern und Geschwistern zum erstenmal problematisch werden. Je nachdem, ob es den Vater und die Mutter als Konkurrenten *oder* faire Partner, als *Objekte* von Libido und Destruktion oder als *Subjekte* von Liebe und Aggression erfahren konnte, wird es entweder ödipal *fixiert* bleiben oder ein auf Selbstbestimmung hin freigegebenes Wesen werden können, wird es zu *hysterischen* (zur Schau stellenden) Reaktionen neigen und in Konfliktfällen entsprechende Neurosen aktivieren oder einen *Gestaltungswillen* dokumentieren, der die eigenen Rechte mit denen anderer solidarisch auszutarieren versteht. Diese Grundhaltung in Richtung Offenheit und Veränderung wird sich in allen Berufsgruppen finden. Und auch in der Schule sind solche *Freiheitslehrer* nötig. Denn sie verhindern Erstarrung und Friedhofsruhe, Abhängigkeit und Duckmäusertum. Verabsolutieren sie ihre Einstellung jedoch, dann droht Chaos und Rebellion, Unverbindlichkeit und Gaukelei – von der Erziehung bis zur Unterrichtsvorbereitung.

Dies ist die entscheidende Stelle: Dem Lehrer*typ* entgeht man nicht dadurch, daß man jedwede Akzentuierung und Profilierung vermeidet, mit anderen Worten: alles sucht und nichts findet, harmoniesüchtig jede Dissonanz scheut und alle Konflikte ausklammert. Nein, jeder Lehrer soll und muß seinen „Charakter“, sein „Profil“, seine individuelle „Persönlichkeit“ haben. Aber er wird sie nur dann ausbilden können, wenn er das Extreme in sich ebenso vermeidet wie das Nebulöse, dem Ich-Kult sich genauso wenig hingibt wie der Diktatur des Man oder des Wir. Zu einer Persönlichkeit wird nur derjenige Lehrer, dem *alle* vier Kräfte aufeinander angewiesene Teile ein und derselben Biographie, Existenz und Person sind; der keines der divergierenden Bedürfnisse vernachlässigt oder so weit entfacht, daß es in eine Krankheit umzuschlagen vermag. Kurz: Vom Lehrer*typ* zur Lehrer*persönlichkeit* kommen wir nur dann, wenn jeder seine Eigenart bejaht und doch zum Zentrum hin sich orientiert, d.h. nicht in Richtung der Pfeile schaut und quasi zentrifugale Aktivitäten entfaltet, sondern der versucht, seine eigene Dominanz als Ausgleich für andere Dominanzen in den Kreis eines spannungsgeladenen und doch um den *common sense* bemühten Kollegiums einzubringen. Da mag sich der eine eher „rechts oben“ oder „links unten“ verorten, entscheidend ist seine Bereitschaft, den bzw. die jeweils anderen Kollegen zuzulassen. Eine solche Persönlichkeit könnte und würde ich einen *Antinomielehrer* nennen, eben weil er kein Typ (mehr) ist, sondern weil er einerseits die unverwechselbare Eigenart seiner Person sucht und ausbildet, weil er andererseits aber auch die aus der Notwendigkeit anderer Persönlichkeiten resultierenden Spannungen aus- und durchhält. Am entschiedensten hat diesen Gedankengang bisher *Hanna Kiper* aufgenommen und insofern wesentlich fortgeführt, als sie geschlechtsspezifische Aspekte bei der Bildung des Antinomielehrers bzw. der Antinomielehrerin hinzugefügt hat[29]. Die Frage, ob Frauen aufgrund welcher Faktoren mit diesen Spannungen anders (produktiver, integrierender, maßvoller?) als Männer umzugehen vermögen, wird in der Tat eine bedeutsame Forschungsfrage werden (müssen).

Frühere Lehrergenerationen haben sich – wenn wir die Abbildung 24 noch einmal betrachten – eher im linken oberen Quadranten angesiedelt und damit Schüler den Gefahren des „kalten Ordnungsfanatikers" ausgesetzt. Heutige Lehrer – so muß man genauso kritisch sagen – orientieren sich mit Vorliebe zum unteren rechten Quadranten hin und riskieren damit, lediglich „flippihafte Kumpels" (aber keine erziehenden Lehrer) zu werden, mit anderen Worten: als bloße „Schwätzer"[30] von unseren Schülern wahrgenommen zu werden, die – wie der Schriftsteller *Josef Reding* schon vor Jahren befürchtete – zwar vordergründig „ganz-lieb-und-nett" sind, aber im Ernstfall „wegtauchen und hinter ihren curricularen Masken als Menschen verschwinden"[31]. Der diese Veränderung mobilisierende Werteshift ist sicherlich gesamtgesellschaftlich bedingt, seine vernünftige Regelung aber eine Aufgabe der schon mehrfach erwähnten „Erziehung der Erzieher". Schulleiter, die ihr Kollegium in diesem Sinne anregen und motivieren; Lehrerverbände, die diesbezügliche Fortbildungen anbieten; Hochschulen, denen die Lehrerausbildung immer auch ein Problem der Bildung junger Menschen ist …, leisten hier ebenso die erhoffte Arbeit wie jeder einzelne, der sich immer wieder selbstkritisch fragt: Wer bin ich eigentlich, wenn ich mit Schülern und Kollegen, mit Eltern und Vorgesetzten kontaktiere? Die Schule bewege? Meine Hand öffne oder schließe? WER BIN ICH? WER MÖCHTE ICH SEIN? WIE MÖCHTE ICH BLEIBEN? WAS MUSS ICH WERDEN? Ohne diese Fragen an die eigene Person greift die Schulreform zu kurz. „Die schönsten Organisationspläne für unsere Schulen sind lediglich brüchiges Löschpapier, wenn ihre Durchführung in die Hand von trockenen Handwerkern, eingebildeten Wissensprotzen und langweiligen Pedanten gelegt werden muß" – schrieb *Georg Kerschensteiner*[32], als im 20. Jahrhundert die erste große Schulreform ansetzte. Wir werden den zweiten Versuch, die Schule als Arbeitsplatz für Lehrende und Lernende zu verbessern, nur dann zum Erfolg bringen, wenn wir uns zuallererst um Bildung und Ausgleich der in uns waltenden Spannungen bemühen …

Ein Erlebnis und eine Frage als Einschub

Es gehört zu meinen Gepflogenheiten, daß ich mir eine Stadt, in der ich z. B. einen Vortrag gehalten habe, am nächsten Tag gerne erlaufe; den einen oder anderen Stadtteil erkunde; Gebäude, Anlagen und Menschen bestaune. So auch vor vielen Jahren in Wien. Als ich durch das alte Arbeiterviertel Floridsdorf streifte, gelangte ich ohne irgendeine besondere Absicht in einen Hinterhof und sah dort etliche Kinder spielen. Plötzlich kam eine neue Bewegung in die Gruppe. Ich sah, wie ein großer Holzklotz und ein langes Brett herangeschleppt wurden; hörte Worte und Satzfetzen; beobachtete ein aufgeregtes Durcheinander: Die Kinder zählten aus. Wer darf links, wer rechts auf die Wippe? Vor allem: Wer muß in die Mitte? Und dann war ich Zeuge einer faszinierenden Regel(ung) in immer neuen Variationen: Ob eben links ein kleiner, dicker Bub und rechts ein großes, schweres Mädchen; ob dann ein sportlich-geschickter und ein unbeholfen-schwerfälliger Junge wippten ..., in jedem Fall war es Aufgabe des in der Mitte stehenden Kindes, auszubalancieren und das bedeutete: in diesem Fall mehr nach rechts, in jenem mehr nach links sich zu neigen, dem einen weniger, dem anderen mehr Schwung zu geben, hier sich näher zur Mitte, dort weiter zum Rand zu bewegen. In seinem Buch über „Die Pädagogik des Neokonservatismus" hat *Helmut Fend* die extreme Lehrerhaltung treffend analysiert und zurückgewiesen: „Schüler können Lehrer bis aufs Blut reizen; der konservative Lehrer wird dem vermutlich ohne größere innere Skrupel auch aggressiv begegnen, er läßt sich nicht reizen, ja er vertritt explizit die Philosophie, daß man auch in der Schule Auge um Auge, Zahn um Zahn vergelten muß. Was ihn dazu treibt, soll hier nicht weiter analysiert werden, ob es weltanschaulicher Pessimismus, eine Angst vor Kontrollverlust oder das simple Ausleben selbst erfahrener Repression ist. Die andere große Versuchung besteht in der Bereitschaft, durch ein permanentes Eingehen auf die Probleme, Bedürfnisse und Erwartungen der Kinder und Heranwachsenden sich zu deren Sklaven und zu deren Dienern zu machen."[33]

Diesem ex-tremen Lehrer steht nicht der harmoniesüchtige gegenüber, sondern der antinomische, der nicht das Unverbindliche, aber das notwendige „Sowohl-als-auch" für unverzichtbar hält. *Thomas Ziehe* sprach vom Lehrer als „Kultur- bzw. Curriculum- *und* dem Beziehungsarbeiter"[34] und schreibt an anderer Stelle: „'Mein Lehrer' ... ist liebenswürdig, aber er will keine Grenzen vergessen, er achtet Formen, ohne gespreizt zu sein, er hält Distanz nicht für eine Verhinderung von Authentizität"[35]. Noch antinomischer drückt es *Johannes Bastian* aus: „Ein Lehrer, der sich im Verstehen verliert, der sich nicht als „Anderer" in den Lernprozeß eingibt, der die Widersprüchlichkeit der pädagogischen Studien einebnet, statt sie aufzunehmen, auszutragen und einer Lösung zuzuführen, der verhindert Lernen als Prozeß der Auseinandersetzung."[36] In diesen Äußerungen dokumentiert sich kein „Dienst-nach-Vorschrift" und auch keine permanente „Kritik der Lehrerrolle"[37], wohl aber eine zutiefst pädagogische Auffassung vom Lehrer-sein.

> Auf meine Frage an die Kinder im Hinterhof dieses Wiener Arbeiterviertels, was der da in der Mitte des Brettes zu tun habe, antwortete mir ein kleines Mädchen: „Ei, des is' doch der Quagltreter!" Ob diese Kinder dort nicht mehr von der Notwendigkeit antinomischer Bewegungen geahnt und verstanden, akzeptiert und verwirklicht haben als manche aufgeklärte Lehrer in unserer Gegend?

* * *

Bevor wir in diesem ersten Zimmer unseres zu reformierenden Stockwerks den Blick auf die Schüler und deren Eltern richten, soll uns ein Problem beschäftigen, unter dem die so bezeichneten selten, Kollegen, Schüler und Eltern hingegen erheblich leiden: gemeint sind „Schlechte Lehrer", über die in der Zeitschrift PÄDAGOGIK (46. Jg., 11/1994) ein exzellenter Themenschwerpunkt berichtet hat. Die folgende Abbildung 25 möchte zunächst einmal über verschiedene schlechte Lehrer informieren und zu folgender Aufgabe bzw. Übung einladen:

ÜBUNG 7 (zunächst allein):

Betrachten Sie bitte zuerst die 25. Abbildung. Zu den einzelnen Lehrertypen fallen Ihnen gewiß bestimmte Einzelmerkmale ein. Vielleicht erinnern Sie sich auch an den einen oder anderen Lehrer (die eine oder andere Lehrerin), auf den (auf die) eines der acht Topoi passen würde. Beschreiben Sie bitte diesen Typ, entlang einer bestimmten Erinnerung, und malen Sie dazu unter diesen Text oder auf ein gesondertes Blatt ein Bild. Beides tauschen Sie dann bitte aus, und – reden Sie anschließend über Ihre Erfahrungen mit „schlechten Lehrern"!

Abbildung 25: Typologie des schlechten Lehrers

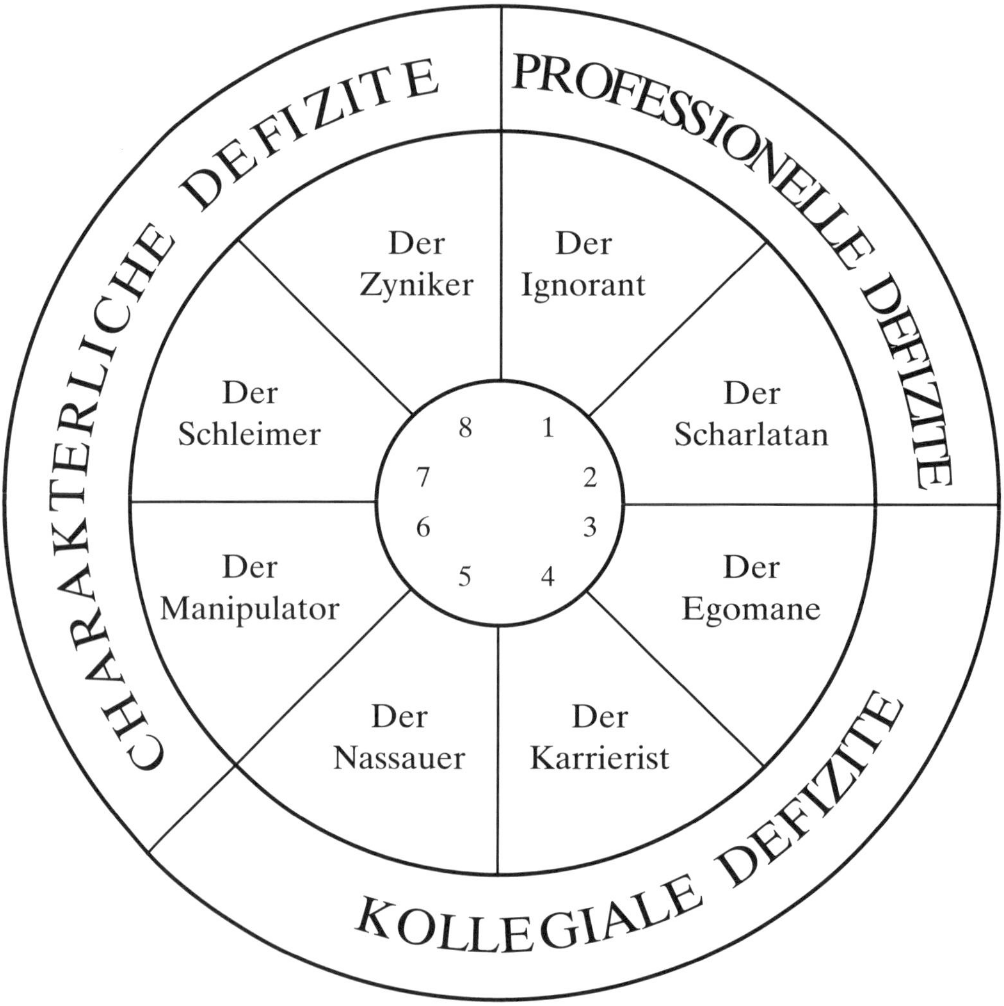

Nach diesem Austausch Ihrer Erfahrungen helfen vielleicht folgende Überlegungen weiter – weiter in die Bereitschaft und die Fähigkeit, das Nicht-so-Gute in uns wahrzunehmen und über Lernen zu ver-lieren. Denn daran soll kein Zweifel sein: Den perfekten Lehrer gibt es nicht; jeder hat Teil an einer *déformation professionelle*; keiner ist gegen die Gefahr gefeit, Schlechtes in seinem Beruf mitzuschleppen … Wir alle aber sind eingeladen, die Bildung unserer selbst zu betreiben. Im folgenden stelle ich lediglich Fragen – zu diesem Zweck[38].

1. **Der Ignorant**: Wer will schon behaupten, sein Wissen und Können sei grenzenlos? Ihm sei es egal, ob Schüler dies erkennen, vielleicht sogar Fehler des Lehrers aufspüren? Und schweben wir nicht alle in der Gefahr, diese zu kaschieren, anstatt sie offen einzuräumen? *Wer aber ist wirklich ein Ignorant: derjenige, der etwas nicht weiß, oder derjenige, der so tut, als wüßte er Bescheid?*

2. **Der Scharlatan**: Kennt diese Versuchung nicht jeder: etwas vortäuschen zu wollen, was gar nicht da ist? Eine bestimmte Moral zum Beispiel? Oder eine Lebensführung? Ist nicht das blendende Wissen besonders verführerisch? Der Zaubertrick so enorm beifallsträchtig? Möchte nicht jeder Lehrer – wie der Schauspieler – auch bewundert und geliebt werden? *Wer aber ist wirklich ein Scharlatan: derjenige, der sich in der Bewunderung derer sonnt, die sehen, wie er gekonnt mit drei Bällen jongliert oder jener, der behauptet, mit fünf Bällen jonglieren zu können, wenn ...?*
3. **Der Egomane**: An welcher Stelle eigentlich überschreiten wir jenes vernünftige Maß an Selbstliebe und kultivieren bloße Eigenliebe? Inszenieren einen Veitstanz um die eigene Egoität? Zelebrieren manisch einen Ich-Kult auf Kosten anderer? Tragen unsere Gefühle wie auf einem Tablett vor uns her – auch in unsere Klassenzimmer? Wie mit dem Bedürfnis nach Zuwendung zurechtkommen? Eitelkeit in Grenzen halten? In den nicht verzerrenden Spiegel schauen? *Wer aber ist wirklich Egomane: derjenige, der zu seinem Ich steht, oder jener andere, der stets über ihm schwebt?*
4. **Der Karrierist**: Träumen wir nicht alle davon, oben zu sein? Erfolg zu haben? Macht und Einfluß zu genießen? Sind es wirklich nur die sachlichen Anforderungen, die uns reizen? Oder auch das größere Prestige? Mehr Geld? Eine deutlichere Bewunderung? Welche Opfer bleiben beim Karrieresprung auf der Strecke? Kollegen? Etwas in mir? In meiner Familie? Meiner Weltanschauung? *Wer aber ist wirklich ein Karrierist: der bei einem Wettstreit die bessere Leistung erbringt oder derjenige, der sich besser in Szene zu setzen versteht?*
5. **Der Nassauer**: Wer möchte nicht den besten Stundenplan haben? Die lernwilligsten Schüler? Den großzügigsten Schulleiter? Hat man nicht ein Recht auf seine Fortbildungstage im Jahr? Ist die Kur nicht dringend geboten? Die Schadensmeldung gerechtfertigt? *Wer aber ist wirklich ein Nassauer: der – weil er erschöpft ist – sich von seinem Kollegium mitschleppen läßt oder jener, der auf Kosten anderer Kräfte spart?*
6. **Der Manipulator**: Manipuliert nur der drohende und der strafende Lehrer? Wie ist es mit dem bestechenden Lehrer (in uns)? Diese verflixte Versuchung, einer Wenn-dann-Pädagogik anheimzufallen? Belohnungen für erwünschtes Verhalten einzusetzen? Wo aber liegen die Grenzen zwischen frei-lassender Anerkennung und fesselnder Belohnung? *Wer also ist wirklich ein Manipulator: der seine Schüler auf ihrem Weg so oft wie möglich lobende Lehrer oder derjenige, der seine Schüler belohnt, damit sie werden, wie er möchte?*
7. **Der Schleimer**: Ist das modische Gerede vom „Immer-positiv-denken“, vom „Stets-mit-sich-identisch-sein“ oder vom „Lernen-am-Erfolg“ nicht auch in der Gefahr, die Lehrer-Schüler-Beziehung zu entkritisieren? Den Lehrer zum Dauerbestätiger zu machen? Und damit als „schmeichelnder Lehrer die Schwächen des Schülers zuzudecken, statt ihm zu helfen, darüber hinwegzukommen“[39]? Möchte andererseits nicht jeder bei seinen Schülern beliebt, von den Eltern geachtet, in

den Augen der Kollegen geschätzt werden? Ist da ein wenig Charme, Koketterie und Servilität nicht verständlich? *Wer aber ist wirklich ein Schleimer: der anderen um den Bart schmiert, damit ihre Züge weicher werden oder derjenige, der katzbuckelt, weil er Kritik nicht verträgt?*

8. **Der Zyniker**: Wie soll man sich gegenüber mancher Dummheit denn anders verhalten als verachtend? Mancher Attacke wirkungsvoller begegnen als mit Zynismus? Sind nicht Humor, Spott und Ironie legitime Antworten auf mitunter überwältigende und verletzende Ereignisse? Oder sind Humor und Zynismus zwei Stiefbrüder, die verschiedene Väter oder Mütter haben? *Wer also ist wirklich ein Zyniker: der Situationen ironisch zu verfremden versteht oder derjenige, der die zynische Bemerkung allemal als eine geeignete Waffe im Kampf gegen andere einzusetzen pflegt?*

Über den „Idealen Lehrer“ spricht und schreibt es sich leicht. Wie aber können wir die guten Eigenschaften in der Lehrer*persönlichkeit* und die wünschenswerten Verhaltensweisen in der Lehrer*tätigkeit* ausbilden, wenn wir nicht auch die schlechten, die unerwünschten sehen – in jedem von uns?

Wenn im folgenden noch eine Typologie des *unruhigen* Lehrers präsentiert wird, dann gewiß nicht mit der heimlichen Absicht, Lehrern ein weiteres Etikett anzuheften, wohl aber mit der ausdrücklichen Bitte, erst einmal die eigenen Anteile am Unruhiger-werden aufzuspüren, ehe eine ganze Kinder- und Jugendgeneration als „konzentrationsgestört“ etikettiert und stigmatisiert wird. Mit der „Entschleunigung“[40] muß jeder bei sich selbst beginnen.

Das ungeeignetste Medium zur Bildung einer Lehrerpersönlichkeit ist die Isolation. Umgekehrt sprechen alle diesbezüglichen Studien die vielfach empirisch bestätigte Erkenntnis aus: Die *Transparenz* der eigenen Tätigkeit (etwa durch Eltern), die freiwillige *Hospitation* bei einem Kollegen oder die Hospitation eines Kollegen bei mir, die regelmäßige *Intervision* als wechselseitige Hospitation und die professionelle *Supervision* sind die geeigneten Medien und Erfahrungsräume, in denen Lehrer-Bildung durch Selbst-Kritik und Selbst-Ermutigung zu gelingen vermag[41]. Der Banause, von dem *Herbart* zornig meinte, er habe – auch wenn er noch so viele Jahre praktisch tätig gewesen sei – keine andere Erfahrung als die „seines neunzigjährigen Schlendrians“[42], der Banause freilich hat all dies nicht nötig. Wie die hier problematisierte Persönlichkeitsbildung in die professionelle Lehrer(fort)bildung mündet, wird erst im dritten Stock unseres Schulhauses zu thematisieren sein …

Abbildung 26: Typologie des unruhigen Lehrers

1.	Der hypermotorische (herausstürzende) Lehrer
2.	Der innerlich angespannte (gestreßte) Lehrer
3.	Der ängstliche (unsichere) Lehrer
4.	Der aggressive (Angst verbreitende) Lehrer
5.	Der innerlich abwesende (noch nicht angekommene oder schon wieder auf dem Sprung sich befindende) Lehrer
6.	Der unvorbereitete (fahrige) Lehrer
7.	Der leistungsbesessene (von Lernziel zu Lernziel hastende) Lehrer
8.	Der überforderte und sich überfordernde (gejagte) Lehrer

Im Grunde kann man über Lehrer gar nicht(s) schreiben, ohne über Schüler und Eltern nachgedacht zu haben. Deshalb steht zwischen allen Zeilen über Lehrer immer schon das, was der Autor über Schüler und deren Eltern mitteilen wollte. Der Klarheit halber sollen noch einige wenige bisher noch nicht explizit zur Sprache gebrachte Sachverhalte in den Blick kommen, eingedenk der Tatsache, daß das Mobiliar dieses Zimmers nicht adäquat zur Geltung kommt, wenn wir lediglich die einzelnen Möbelstücke betrachten, sondern nur dann, wenn unser Blick und unser Tun sie so gruppiert, daß sie ein Ganzes bilden, dem die alles entscheidende Leitfrage vorausgeht: Wie können Lehrer, Schüler und Eltern ihre Erziehungs- und Bildungspotentiale so entwickeln, daß sie Träger und nicht Opfer einer Reform der Schule werden – um eben jener Erziehung und Bildung willen?

Beginnen wir mit einem Gedicht – von *Erich Kästner*[43]

Die Entwicklung der Menschheit

Einst haben die Kerls auf Bäumen gehockt,
behaart und mit böser Visage.
Dann hat man sie aus dem Urwald gelockt
und die Welt asphaltiert und aufgestockt,
bis zur dreißigsten Etage.

Da saßen sie nun, den Flöhen entflohn,
in zentralgeheizten Räumen.
Da sitzen sie nun am Telefon.
Und es herrscht noch genau derselbe Ton
wie seinerzeit auf den Bäumen.

Sie hören weit, Sie sehen fern.
Sie sind mit dem Weltall in Fühlung.
Sie putzen die Zähne. Sie atmen modern.
Die Erde ist ein gebildeter Stern
mit sehr viel Wasserspülung.

Sie schießen die Briefschaften durch ein Rohr.
Sie jagen und züchten Mikroben
Sie versehn die Natur mit allem Komfort.
Sie fliegen steil in den Himmel empor
und bleiben zwei Wochen oben.

Was ihre Verdauung übrigläßt,
das arbeiten sie zu Watte.
Sie spalten Atome. Sie heilen Inzest.
Und sie stellen durch Stiluntersuchungen fest,
das Cäsar Plattfüße hatte.

So haben sie mit dem Kopf und dem Mund
den Fortschritt der Menschheit geschaffen.
Doch davon einmal abgesehen und
bei Lichte betrachtet sind sie im Grund
noch immer die alten Affen.

Dieses Gedicht des so viele überragenden Kinderbuchautors und Gebrauchslyrikers, des Satirikers und Romanciers *Erich Kästner*, der ein großer „Moralist aus Dresden“[44] war, ist nur scheinbar ein resignativer Abgesang an die Bildungsmöglichkeiten des Menschen. Im Gegenteil: Es will zeigen, wohin der Mensch, wenn er *nur* auf den „Fortschritt“ und nicht seine Bildung setzt, zurückfällt – ins Affige nämlich. Daß aus dieser Warnung viele die Behauptung ableiten, es sei „eh alles umsonst“ und das ganze Gerede von der Erziehung und Bildung des Menschen bloßes Geschwätz, wird hier nicht bestritten, wohl aber zurückgewiesen. Wenn – so hatte es das vorausgegangene Kapitel zu begründen versucht – die Weltengemeinschaft beschließen sollte, auf das sinnstiftende *Glauben* (in den Religionen) zu verzichten, an die Stelle der (in Familien) erfahrenen *Liebe* bloße Sexualität zu setzen und darüber hinaus die *Bildung* aus unseren (öffentlichen) Schulen zu vertreiben, dann werden wir schneller wieder auf den Bäumen hocken als wir denken.

Wie aber ist der Schüler als *aktiver* Partner im Bildungsprozeß anzusehen? Zunächst wieder *ex negativo*. Die Abbildung 27 soll Verhaltensweisen und Persönlichkeitsmerkmale desjenigen Schülers ins Bewußtsein heben, der diese Aufgabe (noch) nicht erfüllt. Schlecht ist hier also nicht im Sinn der Lernleistung, wohl aber im attitüdialen und charakterologischen Sinn gemeint. Wir alle kennen solche Schüler – in dieser oder jener Variation bzw. Akzentuierung. Aber wir wollen ihnen als Lehrer helfen, mit diesen momentanen Defiziten konstruktiv umzugehen, d.h. die eine oder andere schlechte Gewohnheit wegzulernen. Gemessen an seiner Bildungspotentialität ist ein Schüler dann in besonderem Maße unserer Erziehung und seiner Bildung bedürftig, wenn er:

1. Verwöhnungsverhalten zeigt (z. B. mault, häufig den bequemeren Weg sucht, immer nur etwas haben, kaum etwas geben oder sein will und damit aus dem Schüler-*sein* herausfällt[45]);
2. Passivität und Desmotivation ihn an einer aktiven Mitarbeit hindern (er lieber konsumiert als kooperiert, faul herumhängt, über sich bestimmen läßt oder wenn ihm der Sinn des Lernens noch nicht erschlossen ist); wenn er:
3. Ruhe und Konzentration (womöglich als Folge eines übermäßigen Medienkonsums) verloren hat;
4. Störungen aller Art unternimmt (und sei es, um sich darzustellen oder auch den Unterricht aus „Spaß an der Freude“ dreist zu unterbrechen); wenn er:
5. Provokationen und Aggressionen einsetzt (wobei mancher Schlag auch ein Schrei nach Zuwendung sein kann);
6. Zensuren, Noten und Scheine für wichtiger hält als die Sachen und zu diesem Zweck (der letztlich seiner Schülerkarriere dient) die Lerninhalte instrumentalisiert;
7. Spott, Arroganz und Überheblichkeit in das soziale Geflecht der Schulklasse einbringt, Lehrer und Mitschüler gerne bloßstellt, alles besser weiß (und häufig lediglich sein Halbwissen kaschiert); und wenn er:

Abbildung 27: Typologie des schlechten Schülers

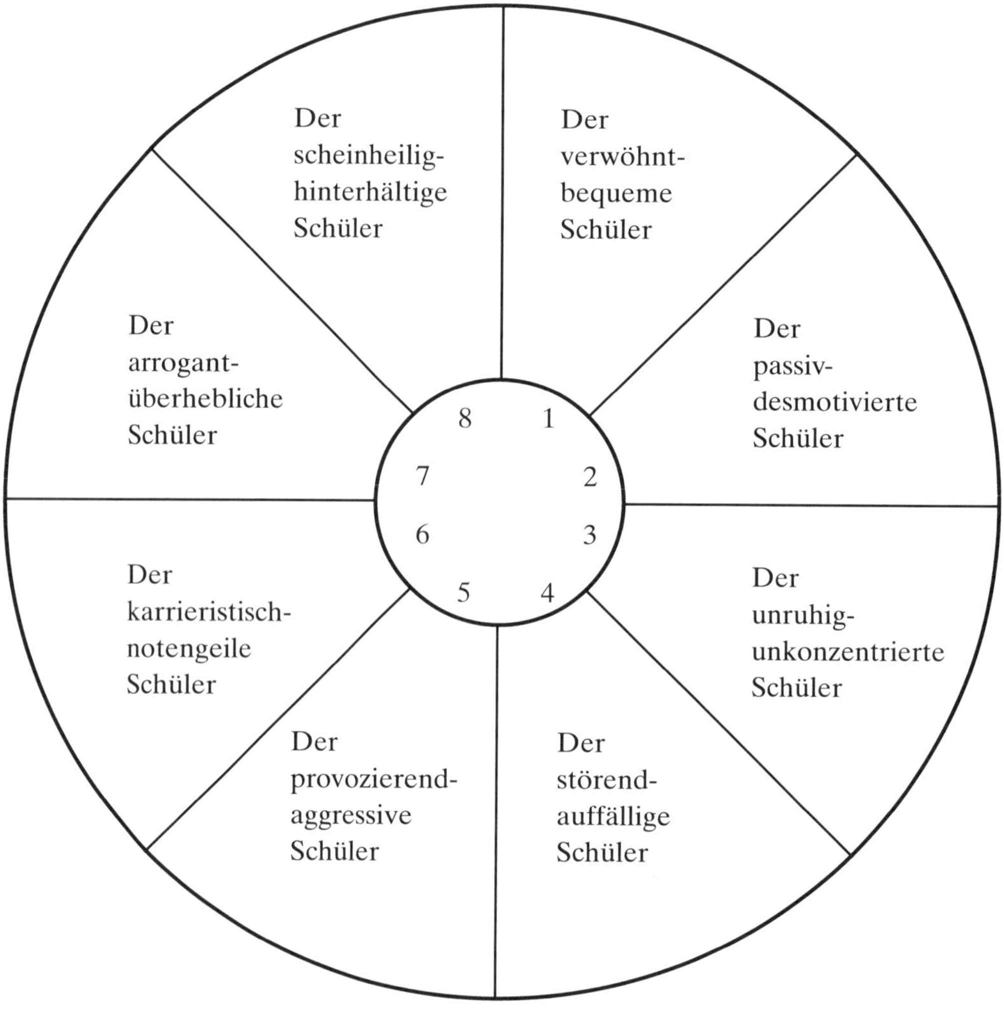

8. Hinterhältigkeiten bzw. Scheinheiligkeiten zeigt (andere z. B. verrät, mit gespaltener Zunge spricht oder auch gegen andere intrigiert).

Schülern mit solchen „Schäden“ hilft keine Pädagogik vom Muster des Plastikspruches: Ich bin okay! Du bist okay!! Wir sind alle okay!!! Da ist eben nichts okay und deshalb vieles nötig. Um Mißverständnissen vorzubeugen: Hier geht es nicht darum, Schüler schlecht zu machen oder in ihnen vermeintliche Mankos festzuschreiben, sondern im Gegenteil: Wir wollen ihre Unvollkommenheiten nüchtern wahrnehmen, um sie zu überwinden. Dazu aber sind drei bildende Mächte in jeder Schule notwendig: Lehrer (nicht als Vorbilder, wohl aber) als *Beispiele eines bestimmten Erziehens*, als Modelle einer humanen Lebensführung, als um Bildung sich bemühende Persönlichkeiten. Zum zweiten bedarf die Bildung des Schülers solcher *Inhal-*

te des Lehrens, die den „Gedankenkreis" des Schülers erweitern, bei seinem Interesse beginnen (aber dort nicht stehen-bleiben) sowie von ihm als sinn-voll zu lernende Curricula erfahren werden, an denen er mit seiner ganzen Persönlichkeit zu wachsen und zu reifen vermag. Und drittens schließlich kann ein auf Bildung angelegtes Schüler-sein nur dann gelingen, wenn auch die *Methoden des Lernens* dem Anspruch einer Bildung entsprechen, die über behutsame Mitbestimmung letztlich zur Selbstbestimmung in Verantwortung gegenüber dem Gemeinsinn führt. Solche Verfahren müssen also nicht am ersten Schultag die „Freiarbeit" propagieren, wohl aber sollten sie tendenziell selbst im ausschließlich vom Lehrer zu verantwortenden Frontalunterricht die Zielperspektive approximativ ahnbar machen, die da lautet: Alles, was hier auf welche Weise auch immer geschieht, dient letztlich deinem selbstverantwortlichen Lernen. In der Abbildung 28 sei dieser Sachverhalt illustriert.

Abbildung 28: Bildungsmöglichkeiten des Schülers

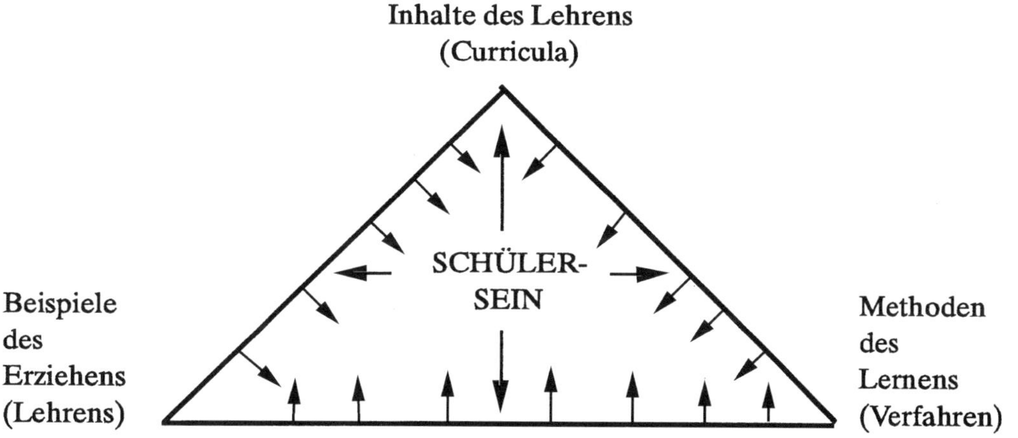

So gesehen ist Bildung ein Angebot an den Schüler, das er verweigern kann. Wer da „zurück auf die Bäume" will, hat jenseits der Kindererziehung die Freiheit dazu. Wem aber Aufklärung in humaner Verantwortung ein verpflichtendes Erbe geworden ist, der wird – auch als Schüler – daran aktiv mitwirken wollen. Wir müssen ihm dann freilich auch die Gelegenheiten dazu verschaffen: Indem wir als Personen in diesem Prozeß zur Verfügung stehen; indem wir die Inhalte des Lehrens auf ihre Bildungsträchtigkeit hin erfahrbar machen; und indem wir in der Schule solche Verfahren *peu à peu* ermöglichen, die im Letzten lebenslanges Weiterlernen und Sich-weiter-bilden nahelegen. Im übrigen gilt: Kein Lehrer vermag mehr Bildung in diesen schwierigen Prozeß einzubringen, als er selbst um Bildung sich bemüht.
Umgekehrt: Kein Schüler kann mehr Bildung erwarten, als er bereit ist sich zuzumuten. Und: Niemand kann garantieren, daß Schul-Bildung gelingt. Sie ist ein Angebot, ein Wagnis, ein Risiko – im Medium von sich ausdehnender Freiheit, die der Kräfte von Reform bedarf.

Und die Eltern? Sind sie nicht eher überflüssig und gar störend beim Bau eines Schulgebäudes, das ein Haus des Lernens und Lebens genannt werden kann? Des Lernens *und* des Lebens ... Gerade deshalb gehören die Eltern unter allen Umständen dazu. Und die wichtigste Frage ist nicht die nach dem „Wie", sondern die nach dem „Warum". Es gibt keinen Lehrplan, keine Richtlinie, kein Schulgesetz und keine Schulpädagogik, in deren Präambeln oder Kapiteln nicht die sog. Elternarbeit beschworen wird. Beschworen, aber nicht begründet. Und deshalb sind all die vielen guten Beispiele häufig fromme Wünsche (geblieben), aber selten Realitäten (geworden). Bereits die Blickrichtung ist einseitig und deshalb falsch. Wer von *Eltern*arbeit spricht, denkt nur vom Lehrer bzw. der Schule her, sucht in den Eltern im besseren Fall notwendige Unterstützungen, im schlechteren Fall Prellböcke, Blitzableiter oder Schuldige. Korrekter wäre es, in diesem Zusammenhang von der *Lehrer-* oder *Schul*arbeit zu sprechen, die Eltern genauso anheimgegeben ist wie den Lehrern die Elternarbeit. Erst durch diesen anderen Blick geraten die Gemeinsamkeiten, die sich überschneidenden Verantwortungsbereiche, aber auch die Unterschiede in den Blick. Die Abbildung 29 versucht, diesen Sachverhalt zu illustrieren.

Wie wir im 1. Abschnitt des IV. Kapitels einsehbar machen wollten, hat die Familie primäre, die Schule sekundäre Aufgaben: Erst muß das Kind erzogen werden – in Liebe und Geborgenheit. Den Sinn seines Lebens wird es im tiefsten Grund nur „privat", persönlich, in der Intimität von Ich-Du-Beziehungen fundamentieren, nicht aber hinreichend aus*bilden* können. Dazu ist Schule, Öffentlichkeit, die Transparenz im Wir-Geflecht notwendig. Bringt ein solcher Schüler die in seiner familiären *G*emeinschaft erfahrenen Erlebnisse von *G*eduld-gewähren und *G*renzen-akzeptieren mit, dann lernt er die *R*egeln entlang von *R*itualen mit Hilfe seiner *R*eferees fast nebenbei (anderenfalls eben mühsamer). Denn um sich über die Welt in ihrer historischen und systematischen Dimension aufzuklären, bedarf es einer Grundhaltung, die *Jakob Muth* geradezu als den Beruf des Schülers bezeichnet hat:

„Schülersein als Beruf"[46]: „Schüler *ist* man, eine Rolle dagegen *hat* man; sie läßt sich ablegen und austauschen."[47] Just darum geht es: den jungen Menschen über Erziehung in seinen Lebensweg einzuweisen und entlang von Bildung ihn dabei so lange zu begleiten, bis er den Weg der Bildung seiner selbst alleine zu gehen vermag – womöglich mit der Fähigkeit, dieses Erzogen-sein und Um-Bildung-sich-bemühen an andere junge Menschen weiterzugeben. Eltern und Lehrer sind also gemeinsam verantwortlich, aber verschieden legitimiert und kompetent. Um es an einem etwas drastischen Beispiel zu verdeutlichen: Ob ein Kind – jetzt oder später – die Hände faltet, wenn es oder ein anderer in Nöten ist, vermitteln die Eltern. Ob es aber O_2 (also Sauerstoff) von N_2 (also Stickstoff) zu unterscheiden und mit beiden Stoffen (ob im Labor oder als Verbraucher) verantwortlich umzugehen vermag, ist Sache der Schule, die jedoch den Schüler nur dann erfolgreich aufzuklären und zu bilden vermag, wenn die beiden Bereiche der Eltern- und der Lehrerarbeit Teile eines gemeinsamen Bemühens sind, ineinander übergehen, das Mehr oder Weniger einer gemeinsamen Aufgabe hier und jetzt bedeuten. *Daß* aber beide Bereiche zwar ver-

Abbildung 29: Eltern- und Lehrerarbeit – aus der Sicht des Schülers

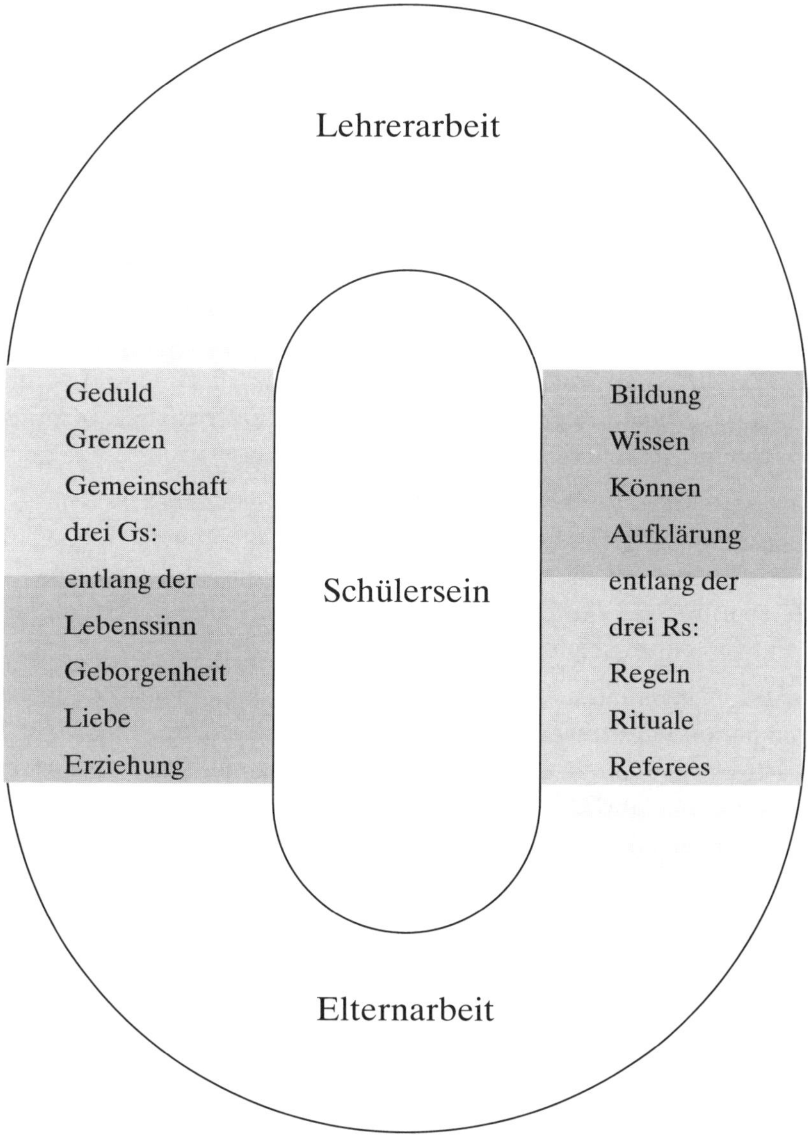

schiedenartig, nicht aber verschiedenwertig sind, zeigt unser Beispiel: Denn was immer der Erwachsene konkret tut, wenn es z. B. um die Akzeptanz oder Zurückweisung bestimmter Düngemittel und -prozeduren geht, hängt nicht zuletzt davon ab, was er mit seinen Händen verantwortlich gelernt hat zu tun, wenn es not-tut …

Elternmitarbeit

Jetzt erst macht es Sinn, sich den verschiedenen praktischen Hinweisen auf eine erfolgreiche Arbeit der Eltern im Raum von Schule zuzuwenden. Hier können sie natürlich nicht alle aufgegriffen, gar illustriert werden. Literaturhinweise müssen genügen. Drei ältere und zwei jüngere Arbeiten ragen heraus. Ein Tip vorweg:

Zur Arbeit von und mit ausländischen Eltern empfehle ich die Kontaktaufnahme und Zusammenarbeit mit der Regionalen Arbeitsstelle zur Förderung ausländischer Kinder und Jugendlicher (RAA, Heßlerstraße 208 – 210, 45329 Essen), von der selbstverständlich auch Materialien zu beziehen sind.

Die drei älteren Arbeiten stammen von dem Leipziger Gymnasiallehrer und Schulreformer *Hugo Gaudig* („Die Schule im Dienste der werdenden Persönlichkeit“[48]), von *Heinrich Dauber/Heribert Weber* („Eltern aktiv“[49]) sowie von *Rudolf W. Keck* („Kooperation Elternhaus-Schule“[50]); und die beiden jüngeren haben publiziert *Hartmut Köhler/Doris Sennekamp* („So kommen Eltern und Lehrer ins Gespräch“[51]) und *Cordula Lueg* („Elternmitarbeit im Unterricht“[52]). Inspiriert von ihnen seien folgende Anregungen stichwortartig genannt:

1. Die wechselseitige Information dürfte eine erste unverzichtbare Brücke zwischen Elternhaus und Schule sein. Lehrer weisen auf Sendungen, Bücher, Tagungen, Vorträge etc. hin; Eltern berichten über Vorkommnisse, Erlebnisse, Probleme, gute Taten u. a.m. im Umfeld ihres Wohnens und Arbeitens. *Miteinander reden* – ist so einfach und zugleich so schwer.
2. Damit die gut gemeinten Vorsätze aus der Unwägsamkeit des Zufälligen und Beliebigen herausgeführt werden können, empfehlen sich regelmäßig angebotene Gesprächsgelegenheiten: Ein „Pädagogischer Stammtisch“, die „Donnerstagsrunde“, das halbjährliche „Elternseminar“ (finanziert als Kurs der örtlichen VHS) usw. mögen zu weiteren Konkretionen anstiften. *Miteinander Umgang haben* – das bedarf bestimmter Verkehrsformen.
3. Elternabende und Elternsprechtage mögen gut gemeint sein, sind aber in der traditionellen Form eher Verhinderungen einer aktiven Mitwirkung der Eltern an der Reform der Schule, die bekanntlich auch *ihre* Schule ist. Warum nicht außerhalb der Schule „tagen“? Einen gemeinsamen Imbiß einplanen? Über die ersten Tage der letzten Projektwoche oder eine Meditationsübung in der Klasse einen Videofilm zeigen? – Den Elternsprechtag zum Familientag erklären? Die Verwandten und Freunde der Schüler mit einladen? Längere Wartezeiten durch eine Ausstellung, eine Literaturschau oder einen informativen Film sinnvoll gestalten? *Füreinander da sein* – ist die Basis aller Pädagogik.
4. Gemeinsames Feiern (verschiedener Feste) dient der Begegnung der Kulturen, der Geschlechter, der Generationen und der Minderheiten mit der Mehrheit. Eine „Deutsch-Türkische Hochzeit“ in der Schule ist genauso möglich wie ein „Bunter Abend für …“, ein „Frühstück mit den Eltern“ oder „Gemeinsames Singen“ solcher Lieder, die andere vorschlagen. *Miteinander feiern* – öffnet mehr Türen als übereinander reden.

5. Auch die Mitwirkung in den Gremien ist eine wichtige Brücke zwischen Elternhaus und Schule. Ob in der Klassen- oder Schulpflegschaft, in speziellen Ausschüssen oder im Schulverein, im Bezirks- oder Landeselternbeirat ..., hier werden Rahmenbedingungen diskutiert und vereinbart, die eine bestimmte Schularbeit erleichtern oder erschweren können. Von der *A*sylbewerbersituation über die *H*ausaufgabenproblematik und die *S*chulbuchzulassung bis hin zur leidigen *Z*ensurengebung hat jede Schule einen Gestaltungsrahmen, den Eltern mitbestimmen können und müssen, wenn sie Partner der Schule sein wollen. *Schulpolitisch handeln* – das muß in einer Demokratie selbstverständlich sein.
6. Wechselseitige Hausbesuche mögen nicht jedermanns Sache sein, aber sind sie deshalb sinn- und nutzlos? Manche Eltern erreicht man nur noch dort, wo sie leben. Und manche alleinerziehende Mutter kommt gern zu einem Pizza-Essen mit der Lehrerin in deren Wohnung, wenn sie vorher ihren Sohn bei einer Freundin untergebracht hat und wenn noch vier oder fünf weitere Eltern aus der Klasse eingeladen sind. Meine eigenen Erfahrungen mit vielen Hausbesuchen erlauben das Resümee: Wer mit einem anderen an ein und demselben Tisch gegessen, getrunken und gesprochen hat, hört in der Regel auf, dessen Gegner, gar dessen Feind zu sein. Für viele Lehrer ist es geradezu eine Offenbarung, die Wohnverhältnisse ihrer Schüler kennenzulernen; und für viele Eltern stellt die Einladung „ihrer" Klassenlehrerin in ihr privates Domizil eine Auszeichnung dar, die sie so schnell nicht vergessen werden. *Sich wechselseitig besuchen* – gehört zu den ältesten und unverzichtbarsten Ritualen menschlichen Lebens.
7. Und schließlich soll die Mitwirkung der Eltern im schulischen und außerschulischen Unterricht erwähnt werden. Sie reicht von einer gelegentlichen Hospitation („So unruhig ist mein Klaus!?") bis zur didaktischen Bereicherung: Berufstätige Eltern berichten über ihre Arbeit; eine aus Kasachstan stammende Mutter nimmt am Deutschunterricht teil und hilft im Gegenzug der Sportlehrerin, zumal sie in ihrer Heimat Leistungssportlerin war; drei Väter (und nicht drei Mütter) sind bereit, die Klasse auf ihrem nächsten Unterrichtsgang in den Zoo oder auf ihrem nächsten Schullandheimaufenthalt zu begleiten ... *Miteinander kooperieren* – ist konstruktiver als gegeneinander zu arbeiten.

Diese sieben Anregungen sind gewiß nicht vollständig und schon gar nicht mit der unterschwelligen Botschaft des „Alles-oder-nichts" hier aufgelistet worden. Von keinem Vater, keiner Mutter wird erwartet, daß er, daß sie rund um die Uhr in und für Schule tätig ist, auf allen sieben oder gar noch mehr Hochzeiten tanzt. Aber umgekehrt würde man jemandem dann, wenn er behauptet, in der Schule seines Kindes sei keinerlei Mitarbeit möglich, die kritische Rückfrage stellen, ob er nicht lediglich ein Alibi für sein Desinteresse sucht: Weil ich nichts tun *will*, behaupte ich so lange, daß ich nichts tun *kann*, bis Nicht-wollen und Nicht-können zusammenfallen.

Der große, aber heute fast vergessene Schulreformer *Kurt Zeidler* (1889 – 1982), Vater des von 1983 – 1987 amtierenden Präsidenten des Bundesverfassungsgerichts *Wolfgang Zeidler*, der mit seinem Buch über „Die Wiederentdeckung der Grenze"[53] die Schulreform in der Weimarer Republik davor bewahrte, an ihren eigenen Exzessen zugrundezugehen (bevor die Nazis sie liquidierten), dieser *Kurt Zeidler* meldete sich 36 Jahre später nicht weniger leidenschaftlich noch einmal zu Wort und schrieb in seinem Buch „Plädoyer für die Schule“[54]: Die „Modernisierung des Schulwesens ist nicht nur eine Frage der Geldmittel, sie ist auch von der inneren Bereitschaft und dem Verständnis der Beteiligten abhängig, von ihrer Entschlossenheit mitzugehen. 'Mitbetroffen' sind vor allem Eltern, auf deren guten Willen und deren Einsicht so viel ankommt“. Dies schrieb ein Mann, von dem das Wort stammt: “Bildung ist eine strenge Herrin. Auch ihrem ergebensten Diener garantiert sie keinen klingenden Lohn”[55] – 1933 hat er für diese seine pädagogischen Ansichten mit der Entfernung aus der Hamburger Schulbehörde bezahlt, auch mit klingender Münze …

*

Nun hat Sie der Rundgang und die Renovierungsarbeit in diesem ersten Zimmer unseres zweiten Stocks gewiß recht angestrengt, so daß Sie eine Verschnaufpause wohl verdient haben. Mancher allzu selbstkritische Zeitgenosse fürchtet womöglich eine – vom Autor nun wirklich nicht gewollte – Viktimisierung seiner selbst oder gar seines ganzen Berufsstandes. Wie dem auch sei: Wie wäre es mit einem Gang zu einem Liegestuhl auf unseren ersten Balkon, der zum Schmunzeln und Nachsinnen einlädt?

1. Balkon: Lehrertypen

Bildungsforscher Prof. Dr. Walter von der Lümmelwiese, M.A., aus dem Institut für Pädagogische Höchstleistungen (IFPH), äußert sich heute zum Thema:

Lehrertypen

Aufgrund unserer umfänglichen, im In- und Ausland betriebenen Forschungen, denen eine repräsentative Stichprobe geeichter Lehrer und Lehrerinnen zugrundelag, können wir zu folgender Klassifikation von Lehrertypen Aussagen machen, wobei unsere Ergebnisse auf dem Ein-Prozent-Niveau hochsignifikant und ansonsten ausgesprochen objektiv, reliabel und valide sind.

Typ 1:
Der Pestalozzi-Fan – geht trotz einer ausgedehnten Burnout-Forschung immer noch mit leuchtenden Augen und durchgedrückten Knien in den Unterricht, liest in der großen Pause, während andere Koffein und Nikotin sowie das Egoiste-Parfum der umherstreifenden Schulleitung zu sich nehmen, die Zeitschrift *PÄD Forum* und hat – trotz warnender Erlasse – bisher noch vor keiner einzigen Klassenfahrt eine Zusatzversicherung abgeschlossen. Der volkswirtschaftliche Schaden hält sich jedoch aufgrund der relativ kleinen Population unter den 247.686 deutschen Lehrern und den 409.123 deutschen Lehrerinnen in Grenzen. Wir vermuten (nach Abschluß einer Pilotstudie meiner Assistentengruppe 27), daß dieser Typ ab 1.1.2000 n.Chr. in Madame *Tussauds* Wachsfigurenkabinett (Zweigstelle New York) besichtigt werden kann.

Typ 2:
Der Telescope-pointer – Dieser Spezi murmelt bereits auf dem Weg vom Parkplatz zum Lehrerzimmer, nachdem er also „seinen“ blauen BMW verlassen und noch bevor er „sein“ grünes Arbeitsfach gesichtet hat: *„Per omnia curricula curriculorum!“* Offensichtlich handelt es sich hierbei um eine altbewährte pädagogische Stammesformel, die geeignet ist, durch alle Widrigkeiten des leidigen Schultages unbeschadet hindurchzukommen. Klarsichthüllen, OH-Folien und ein silbrig glänzender ausziehbarer Zeigestift (*nomen est omen*), der zwischen Zunge und Oberlippe bedächtig hin- und hergezogen wird, sind hinreichende Indikatoren für seine Identifikation. Er ist übrigens ein exzellenter TUI-Kenner, mit anderen Worten: ein hervorragender Transzendentaler-Universum-Interpret.

Typ 3:
Die Feedback-Geberin – Auch bei dieser dritten Spezies darf ein evolutionärer bzw. ontogenetischer Prozeß als Erklärungsmoment vermutet werden, wobei andere Faktoren nicht aus-, sondern eingeschlossen, aber empirisch noch nicht hinreichend erforscht sind. Immerhin ist sie insofern von einer modern-feministischen Maternalität gekennzeichnet, als sie zwar keine Milch oder andere schadstoffarme Nahrungsmittel dem hungrigen Nachwuchs permanent zu spenden bereit ist, wohl aber treffende Ich-Botschaften auf der emotionalen Ebene. Allen und jedem sagt sie (auch unaufgefordert), wie er oder sie auf sie wirkt, welche Gefühle in ihr wachgerufen werden und was sie hier und jetzt „unheimlich wichtig" findet. Den Gipfel ihrer Selbstverwirklichung durch Ich-Botschaften erreicht diese Kollegin, wenn es ihr gelingt, zwei plus zwei so zusammenzuzählen, daß dabei nicht vier, sondern – sagen wir – fünf herauskommt, und zwar nicht „objektiv" oder in anderer Weise typisch männlich-rigide, sondern: für sie ganz persönlich. Einen grandiosen Erfolg dieser mathetischen (!) Bemühungen haben wir in einem Stundenprotokoll just an der Stelle verifizieren können (Geschichtsstunde 2332, 8. Min., 16. Sek. ff.), als die Schülerin *D. A.* auf die Frage der Lehrerin, „wann in etwa" der 30jährige Krieg stattgefunden hat, wörtlich antwortete: „Also, ich weiß ja nicht, wie Du darüber denkst, aber für mich hat er kurz vor der Geburt von *Antje Vollmer* stattgefunden!" (Die Lehrerin reagierte übrigens ausgesprochen regressiv-autoritär, als sie folgendes Feedback gab: „Du, *Dagmar*, deine Antwort wirkt auf mich unheimlich toll, wahnsinnig spontan, und ich kann mit ihr sehr gut umgehen!")

Typ 4:
Das pädagogische Urgestein – Bei dieser Kategorie sind eher geschlechtsneutrale Merkmale dominant. Bereits die Kleidung läßt schwer erahnen, was sich unter dem seit 1968 getragenen Pullover verbirgt und ob die Stimme infolge von entsprechenden Chromosomen oder aufgrund von 94.900 gerauchten Zigaretten als eher noch relativ hoch oder schon bedenklich tief zu kennzeichnen ist. „Schlagt-auf-Seite-18" ist der häufigste Satz dieses Lehrerexemplars, wobei auch gewisse Variationen zu registrieren sind – etwa: „Schlagt-auf-Seite-19!" Seine Ferien verbringt dieser Typus bevorzugt dort, wo noch keine Lehrer gesichtet wurden, also zur Zeit: in Kasachstan. Ansonsten aber ist er in allen Parteien, Verbänden, Gewerkschaften und Vereinen, die ihm A 12 und mehr garantieren. Ob GEW, VBE oder BVB ... Hauptsache, es weht – ein Hauch von Nostalgie um die grauen Schläfen dieses verdienstvollen Kämpen, der übrigens meist nach der zweiten (früher nach der dritten) Flasche *Valpolicella* einräumt, *Rudi Dutschke* „damals" die Hand gegeben und *Ho Tschi Minh* „seinerzeit" die Hessischen Rahmenrichtlinien geschickt zu haben. Er soll übrigens mit Vorliebe Erdkunde (in Gesamtschulen) und Geographie (in Gymnasien) unterrichten, eine Tatsache, die in unserer Erhebung aber in einem demnächst von der DFG (Dienststelle Föderaler Gurricula) geförderten Forschungsprojekt untersucht werden soll.

Mähr dadrüber find'n Se in meim Buch: Dibologie des Lährers und der Lährerin. Dräsdn: Agademia-Verlach 1996. 656.809 Seiten. DM 0,54 b (brutto).

Anmerkungen und Literaturhinweise

1 Vgl. dazu immer noch studierenswert *Josef Dolch*: Lehrplan des Abendlandes. Ratingen: Henn 2.1965.

2 Vgl. vertiefend: *Sigmund Freud*: Studienausgabe. Frankfurt/M.: S. Fischer 1969ff. bes. Bd. I, S. 148ff.; S. 415ff. Bd. II, S. 103ff.; S. 389ff. Bd. XI (Ergänzungsband), S. 205ff.

3 *Wolfgang Schönig*: Zur Diskussion über schulinterne Lehrerfortbildung in der Bundesrepublik Deutschland. In: *Klaus Hasemann/Helmut Meschenmoser* (Hrsg.): Pädagogik in Kooperation. Zur Prävention und Reduktion von Verhaltensproblemen. Baltmannsweiler: Schneider 1996, S. 176 – 178, zit. S. 177f.

4 *Rainer Maria Rilke*: Werke in drei Bänden. 1. Bd. Frankfurt/M.: Insel 1966, S. 286f.

5 *Ilse Brunner*: Accelerated Schools in Aktion: In unserer Schule sind alle Schüler begabt. In: *Herbert Haberl* (Hrsg.): Integration – Die Vielfalt als Chance. Freiburg: Herder 1995, S. 71 – 103, zit. S. 74.

6 Ebd., S. 72.

7 Vgl. *Neil Postman*: Wir amüsieren uns zu Tode. Frankfurt/M.: S. Fischer 2.1985, S. 156.

8 *Johann Amos Comenius*: Didactica Magna. (Or. 1657) In: *Ders.*: Opera Didactica Omnia. Tomus I. Prag: Academia Scientiarum Bohemoslovenica 1957, bes. Kap. X, Sp. 44ff: „*In Scholis Omnes Omnia docendos esse.*" Dt. Ausg.: Große Didaktik. Stuttgart: Klett-Cotta 8.1993. S. 54ff.

9 Ebd., S. 71ff.

10 Ebd., S. 52.

11 Vgl. Anm. 5, S. 92.

12 *John Broadus Watson*: Behaviorismus. (Or. 1930) Frankfurt/M.: Fachbuchhandlung für Psychologie 2.1976, S. 123.

13 *Hans-Ulrich Grunder*: Der Tugendkatalog in der Erziehung der Kinder und der *Kaspar-Hauser-Effekt*. In: PÄD Forum, 9 (2/1996), S. 191 – 193.

14 *Vinko Puljic*, in: Frankfurter Allgemeine Magazin, Heft 825, vom 22.12.1995, S. 17.

15 *Theodor Schwerdt*: Kritische Didaktik in Unterrichtsbeispielen. Paderborn: Schöningh 16.1964. (Die ursprüngliche Ausgabe erschien unter dem Titel „Neuzeitliche Unterrichtslehre" 1932; die 2. Auflage dann als „Kritische Didaktik" 1947; und in den folgenden 15 Jahren war fast jährlich eine Neuauflage nötig.) Sein Sohn *Dirk Schwerdt* lehrte an der Gesamthochschule Siegen und ist nicht verwandt mit *Ulrich Schwerdt*, dem Autor einer exzellenten Studie über den Reformpädagogen: Martin Luserke (1880 – 1968). Frankfurt/M.: Peter Lang 1993. Dieser lehrt heute an der Gesamthochschule Paderborn.

16 *Horst Rumpf/Jürgen Diederich*: Lerner oder Menschen? Ein Briefwechsel. In: Schüler. Herausforderungen für Lehrer. Jahresheft 1984 aller pädagogischen Zeitschriften des Friedrich Verlages in Zusammenarbeit mit Klett. Velber: Friedrich 1984, S. 35.

17 *Karl Marx*: Thesen über Feuerbach. (Original 1845) In: *Karl Marx/Friedrich Engels*: Studienausgabe in 4 Bänden. Hrsg. von *Iring Fetscher*, Bd. 1. Frankfurt/M.: Fischer 1966, S. 139.

18 *Henry Peter Brougham* (1778 – 1868), zit. in: Zeitschrift für Pädagogik. 14. Beiheft. Weinheim: Beltz 1977, S. 258.

19 Vgl. z.B.: *Karl Bungardt*: Die Odyssee der Lehrerschaft. Hannover: Schroedel 2.1965. *Ludwig Fertig*: Die Hofmeister. Stuttgart: Metzler 1979. *Ders.*: Poeten als Pädagogen. Darmstadt: Wissenschaftliche Buchgesellschaft 1990ff. Bisher sind Bücher erschienen über *Goethe*, *Hebel*, *Hölderlin*, *Jean Paul* und *Wieland*. *Ursula Walz*: Eselsarbeit für Zeisigfutter. Die Geschichte des Lehrers. Frankfurt/M.: Athenäum 1988.

20 *Elias Canetti*: Die gerettete Zunge. Geschichte einer Jugend. (Or. 1977) Frankfurt/M.: Fischer 1983, bes. S. 265 – 286.

21 *Elias Canetti*: Der Ohrenzeuge. Fünfzig Charaktere. München: Hanser 1974.

22 *Herbert Stubenrauch*: Von der Idee zur Planstelle. Lehrer heute. Köln: Kiepenheuer & Witsch 1984.

23 Vgl. exemplarisch: *Rainer Dieterich* u. a.: Psychologie der Lehrerpersönlichkeit. München: Reinhardt 1983.

24 *Herbert Gudjons*: Lehrerpersönlichkeit im Aufwind. In: Westermanns Pädagogische Beiträge, 34 (6/1982), S. 249 – 252. Darüber hinaus: *Herbert Gudjons/Gerd-Bodo Reinert* (Hrsg.): Lehrer ohne Maske. Grundfragen zur Lehrerpersönlichkeit. Königstein: Scriptor 1981. Und schließlich sei eine Schrift erwähnt, die man jedem angehenden Lehrer in die Hand drücken möchte: *Herbert Gudjons*: Pädagogisches Grundwissen. Bad Heilbrunn: Klinkhardt 1.1993; 4.1995.

25 *Christian Caselmann*: Wesensformen des Lehrers. (Or. 1949) Stuttgart: Klett 4.1970.

26 *Fritz Riemann*: Grundformen der Angst. München-Basel: Reinhardt 1.1975; 13.1981.

27 *Margaret S. Mahler* u. a.: Die psychische Geburt des Menschen. Symbiose und Individuation. (Or. 1975) Frankfurt/M.: Fischer Taschenbuch 1980.

28 *Wolfgang Schmidbauer*: Die Angst vor Nähe. Reinbek: Rowohlt 1985.

29 *Hanna Kiper*: Emile und der Antinomielehrer. In: PÄD EXTRA, 22 (10/1994), S. 28 – 33.

30 Vgl. dazu die beiden konkurrierenden Aufsätze von *Jürgen Henningsen*: Vom Klempner zum Schwätzer – Voraussagen zur Lehrerbildung. In: Neue Sammlung, 21 (2/1982), S. 84 – 99, sowie *Hartmut von Hentig*: Vom Verkäufer zum Darsteller – Absagen an die Lehrerbildung. In: Neue Sammlung, 21 (2/1981), S. 100 – 114 und (3/1981), S. 221 – 245.

31 *Josef Reding*, in: Westermanns Pädagogische Beiträge, 33 (7/1981), S. 285.

32 *Georg Kerschensteiner*: Charakterbegriff und Charaktererziehung. (Or. 1912) Leipzig-Berlin: B.G. Teubner 4.1929, S. 257.

33 *Helmut Fend*: Die Pädagogik des Neokonservatismus. Frankfurt/M.: Suhrkamp 1984, S. 235f.

34 *Thomas Ziehe*: „Ich bin heute wohl wieder unmotiviert." In: Westermanns Pädagogische Beiträge, 35 (7/1983), S. 316 – 323.

35 *Thomas Ziehe*: Nähe oder Intensität? In: Westermanns Pädagogische Beiträge, 37 (5/1985), S. 200 – 204, zit. S. 204.

36 *Johannes Bastian*: Jugendkultur und Lehrerautorität. In: Westermanns Pädagogische Beiträge, 37 (5/1985), S. 192 – 199, zit. S. 198.

37 *Arno Combe*: Kritik der Lehrerrolle. München: List 1971.

38 Vgl. dazu ausführlicher meinen Beitrag „Vielleicht bin ich auch ein schlechter Lehrer?" in der besagten Zeitschrift PÄDAGOGIK, 46 (11/1994), S. 6 – 10.

39 *Jakob Muth*: Schule als Leben. Baltmannsweiler: Schneider 1992, S. 47.

40 *Fritz Reheis*: Die Kreativität der Langsamkeit. Neuer Wohlstand durch Entschleunigung. Darmstadt: Wissenschaftliche Buchgesellschaft 1996.

41 Da auf die Notwendigkeit einer diesbezüglichen Lehrerfortbildung durch Hospitation, Intervision und Supervision schon mehrfach eingegangen und mit Literaturhinweisen versehen wurde, sei an dieser Stelle auf zwei bisher noch nicht annoncierte Bücher hingewiesen: *Hans Günther Homfeldt* (Hrsg.): Ausbilden und Fortbilden. Krisen und Perspektiven der Lehrerbildung. Bad Heilbrunn: Klinkhardt 1991. Und: *Wolfgang Ehringer/Claudius Henning*: Praxis der Lehrersupervision. Weinheim-Basel: Beltz 1994.

42 *Johann Friedrich Herbart*: Allgemeine Pädagogik aus dem Zweck der Erziehung abgeleitet. (Or. 1806) In: *Ders.*: Pädagogische Grundschriften. 2. Bd. Düsseldorf: Küpper 1965, S. 9 – 155, zit. S. 19.

43 Das Gedicht aus dem Jahre 1932 ist ursprünglich in dem Buch „Gesang zwischen den Stühlen" erschienen und findet sich heute u. a. in: *Erich Kästner*: Gesammelte Schriften. Bd. 1: Gedichte. Zürich: Atrium und Frankfurt/M.: Büchergilde 1958, S. 223f.

44 Vgl. *Matthias Flothow* (Hrsg.): Erich Kästner. Ein Moralist aus Dresden. Leipzig: Evangelische Verlagsanstalt 1995. Ebenso: *Klaus Kordon*: Die Zeit ist kaputt. Die Lebensgeschichte des Erich Kästner. Weinheim-Basel: Beltz 1994.

[45] Vgl. zu dieser Problematik der Existenzweise des Habens oder Seins die immer noch aktuelle Schrift von *Erich Fromm*: Haben oder Sein. (Or. 1976) München: Deutscher Taschenbuch Verlag 2.1979.

[46] *Jakob Muth*: Schülersein als Beruf. Heidelberg: Quelle & Meyer 1966.

[47] Ebd., S. 9.

[48] *Hugo Gaudig*: Die Schule im Dienste der werdenden Persönlichkeit. 2 Bde. (Or. 1917) Leipzig: Quelle & Meyer 2.1922, bes. das 1. Kap. im 2. Bd., das allein dem Thema „Schule und Elternhaus" 70 Seiten widmet.

[49] *Heinrich Dauber/Heribert Weber*: Eltern aktiv. Reinbek: Rowohlt 1976.

[50] *Rudolf W. Keck* (Hrsg.): Kooperation Elternhaus-Schule. Bad Heilbrunn: Klinkhardt 1978.

[51] *Hartmut Köhler/Doris Sennekamp* (Hrsg.): So kommen Eltern und Lehrer ins Gespräch. Buxheim-Eichstätt: Polygon 1994.

[52] *Cordula Lueg*: Elternmitarbeit im Unterricht. Baltmannsweiler: Schneider 1996.

[53] *Kurt Zeidler*: Die Wiederentdeckung der Grenze. Jena: Diederichs 1926. Neuausgabe: Hildesheim: Olms 1985.

[54] *Ders.*: Plädoyer für die Schule. Braunschweig: Westermann 1962, S. 153f.

[55] Ebd., S. 22.

2. Inhalte, Ziele, Methoden: Didaktische Reformen

„Denn nicht das, was ist, macht uns ungestüm und leidend, sondern daß es nicht ist, wie es sein soll; erkennen wir aber, daß es ist, wie es sein muß, d. h. nicht nach Willkür und Zufall, so erkennen wir auch, daß es so sein soll.“[1]. Diese Worte des Philosophen *Hegel* sollen die Arbeit im zweiten Zimmer der hier zu renovierenden Etage motivieren – auch wenn er sie nicht der Schulreform, sondern (1802) einer auszuarbeitenden Verfassung für einen neu zu schaffenden deutschen Staat voranstellte. Erkennen, wie es sein *könnte*, das rangiert vor der Verpflichtung, alles dafür zu tun, wie es sein *sollte* – z. B. das Lehren und Lernen in der Schule. Loten wir also zunächst aus, wie der Unterricht real ist, sodann wie er sein könnte und schließlich wie er werden sollte. *Peu à peu*, in kleinen Schritten, die aber – ineinander übergehend – einen Gang ausmachen.

Anfang des Jahres 1996 ratterten zwei ganz verschiedene Nachrichten durch die dpa-Ticker: „Schüler geben ihren Lehrern schlechte Noten“ hieß es da[2]. Und: „Immer mehr Schüler besuchen Privatschulen“[3]. Die erste Nachricht beruht auf einer Repräsentativ-Befragung des Dortmunder Instituts für Schulentwicklungsforschung, die zweite auf Erhebungen des Statistischen Bundesamtes in Wiesbaden. Sie sind völlig unabhängig voneinander entstanden und rein zufällig an demselben Tag veröffentlicht worden. Haben auch die *Sach*verhalte nichts miteinander zu tun? Nur 32% der befragten Schüler fanden Unterricht meistens interessant. Die Lehrer „reden zuviel, beklagt mehr als die Hälfte. Die Schüler sitzen und hören ihnen dabei zu. Jeder arbeitet überwiegend für sich, alle an den gleichen Aufgaben.“[4]

Und in der zweiten Meldung erfahren wir, daß die deutschen Privatschulen im laufenden Schuljahr einen Zuwachs von 3 % mehr Schüler hatten, die staatlichen Schulen hingegen nur einen von 2 %, so daß an den 2.082 privaten Schulen etwa 470.000 Schüler lernten – dasselbe auf dieselbe Weise wie die etwa 9 Millionen Regelschüler in den rund 37.000 öffentlichen Schulen[5]? Zweifel sind angebracht, denn noch immer dominiert in den meisten Schulen (vielleicht mit Ausnahme der Grundschulen, an denen in den letzen Jahrzehnten die Schulreform am stärksten Fuß gefaßt hat) der kognitiv-belehrende, die Sinne einseitig beanspruchende, Körper, Gefühle und Ästhetik geradezu narkotisierende Frontalunterricht – ob per Schulbuch, Folie oder Arbeitsblatt. Paperitits und Folitis sind seine Merkmale; Langeweile, Störungen oder auch stiller Absentismus die Antworten vieler Schüler auf seine Dominanz – nicht seine relative Bedeutung.

Dabei ist Unterricht ein ungemein komplexes Geschehen, was die folgende Abbildung demonstrieren soll. Es kann nur unter einer erschreckenden Ausblendung ganzer Phänomene auf das sattsam bekannte kognitiv-abstrakte Belehrungsritual zusammengeschrumpft werden. Dabei haben Reformpädagogen (zu allen Zeiten) ebenso auf die Komplexität und die Vielfalt kindlichen Lernens und demzufolge auf die Notwendigkeit variantenreichen Lehrens hingewiesen wie außerhalb der Pädagogik wirkende Fachleute – etwa der Biochemiker *Frederic Vester* mit seiner viel-

Abbildung 30: Unterricht unter 16 verschiedenen Aspekten – zum Zwecke seiner Analyse und Planung

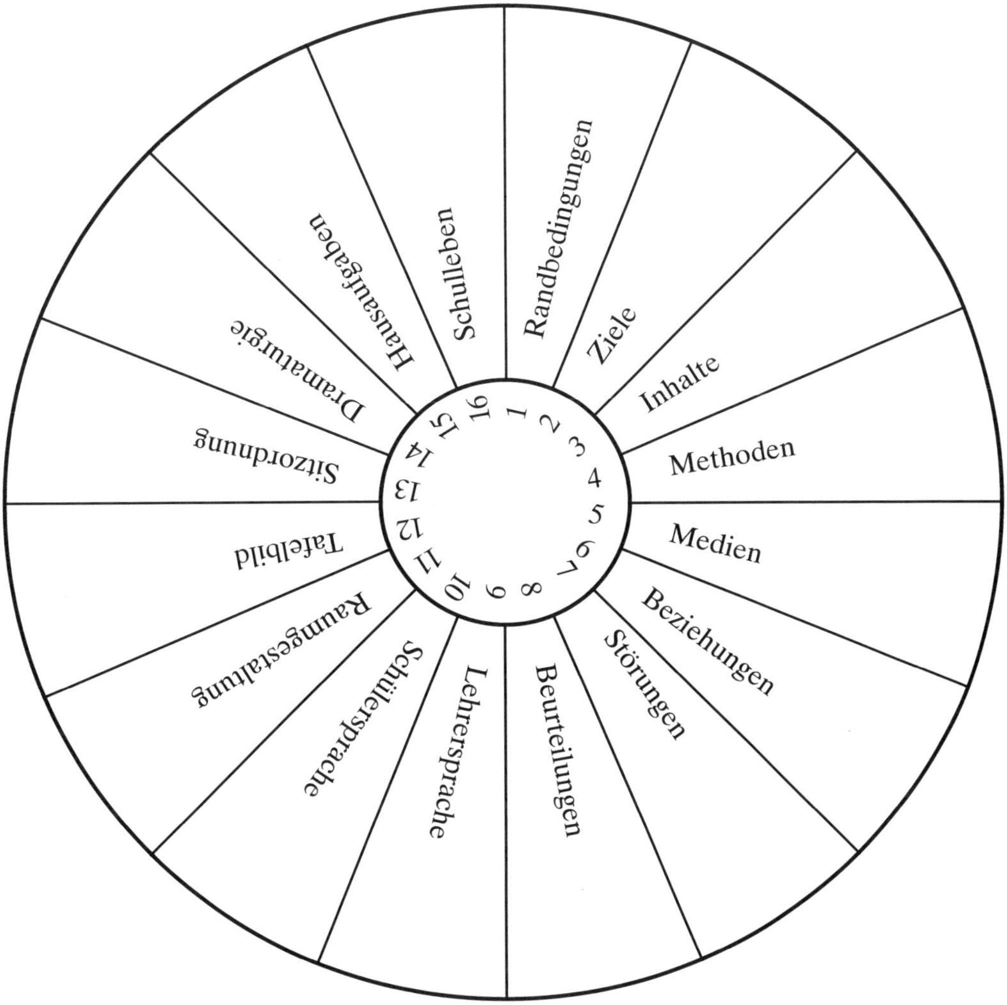

1. Randbedingungen / Implikationen
2. Ziele / Werte / Normen
3. Inhalte / Curricula / Stoffe
4. Methoden / Vermittlungsformen
5. Medien
6. Beziehungen
7. Störungen
8. Beurteilungen / Diagnosen / Zensuren
9. Lehrersprache (verbal & präverbal: Körpersprache / Lokomotion)
10. Schülersprache (verbal & präverbal: Körpersprache / Lokomotion)
11. Raumgestaltung / Ästhetik
12. Tafelbild
13. Sitzordnung
14. Dramaturgie / Rhythmisierung
15. Hausaufgaben (Übungen & Vorbereitungen)
16. Schulleben (Einbettung in größere Zusammenhänge)

fach belegten Forderung nach einer Befriedigung der „cerebralen und neuro-hormonellen Grundbedürfnisse“[6] beim Lernen oder der Harvard-Psychologe *Howard Gardner* mit seinem Konzept der „multiplen Intelligenzen“[7], die nur mit Hilfe von „*multiple approaches*“ adäquat gefördert werden können.

Die Frage, warum diese u.a Erkenntnisse nur so bescheiden und selten in der Schule verwirklicht werden, oft sogar ganz an ihr vorbeigehen, führt häufig zu einer simplen, aber recht populären Lehrerschelte, in die aber nur einstimmen kann, wer wenig bis keine Ahnung von Schule hat. In der Regel sind die Rahmenbedingungen dermaßen schwierig, daß die Umsetzung dieser Erkenntnisse allzu große Schwierigkeiten bereitet. Darüber hinaus wird den Lehrern viel zu wenig Hilfe zur Selbsthilfe angeboten. Sie könn(t)en jeden Tag viele, viele Seiten über wahrlich traumhafte Schulen und exzellente Unterrichtsprozesse lesen, vor allem von denen, die sich Schule geradezu herrlich ausdenken. Wer aber sagt ihnen nicht nur Sätze vom Muster des „So-*sollte*-man-es-machen“, sondern auch solche vom Muster des „So-*haben*-wir-es-gemacht“? Es fehlt also im gesamten didaktischen Bereich (nicht an wohlmeinenden Appellen, sondern) an Hilfestellungen bei den ersten Schritten auf dem Weg zu einer Schule, die Lehrende und Lernende zufriedenstellt. Damit sind keine „Unterrichtsrezepte“[8] gemeint, wohl aber Hinweise auf konkrete Verbesserungen, die von den Lehrern in eigenständiger Verantwortung durchgeführt werden können. Bloße Utopien machen resignativ, simple Rezepte entmündigen. Deshalb gilt hier die Einsicht: Die Ziele der Schulreform mögen in weiter Ferne liegen, wenn nur die Schritte zu ihnen in die richtige Richtung gehen – und sei es im Schneckentempo, mit manchen Pausen und mit dem Recht, aus Fehlern lernen und das heißt: Irrwege verlassen und aus Sackgassen zurückkehren zu dürfen. Das wird ohne Ungereimtheiten und Schwierigkeiten nicht zu machen sein.

Einer der wenigen, der in der Nachfolge *Schleiermachers* unter diesen neuzeitlichen (!) Bedingungen über die „Grundwidersprüche“ in Schule und Unterricht nachgedacht hat, ist der 1926 geborene Bielefelder Pädagoge *Theodor Schulze*[9]. Lernen findet schulisch und außerschulisch statt, offiziell und geheim, wissenschaftsorientiert und alltagserfahren, systematisch und *by the way*, im Hier und Jetzt, aber auch mit Blick auf zukünftige Erfordernisse ... An den „Duplizitäten“ (*Schleiermacher*[10]) und den „Antinomien“ (*Winkel*[11]) kommt kein Lehrer und kein Schüler vorbei. Auch und gerade zwischen den Inhalten, den Zielen und Methoden des Unterrichts bestehen letztlich nicht zu beseitigende, sondern nur über ein vernünftiges Ausbalancieren akzeptabel zu machende Spannungen. Beginnen wir mit einer gar nicht so leichten Aufgabe.

AUFGABE 8 (möglichst mit anderen):

Frühestens in den 10. Schuljahren der weiterführenden Schulen steht im Physikunterricht das Gesetz Druck = Kraft durch Fläche ($p = \frac{F}{A}$) auf dem Programm. Würden Sie es lehren? Wenn ja: Auf welche Weise? Fertigen Sie bitte eine kleine Unterrichtsskizze an!

Vielleicht wundern Sie sich über diese Aufgabe und denken: Was soll das? Als (Physik)Lehrer habe ich das zu lehren, was im Lehrplan steht – und damit basta! Die Freiheit von Forschung und Lehre kommt allenfalls dem Hochschulprofessor zu, nicht aber dem Schullehrer! – Wenn das so einfach wäre … „Neue Lerninhalte für eine neue Schule“ hat *Manfred Büttner* ein ungewöhnlich anregendes, aber auch polemisches Buch genannt[12]. Weg mit dem geistlosen Drill der alten Paukschule! Her mit der Reformpädagogik, den Projekten, den Bedürfnissen der Schüler! „Didaktische Offensive“ heißt das Programm. – Wenn das so einfach wäre … Natürlich ist der Lehrer nicht gänzlich frei bezüglich dessen, *was* er lehrt. Frei ist er – laut Schulrecht – in seiner methodischen Gestaltung des Unterrichts. Aber heißt dies, daß er sich als curricularer Sklave zu fühlen habe? Gehen wir auf die eingangs gestellte Aufgabe zurück. Die Frage, ob Sie Schüler mit dem physikalischen Druck-Gesetz überhaupt vertraut machen wollen, hängt entscheidend auch davon ab, wie und mit Hilfe welcher Methoden und Medien Sie dieses vermitteln werden – z. B.:

Inhalte

1. Abstrakt-kognitiv-intellektuell: Durch Nachweis der Beziehungen zwischen p, F und A.
2. Optisch-visuell-experimentell: Etwa dadurch, daß zwei Nägel in ein Brett geschlagen werden: Der eine ist extrem spitz, der andere sehr stumpf. Daß der spitze leichter und schneller in das Holz eindringt, wird über die Beobachtung erfahrbar, denn der geballte Druck auf der winzigen Nagelspitze ist wesentlich größer als auf der breiten.
3. Haptisch-praktisch-experimentell: Der Lehrer teilt z. B. zwei gleiche Bleistifte aus, läßt die Schüler damit auf zwei Briefwaagen so feste drücken, daß sie 250 g anzeigen. Dann wird mit der Spitze des linken Bleistifts auf die linke Waage, mit dem stumpfen Ende des rechten Bleistifts auf die rechte Waage so lange gedrückt, bis die Zeiger abermals 250 g anzeigen. Da spürt man buchstäblich, wie sich derselbe Druck auf verschiedenen Flächen anders verteilt.
4. Verbal-auditiv-narrativ: Manche Schüler verstehen das obige Gesetz eher entlang von Geschichten, Erzählungen, Beispielen. In ihnen ist von großen Flächen und kleinem Druck und großem Druck und kleinen Flächen die Rede, von Werkzeugen und Maschinen, von Sportgeräten und Spielen. Und bei manchen kam es zu einem Aha-Erlebnis (*Friedrich Copei* sprach vom „fruchtbaren Moment“[13]), als von ägyptischen Pyramiden die Rede war oder wie ein Junge mit Hilfe einer langen, über das brüchig gewordene Eis gelegten Leiter gerettet werden konnte.

Je nachdem, welchen Erschließungsweg wir wählen, wird dasselbe Gesetz in einer anderen Bedeutung erfahrbar, was nicht nur eine methodische, sondern auch eine inhaltliche Frage aufwirft. So wichtig also *teachability* ist, so bedeutsam die Forschungen zum *Aptitude-Treatment-Interaction*[14] sind (Die Methoden müssen schülerorientiert sein!), hier ist zunächst eine curriculare Problematik zu klären: Der Lehrer ist weder völlig autonom bezüglich dessen, *was* er zu lehren hat, noch ist er lediglich Erfüllungsgehilfe von Lehrplankommissionen. Er ist auch und gerade kriti-

Abbildung 31: Das Didaktische Dreieck – in neuer Fassung

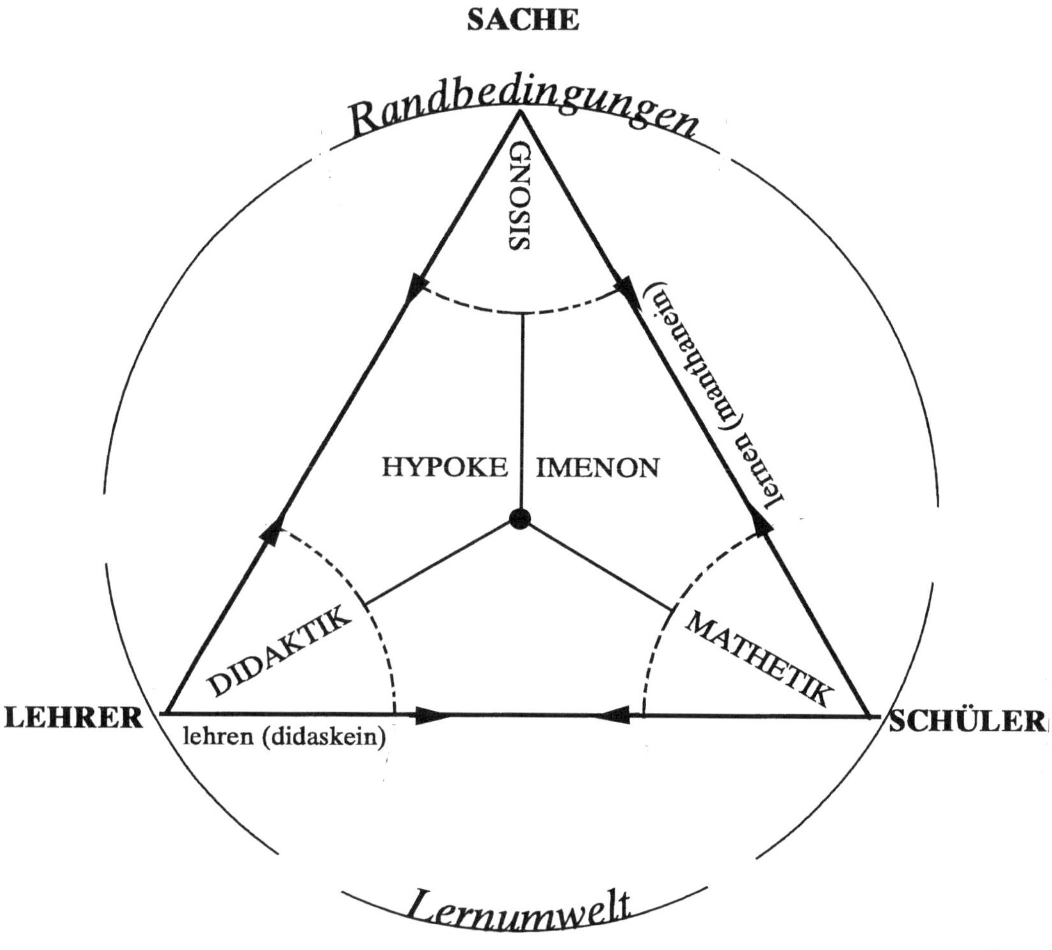

scher Gesprächspartner der Curricula. Deshalb hat *Heinrich Roth* an den Anfang einer „Kunst der rechten (Unterrichts-)Vorbereitung" die Auseinandersetzung des *Lehrers* mit dem jeweiligen Inhalt gefordert: „Der pädagogische Gehalt eines Kulturgutes schließt sich nur dem auf, der selbst einmal von ihm zuinnerst getroffen wurde und dieses Getroffensein immer wieder in sich zu verlebendigen vermag."[15] Selbst in der ursprünglichen Form des „Didaktischen Dreiecks" und erst recht in der von uns erneuerten Form (vgl. Abb. 31) schaut der Lehrer nicht nur zum Schüler (und seinen „Bedürfnissen"), sondern wird auch den zu lehrenden Inhalt, die Sache (*res*), sich selbst erschließen müssen. Anderenfalls ist er allenfalls Verkäufer von Curricula, nicht aber Vermittler von Bildungsinhalten. Um seiner und der Schüler Bildung willen lehrt er, ist er didaktisch tätig.

Der Schüler wiederum befindet sich im Schnittpunkt von Mathetik, der Kunst des Lernens – um der Bildung willen. Lehren und Lernen (*didaskein* und *manthanein*) sind aufeinander bezogen und auf die Sache hin orientiert. Die Kunst des Lehrens (die *ars docendi*) ist die polare Entsprechung der Kunst des Lernens (*ars discendi*) – so hatte *Comenius* uns gemahnt. Auch die Sache selbst wird im Unterricht „Bildungsgut“. Sie öffnet sich dem Vorgang des Erkennens, den die Griechen *gnosis* nannten. Didaktische, mathetische und gnostische Bemühungen zielen auf ein Zentrum hin: auf das, was den Dingen, den Lebewesen, den Menschen zugrundeliegt – *hypokeimenon*. Es ist mehr als die Sache, es birgt nämlich Wahrheit (*alétheia*) in sich, zu der hinzuführen Aufgabe von Unterricht ebenso ist wie dabei Menschlichkeit erfahrbar zu machen. Und weil in diesem gnostisch-didaktisch-mathetischen Bemühen die Sachen anders zur Sprache kommen als in einem linearen Informationsprozeß nach dem Modell von Sender und Empfänger (S ⟶ E), ist und befindet der so handelnde Lehrer in gleicher Weise relativ autonom über die Inhalte wie die Schüler. Ihre Mitwirkung ist eine dynamische Größe, die letztlich nicht, wie *Apel* behauptet hatte[16], in der „Fiktion“ symmetrischer Kommunikation buchstäblich endet, sondern die zwischen Lehrenden und Lernenden gleichberechtigte Sacherschließung zum *Ziel* hat – 10, 12 oder 13 Jahre sind dazu nötig. Vielleicht hilft die folgende Abbildung, diese Dynamik im didaktischen Bereich zu verdeutlichen[17]. Stets geht es im Unterricht nicht um die Einlösung von Prinzipien, sondern um Verwirklichung von Zielkonzeptionen, um approximative Bemühungen – oft kontrafaktisch sowie durch viele Widersprüche hindurch. So auch im mühsamen Herstellen symmetrischer Interaktionen. Indem ich als Lehrer meine Dominanz transparent mache, sie begründe, wo sie noch notwendig ist, jedoch sukzessive abbaue, wo sie eben nicht gerechtfertigt werden kann, agiere ich (nicht progressiv-, sondern) regressiv-komplementär, baue also die Beziehung zwischen dem überlegenen Erwachsenen und dem unterlegenen Schüler zugunsten einer gleichberechtigten Symmetrie ab – sich als Lehrer tendenziell überflüssig machen, auf diese Formel hatten wir die dahinter wirkende Anthropologie und Bildungstheorie im IV. Kapitel gebracht. Dasselbe gilt für die Schüler: Auch sie können schiere Herrschaft ausüben, also progressiv-komplementär agieren. Sie können aber auch das Gegenteil tun, auf Drangsalierungen und ähnliche Imperialismen verzichten, von 'kommunikativen Feldzügen' zurückkehren (regredieren) und zusammen mit dem Lehrer eine symmetrische Interaktion herstellen, in der idealiter auf *Herrschaft* zugunsten von Einsicht verzichtet wird, die freilich ohne demokratisch sich legitimierende *Macht* nicht immer durchsetzbar ist.

* * *

Abbildung 32: Reale und mögliche Lehrer-Schüler-Beziehungen

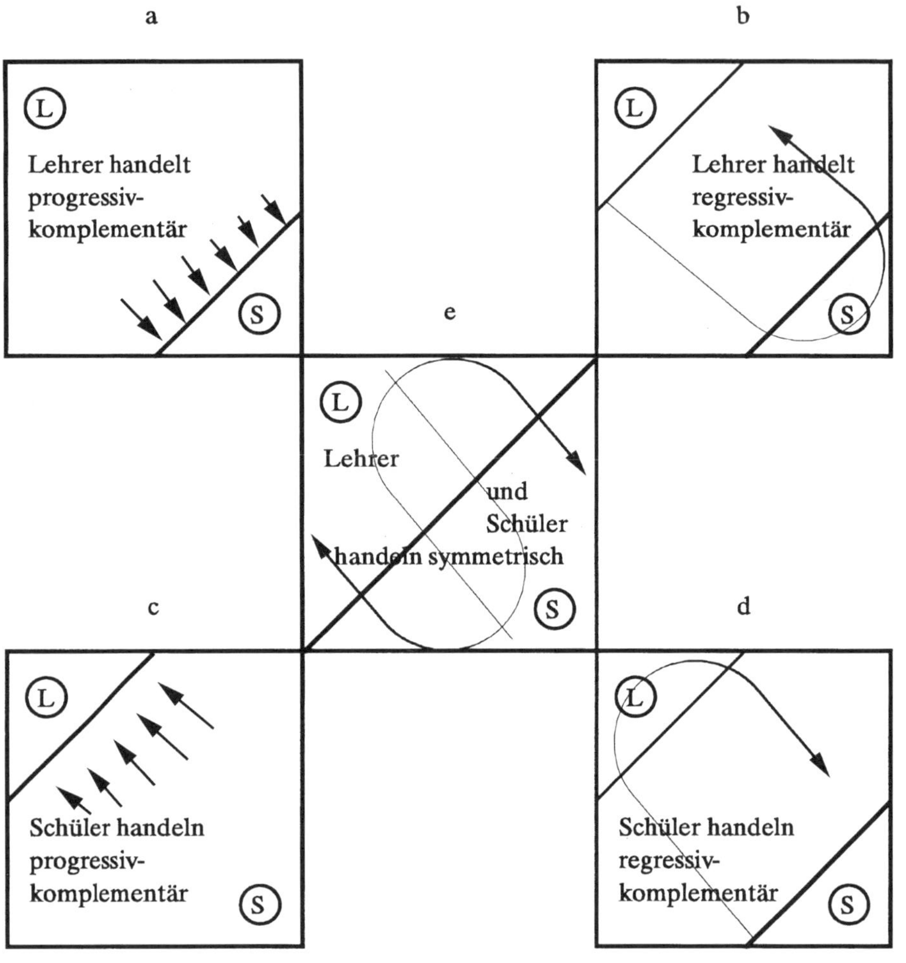

Damit sind wir schon bei der Zieldiskussion didaktischer Entscheidungen, in der gleichfalls Differenzierungen angesagt sind. Die anglo-amerikanische Curriculumtheorie hat bei der Dimensionierung curricularer Entscheidungsprozesse vor allem zwischen *values* und den *objectives* unterschieden[18]. Über die zuerst genannten (die Bildungsziele) kann nicht jeder nach Belieben verfügen. Sie sind die Kommuniqués historisch-gesellschaftlicher Diskussionsprozesse, an denen wir alle aktiv und passiv partizipieren. Als solche beanspruchen sie Verbindlichkeit und weisen auf die Grund-Werte des Menschen hin, die wir zwölffach ausdimensioniert hatten. Sie in der Schule – und sei es noch so bescheiden – ahn- und erfahrbar zu machen, ist die zentrale didaktische Aufgabe.

S. 105

Abbildung 33: Die Dimensionierung curricularer Entscheidungsprozesse

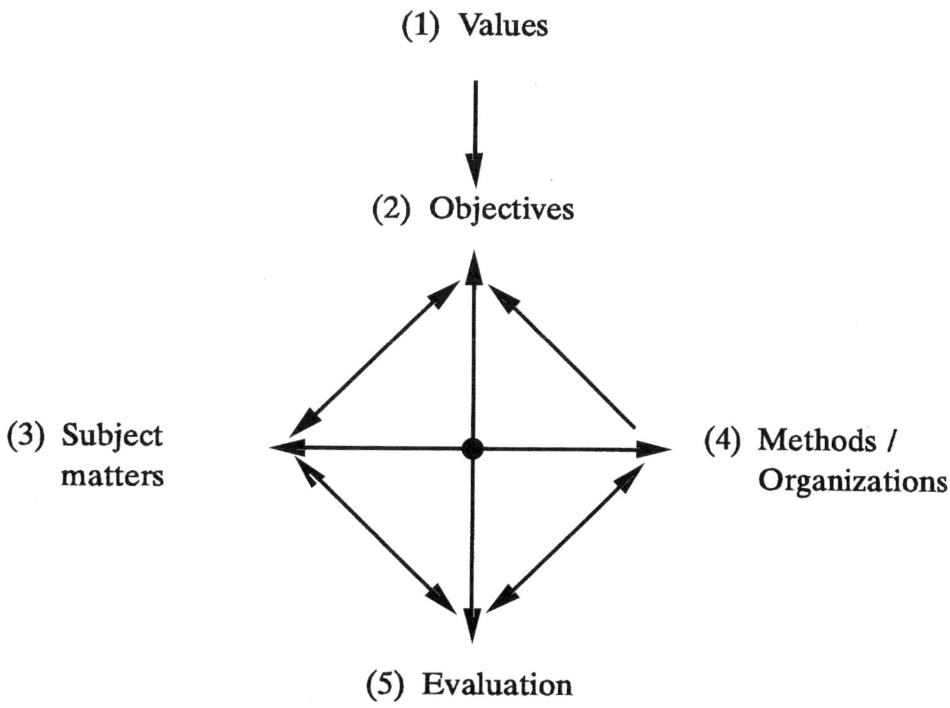

Ein wiederum anderes Verhältnis haben Lehrende und Lernende zu den *objectives* (den Lehr- bzw. Lernzielen), die man dreifach kennzeichnen sollte:

1. Da gibt es zunächst *geschlossene Lernziele*, über die zu debattieren müßig ist – nicht aber über die zu ihnen hinführenden Erkenntnisprozesse. Daß z.B. beim heutigen Stand der Erkenntnis der „Pythagoreische Lehrsatz" stimmt, daß also in jedem rechtwinkligen Dreieck die Summe der beiden Kathetenquadrate gleich dem Quadrat über der Hypotenuse ist, kann niemand ernsthaft bestreiten oder gar widerlegen. Das Ziel einer darauf konzipierten Geometriestunde wird zu der Erkenntnis führen: $a^2 + b^2 = c^2$.
2. Anders sieht das z.B. in einem Deutschunterricht aus, der die Liebesgedichte von *Bert Brecht* mit seinen politischen Gedichten vergleicht. Sein kürzestes Liebesgedicht heißt *Schwächen* und besteht aus den folgenden acht Wörtern[19]:

   Du hattest keine
   Ich hatte eine:
   Ich liebte.

   Das kürzeste politische Gedicht trägt den Titel *Liedchen aus alter Zeit*, hat einen Vers mehr und besteht aus 15 Wörtern[20]:

Eins. Zwei. Drei. Vier.
Vater braucht ein Bier.
Vier. Drei. Zwei. Eins.
Mutter braucht keins.

Eine Diskussion entbrennt über die Frage, welches Gedicht „künstlerisch" wertvoller ist. Form- und Inhaltskriterien werden eingebracht, gesellschaftlicher Scharfsinn gerühmt, Liebe definiert ... An die Stelle eines geschlossenen rücken *halboffene Lernziele*, die zwischen Beweisen und Bedürfnissen liegen.

3. Und schließlich gibt es gänzlich *offene Lernziele*, die erst im Laufe eines bestimmten und einmaligen Kommunikationsprozesses entstehen: Ob die 3. Arbeitsgruppe in der Projektwoche über die „Spuren des Nationalsozialismus in unserer Stadt" den Unterschied zwischen dem kommunistischen und dem kirchlichen Widerstand überhaupt als mögliches Lernziel anstrebt, hängt von einer Fülle von Faktoren ab, die im Lernprozeß selbst, aber auch außerhalb von ihm liegen: Haben die vier Schüler genügend Zeit, Materialien, Interessen? Läßt sich der alte Domkapitular noch interviewen? Oder: Sind die Fotos der Witwe des Widerstandskämpfers entleihbar? – Der Kommunikationsprozeß selbst bestimmt darüber, welche Lernziele in welchem Umfang (nicht) in den Horizont des Lernens gelangen.

* * *

Damit wären wir beim Methodenproblem des Unterrichts angelangt, das nicht nur den Unterricht, sondern die ganze Schule kennzeichnet. Schulen, in denen eine Fülle verschiedener Methoden zum alltäglichen Geschäft gehören, haben nicht nur eine andere Praxis, sondern auch eine andere Theorie der Schule als solche Schulen, in denen – sagen wir – nur der Frontalunterricht dominiert. Natürlich gibt es ganz verschiedene Kriterien, nach denen die Unterrichtsmethoden geordnet werden können: *Hilbert Meyer* ordnet sie anders[21] als *Ewald Terhart*[22], und beide unterscheiden sich deutlich von unserem Raster, das zum erstenmal 1982 vorgelegt wurde[23]. Dies ist nicht verwunderlich, wenn man bedenkt, daß in alles methodische Denken und Handeln didaktisches hineinwirkt und umgekehrt. Konkret: Als Vertreter der Kommunikativen Didaktik habe ich allen Grund, die Unterrichtsmethoden nach kommunikativen Gesichtspunkten zu ordnen, zunächst also die Frage aufzuwerfen: Wer hat bei welcher Methode eigentlich mit wem auf welche Weise zu tun? Diese Frage ist grundlegender (und deshalb strukturierungsfähiger) als jene nach der Effektivität – zumal die Unterrichtsforschung der letzten Jahrzehnte gerade über diese Frage zu keinerlei empirisch gesicherten Aussagen geführt, sondern eher zu weiteren Wünschelrutengängen eingeladen hat[24].

Welche Kommunikationsfaktoren lassen sich nun im Unterricht (tendenziell in der Schule) ausmachen? Man könnte – wenn wir die Einbeziehung von Eltern *hier* ein-

Abbildung 34: Das Interaktionsgeflecht im Unterricht

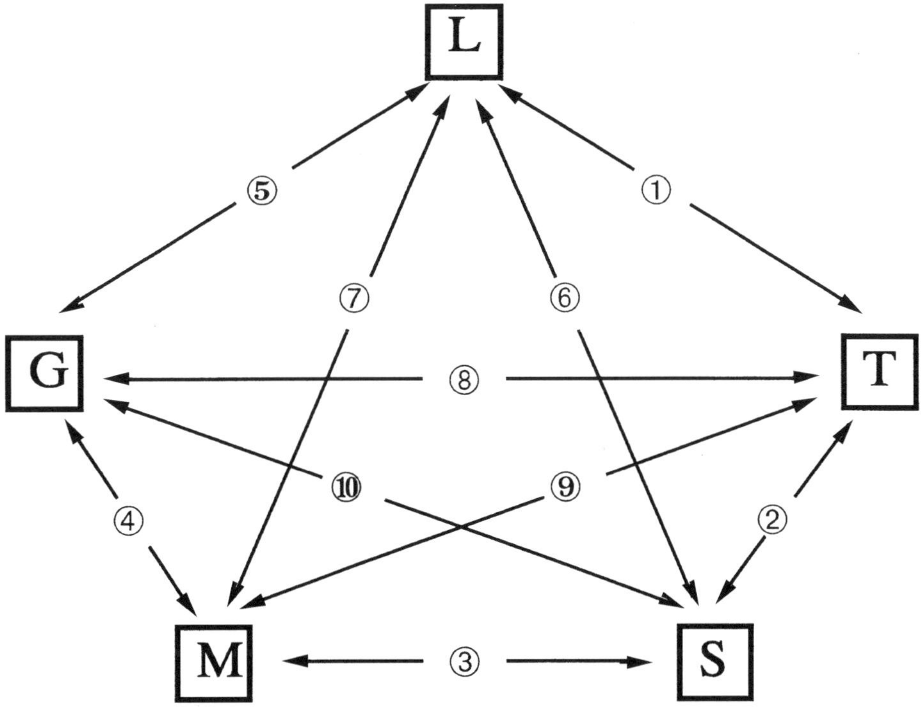

mal unberücksichtigt lassen – von wenigstens fünf Polen eines Beziehungsgeflechts sprechen: Lehrer (L), Teamlehrer (T), Schüler (S), Mitschüler (M) und Gegenstand (G) treten im Idealfall in eine Kommunikation. Wenn man diesen Sachverhalt in eine felddynamische Graphik überträgt, so zeigen sich die in der Abb. 34 verdeutlichten 10 Interdependenzen: L-T (1), T-S (2), S-M (3), M-G (4), G-L (5), L-S (6), L-M (7), T-G (8), T-M (9) und S-G (10).

Von daher lassen sich nun die gängigen Unterrichtsmethoden insofern systematisieren (vgl. die Abb. 35), als es Methoden gibt, denen eine zweipolige, dreipolige, vierpolige oder gar fünfpolige Interaktion zugrundeliegt – zumindest im Moment ihrer Exklusivität, im Idealfall also.

Nun wird hier nicht suggeriert, daß „der gute Lehrer“ alle 17 Unterrichtsmethoden gleichsam aus dem Effeff beherrschen müsse. Dies ist nicht nur irreal, sondern auch gar nicht wünschenswert, denn er würde seine Profilierung zugunsten von Scharlatanerie preisgeben. Auch wird mit dieser Auflistung nicht der (gute) Frontalunterricht schlechtgemacht, wohl aber an den ihm gebührenden Platz verwiesen – nämlich einer von zahlreichen Lernwegen zu sein (*methodos* heißt im Griechischen: der Weg). Vielleicht überzeugt ein kleiner Ausflug in ein nicht unbedeutendes Terrain.

Abbildung 35: Unterrichtsmethoden, Interaktionsformen und Entscheidungsfragen

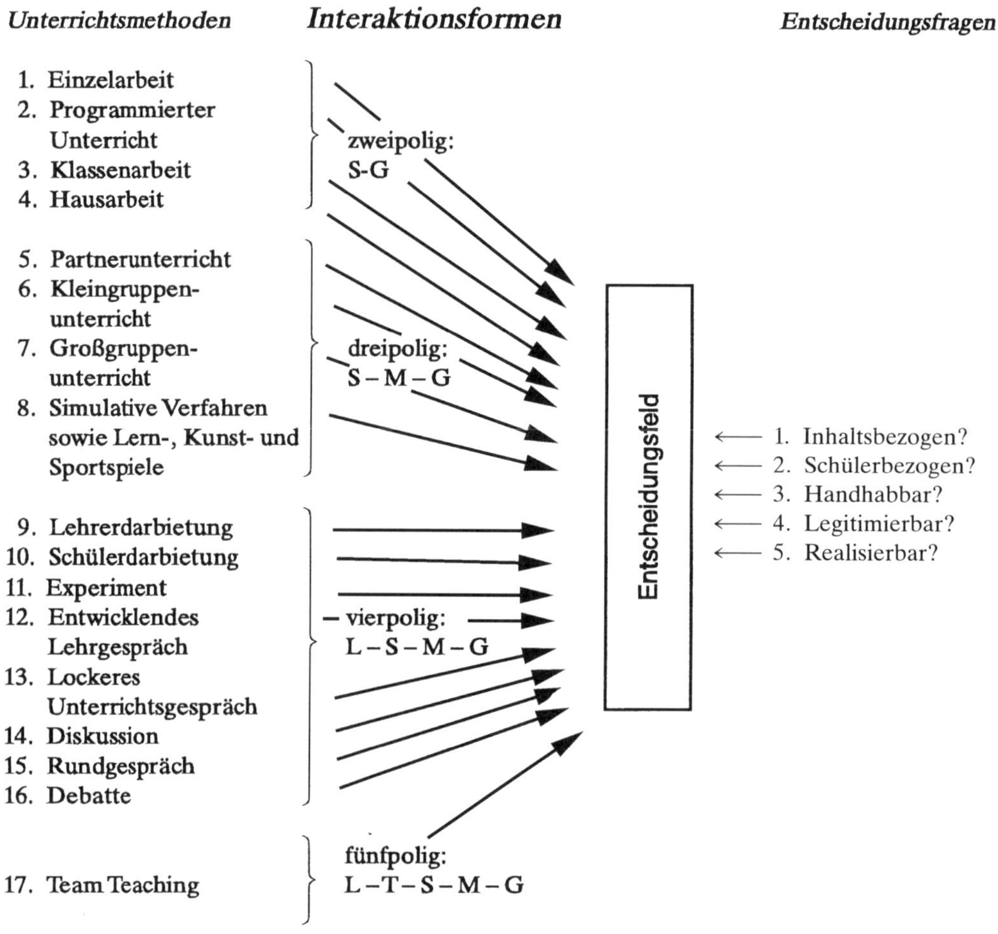

Exkurs 2: Lerntheoretische Hinweise

Ältere Lerntheorien, auch die von John Dewey oder Jean Piaget[25], haben sich den Vorgang des Lernens mehr oder wenig stufig oder phasenhaft vorgestellt. Dies mag hier und da der Fall sein, ist aber von neueren Forschungen, die gerade die Vernetzung des Lernens aufzeigen, nicht mehr gedeckt. Wenn unsere 15 Milliarden Zellen im Gehirn lernen, also über die sechs Sinne des Sehens, Hörens, Riechens, Schmeckens, Tastens und Sich-bewegens Informationen aufnehmen, verknüpfen und verarbeiten, dann werden Lernbewegungen auf- und abgebaut, die sich eher spiralförmig abbilden lassen. Im Unterricht als einem geplanten (und dennoch nicht immer nach Plan verlaufendem) Lehr- und Lernprozeß lassen sich die in der Abb. 36 aufgeführten Rhythmen feststellen: Da wird ein neuer Sachverhalt eingeführt, für den es zu „motivieren" gilt: aufzuschließen, Inter-

Abbildung 36: Die Rhythmen im unterrichtlichen Lehr- und Lernprozeß

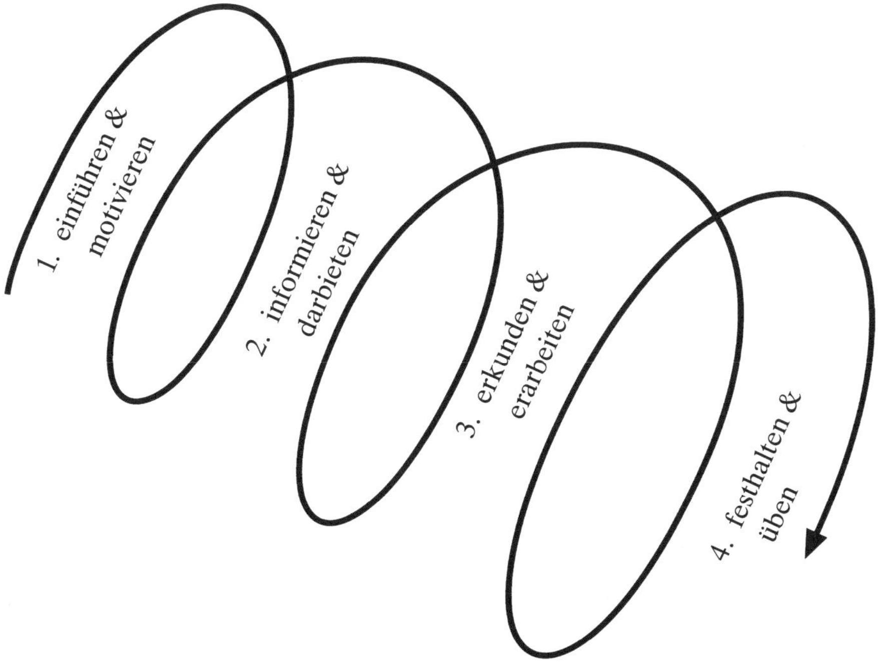

esse zu gewinnen, Neugier zu wecken, was etwas anderes ist, als Motivationsstrategien aufzubauen, „n-achievement" (need for achievement) zu entfachen, wie das Heinz Heckhausen nannte[26]. In dieser ersten „Schlaufe" wird – ganz im Sinne von Martin Wagenschein[27] – das Fragen und Staunen, das Vermuten und Sichwundern gelernt – oder auch verhindert...

In diese Spirale hinein und aus ihr heraus wirken die Prozesse des Informierens und Darbietens: Neue Erkenntnisse, wichtige Arbeitsmaterialien, methodische Informationen gilt es bereitzustellen, unnötiges Suchen und Beschaffen sollte man meiden, kurz: In dieser „Phase" ist der Frontalunterricht ausgesprochen sinnvoll, ja unerläßlich und als didaktisch-methodische Choreographie ein substantieller Bestandteil der Dramaturgie des Unterrichts – vor allem dann, wenn er gut vorbereitet und sprachlich-szenisch gekonnt dargeboten wird[28] ...

In der Regel wird sich danach der Unterricht öffnen – methodisch, thematisch und institutionell, was in seiner wechselseitigen Verschränkung vor allem Dietrich Benner und Jörg Ramseger herausgearbeitet haben[29] ...

Und schließlich kennen wir eine vierte Spirale, in der festgehalten und geübt, zusammengetragen und bilanziert wird. „Ergebnissicherung" hat das die alte Schulpädagogik genannt und damit auf einen wichtigen Lernabschnitt hingewiesen. Gerade als Übungssequenz kann diese „Phase" vorübergehend in der Tat zu einer Stufe, einem Lernplateau werden, aber: Es kann eben auch sein, daß plötzlich eine neue Motivation nötig ist, weil der „Geist des Übens", wie O. F. Bollnow sein herrliches Büchlein genannt hat[30], abhanden gekommen ist. So greifen also alle vier Rhythmen ineinander und sind nur im Idealfall so konsekutiv wie in unserer Abbildung.

„*Varietas delectat*"! – heißt es bei *Cicero*[31]: Abwechslung erfreut, auch die Schüler, die womöglich unter nichts in der modernen Schule mehr leiden als (nein, nicht unter der Angst, sondern) unter der Langeweile, die *Herbart* als „die ärgste Sünde des Unterrichts" bezeichnet hatte[32]. Freilich: Ob der einzelne Lehrer diese oder jene Methode bevorzugt, wann sie in welcher Dominanz zu welchem Inhalt „paßt", ob sie schülerbezogen, handhabbar sowie in diesem oder jenem Kontext legitimierbar und (vor allem) unter diesen oder anderen Umständen überhaupt realisierbar ist, das kann keine Theorie entscheiden, sondern nur der souveräne Praktiker, die kompetente Praktikerin selbst. Schulreform ist eine Einladung zur gewollten und zur möglichen Verbesserung von Unterricht und Schulleben, nicht aber das pädagogisch-didaktische Über-Ich von Lehrer/innen.

* * *

Ehe wir diesen zweiten Raum verlassen, seien die möglichen Innovationen insofern zusammengefaßt, als zum einen die zentralen didaktischen Leitfragen bei der *Vorbereitung* von Unterricht aufgeworfen und zum anderen die wichtigsten Strukturen bei der *Planung* von Unterricht in Gestalt eines Unterrichtsentwurfs präsentiert werden. Beide Erkenntnisse aus der Werkstatt der Kommunikativen Didaktik sind deshalb hier ausgewählt worden, weil sie der Realisation von möglichen Verbesserungen – nach meiner Erfahrung – nicht ganz undienlich sind[33]. Zuvor wollen wir in der Abb. 37 das Analyse- und Planungsraster der hier vertretenen Didaktik zusammenfassend skizzieren. Es ist nicht als Schema für den sich vorbereitenden Lehrer gedacht, sondern dient dem Aufbau bzw. der Re-Aktivierung eines didaktischen Problembewußtseins, das andere (etwa das von *W. Klafki* oder das von *P. Heimann/G. Otto/W. Schulz*) nicht ersetzen, sondern bereichern will. Auf die störfaktoriale Dimension als dem eigentlichen Novum der Kommunikativen Didaktik wird im nächsten Zimmer dieses Stockwerks eingegangen – ich bitte um Geduld. Nun zum Kern didaktischer Überlegungen.

Abbildung 37: Analyse- und Planungsraster der Kommunikativen Didaktik

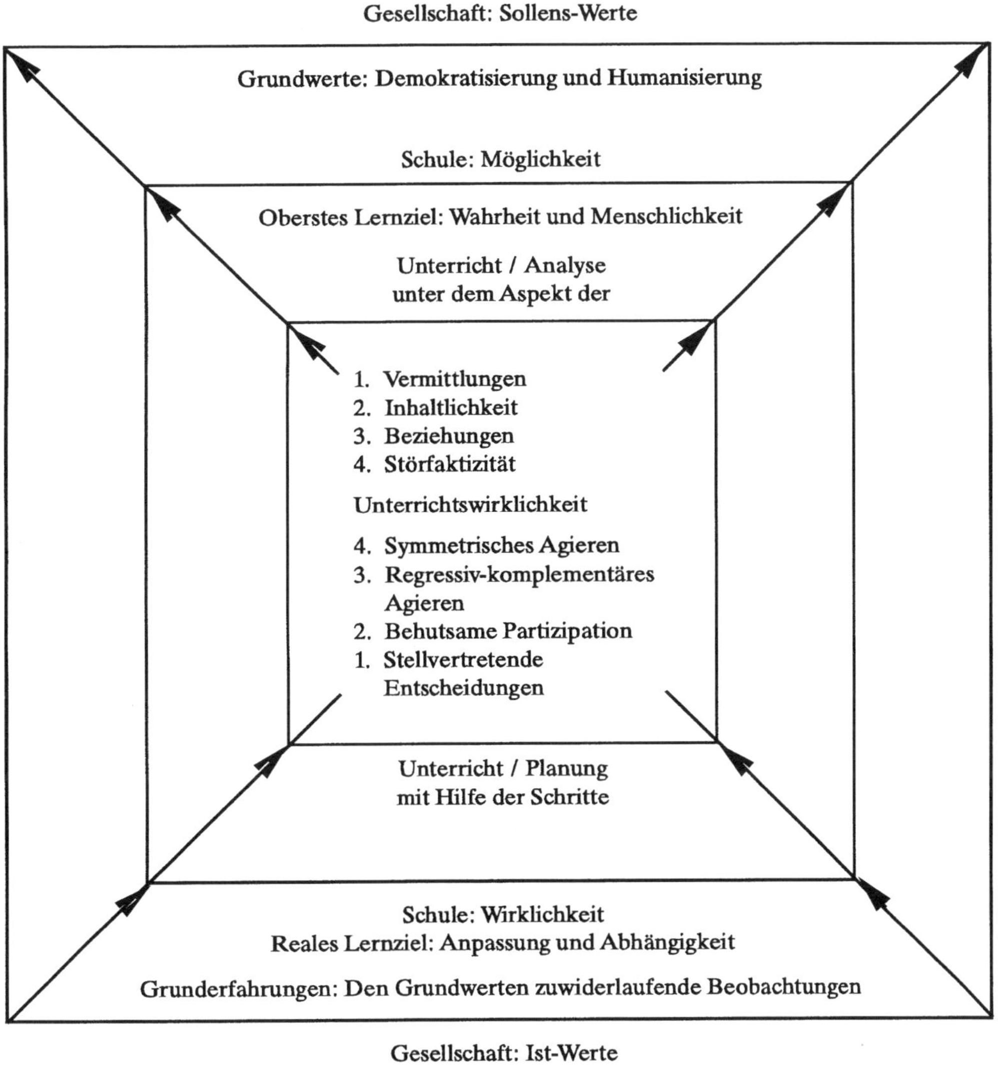

Auch die folgenden Leitfragen sind keine Gliederungspunkte für Unterrichtsentwürfe und wollen ebenso wenig wie *Klafki*s fünf bzw. sieben Analysefragen Unterricht unmittelbar vorbereiten. Sie dienen statt dessen der Verbesserung eines hinreichenden didaktischen Denkens als Voraussetzung didaktischen Handelns. Und selbstverständlich wollen und dürfen die folgenden Fragen weder isoliert behandelt werden noch sich dadurch selbst sterilisieren, daß sie gleichsam eine Kanonisierung erheischen. Das Gegenteil ist intendiert: So wie zum Beispiel geschichtliche Darstellungen stets neu geschrieben werden müssen, sollen diese Leitfragen immer wieder durchdacht, d. h. aktualisiert, um- und neugeschrieben und von Lehrenden und Lernenden verändert werden. Wichtig ist, daß sie die hier gemeinten Problemzonen heutigen didaktischen Denkens und Handelns wirklich berühren – in welcher Form auch immer.

1. Voraussetzungen

Die Bedingungen der Möglichkeit jedweden Unterrichts liegen darin begründet, daß da jemand (oder eine Gruppe) ist, der (oder die) etwas zu lehren hat bzw. zu lehren vermag, was ein anderer (oder eine andere Gruppe) auch tatsächlich lernen will bzw. zu lernen in der Lage ist. Von daher lautet die

***1. Frage**: Sind die(se) Bedingungen und Voraussetzungen des Unterrichts hier und jetzt überhaupt hergestellt, nur teilweise vorhanden oder noch gänzlich illusionär, so daß erst einmal die Ursachen dieses Dilemmas (der Destruktion der Einheit von Lehrangebot und Lernbereitschaft nämlich) erforscht und gezielte Verbesserungen ins Auge gefaßt werden müssen?*

2. Didaktik als Analyse und Planung

Didaktik ist die (kritische) Analyse momentan-defizitären *und* die (kommunikative) Planung eines zukünftig-besseren Unterrichts, so daß nach einem weiteren Problem wie folgt gefragt werden muß.

***2. Frage**: Mit welchen Mitteln und Verfahren soll momentaner Unterricht kritisch analysiert und gemeinsam mit Kollegen, (partiell auch mit) Eltern und Schülern so geplant werden, daß er „besser“ zu werden vermag, also zum Beispiel ergiebiger, freudvoller, spannender, emanzipatorischer etc. wird?*

3. Gegenwärtige, zukünftige und exemplarische Bedeutungen

Alles Lehren und Lernen basiert und zielt auf Bedeutungen, die gegenwärtige, zukünftige und exemplarische Dimensionen (auch in ihrer antinomischen Spannung zueinander) ausleuchten. Insofern hat zum Beispiel die Bildungstheoretische Didaktik zu Recht u. a. drei Bedeutungsfragen gestellt, deren Essenz hier wie folgt neu problematisiert werden soll.

***3. Frage**: Inwiefern sind die zu gestaltenden Lehr- und Lernprozesse (von -inhalten zu sprechen, wäre anachronistisch) hier und heute (ir-)relevant, von wahren, falschen oder oberflächlichen Bedürfnissen beeinträchtigt, von zukünftigen Notwendigkeiten her legitimiert oder in Frage gestellt bzw. zurückgewiesen, und welche allgemeinen, basalen und typischen Erkenntnisse und Fähigkeiten sollen an den ausgewählten Lehr- und Lerndaten eigentlich gewonnen werden?*

4. Unterrichtsstörungen

Jeder Unterricht ist als ein kommunikativer Prozeß auch von den Axiomen jedweder Kommunikation gekennzeichnet – unter anderem von dem sogenannten Noise-Axiom, d. h. Unterricht ist prinzipiell störanfällig, was Bedrohungen der Kommunikation (etwa in Gestalt destruktiver Disziplinlosigkeiten), aber auch Chancen (etwa durch Aufdecken der berechtigten Ursachen und Signale) hervorzurufen vermag. Dieses grundlegende Merkmal läßt sich in den Problemhorizont der (Kommunikativen) Didaktik mit Hilfe einer vierten Frage transponieren.

***4. Frage**: Warum und mit welchen (oft verborgenen) Absichten wird unser Unterricht gestört bzw. mit welchen Störungen (von provokativen Akten bis hin zu Desmotivationen) muß in dem geplanten Unterricht aufgrund welcher Anzeichen gerechnet werden, und wie lassen sich solche gestörten Unterrichtsprozesse so produktiv gestalten, daß die darin liegenden Dechiffrierungsdaten erkannt und die Chancen einer Verbesserung des (oft leidigen) Unterrichts genutzt werden?*

5. Sachanalyse

Natürlich hat Unterricht aufklärende, erziehende und soziale Funktionen, verfolgt also sachliche, emanzipatorische und humane Ziele. Nur: Mit Ignoranten und Lust-und-Laune-Attitüden lassen sich solche Ziele kaum verfolgen (mit Drill und autoritärem Gehabe freilich auch nicht). Von daher steht die Analyse des jeweils zu lehrenden und zu lernenden Problems im Zentrum didaktischer Überlegungen, worauf mit den folgenden Worten hingewiesen werden soll.

***5. Frage**: Um was für ein konkretes Lehr- und Lernproblem handelt es sich hier und heute eigentlich; d. h. welche natur-, gesellschafts- und humanwissenschaftlichen, welche künstlerisch-ästhetischen, welche sportlichen, handwerklichen, technischen, medialen, religiösen oder politischen Phänomene müssen die Lehrenden so gut als möglich verstanden haben, ehe sie diesbezügliche Lernprozesse immer selbständiger arrangieren; mit anderen Worten: Wie mache ich mich selbst so sachkundig, daß es mir gelingt, andere entlang der zu lernenden Probleme auf die Ebene des Wissens, Könnens und Handelns kritisch-helfend zu führen – und zwar so, daß ich selbst dabei lerne?*

6. Methoden

Wer bloße Beliebigkeit vermeiden und dennoch Spontaneität zulassen will, also so offen bzw. informell wie möglich und so geschlossen bzw. formell wie notwendig Unterricht arrangieren möchte, kann Probleme nicht von Methoden, Ziele nicht von Wegen trennen, muß also dem Was immer auch ein Wie zuordnen und umgekehrt, was eine weitere Frage in Erinnerung ruft.

6. Frage*: Mit Hilfe welcher Methoden (es gibt mindestens siebzehn!) lassen sich solche Zugänge zu den zu lernenden Problemen und Einsichten, den Informationen und Sachverhalten schaffen, daß den unterschiedlichen „Lerntypen“ (Schülern) ebenso Gerechtigkeit widerfährt wie den Anforderungen der diversen „Lerndaten“ (komplexer Probleme)?*

7. Mitbestimmungsmöglichkeiten und Gemeinsinn

Nur eine Gesellschaft, die sich auch und erst recht in ihren Bildungseinrichtungen um die Partizipation aller (Beteiligten) bemüht, kann beanspruchen, (zumindest tendenziell) eine demokratische zu sein – das gilt für Kindergärten genauso wie für Schulen, für Unversitäten nicht weniger als für Priesterseminare. So gesehen ist Didaktik (als Theorie des Lehrens) immer auch Mathetik (eine Theorie des Lernens) – um der Bildung aller willen. Auf die Behutsamkeit des prozessual-dynamischen Handhabens von Mitbestimmung auf der Basis einer wachsenden Kompetenz sowie in Verantwortung gegenüber dem Wohl und Wehe aller und jedes einzelnen kommt es an, worauf die folgende Frage aufmerksam machen möchte:

7. Frage*: Wie können die Schüler (peu à peu und in kleinen Schritten oder auch über stellvertretende Entscheidungen der Eltern) so an der Planung, Gestaltung und Auswertung des Unterrichts beteiligt werden, daß ihnen zunächst über die Transparenz des Lehr- und Lerngeschehens allmählich eine Mitbestimmung und schließlich die volle Selbstbestimmung ihres eigenen Lernens in einer Gemeinschaft möglich wird? Mit anderen Worten: Wie lassen sich didaktische und mathetische Gesichtspunkte so miteinander verknüpfen, daß die Erkenntnis von Wahrheit und die Ausbreitung von Menschlichkeit (nicht nur, aber) auch durch Unterricht und Schule hier und jetzt befördert werden?*

8.
Lehr- und Lerndiagnosen

Wer etwas lehrt oder lernt, hat ein Recht darauf zu erfahren, ob er die Ziele seines Bemühens erreicht hat und welche Schwierigkeiten bzw. Fehler leider noch Sorgen und Nöte bereiten. Deshalb wird die Kommunikative Didaktik auch das Problem der Lehr- und Lernzielbeurteilung aufwerfen müssen, wobei sie sich scharf gegen solche Didaktiken wendet, die zwar emanzipatorische Lippenbekenntnisse ablegen, aber letztlich (zum Beispiel über eine rigide Notengebung oder selektierende Testverfahren) doch wieder alten Wein in neue Schläuche gießen. Nicht den Lernerfolg von *Mark* im Vergleich zu *Nicole* gilt es – möglichst objektiv, reliabel und valide – zu messen, sondern die jeweiligen Lernprozesse immanent unter lerndiagnostischen Gesichtpunkten zu betrachten, d. h. *Mark*s Leistung in erster Linie mit sich selbst (also mit seiner persönlichen Lernographie) zu vergleichen. Deshalb eine

***8. Frage**: Sind die vorher aufgestellten und die im Verlauf des Lehrens und Lernens hinzugekommenen Lehr- und Lernziele im Fortgang des unterrichtlichen Kommunikationsprozesses bestätigt, eventuell revidiert oder durch neue und andere ersetzt worden; und wie können wir uns selbst und andere anhand welcher Lernleistungen darüber informieren, welche Ziele wir nun tatsächlich erreicht, welche wir verfehlt oder welchen Zielen wir uns lediglich (warum?) und nur entlang von Schwierigkeiten und Fehlern (welchen genau?) in etwa angenähert haben?*

9.
Beziehungen, Gefühle und Körperlichkeit

In jedem Unterricht sitzen – so banal die folgende und leider oft mißachtete Feststellung klingen mag – Lehrer und Schüler „aus Fleisch und Blut“: Menschen also mit bestimmten Gedanken (im Kopf), Gefühlen (im Herzen) und Handlungs- bzw. Bewegungsbedürfnissen (im Körper), so daß auch die folgende Frage immer wieder von denen gestellt werden muß, die Unterricht vorbereiten, durchführen und auswertend beurteilen.

***9. Frage**: Welche Beziehungen zwischen Lehrern, Eltern und Schülern sind innerhalb und außerhalb des Klassenraumes zu beobachten, als angenehm oder unangenehm, als lernförderlich oder lernhemmend zu erkennen; welche Gefühle und körperlichen Bedürfnisse müssen (wie?) beachtet werden, damit kognitive Leistungen nicht erfrieren bzw. vertrocknen; kurz: Wie kann die „übergangene Sinnlichkeit“ rückgängig gemacht werden und wie können „Stätten der Begegnung“, ja gleichsam „Nischen der Zärtlichkeit“ in der Schule installiert und ausgestaltet werden?*

10. Schule und Gesellschaft

Letztlich dient jede Schule, jeder Unterricht und jede Erziehung dem individuellen und gesellschaftlichen Fortschritt (oder erschwert und verunmöglicht ihn). Dies muß nicht an jedem „Knieaufschwung am Reck" bewiesen werden – und doch: Unterrichtliches Lehren und Lernen hat sich in seiner letztlichen Bedeutung grundgesetzlich zu legitimieren, so daß man immer wieder (nicht permanent) dies zu bedenken hat.

10. Frage*: Ist unser Unterricht unter den vier Aspekten der Vermittlungen, der Inhaltlichkeit, der Beziehungen und der Störfaktizität ..., ist unser Lehren und Lernen bezüglich des Was, des Wie, des Warum und des Wozu so organisiert und teleologisch strukturiert, daß in ihm Wahrheit und Menschlichkeit erfahrbar werden, daß also (auch) durch ihn letztlich Freiheit, Gleichheit und Brüderlichkeit bzw. Schwesterlichkeit als potentiell bessere Lebensführungen (denn Knechtschaft, Ungerechtigkeit und Ausbeutung bzw. Herrschaft) möglich werden und daß mit seiner Hilfe die oft beschworene „emendatio rerum humanarum", wie Comenius die Verbesserung der menschlichen Dinge nannte, nicht zur Illusion gerinnt, sondern als zu gestaltende Aufgabe uns allen anheimgegeben bleibt?*

Aus solchen Fragen heraus entstehen konkrete Unterrichtsplanungen, die komplexe Unterrichtseinheiten oder auch einzelne Stundenentwürfe konstituieren. Die Abbildung 38 präsentiert einen möglichen. Natürlich wird kein erfahrener Lehrer jede Stunde schriftlich vorbereiten (müssen); andererseits kann er um so professioneller handeln, je gründlicher er sich (vorher und begleitend) theoretisch (und das heißt auch gelegentlich: schriftlich) mit den Problemen des Unterrichtens beschäftigt hat. Nur in einer sich der Theorie immer wieder zuwendenden Praxis liegt deren reformerisches Potential, und nur eine sich gegenüber der Praxis legitimierende Theorie verhindert ihre Sterilität. Nichts anderes hatte *Herbart* gemeint, als er in seiner ersten Vorlesung über Pädagogik (1802) sagte: „Im *Handeln* nur lernt man die Kunst, erlangt man Takt, Fertigkeit, Gewandtheit, Geschicklichkeit; aber selbst im Handeln lernt die Kunst nur *der*, welcher vorher im Denken die Wissenschaft gelernt, sie sich zu eigen gemacht, sich durch sie gestimmt"[34] hat – und diese Dialektik von durchdachtem Handeln und aufs Handeln gerichtetem Denken (s)ein Lehrerleben lang nicht aufgibt, so möchte ich hinzufügen. Zwei Erkenntnisse scheinen besonders wichtig und verdanken den Vorarbeiten von *Ernst Meyer*[35] viel: Ein beweglicher Unterricht rhythmisiert sich zwischen einem zu arrangierenden Problem, Inhalt, Curriculum auf der einen und bestimmten Lösungssituationen bzw. Zielen auf der anderen Seite, die wir als mehr oder weniger geschlossen oder offen identifiziert hatten. In diese Bewegung hinein greifen die verschiedenen Vermittlungshilfen personaler, methodischer, medialer, ästhetischer u.a. Art. Und zweitens sollten wir nicht vergessen, daß ein solches Schema die geronnene Fixierung einer Momentaufnahme

Abbildung 38:
Schema eines Unterrichtsentwurfs aus der Sicht Kommunikativer Didaktik

4. Schuljahr einer großstädtischen Grundschule / Frühlingszeit

Planung des Unterrichts

Analyse- und Planungskorrekturen

Unterrichtsentwurf „Die Geheimnisse eines Gedichtes oder: Was heißt es, einander liebhaben?“

Zeit in Min.	Arrangement	Vermittlungshilfe	Lösungssituation / Ziel	Kommentar
1.– 5.	1. Begrüßung, Vorstellung und Einstimmung *Lockere Gesprächshaltung*	1. Einige Strophen des Liedes „Die Vogelhochzeit“	1. Entspannte Grundhaltung ermöglicht (halb offen)	1. *Kontaktierung:* Da sich Lehrer und Schüler noch nicht kennen, mit Neugier und Hemmungen rechnen
5.–10.	2. Themenstellung: Einander liebhaben *Zielgerichtete Gesprächshaltung*	2. Wechselseitige Gesprächsbeiträge	2. Neugier geweckt (offen)	2. *Motivation:* Unterschiedliche Erfahrungen der Kinder berücksichtigen
10.–15.	3. Das Gedicht „Der Garten des Herrn Ming“ *Lehrerdarbietung*	3. Gedichtvortrag (ohne die Überschrift mitzuteilen)	3. Begegnung mit dem Lerngegenstand hergestellt (geschlossen)	3. *Darbietung:* Auf Konzentration und kindgemäße Dramaturgie achten; evtl. Text verteilen und neuerlich rezitieren (lassen)
15.–25.	4. Die Geheimnisse des Gedichtes (a) *Entwickelndes Lehrgespräch*	4. Die Sprachbilder des Gedichtes	4. Wir ahnen, empfinden und erkennen erste Problemschichten des Gedichtes (halb offen)	4. *Erarbeitung:* Die Balance zwischen Reden-wollen und Zuhören-müssen herstellen
25.–35.	5. Die Geheimnisse des Gedichtes (b) *Gruppenarbeit*	5. Drei Arbeitsaufträge	5. Bearbeitung wenigstens eines der drei Arbeitsaufträge (geschlossen)	5. *Vertiefung:* Mentorenhaftes Betreuen der Gruppen
35.–45.	6. Glück und Unglück in der Liebe *Schülerdarbietung und Diskussion*	6. Gruppenberichte	6. Austausch der Arbeitsergebnisse	6. *Sicherung:* Festhalten und evtl. Verdeutlichen der Ergebnisse
45.–50.	7. Verabschiedung *Lockere Gesprächshaltung*	7. Weitere Strophen des Liedes „Die Vogelhochzeit“	7. Entspannte Grundhaltung ermöglicht (halb offen)	7. *Loslösung:* Fließender Übergang in die Pause

Es folgen evtl. Überlegungen zum:

1. Vermittlungsaspekt: Einüben von Rezitationen und Schülerdarbietungen (Referate) im Kontext arbeitsteiliger Gruppenarbeiten
2. Inhaltsaspekt: Bezüge zur aktuellen Friedensbewegung behutsam herstellen
3. Beziehungsaspekt: Das wechselseitige Hinhören erfahrbar machen
4. Störfaktorialer Aspekt: Wie erleichtern wir unseren ausländischen Mitschülern die Teilnahme am Unterricht?

Planungs- und Analysekorrekturen

Analyse des Unterrichts

ist, die in der Realität so kaum festzuhalten ist. Statt dessen greifen die einzelnen „Phasen“, „Spiralen“ oder auch „Rhythmen“ ineinander, kehren zurück, eilen voraus – und doch wird man dieses eher fließende Geschehen mit all seinen komplexen und widersprüchlichen Phänomenen nur dann begreifen und zu gestalten vermögen, wenn man es in Ruhe, Distanz und als Momentaufnahme bzw. idealtypisches Konstrukt betrachtet. Auch der in der Pathologie sich aus- und fortbildende Mediziner sieht dort kein einziges lebendiges Herz. Wie aber sollte er – sagen wir – jemals am lebenden, am offenen Herzen operieren können, wenn er nicht immer wieder die nicht mehr lebenden koronaren Defekte studiert, und zwar an ('leblosen') Modellen?

*

Damit ist eine zweite Erholungspause fällig. Seien Sie auf den Nachbarbalkon eingeladen, wo Sie es sich gemütlich machen mögen beim – hoffentlich schmunzelnden Wiedererkennen des einen oder anderen Schülers, den Ihnen abermals der weltberühmte Bildungsforscher *W.v.d.L.* in seiner unnachahmlichen Diktion präsentieren möchte.

2. Balkon: Schülertypen

Bildungsforscher Prof. Dr. Walter von der Lümmelwiese, M.A., aus dem Institut für Pädagogische Höchstleistungen (IFPH), äußert sich heute zum Thema:

Schülertypen

Parallel zu unseren Forschungen über verschiedene Lehrertypen hat ein aus vier europäischen, drei asiatischen und zwei nordamerikanischen Ländern zusammengesetztes Expertenteam in den letzten zwölf Monaten eine repräsentative Schülerpopulation (n = 47 11) auf ihre typischen Verhaltensweisen hin beobachtet, befragt und getestet, wobei insgesamt fünf Typen eindeutig voneinander unterscheidbar sind und sich die Verteilungsquanten (Σ aller Schüler/innen an deutschen Schulen: 9 345 102) im Verhältnis 1 : 3 : 3 : 1 : 2 präsentieren.

Typ 1:
Der eindeutige Streber – fällt dadurch auf, daß er eine vorauseilende Mathetik (Lernweise) an den Tag sowie mitten in die Stunde legt. Seine bevorzugte Taktik besteht darin: Die Lehrperson von links unten nach rechts oben anschauen, die Ohren nach vorne klappen, die Suggestivfrage beantworten, ehe sie gestellt ist, und anschließend den Oberkörper um 18 Grad nach vorne neigen. Allerdings hat die feministische Zusatzerhebung insofern eine geschlechtsspezifische Abweichung erbracht, als Schülerinnen ab dem 14./15. Lebensjahr die Neigung des Kopfes bevorzugen, was auf dem Fünf-Prozent-Niveau hochsignifikant ist. (Frau Prof. Dr. Grüner hat sogar Signifikanzen auf dem Ein-Prozent-Niveau aufgrund ihres „erkenntnisleitenden Interesses" gefunden!) In einigen Fällen konnte bei diesem Schülertyp Schweißausbruch und Mundgeruch festgestellt werden, vor allem wenn der jeweilige IQ unter einem Mittelwert von 90 Punkten lag.

Typ 2:
Der hartnäckige Störer – bevorzugt die „Sächsische Stundeneröffnung": bewegungsloses Verharren in den ersten drei Minuten, abruptes und lautstarkes Niesen zu Beginn der vierten Minute und spätestens nach dem zweiten einverleibenden Wir („Jetzt wollen wir aber anfangen ...") die halblaut geäußerte Bemerkung: „Wie, Sie auch?" Da diese Eröffnung bei 82 Prozent aller Lehrpersonen zu einer erheblichen Verunsicherung führt, kann er in den folgenden 30 Minuten ein variantenreiches Störrepertoire entfalten, das sich jedoch von der „Feuerzangenbowle" insofern unterscheidet, als heutzutage solche Schüler mit allen Wassern gewaschen sind. Es kommen vor – in dieser Reihenfolge: Variationen von Werbesprüchen („Man denkt

sich ja sonst nichts!“); originelle Bewegungen (Tischhüpfen, um einen Wassertropfen aus dem Ohr zu befördern) sowie blitzartige Irreführungen (etwa mit Hilfe eines im Rucksack des Strebers deponierten Faxgerätes). Über 90 Prozent aller Lehrpersonen beenden diesen gestörten Unterricht übrigens mehr als pünktlich – mit Hilfe des „Schwäbischen Rückzugs“: dreimaliges Rollen der Augäpfel, zweimaliges Ohrenwackeln, 30 Sekunden autistisches Verstummen und schließlich mit über 79 Dezibel Herausbrüllen der Hausaufgabe.

Typ 3:
Der Medienfreak – fällt schon rein äußerlich durch seine reichhaltige Ausstattung auf. Vor jeder Stunde stellt er seinen Laptop an; die Erläuterungen der frontalunterrichtlich agierenden Lehrperson nimmt er auf Kassette auf; während der Stunde läßt er sich, um nicht unaufmerksam zu werden, in unregelmäßigen Abständen über seinen Handy (lies: über sein Mobiltelefon) anrufen; und auch auf der Toilette ist sein Walkman wirklich sein *walk-man*. Gelegentlich betätigt er seine Fernbedienung, um sich in das Programm anderer Stunden einzuschalten, was aber nur in multimedial verkabelten Schulen gelingt und bei allen noch auf herkömmliche Weise konsumierenden Schülern zu erheblichen Frustrationen führt, die sich aggressiv äußern können. Geschickte Lehrpersonen haben für solche Fälle eine Diskette bereit, mit deren Hilfe der betreffende Schüler in die *virtual reality* ausweichen und im *Internet* oder *cyber-space* landen kann (ab 18 Jahren auch *cyber-sex*). Vorsicht walten lassen und am besten eine Krankmeldung ins Auge fassen sollte man bei eventuellen Stromausfällen!

Typ 4:
Das somnolente Karnickel – scheint, vor allem in seiner weiblichen Form, zum Lieblingsschüler der meisten Lehrer zu zählen. Es stört nicht, schaut mit offenen Augen und halbgeöffnetem Mund, aus dem ab und zu ein wenig Speichel fließt, auf einen imaginären Punkt etwa eineinhalb Meter hinter und 40 Zentimeter über der Lehrperson, nickt gelegentlich zustimmend und erweckt den Eindruck eines physisch anwesenden, mental vor dem Tie-Break befindlichen und emotional im psychedelischen Zustand verharrenden Dauerlerners, den nur der alle 45 Minuten zu hörende Gongschlag dazu anleitet, den Vorhang der Pupille lautlos aufzuschieben, um sich beim nächsten Gongton wieder in die gewohnte Positur zu begeben. Gelegentliches Streicheln ist diesem Schülertyp durchaus bekömmlich.

Typ 5:
Der Emospezialist – dürfte zur Belebung eines jeden Unterrichts Entscheidendes beitragen, wenn man ihn nur hinreichend gewähren läßt. Ob im Frontal-, Gruppen- oder Projektunterricht, ob im Stuhlkreis, außerschulischem Feld oder Abitur, ob inmitten offener Unterrichtsformen, frontaler Berieselungen oder knallharter Klassenarbeiten ..., dieser Typ bringt sich immer ein, grenzt nichts aus, argumentiert aus dem Bauch heraus, sagt, wie er sich fühlt (und zwar hier und jetzt), gibt auch hilfreiche Feedbacks (vor allem über die Körpersprache) und ist immer identisch mit sich, also spontan, kreativ und ganzheitlich. Wenn dieser Schülertyp sein Pendant unter

den unterrichtenden Lehrpersonen gefunden hat, kommt es zu einem totalen *matching*, das selbst der Typ 2 kaum zu unterbrechen wagt. Lediglich Lehrer Dr. Specht vermag solche Lehrer-Schüler-Symbiosen, zumindest vorübergehend, zu lockern. Übrigens: Schon in der Grundschule bildet sich dieser Schülertyp aus. Die vier Grundrechenarten zum Beispiel werden von ihm ganz verschieden „affektiv besetzt“: Subtraktionen und Divisionen (!) lehnt er aufgrund ihrer destruktiven Machart und militaristischen Konnotationen „spontan“ ab, während ihm die Additionen und vor allem die Multiplikationen „unheimlich“ sympathisch sind. Der Emospezialist will nun mal alles, und zwar sofort.

Mähr dadrüber find'n Se in meim Buch: Dibologie des Schölers und der Schölerin. Dräsdn: Agademia-Verlach 1996. 9 345 102 Seiten. DM 0,54 b (brutto).

Anmerkungen und Literaturhinweise

1 *Georg Wilhelm Friedrich Hegel*: Die Verfassung Deutschlands. (Or. 1802) In: *Ders.*: Werke. Bd. 1. Frankfurt/M.: Suhrkamp 1971, S. 449 – 610, zit. S. 463.

2 Vgl. *Ruhr-Nachrichten*, Nr. 2, vom 3.1.1996, S. M 3.

3 Vgl. *Frankfurter Allgemeine Zeitung*, Nr. 2, vom 3.1.1996, S. 1.

4 Vgl. Anm. 2.

5 *Statistisches Bundesamt* (Hrsg.): Bildung im Zahlenspiegel 1995. Wiesbaden-Stuttgart: Statistisches Bundesamt/Metzler-Poeschel 1995. Die exakten Zahlen finden sich auf S. 46 u. 42.

6 Vgl. bes. seine beiden Standardwerke: *Frederic Vester*: Denken, Lernen, Vergessen. (Or. 1975) München: Deutscher Taschenbuch Verlag 20.1993. *Ders.*: Phänomen Streß. (Or. 1976) München: Deutscher Taschenbuch Verlag 7.1985.

7 Vgl. *Howard Gardner*: Der ungeschulte Kopf. Wie Kinder denken. (Or. 1991) Stuttgart: Klett-Cotta 1993.

8 Vgl. *Jochen Grell/Monika Grell*: Unterrichtsrezepte. (Or. 1979) Weinheim-Basel: Beltz 10.1994.

9 *Theodor Schulze*: Schule im Widerspruch. München: Kösel 1980. *Schulze* ist auch Mitherausgeber der beiden Bände von *Friedrich Schleiermacher*: Pädagogische Schriften. Frankfurt/M.-Berlin-Wien: Ullstein Taschenbuch 1983f.

10 *Friedrich Schleiermacher*, a. a. O., Bd. 1, bes. S. 56ff.

11 Vgl. *Rainer Winkel*: Antinomische Pädagogik und Kommunikative Didaktik. Düsseldorf: Schwann 1.1986; 2.1988. Neuausgabe: Baltmannsweiler: Schneider 1997.

12 *Manfred Büttner* (Hrsg.): Neue Lerninhalte für eine neue Schule. Neuwied: Luchterhand 1992.

13 *Friedrich Copei*: Der fruchtbare Moment im Bildungsprozeß. Heidelberg: Quelle & Meyer 1.1950; 7.1963.

14 Vgl. zur ATI-Forschung: *Ralf Schwarzer/Klaus Steinhagen* (Hrsg.): Adaptiver Unterricht. München: Kösel 1975.

15 *Heinrich Roth*: Pädagogische Psychologie des Lehrens und Lernens. Hannover 1.1957; 16.1983, S. 121.

16 *Hans Jürgen Apel*: Theorie der Schule. Donauwörth: Auer 1995, S. 127.

17 Diese Abbildung fußt auf entsprechenden Vorlagen in dem Buch von: *Karl-Hermann Schäfer/Klaus Schaller*: Kritische Erziehungswissenschaft und kommunikative Didaktik. Heidelberg: Quelle & Meyer 1.1971; 3.1976, S. 208 – 210.

18 Vgl. z. B. *David Warwick/Rainer Winkel* (Hrsg.): Alternativen zur Curriculumreform oder: Fünf englische Schulen berichten. Heidelberg: Quelle & Meyer 1975, bes. S. 14ff.

19 *Bertolt Brecht*: Die Gedichte in einem Band. Frankfurt/M.: Suhrkamp 1981, S. 968.

20 Ebd., S. 976.

21 *Hilbert Meyer*: Unterrichtsmethoden. Bd. 1: Theorieband. Bd. 2: Praxisband. Frankfurt/M.: Scriptor 3.1990.

22 *Ewald Terhart*: Unterrichtsmethoden als Problem. Weinheim-Basel: Beltz 1983. *Ders.*: Lehr-Lern-Methoden. Eine Einführung in Probleme der methodischen Organisation von Lehren und Lernen. Weinheim-München: Juventa 1989. Und: *Bijan Adl-Amini/Theodor Schulze/Ewald Terhart* (Hrsg.): Unterrichtsmethode in Theorie und Forschung. Weinheim-Basel: Beltz 1993. Vielleicht ein paar Worte zur Kritik *Terhart*s und *Adl-Amini*s an dem hier neuerlich vorgelegten Klassifikationsschema. *Terhart* schreibt (1989, a.a.O., S. 31): „Dieser Kassifikationsversuch ist m. E. sehr formal gehalten, da ein inhaltsleeres Kriterium (Anzahl der 'Bezüge') zur Systematisierung benutzt wird. Deshalb vermag es weder in theoretischer noch in praktischer Hinsicht zu orientieren." Gegen diese Kritik sind zwei Einwände vorzubringen: Zum einen spielt sie „formale" Kriterien gegen „inhaltliche" Füllungen aus – was immer dies sein mag. So als seien die letzteren den zuerst genannten *per se* überlegen. Wenn dies stimmt, dürfte z. B. kein Historiker Zeiteinteilungen vornehmen, denn nackte Jahreszahlen sind die formalsten Bestimmungsmomente eines historischen Sachverhaltes, ohne die jedoch inhaltliche Bedeutungen gleichsam herumschwirren. Mit diesen in manchen politischen Diskussionen oder Talk-Show-Veranstaltungen vorgebrachten Bewertungen mag man einem auf schwarz-weiß getrimmten Publikum imponieren, hier hält es keiner Nachprüfung stand. Der zweite Einwand betrifft die Sache selbst: Wenn jemand, sagen wir, von „der Zeit 33 bis 45" spricht, dann macht er – vordergründig – eine rein formale, eine quantitative Aussage. Aber mitgemeint sind bei ihm und seinen Gesprächspartnern eine Fülle von inhaltlichen, von qualitativen Bedeutungen – vom Holocaust bis hin zum Attentat. Ähnlich sind die hier geordneten 17 Methoden – zunächst einmal – nach formalen Gesichtspunkten (der durch sie zu aktivierenden kommunikativen Bezüge) aufgelistet worden. Ich will ja nicht polemisieren, aber: Wer seinen Lesern suggeriert, der Ordnende habe damit nicht nur Formalien über Inhalte gestellt, sondern gar keine Inhalte mitgemeint – von einer guten Rechtschreibung bis hin zur Vermeidung destruktiver Störungen -, der hat entweder die einschlägigen Arbeiten des kritisierten Kollegen nicht zur Kenntnis genommen oder aber ...

Auch die Kritik *Adl-Amini*s überzeugt (mich) nicht. Er schreibt (1993, a.a.O., S. 90): „Man braucht nur die Großgruppe etwas zu vergrößern, und schon erlebt man bei gleichbleibender Anzahl der Interaktionspole den Umschlag des Großgruppenunterrichts in Frontalunterricht." Der damit gemeinte immanente Vorwurf lautet, ich würde mit meinem Raster jederzeit einem Umschlag gruppenunterrichtlicher Methoden in frontalunterrichtliche Sequenzen Vorschub leisten. Dabei habe ich an vielen Stellen just das Gegenteil gesagt und geschrieben und z. B. bereits in der Urfassung (1982) darauf hingewiesen, daß die Lehrerdarbietung eine 4polige Interaktionsform aufweist, zumal sie Lehrer, Schüler, Mitschüler und Gegenstände kommunikativ vernetzt; daß ein Frontalunterricht vom Muster „Lehrer-Klassenblock" eine geradezu „entartete Lehrerdarbietung" genannt werden muß (Vgl. Anm. 23, S. 17), so daß mir dieser spontane Umschlag des Großgruppenunterrichts in einen Frontalunterricht schier ein Rätsel ist – es sei denn, man kennt die didaktischen Plädoyers des Kritisierten nicht oder aber ... *honni soit qui mal y pense*.

23 Vgl. *Rainer Winkel*: Die siebzehn Unterrichtsmethoden. In: *Herbert Gudjons* u. a. (Hrsg.): Unterrichtsmethoden. Braunschweig: Pedersen 1.1982. Hamburg: Bergmann & Helbig 3.1991, S. 11 – 23.

24 Vgl. *Ewald Terhart*: Lehr-Lern-Methoden. A.a.O., 1989, wo er auf S. 75 schreibt: „'Die' beste Methode gibt es nicht – sofern man die gemessene Lernleistung der Schüler als Effektivitätskriterium zugrunde legt. Mit schöner Regelmäßigkeit zeigten sich entweder keine Differenzen, oder aber die Resultate fielen nicht eindeutig genug zugunsten dieser oder jener Lehrmethode aus." Und: *Ders.*: Der Stand der Lehr-Lern-Forschung. In: *Dieter Lenzen* (Hrsg.): Enzyklopädie Erziehungswissenschaft. Bd. 3. Stuttgart: Klett-Cotta 1986, S. 63 – 79. Vgl. dazu auch die kluge Schrift von *Erhard Guhl/Ernst H. Ott*: Unterrichtsmethodisches Denken und Handeln. Darmstadt: Wissenschaftliche Buchgesellschaft 1985.

[25] Vgl. aus der schier überquellenden Fülle lernpsychologischer Literatur den für Studierende und Lehrende am ehesten geeigneten Überblicksband von *Walter Edelmann*: Lernpsychologie. Eine Einführung. München-Weinheim: Psychologie-Verlags-Union 2.1986.

[26] *Heinz Heckhausen*: Motivation und Handeln. Lehrbuch der Motivationspsychologie. Berlin-Heidelberg: Springer 1980.

[27] Ich verweise nur auf zwei Publikationen: *Martin Wagenschein*: Die Pädagogische Dimension der Physik. Braunschweig: Westermann 1.1962; 4.1976. *Ders.*: Erinnerungen für morgen. Eine pädagogische Autobiographie. Weinheim-Basel: Beltz 1983.

[28] Vgl. dazu: *Rainer Winkel*: Zahnstocher und dramaturgische Regeln oder: Was ist (k)ein guter Frontalunterricht? In: Pädagogik, 42 (11/1990), S. 11 – 13.

[29] *Dietrich Benner/Jörg Ramseger*: Wenn die Schule sich öffnet. München: Juventa 1981. Und: *Dietrich Benner*: Auf dem Weg zur Öffnung von Unterricht und Schule. In: Die Grundschulzeitschrift, 3 (27/1989), S. 46 – 55.

[30] *Otto Friedrich Bollnow*: Vom Geist des Übens. Eine Rückbesinnung auf elementare didaktische Erfahrungen. Oberwil bei Zug: Kugler 1987. Ebenfalls immer noch lesenswert ist das Büchlein von *Karl Odenbach*: Die Übung im Unterricht. Braunschweig: Westermann 1.1963; 7.1981.

[31] *M. Tullii Ciceronis*: DE NATURA DEORUM. (Or. 44 v. Chr.) Für den Schulgebrauch erklärt von *Alfred Goethe*. Leipzig: B.G. Teubner 1887.
Die Wendung *varietas delectat* begegnet uns erstmals in der „Rhetorik an Herennius" eines unbekannten Autors, der beim Reden ein Heben und Senken der Stimme forderte, auf daß den Hörer vor allem die Abwechslung erfreut: *„Auditorem ... varietas maxime delectat."*
Das Zitat muß also korrekt lauten: *Varietas delectat.* Die *bereits vorfindliche* Vielfalt erfreut. (Demgegenüber meint *variatio* die *von uns hergestellte* Vielfalt!)
Bei *Cicero* fragt der Epikureer *Velleius* mit Bezug auf einen fiktiven Schöpfergott ironisch: „Warum sollte aber ein Gott wie ein Aedil das Weltall mit Sternenbildern und Himmelslichtern ausstatten? Vielleicht, um selbst besser zu wohnen? Als ob er vorher unendlich lange Zeit in der Finsternis, in einer elenden Hütte gehaust hätte! *Glauben wir denn wirklich, daß er später besondere Freude an der bunten Vielfalt gefunden hat, mit der wir Himmel und Erde geschmückt sehen? (Post autem varietatene eum delectari putamus, qua caelum et terras exornatas videmus?)* Welche Freude kann daran ein Gott haben? Wäre das wirklich so, denn hätte er nicht so lange darauf verzichten können." (S. 36, Lib. I, Cap. 9, § 22)
Auch bei *Cicero* wird also nicht das Wort *variatio*, sondern der Begriff *varietas*/Vielfalt verwendet. Noch weiter zurückverfolgen läßt sich das lateinische Sprichwort bis auf *Euripides*, in dessen „Orestes" (234) es heißt: „Veränderung ist in allem süß", ein Gedanke, den auch *Aristoteles* mehrfach aufgegriffen hat.

[32] Vgl. *Johann Friedrich Herbart*: Allgemeine Pädagogik aus dem Zweck der Erziehung abgeleitet. (Or. 1806) In: *Ders.*: Pädagogische Grundschriften. 2. Bd. Düsseldorf: Küpper 1965, S. 9 – 155, zit. S. 61.

[33] Wer darüber hinaus die verschiedenen didaktischen Theorien studieren möchte, den verweise ich auf folgende Literatur: *Herwig Blankertz*: Theorien und Modelle der Didaktik. München: Juventa 1.1969; 13.1991. *Herbert Gudjons* u. a. (Hrsg.): Didaktische Theorien. Braunschweig: Pedersen 1.1981. Hamburg: Bergmann & Helbig 6.1991. *Werner Jank/Hilbert Meyer*: Didaktische Modelle. Frankfurt/M.: Cornelsen-Scriptor 1991. *Friedrich W. Kron*: Grundwissen Didaktik. München: Reinhardt 1993. *Werner Wiater*: Unterrichten und Lernen in der Schule. Eine Einführung in die Didaktik. Donauwörth: Auer 1993. *Zeitschrift für Pädagogik*. 33. Beiheft: Didaktik und/oder Curriculum. Weinheim-Basel: Beltz 1995.

[34] Vgl. Anm. 32, 1. Bd. Düsseldorf: Küpper 1964, zit. S. 127.

[35] Vgl. vor allem: *Ernst Meyer*: Unterrichtsvorbereitung in Beispielen. Bochum: Kamp 1.1961; 16.1973. Ebenfalls hingewiesen sei auf die Neuausgabe seines Buches: Gruppenunterricht. Grundlegung und Beispiel. Baltmannsweiler: Schneider 1996.

3. Medien, Beziehungen, Störungen: Kommunikative Reformen

Beginnen wir die Erkundung und Renovierung dieses dritten Zimmers mit einer gar nicht so scherzhaft gemeinten Aufgabe.

ÜBUNG bzw. AUFGABE 9 (mit anderen, am besten mit 14 Mitspielern, wovon – nach Möglichkeit – wenigstens die Hälfte männlichen Geschlechts sein sollte):

Sie sollen sich in einer Gruppe auf verschiedene Rollen einigen: Eine/r übernimmt die Aufgaben eines Hochspringers, zwei sollen Tischtennis spielen, drei Handball, vier Eishockey und fünf Fußball. Zusätzlich sollen alle versuchen, einen Tennisball einen steilen Skihang hinaufzurollen, der aber inmitten eines großen Schwimmbekkens steht ...

Nun werden Sie vielleicht grummeln und dem Aufgabensteller zürnen, aber –: Sind die damit verbundenen Schwierigkeiten wirklich so absurd? Dann müßten viele der täglich erteilten 2,5 Millionen Unterrichtsstunden geradezu als wahnwitzige Veranstaltungen bezeichnet werden. Oder sind sie dies vielleicht? Wer die oft schier verzweifelten Bemühungen vieler Lehrer registriert, unter schwieriger werdenden Verhältnissen immer schwieriger werdenden Schülern immer schwieriger zu vermittelnde Lerninhalte nahezubringen, wird mit seiner sich vielleicht ankündigenden Entrüstung vorsichtig sein. Denn in der Schule, in keiner Schule, kann es *nur* Zufriedenheit, Glück und Konsens geben. Ein riesiger Forschungsbereich in der Psychologie, Psychiatrie und Pädagogik hat nachgewiesen, daß zum Lernen auch die Lern*störungen* gehören, zu den Beziehungen die *Konflikte*, zu den Medien die Fehlschaltungen ... kurz: Unterricht ist immer auch gestörter Unterricht[1]; Erziehung mißlingt häufig[2]; und Bildung bleibt ein Wagnis[3] – wie alles Menschliche. Nicht das Faktum des Ver- und Gestörtseins ist also beklagenswert, sondern lediglich die Tatsache, daß in der Schule so viele unnötige und sich destruktiv auswirkende Störungen entstehen und fortwirken – bei manchem ein Leben lang. *Ein* Grund für diese unnötige Schwierigkeit liegt darin, daß die *lernographische* Frage viel zu selten in der Lehreraus- und Lehrerfortbildung gestellt wird, die Frage also: Wie lernt der Mensch, speziell der Schüler, die Schülerin? Sie fungiert hier als Erkundungs- und Suchinstrumentarium. Zunächst aber müssen einige wichtige Befunde aus der Hirnforschung präsentiert werden[4]:

*

> *„Montagmorgen, erste Stunde; die Präpositionen mit dem Ablativ sind dran; ich möchte anfangen; Ingo redet mit seinem Nachbarn. Ich rufe ihn auf – dreimal; er hört nicht, so heftig bewegt ihn, was er da dem Martin erzählen will. Ingo ist ein intelligentes, nervöses, gutwilliges Kind. Sofort geht er auf meine Aufforderung ein, uns doch allen zu erzählen, was ihm da so wichtig sei. 'Gestern, im Fernse-*

hen ...' platzt es aus ihm heraus. Die Klasse wendet sich ihm zu, sie wird mucksmäuschenstill, sie weiß offenbar, worum es jetzt geht. Ingo beginnt: 'Also, da ging die Tür auf, und da kam der rein, und da sieht er den, und dann boing und bang und zzschsch ...' Er kann nicht erzählen; er kann nur diese Gesten machen, die comic-sounds ausstoßen. Das Chaos, das in ihm ist, wird er so nicht los. – Latein ist Sprachunterricht. Ich gebe guten Gewissens mein heutiges Pensum preis und helfe Ingo, für sein Erlebnis seine Sprache zu finden; später kann er dann für Cäsars Rheinbrücke und Ciceros 'Pro Milone' die lateinische lernen. 'Also, Ingo, jetzt einmal der Reihe nach: Wer kam da rein, wo kam er rein, wen hat er gesehen, was hat er gemacht ...?' So buchstabieren wir uns durch seine Vorstellung hindurch – eine ganze Stunde lang. Alle Schüler helfen mit. Es gibt unterschiedliche Wahrnehmungen, unterschiedliche Bewertungen, unterschiedliche Ausdrucksformen dafür. Das Gespräch setzt viel Erregung frei. Mein Nachfolger in der zweiten Stunde wird normalen Unterricht halten können.

Ingo hat am Samstag drei, am Sonntag zwei Filme gesehen – allein an diesem Wochenende fünf möglicherweise aufwühlende Geschichten in sich aufgenommen: ein Krimi mit spannender Handlung und undurchschaubaren Typen, einen Science-fiction-Film mit phantastischen, das heißt die Phantasie beschäftigenden Weltraumkörpern, einen Historienschinken mit alten Römern ('den muß ich dem Hentig erzählen'), einen Horror-Comic, den er nicht sehen durfte und der ihm darum ein schlechtes Gewissen bereitet, und einen Film über eine kaputte Ehe mit Liebesverrat und einem verlassenen Kind, in dem er sich selbst erkennt. Die Wirkungen sind um so schlimmer, je besser der Film ist – Tutti Frutti und Donald Duck gleiten an einer fernsehgeübten Kinderseele ab wie Wasser am Gefieder der Ente. Gesprochen hat er darüber mit niemandem ..."

Nun, diese Szene stammt nicht von mir, ich habe sie auch nicht erlebt. Ich fand sie in *Hartmut von Hentig*s Schrift: „Die Schule neu denken"[5]. Dieser Bericht macht uns auf drei Momente aufmerksam:

Erstens stimmt die Vermutung, daß sich Kinder und Jugendliche geändert haben. Zweitens stimmt die Vermutung, daß diese Veränderungen zum großen Teil durch die Neuen Medien verursacht worden sind.

Und drittens stimmt die Aussage, daß andere Schüler eine sich ändernde Schule brauchen, wenn das alte Anliegen, nämlich in und durch Schule Erziehung und Bildung zu erfahren, bestehen bleiben soll.

Wenn im folgenden von den Medien, speziell den Neuen Medien, die Rede ist, dann sind hier vor allem die elektronischen Medien gemeint, also diejenigen Mittler (das heißt ja „Medien" wörtlich), die Bilder und Töne transportieren, mit anderen Worten: die unseren Seh- und unseren Hörsinn treffen, visuelle und akustische Reize ausstrahlen und provozieren. Das können Fernsehbilder sein oder Walkman-Geräusche, Flipper-Automaten oder Video-Cassetten, das japanische Pachinko-Spiel (mit den berühmten hundert Stahlkugeln) oder die *Star-War-Games* aus den USA, in denen ganze Himmelskörper explodieren. Zunächst ein paar Daten und Zahlen[6]:

- Auf dem Video-Leihmarkt gibt es zur Zeit in der Bundesrepublik Deutschland über 16.000 Filme. Davon sind rund die Hälfte mit eindeutigen Gewalt- und Horrorszenen angefüllt.
- Eine normale Videothek bietet hierzulande etwa 3.000 Filme an, davon gut 60% pornographische Filme.
- Wöchentlich sind im bundesdeutschen Fernsehen etwa 500 Morde zu sehen. Der westdeutsche Bundesbürger sieht im Schnitt 161 Minuten lang fern, der ostdeutsche 199 Minuten, genauer gesagt:
- Kinder vom 6. bis zum 13. Lebensjahr etwa 80 Minuten, Jugendliche vom 14. bis zum 29. Lebensjahr etwa 90 Minuten lang – im Laufe ihres Lebens werden sie 9 Jahre vor dem Fernsehapparat gesessen haben.
- Das deutsche Fernsehen zeigt täglich etwa 35 Spielfilme, wobei die Aneinanderreihung der wöchentlich gezeigten Gewaltdarstellungen einen Film von 25 Stunden Dauer ergäbe.
- Ein 18jähriger Jugendlicher hat im Schnitt 18.000 Stunden ferngesehen (d. h. einige 24.000 Stunden, andere 12.000 Stunden) und dabei etwa 40.000 Totschläge, Vergewaltigungen, Morde, Schießereien, Raubüberfälle und ähnliche schwere aggressive Akte miterlebt. Aber was heißt schon „mit-erlebt“?
- Demgegenüber saß er nur 15.000 Stunden in der Schule. Aber was heißt schon: „Er saß“?
- Heavy-metal-Musik erreicht nicht nur über den Walkman eine Phonstärke von 130 Dezibel. Dies entspricht in etwa der Lautstärke eines Preßlufthammers, in einem Abstand von zwei Metern gemessen.
- Ein Tag hat 24 Stunden oder 1.440 Minuten oder 86.400 Sekunden. Eine Woche hat 7 Tage bzw. 168 Stunden bzw. 10.080 Minuten bzw. 604.800 Sekunden. Ein Monat bringt es auf 4 Wochen gleich 30 Tage gleich 720 Stunden gleich 43.200 Minuten gleich 2.592.000 Sekunden. Ein Jahr hat 12 Monate oder 52 Wochen oder …
- Eine Klasse von 28 Schülern erhält von ihrer Klassenlehrerin im Durchschnitt 20 Stunden pro Woche Unterricht – in der Grundschule. Also 20 mal 45 Minuten gleich 900 Minuten. Für jedes Kind bleiben pro Woche 32 Minuten, pro Tag etwa 6 1/2 Minuten, genauer: 390 Sekunden. Während eines ganzen Schuljahres kann die Lehrerin ihrer Klasse etwa 800 Schulstunden widmen. Das sind etwa 36.000 Minuten. Pro Kind bleiben also im Jahr 1.285 Minuten oder 21 Stunden und 25 Minuten. Während einer 4jährigen Grundschulzeit kann jedes Kind damit rechnen, daß sich die Lehrerin etwa 85 Stunden ausschließlich ihm zuwendet, jeden Tag etwa 6 Minuten. Wie oft aber sagt diese von mir nur imaginierte Lehrerin zu einem Kind: „Na, dann erzähl' mal!“ „Ich höre Dir zu!“ – Wie oft sagt sie aber auch: „Nachher!“ „Gleich!“ Oder auch: „Jetzt nicht!“ „Später!“?
- „Wenn man einem Kind etwas beibringen will, muß man viel Zeit verlieren, um desto mehr zu gewinnen“, schrieb *Jean-Jacques Rousseau* in seinem großen Erziehungsroman „Emile“[7]. Denken wir bitte noch einmal darüber nach: „Wenn

man einem Kind etwas beibringen will, muß man viel Zeit verlieren, um desto mehr zu gewinnen."

- Die Deutschen sind nicht nur das mobilste Volk und Weltmeister im Reisen, (man könnte auch sagen, am Massentourismus erkrankt), sondern sie halten auch beim Arzneimittelverbrauch die Spitze: Über 20 Milliarden DM geben sie dafür pro Jahr aus, allein für Schmerzmittel, für Psychopharmaka, für Betablocker sowie blutdrucksenkende Medikamente fünf Milliarden DM. Und wir wissen aufgrund der Forschung, daß gerade der Konsum aufregender Bilder bei lahmgelegter Körperlichkeit enorm blutdrucksteigernd wirkt.

- Ein bemerkenswertes Fernseh*verhalten* sei erwähnt, das sogenannte *hopping*, das bei jungen Menschen immer mehr um sich greift. Gemeint ist also das Springen von einem Sender zum anderen. Den durchschnittlichen Hopping-Freak, diesen Slalom-Seher und Teleflaneur, hält es im Schnitt nie länger als wenige Minuten (oft nur Sekunden) bei einem einzigen Sender. Züchten die Medien also den *homo zappens*? Und: Verhält sich mancher Schüler nicht ganz normal in der Schule, wenn er
  „gaukelt
  Und schaukelt
  Trappelt
  Und zappelt
  Auf dem Stuhle hin und her?"
  Und ist nicht auch die Reaktion manchen Lehrers, mancher Lehrerin verständlich, die da lautet: „Philipp, das mißfällt mir sehr!"?

- Und eine letzte Zahl: Das amerikanische „Center for Media and Public Affairs" zählte die Körperverletzungen, die Totschläge, die Morde, die Überfälle und die Sachbeschädigungen, die an einem einzigen Tag auf den 10 populärsten Fernsehkanälen in den USA zu sehen waren, und kam auf eine Summe von 1.846. Wenn ein amerikanischer Junge das 18. Lebensjahr erreicht hat, dann hat er ca. 200.000 Gewaltakte allein im Fernsehen gesehen, davon etwa 40.000 Morde.

Nun ließen sich solche und ähnliche Zahlen noch stundenlang referieren. Sie belegen die Quantität des Problems, über dessen Qualität anschließend zu sprechen sein wird. Zunächst aber ziehe ich daraus drei Konsequenzen, drei Erkenntnisse:

1. Unsere Kinder sehen zu *viel* fern und liefern sich zu lange den Neuen Medien aus. Im Anschluß an *Joachim-Ernst Berendt*[8] könnte man sagen: Eine Hypertrophie des Sehens und Hörens findet statt, also eine übermäßige Aktivierung des Sehens und Hörens, so daß immer mehr Kindern buchstäblich Hören und Sehen vergeht. Auf diese Weise gelingt ihnen immerhin eine Reduzierung dieser Informations- und Bilderflut.

2. Unsere Kinder sehen zu viel *Grausames* und *Gewalttätiges* in diesen Medien. Brutalisierung, Pornographierung und Sexierung haben längst um sich gegriffen.

3. Unsere Kinder haben *zu wenig Gelegenheit*, über diese Ereignisse mit Erwachsenen, also mit gebildeten Menschen, zu reden, Erwachsene, die Zeit für sie haben. Hektik, Streß, Arbeit, Konsum, Tourismus und dergleichen mehr sind oft unsere einzigen Antworten geworden.

Trotz allem: Auch Medien-Kinder lernen. Die Frage bleibt: Wie und was lernen sie? Zunächst eine Abbildung, die anschließend erläutert werden soll.

Abbildung 39: Vereinfachter Längsschnitt durch das menschliche Gehirn

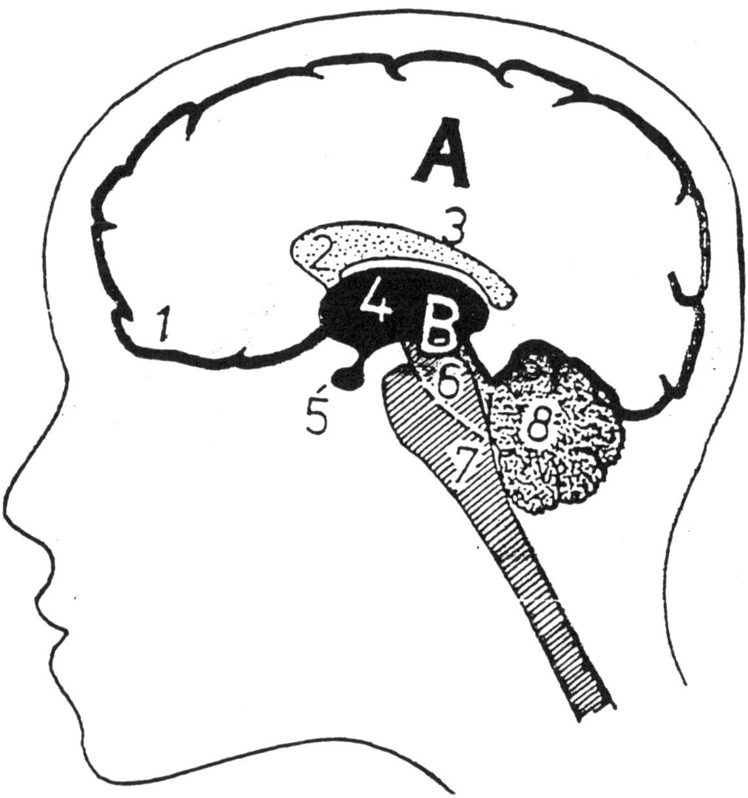

A Großhirn (Neuhirn, Hirnrinde, Cortex) mit
- 1 Orbitalhirn
- 2 Balken und
- 3 limbischem System;

B Urhirn (Hirnstamm, Stammhirn) mit
- 4 Zwischenhirn
- 5 Hirnanhangdrüse (Hypophyse)
- 6 Mittelhirn
- 7 Rückenmark und
- 8 Kleinhirn.

Das Reptiliengehirn ist der älteste Teil des menschlichen Gehirns. Es ist etwa 250 Millionen Jahre alt und hat ganz bestimmte Aufgaben. Es sorgt nämlich für die Koordination von Verhaltensweisen, die auch der heutige Mensch in seiner Lebensführung benötigt. Etwa das Sichern von Territorialansprüchen, das Erfahren von Macht, rituelle Kämpfe, Sexualbedürfnisse, Imitationsverhalten, Grußformen, rituelle Partnerwerbungen und ähnliches mehr werden von diesem Gehirnteil gesteuert, genauer: kodiert und dekodiert. Die entsprechenden Reize, die aus der Umwelt dieses Gehirn treffen, werden umgesetzt in Informationen, so daß das Lebewesen sich entsprechend diesen Reizen verhalten kann. Wenn wir dieses Reptiliengehirn nicht hätten, dann könnten wir uns morgens noch nicht einmal die Schuhe zubinden. Und daß die einen jeden Morgen mit dem rechten Schuh beginnen, die anderen mit dem linken, hat natürlich etwas mit dem unbewußt bleibenden Reptiliengehirn zu tun. Selbst wenn wir uns die Zähne putzen, gehen wir in der Regel mit der Zahnbürste zunächst immer in dieselbe Wange und wechseln nicht jeden Morgen unsere Reinigungsabfolge. Das alles sind tief in der neurologischen Ausstattung des Menschen gelernte Verhaltensweisen. Mit diesem Gehirn befriedigen wir, wenn man so will, unsere vitalen Bedürfnisse: Selbsterhaltung und Schlaf, Hunger und Durst, Sexualität und Kälteempfinden, Sicherung des Raumes und Angst vor Bedrohungen – all dies wird mit Hilfe dieses Reptiliengehirns gesteuert.

Der zweite Teil des Gehirns ist das sogenannte Limbische System. Es ist vor etwa 165 Millionen Jahren entstanden. Es empfängt Informationen von der inneren Welt des eigenen Organismus *und* von der Außenwelt. Es hat also so etwas wie persönliche Identität als Ziel des Lernens. Hier werden vor allem die Gefühle des Menschen aufgebaut, gelernt, verarbeitet und lokalisiert. Mit Hilfe dieses Gehirns erfahren wir Wut und Haß, Trauer und Freude, und zwar noch weitgehend auf der präverbalen Ebene. Alle Säugetiere haben ein Limbisches System, aber nicht alle Reptilien z.B. haben es, jedenfalls nicht so ausgeprägt. Mit Hilfe dieses Gehirns lernen wir vor allem, uns in der Welt der Gefühle zurechtzufinden.

Seit etwa 50 Millionen Jahren hat der *homo sapiens* (phylogenetisch: das am höchsten entwickelte Säugetier) den sogenannten Neocortex entwickelt. Dies ist der Teil des Gehirns, der für die Abstraktionsleistungen zuständig ist. Hier kodieren und dekodieren wir diejenigen Signale, die über unsere Sinne unsere denkenden Potenzen aktivieren. Taktile und akustische, visuelle und geschmackliche Reize werden hier entziffert, und wir können sie gleichzeitig umwandeln in symbolische Darstellungen – etwa von Buchstaben, von Zeichen oder von Noten. Dies ist also der Teil des Gehirns, der die Abstraktionsleistungen überhaupt erst möglich macht. Und wir kennen keine anderen Lebewesen als die Menschen, die zu diesen abstrakten Leistungen in der Lage sind.

Aus der einfachen Schemazeichnung in Gestalt der folgenden Abbildung wird mit Sicherheit nicht deutlich, daß diese Großhirnrinde eine schier unvorstellbare Vielfalt von Strukturen aufweist – mit milliardenfachen Verknüpfungen, den sog. Synapsen, den zwischen den Nervenzellen sich zeigenden Verbindungen, an denen beim

Lernen Entladungen stattfinden, mit deren Hilfe der Botenstoff Neurotransmitter die entsprechenden Informationen an die richtigen Stellen transportiert. Wer allein diese Nervenverbindungen zählen wollte (und zwar pro Sekunde eine einzige Synapse), brauchte dazu 32 Millionen Jahre. Hinter simpler Materie (aus Fettgewebe, Blut und Wasser) entfaltet sich ein wahres Wunderwerk …

Abbildung 40: Die drei ineinander verschachtelten Gehirne des Menschen

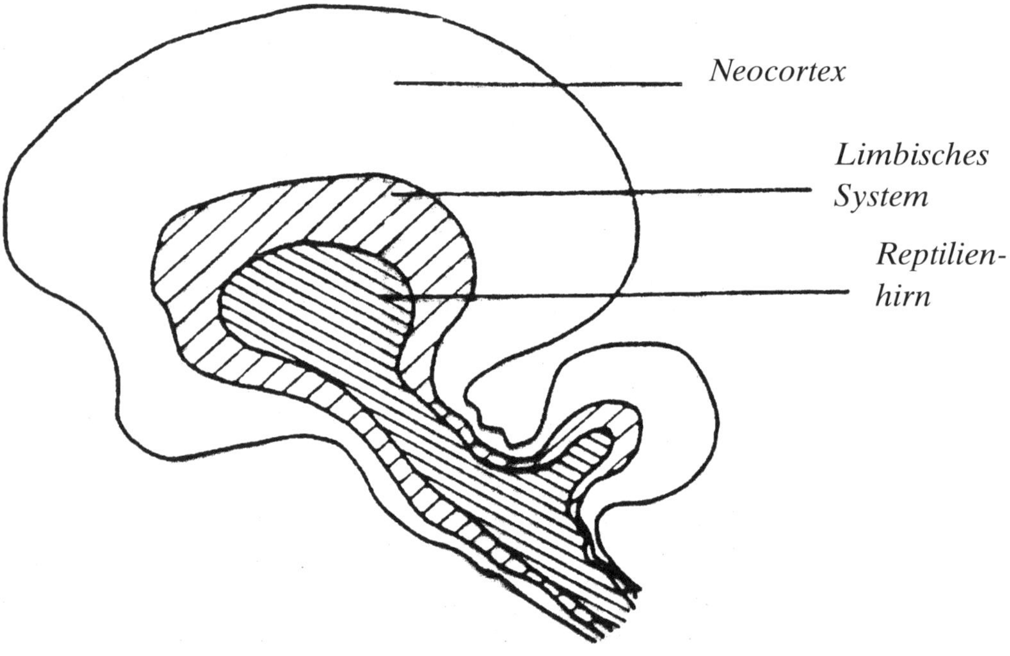

Wir sehen an dieser Schemazeichnung, daß das menschliche Gehirn nicht nur aus verschiedenen Teilen besteht, sondern auch aus drei Funktionsbereichen heraus wirkt. Die Gehirnforschung spricht von einem sogenannten Dreifachhirn, dem *triune brain*. Es besteht aus dem alten in der Phylogenese des Menschen bis in die Vorformen des Menschseins reichenden Reptiliengehirn, dem Limbischen System und dem Neocortex, der zweigeteilt ist, in zwei Hemisphären zerfällt. Diese sind durch das *corpus callosum* verbunden, eine Art Balken, bestehend aus dicken Nervenfasern. Diese beiden Teile des Gehirns sind für verschiedene Fähigkeiten, verschiedene Leistungen zuständig. Dabei wird die linke Körperseite von der rechten Hemisphäre gesteuert und die rechte Körperhälfte von der linken Hemisphäre. Beide Teile des Gehirns haben ganz bestimmte Aufgaben zu erfüllen, die nicht gänzlich von der jeweils anderen übernommen werden können. Wenn man sich die 41. Abbildung genauer anschaut, dann sieht man, daß in der linken Hemisphäre andere Leistungen vollzogen werden als in der rechten. Etwas verallgemeinernd kann man sagen, daß die linke Hemisphäre *eher* für die kognitiven Prozesse zuständig ist, für die Abstrak-

Abbildung 41: Schematische Darstellung der Funktionen beider Gehirnhälften

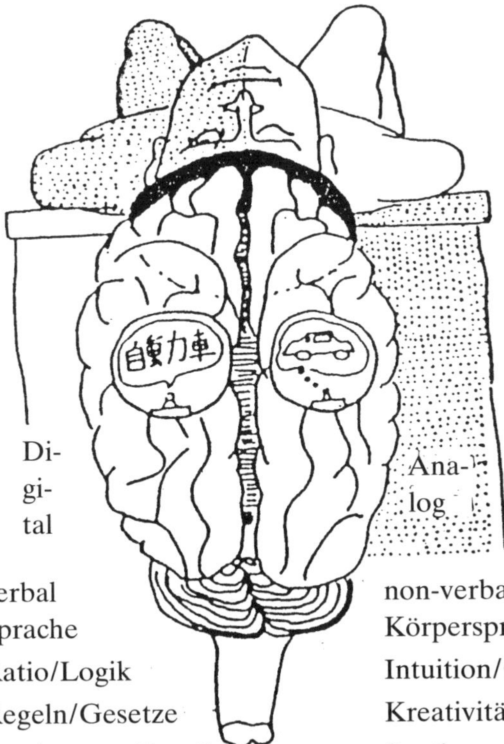

verbal	non-verbal
Sprache	Körpersprache
Ratio/Logik	Intuition/Gefühl
Regeln/Gesetze	Kreativität
Analyse → Detail	Synthese → Überblick
Wissenschaft	Kunst, Musik, Tanz
linear, Schritt für Schritt	non-linear, ganzheitlich
Zeit	Raum

ÜBERBLICK: ZWEI HEMISPHÄREN L+R

skull (engl.): Schädel

tionsleistungen, für die sprachliche Bildung des Menschen, während die rechte Hemisphäre *stärker* das assoziative Denken, das gefühlshafte Empfinden, die unbewußten Prozesse, die vorsprachlichen Leistungen re-aktiviert.

Die ältere Hirnforschung glaubte, daß beide Teile weitgehend getrennt voneinander arbeiten. Diese Ansicht hat sich aber in der neurologischen Forschung so nicht halten können. Wir wissen mittlerweile, daß selbst schwere Verletzungen der einen oder der anderen Gehirnhälfte durch die jeweils andere z. T. kompensiert werden können. Wer sich etwa die Schußverletzungen des damaligen Studentenführers *Rudi Dutschke* in Erinnerung ruft, der weiß auch, daß es ihm über viele Trainingseinheiten hinweg gelungen ist, die schwer geschädigte Hemisphäre seines Gehirns teilweise durch Leistungen in der anderen Hemisphäre zu kompensieren.

Bei sog. *Split-Brain-Patienten* jedoch, bei Patienten also, denen die beiden Hemisphären durchgetrennt werden mußten (es gibt in der Tat Operationen, die das erforderlich machen – z. B. Operationen an Tumoren) – bei solchen S-B-Patienten zeigen sich schwere Störungen im Verhalten bzw. in der Wahrnehmung. Gibt man etwa im Experiment einem solchen Patienten, wenn sie die Augen geschlossen haben, verschiedene Gegenstände in die rechte Hand, so betasten sie diese und benennen sie ohne Schwierigkeit. Wenn sie die Gegenstände jedoch in die linke Hand nehmen und betasten, dann können sie nicht sagen, um welches Objekt es sich handelt.

In der klassischen Versuchsanordnung ist der Kopf der Person so fixiert, daß ihr linkes Auge nur die linke Hälfte des Bildschirms und das rechte Auge nur die rechte Hälfte sieht. Die Versuchsperson sagt, daß sie das Wort „Ring“ liest. Sie behauptet auch, das Wort „Schlüssel“ nirgends zu sehen. Gibt man ihr aber versteckt eine Auswahl verschiedener Gegenstände in die linke Hand, so sucht sie den Schlüssel heraus, obwohl sie davon nach eigener Meinung keine Kenntnis hat. Sie weiß auch nicht, wie der Schlüssel heißt. Zwingt man sie zu sprechen, sagt sie „Ring“.

Abbildung 42: Wahrnehmungsstörungen bei Split-Brain-Patienten

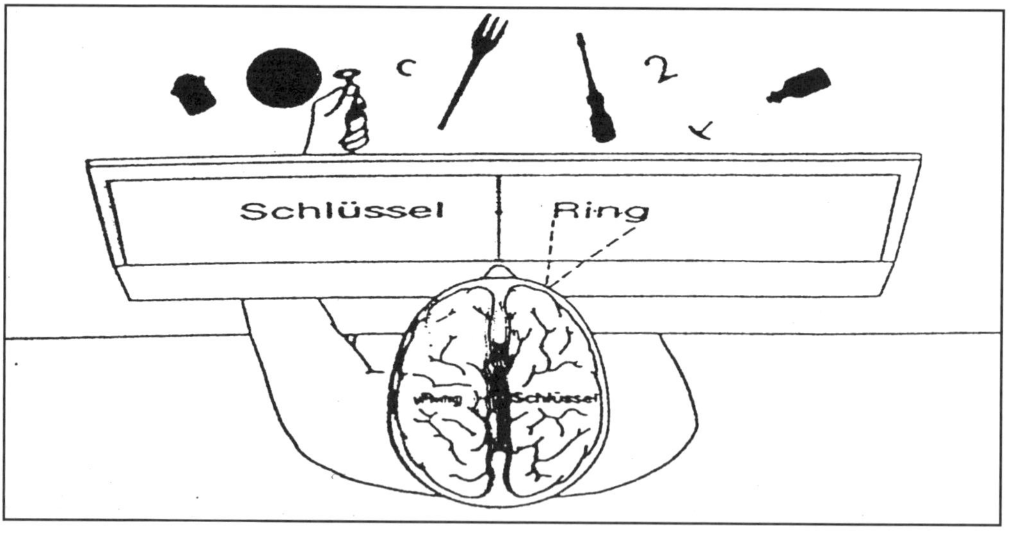

In der nächsten Abbildung finden Sie noch einmal aufgelistet, was die beiden Hirnhälften jeweils leisten und was sie nicht bzw. weniger leisten:

Abbildung 43: Die Funktionen der beiden Gehirnhälften

Linke Hemisphäre	*Rechte Hemisphäre*
● *Motorisch und sensorisch verbunden mit der rechten* Körperhälfte, der *rechten* Hand, dem *rechten* Sehfeld	● Motorisch und sensorisch verbunden mit der *linken* Körperhälfte, der *linken* Hand, dem *linken* Sehfeld
● „Verbale Hemisphäre“: Sprechen, Lesen, Schreiben ● Benennen von Objekten ● Handhabung von verbalem Material, von Zeichen, Symbolen und Zahlen	● Archaisch bildhafte Sprache ● Handhabung von nichtverbalem Material ● Erfassen und Wiedergeben von Bildern, Mustern, Strukturen
● Interpretation von Geschichten und Musik ● Verständnis für technische Texte ● Durchführen mathematischer Operationen ● Arithmetik	● Aufnehmen, Verstehen und Entwickeln von Geschichten und Melodien ● Lösen komplexer mathematischer Probleme ● Geometrie
● Kommunikation über sensorische Wahrnehmungen	● Erfassen räumlicher Dimensionen ● Raum-Körper-Orientierung ● Identifikation von Gesichtern ● Kinästhetische Wahrnehmung
● Analytisches Denken ● Logische Schlußfolgerungen ● Fortlaufende Informationsanalyse	● Simultane Operationen ● Ganzheitliche Informationsverarbeitung
● Digitale Kommunikation	● Analoge Kommunikation
● Analyse zeitlicher Abläufe ● Zeitwahrnehmung	● Zeitliche Integration ● Synchronizität ● Integration von Zusammenhängen und Sinnbezügen
● Rationale Erklärung für eigene Motive und Geschehnisse	● Wahrnehmung der Welt mit ihren Widersprüchen ● Träume ● Weltbild, Selbstbild
● Beobachten ● Analysieren ● Selektion	● Intuition ● Integration ● Simultaneität

Man sieht in der linken Hemisphäre vor allem die Fähigkeiten des sprachlichen Handelns, des analytischen Denkens, des logischen Schlußfolgerns. Die Kommunikationsforschung bezeichnet dies als digitale Kommunikation. Das sind Kommunikationsanteile, die über symbolische Darstellungen entstehen. Die rechte Hemisphäre ist *eher* für das Gefühlsmäßige, das Räumliche, das Nichtsprachliche, das Künstlerische, das Traumhafte, die Intuition, die Spontaneität im menschlichen Denken und Handeln zuständig – die analoge Kommunikation.

Aus diesen und ähnlichen hirnorganischen Befunden ziehe ich wiederum drei Einsichten, drei Konsequenzen:

1. Unsere Schülerinnen und Schüler, unsere Kinder und unsere Jugendlichen werden hirnorganisch bzw. neurologisch nicht optimal unterrichtet, so daß man mit *Frederic Vester* eine geradezu unbiologische Lernstrategie von Psychologie und Pädagogik konstatieren muß[9].
2. Unsere Schülerinnen und Schüler werden häufig in ihren vitalen Lernbedürfnissen mißachtet. Die Schule betreibt weiterhin die drei *V*s, nämlich *V*erkopfung, *V*ereinzelung und *V*ermassung. Und schließlich:
3. Unsere Schülerinnen und Schüler, unsere Kinder und unsere Jugendlichen flüchten nicht zuletzt deshalb in den Sog der Neuen Medien (vor allem in den Sog der Video-Spiele), die sie neuerlich schädigen, worauf die Schule ebenfalls schädigend antwortet – *ad infinitum*. Ein medienpädagogischer Teufelskreis kommt in Gang.

Diese drei Sachverhalte sollen kurz erläutert werden:

Zu 1.: Bereits der Raum einer Schulklasse bzw. die Gestaltung der Lernumwelt ist in vielen Schulen ein Verstoß gegen vitale neurologische Bedürfnisse von Kindern. Wer sechs Stunden lang auf ein und demselben Platz sitzen muß, wer im Frontalunterricht ausschließlich per kognitiver Belehrung „berieselt" wird, wer kaum soziale Akte während dieser Zeit vornehmen darf, wessen Körperlichkeit vergewaltigt, wessen Sinne lahmgelegt, wessen Ästhetik nicht aktiviert wird ..., der muß sich nicht wundern, wenn – neurologisch gesehen – sich das Reptiliengehirn irgendwann meldet – und zwar vehement: In der Folge werden Toilettendeckel zertrümmert, Stühle umgeworfen, Türgriffe abmontiert, Lehrer fertiggemacht ... Das „Chaos Schule" waltet! Die Ursache dieser von den Medien immer wieder genüßlich aufgegriffenen Zustände liegt nicht in einem moralischen Defekt von Kindern und Jugendlichen, sondern in einem vitalen Verstoß gegen eines der zentralen neurologischen Bedürfnisse des Menschen, nämlich: mit allen Sinnen und Funktionskreisen lernen zu wollen. Das soll Gewaltakte nicht entschuldigen, aber es soll sie verstehbar machen. Etwas verstehen wollen heißt bekanntlich nicht, damit einverstanden zu sein.

Zu 2.: Darüber hinaus wurde betont, daß viele unserer Kinder durch die Art des Unterrichtens oder durch den Medienkonsum *v*erkopft, *v*ereinzelt oder auch vermaßt werden. Wer Lehren und Lernen ausschließlich über die Aktivierung des Neocortex veranstaltet, muß sich nicht wundern, wenn z.B. das Limbische System quasi unterversorgt wird und zwischen Ausbruch von Gewalt auf der einen und tiefer Verzweiflung auf der anderen Seite gleichsam hin und her pendelt. Oder: Wer soziale Kontakte durch den Verzicht auf Gruppenarbeit, Projekte, Partnerarbeit, Spiele, Singen, Tanzen etc. buchstäblich verhindert, muß sich nicht wundern, wenn der Vereinzelung unserer Kinder immer mehr Vorschub geleistet wird und eine psychisch-soziale Verinselung heutiger Kinder droht, die durch die demographische Entwicklung noch verstärkt wird: Immer mehr Ein-Kind-Familien entstehen, mit 1/2 Eltern und Null Großeltern. Wo aber ein *Only-One-Syndrom* um sich greift, wird verständlich, warum die Medien bzw. die Unterhaltungsindustrie die entsprechenden Vorbilder präsentieren. Kommissar *Schimanski* (gespielt von *Götz George*) etwa ist ein solches, das eigene Verhalten legitimierende und verstärkende Vor-Bild – für die weiblichen Singles fungiert *Lena Odenthal* (gespielt von *Ulrike Folkerts*). Sie jagen, wie einsame Wölfe, den Spuren Verdächtiger nach.

Zu 3.: Und schließlich leisten Erziehung und Schule häufig einer Art Vermassung Vorschub, indem die Schüler/innen (vor allem in den Sekundarschulen) als Einzelwesen von einer Lerngruppe zur anderen curricularisiert und auf individuelle Leistungen hin getrimmt werden – Leistungen, die nur im Vergleich mit anderen Einzelleistungen Geltung beanspruchen sollen. Indem aber Schule nicht die einzelne *Person*, sondern die einzelne *Funktion* sieht, leistet sie – oft unbeabsichtigt – der Vermassung Vorschub.

Es bleibt folglich bei dem Resümee, das *Theodor Schulze* bereits 1980 gezogen hatte: „Angesichts dieses Befundes erscheint es ... sinnvoll zu sein, die Widersprüchlichkeit der Schule zum Ausgangspunkt unserer weiteren Überlegungen zu machen.“[10]

Aus den neurologischen Befunden und den daraus gezogenen Schlußfolgerungen wollen wir inmitten dieser *Widersprüchlichkeit* folgende schultheoretischen Einsichten ableiten – Einsichten, die solche und ähnliche Widersprüche nicht einfach aufheben, wohl aber aushaltbar(er) machen und, langfristig, überwinden helfen:

- Zunächst gilt es, die Vielfalt *sinnlicher Wahrnehmung* zu beachten. Dieses erste Postulat ist der Schule nicht erst heute, sondern bereits von *J. A. Comenius* in der „Didactica Magna“ angetragen worden. Ganz Sensualist schrieb er[11]: „Alles soll wo immer möglich den Sinnen vorgeführt werden, was sichtbar dem Gesicht, was hörbar dem Gehör, was riechbar dem Geruch, was schmeckbar dem Geschmack, was fühlbar dem Tastsinn.“ Auch hier ist die Begründung entscheidend: Nicht um Kurzweil geht es oder *entertainment*, sondern um *Bildung* der dem Menschen zukommenden Sinne, nämlich des Sehens, Hörens, Riechens, Schmeckens, Tastens und Sich-Bewegens. Der sinnlich Ungebildete kann über das Fernsehen, den Walkman, die Düfte, das Essen und Trinken, die Sexualität und das Reisen eben nicht verantwortlich, sondern nur gierig entscheiden. Deshalb gehört die Bildung der sinnlichen Wahrnehmung in die Schule – in alle Fächer, Jahrgänge und Gruppierungen.

- Eine besondere Bedeutung kommt heute der „Wiederentdeckung didaktischer Langsamkeit“ zu. Sie ist älter als der Begriff selbst, den ich 1992 zum erstenmal in die Diskussion um vermeintlich konzentrationsgestörte Schüler eingebracht habe[12]. Sie ist ein Problem der Moderne, die es nicht abzuschaffen oder in angeblich heile Welten zurückzudrehen, sondern aushaltbar zu machen gilt – zum Beispiel durch „Schulen des Schweigens und der Stille“, wie *Peter Petersen* sie in seinem erstmals 1927 erschienenen „Jena-Plan“[13] nannte. Ohne Schweigen gibt es kein Reden, ohne Stille keine Aktivität. Nur im Wechsel von *vita contemplativa* und *vita activa* hört der junge Mensch die Sprache der Mitmenschen, der Tiere, der Pflanzen, der Dinge und lernt die ihnen gemäßen Antworten. Niemand hat diesen Sachverhalt tiefer ausgelotet als *Martin Buber*, der zum Beispiel in seinen autobiographischen Fragmenten folgende Episode erzählt: Als Kind war der 1878 geborene *Martin Buber* oft in den Sommerferien auf dem Gut seiner Großeltern, wo es ihm ein Apfelschimmel besonders angetan hatte. Seinen Nacken zu graulen, das war für den Buben kein „beiläufiges Vergnügen, sondern eine große, zwar freundliche, aber doch auch tief erregende Begebenheit.“[14] Weil der Knabe auf die Sprache des Pferdes hörte, entstand eine Beziehung, die das ganz andere Wesen nicht instrumentalisierte, sondern als ihm begegnende Kreatur erst eigentlich konstituierte. ”Einmal aber … fiel mir über dem Streicheln ein, was für einen Spaß es mir doch mache, und ich fühlte plötzlich meine Hand. Das Spiel ging weiter wie sonst, aber etwas hatte sich geändert, es war nicht mehr Das. Und als ich tags darauf, nach einer reichen Futtergabe, meinem Freund den Nacken graulte, hob er den Kopf nicht.“[15] Wo das Lauschen auf die Worte des anderen verunmöglicht, wo alles und jedes in meinen Dienst gestellt wird, nur „Spaß“ machen soll, da kommt es zur „Vergegnung”[16], und die ist der Tod des Menschlichen. Weil dies der kleine *Martin* noch nicht begriffen hatte und erst noch lernen mußte (auch in der Schule), notierte er (um 1932): Damals „erschien ich mir verurteilt.“[17] Erfahrungen von „Polarisation der Aufmerksamkeit“ (*M. Montessori*), Erlebnisse des „Schweigens und der Stille“ (*P. Petersen*) und die „Bereitschaft zur didaktischen Langsamkeit“ wird die hier intendierte Schule kennzeichnen.

- Ein dritter schultheoretischer Sachverhalt bezieht sich auf die verschiedenen „Lerntypen“ (*F. Vester*) unter den Schülern, auf die „multiplen Intelligenzen“ (*H. Gardner*) sowie die je individuellen „Lernographien“. Auch diese Einsicht ist so neu nicht. *Herbart* sprach schon 1806 davon, daß die Individualität „höckerig“[18] ist und es darauf ankomme, die „Vielseitigkeit“ (das Allgemeine) mit der „Individualität“ (dem Besonderen) zu versöhnen – ohne diese Antinomie je gänzlich beseitigen zu können. Eine Schultheorie, die an dieser *Antinomie einer allgemeinen Bildung für ganz verschiedene Kinder und Jugendliche* vorbeigeht, kann keine Zustimmung finden. Über Konkretionen wird noch zu schreiben sein.

- Auch die vierte Erkenntnis ist ohne ein antinomisches Denken nicht in eine ihr entsprechende Praxis einzubringen. Sowohl die historische Erkenntnislage (etwa bei *Comenius* oder *Herbart*) als auch die systematische Forschungslage (etwa der Neurobiologie) verpflichten uns, in der Schule generelle *und* spezifische Erfahrungen bereitzustellen, allgemeine *und* besondere Lernwege zu eröffnen, objektive *und* subjektive Beurteilungen anzustellen. Mit bloßen Schlachtrufen („Koedukation", „Integration" oder „Offenheit") ist es nicht getan. Wenn die Angehörigen verschiedener Kulturen, wenn Jungen und Mädchen, wenn mehr oder weniger Behinderte und Nicht-Behinderte nicht dasselbe auf dieselbe Weise lernen, kann die schultheoretische Maxime nur lauten: *So viel Integration wie möglich und so wenig Separation wie notwendig*. Diese auf *Jakob Muth* zurückgehende Einsicht[19] wird z. B. nicht „prinzipiell" Jungen und Mädchen trennen oder gemeinsam unterrichten, sondern ihnen immer dann und dort getrennte oder gemeinsame Lernwege didaktisch-methodisch eröffnen, wenn und wo diese der Erreichung ihrer jeweiligen Bildung dienlich sind.

- Die nächste Einsicht wird die *Beachtung vitaler Bedürfnisse* thematisieren – bei Schülern und Lehrern. Vitale Bedürfnisse sind Lebensbedürfnisse, insbesondere die körperlichen. Immer noch lehren und lernen wir fast ausschließlich mit dem Neocortex und tun so, als seien das Limbische System und das Reptiliengehirn überall – nur nicht im Klassenzimmer. Dabei sitzen dort 20 oder 30 Menschen „aus Fleisch und Blut", mit körperlichen, emotionalen und sozialen Bedürfnissen. Sie atmen und schwitzen; sie wollen lachen und sich bewegen; sie haben (wenn auch unterdrückt) sexuelle Reaktionen oder peristaltische Bewegungen ... Mit anderen Worten: Wenn Schule nur Lernort, nicht aber auch Lebensraum ist, müssen wir uns nicht wundern, wenn sich diese gestauten, unterdrückten, narkotisierten oder allzu oft rigide sublimierten Bedürfnisse anderweitig befriedigen: entlang von Zerstörungen, schmutzigen Witzen, sinnlosen Provokationen etwa. Dieser Hinweis bedeutet nicht, die Schule zum Freizeitpark zu machen, wo nur noch gegessen, getrunken und gespielt wird. Er bedeutet andererseits aber auch nicht, in der Schule die vitalen Bedürfnisse zu mißachten – ob die nach Bewegung, Nahrung, Zärtlichkeit oder Ästhetik. Der Begriff des „Ganzheitlichen Lernens" trifft den hier gemeinten Sachverhalt ähnlich unpräzise wie der des „Offenen Unterrichts", dem es um thematische, methodische und institutionelle Beweglichkeit in der Schule geht. Er überfordert mit seiner Suggestion, wir könnten realiter (nicht approximativ) sowie in jedem Fall (und nicht nur ab und zu) ganzheitlich lernen. Selbst das komplexe und vielfältige Lerngeschehen ist niemals völlig ganzheitlich; mit irgendetwas bin ich wohl immer nicht präsent: Wer *Mozart* hört, schließt womöglich die Augen und blendet den Sehsinn aus; wer eine Vase aus Ton formt, kann nicht gleichzeitig herumlaufen ... Kurz: Ganzheitlich lernen heißt nicht, stets mit allen Sinnen, der ganzen Persönlichkeit, Biographie oder Existenz hier und jetzt Neues erkunden, sondern: nach Möglichkeit immer wieder andere Lernwege beschreiten, einseitige Sinnesbelastungen ausgleichen, rhythmisch sich verhalten, so weit wie möglich und so viel wie notwendig alle Aktivitäten des Gehirns einbeziehen.

- Und schließlich hat eine kritische Schultheorie die *Notwendigkeit von Primärerfahrungen* zu begründen. Wenn viele Kinder heute, ehe sie richtig sprechen gelernt haben, vor den Fernsehapparat gesetzt werden, der in dieser Entwicklungsphase das exakte Hinhören und korrekte Lautieren geradezu verhindert; wenn immer mehr *virtual reality* errichtet wird; die Prozesse, Abläufe, Strukturen, Verhältnisse oder Relationen in der (Geld-)Wirtschaft, Politik, Verwaltung, Unterhaltungsindustrie etc. anonymer werden, ist die Elementarisierung angesagt: Der Strom kommt aus der Steckdose, aber – wie entsteht er? In Japan steigen die Aktien, aber – welche Kräfte sind da am Werk? Ein Kriegsreporter berichtet *live*, aber: Woher kommen (die) Drehbedingungen? Wer macht die Schnitte? Oder, noch basaler: Wir lesen Wörter, in Zeitungen, Büchern und auf Bildschirmen, aber: Wie kommen Buchstaben auf Papier und auf Glasscheiben? Wie entsteht überhaupt ein Buchstabe?

Diese sechs konstitutiven Elemente einer zeitgemäßen und die Erkenntnisse vergangener Bemühungen berücksichtigenden Schultheorie legen nahe, unser drittes Zimmer in diesem 2. Stock unter einem zweiten Blickwinkel zu betrachten – dem der Beziehungsdimension nämlich.

* * *

Machen wir einen Sprung in das Jahr 2027, genauer: Es ist Samstag, der 23.10.2027. *Julien*, Redakteur bei einem Wirtschaftsmagazin, feiert in einem hübschen Landhaus im Department Yonne seinen 60sten Geburtstag. Mit dabei ist seine 13jährige Enkelin *Chloé*, die wissen will, wie das eigentlich damals war, im vorigen Jahrhundert, als ihr Großvater ein junger Mann von 20 Jahren war. Der Großvater erzählt[20]:

„In den achtziger und neunziger Jahren waren chemische Drogen wie Heroin, Kokain und Crack ein schweres Problem. Dann, seit 1998, breiteten sich die elektronischen Drogen aus. Heute ist die Lage katastrophal. Ich will dir die Wahrheit sagen. Es handelt sich um kleine Apparate wie Unitcom, den du bei dir trägst, um mit der ganzen Welt zu kommunizieren. Derartige Geräte senden jedoch elektronische Impulse in jenen Hirnbereich, in dem Vergnügen empfunden wird. Sie werden durch winzige Laserdiscs gesteuert, die man sich leicht besorgen kann. „Psycho-Junkies" lassen sich verhungern. Sie sehen zu, wie ihr Stoffwechsel durcheinandergerät und sterben dann an unterschiedlichen Krankheiten. Oder sie werden verrückt. Wir haben dieser fürchterlichen Epidemie einfach nichts entgegenzusetzen.

Chloé schaudert.

Reden wir lieber über Angenehmeres. Heute ist doch dein Geburtstag. Erzähl mir mal, wie du ohne Unitcom mit Verwandten und Freunden kommuniziert hast?

Vom Ende der achtziger Jahre an existierte jedes einzelne Element des Unitcom, vor allem dank japanischer Technologie. Kommunikationssatelliten und Funktelephonchips ermöglichten eine Verkleinerung des Telephons. Ich erinnere mich, daß ich 1995 fürs Büro ein tragbares Gerät, so groß wie meine Hand, verwendete, das über Satellit funktionierte. Um 2005 kamen die Vorläufer des Unitcom auf den Markt. Heute reicht ein einziger Terminal für einen Minifernseher in Farbe, ein Televisiophon, die stimmgesteuerte Nachrichtenübermittlung, die stimmgetriebene Steuerung deines Expertel, der informatisierten Denkhilfe für zu Hause und so weiter. Auch wir benutzen die elektronischen Informationsdienste im Internet, das inzwischen ersetzt wurde durch Trans-Global Net (TGN), mit automatischer Übersetzung.

Chloé sieht ihren Großvater schelmisch an.

Ich will dir was verraten. Ich stelle meinen Unitcom ab, damit wir in Ruhe gelassen werden. Mich rufen ständig Leute an. Um die TGN-Informationen kümmern sich meine intelligenten Helfer.

Auch ich stelle den Unitcom häufig ab. Doch heute ist ein besonderer Tag.

Ich möchte dir einen Vorschlag machen, Großvater. Laß uns im Dorf das gute alte Landbrot holen. Das mag Mama so gern …"

Diese, durchaus ernst zu nehmende Vision macht auf einen geradezu kulturrevolutionären Prozeß aufmerksam: Nicht nur, aber auch die Neuen Medien verändern das Verhältnis der Menschen zu sich selbst, zu ihren Mitmenschen und zur Welt. Und es wird nur dann eine Veränderung zum Guten hin sein, wenn wir uns über die damit verbundenen Gefahren im klaren sind bzw. wir die damit verbundenen Innovationen als gebildete Menschen zu gestalten vermögen. Ein paar Erläuterungen zur ersten Dimension.

1. **Die Beziehung zur Welt:** Medium heißt wörtlich: das Mittlere, das Dazwischenliegende, die Mitte. Immer liegt zwischen mir und der Welt etwas; eine direkte Erkenntnis der Welt im Ganzen gibt es (für den Menschen) nicht – das hatte *Kant* schon in seiner 1781 erschienenen „Kritik der reinen Vernunft"[21] bewiesen. Stets brauchen wir Mittler: Die Sinne, den Ton, das Wort, das Buch, das Bild … Das also ist nicht neu. Neu ist die Tatsache, daß wir die Welt und ihre Ereignisse fast ausschließlich nur noch indirekt und visuell wahrnehmen, als vermeintlich wahr nehmen. Nicht unmittelbar mit den Augen, wohlgemerkt, sondern über die Kameras und die Bildschirme, die Schneidetische und *promotions* ver-mittelte Bilder. Aber ist eine solche Welt wahr? Kann sie wahr sein? Sind die so aufbereiteten Informationen aufklärend, real, informativ? „Wie wirklich ist die Wirklichkeit?" – fragte *Paul Watzlawick*[22] und gab die Antwort: Sie ist „das Ergebnis von Kommunikation"[23]. Was aber heißt Kommunikation im Fernsehen? Dient sie dem Austausch von Wissen? Oder dem Austausch von Gefühlen, von Einstellungen, der Unterhaltung also, dem *entertainment*, so daß die Fakten nur Mittel zum Zweck sind, aus Informationen *infotainment* wird? Mehr und schlimmer noch: Wer sich z. B. an die vom amerikanischen Pentagon grandios inszenierte mediale Darstel-

lung des Golfkrieges erinnert (als „Operation Wüstensturm" vom 17.1. – 27.2.1991 *das* Tele-Spiel der 90er Jahre mit weltweit höchsten Einschaltquoten); wer die kleinen und großen Fälschungen in vielen Beiträgen der TV-Magazine vor allem der Privaten Sender (die besser kommerzielle hießen) nicht vergißt; wer schon einmal einen „Nachrichtenjäger" auf seinen rasenden Fahrten in Richtung live-dabei begleitet hat (und erlebt, wie *er* diese Nachrichten buchstäblich macht), der wird zu Recht auch von *infofiction* reden können, einer gefährlichen Mixtur aus Sein und Schein. Was war *Ab*-Bild, Film-*Ausschnitt*, Tele-*Spiel*, Tages-*Schau*, *Nach*-Gerichtetes ... gegenüber dem tatsächlichen Geschehen? Das sind die zu lösenden Fragen – hoffentlich vor dem Jahr 2027. *Martin Buber* hat die Moderne vor ihrer eigentlichen Gefahr gewarnt: Sie liegt darin begründet, daß wir die beiden Ur-Worte nicht mehr zu unterscheiden lernen, gar nicht mehr als solche registrieren, wenn wir Ich-Es oder Ich-Du sagen, die Beziehungen instrumentalisieren oder personalisieren, im Herr-Knecht-Verhältnis stecken bleiben oder das Dialogische verwirklichen: zu den Dingen, den Ereignissen, den Lebewesen und Mitmenschen. Über die Brutalisierung und Pornographierung hinaus droht hier die eigentliche Menschheitsgefahr: Wir taumeln in eine die Welt nur darstellende Vision, so daß sie der Unterhaltung dient, uns gefällt, Spaß macht. Wir sind dabei, alles und jeden für unsere Dienste (unser Vergnügen, unsere Lust, unsere Spannung, unseren Profit) zu manipulieren oder von anderen manipulieren zu lassen und damit die Fähigkeit und Bereitschaft, verantwortlich Du zu sagen, zu verlieren. Wir lernen das Haben, nicht das Sein, sagt *Erich Fromm*[24]: Selbst wenn wir besorgt *sind*, meiden wir mittlerweile diese Sprache und diktieren uns und der Um-Welt: Ich *habe* ein Problem! Natürlich können auch Bücher sowie andere Medien lügen und verführen. *Hitler*s Buch „Mein Kampf"[25] ist ein Buch voller Haß und voller Lügen. Und doch ist es ein Unterschied, ob das *print-medium* Buch lügt oder das *electronic-medium* Fernsehen. Im Buch werden über statische Buchstaben – wenn auch leidenschaftlich – Gedanken und Argumente ausgebreitet, die ich nachprüfen kann, immer wieder. Im Fernsehen hingegen werden über bewegliche Bilder, Farben und Musik Einstellungen und Gefühle entfacht, die ich eben nicht anhalten, nachprüfen oder auf ihre Berechtigung so ohne weiteres hin bzw. hier und jetzt untersuchen kann. So gesehen ist jeder Autor, auch wenn er lügt, ein Anstifter zur Aufklärung, und jeder Talkmaster im Fernsehen ist, auch wenn er die Wahrheit sagt, ein Manipulator von Gefühlen – angenehmen im besten Fall. Angesichts der Tatsache, daß hierzulande 3- bis 13jährige Kinder täglich mehr als 1 1/2 Stunden fernsehen (davon 9 Minuten Werbung)[26], hat die Schule eine immense und neue Aufgabe: Über die Bedingungen und Wirkungen der Bilder-Welt aufzuklären, neurologisch gesprochen: linkshemisphärisch zu arbeiten, Nach-Denklichkeit zu ermöglichen. Das Medium Fernsehen soll also nicht pejorativ behandelt werden (als zu genießendes Element der Freizeit hat es seine Berechtigung), aber als Mittel der Aufklärung und Bildung ist es so ungeeignet wie – sagen wir – eine Karnevalsfeier fürs Staatsexamen.

2. **Die Beziehung zu den Mitmenschen:** Erst wird die Um-Welt instrumentalisiert, der *oikolos* ausgebeutet, der Baum gefällt, dann stirbt der Mit-Mensch. Deshalb plädiert der Physiker und Umweltforscher *Hans-Peter Dürr* zu Recht primär für eine „Pflicht zur Mitnatürlichkeit“[27]; ohne den Frieden mit der Natur kann es keinen Frieden unter den Menschen geben. Warum aber ist es heute so mühevoll, das Verhältnis des einzelnen zu seinen Mit-Menschen so zu gestalten, daß daraus Mit-Menschlichkeit entsteht? Heutige Menschen sind doch nicht schlechter als frühere … Natürlich nicht, aber sie sind anders, weil sich ihre Aufwachsbedingungen geändert haben.

   Wer die Bücher des Medienpädagogen *Neil Postman* studiert[28] oder „Das gehetzte Kind“ des an der Tufts-University lehrenden Kinderpsychologen *David Elkind*[29] liest, wer die vom *Statistischen Bundesamt* in Wiesbaden jährlich herausgegebenen „Statistischen Jahrbücher“[30] unter den Stichworten „Familie“ oder „Kinder“ datenmäßig erfaßt, dem wird die folgende Abbildung nicht fremd sein:

Abbildung 44: Die Entwicklung der psychisch-sozialen Kompetenzen

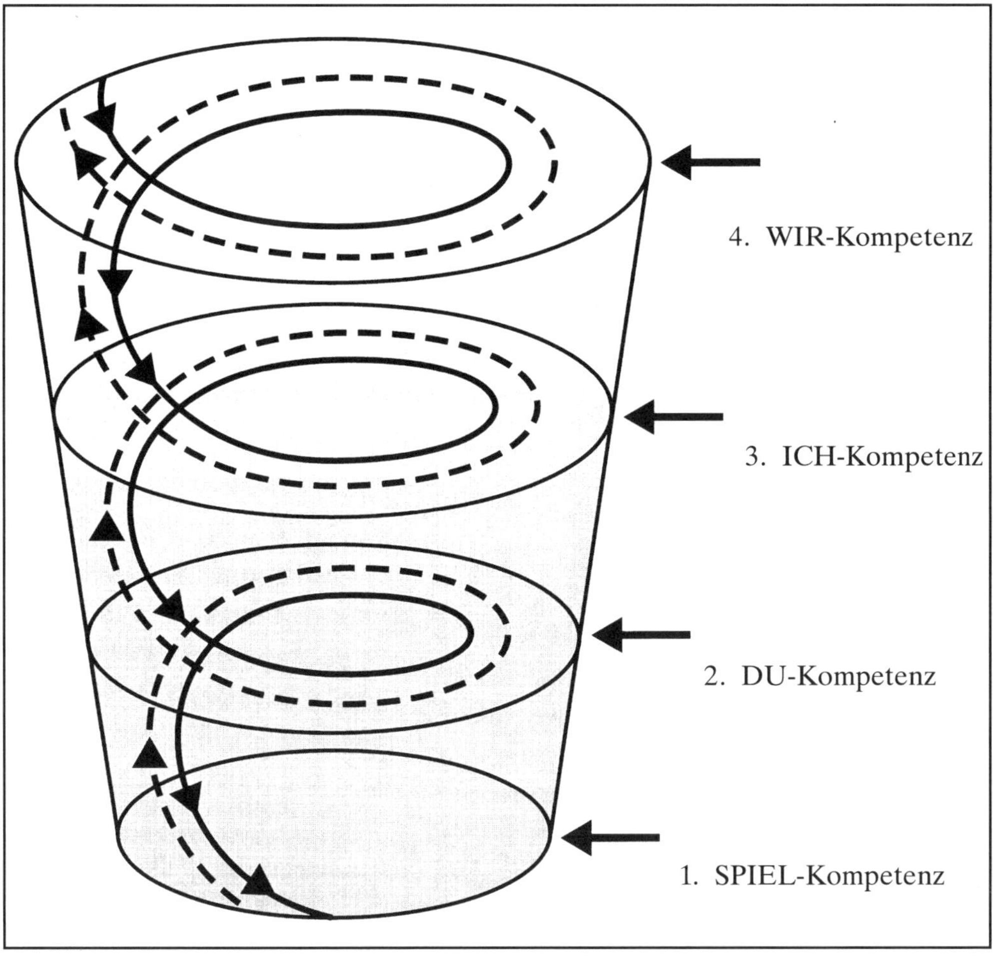

Jeder „normal" sich entwickelnde Mensch durchläuft in der Regel wenigstens vier große psychisch-soziale Stadien. Ich spreche nicht von Stufen, sondern von Stadien, vielleicht auch von Phasen oder spiralförmigen Prozessen, die wie auf Plattformen in einem Kegel angeordnet sind und diesen nach oben und unten durchlaufen. Bereits beim Säugling entwickelt sich zunächst eine basale Kompetenz, die wir die Spiel-Kompetenz nennen können. Der Säugling lallt mit seiner Zunge, lacht dabei und lernt auf spielerische Weise, Laute zu bilden. Oder: Er betrachtet Gesichter, Bilder, Figuren, Mobiles und lernt, mitlächelnd, diese als solche zu identifizieren. Wenn nun in dieser Phase keine ausreichende Zuwendung gegeben ist (etwa durch Blickkontakte, über Gehörsreize, über Körperwärme und ähnliches mehr), wenn also bereits in dieser 1. Phase Schädigungen eintreten, etwa durch Vernachlässigung oder auch durch Überversorgung, dann müssen wir uns nicht wundern, wenn dieses Kind bereits mit drei oder vier Jahren, also dann, wenn es um anspruchsvollere soziale Akte geht, gleichsam „Löcher in seiner Kompetenz" aufweist, nicht adäquat zu spielen vermag. Ein solches Defizit aber hat Folgen für die ganze spätere Lebensführung: „Ich kenne keine andre Art, mit großen Aufgaben zu verkehren als das *Spiel*" – heißt es im „Ecce Homo"[31].

↓ Drei demographische Entwicklungsprozesse muß man sich beim Aufbau der nächsten Kompetenz vergegenwärtigen. Über 50 % aller Kinder sind oder werden demnächst Einzelkinder sein. Das heißt konkret: Sie haben momentan keinen Bruder, keine Schwester und später keinen Cousin und keine Cousine, keine Tanten, keine Onkel; sie haben in der Regel nur Erwachsene oder andere Einzelkinder um sich herum. Häufig – und das ist die zweite demographische Entwicklung – fungiert nur noch *eine* Bezugsperson als (Allein-)Erziehende/r. Die Ein-Erwachsenen-Familie wird neben der Kleinstfamilie die Regel werden. Dies soll nicht moralisch beurteilt, sondern nur als ein Faktum der Bevölkerungsentwicklung zitiert werden, ein Faktum freilich, mit dem wir leben lernen müssen, auch wenn uns dieses Sorgen bereitet – *pädagogische* Sorgen bereitet. Und drittens muß man eine demographische Entwicklung bedenken, die darin besteht, daß viele dieser Ein-Erwachsenen-Familien im Laufe ihres Bestehens mehrere Bezugspersonen dem Kind als Vater- bzw. als Mutter-Gestalt anbieten. Um es etwas salopp auszudrücken: Der Trend zum Zweit- oder Dritt-Daddy, zur Zweit- oder Dritt-Mutter ist angesichts der Tatsache, daß jede 3. Ehe geschieden wird, eine dritte, sozialpsychologische Tatsache. Das ruft bei vielen Kindern schwere Irritationen hervor, so daß sie sich immer mehr und häufiger in sich selbst zurückziehen. Wenn alles unsicher wird (vom Ozonloch bis zur Partnerschaft), ist es kein Wunder, daß die Libido (im Sinne *Freud*s) auf das eigene Ich gelenkt wird. Wenn alles um mich herum bröckelt, wenn mein Ich wie eine Eisscholle im warmen Wasser treibt und anfängt, an den Rändern zu schmelzen, dann ist es verständlich, daß ich immer mehr zur Mitte zurückweiche. Das heißt psychisch ausgedrückt: Diese Kinder entwickeln eine eigentümliche Egoität, einen gewissen Narzißmus, eine Eigenliebe, die *Rousseau* in seinem „Emile" *l'amour propre* (im Gegensatz zu *l'amour de soi-même*) genannt hat[32]. Die Entwicklung der Du-Kompetenz bedeutet: Jedes Kind muß aus einer festen Symbiose heraus ein Urvertrauen im Sinne von *E. H. Erikson*[33] entwickeln, ein absolutes Vertrauen, daß die Verläßlichkeit wenigstens einer einzigen Bezugsperson unerschütterlich ist. *Herbert Gudjons* schreibt demzufolge in seinem exzellenten Buch „Pädagogisches Grundwissen"[34]: „Es ist die früheste Erfahrung des Menschen, entweder Verläßlichkeit der ersten Bezugsperson zu erleben oder mangelnde Konstanz, Unzuverlässigkeit oder Vernachlässigung. Von der Qualität der ersten Beziehung hängt es ab, ob das Kind ein Gefühl des Sich-Verlassen-Dürfens in bezug auf die Glaubwürdigkeit anderer wie die Zuverlässigkeit seiner selbst entwickelt ... Mißlingt dies, gewinnt ein grundlegendes Gefühl, daß die Welt und man selbst nicht in Ordnung seien, die Überhand: Ur-Mißtrauen." Auch in dieser 2. Phase beginnen heutzutage Unsicherheiten und Irritationen viele Kinder zu belasten. Hier ist zu fragen: Welche Defizite sind damit verbunden, wenn das Urvertrauen schwindet, die Hingabe zum Du nicht mehr gegeben ist? Mancher wird zunächst kritisch zurückfragen: Wieso entwickelt das Kind erst eine Du- und dann eine Ich-Kompetenz? Erinnert sei an das treffende Wort von *Martin Buber*: „Der Mensch wird am Du zum Ich."[35] Wir können gar nicht „Ich" sagen, wenn nicht erst ein „Du" uns angesprochen hat. Das ist eine Aussage, die nicht nur im christlichen Glauben eine große Bedeutung hat, sondern auch in der Psychiatrie, in der Psychologie und in der Pädagogik. *Friedrich Schleiermacher* hat diesen Sachverhalt wie folgt ausgedrückt: „Das Ich kann gar nicht ein wirkliches sein ohne sein Du."[36] Wenn also im Kleinkindalter bereits erste Unsicherheiten, erste Irritationen erfahren werden, wenn kein Bruder und keine Schwester (leiblich-seelisch) da-sind, die mich verstehen, trösten, halten, dann muß eine solche Kindheit als defizitär bezeichnet werden. Ich selbst bin demgegenüber noch mit vier weiteren Geschwistern, einem Cousin und zwei Cousinen sowie deren Eltern in einem großen Haus aufgewachsen. Sicherlich hatten auch wir Probleme, Schwierigkeiten und Defizite, aber: Immer war dort jemand, mit dem wir sie besprechen konnten, unmittelbar, ohne ein Medium.

Nach dieser Du-Kompetenz entwickelt sich, die vorausgegangene immer wieder reaktivierend, die Ich-Kompetenz. In ihr lernt der junge Mensch, selbstverantwortlich „Ich" zu sprechen. Wiederum werden vielleicht manche, vor allem in der Praxis Tätige, kritisch einwenden: „Aber just das ist heute doch so weit verbreitet, nämlich permanent und lautstark „Ich" und „Ey" zu rufen." In der Tat: Nichts scheinen Kinder häufiger von sich zu geben als diese beiden Urlaute – Ich und Ey! Wie ist dieser Widerspruch zu erklären? Auf der einen Seite das laute Rufen in der 1. Person Singular und auf der anderen die Behauptung einer defizitären Ich-Kompetenz? Nun, es handelt sich um eine bereits geschädigte Ich-Kompetenz, die sich in jenen Ich-Rufen artikuliert. Die Gefährdung unserer heutigen Kinder und Jugendlichen liegt darin begründet, daß sie häufig eine vordergründige Ich-Kompetenz ausgebildet haben. Wir könnten auch sagen, sie kultivieren eine recht egozentrische Ichhaftigkeit – aus verständlichen Gründen eine narzißtische Grundhaltung. Narzißtische Kinder sind auf der einen Seite ego-zentrisch, in sich selbst verliebt, weil niemand anders sie (ausreichend) liebt, ichhaft; andererseits haben sie gleichsam unter Umgehung einer reifen Du-Kompetenz diese ihre Egoität entwickelt und sind deshalb nicht nur vor Enttäuschungen und Verletzungen geschützt, sondern verletzen wiederum andere, indem sie zur reifen Hinwendung an ein Du nicht in der Lage sind. *Heinrich Böll* sagte kurz vor seinem Tod: „Ich will mich nicht so intensiv mit mir selbst beschäftigen, will nicht so ganz in die Krankheit verfallen, an der unsere Zeit wirklich krankt – die Egomanie.“[37] Eine solche Ich-Sucht hat nichts mit Selbstbestimmung zu tun (noch dazu in Verantwortung gegenüber der Gemeinschaft), sondern ist in hohem Maße un- bzw. a-sozial. Wir nennen solche Menschen nicht zu Unrecht Negos: Nette Egoisten. Natürlich ist nicht jeder Single ein Nego, eine netter Egoist. Und selbstverständlich kann man auch in einer Großfamilie ein Brutalo werden. Aber wir wissen, daß unsere Gesellschaft in der Gefahr schwebt, zu einer Ansammlung von mehr oder weniger netten Egoisten zu werden.

Nehmen wir hypothetisch an, daß es dem jungen Menschen gelungen ist, eine reife Ich-Kompetenz aufzubauen, dann benötigt er viertens noch die sogenannte Wir-Kompetenz, um ein wirklich gebildeter Mensch werden zu können. Sie vollzieht sich in der Entwicklung eines jeden Menschen im Anschluß an die anderen Entwicklungen, diese aber mit- und fortbildend. Anders gesagt: Niemand kann mit dem Aufbau der Wir-Kompetenz im Säuglingsalter beginnen, aber jeder an seiner Wir-Kompetenz arbeitende Mensch arbeitet auch an den drei übrigen Kompetenzen. Diese Wir-Kompetenz ist heute nach zwei Seiten hin bedroht: Die eine haben wir besonders im Zuge der deutschen Einheit ins gesellschaftspolitische Bewußtsein heben müssen. Sie besteht darin, daß sie kollektivistisch ausgelegt wird. Das Kollektiv als absolut dominante Wir-Instanz reguliert alles und jede/n und erwürgt die Freiheit des einzelnen.

Aber auch in den alten Bundesländern gab und gibt es die Perversion der Wir-Kompetenz – etwa durch die Flucht in die Gruppe, in jenes Uterus-Feeling, das immer nur dann glaubt, Sicherheit zu verspüren, wenn andere um einen herum sind, mit denen man sich duzt, um rasch ihre Nähe und Wärme zu spüren: Hauptsache, man ist nicht alleine! Diese Nähe-Sucht stellt eine zweite Perversion der Wir-Kompetenz dar und ist, im Endeffekt, nicht weniger zerstörerisch als die zuerst genannte: Sie beseitigt Gemeinsinn, zerstört den *common sense*, liquidiert das Recht. Eine reife Wir-Kompetenz, so wird man im Anschluß an *Ruth C. Cohn* sagen können[38], ist die Balance, die jemand zwischen Ich, Du und der Gemeinschaft herzustellen vermag. Der reife Erwachsene weiß in der Tat, an welcher Stelle er notfalls gegen eine ganze Gruppe argumentieren muß, weil seine Moral, sein Gewissen, seine Überzeugungen gefordert sind. Da wird er Wider-Stand aushalten und allenfalls Gefährtenschaft suchen. Er weiß aber auch in einer anderen Situation, daß er sein Ich unter Umständen zurücknehmen muß, weil er sich – sagen wir – verrannt hat, weil er sich über die Belange des Gemein-Wohls hinweggesetzt oder weil er sein Ich verabsolutiert hat. Der (sozial gesehen) reife Erwachsene ist also derjenige – und das will die Abbildung 44 deutlich machen –, der sich auf dieser Spirale immer wieder auf- und abwärts bewegt, der im Laufe seines Tages, seiner Woche, seines Lebens spielt *und* arbeitet, an sich *und* an andere denkt, die divergierenden Anforderungen aus allen vier Kompetenz-Bereichen auszubalancieren vermag ... kurz: Wer die sozial-psychologischen Spannungen auszuhalten und zu integrieren versucht, ist auf dem Weg der Bildung.

Dagegen steht ein bedenklicher Befund: Viele unserer Kinder sowie nicht wenige unserer Jugendlichen haben heutzutage in diesen vier psychisch-sozialen Bereichen mehr oder weniger große Defizite. (Frühere Generationen, weitgehend ödipal- oder Über-Ich-geschädigt, hatten andere Probleme!). Ich ziehe daraus drei Erkenntnisse:

1. Unsere Kinder werden und sind einsamer als frühere Kinder. Der Single, aber auch der Nego, der Einzelne und der nette Egoist – sie werden häufiger als früher anzutreffen sein.
2. Unsere Kinder werden und sind fragiler als frühere Kinder, zerbrechlicher also. Der Labile, aber auch der Empfindsame – sie werden uns häufiger begegnen als früher.
3. Unsere Kinder werden und sind bedürftiger als frühere Kinder. Der Verlangende, aber auch der Notleidende – sie werden uns häufiger brauchen als frühere Kinder.

3. **Die Beziehung zu sich selbst:** Vieles, was diesen inneren Bezirk anbelangt, ist bereits bei der Kennzeichnung der Außenbezirke angeklungen. Auf zwei Sachverhalte muß hingegen noch hingewiesen werden:

   Natürlich muß gerade dieser Beziehungsaspekt mit Widerstand rechnen. Er kritisiert *immanent* und *expressis verbis* so ziemlich alles, was heute modisch ist: Vom unkritischen Fernsehkonsum bis hin zur Spaß- und Selbstsucht, vom bedenkenlosen Ausbeuten der Natur bis hin zur Kultivierung von Single-Attitüden. Da werden die einen von „Ideologie" reden, die anderen von „fehlenden empirischen Daten"; da wird man von diesen in die Ecke der „Rechtspopulisten" gerückt, von den anderen in die der „Kulturverfallstheoretiker". Das wird nicht zu verhindern, allenfalls zu erschweren sein: Am schwersten schwimmt es sich immer gegen den Strom der jetzigen Zeit, was freilich erst spätere Zeiten einzugestehen bereit sind ... Die Bereitschaft zum Wider-Stand, zum Gegen-Halten, zum Weiter-Machen ist also eine erste Kennzeichnung der Beziehung zu mir selbst: Nur wenn das Wissen letztlich dem Ge-Wissen folgt, ist das Selbst-Bewußtsein des einzelnen in Ordnung.

Ein Zweites kommt hinzu: Wenn es stimmt, daß es Mode geworden ist, den Veitstanz um die eigene Egoität zu zelebrieren, sich selbst zum Maß des Richtigen, des Guten, des Vernünftigen zu erklären, dann hat dies Ursachen und Folgen. Eine dieser Ursachen liegt darin begründet, daß uns die Bescheidenheit abhanden gekommen ist. Altmodisch und in einer religiösen Metapher ausgedrückt, heißt dies: Wir sind einem Allmachtswahn anheimgefallen, den niemand schärfer analysiert hat als der ganz und gar nicht religiöse Psychoanalytiker *Horst E. Richter*[39]. Jene „Vision von Omnipotenz und narzißtischer Perfektion … (stellt) eine generelle Hypothek unserer westlichen Zivilisation“[40] dar, schreibt *Richter*, der damit geopolitisch recht, historisch gesehen unrecht hat. In manchen Mythen (z. B. dem „Turmbau zu Babel“[41]) haben die Menschen eingesehen, worin die Ursache lag: Sie wollten sein – wie Gott. „Selbstvergottung“ nennt *Richter* ahnungslos-zutreffend diesen Akt, diesen „narzißtischen Ohnmacht-Allmacht-Komplex“[42], diese Superman-Visionen und Übermenschlichkeiten, die Grenzen ebenso leugnen wie Krankheit und Tod. Eine Erziehung (ob im Elternhaus oder in der Schule), die diesbezüglich nicht gegenhält, also zur Selbstbegrenzung, zur Bescheidenheit und – *sit venia verbo* – zur Demut erzieht, verstärkt den Allmachtswahn – da mögen die Talkmaster höhnen so viel und so laut sie können.

An der Herstellung humaner Beziehungen wird die Schule folglich zu arbeiten haben, oder sie verfehlt ihren Auftrag. Und eine Didaktik, der diese kommunikativen Reformen gleichgültig sind, verdient diese Kennzeichnung nicht.

* * *

Bleibt ein letzter Blick in dieses Zimmer zu werfen – unter störfaktorialem Aspekt. Denn all das bisher Gesagte ist immer auch kontrafaktisch zu bedenken und zu handhaben. Es gibt keine glatte, konfliktlose, störungsfreie Kommunikation, weder in der Familie noch im Beruf, weder im Verein noch in der Schulklasse. Wenn Schüler/innen stören, dann wollen sie uns etwas sagen. Aber was? Warum? Und mit welchen Folgen? Wer sich solche und ähnliche Fragen stellt, hat bereits den Blick für das geschärft, was hier betrachtet werden soll. Zunächst protokolliere ich einige Abschnitte aus zwei Interviews mit zwei verschiedenen Lehrerinnen. Da ist zuerst:

Frauke L., 41 Jahre, z. Zt. der Erhebung Klassenlehrerin einer 5. Klasse im Westteil von Berlin. Sie sagt in einem eher berichtsmäßigen Ton u. a.:

„Jan ist ein polnisches Aussiedlerkind: körperlich weit entwickelt; drängt sich ständig in den Vordergrund; ruft ständig in die Klasse rein; kann sich an allgemein-verbindliche Regeln überhaupt nicht halten; nimmt das, was man ihm sagt, selten ernst; ist von zu Hause gewöhnt, daß ein Ja unter Umständen in fünf Minuten ein Nein sein kann und umgekehrt; er ist nicht dumm, sondern ein intelligenter Junge, aber seine Konzentrationsfähigkeit ist sehr gering; er ist auch motorisch sehr unruhig …

Mirko hat in einer schwierigen Familie gelebt: die Mutter hat sich scheiden lassen; er ist dann in ein Heim geschickt worden; dann hat ihn die Mutter wieder zurückgeholt; er hat das Problem, daß er sehr jähzornig ist; und im Anschluß an diese Wutausbrüche kommt es zum totalen Verweigern; dann hat er so'ne Art, mit den Mädchen umzugehen, die so'n bißchen in Richtung 'sexuelle Anmache' geht ..."

Und *Birgit K.*, 28 Jahre jung, Klassenlehrerin eines 4. Schuljahres im Osten von Berlin, erzählt, recht temperamentvoll:

„In meiner Klasse gibt es mindestens vier oder fünf verhaltensauffällige Kinder, und eines kam von der Sonderschule für Verhaltensauffällige (aus einer sogenannten Ausgleichsklasse) zurück. Sie zeigen unkontrolliertes Sozialverhalten, sind aggressiv, laut, unruhig, nervös, können sich oft nicht lange konzentrieren, sind leistungsschwach trotz guten Leistungsvermögens; diese Kinder kommen meist aus recht komplizierten Elternhäusern, haben z. B. Stiefväter, die durch Probleme, die in der Schule durch die Kinder auftreten, ihren Kindern ablehnend gegenüberstehen; viele Lehrer sind dem hilflos gegenüber ausgesetzt, reagieren überempfindlich, versuchen durch Druck, das fehlende Verhalten herzustellen, ihre Autorität zu wahren, was aber bei den Kindern genau das Gegenteil bewirkt. Wenn z. B. Stefan Druck gefühlt hat oder Normen knallhart von ihm eingehalten werden sollen, rastet er aus: schreit also rum, macht nichts mehr und stört den Unterricht ..."

Vier Merkmale fallen bereits beim ersten Anhören solcher und ähnlicher Gespräche auf, die an Lehrerfortbildungstagen mitunter kein Ende zu nehmen scheinen:

1. „Verhaltensauffälligkeiten", „Disziplinschwierigkeiten", „Unterrichtsstörungen" – oder wie die Kennzeichnungen lauten mögen – nehmen (zumindest aus der Sicht der Lehrenden) nicht ab, sondern zu – im Westen, wo sie bereits ein relativ hohes Niveau erreicht haben, weniger als im Osten, der offenbar auch in diesem Bereich seinen „Nachholbedarf" zu decken beginnt.
2. Das Spektrum dieser „Störungen" reicht vom flapsigen Vorlaut-sein bis hin zur Lernverweigerung, wobei heute zwei Störungsarten fast zwei Drittel aller Störungen ausmachen: Diffuse Aggressionen und Konzentrationsschwierigkeiten.
3. Ausgesprochen unterschiedlich ist das von Lehrern aufgebrachte Deutungswissen sowie ihre selbstreferentielle Kompetenz. Zumindest in den von uns aufgezeichneten und ausgewerteten Gesprächen kann man Analysen hören, die mit jeder Psychologie-Vorlesung konkurrieren könnten, aber auch hilfloses Resignieren oder simples Schuld-zuweisen lassen sich belegen.
4. Entsprechend verschieden sind die edukativen Handlungsstrategien bzw. Einzelakte. Sie reichen von „Immer-wieder-drüber-Sprechen" bis hin zu Überlegun-

gen, prophylaktisch den Unterricht so zu verändern, daß Störungen möglichst ausbleiben.

Natürlich geht es im folgenden nicht um eine – wie auch immer geraffte – Darstellung des gestörten Unterrichts. Das hat der Autor an anderer Stelle hinreichend getan[43]. Hier soll im Rahmen einer Schultheorie der Blick auf die Verbesserung der kommunikativen Verhältnisse gelenkt werden, obwohl und gerade weil sie im Schulalltag häufig dermaßen gestört sind, daß sie Unterricht, Erziehung und Bildung erschweren, mitunter fast verunmöglichen. Entlang der drei *Kant*ischen Aufklärungsfragen[44] wollen wir ein wenig Licht in das Dunkel gestörter Unterrichtsprozesse bringen.

❶ Was können wir wissen?

Beim heutigen Forschungsstand im Bereich devianten, also abweichenden Verhaltens (z. B. von Schülern) lassen sich eine Reihe von Aussagen machen, die zwar noch keine geschlossene Theorie formen, aber mittlerweile zum festen Bestandteil der Kommunikationswissenschaft sowie einer Verstehenden Psychologie, einer Hermeneutischen Pädagogik und einer Kommunikativen Didaktik gehören:

1. Unterricht ist zuallererst ein *Kommunikationsprozeß* mit sprachlichen, manifesten, offiziellen ... digitalen und mit nicht-sprachlichen, latenten, inoffiziellen ... analogen Anteilen.
2. Jeder Kommunikationsprozeß ist prinzipiell *störanfällig*, was Bedrohungen dieses Prozesses nach sich ziehen, aber auch Chancen für seine Verbesserung sein kann. Wir unterscheiden drei Kommunikationsarten: das *matching*, das *crossing* und das *failing*. Die Abbildung 45 versucht, die Unterschiede zu verdeutlichen: Menschen fungieren abwechselnd und gleichzeitig als Sender (S) und Empfänger (E) von Botschaften, die sie kodieren und dekodieren, deren Bedeutungen sie auf verbaler und präverbaler Ebene verstehen lernen: ein *matching*, eine Passung entsteht. Es kann aber auch sein, daß die Erwartungen auf gegenteilige Entsprechungen stoßen, die Ansichten gegeneinanderprallen, Botschaften just das Gegenteil von dem bewirken, was intendiert war: ein *crossing*, ein Aufprall belastet die Kommunikation. Und drittens kennen wir die Tatsache, daß Menschen quasi auf verschiedenen Wellen senden und empfangen, aneinander vorbeireden, sich – wie *Martin Buber* meinte – buchstäblich vergegnen: *failing* wird diese Kommunikationsstörung genannt. Auch in der Schule (zwischen Schülern, Lehrern und Eltern) beobachten wir alle drei Kommunikationsarten.

Abbildung 45: Die drei Kommunikationsarten: matching, crossing, failing

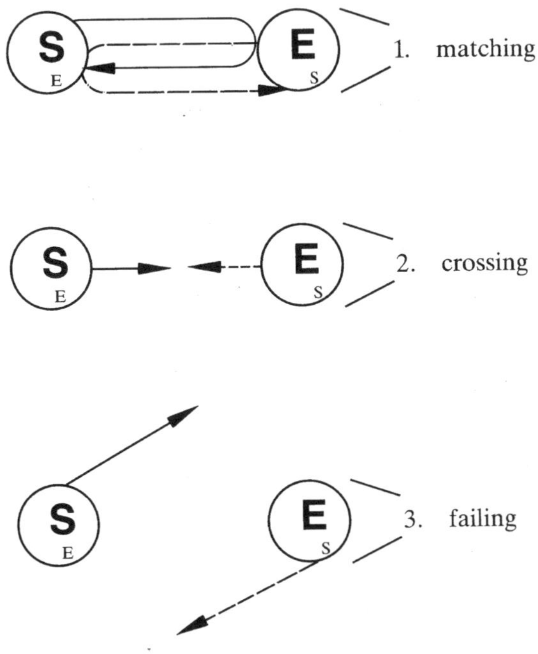

3. Niemand kann *nicht-kommunizieren*; jedes Verhalten (auch und gerade das Schweigen) will etwas sagen, auf etwas hinweisen – z. B. unliebsame Empfindungen ausdrücken.

4. Diese verborgene Botschaft gilt es wahrzunehmen und entlang einer allmählich sich ausbildenden *Entzifferungsarbeit* zu verstehen.

5. Lehrende und Lernende, die diese kommunikative Kompetenz besitzen bzw. sich um sie bemühen, haben zwar nicht unbedingt weniger Störungen auszuhalten, aber: Sie können solche Schwierigkeiten *produktiv gestalten*, also jenseits von Resignation oder autoritärem Gehabe so bewältigen, daß die berechtigten Anteile der Störung und die berechtigten Belange der Gestörten Berücksichtigung finden.

6. Die *häufigsten Botschaften* unterrichtlicher Störungen lassen sich wie folgt transkribieren: ● Der Unterricht ist langweilig! ● Ich fühle mich unter- oder überfordert! ● Schule überhaupt finde ich sinnlos! ● Ich möchte beachtet, einbezogen, vielleicht auch geliebt werden! ● Rache ist süß! ● Mal sehen, wie weit ich es treiben kann! ● Wenn er, wenn sie sich nicht ändert, machen wir ihn, machen wir sie fertig!

7. Lehrer und Schüler haben aber nur dann ein „Ohr“ für solche u.ä. Botschaften, wenn sie Kommunikationen unter *vier Aspekten* zu „hören“ verstehen: unter dem Inhalts-, dem Beziehungs-, dem Selbstoffenbarungs- und dem Appellaspekt.

8. Um diesen Sachverhalt zu illustrieren, sei eine kleine *Abbildung* erläutert.

Abbildung 46: Die vier Bedeutungsebenen menschlicher Kommunikation

Nehmen wir an, ein Lehrer sagt zu einer Klasse oder einem bestimmten Schüler: Die Hauptstadt von Polen ist Warschau. Diese *Nachricht* kann vier verschiedene *Botschaften* beinhalten: 1. die sachliche Information, daß Warschau (und keine andere Stadt) die Hauptstadt Polens ist. 2. kann sie eine bestimmte Lehrer-Schüler-Beziehung ausdrücken (Z. B.: Euch muß man aber auch alles zehnmal sagen!). 3. verrät der Lehrer etwas über sich selbst (Etwa: Bei den Leistungen habe ich Angst um eure oder deine Versetzung!). Und 4. kann in dem Satz ein mehr oder weniger geheimer Appell verborgen sein (Vielleicht dieser: Setzt euch auf den Hosenboden und übt!).

9. Entscheidend ist nun die Fähigkeit, mit dem „Entzifferungsohr“ gleichsam zu *wandern*, also: mal auf diese oder jene Konnotation zu lauschen; mal der einen, dann der anderen Bedeutungsebene mehr Aufmerksamkeit zu schenken und kommunikative Fixierungen durch einen Perspektivwechsel zu vermeiden.

10. Nur wo Lehrende und Lernende in diesem Sinne „*taub*“ bleiben, sind Unterrichtsstörungen schädigende Rituale, zerstören sie letztlich den didaktischen Prozeß sowie das edukative Klima und bringen selbst die bestgemeinten Choreographien des Lehrens (z. B. den Projektunterricht) zu Fall bzw. belasten die Lernographien der Schüler. Besitzen sie hingegen eine ausreichende Entzifferungskompetenz sowie die Fähigkeit der Metakommunikation, können Unterrichtsstörungen ungemein hilfreiche Informationen über den zu verbessernden Unterricht oder das Schulleben sein.

Fragen wir zweitens:

❷ Was können wir tun?

Niemand wird erwarten, daß im folgenden eine komplette Strategie des Umgangs mit Unterrichtsstörungen vorgelegt wird – ein paar Anregungen aber sind möglich. Zunächst zwei Hinweise, was wir sinnvollerweise *nicht* tun sollten:

- Moralische Schuldvorwürfe oder Sündenbocktheorien sind ebenso wenig bekömmlich wie irrationale Ausbrüche oder resignative Kapitulationen. Und:
- Auch das hartnäckige Warten auf „die bessere Schule“, in der es dann „solche Zustände“ nicht mehr geben wird, ändert hier und heute gar nichts. Gerade die zukünftige und bessere Schule ist immer nur insoweit zu realisieren, als wir mit ihrer Verwirklichung hier und jetzt beginnen – und sei es noch so bescheiden beginnen.

Ins Positive gewendet sind folgende Handlungsstrategien lösungsträchtig:

1. Jedes auffällige Verhalten erfordert eine es begleitende und nicht auf kurzfristigen Erfolg fixierte *Deutungs-* bzw. *Entzifferungsarbeit.*
2. Zu diesem Zweck sollten Lehrer/innen lernen, alle Signale der Schüler/innen (verbale, gestische, mimische, lokomotorische u.a.m.) sowie ihre eigenen „Nachrichten“ auf ihre *Inhalts-*, *Beziehungs-*, *Selbstoffenbarungs-* und *Appellbedeutung* hin wahrzunehmen und zu verstehen[45]. Dieser Sollens-Satz gilt umgekehrt – wenn auch in abgeschwächter Form – selbstverständlich auch für Schülerinnen, die es gar nicht so selten mit schwierigen Lehrern zu tun haben.
3. Solch eine kommunikative Kompetenz, die vor allem selbstreferentielle und metakommunikative Fähigkeiten einerseits voraussetzt und andererseits ausbildet, lernt niemand alleine, in Isolation oder nur an Hand von wissenschaftlicher Literatur, sondern in *Gemeinschaft mit anderen*, aber unter Anleitung von Fachleuten.
4. Ein erster Schritt in diese Richtung wird dann getan, wenn Lehrende *wechselseitig hospitieren* und dabei bestimmte Arbeitsaufgaben erledigen (Z. B.: Achte bitte einmal auf meine latenten Appellbotschaften! Oder: Beobachte bitte die Gruppe um Britta!).
5. Wechselseitige (und völlig freiwillige) Hospitationen sind eine gute Voraussetzung für *Pädagogische Studientage* (PSt) bzw. *Schul-* oder *Kollegiumsinterne Lehrerfortbildungen* (SchiLf oder KiF). Sie müssen gut vorbereitet werden und sollten – wenn möglich – immer auch einen externen Fachmann bzw. eine dem Kollegium nicht angehörende Expertin hinzuziehen[46].
6. Das wirkungsvollste Mittel gegen die destruktiven Effekte von Unterrichtsstörungen ist prophylaktischer Natur und liegt in einer *Reform des Unterrichts*: Wenn Schüler in die Mitplanung und Mitgestaltung von Unterricht einbezogen und ihre Selbstlernpotentiale aktiviert werden, gibt es wenig Grund, diese Prozesse als fremdbestimmte, sinnlose oder langweilige zu stören.
7. Wichtig aber ist eine *behutsame Öffnung* des Unterrichts in Richtung Schülerorientierung, Beweglichkeit und Erfahrungsrelevanz. Wer jahrelang unter einem

lehrerfixierten, starren und kognitiv-belehrenden Frontalunterricht mehr oder weniger gelitten hat, kann eigenständiges Lernen nicht von heute auf morgen präsentieren, sondern muß ein solches Lernen lernen – oft mühsam und Schritt für Schritt lernen.

8. Die wichtigste Regel inmitten von Unterrichtsstörungen lautet: *Humor bewahren oder aktivieren.* Ein verständnisvolles Schmunzeln oder auch ein lautes (Mit-)Lachen hat schon viele Unterrichtsknoten gelöst oder erst gar nicht entstehen lassen. Ich weiß, daß und wie schwer es ist, inmitten oft belastender Situationen humorvoll zu reagieren. Aber bekanntlich definierten die größten Humoristen: Humor ist, wenn man *trotzdem* lacht!

Bleibt die dritte Frage (aus der „Kritik der reinen Vernunft“) zu beantworten, die *Kant* als „praktisch und theoretisch zugleich“ kennzeichnete. „Denn alles Hoffen geht auf Glückseligkeit, und ist in Absicht auf das Praktische und das Sittengesetz eben dasselbe, was das Wissen und das Naturgesetz in Ansehung der theoretischen Erkenntnis der Dinge ist“[47].

Fragen wir also:

❸ Was dürfen wir hoffen?

Gehen wir noch einmal auf die beiden zu Anfang referierten Interviewauszüge ein. In dem ersten sagte die Lehrerin *Frauke L.* an einer noch nicht zitierten Stelle:

> „*Mirko* reagiert auf persönliche Zuwendungen von mir ganz positiv. Wenn ich das so zurückverfolge, wie sich das im letzten Jahr dargestellt hat, dann kann ich sagen: Es kommt immer weniger zu diesen Ausbrüchen, und das Verhältnis zu den Mitschülern hat sich auch verbessert.“

Und die Lehrerin *Birgit K.* mahnt nachdrücklich:

> „Ich habe gemerkt: Wenn die Kinder überhaupt keinen Erfolg sehen und den ganzen Tag über nur der Kritik ausgesetzt sind, dann bleiben sie total auf Ablehnung eingestellt. Und solange diese Moral an unseren Schulen dominiert …“

Solche Äußerungen stiften in der Tat Hoffnung. Denn die „persönliche Zuwendung“ läßt sich konsequent aufbauen (ohne die Zustimmung anderer); und die „Moral” an einer Schule läßt sich behutsam auf solche Werte hin ausrichten, die der Bildung dienen (ohne vorher die ganze Welt ändern zu müssen).

Und da mitunter auch die seltsamsten Vorkehrungen helfen können, sei abschließend eine kleine Geschichte erzählt:

Im 13. oder auch erst im 14. Jahrhundert lebte der wohl bekannteste türkische Schulmeister. Aufgrund der ungezählten Anekdoten, die sich um seine Person ranken, wurde er bald darauf zum Helden der türkischen Volksliteratur erklärt. Seine Schwänke und Schnurren, seine Streiche und Listigkeiten, seine Weisheiten und Wahrheiten sind denen des Till Eulenspiegel durchaus ebenbürtig – vielleicht hat er diesem gar Modell gestanden. Er hieß: Nasreddin Hoca. Von eben jenem Lehrer Nasreddin wird u. a. folgendes erzählt[48]*:*

Eines Tages war Nasreddin eifrig dabei, ein Säckchen voll Brotkrumen rings um sein Haus zu verstreuen. „Was machst du denn da?" fragte ihn jemand. „Damit halte ich die Tiger fern", antwortete er. „Aber hier gibt es doch gar keine Tiger." „Ganz recht. Ein wirksames Mittel, nicht wahr?", entgegnete Nasreddin.

Schon *Horaz* wollte die Wahrheit bekanntlich lachend sagen (*ridendo verum dicere*)[49]. Ob es uns Pädagogen nicht guttäte, bei all unseren – sicherlich ernsthaften – Bemühungen nicht jene zu vergessen, die gelegentlich Brotkrumen verstreuen – und sei es zum Abhalten von wilden Tigern? Denn von Bedrohungen durch störende Schüler war bei *Nasreddin Hoca* nun wahrlich nicht die Rede. Und auch nicht von der Prophylaxe gegenüber gestörten Lernprozessen. Oder doch?

Und ehe Sie das nächste Zimmer betreten, gönnen Sie sich bitte eine Rast auf dem nächsten Balkon …

3. Balkon: Zehn Ratschläge zur Kommunikativen Inkompetenzkompensationskompetenz

1. Ziehe dich, wann immer du kannst, nicht unbedingt warm an oder nackt aus, sondern in die Einsamkeit zurück!
2. Sollte sich doch jemand dir nähern, knurre ihn einfach hinweg oder wirf ihm das Buch von Paul Watzlawick vor die Füße, das den pleonastischen Titel trägt: „Menschliche Kommunikation“!
3. Sollte dir diese Einsamkeit in Freiheit inmitten kommunikativer Überschußgesellschaften (z. B. in Schulen) nicht möglich sein, so versuche wenigstens, dein Aussehen so zu verändern, daß es auf andere abschreckend, abstoßend und abscheulich wirkt!
4. Solltest du dennoch von redesüchtigen Zeitgenossen – vor allem von Kollegen – angesprochen werden, antworte sofort mit Vorwürfen – etwa vom Muster der Sätze: Was erlauben Sie sich eigentlich …!
5. Hinweise von sogenannten Vorgesetzten, auch präverbaler Art, werden am wirkungsvollsten durch die Anwendung des Skinner-Gesetzes beantwortet, das da lautet: Konsequent ignorieren!
6. Wenn lerneifrige Schüler es wagen sollten, mit dir einen kommunikativen Akt zu beginnen, überreiche ihnen stumm und kühl einen Zettel, auf dem lediglich geschrieben steht: 1. Buch Mose, Vers 38,9! Dort ist bekanntlich der erste *actus interruptus* geschildert worden.
7. In absolut unvermeidlichen Sprechsituationen mit starker kommunikativer Performanz befleißige dich einer Sprache, die man unterhalb eines IQ von 130 Punkten kaum noch verstehen kann, also intellektuell etwa dort angesiedelt ist, wo sich *Jürgen Habermas* und *Didi Hallervorden* kognitiv geborgen fühlen.
8. Die größte Versuchung, unnötig und redundant sprachlich zu (inter-)agieren, entsteht an Elternsprechtagen, auf Elternversammlungen und ähnlichen Kriegsschauplätzen. Wirkungsvoll ist die sogenannte VaKkk-Strategie: Mit heiserer Stimme gib’ rechtzeitig kund, daß bei dir – laut ärztlichem Gutachten von Professor hüm, hüm – Verdacht auf – Kehlkopfkrebs besteht.

9. Wichtig ist auch die regelmäßige Fortbildung deiner Kompetenz, indem du zum Beispiel so oft wie möglich abends um 23 Uhr, kurz bevor *Uli Wickert* „das Wetter" ankündigt, ihm nicht augenzwinkernd ein leises „Danke schön" zuflüsterst, sondern laut zurufst: „Du Blödmann!"
10. Sollten all diese Ratschläge erwartungswidrig nicht fruchten, du also bereits Telefon, PC, TV, deinen Lebensabschnittbegleiter und ähnliche Kommunikationskiller aus deinem Haus verbannt haben, so resigniere nicht, denn ein Weg bleibt immer noch offen und führt mit hoher Wahrscheinlichkeit zum Erfolg: Gehe an einem Montag, möglichst zur ersten Stunde, in irgendeine Schulklasse im groß gewordenen Deutschland! Dort verschlägt's dir mit Sicherheit die Sprache und dadurch steigt die wohl wichtigste pädagogische Qualifikation, nämlich: die Kommunikative Inkompetenzkompensationskompetenz.

Anmerkungen und Literaturhinweise

1 Vgl. *Rainer Winkel*: Der gestörte Unterricht. Bochum: Kamp 6.1996.

2 Vgl. *Otto Friedrich Bollnow*: Existenzphilosophie und Pädagogik. Versuch über unstetige Formen der Erziehung. Stuttgart: Kohlhammer 1.1959; 6.1984.

3 Vgl. *Theodor Ballauff*: Systematische Pädagogik. Heidelberg: Quelle & Meyer 2.1966.

4 Hingewiesen sei auf folgende Fachliteratur aus der Neurophysiologie, Psychologie und Medienpädagogik – bei der Klärung der Frage:

WIE LERNT DER MENSCH?

Francis Crick: Was die Seele wirklich ist. München: Artemis und Winkler-Verlag 1994.

Howard Gardner: Der ungeschulte Kopf. Wie Kinder denken. Stuttgart: Klett-Cotta 1993.

Ernst Hunziker/Guerino Mazzola: Ansichten eines Hirns. Aktuelle Perspektiven der Hirnforschung. Stuttgart-Basel: Birkhäuser Verlag 1990.

Eric R. Kandel/ James H. Schwartz/ Thomas M. Jessel (Hrsg.): Neurowissenschaften. Heidelberg-Berlin-Oxford: Spektrum Akademischer Verlag 1996.

Thomas Metzinger: Subjekt und Selbstmodell. Paderborn: Verlag F. Schöningh 1993.

Neil Postman: Das Verschwinden der Kindheit. (Or. 1982) Frankfurt/M.: S. Fischer 2.1983.

Neil Postman: Wir amüsieren uns zu Tode. (Or. 1985) Frankfurt/M.: S. Fischer 1985.

Neil Postman: Keine Götter mehr. Das Ende der Erziehung. (Or. 1995) Berlin: Berlin Verlag 1995.

Katja Riedel: Persönlichkeitsentfaltung durch Suggestopädie. Baltmannsweiler: Schneider 1995.

Oliver Sacks: Der Mann, der seine Frau mit einem Hut verwechselte. Reinbek: Rowohlt (sachbuch Bd. 8780) 1987.

Oliver Sacks: Der Tag, an dem mein Bein fortging. Reinbek: Rowohlt (sachbuch Bd. 8884) 1989.

Oliver Sacks: Eine Anthropologin auf dem Mars. Sieben paradoxe Geschichten. Reinbek: Rowohlt 1995.

Sally P. Springer/ George Deutsch: Linkes/Rechtes Gehirn. Funktionelle Asymmetrien. Heidelberg-Berlin-Oxford: Spektrum Akademischer Verlag 3.1995.

Richard F. Thompson: Das Gehirn: Heidelberg-Berlin-Oxford: Spektrum Akademischer Verlag 2.1994.

Frederic Vester: Denken, Lernen, Vergessen. München: Deutscher Taschenbuch Verlag 20.1993.

Psychologie heute: Monatlich erscheinende Zeitschrift. Weinheim: Beltz Verlag.

5 *Hartmut von Hentig*: Die Schule neu denken. München: Hanser 1993, S. 30f.

6 Die meisten Zahlen, soweit sie nicht eigene Berechnungen sind, fanden sich in Presseverlautbarungen.

7 *Jean-Jacques Rousseau*: Emile oder Über die Erziehung. (Or. 1762) Stuttgart: Reclam 1963, S. 307.

8 *Joachim-Ernst Berendt*: Das Dritte Ohr. Vom Hören der Welt. Reinbek: Rowohlt 1988, bes. S. 41.

9 Vgl. *Frederic Vester*: Denken, Lernen, Vergessen. München: Deutscher Taschenbuch Verlag 20.1993.

10 *Theodor Schulze*: Schule im Widerspruch. München: Kösel 1980, S. 38.

11 *Johann Amos Comenius*: Große Didaktik. (Or. 1657) Stuttgart: Klett-Cotta 8.1993, S. 136.

12 So z.B. in: *Deutsche Lehrerzeitung*, 39 (49/1992), S. 12.

13 *Peter Petersen*: Der Kleine Jena-Plan. (Or. 1927) Weinheim- Basel: Beltz 61.1996, S. 53.

14 *Martin Buber*: Begegnung. Autobiographische Fragmente. Heidelberg: Lambert Schneider 3.1978, S. 25.

15 Ebd., S. 26.

16 Ebd., S. 10f.

17 Ebd., S. 26. Diese Episode mit dem Pferd erschien erstmals in dem 1932 veröffentlichten Buch „Zwiesprache". Jetzt in: *Ders.*: Werke. 1. Bd. München-Heidelberg: Kösel-Schneider 1964, S. 195 – 197, unter dem Titel „Die Grundbewegungen".

18 *Johann Friedrich Herbart*: Allgemeine Pädagogik aus dem Zweck der Erziehung abgeleitet. (Or. 1806) In: *Ders.*: Pädagogische Grundschriften. 2. Bd. Düsseldorf: Küpper 1965, S. 9 – 155, zit. S. 45.

19 Vgl. *Jakob Muth*: Integration von Behinderten. Essen: Neue Deutsche Schule 1986, S. 42. Diese Formel fußt auf dem Gutachten des *Deutschen Bildungsrates*: Zur Förderung behinderter und von Behinderung bedrohter Kinder und Jugendlicher. Bonn 1973, bes. S. 74. *Muth* war von 1970 – 1975 Mitglied des Deutschen Bildungsrates und Vorsitzender des Ausschusses „Sonderpädagogik", der just dieses Gutachten bzw. diese Empfehlung 1973 vorlegte.

20 Vgl. *Jol de Rosnay*: Großvater, wieso siehst du so jung aus? In: Die Zeit, Nr. 47, vom 17.11.1995, S. 3. *Rosnay* gilt in Frankreich als einer der führenden Zukunftsforscher.

21 *Immanuel Kant*: Kritik der reinen Vernunft. 1. (Or. 1781) In: *Ders.*: Werke. Bd. III. Frankfurt/M.: Suhrkamp 1968.

22 *Paul Watzlawick*: Wie wirklich ist die Wirklichkeit? Wahn · Täuschung · Verstehen. München: Piper 1976.

23 Ebd., S. 7.

24 *Erich Fromm*: Haben oder Sein. (Or. 1976) München: Deutscher Taschenbuch Verlag 2.1979.

25 *Adolf Hitler*: Mein Kampf. (Or. 1925; 1927) München: Eher 820.1943.

26 Vgl. *Ruhr-Nachrichten*, Nr. 35, vom 10.2.1996, S. 1 und andere Presseorgane an diesem Tag.

27 Vgl. *Hans-Peter Dürr*: Pflicht zur Mitnatürlichkeit. In: Der Spiegel, Nr. 5, vom 29.1.1996, S. 154f.

28 Vgl. Anm. 5.

29 *David Elkind*: Das gehetzte Kind. (Or. 1988) Hamburg: Kabel 1991. Und als Taschenbuch: Bergisch Gladbach: Lübbe 1992.

30 Vgl. die regelmäßig erscheinenden Periodika: *Statistisches Bundesamt* (Hrsg.): Statistisches Jahrbuch für die Bundesrepublik. Wiesbaden 1996ff.

31 *Friedrich Nietzsche*: Ecce Homo. (Or. 1908; entstanden 1888) In: *Ders.*: Sämtliche Werke. Bd. VIII. Stuttgart: Kröner 1964, S. 291 – 409, zit. S. 335.

32 Vgl. *Jean-Jacques Rousseau*: Emile oder Über die Erziehung. (Or. 1762) Stuttgart: Reclam 1963, bes. S. 211 u. 221.

33 *Erik H. Erikson*: Identität und Lebenszyklus. Frankfurt/M.: Suhrkamp 1966, bes. S. 60ff und S. 150ff.

34 *Herbert Gudjons*: Pädagogisches Grundwissen. Bad Heilbrunn: Klinkhardt 4.1995, S. 119.

35 *Martin Buber*: Ich und Du. (Or. 1923) In: *Ders.*: Werke. 1. Bd. München-Heidelberg: Kösel-Lambert Schneider 1962, S. 77 – 170, zit. S. 97.

36 *Friedrich Schleiermacher*'s sämtliche Werke. Dritte Abteilung. Zur Philosophie. 6. Bd.: Psychologie. Aus dem handschriftlichen Nachlasse herausgegeben von *L. George*. Berlin: G. Reimer 1862, S. 19.

37 *Heinrich Böll* im Gespräch mit *Fritz J. Raddatz*: Der Tod einer Instanz. In: Die Zeit, Nr. 30, vom 19.7.1985, S. 3. *Böll* wurde am 21.12.1917 geboren und starb am 15.7.1985.

38 Vgl. *Ruth C. Cohn*: Von der Psychoanalyse zur themenzentrierten Interaktion. Stuttgart: Klett-Cotta 10.1991.

39 *Horst E. Richter*: Der Gotteskomplex. Reinbek: Rowohlt 1979.

40 Ebd., S. 29.

41 Vgl. 1. *Mose* 11, 1 – 9.

42 *H.E. Richter*, a. a. O., S. 35.

43 Vgl. *Rainer Winkel*: Der gestörte Unterricht. Diagnostische und therapeutische Möglichkeiten. Bochum: Kamp 1.1976; 6.1996. Darüber hinaus: *Bernd Benikowski*: Unterrichtsstörungen und Kommunikative Didaktik. Baltmannsweiler: Schneider 1995.

44 *Immanuel Kant*: Kritik der reinen Vernunft. 2. (Or. 1781) In: *Ders.*: Werke. Bd. IV. Frankfurt/M.: Suhrkamp 1968, S. 677.

45 Um diese Kompetenz zu lernen, ist das Studium des folgenden Doppel-Buches wohl unverzichtbar: *Friedemann Schulz von Thun*: Miteinander reden. Bd. 1 u. 2. Reinbek: Rowohlt 1989f. Helfen kann auch: *Heinz Kippert*: Kommunikationstraining. Weinheim-Basel: Beltz 1996.

46 Da auf Pädagogische Studientage sowie auf Schul- und Kollegiumsinterne Lehrerfortbildungen im nächsten Stockwerk gesondert eingegangen wird, werden Literaturhinweise erst dort gegeben.

47 Vgl. Anm. 44.

48 Vgl. *Idries Shah* (Hrsg.): Die verblüffenden Weisheiten und Späße des unübertrefflichen Mullah Nasreddin. Reinbek: Rowohlt 1975, S. 16.

49 *Horatius, Flaccus Quintus*: Satirae. Gotha: Friedrich Andreas Perthes 1903, S. 4, wo es wörtlich heißt: „quamquam ridentem dicere verum quid vetat?“ – Was eigentlich verbietet mir, die Wahrheit lachend zu sagen?

4. Zensuren, Zeugnisse, Berichte: Lerndiagnostische Reformen

Auch dieser von Schülern, Lehrern und auch von Eltern häufig gefürchtete Raum soll mit Hilfe verschiedener Scheinwerfer erhellt werden – vielleicht stellt er sich gar nicht als der in der veröffentlichten Meinung wie ein Gruselkabinett uns erschrekkende Raum dar. Gleichwohl: Auch in ihm tun Reformen not. Welche, warum und mit welcher Intention ist noch deutlich zu machen. Zunächst wieder eine Arbeitsaufgabe.

ARBEITSAUFGABE (zunächst allein, dann in zwei Gruppen und schließlich im Plenum):

Lesen Sie bitte ganz für sich alleine den folgenden Text[1] und notieren Sie einige Stichworte! Sodann bilden Sie bitte eine Pro- und eine Contra-Gruppe und bereiten Sie ein Streitgespräch über „Lernentwicklungsberichte: Ja oder Nein?" vor! Und schließlich führen Sie diese Disputation bitte durch – und zwar in der Form, daß zunächst die Pro-Gruppe maximal drei Minuten lang ihre Argumente vorträgt, sodann die Contra-Gruppe und dieser Wechsel noch einmal wiederholt wird. Ein Schiedsrichter wacht über die Einhaltung der Regeln. Mindestens drei Zuhörer aus dem Plenum vergeben zum Schluß zweimal drei Wertungspunkte, und zwar: einen Punkt für die Qualität sachlicher Argumentation, einen für die rhetorische Leistung und einen für die Fähigkeit, auf die Argumente des Gegners überzeugend einzugehen.

Lernentwicklungsberichte statt Schulnoten
Pro

JA

ROLF WERNSTEDT

Der 55jährige Lehrer ist seit 1990 niedersächsischer Kultusminister. Wernstedt ist Mitglied der SPD und Lehrbeauftragter für Politische Wissenschaft an der Universität Hannover, seit 1989 als Honorarprofessor

Lernentwicklungsberichte geben eine individuelle und gerechtere Auskunft über den Leistungsstand der Schülerinnen und Schüler als einfache Noten. Die Schulen in Niedersachsen sollen deshalb die Möglichkeit erhalten, die Noten mit Berichten zu ergänzen. Es soll darum gehen, die Gesamtpersönlichkeit gerechter zu beurteilen. Ein Beispiel: Wenn ein Kind in Deutsch eine Drei bekommt, könnte im Zeugnis stehen: „Es ist in seiner Phantasie und seiner Ausdrucksfähigkeit hervorragend, aber es hapert noch an der Rechtschreibung." Dadurch werden wir der Schülerpersönlichkeit gerechter. Im herkömmlichen Notensystem werden bei guten Schülern die Schwächen und bei schlechten die Stärken verschleiert. Meine Überlegungen hängen auch mit der Frage der Schlüsselqualifikation zusammen, die eine Schule vermitteln soll, zum Beispiel soziales Verhalten, Konfliktfähigkeit, Kompromißbereitschaft eines Kindes sowie die Fähigkeit, mit anderen gemeinsam etwas zu erarbeiten, ohne sich dauernd in den Vordergrund zu schieben. Das sind Fähigkeiten, die heute im Handwerk oder in der Industrie viel intensiver nachgefragt werden, als das eine oder andere, das ein Schüler an Fakten weiß oder nicht weiß. Diese Debatte wird dazu führen, daß die Schule auf diese Gesichtspunkte stärker eingeht. Im Interesse des einzelnen Schülers und seiner späteren beruflichen Entwicklung. Der Lehrer muß sich mit seinem Unterricht darauf einstellen, daß er dieses zu beurteilen hat. Und das geht schon gar nicht mit den Ziffern 1 bis 6.

„Eine gerechtere Auskunft über den Leistungsstand der Schüler"

Lernentwicklungsberichte statt Schulnoten Contra

NEIN

HANS ZEHETMAIR

Der 59jährige Lehrer ist seit 1986 bayerischer CSU-Minister für Unterricht und Kultus. Humanistische Wertorientierung und Honorierung von Leistungsbereitschaft gehören zu den Eckwerten seiner Bildungspolitik

Die Forderung ist nur scheinbar kinderfreundlich. Aus der Arbeitswelt wissen wir, wie Wortgutachten gehandhabt werden: Die entscheidenden Aussagen sind quasi zwischen den Zeilen zu suchen. Die vermeintlich diffenzierten Wortgutachten sind in der Realität meist eine karge Ansammlung standardisierter Formeln. Dagegen sind Ziffernoten transparent und – das scheint mir wichtig – auch für Kinder verständlich. Problematisch daran sind auch nicht die Noten selbst, sondern die Art und Weise, wie manche Eltern und leider auch Pädagogen damit umgehen. Nicht die Noten machen Druck auf Kinder, sondern die Erwachsenen. Wer glaubt, durch die Abschaffung der Noten den „Auslesedruck" zu verhindern, der macht sich und anderen etwas vor. Auch ohne Noten wird es unterschiedliche Benotungen geben und entsprechend unterschiedliche schulische Karrieren. Ziffernnoten sind keine Werturteile, sie sagen nichts aus über die Persönlichkeit eines Kindes. Noten sind eine Orientierungshilfe, die eine rasche Standortbestimmung ermöglicht. Sie geben Auskunft über Einzelleistungen. Sie können und wollen nicht das beratende Gespräch ersetzen, auch nicht die Ursachenforschung, wenn die Leistungen einmal zu wünschen übrig lassen. Das können Wortgutachten übrigens auch nicht – sie tun nur so, als ob. Fazit: Das Problem sind nicht die Noten, sondern die falsche Bedeutung, die ihnen manchmal zugemessen wird. Demgegenüber scheinen mir Wortgutachten nicht nur weniger transparent, sondern auch weniger ehrlich.

„Nicht die Noten – der Umgang mit ihnen ist das Problem"

Um die nun folgenden Argumente kritisch beurteilen zu können, sind einige Kenntnisse der empirisch-statistischen Forschung unverzichtbar. Wem sie vertraut sind, wird ein Weiterlesen ab Seite 226 empfohlen, den anderen zunächst die Lektüre des folgenden Abschnitts.

Exkurs 3: Empirisch-statistische Hinweise

Angeknüpft wird an die wissenschaftstheoretischen Passagen des I. Kapitels, die es in einem bestimmten Bereich fortzusetzen gilt: gemeint ist die empirisch-statistische Forschung, die sich der Wirklichkeit weitgehend quantitativ nähert, die also letztlich mit Hilfe von Zahlen und den damit möglichen Rechenoperationen (des Zählens, Messens und Wiegens) Aussagen über die Realität machen will – so wie sie ***ist***[2]. *Dies ist ebenso unverzichtbar wie andere Zugangsweisen zur Welt, etwa der hermeneutisch-verstehende, der nach dem Sinn, der Bedeutung eines Geschehens fragt – so wie es sein* ***soll****.*

Schulnoten sind Zahlen. Und als solche beanspruchen sie, Aussagen zu machen über – sagen wir – die Leistung der Schülerin X. im Fach Mathematik. Zahlen aber sind nicht gleich Zahlen. Noten, Schuhgrößen oder Wärmegrade sind verschiedene Zahlen, d. h. sie sind auf verschiedenen Skalenniveaus angesiedelt. Wir unterscheiden die folgenden vier, auf denen man ganz bestimmte Rechenoperationen durchführen darf oder lassen muß.

Nr.	*Skalenniveaus*	*Rechenoperationen*
1	*Nominalskala*	*zählen (messen, wiegen)*
2	*Ordinal- bzw. Rangskala*	*Medianwerte, Prozentränge, Rangkorrelationen*
3	*Intervall- bzw. Einheitsskala*	*Arithmetische Mittel, Standardabweichungen, Maßkorrelationen*
4	*Proportionale- bzw. Verhältnis- oder Absolute Skala*	*zusätzlich: alle übrigen statistischen Operationen (z. B. Varianzanalysen, Signifikanzberechnungen etc.)*

Fast alle sich verteilenden Sachverhalte lassen sich nominal skalieren – sei es durch Begriffe oder Zahlen: Wir ermitteln auf diesem ersten Skalenniveau z. B. die Anzahl der aufgesammelten Äpfel oder die der Körpergrößen aller Kinder einer bestimmten Klasse.

Wollen wir aber innerhalb einer bestimmten Anzahl von Äpfeln oder Körpergrößen, die lediglich bezüglich dieses Merkmals (dieses **nomen***) gleich sind, eventuelle Gradunterschiede in der Intensität des Merkmals feststellen, müssen wir die Gegen-*

stände oder Zahlen miteinander vergleichen, sie in eine Rangreihe (vom Muster „größer“ oder „kleiner“) bringen. Dazu werden die Zahlen gleichsam auf ein anderes Niveau gehoben, auf dem wir mehr dürfen als zählen, nämlich z. B. den Medianwert (Z) berechnen, also denjenigen Zentralwert, der die nach ihrer Größe geordnete Rangreihe von Meßwerten halbiert. Die einer Rangskala (lat. **ordo***: Reihenfolge) zugänglichen Sachverhalte gleichen zwar einander in Bezug auf ihr gemeinsames Merkmal (z. B. sind sie alle Äpfel), aber wie stark die Unterschiede zwischen den einzelnen Objekten bezüglich ihrer Größe, Farbe, Gewichte etc. sind, bleibt ungeklärt. Lediglich „mehr“ oder „weniger“ lautet auf diesem zweiten Skalenniveau die erlaubte Merkmalsbeschreibung. Wenn wir also mehrere Apfelsorten nach ihren Größen oder Geschmackseigenschaften in eine bloße Rangfolge bringen, haben wir die Daten ordinal verteilt.*

Häufig aber wollen wir mehr und Genaueres wissen: z. B. die Unterschiede der Merkmalsausprägungen der verschiedenen Objekte, ob – sagen wir – der Apfel A größer, kleiner oder genau so groß ist wie der Apfel B. Sobald wir an der Größe solcher Differenzen interessiert sind, benötigen wir eine Anordnung unserer Zahlen auf einer dritten Ebene, auf der Intervallskala, deren Struktur metrisch ist, d. h. die Abstände zwischen den Zahlenwerten sind konstant.

Noch anspruchsvollere Berechnungen dürfen wir auf der Proportionalskala anstellen. Auf ihr sind die Zahlen nicht nur (1.) bezüglich eines bestimmten Merkmals (Apfel sein) angeordnet, nicht nur (2.) auf ihre relative Größenunterschiede hin geordnet und nicht nur (3.) auf Intervallgleichheit hin angesiedelt, sondern (4.) auch in bezug auf einen absoluten Nullpunkt hin geordnet. Ein Beispiel: Wer behaupten wollte, daß es bei 30 Grad Celsius doppelt so warm ist wie bei 15 Grad, hat seine Aussage auf dem falschen Niveau gemacht. Denn die Feststellung einer solchen Differenz ist nur statthaft, wenn wir den absoluten Nullpunkt der Temperatur als Bezugspunkt hinzuziehen. Dieser liegt bei – 273,2°, so daß die obige Behauptung dahingehend korrigiert werden muß: das Verhältnis der beiden Temperaturwerte besteht zwischen 303 : 288 Grad. Alle Zahlen, die unterhalb der Absoluten Skala liegen, gestatten keine Aussagen über einen Vergleich ihrer Verhältnisse zueinander.

Auf welchem Skalenniveau sind nun Schulnoten angesiedelt? Auf der Proportionalskala mit Sicherheit nicht, denn es fehlt ihnen ein absoluter Nullpunkt. Aber auch die Intervallskala ist für sie noch nicht zutreffend, da die gemessenen Leistungen nicht denselben Abstand zueinander haben. Der Abstand zwischen einer 3 und einer 2 ist eben nicht derselbe wie zwischen einer 5 und einer 4. Außerdem führen nicht dieselben schulischen Leistungen zu gleichen Noten. Genügen diese aber wenigstens den Anforderungen, die wir auf der Ordinalskala erwarten? Ja, denn Schulnoten teilen nichts über Intervalle, wohl aber über Rangplätze mit. Damit liegen sie auf demselben Niveau wie – sagen wir – Schuhgrößen, die lediglich Aussagen über „größer“ und „kleiner“ gestatten.

Wie wichtig ein solcher Hinweis ist, macht die leidige Praxis deutlich: Eine Lehrerin, die – nehmen wir an – ein Diktat schreiben läßt, diese Niederschriften korrigiert, in-

dem sie zunächst alle Fehler anstreicht, dann die Summe aller Fehler addiert (sagen wir auf 120 kommt) und diese Zahl durch die Anzahl ihrer Schüler/innen dividiert (20 insgesamt), also eine durchschnittliche Fehlerzahl von 6 'errechnet', schließlich um diese Fehlerzahl herum die Note 3 bis 4 erteilt, eine solche Kollegin wird mit hoher Wahrscheinlichkeit in etwa folgenden Klassenspiegel erzielen:

sehr gut: 1
gut: 3
befriedigend: 5
ausreichend: 8
mangelhaft: 2
ungenügend: 1

Hat diese Kollegin aber korrekt gehandelt? Natürlich nicht. Denn stillschweigend hat sie die Zahlen auf dem Intervallskalenniveau angesiedelt, wo sie nicht hingehören. Deshalb schreiben die beiden Statistiker **G. Clauß/H. Ebner** *– in Übereinstimmung mit allen Statistikern auf dieser Welt -: „Damit dürften eigentlich alle klassischen Verfahren (Berechnung von Mittelwerten und Streuungen, Signifikanzprüfung durch parametrische Verfahren) auf Zensuren* **nicht** *angewandt werden".*[3]

Und einen zweiten Sachverhalt gilt es ins Bewußtsein zu heben, wozu die nächste Abbildung (das „Uhrenbeispiel") einlädt: Jedes Meßinstrument – eine Uhr, eine Waage, ein Test, eine Klassenarbeit u. ä. .m. – muß bestimmten Gütekriterien entsprechen, wenn es als solches ernstgenommen werden soll. Die drei wichtigsten lauten: Objektivität, Validität und Reliabilität. Was ist damit gemeint?

Abbildung 47: Gütekriterien empirisch-statistischer Verfahren

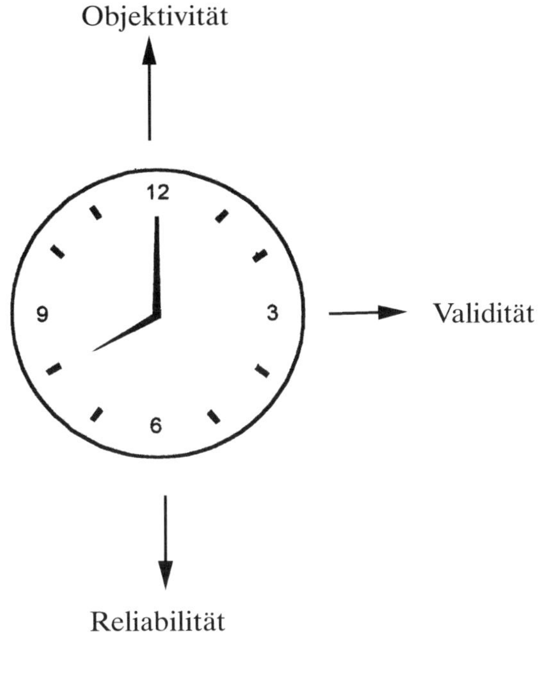

Ob es eine absolute Objektivität gibt, mag man mit vielen Philosophen ernsthaft bestreiten. Daß wir uns aber in der wissenschaftlichen Arbeit um eine möglichst objektive Aussage bemühen müssen, ist wohl unbestritten. Selbst der, dem die gegenteilige Ansicht plausibler erscheint, wird sie „beweispflichtig" machen wollen und sich deshalb aus der Obhut größtmöglicher Objektivität nicht entlassen können – auch **Paul Feyerabend** *nicht*[4]. **Objektiv** *ist ein Meßinstrument, wie unsere Uhr, nur und erst dann, wenn zwei verschiedene Beurteiler zu demselben Ergebnis kommen. Wenn* **A** *behauptet, die Zeiger stünden auf 8 Uhr, und* **B** *behauptet, er sähe eine Zeit von 9 Uhr angezeigt, dann ist es mit der Objektivität der beiden Aussagen nicht weit her und weit hin. Beträgt die Differenz der beiden Angaben jedoch nicht 60, sondern vielleicht nur zwei Minuten, dann können eventuell beide (un-)recht haben. Vielleicht liest der eine die Uhrzeit aus einer extrem linken, der andere aus einer extrem rechten Perspektive ab … Wie auch immer: Ein Verfahren ist dann möglichst objektiv, wenn sein Ergebnis von der Person des Auswerters weitgehend unabhängig ist.*

Darüber hinaus erwarten wir, daß die Uhr das mißt, was sie vorgibt zu messen: also (nicht die Lufttemperatur oder den IQ eines Menschen, sondern) die Zeit. Es soll **valide** *(gültig, treffsicher, inhaltsadäquat sein. Auf unser Problem bezogen: Eine Zensur – sagen wir – im Fach Mathematik soll das „messen", was sie vorgibt zu messen: eine bestimmte Leistung in der Mathematik nämlich.*

Und drittens schließlich muß ein Meßinstrument möglichst **reliabel** *sein; ein Reliabilitätskoeffizient von $r_{tt} \approx 0{,}90$ gilt als hoch, von $r_{tt} \approx 0{,}40$ als zu niedrig. Ein Verfahren ist dann reliabel, wenn es auch bei wiederholter Anwendung zu identischen Resultaten führt. Eine Uhr, die vor- oder zurückgeht, die zur selben Zeit verschiedene Zeiten anzeigt, ist eben nicht reliabel. „Wenden wir folglich ein Verfahren in derselben Stichprobe wiederholt an und bestimmen den Grad der Übereinstimmung der Befunde, dann haben wir damit ein Maß für die Zuverlässigkeit der Information, die das Verfahren zu vermitteln gestattet"*[5]. *Diese Anforderungen gelten natürlich auch bei dem Verfahren zur Ermittlung von Zensuren. Damit können wir den unterbrochenen Gedankengang wieder aufnehmen und zum Problem des Bewertens schulischer Leistungen zurückkehren.*

Schulnoten sind weder hinreichend objektiv noch valide noch reliabel, das heißt: Verschiedene Beurteiler kommen zu recht verschiedenen Noten; Zensuren messen nicht bis selten exakt das, was sie behaupten zu messen; und sie führen drittens im Wiederholungsfall allzu häufig zu divergenten Resultaten. Natürlich gibt es zwischen den einzelnen Fächern, Lehrern oder auch Schulen Unterschiede, aber: Tendenziell und generell stimmt diese Aussage. Darüber hinaus sind Schulnoten auf einem Skalenniveau angesiedelt, auf dem z. B. auch Schuhgrößen angeordnet sind, auf der Ordinalskala nämlich, auf der man noch nicht einmal arithmetische Mittel berechnen darf. Diese Kritik wird von einer immensen empirischen Forschung des In- und Auslandes gedeckt. Hierzulande legte *K. Ingenkamp* (bereits 1971) die umfangreichste Studie vor[6]; bestätigt von *G. Schröter* (1977)[7] und vielen anderen. Auf einige gravierende Resultate sei hingewiesen:

- Wenn man Lehrern Klassenarbeiten zur Beurteilung vorlegt, streuen ihre Noten fast über die gesamte Notenskala hinweg – vor allem dann, wenn sie zusätzliche (positive oder negative) Informationen über einzelne Schüler erhalten.
- Selbst wenn man Lehrern dieselben Arbeiten Wochen später neuerlich zur Beurteilung aushändigt, kommen sie nicht unbedingt zu denselben Noten. Die Korrelationen zwischen Erst- und Zweitbenotung schwanken zwischen $r = 0{,}25$ bis $r = 0{,}50$, sind also allenfalls schwach bis mittelmäßig.
- Häufig fließen in die Zensurgebung Beurteilungskriterien ein, die mit der zu beurteilenden Leistung nichts oder wenig zu tun haben: in die Beurteilung der Geometriearbeit das Textverständnis, in den Geschichtsvortrag die Sprechgeschwindigkeit, in die Rechtschreibleistung die Schönschrift und in die Schönschrift das äußere Erscheinungsbild oder die Tatsache, daß sich Eltern der betroffenen Schülerin gerade scheiden lassen. Damit soll gar nicht das Einbeziehen solcher und ähnlicher Daten in die Notengebung kritisiert werden, wohl aber der von der Notengebung erhobene Anspruch, sie sei (in diesem Fach) valide oder (weiter oben) reliabel oder gar objektiv.
- Auch die Vergleichbarkeit der Noten ist recht schwach, so daß im Extremfall ein Schüler für dieselbe Leistung in diesem Bundesland, in dieser Schule oder Klasse eine ganz andere Zensur erhält als woanders. Das führt – bis hin zur Abitur*durchschnittsnote*, die unter statistischen Gesichtspunkten illegitimerweise errechnet wird und als solche über berufliche Laufbahnen entscheidet – zu erheblichen Verzerrungen und Ungerechtigkeiten.
- Und schließlich sind Noten wenig prognostisch, lassen also über die weitere Lernleistung (vor allem außerhalb dieser Klasse oder generell außerhalb der Schule) nur vage Vermutungen zu.

Zusammenfassend werden wir festhalten können: Schulnoten sind kaum objektiv, reliabel und valide sowie wenig vergleichbar und von geringem prognostischen Wert. Und doch werden sie erteilt: täglich, stündlich: Jeder Schüler wird während eines Schuljahres im Schnitt etwa 50mal zensiert; ein Lehrer erteilt im Laufe seiner Dienstzeit ungefähr 30.000 Noten; pro Jahr werden in Deutschland rund 400 Millionen Zensuren erteilt, jeden Tag etwa zwei Millionen, jede Stunde 300.000, jede Minute 5.000, jede Sekunde etwa 100.

Demgegenüber gibt es eine lange und barsche Kritik an der Notengebung: *J.-J. Rousseau* fürchtete durch diese Beurteilungspraxis die Kultivierung von „Eifersucht oder Eitelkeit“[8] im Kinde und plädierte ebenso wie *Pestalozzi* und *Herbart* nur für den Vergleich des Kindes mit sich selbst[9]. *Paul Oestreich* geißelte die Schulnoten als „Konkurrenzmarken“ und „Standeshochhaltungsschutzzäune“[10], und *Peter Petersen* warnte entschieden vor der bloßen Zensur, denn: Sie „verdirbt die eigene Arbeitslinie des Kindes und verstört das eigene sittliche Urteil, die Sicherheit der eigenen Stimme im Kinde“[11]. *Kurt Singer* begründete als Psychoanalytiker seine Ansicht vielfach, daß die Notengebung, vor allem in unteren Klassen, „den elementarsten pädagogischen und psychologischen Einsichten"[12] widerspricht; und *Martin Wagenschein* sprach von der „Unangemessenheit dieses Zahlenaberglaubens"[13]. *Hartmut von Hentig* warnte (immer wieder) vor den „unerwünschten, verzerrenden Nebenwirkungen des Zensurensystems"[14]; *Andreas Flitner* bezeichnete die Notengebung als einen „fortgeschleppten Unfug"[15]; und *Reinhart Lempp*, der Kinderpsychiater aus Tübingen, forderte kategorisch die generelle „Abschaffung der Zensuren"[16].

Diese Kritik ist so hart, daß sie die einen nur noch härter gemacht und die anderen in die Ironie getrieben hat. Im Berliner Landesamt für Lehramtsprüfungen z. B., das jährlich ca. 700 Studenten allein in Erziehungswissenschaft examiniert und im Rahmen der Ersten Staatsprüfungen etliche tausend Noten erteilt[17], kursiert unter den Prüfern folgende Notendefinition:

Note	Leistung
6	Hat nichts gedacht und nur erzählt.
5	Hat viel erzählt mit reichlich Fehlern.
4	Hat viel erzählt mit Fehlern.
3	Hat erzählt mit Fehlern.
2	Hat wenig erzählt und viel gedacht.
1	Hat nur gedacht und nichts erzählt.

Was also tun? Gibt es Auswege aus dem Dilemma? Sind Noten wirklich nur Teufelswerk? Einer der bedächtigsten Analytiker und ein aus dialektischen Verstrickungen immer wieder herausfindender Kopf war *Hellmut Becker* (1913 – 1993), Sohn des preußischen Kultusministers *Carl Heinrich Becker* und langjähriger Leiter des Berliner Max-Planck-Instituts für Bildungsforschung. In einem Gespräch über „Zensuren (als) Lebenslüge oder Notwendigkeit"[18] meinte er:

„Die prinzipielle Ambivalenz der Zensurengebung kann man sich nicht deutlich genug vergegenwärtigen. Einerseits ... sind Zensuren notwendig, andererseits Lebenslügen; auf der einen Seite sind sie Ausdruck einer höheren Rationalität und Gerechtigkeit, auf der andren Seite suggerieren sie eine Scheinobjektivität. Zensuren befreiten den Schüler von einer allzu großen Abhängigkeit dem Lehrer gegenüber, waren also Maßnahmen der Entfeudalisierung, und doch erscheinen sie uns heute nicht unproblematisch".

Just in diesem Dilemma wurzelt auch die Lösung, die anknüpfen muß an die zwischen Pädagogik und Politik bzw. zwischen Schule und Gesellschaft waltende Antinomie, auf die das IV. Kapitel eingegangen ist. Als die demokratische Gesellschaft ihre Privilegien und Verantwortlichkeiten, ihre Berufe und Positionen aus der ererbten Verfassung feudaler Strukturen herauszulösen begann, konnte sie dies nur tun, indem sie ein möglichst allen Bürgern zugängliches Kriterium erfand: das der Leistung nämlich. So erließ *Friedrich Gedike* als Mitglied des vom preußischen Minister *Zedlitz* gegründeten Oberschulkollegiums 1788 die erste Instruktion über die Einführung des Abiturientenexamens. Und der *Süvern*sche Erlaß, der eben dieses Abitur verbindlich regelte[19], trägt das Datum vom 25.6.1812 – der Siegeszug der Schulnote begann. Ehe man also die Schulnoten verteufelt, sollte man diesen historischen Zusammenhang bedenken und wissen, daß es allemal gerechter ist, die Positionen in einer Gesellschaft aufgrund individuell erbrachter Leistungen zu vergeben als über Geburt und Geld. Die demokratische (!) Gemeinschaft hat also ein legitimes Interesse daran, daß dieser permanente Wechsel einigermaßen gerecht, transparent und justitiabel (notfalls über Verwaltungsgerichte) vonstatten geht. Niemand möchte gerne von einem unqualifizierten Handlanger sein Auto reparieren lassen, und jeder Chirurg muß vor seiner Berufsausübung diese seine Leistungsfähigkeit unter Beweis gestellt haben … Andererseits steht dieser *Steuerungs*funktion der Notengebung die *Beratungs*funktion gegenüber. Lernprozesse sollen und müssen bezüglich ihres Verlaufes und ihrer Ergebnisse evaluiert werden, wenn sie nicht beliebig oder zufällig sein sollen. Will also die erste Funktion berechtigterweise interindividuelle Unterschiede zum Zwecke einer möglichst gerechten Zuteilung ermitteln, so die zweite intra-individuelle Diagnosen anstellen, beraten, helfen, ermutigen und Kritik üben. Beide Funktionen sind nur zum Teil kompatibel, aber auch begrenzt aufeinander angewiesen. Wer die eine ohne die andere will, riskiert schweren Schaden – entweder an der Gemeinschaft oder am einzelnen Mitmenschen. Solange sich also die Befürworter und Gegner der Notengebung so martialisch gegenüberstehen wie hierzulande, lösen wir das Problem nicht, sondern verschlimmern es – zu Lasten unserer Kinder. Deshalb wird hier die Position vertreten: *So wenig Ziffernbenotung wie nötig und so viel Lernberatung wie möglich!* Diese zugrundeliegende Chiffre hat uns schon aus vielen pädagogischen Dilemmata geholfen und kann als die wichtigste Choreographie im Umgang mit Antinomien bezeichnet werden. Daß der (Bildungs-)Politiker sie andersherum aussprechen wird, ist verständlich: So wenig Lernberatung wie nötig und so viel Ziffernbenotung wie möglich! Aber diese Akzentverschiebung ist nun mal die Pointe einer offenen Gesellschaft und freien Demokratie, die ohne Streitkultur und Konsensbereitschaft nicht lebensfähig ist. Freilich: Die Dogmatiker auf beiden Seiten, die Ideologen und Gralshüter wird der pädagogische Antinomiker ebenso wenig überzeugen wie der politische, wohl aber als Gegner haben und behalten.

* * *

Mit dieser grundlegenden Aussage ist die Absage an eine Alternative zur Zensurengebung verbunden, die u.a just ihr schärfster Kritiker vertreten hat: *K. Ingenkamp*. Sein Plädoyer, anstelle der allzu fragwürdigen Zensurengebung (objektivere, reliablere und validere) Tests einzuführen, das Abitur an der einzelnen Schule durch ein Zentralabitur in allen in Frage kommenden Schulen zu ersetzen, mag gut gemeint sein und ist statistisch gesehen logisch, aber es zerstört die Balance der Antinomie und verlagert das Gewicht eindeutig zugunsten der Steuerungsfunktion der Noten und der Gesellschaft.

Umgekehrt ist auch das bloße Abschaffen der leidigen Zensurengebung keine produktive Lösung. Durch sie würde sich die Beratungsfunktion der Schule absolut setzen und damit die gesellschaftlichen Verteilungskämpfe noch brutaler werden lassen, auch wenn die Schule dabei ein vorübergehender Schonraum (wie hinter einer Festung) wäre. Nein, die Formel kann nur die legitimen Anliegen beider Funktionen so weit wie möglich einzulösen versuchen und ihre schlummernden Dominanzen in Schach halten. Deshalb (und nicht aus einer vermeintlichen Harmoniesucht) wird hier für das spannungsgeladene Aushalten der damit verbundenen Antinomie geworben: So wenig Ziffernbenotung wie nötig und so viel Lernberatung wie möglich! Konkret nimmt eine solche Position die bereits vorhandenen Reformbemühungen in etlichen Bundesländern ebenso auf wie in vielen Schulen, vor allem in den Grundschulen. Diese gilt es nach Möglichkeit und *peu à peu* ganz zensurenfrei (nicht aber ohne Lernberatung) arbeiten zu lassen. Je reifer, belastbarer, selbstkritischer, gesellschaftsnäher jedoch die Schüler werden, desto häufiger treten zunächst die Ziffernbenotungen hinzu – am Ende werden sie, weil sie den größten Schutzwert haben, alleine auftauchen. Denn einer nachfolgenden Institution (einer Universität z. B.) oder einem die Schulzeit ablösenden Ausbildungsverhältnis (in einem Betrieb etwa) wollen und dürfen wir nicht dieselben intimen Daten mitteilen wie dem betroffenen Schüler oder seinen Eltern. Nichts Schlimmeres könnte uns also passieren als Hunderttausende von Beurteilungen (wie sie z. B. die Waldorfschulen exzellent zu schreiben vermögen) – in den Händen von Dekanen oder Personalchefs!

* * *

Diese verallgemeinerungsfähigen Aussagen sollen im folgenden konkretisiert werden. Zum einen wenden sie sich an solche Lehrer und Schüler, die mit der traditionellen Notengebung zu tun haben und sie aus den oben dargelegten Gründen wohl auch weiterhin handhaben werden müssen. Ihnen gilt es, pädagogisch durchdachte Handlungsperspektiven beim Umgang mit Noten zu eröffnen. Darüber hinaus sollen diejenigen, die den Akzent stärker auf die Lernberatung bzw. die Lernberichterstattung setzen können, durch entsprechende Beispiele Ermutigung und Anregung erfahren. Hinweisen möchte ich auf weitere Literatur: Das Heft 5/1982 der (damaligen) Zeitschrift *Westermanns Pädagogische Beiträge* hatte den Themenschwerpunkt „Die Not der Noten“. Über die „Die Klassenarbeit“ und die damit verbundenen Probleme informierte das Heft 4/1988 der Zeitschrift *Pädagogik*. *Die Grundschulzeitschrift* wollte im Heft 63 (April 1993) „Lernprozesse beurteilen" helfen. „Notenfreie Zeugnisse" lautete ein Themenschwerpunkt im Heft 7-8/1995 der Zeitschrift *päd extra*, die ab Januar 1996 mit dem *Pädagogischen Forum* zu der neuen Zeitschrift *PÄD Forum* fusionierte. Die Nr. 2/1996 der Zeitschrift *Grundschule* war dem Themenschwerpunkt „Leistungserziehung" zugewandt. Und das *Jahresheft XIV* des Friedrich Verlages informierte 1996 über „Prüfen und Beurteilen" – zwischen Fördern und Zensieren. Über die bereits erwähnte Literatur hinaus empfehle ich die Lektüre von *Heide Bambach*s Buch[20] ebenso wie das von *Horst Bartnitzky* und *Reinhold Christiani*[21].

Zur ersten Konkretion: Was tun mit Zensuren und Zeugnissen, wenn es darum geht, die Antinomie zwischen Steuerungs- und Beratungsfunktion produktiv zu gestalten? Zehn Anregungen seien gestattet, denn Zensuren kann man so oder anders erteilen, Zeugnisse in dieser oder jener Form ausstellen, Prüfungen so oder anders inszenieren:

1. Kein Kind darf wegen einer schlechten Note emotional oder sozial *bestraft* werden (auch nicht durch Liebesentzug), und kein Kind darf wegen einer guten Note so *belohnt* werden, daß es sich über andere erhebt bzw. arrogant wird.
2. Nach Möglichkeit sollte die *jeweilige Leistung* mit sich selbst (in ihrer Genese) verglichen werden, weniger wichtig sind demgegenüber die Leistungen der Schüler untereinander.
3. Im Vordergrund stehen *diagnostische* Beurteilungskriterien und *beratende* Hinweise, die durch die Zensur hindurchschimmern müssen.
4. Diagnostische und beratende Hinweise sollten, wo immer erforderlich, unter jeder zensierten Arbeit stehen – und sei es in einem *einzigen Satz*.
5. Schlechte Zensuren sind generell mit *ermutigenden Ritualen* zu versehen.
6. Da Noten ihren Sinn, aber auch ihre Gefahren haben, sollten sie *nicht öfter* als notwendig erteilt werden.
7. Wichtig ist die *lernzielorientierte Transparenz*: Schüler/innen haben ein Anrecht darauf, vorher zu erfahren, was denn exakt (nicht vage) wie nachgeprüft werden soll und welches Ausmaß an Leistung zu erbringen ist, um diese oder jene Note zu erhalten.
8. Unter dieser lernzielorientierten Transparenz kann es auch nur eine *lernzielorientierte Beurteilung* geben: Wenn alle Schüler einer Lerngruppe z. B. die vorher mitgeteilten Mindestanforderungen erreicht haben, können keine Fünfen und Sechsen erteilt werden. Denn das wäre in der Tat ein Zensurenwahn *par excellence*: Erst die Mindestanforderungen mitteilen, alle Schüler durch entsprechende Vorbereitungen zum Erreichen derselben befähigen, um anschließend die *Gauß*sche Normalverteilung herzustellen.
9. Über die Notengebung ist *regelmäßig* unter und zwischen Lehrern, Schülern und Eltern so *zu sprechen*, daß ihr partieller Sinn sowie ihr drohender Unsinn deutlich wird.

10. Alle mit der Zensurengebung, mit Prüfungen und mit Zeugnissen verbundenen *Ängste* sind auf ein Minimum zu reduzieren bzw. ganz zu vermeiden, denn Angst (nicht Respekt) vor einer fremden Überlegenheit ist der Tod möglicher Bildung.

* * *

Zur zweiten Konkretion: Wie sehen die schon mehrfach erwähnten Lernberichte eigentlich aus? Welche Funktion haben sie? Zu welchen Modifikationen laden sie ein? – Da die Bielefelder Laborschule, neben den sich immer noch sehr bedeckenden Waldorfschulen, wohl die längste und intensivste Erfahrung mit dieser Art von Lernberatung besitzt, werden im folgenden zwei Dokumente aus der LS zitiert. Zunächst ein Text von *Heide Bambach*[22], die als Leiterin des Primarstufenbereichs an der Laborschule regelmäßig auch der ganzen Klasse (besser Jahrgangsstufe) Briefe schreibt – z. B. an die Jungen und Mädchen der 4. Jahrgangsstufe:

Ihr lieben „Violetten“,*

Ihr habt das Zeug dazu, eine besonders gute Gruppe zu sein.

Ihr könnt Euch beim Jazz-Dance und beim „gemischten Fußball“ miteinander vergnügen; Ihr seid einfallsreich und geschickt bei der Organisation von gemeinsamen Vorhaben, zum Beispiel dem phantastischen Geburtstagsfestfrühstück für mich oder der Disco auf der Gruppenfahrt. Ihr könnt ohne Erwachsenenhilfe Jungen- und Mädchenkonferenzen veranstalten. Für die Jungen, die – vielleicht wegen ihrer zahlenmäßigen Unterlegenheit – ohnehin wohltuend zusammenhalten und ihre Angelegenheiten freundschaftlich klären, sind solche Konferenzen natürlich leichter als für die Mädchen, die viele verschiedene Temperamente und Bestimmerinnenwünsche unter einen Hut bringen und fast immer auch Streit bewältigen mußten.

Viele von Euch haben schon seit Kleinkindertagen Schweres zu verkraften gehabt. Ihr habt Euch darüber ausgetauscht und durch Anteilnahme und Verstehen helfen können. In solchen Gesprächen habt Ihr miteinander verstanden, wie es sich anfühlt, wenn schwache Augen oder gelähmte Beine oder ein langsamer Kopf daran hindern, das zu tun oder zu können, was man gerne tun und können möchte. Und Ihr habt voneinander erfahren, daß auch Probleme, mit denen man nicht zurecht kommt, Belastungen sein können, die das Leben und Lernen behindern, weil man Kraft braucht, um sie durchzustehen. Solche Einsichten meine ich auch, wenn ich sage: Ihr seid eine besondere Gruppe und habt das Zeug zu einer besonders guten Gruppe.

Für einige ist das Lesenlernen eine so große Schwierigkeit gewesen, daß sie sich damit bis ins 4. Schuljahr hinein – in und außerhalb der Schule – herumplagen mußten und auch im 5. Schuljahr noch Hilfe brauchen werden. Damit zusammen hängt die Rechtschreibung. Wie gut, daß Ihr mehrere wart, die solche Schwierigkeiten aushalten mußten. Ihr habt Euch gegenseitig beim Durchhalten helfen können, und als bei den ersten der Fortschritt sichtbar war, hat es den anderen Mut gemacht. (...)

Im Gespräch liegt Eure Stärke: Ihr könnt ohne Erwachsenenhilfe und ohne Rednerliste das Wort unter Euch weitergeben, könnt einander zuhören, aufeinander eingehen und Euch aufeinander beziehen. Viele von Euch wissen viel und Genaues über die Beziehungen zwischen den Menschen um sie herum, und sie machen sich tiefe einfühlsame Gedanken. Einige tun dies eher im Stillen oder im Gespräch mit nahen Freunden, andere tun dies gerne und ausdrücklich vor allen anderen. Bei Euch allen hat sich durch die vielen Geschichten und Bücher ein feines Sprachgefühl entwickelt; Ihr habt in den Texten Einzelheiten entdeckt, die Erwachsene überhören würden.

Einige von Euch wissen außergewöhnlich viel über Natur und Technik, die anderen haben sich davon anstecken lassen. Ihr alle habt sehr gern und intensiv an eigenen Themen gearbeitet. Zur Arbeit an eigenen Themen gehört es, auch außerhalb der Schule die Augen und Ohren für Informationen und Dokumentationsmaterial offen zu halten; fast alle haben auch für andere mitgesammelt. Auf diese Weise wart Ihr reich an Material und Wissen zu Eurem Thema. Manche waren so reich, daß sie nur einen Bruchteil der Fülle aufs Papier gebracht haben. Aber auch durch Sammeln, Suchen, Blättern, Austauschen, Diskutieren von Dingen, die interessieren, habt Ihr viel gelernt. Und diejenigen, für die das Lesen schwierig war, haben durch die Arbeit am eigenen Thema einen Zugang zu Büchern gefunden. (...)

Ihr lieben Violetten, wenn Ihr „Zehner" seid, dann werde ich wieder „Vierer" haben und mit denen für Euch die Zeugnismappen machen. So wie wir es diesmal für „meine Zehner" gemacht haben.

Ich bin gespannt, was aus Euch wird und wünsche Euch Ruhe und alles Gute

Eure Heide Bambach

**Zu der Stammgruppe „violett" gehören u. a. Kinder mit Behinderungen des Körpers, der Sinne und des Geistes. Ungewöhnlich viele sind durch ihre Familienverhältnisse schwer belastet. Das wichtigste Pensum dieser Gruppe ist daher Anteilnahme, Zuwendung und Vertragen.*

Und schließlich möge *Susanne Thurn*, die Leiterin der Laborschule, zu Wort kommen: Der folgende (leicht gekürzte) Berichtsbogen über eine Schülerin aus dem 9. Jahrgang spricht für sich und bedarf keiner Erläuterung[23]. Zu Diskussionen freilich will und soll er einladen.

Berichtsbogen

Laborschule *des Landes Nordrhein-Westfalen an der Universität Bielefeld*

Name: Olivia Olden
Jahrgang/Stammgruppe: 9 terracotta

Erfahrungsbereich: Soziale Studien/Sprache
Lehrerin: Susanne Thurn

Beschreibung des Unterrichts

1. Max Frisch, Andorra
Wir haben das Drama gemeinsam gelesen, über den Inhalt, den Aufbau und die sprachlichen Gestaltungsmittel gesprochen, in verteilten Rollen vorgetragen, die Entstehungsgeschichte bearbeitet, die einzelnen Personen und ihre Veränderungen charakterisiert, zu den Bildern Inhaltsangaben geschrieben und über die Umsetzungsmöglichkeiten auf der Bühne diskutiert. Dazu haben wir uns eine Theateraufzeichnung des Düsseldorfer Theaters angesehen, die Kürzungen, Hervorhebungen, Charakterisierungen durch die Rollenbesetzung, die Bühnengestaltung und Requisitenausstattung besprochen und Alternativen entwickelt. Begleitend haben wir uns mit Themen wie 'Juden in der Geschichte', 'Umgang mit den (jeweils) anderen in Geschichte und Gegenwart' und 'Ursachen, Mittel und Methoden von Massenbeeinflussungen' beschäftigt. Alle Schülerinnen und Schüler haben ein Heft mit Aufzeichnungen, Inhaltsangaben, Charakterisierungen und Notizen zu dem Drama angelegt und zum Abschluß einen umfangreichen Test auf dieser Grundlage geschrieben.

2. Gedichte
Die im vergangenen Schuljahr geschriebenen Gedichte wurden rhetorisch für eine Aufführung anläßlich der Ernennungsfeier zur Unesco-Projektschule aufbereitet.

3. Pro- und Contra-Diskussionen
Alle Schülerinnen und Schüler haben Themen nach Wahl für die Präsentation mehrerer Pro- und Contra-Diskussionen ausgewählt, Argumente für die jeweiligen Positionen zusammengetragen und der Gruppe im Rollenspiel vorgetragen. Abgesehen von der inhaltlich-multiperspektivisch angelegten Aufgabe dienten diese Diskussionen der Vorbereitung von schriftlichen Argumentationen. Folgende Themen wurden bearbeitet: Berlin – Bundeshauptstadt?; Legalisierung von Drogen?; Hilfe für Bosnien?; Meldepflicht für Aidskranke?; Tierversuche?; Alkoholfreigabe ab 14 Jahre?; Heiratsmöglichkeit für homosexuelle Paare?

4. Geographiereferate
Alle Schülerinnen und Schüler haben in Gruppen zwei Referate geschrieben und mit den Inhalten je eine Unterrichtsstunde vorbereitet und durchgeführt. Beim ersten Durchgang konnten sie aus einer aufbereiteten Liste von Themen auswäh-

len, die genaue Literaturvorgaben enthielt, beim zweiten Durchgang waren Wahl des Themas und der Literatur freigestellt. Zur Aufgabenstellung gehörte: in Gruppen arbeiten; das Referat gliedern, die Arbeit aufteilen, die Literatur genau zitieren; die Inhalte mit Medien anschaulich den anderen vermitteln (Landkarten, Videofilmausschnitte, Plakate, Arbeitsblätter mit Kontrollfragen, Diskussionsaufgaben); Referat und Präsentation reflektieren; eigene Beurteilungen schreiben. Themen waren beim ersten Durchgang: Israel-Palästina-Konflikt; Japan und China; EG – EU; Erdoberfläche; USA; beim zweiten Durchgang: DDR; Himalaja; Galapagosinseln; Osterinsel; Kriminalität in USA.

5. Praktikumsvorbereitung
Vom 10. bis zum 27. Januar fand das Praktikum von Jahrgang 9 im Dienstleistungsbereich statt. Im Unterricht wurden dieser Wirtschaftssektor vorgestellt, die verschiedenen Bereiche besprochen, die Praktikumsplätze verteilt, die Berufsinformationsbörse der Stadt Bielefeld in den Carl-Severing-Schulen besucht, die Aufgaben, die während des Praktikums zu erledigen sind, genau vorbesprochen. Über die Ergebnisse kann erst die Beurteilung des kommenden Halbjahres Auskunft geben.

6. Jungen-Mädchen Konferenz

Lernverhalten von Olivia Olden

Liebe Olivia,

Du hast ein erfolgreiches Halbjahr hinter Dir – ich kann Dich nur beglückwünschen! Beglückwünschen zu Deinen Leistungen – aber auch zu dem Fleiß, der Nachdenklichkeit und der Sorgfalt, mit der Du sie Dir erarbeitet hast!

Das Drama „Andorra" von Max Frisch hat Dir als Lektüre gefallen. Mit großem Engagement hast Du Dir den Inhalt erarbeitet, ihn interpretiert, Dich mit den Personen, ihren Charakteren und ihren Wandlungen beschäftigt. Der mündliche Unterricht hat von Deinen Beiträgen mächtig profitiert – was immer ich ansprach, hat Dich erreicht! Große Sorgen hast Du Dir am Anfang gemacht, als Du mit Deinen Inhaltsangaben nicht zufrieden warst – letztlich, weil Du so genau auf die Texte gesehen hast, daß Dir alles wichtig erschien (was es auch ist!), Du Dich nur schwer entscheiden konntest, was wegzulassen ist, um dennoch eine sinnvolle Aussage zu machen. Außerdem warst Du stets so nah an Interpretationen, wolltest auch diese in die Inhaltsangaben packen, konntest sie noch nicht indirekt in die Gestaltung derselben einfließen lassen. Deine Probleme mit den Inhaltsangaben rührten also eher von „zu viel" als „zu wenig" Durchblick her. Im Laufe Deiner eigenen Auseinandersetzung mit dieser Textform ist es Dir dann aber zunehmend und am Schluß wirklich gut gelungen, Inhaltsangaben zu schreiben, die auch Deinen eigenen hohen Anforderungen an Dich selber genügten. Ist das nicht ein gutes Gefühl, sich dies selbst erarbeitet zu haben? Dafür war Dir das Opfer von viel Freizeit nicht zu hoch – durch Deinen Erfolg hast Du Dich aber selbst für die Entbehrungen belohnt! Im großen Test sind Dir alle Aufgaben gelungen – nicht zuletzt die große, die Zeit richtig einzuteilen! Besonders gut hast Du Barblin und den Lehrer charakterisiert und großartig Andri. Ganz vorzüglich fand ich auch Deine Vorbereitung auf die Gegenüberstellung der Andorraner und der Juden! Du machst, wenn Du darauf achtest, nur noch sehr wenige Fehler. Manchmal formulierst Du ein wenig umgangssprachlich oder allzu „literarisch" – das sind aber keine Einschränkungen, sondern nur Hinweise, auf was Du achten kannst, um Dich noch weiter zu steigern: Schließlich sind Lehrerinnen bekanntlich unersättlich in ihren Forderungen!

Du hast Dein gesamtes Deutschheft noch einmal abgeschrieben – toll, aber nicht unbedingt nötig. Meine Anmerkungen sollen Dir nur weiterhelfen, Dich aber nicht dazu bringen, über Gebühr zu arbeiten. Was allein zählt, ist das, was Du schließlich gelernt hast und am Ende beherrscht, kleinere „Lücken" auf dem steinigen Weg sind wichtig, sonst geht's ja nicht voran. Also gehe mit Deinen Kräften sorgsam um!

Bei den Pro- und Contra-Diskussionen hast Du lebhaft mitgearbeitet, für die Gruppe mit dem Thema „Hilfe für Bosnien" hast Du die Moderation übernommen und gut bewältigt. Dein eigenes Thema war die Legalisierung von Drogen – dieses Thema hast Du bei der „kleinen" Diskussion gewählt und auch für die „große" Gruppendiskussion vorgeschlagen. Du hast sicherlich die meisten Argumente von allen gefunden, vor allem für die „pro"-Position. Von Deinem Engagement und Deiner Argumentationskraft lebten die Diskussionen. Es ist Dir schwer gefallen, andere, weniger redegewandte Schülerinnen und Schüler überhaupt zu Wort kommen zu lassen, weil Du kaum ertragen konntest, wenn diese Argumente dadurch verschenkten, daß sie sie nicht so eloquent „rüber" brachten. Natürlich hättest Du es jeweils besser gemacht – da fällt es ungemein schwer, mal zurückzustecken. Wie gut kenne ich dieses Problem von mir – gerade wenn es um etwas geht, was mir wichtig ist, kann ich mich nur sehr schwer beherrschen, nicht vorzupreschen und andere durch meine Rede zum Verstummen zu bringen! Die Gruppe aber spürt sehr genau, daß Du nicht „gegen" sie redest, um im Vordergrund zu stehen, sondern „für" die Sache, die Dir wichtig ist. Dadurch bekommst Du auch keine Probleme, sondern bist anerkannt. Bei der großen Diskussion habe ich mich schließlich für die „Contra-Seite" eingemischt, damit Du mehr zu kämpfen hattest – ich hoffe, Du hast es mir nicht übel genommen, daß ich es Dir dadurch schwerer gemacht habe, als wenn Du nur gegen Mitschülerinnen und Mitschüler hättest argumentieren müssen!

Bei diesen Diskussionen, aber auch bei den Referaten kommt Dir Dein großes Allgemeinwissen über politische Zusammenhänge zu Hilfe, was Dir den Umgang und das Verständnis schwieriger Texte erleichtert. Dein erstes Gruppenreferat handelte von den USA. Du hattest das Unterthema „Wirtschaft" und dieses für Deinen eigenen Referatteil wiederum sinnvoll gegliedert in die Abschnitte: „Was versteht man unter dem Begriff Wirtschaft?"; „Entwicklungsphasen der US-amerikanischen Wirtschaft"; „Die Wirtschaft der USA heute" und „Die Entwicklung der USA zur führenden Wirtschaftsmacht". Richtig, daß Du erst definieren wolltest, worüber Du zu schreiben vorhattest! Unnötig, daß Du Dich hast entmutigen lassen, weil die anderen nicht gleich nachvollziehen konnten, was Du Dir doch durch die Lektüre mehrerer Texte mühsam erarbeitet hast. Ist das nicht ganz verständlich?

Du schreibst zu dieser Arbeit:
„Ich würde meine Arbeit folgendermaßen beurteilen: Ich habe mir wieder einmal ein Thema gesucht, das mich interessiert, aber wahrscheinlich keinen meiner Klassenkameraden. Wie schwierig es ist, über Wirtschaft zu referieren, habe ich schon beim Einlesen gemerkt, dennoch habe ich versucht, das Referat über die US-amerikanische Wirtschaft in meiner Sprache zu schreiben, die leider auch nicht jeder aus meiner Gruppe für verständlich hält. Ich würde meine Arbeit inhaltlich für gut bewerten, aber die Vorstellungsart war zu trocken und unverständlich. Allgemein kann ich über meine gesamten Referatsarbeiten sagen, daß es mir leicht fällt, zu formulieren, es aber schwer für mich ist, bestimmte Themen 'gruppengerecht' vorzustellen. Über die Gruppenarbeit kann ich mich nur negativ äußern, denn es lief wenig Absprache bei den Referaten. Das Plakat wurde auch nicht in Gruppenarbeit erstellt, nur die eigenen Vorstellflächen wurden eigens von allen gestaltet."

Schade, daß es mit der Gruppe Deiner Meinung nach nicht so gut lief. Eurer Vorstellung war das nicht anzumerken. Bei einem "gruppengerechten" Vortrag mußt Du Dir nur vorher genau klar machen, welche Begriffe Dir ganz geläufig sind, weil Du sie Dir durch die Lektüre angeeignet hast, den anderen aber fremd bleiben müssen, wenn Du sie nicht kleinschrittig erklärst. Ein bekanntes Problem von Unterricht überhaupt – aber wie solltest Du in Deinem Alter denn auch noch den „Lehrerinnenjob" beherrschen? Vorzüglich finde ich, daß Du nicht der Versuchung erliegst, Texte aus Büchern einfach abzuschreiben, sondern Deine eigene Sprache nimmst, womit Du zeigst, daß Du die Texte nicht nur verstanden, sondern auch verarbeitet hast.

Dein zweites Gruppenreferat beschäftigte sich mit der DDR, einem Thema, das Dir ebenfalls sehr am Herzen lag. Wiederum hast Du für Deinen Teil eine eigene Gliederung gefunden und wiederum hast Du Dich zuerst mit der grundlegenden Frage beschäftigt, was „Kommunismus" eigentlich ist und dann erst die Verfassungen der DDR und der BRD verglichen, die beiden Systeme an Einzelfragen verglichen und über die „Stasi" einen kurzen Bericht geschrieben.

Für die Definition hast Du Dich auf die Gegenüberstellung von Textpassagen aus der BRD-Literatur und der DDR-Literatur entschieden, wodurch deutlich wird, wie schwer eine Definition sein muß. Noch ist es der „Wissenschaft" nicht gelungen, genau zu definieren, was eigentlich Kommunismus ist. Daher ist Deine Entscheidung vernünftig. Dich hier auf die Auseinandersetzung mit der Literatur einzulassen, wäre eine heillose Überforderung gewesen. Die Gegenüberstellung der beiden Verfassungen ist Dir gut gelungen – allerdings hast Du die Literaturangaben vergessen! Diesmal ist es Dir auch geglückt, das sicherlich nicht weniger anspruchsvolle Thema der Gruppe zu vermitteln, was an Deiner freien, verständlichen Ein-

führung lag und an den von Dir den anderen zur Verfügung gestellten Unterlagen. Du siehst – nicht das anspruchsvolle Thema, sondern die Präsentation ist entscheidend, nun bist Du also doch noch in die „Lehrerinnenrolle" geschlüpft und hast etwas Wichtiges über Vermittlungsmöglichkeiten gelernt. Du selbst schreibst zu Deiner Gruppenarbeit:

„Ich habe mich bei diesem Referat mehr auf die Vorstellung vorbereitet, weil meiner Meinung nach die erste Präsentation zu langweilig war. Ich wollte die Schüler mit einbeziehen, um ihr Interesse zu wecken. Ich glaube, es ist mir gelungen, denn es gab viel Diskussion und auch Zuspruch. Was mir weniger gut gelungen ist, ist der schriftliche Teil. Er ist mir selbst nicht umfassend genug. Ich glaube, wenn man das 1. und das 2. Referat zusammen sieht, ist es gut, einzeln fehlt jedem ein bißchen. Die Gruppenarbeit war insofern gut, daß wir uns meistens abgesprochen haben und es viel Hilfe in der Gruppe gab. Ich glaube, daß auch in diesem Punkt sich etwas gebessert hat und sich auch noch was bessern könnte."

Richtig erkannt: Deine beiden Referate sind zusammengenommen eine echte „Erfolgsstory".

Bleibt noch hinzuzufügen, daß Du auch die Referate der anderen aufmerksam verfolgt, mitgeschrieben und mitdiskutiert hast, die Gruppenpräsentationen konstruktiv besprechen und kritisieren konntest, ohne daß dies zu Entmutigungen geführt hätte. Schließlich hast Du selber gemerkt, wie wohl der Zuspruch der Gruppe tut, wie hilfreich aber auch die richtige Kritik ist, soweit sie in angemessener Form vorgetragen wird. Bei meinen Praktikumsbesuchen habe ich Dich von einer neuen Seite kennengelernt. Die Art und Weise, wie Du mit den alten und kranken Menschen einfühlsam umgegangen, wie Du über sie nachgedacht, wie selbstlos Du ihnen geholfen hast, hat mich sehr angerührt. Ich habe Dich bewundert!

Was habe ich doch für ein Glück, daß Du zu meiner Gruppe gehörst!

Susanne Thurn

Sicherlich sollen an den beiden Dokumenten die lerndiagnostischen Probleme im Kontext einer praktikablen Alternative zur bloßen Notengebung sichtbar werden. Ebenso bedeutsam aber sind die damit verbundenen edukativen Chancen: In einer Zeit der Television und des Single-Kults, der Telefonitits und der Entsinnlichung ist die Wiederentdeckung des Dialogischen – im Sinne *Martin Buber*s – unverzichtbar. Diese aber kann man nicht predigen, sondern muß sie konkret erfahrbar machen. Briefeschreiben ist ein hervorragendes Medium, wenn das Ich wieder ein Du entdecken und die Instrumentalisierung des anderen durch eine Re-Vitalisierung des Mit-Menschen beendet werden soll. Der taktvolle, immer wieder zu lesende, der dem Adressaten Zeit lassende und sogar seine Öffnung geduldig abwartende *Brief* ist als pädagogische, als kommunikative Chance noch gar nicht entdeckt worden. Und vielleicht schreibt ja auch eines Tages die *Olivia* an Frau *Thurn* und eine/r der „Violetten" an *Heide Bambach* …

Ein wenig Ausruhen ist angesagt. Im erst jetzt sichtbar gewordenen Erker erwartet Sie – wenn Sie nur lange genug aus dem Fenster sehen – ein Bild, zu dem ein einziger Satz recht gut paßt. Ich jedenfalls habe ihn nicht mehr vergessen, seit ich ihn damals hörte und einige Jahre später – las …

1. Erker: Ein Bild und ein Satz

Abbildung 48: Kinder in der Freien Schule Wuppertal

„Ich meine, selbst auf die Gefahr hin, der Sozialromantik verdächtigt zu werden, die Schule müßte eine Stätte sein, in der sich Kinder glücklich fühlen."
Jakob Muth[24]

Anmerkungen und Literaturhinweise

1 Aus: Focus, Nr. 3, vom 15.1.1996, S. 46.

2 Es gibt eine Fülle von Lehrbüchern über Statistik. Mir persönlich am brauchbarsten war – schon als Student – und ist geblieben: *Günter Clauß/Heinz Ebner*: Grundlagen der Statistik für Psychologen, Pädagogen und Soziologen. Berlin: Volk und Wissen 1967. Jetzt: Zürich-Frankfurt/M.: Harri Deutsch 3.1979. Ein neueres Lehrbuch präsentiert *Markus Pospeschill*: Praktische Statistik. Weinheim-Basel: Psychologie VerlagsUnion 1996.

3 *Clauß/Ebner*, a. a. O., S. 23.

4 Vgl. dazu seine beiden Hauptwerke: *Paul Feyerabend*: Erkenntnis für freie Menschen. Frankfurt/M.: Suhrkamp 1980. *Ders.*: Wider den Methodenzwang. Frankfurt/M.: Suhrkamp 1985. *Feyerabend* gilt als der gründlichste Kritiker moderner Wissenschaftstheorien, jedoch: Auch sein Programm eines „anything goes" will sich belegen und bleibt, so gesehen, in der Obhut von Objektivität.

5 Vgl. Anm. 3, a. a. O., S. 31.

6 *Karlheinz Ingenkamp*: Die Fragwürdigkeit der Zensurengebung. Weinheim: Beltz 1.1971; 8.1989.

7 *Gottfried Schröter*: Zensurengebung. Kastellaun: Henn 1977.

8 Vgl. *Jean-Jacques Rousseau*: Emile oder Über die Erziehung. (Or. 1762) Stuttgart: Reclam 1963, S. 388 u. 424.

9 Vgl. *Johann Friedrich Herbart*: Pädagogische Briefe. In: *Ders.*: Pädagogische Grundschriften. 2. Bd. Düsseldorf: Küpper 1965, S. 159 – 255, zit. S. 168.

10 Vgl. *Paul Oestreich*: Die Schule zur Volkskultur. (Or. 1922) Rudolstadt: Greifenverlag 2.1946, S. 146.

11 Vgl. *Peter Petersen*: Der Kleine Jena-Plan. (Or. 1927) Weinheim-Basel: Beltz 61.1996, S. 99.

12 Vgl. *Kurt Singer*: Verhindert die Schule das Lernen? München: Ehrenwirth 2.1976, S. 39.

13 Vgl. *Martin Wagenschein*: Im Gespräch mit *Horst Rumpf*. In: Neue Sammlung, 16 (6/1976), S. 442 – 457, zit. S. 443.

14 Vgl. *Hartmut von Hentig*: Das Beurteilungssystem der Bielefelder Laborschule. In: Neue Sammlung, 22 (3/1982), S. 238 – 260, zit. S. 243.

15 Vgl. *Andreas Flitner*: Gebt der Schule mehr Rechte! In: Die Zeit, Nr. 45, vom 31.10.1980, S. 33f.

16 Vgl. *Reinhart Lempp*: So kundig wie ein Lexikon. In: Die Zeit, Nr. 44, vom 23.10.1981, S. 29.

17 Laut Auskunft des Leiters des Landesamtes für Lehramtsprüfungen in Berlin vom 22.4.1996 wurden im Zeitraum vom 1.10.1993 – 30.9.1994 insgesamt 687 Studierende in Erziehungswissenschaft geprüft, die einen Notenschnitt von 2,2 erreichten, während die 413 Studierenden, die das Erste Staatsexamen komplett absolvierten, auf einen Notenschnitt von 2,7 kamen und 16 % diese Prüfung nicht bestanden.

18 *Hellmut Becker* in: *Rainer Winkel*: Gespräche mit Pädagogen. Weinheim-Basel: Beltz 1989, S. 87. Das Gespräch mit *H. Becker* erschien ursprünglich in der Zeitschrift: Westermanns Pädagogische Beiträge, 34 (5/1982), S. 204 – 207.

19 *Johann Wilhelm Süvern* (1775 – 1829) war zunächst Gymnasiallehrer, später Professor für Philosophie in Königsberg und ab 1809 als Staatsrat im preußischen Innenministerium tätig, wo er unter *H. L. Nicolovius* vor allem die neuhumanistische Gymnasialreform im Sinne *W. v. Humboldt*s einleitete. *Karl Abraham Freiherr von Zedlitz* wurde 1770 preußischer Justizminister, dem auch die „Kirchen- und Unterrichtsangelegenheiten" zugeordnet waren. Noch 1788, im Jahr der Einführung des Abiturientenexamens, legte er nach dem Tode *Friedrich II.* sowie aus Protest gegen ein seiner Ansicht nach ungerechtes Urteil dieses Amt nieder.

20 *Heide Bambach*: Ermutigungen. Nicht Zensuren. Lengwil: Libelle 1994.

21 *Horst Bartnitzky/Reinhold Christiani*: Zeugnisschreiben in der Grundschule. Heinsberg: Agentur Dieck 1994.

22 *Heide Bambach*: „Ihr lieben Violetten …" Briefe an meine Stammgruppe. In: *Heide Bambach* u. a. (Hrsg.): Prüfen und Beurteilen. Jahresheft XIV aller pädagogischen Zeitschriften des Friedrich Verlages. Seelze: Friedrich 1996, S. 8 – 10, zit. S. 10.

23 *Susanne Thurn*: Ermutigungen – Lernen ohne Noten. In: *Heide Bambach* u. a. (Hrsg.): vgl. Anm. 22, S. 86 – 90.

24 *Jakob Muth*: Schulpädagogik. Essen: Neue Deutsche Schule 1978, S. 104. Diesen Satz hat *Jakob Muth* in verschiedenen Vorträgen gesprochen – ab 1972.

5. Räume, Flächen, Zeiten: Ästhetische Reformen

Beginnen wir diese fünfte Reformperspektive mit einer persönlichen Erinnerung: Elternversammlung in der 9. Klasse (Obertertia) eines großstädtischen Gymnasiums. Der Klassenlehrer, der kein Klassen-, sondern nur noch ein Betreuungslehrer ist, schlägt vor, den Raum dieser OIIIa zu verschönern. Ein paar Blumen vielleicht; Vorhänge wären ein hervorragender Sonnenschutz; vielleicht ein Regal für die Bücher; oder wenigstens ein neuer Anstrich ... Erregte Zwischenrufe, Wortmeldungen, eine hitzige Diskussion entsteht, die ich nicht mitprotokolliert habe, aus der mir aber zwei Argumentationsstränge deutlich in Erinnerung geblieben sind. Der eine lief auf einen privatistischen Standpunkt hinaus: Hier soll gelernt werden und sonst nichts; zum Sich-wohl-fühlen ist das Zuhause da; wir haben früher unter ganz anderen Umständen Schule ausgehalten; Eltern sind nicht Handlanger der Schule ... Das andere Argument war ein gewerkschaftliches: Wer in Zeiten des Ausbleibens öffentlicher Gelder durch persönlichen Einsatz Mißstände kompensiert, verstärkt das Dilemma; für solche Arbeiten ist der Staat zuständig; solche Aktionen zerstören die Solidarität der Benachteiligten und sind kontraproduktiv ... Nach fast einer Stunde hitzigen Redens melde auch ich mich zu Wort, artikuliere meine Bedenken gegenüber diesen rigorosen Absagen, plädiere für eine „Ästhetisierung dieses Klassenraums" und – ernte höhnisches Gelächter. Die Vernunft taumelt mal wieder ... Auch der Klassenlehrer verstummt, und die wenigen Eltern, denen der Vorschlag anfangs recht plausibel erschien, wagten nicht, gegen die geballte Meinung recht konservativer Eltern auf der einen und sich links gebärdender Eltern auf der anderen Seite etwas vorzubringen. So blieb alles beim alten, und unser Sohn hat auch so sein Abitur gemacht – in einem ehrwürdigen Gymnasium, dessen Räume, dessen Flächen und dessen Zeiten jeder Ästhetik spotteten. Zwar ist aufgrund dieser „Solidarität" (nichts zu tun) keine einzige Mark mehr als zuvor in den Schuletat geflossen, und die Unwirtlichkeit dieses Klassenzimmers ist durch kein noch so „wohliges Zuhause" beseitigt worden, aber ein Problem wurde deutlich, das man die *Ästhetisierung der Schule* nennen sollte. Was ist damit gemeint?

Über dem Portal der Berliner „Hochschule der Künste", an der ich zu lehren habe, steht in Stein gemeißelt: ERUDIENDAE ARTIBUS JUVENTUTI. Wörtlich heißt *erudire*: jemanden ent-rohen (*rudis*: roh); im übertragenen Sinne: jemanden verfeinern, bilden: *Erudiendae* ist Gerundivum, so daß man diese Inschrift übersetzen könnte mit dem Wort: DER DURCH DIE KÜNSTE ZU BILDENDEN JUGEND – möchte die HdK dienlich sein. Durch die *Künste*? Was heißt das?

Im I. Kapitel ist die Lebensweise der Kunst gegenüber den beiden anderen (der Praxis und der Wissenschaft) als eine gekennzeichnet worden, die nicht so sehr die Bewältigung der Wirklichkeit vor Augen hat und auch nicht ihre rationale Erhellung, wohl aber ihre kreative Gestaltung. Sie entsteht aus Betroffenheit und ruft ihrerseits Betroffenheit hervor, will über die sinnliche Wahrnehmung just dem Wahrnehmungs- und Empfindungsvermögen zur Realisation verhelfen – der *Aisthesis* also. Dies aber kann nur gelingen, wenn es eine ästhetische Erziehung ebenso gibt wie ei-

Abbildung 49: Inschrift über dem Hauptportal der Berliner Hochschule der Künste

ne politische oder religiöse. In vorausgegangenen Passagen haben wir immer wieder betont, daß die öffentliche Schule *aus* etwas heraus bildet, aber nicht *für* etwas. Der Deutschlehrer unterrichtet, erzieht und bildet *aus* der Germanistik, aber nicht *für* die Germanistik; der Sportlehrer *aus* dem Sport, aber nicht *für* den Sport; der Religionslehrer *aus* der Religion, aber nicht *für* die Religion, gar eine bestimmte Konfession (was Aufgabe und Recht der Familie und der Gemeinde ist). Ähnlich verhält es sich mit der Kunst, die einmal von einem bestimmten Kunstlehrer angeboten wird und darüber hinaus als *Prinzip* der Erziehung und Bildung eine geradezu fundamentale und von Anfang an einsetzende und bleibende Bedeutung hat – *principium* ist im Lateinischen, im Gegensatz zum *initium*, der fortwirkende Anfang. Der Germanist erzieht niemanden „zum Germanisten", der evangelische oder katholische Religionslehrer niemanden „zum Gläubigen", und kein Kunstlehrer soll „Künstler" 'herstellen'. Aber gemeinsam mit allen anderen Lehrern ist er generell für die sprachliche, mathematische, religiöse … und speziell für die *ästhetische* Bildung seiner Schüler/innen zuständig und verantwortlich. Die ästhetische Bildung ist (wie die politische oder die religiöse) auf eines der sieben Anthropina des Menschen bezogen. Denn der Mensch realisiert sein Menschsein im Bereich der Erziehung (*Pädagogik*), des Glaubens (der *Religion*), der Sittlichkeit (der *Ethik*), der Arbeit (der *Ökonomie*), der Erkenntnissuche (der *Wissenschaft*), der Konfliktregelung (der *Politik*) und eben – der Kunst (der *Ästhetik*). Die darauf bezogene Bildung ist, weil sie stets den ganzen Menschen vor Augen hat, nicht nur von einem bestimmten Fach aus zu betreiben, sondern liegt als fortwährende Aufgabe quer zu allen Fächern – wie eine horizontale Brücke. Hätten das die Teilnehmer an der Elternversammlung bedacht, vielleicht wäre eine andere Entscheidung gefallen ... Wem freilich diese ästhetische Dimension von Bildung egal ist, wer auf sie glaubt verzichten zu können, wird zwar nicht das Abendland entvölkern, aber er wird eine verkrüppelte Bildung betreiben (die hoffentlich durch andere an anderen Orten kompensiert wird). Auf jeden Fall werden ihm die folgenden Anregungen ein Ärgernis sein. Ärgern wir ihn also tüchtig und stärken wir dafür die anderen!

* * *

Zunächst sollen uns ein paar empirisch-statistische Daten beschäftigen. Relativ ungeordnet folgen sie aufeinander, und doch bilden sie exemplarisch diejenige Wirklichkeit ab, die es zu verbessern (hier – in diesem Zimmer – zu „verschönern") gilt:

- Bereits der Schul-Weg ist für viele Schüler ein Problem. Im ersten Halbjahr 1995 stieg der Zahl der Schulwegunfälle gegenüber dem gleichen Zeitraum im Vorjahr um fast 12 % auf 68.169 Fälle[1]. Man bedenke: Jährlich verunglücken in Deutschland weit über 100.000 Kinder und Jugendliche auf ihrem Weg zur und von der Schule.
- In einem traditionellen (also weitgehend üblichen) Klassenzimmer stehen jedem Schüler etwa 3 m^2 Fläche und 12 m^3 Luft zur Verfügung – und zwar fünf, sechs oder auch sieben Stunden am Tag, im Schuljahr an 217 Tagen, von der ersten bis zur 13. Klasse an insgesamt 2.764 Unterrichtstagen. Wenn man bedenkt, daß jeden Tag 10.000 bis 25.000 Liter Luft die Lungen eines Menschen durchströmen[2], in den meisten Klassenzimmern spätestens nach der großen Pause eine immer sauerstoffärmere Luft wie abgestanden über den Köpfen der Schüler steht, ihr Bewegungsdrang enorm eingeengt ist und jeder deutsche Schäferhund mehr Rechte auf „freien Auslauf" hat, werden manch andere Zahlen verständlich – z. B. diese:
- Während des Unterrichts steigt der Puls von Lehrern auf 110 Schläge pro Minute, während der Pausenaufsicht auf 113; unmittelbar vor Unterrichtsbeginn hat jeder zweite Lehrer unter 30 einen erheblich erhöhten Blutdruck (von 150 : 95); der Energieaufwand ist bei allen Lehrern extrem und liegt zwischen 3.317 und 4.027 Kilo Joule; und während einer einzigen Unterrichtsstunde produziert der Lehrer im Schnitt 14 Nanogramm Adrenalin pro Minute – das entspricht etwa dem Streßniveau nach dem Genuß von sechs Tassen Bohnenkaffee. Was Wunder, daß der Anteil der Lehrer, die wirklich bis zum Ruhestand ohne Abstriche ihrer Berufstätigkeit voll im Dienst bleiben, auf etwa 50% gesunken ist[3].
- Aber auch die Schüler wehren sich – auf nicht immer angenehme Weise: Jahr für Jahr muß z. B. eine recht typische Großstadt wie Dortmund etwa 10% des gesamten Etats, der für die Schulgebäude vorgesehen ist, für Reparaturschäden, die durch Schüler verursacht wurden, abzweigen – weit über eine Million DM, Jahr für Jahr[4].

- Kein Wunder, daß die Schule mittlerweile zum Lieblingsthema von Magazinen und Illustrierten geworden ist, indem sie negative Schlagzeilen macht:
  - „Tollhaus Schule" (DER SPIEGEL, 15/1988)
  - „Chaos Schule" (DER SPIEGEL, 41/1991)
  - „Gewalt in den Schulen" (DER SPIEGEL, 42/1992)
  - „Nie wieder Schule" (FOCUS, 4/1994)
  - „Schöne neue Schule" (DER SPIEGEL, 9/1994)
  - „Lehrer im Streß" (STERN, 19/1994)
- Und eine letzte Zahl: Fachleute schätzen aufgrund entsprechender Untersuchungen den Prozentsatz derjenigen Schüler, die man hierzulande als „sekundäre Analphabeten" bezeichnen muß, auf 20 bis 25 Prozent, Jungen signifikant mehr als Mädchen. Sie haben zwar einigermaßen Lesen und Schreiben gelernt, tun dies aber kaum noch und verlernen es allmählich wieder. Der Prozentsatz derer, die nicht nur kein Verhältnis zur Schriftkultur entwickelt haben, sondern darüber hinaus keinerlei künstlerisch-musische Aktivitäten entfalten, liegt bei etwa 70 Prozent[5].

Solche und ähnliche Daten ließen sich seitenweise aneinanderreihen und doch bliebe es bei einer dreifachen Einsicht: Denn zunächst einmal müssen wir der Tatsache ins Auge sehen, daß viele unserer Schulen in einem ästhetisch erbärmlichen Zustand sind, was auf Schüler und Lehrer erhebliche Einflüsse haben dürfte. Sicherlich machen mittlerweile vor allem die Grundschulen diesbezüglich häufig eine Ausnahme, aber die meisten Sekundarschulen (einschließlich der Berufsschulen) sind, so hart dies klingen mag, gemessen am *Comenianischen* Anspruch, tendenziell eine „liebliche Stätte", ein „Vorspiel (*praeludia*) des Lebens"[6] zu sein, ästhetisch verkommen. Zweitens sprechen viele Untersuchungen zur „Qualität von Schule"[7] für die Einsicht, daß das Ausmaß an Zerstörung um so größer ist, je abstinenter sich die betreffende Schule gegenüber der Schulreform verhält. Offensichtlich gelingt es Reformschulen (von den *Alternativ-* über die *Freinet-*, *Montessori-* und *Petersen-* bis hin zu den *Waldorf*-Schulen) ein gehöriges Potential an Identifikation mit der jeweiligen Schule aufzubauen, was eine wirkungsvolle Prophylaxe gegenüber Schulflucht, Absentismus oder auch Lernverweigerung und Vandalismus darstellt. Und drittens sprechen auch ausländische Untersuchungen dafür, daß die Rigidität (nicht die Leistungsbereitschaft) einer Schule mit ihrer eigenen Zerstörung korreliert. Besonders in Frankreich[8] und in Teilen der USA verkommen immer mehr diejenigen Regelschulen, die auf ihre Mißstände mit noch mehr Druck und Sanktionen antworten, während die Privaten Schulen immer mehr Reformkräfte von dort absorbieren und in sich selbst kultivieren – ein für die Gesamtgesellschaft verhängnisvoller Prozeß. Was also tun? In drei Bereichen seien Anregungen unterbreitet, wiederum eingedenk des Hinweises, den uns in diesem Zusammenhang der Psychiater *Josef Rattner* gegeben hat, als er schrieb: „Ein *winziges Tun* ist mehr als ein *riesiges Wünschen und Hoffen.*"[9]

* * *

1. Der Klassenraum

Die Klassenraumgestaltung ist immer auch Ausdruck der offen ausgesprochenen oder der latenten Bildungs- und Schultheorie, die hier und jetzt vorhanden ist. In der Abbildung 50 wird dieser Zusammenhang gerade deshalb deutlich, weil auch die historischen Veränderungen mit eingeblendet sind: das frontale Belehren dominierte „gestern"; ein beweglicheres Lehren ist „heute" die Regel; und „morgen" wird sich – wenn wir dies wollen – ein flexibles schulisches „Leben-und-Lernen" durchsetzen, das eine Fülle von methodischen Arrangements in sich aufnimmt: Die Einzelarbeit und den Frontalunterricht, die Partnerarbeit und den Gruppenunterricht, das Kreisgespräch und auch das außerschulische Lernen. In der 51. Abbildung soll diese Typisierung noch deutlicher markiert werden: die Dominanz der beiden *Saal*-Typen in der Vergangenheit und in der Gegenwart zeigt gleichzeitig die Notwendigkeit zukünftiger Entwicklungen in Richtung Klassen*raum*-Typen, die wesentlich beweglichere Choreographien des Lehrens und Lernens erlauben. Denn selbstverständlich geht es nicht darum, den guten und notwendigen Frontalunterricht aus der Schule zu weisen und damit den Hörsaal-Typ gänzlich zu verunmöglichen, wohl aber seinen relativen Stellenwert zu sehen und einzulösen. Wo belehrt werden muß, die Aufmerksamkeit aller zentral erforderlich ist und sich ein gemeinsames Lernen Schritt für Schritt vollziehen soll, sind die Raum-Typen ungeeigneter als die Saal-Typen. Umgekehrt: Die Individualisierung, Binnendifferenzierung, alle Gesprächsformen und gruppenunterrichtlichen Verfahren benötigen *Mobiliar* (und keine *Fixa*), also bewegliche Arrangements, die wiederum dort ihre Begrenzung finden, wo die Rahmenbedingungen keine und/oder nur geringe Veränderungen erlauben. Wer z. B. in einem Physikraum Schüler zu unterrichten hat, die wie in einem kleinen ansteigenden Hörsaal auf festmontierten Klappstühlen sitzen müssen, wird seinen Unterricht nicht permanent auf der Gruppenarbeit aufbauen können und doch Phantasie entwickeln, ab und zu diese Anordnung ein wenig aufzulockern. (Wollt ihr vier uns den Aufbau des Versuches einmal demonstrieren?) Bedenklich wird die Klassenraumgestaltung dann, wenn mit ihr moralische Bewertungen und keine sachlichen Argumente verbunden werden. In einer solchen Semantik gilt dann ein offeneres Klassenzimmer *per se* als fortschrittlich, kinderfreundlich und, vor allem, moralisch hochstehend und eine traditionelle Sitzordnung *prinzipiell* als rückständig, schülerfeindlich und, vor allem, moralisch minderwertig. Eine kritische Schultheorie wird den jeweiligen Funktionszusammenhang bedenken, und der kann *hic et nunc* mal mehr die eine, mal die andere Struktur erfordern.

Um von der Typisierung zur konkreten Gestaltung zu gelangen, schauen wir uns noch sechs weitere Abbildungen an, die eigentlich für sich sprechen, so daß sich dieser Abschnitt sprachlich zurückhalten kann. Immerhin seien ein paar Erläuterungen gegeben:

Abbildung 50: Lehr- und Lernprozesse: Gestern – Heute – Morgen

Gestern

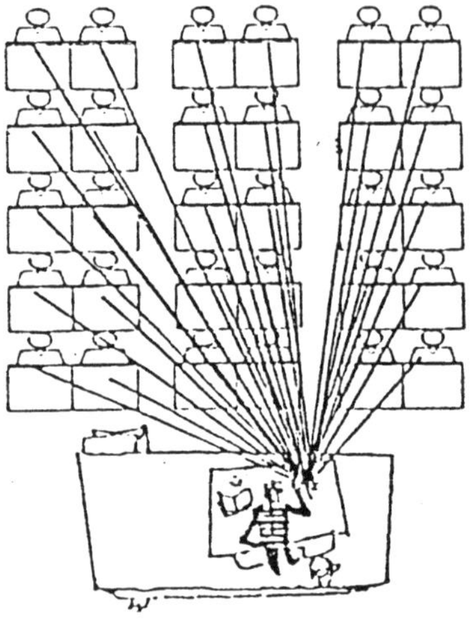

Die Schüler saßen neben- und hintereinander in mehreren Reihen an frontal ausgerichteten, mit dem Boden festgeschraubten Tischen. Mit dem „Blick ins Genick“ des Vorderschülers konnte sich im Unterricht kaum eine Klassengemeinschaft entwickeln, die Kommunikation der Schüler untereinander und soziales Lernen wurden nicht gefördert. Alle Blicke waren zum Lehrer gerichtet, der die Schüler von seinem erhöhten Pult aus unter Kontrolle hielt. Der Lehrer gestaltete den Frage- und Dozierunterricht häufig ohne Bezug auf die Schüler, die auf Themen und Ablauf keinen Einfluß nehmen konnten. Ihre Rolle bestand lediglich darin, dem Lehrer zuzuhören und seine Fragen zu beantworten. Immerhin: Mit Hilfe autoritärer Methoden konnten große Stoffmengen bewältigt werden.

Die Erziehungsinhalte und Verfahrensweisen hatten tüchtige und autoritätsgläubige Arbeiter, die sich für öffentliche Fragen selten interessierten, zur Folge. Das gab dem Staat den Freiraum, seine politischen und gesellschaftlichen Ziele ohne Widerstand der Betroffenen durchzusetzen.

Heute

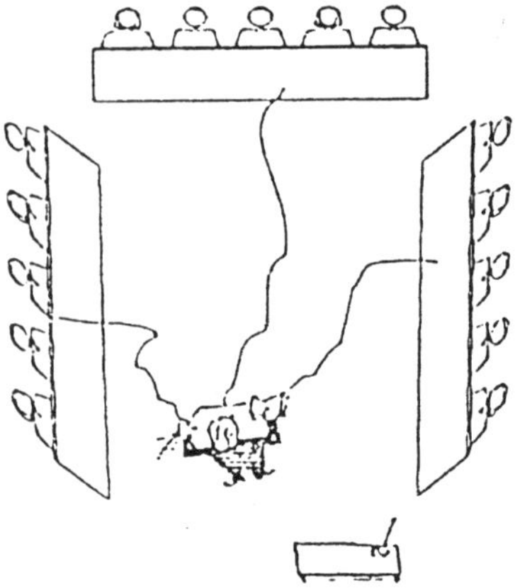

Die Schüler sitzen auf beweglichen Stühlen, die in Hufeisenform angeordnet sind. Sie sitzen sich gerade oder schräg gegenüber und können miteinander kommunizieren. Es besteht ein verstärkter Kontakt, der jedoch vom Lehrer gelenkt wird. Der Lehrer befindet sich am offenen Ende und steht somit im Mittelpunkt des Unterrichtsgeschehens. Er organisiert die Lernprozesse, bezieht die Schüler aber stärker in die Planung ein. Ohne Schwierigkeiten können Unterrichtsgespräche geführt werden. Durch Umstellen der Tische werden Gruppenarbeit und andere Sozialformen ermöglicht.

Die Erziehungsinhalte und -methoden sollen zu Verhaltensweisen von Menschen führen, die öffentlichen Fragen nicht mehr gleichgültig gegenüberstehen und fähig sind, eigene Interessen zu erkennen und zu formulieren. Ihre Arbeit im Beruf wird selbständiger gestaltet.

Morgen

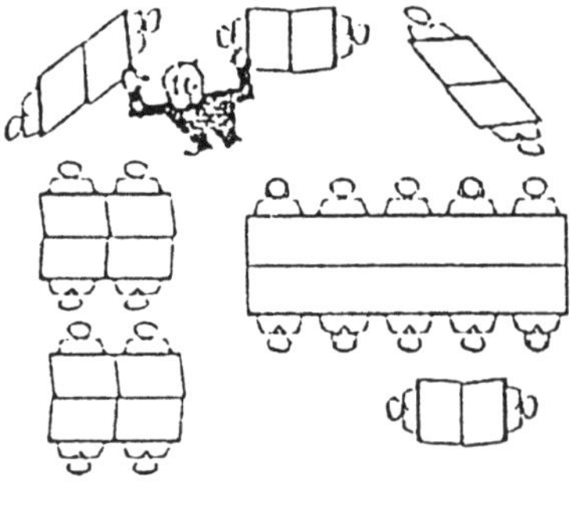

Die Schüler arbeiten in unterschiedlich großen Gruppen zusammen, in denen sie erfahren, daß jeder an einer gemeinsamen Arbeit Beteiligte gleich bedeutend für den Erfolg ist. Sie lernen selbständig zu arbeiten, mit anderen zu kooperieren und sich eigenständig Informationen zu beschaffen.

Der Lehrer geht von Tisch zu Tisch und hat eher einer beratende Funktion. Projekte und Lernprozesse werden gemeinsam besprochen und organisiert. Soziales Lernen ergibt sich selbstverständlich bei vielfältigen Arbeitstechniken.

Die Erziehungsinhalte und die Kommunikationsstrukturen bewirken, daß Bürger ihre Arbeit selbständig organisieren und erfolgreich im *teamworking* zusammenarbeiten können. Im öffentlichen Leben sind sie nicht nur interessierte, sondern auch engagierte Bürger.

Abbildung 51: Vier unterschiedliche Typen von Klassenräumen

Typ 1	Raumstruktur	Beschreibung
Hörsaal	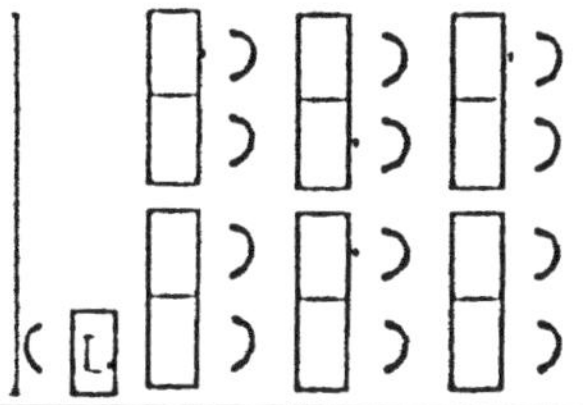	frontal ausgerichtete Schülerplätze gegenüber Lehrer und Tafel

der Hörsaal-Typ

Die Sitzplätze sind frontal ausgerichtet. Der Raum ist kahl, nüchtern und schmucklos, manchmal kleben wahllos Poster an der Wand, denen die Auswahlkriterien, die zum Anbringen geführt haben, nicht anzusehen sind.

Typ 2	Raumstruktur	Beschreibung
Sitzungssaal	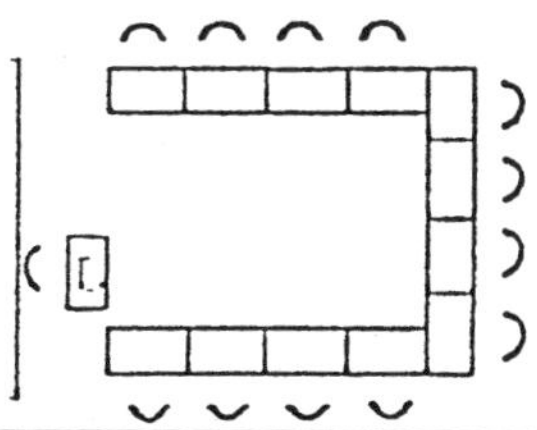	hufeisen- oder kreisförmig angeordnete Schülerplätze, geöffnet zur Tafel und zum Lehrer hin

der Sitzungssaal-Typ

Durch eine hufeisen- oder kreisförmige Anordnung der Tische mit Öffnung zur Tafel besteht eine offene Raumstruktur. Bei einer nicht übermäßigen Schülerzahl in der Klasse bleibt die Mitte des Raumes frei. Im Raum befinden sich mehr oder weniger Ausstattungsstücke wie Schränke, Regale und Wandschmuck.

Typ 3	Raumstruktur	Beschreibung
Gruppenraum	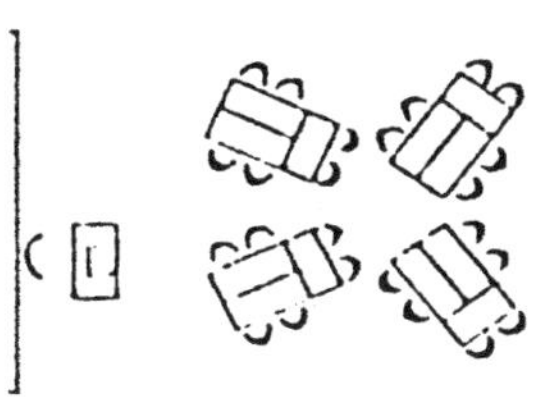	Schülerplätze an Gruppentischen 2 Blick-Punkte: Kleingruppe, Lehrer/ Tafel

der Gruppenraum-Typ

Die Tische stehen in unterschiedlicher Ausrichtung zusammen und lassen eher Assoziationen an eine Werkstatt entstehen. Die Schüler sitzen sich an den Tischen gegenüber, und eine einheitliche Blickrichtung ist aufgehoben. Diese Anordnung läßt auf einen mehr schülerorientierten Unterrichtsstil schließen, bei dem Erziehung zu Selbständigkeit ein stärkeres Gewicht beigemessen wird. Die Ausstattung ist durch weitere Stellflächen und Schmuckgegenstände erweitert.

Typ 4	Raumstruktur	Beschreibung
Lebensraum		Schülerplätze wechselnd je nach Situation: Integration der Typen 1–3, zusätzlich Ecken für Lernstationen

der Lebensraum-Typ

Dieser Raum wirkt auf Unbeteiligte zunächst unübersichtlich, weist jedoch eine ausgeprägte Strukturierung durch funktionsgebundene Zonen auf. Er wird durch seine konsequente Gestaltung zur Lernlandschaft, in der der Binnendifferenzierung, Gruppenarbeit und Individualerziehung ein großer Stellenwert beigemessen werden.

(1.) Sicherlich dominierten die verschiedenen Sitzordnungen und Gestaltungsformen zu bestimmten Zeiten (etwa in den 50er Jahren das Klassen*zimmer* als Klassen*block*). Aber es wäre einseitig und ideologisch, in den nächsten Abbildungen nur eine lineare Entwicklung von einem mehr oder weniger schlechten hin zu einem stets besseren Unterricht zu sehen. Hier geht es um die Variationsbreite eines mehr zu geschlossenen und mehr zu offenen Formen tendierenden Unterrichts in einer humanen Leistungsschule.

(2.) Die entscheidenden Unterschiede zwischen den einzelnen Klassenraumgestaltungen und Sitzordnungen sind die kommunikativen Gestaltungsmöglichkeiten, die wir im Abschnitt über Unterrichtsmethoden (vgl. S. 168 ff.) als „Poligkeiten" bezeichnet hatten. Der Klassenblock legt „kommunikative Einbahnstraßen" insofern nahe, als nur Lehrer-Klasse- bzw. Lehrer-Einzelschüler-Beziehungen möglich sind. Erst im Klassenzimmer als Gruppenraum werden Schüler-Schüler-Beziehungen realisierbar, kaum jedoch Kreisformationen, die im Klassenraum als Hufeisen oder Kamm besser zu verwirklichen sind – vor allem dann, wenn die Gruppentische (wie in unserer Abbildung 54) als solche zu einem Kreis formiert werden und im Zentrum Möglichkeiten der Präsentation (eines Liedes, Gedichtes, Tanzes etc.) bestehen. Die Flexibilisierung erfuhr ab 1968/69, d. h. mit der Geburt einer neuen Grundschule (vor allem in Nordrhein-Westfalen)[10], insofern eine Erweiterung, als nun bestimmte Funktionsbereiche im Klassenraum als mögliche Lernorte gesehen und eingerichtet wurden, so daß die Lern-Werkstatt von hier aus ihren Weg zur Realisierung eines epochalisierten und projektorientierten Lernens fand. Diese beiden Elemente (Flexibilisierung und Funktionalisierung) sind in der Abbildung 56 als im Erfahrungslernen koinzidierende Merkmale anzusehen, wobei jetzt erst eine dreifache Beweglichkeit bzw. Öffnung von Unterricht eingeleitet werden kann: thematisch (inhaltlich, curricular, didaktisch); methodisch (sozial, kommunikativ, arbeitstechnisch); und institutionell (klassenüberschreitend, außerschulisch, kommunal).

(3.) Auf diese Weise läuft jede noch so bescheiden beginnende Klassenraumgestaltung letztlich auf eine Reform der gesamten Schule hinaus – die Abbildung 57 will einige dieser dann vorfindlichen Merkmale aufzeigen. In ihr haben frontalunterrichtliche Sequenzen genauso ihren Platz wie über Wochen sich erstreckende Kleingruppenarbeiten.

(4.) Wichtig für die das Lernen arrangierende Lehrkraft ist die Beachtung optimaler Rahmenbedingungen – vor allem die Licht-, Seh-, Hör-, Zeit- und Bewegungsverhältnisse müssen stets auf die didaktisch-methodischen Gegebenheiten bezogen sein. Wer z. B. als Englischlehrer seiner ganzen Klasse bestimmte *pronunciations* beibringen will, sagen wir das *th*, sollte keine Sitzordnung dulden oder sogar vorschlagen, bei der die einen Schüler anderen in den Rücken schauen oder wahre Verrenkungen vornehmen müssen, um den fortlaufenden Tafeltext mitzubekommen. Man kann auch in der Lebens- und Erfahrungsschule neuen Dogmen anheimfallen, um vermeintliche Progessivität zu dokumentieren.

(5.) In einem bemerkenswerten Interview sagte der (damalige) hessische Kultusminister *Hartmut Holzapfel*[11]: „Ich will nicht *mehr* Unterricht, sondern den Stundenplan entzerren. Heute wird fast der gesamte Unterricht am Vormittag zusammengedrängt. Es ist eine völlig unnatürliche Erwartung, daß Schüler und Lehrer sich sechs Stunden hintereinander konzentrieren können. Die Schulen brauchen einen neuen Zeitrhythmus mit Unterricht, selbständigem Arbeiten, Entspannungsphasen und einem gemeinsamen Mittagessen ... Der 45-Minuten-Takt ist überholt. Die Kinder müssen sich immer nach einer dreiviertel Stunde auf ein anderes Thema umstellen. Und die Schule erwartet dann, daß das, was die Erwachsenen zuerst in ihren Köpfen getrennt haben, in den Köpfen der Kinder wieder zusammenwachsen soll. So zu lernen ist weltfremd. Kein normaler Mensch tut das, aber den Kindern muten wir es zu."

Was in diesem Statement lernbiologisch begründet wird, soll hier zusätzlich ästhetisch betrachtet werden: Die zerstückelte, die gehetzte und sich hetzende, die rigorose Zeit verstößt nicht nur gegen die einfachsten Gebote von Biologie, Lernpsychologie und Pädagogik, sondern auch gegen die fundamentale Aufgabe der ästhetischen Bildung, nämlich sinnliche Erkenntnis und Erfahrung zu ermöglichen, ohne die der Geist eben nicht erudiert werden kann, sondern *verrauhen* würde. Die Wiederentdeckung didaktischer Langsamkeit, die Ermöglichung bekömmlicher Zeitrhythmen und die Freiheit über eigene Tempora ist einer Erziehung zum Wahren, zum Schönen und zum Guten dienlicher als die Vergewaltigung der Zeit. Deshalb ist in einer auf Bildung ausgerichteten Schule, nicht nur die Ästhetisierung von Räumen und Flächen, sondern auch von Zeiten eine bedeutsame Reformaufgabe.

(6.) All diese Arrangements laden zu einer Fortsetzung der Ästhetisierung des Klassenraumes ein: Farben, Vorhänge, Pflanzen, Tiere, Medien, Bücher, Materialien u. ä. .m. mögen als Stichworte genügen. Die entscheidende Reformfrage lautet auch hier: Welche Verbesserungen sind unter – und sei es noch so geringfügig – zu verändernden Rahmenbedingungen der über Unterricht intendierten Erziehung und Bildung dienlich? Diese letztlich nur von den beteiligten Lehrern, Schülern und Eltern zu beantwortende Frage führt zu einer anderen Reform als das modernistische Gehabe einer Reformitis, die nur deshalb etwas tut oder läßt, weil *man* das heute eben so macht oder auch nicht mehr macht.

Wer darüber hinaus konkretere Anregungen sucht, den verweise ich an weiterführende Literatur (z.B. an *K.-H. Burk/D. Haarmann*[12] oder *H. Mayer-Behrens*[13]). Und schließlich sei eine überragende Studie zur Relevanz des Lernortes für das Lernen erwähnt, die sowohl theoretische Grundlagen als auch praktische Möglichkeiten einbeziehende Schrift von *Marleen Noack* mit dem Titel „Der Schulraum als Pädagogikum"[14].

Abbildung 52: Das Klassenzimmer als Klassenblock

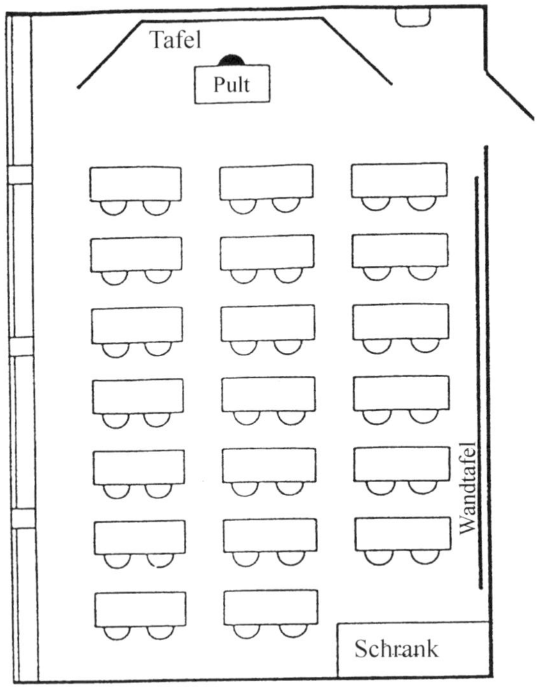

Meßzahl: 40 Schüler
Arbeits- und Unterrichtsformen:
Frontalunterricht
Einzelarbeit

Abbildung 53: Das Klassenzimmer als Gruppenraum

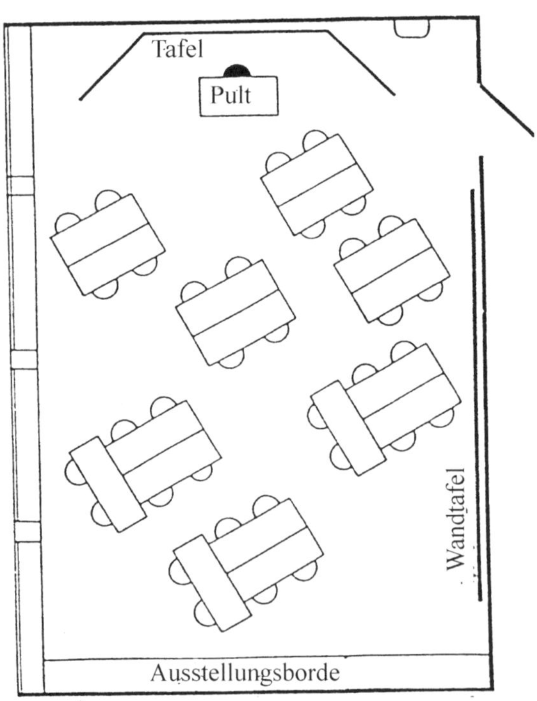

Meßzahl: 34 Schüler
Arbeits- und Unterrichtsformen:
Einzelarbeit
Partnerarbeit
Gruppenarbeit
Kreis
Frontalunterricht
u. a. m.

Abbildung 54: Das Klassenzimmer als Hufeisen

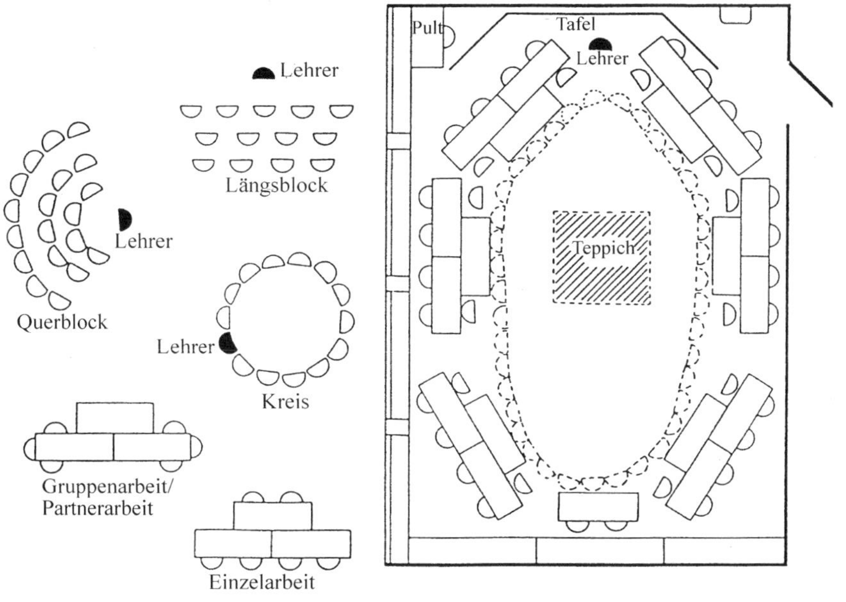

Meßzahl: bis 38 Schüler
Kreisgespräch (s. o.); Vorlese-/Singe-/Erzählkreis
Einzelarbeit; Partnerarbeit; Frontalunterricht; Schulspiel; u. a. m.

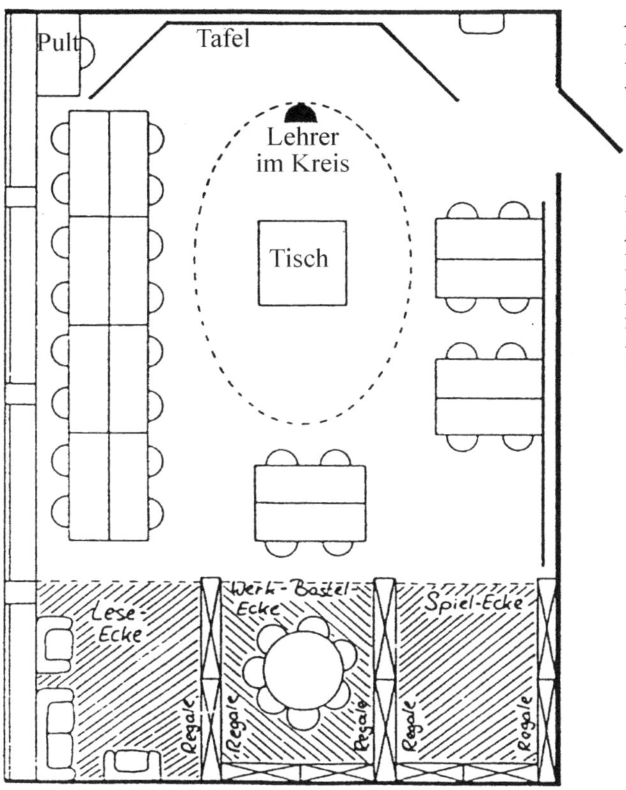

Abbildung 55:
Das Klassenzimmer als Lernwerkstatt

Meßzahl: 28 Schüler
Arbeits- und Unterrichtsformen: Partnerarbeit; Einzelarbeit; Gruppenarbeit; Freiarbeit; Projektunterricht; Kreis; Feier; Spiel; Frontalunterricht; u. a. m.

Abbildung 56:
Das Klassenzimmer als Lebens- und Erfahrungsraum

Meßzahl: 24 Schüler
1 Arbeitstische
2 Regale für Bücher, für Lehr- und Lernmittel
3 Sitzbänke für Kreisgespräche, für Unterrichtsphasen an der Tafel (Höhe: 35 cm)
4 Schränke für Materialien
5 Zeige- oder Ausstellungstische (Höhe: 50 cm)
6 Vorhang (z. B. für ein Kasperletheater)
7 Ausstellungwände, auch als Trennwände für Schülergruppen zu verwenden (Höhe: 2 m)

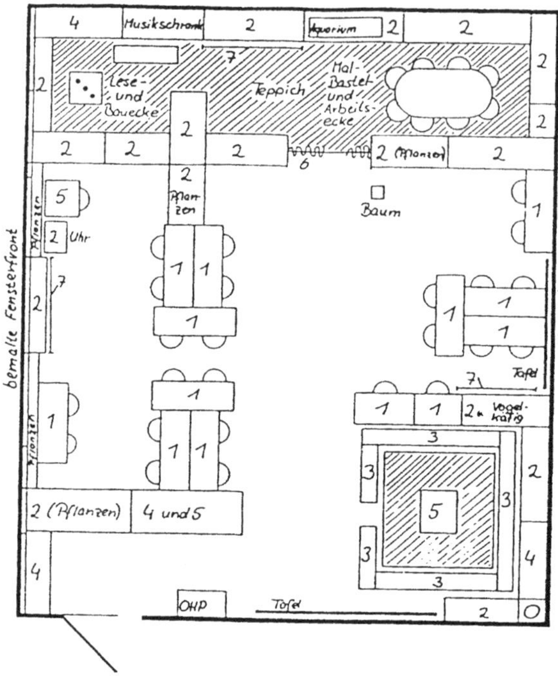

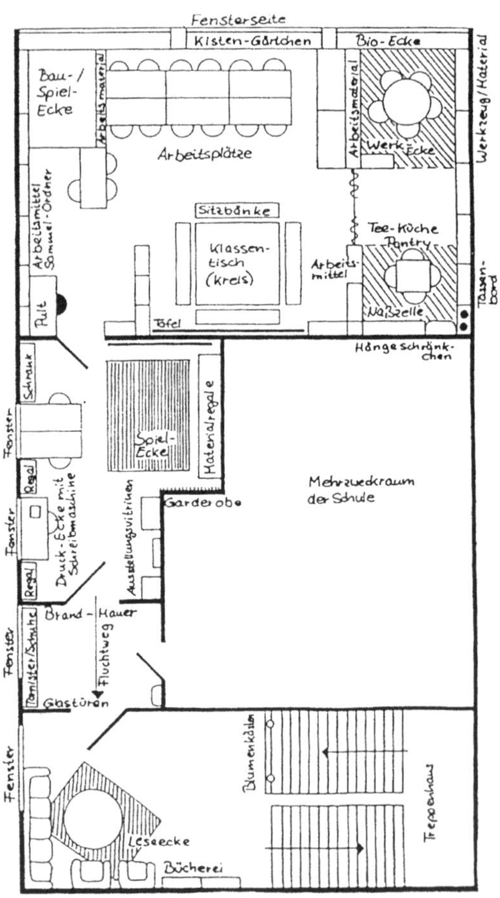

Abbildung 57:
Die Schule als Haus des Lebens und Lernens

Arbeits- und Unterrichtsformen:
Einzel-, Partner- und Gruppenarbeiten
Diverse Gesprächsformen
Frontalunterricht
Projektunterricht
Spiele, Feste, Feiern
Team Teaching
u. a. m.

Exkurs 4: Vom „Heizungswärmer" zum „Siebenkämpfer": Lokomotionen im Klassenzimmer

Selbst den erfahrenen Forschern passiert es gelegentlich, daß ein anfangs kaum beachtetes Faktum plötzlich ins Zentrum der Aufmerksamkeit gerät. Im Rahmen eines über mehrere Jahre sich erstreckenden und an verschiedenen Orten durchgeführten Projektes über „Auffällige Schüler/innen" waren zu Beginn alle möglichen Variablen sorgfältig ins Auge gefaßt und forschungsträchtig gemacht worden, nur an die folgende hatten wir nicht gedacht. Ein Schlüsselerlebnis brachte uns auf ihre Spur.

Zu Beginn einer kollegiumsinternen Fortbildung fanden zahlreiche Unterrichtshospitationen statt – u. a. bei Frau A., 5. Klasse einer Berliner Grundschule: Wie angewurzelt sitzt sie von der ersten bis zur letzten Minute auf ihrem Stuhl, entsprechend eintönig ist das unterrichtliche Geschehen: Lehrerfrage, Pause, Schülerantwort ... Zäh und monoton zieht sich die Stunde hin, an deren Ende die Lehrerin zu Protokoll gibt: „Heute waren die Kinder mal wieder unheimlich lahm!"

In der folgenden Stunde erteilt Frau B. Unterricht in eben dieser Klasse – Englisch steht auf dem Programm: Wie ein Wirbelwind stürmt sie in die Klasse; und noch halb in der Tür geht's schon los: „What is on your table, Ralf?" „A rubber." „What is under your chair, Karin?" Auf und ab, kreuz und quer, ringsherum eilt Frau B. durch die immer unruhiger werdende Klasse, wobei die Schüler/innen sie mit sich drehenden Köpfen und Körpern im Auge zu behalten versuchen. In der Pause stöhnt die Lehrerin: „Die 5 B ist wirklich eine extrem unruhige Klasse!" Beide Kolleginnen waren fest überzeugt, daß ihre Art zu lehren hauptsächlich von den Schülern und ihrer Art zu lernen beeinflußt werde. Erst als wir ihnen am Nachmittag Ausschnitte der Videoaufzeichnungen zeigten, fiel es ihnen (und uns) wie Schuppen von den Augen: Das Verhalten der Schüler ist nicht nur eine Resultante ihrer jeweiligen Bio- und Lernographien (ihrer bisherigen Lebens- und Lerngeschichten also), nicht nur Folge didaktischer Planungen, keineswegs nur eine abhängige Größe der Großvariablen Unterrichtsmethode ..., sondern auch (und vielleicht entscheidend) determiniert durch die Art und Weise des Sichbewegens vor und in der Klasse, durch die Lokomotion des Lehrers, der Lehrerin.

Von der Kommunikationswissenschaft wissen wir, daß jedwede menschliche Kommunikation (einschließlich des Unterrichts) von zwei Ebenen konstituiert wird: einer manifesten, verbalen, digitalen, offiziellen etc. und einer präverbalen, analogen, latenten. Und wir wissen, daß gerade diese zweite Ebene oft die zuerst genannte bestimmt, daß also der geheime Lehrplan, das hidden curriculum[15], den dokumentierten Lehrplan modifiziert. Welche Faktoren jedoch dieses bewirken, ist bis heute wenig erforscht. Sicher, da ist der „Geist" einer Schule, das „Ethos" der Lehrer, der „Normkodex" der Schüler, das „ungeschriebene Gesetz" der Gesellschaft ... Wir wissen, daß Raum, Zeit und Mobiliar, Gesten, Mimik und Displays, Stimmungen, Gefühle und Erwartungen u. a.m. den Unterricht „irgendwie" beeinflussen. Daß und welche Wirkungen aber die Lokomotion von Lehrern auf unterrichtli-

che Prozesse hat, blieb völlig unbeachtet. Mittlerweile wissen wir über diesen Sachverhalt Genaueres als um 1970, als die Kommunikative Didaktik begann, diese und andere (vor allem störfaktoriale) Gesichtspunkte von Unterricht[16] zu erforschen und nachdem N. Vorsmann den Begriff der Lokomotion in die Unterrichtsforschung eingeführt hatte[17].

Der Klassenraum und seine Tabuzonen.

In der Abbildung 58 ist (idealtypisch) der Klassenraum hiesiger Schulen aufgezeichnet – soweit sie sich traditionell verstehen, mit andern Worten: zum großen Teil frontalunterrichtlich, lehrerorientiert und verbal-kognitiv fachliche Lektionen erteilen. Im Gegensatz zu den Abbildungen 52 oder auch 54 sollen in dieser weniger die Sitzordnung als vielmehr die Flächen und Zonen des Raumes in den Blick genommen werden.

Abbildung 58: Flächen und (Tabu-)Zonen des traditionellen Klassenzimmers

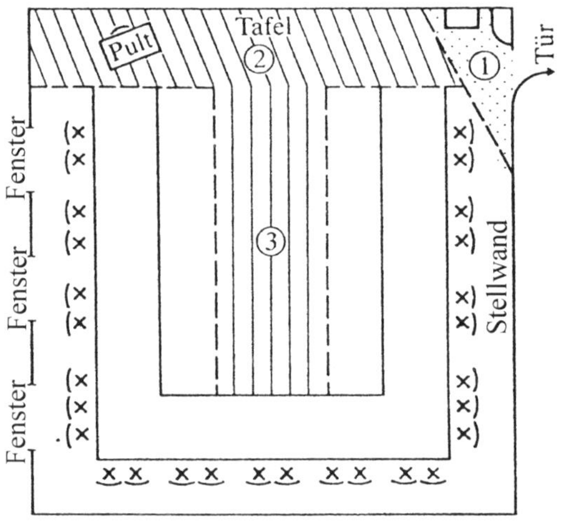

Dieser Standard-Klassenraum hat eine Fläche von ca. 80 Quadrat- und ein Volumen von ca. 300 Kubikmetern; bei 25 Schülern bleiben also jedem Schüler etwa 3 m^2 Sitz-, Steh- oder Lauffläche und 12 m^3 Luft – im Idealfall. Denn in der Realität müssen drei sog. Tabuzonen ins Kalkül gezogen werden, Zonen, die der Schüler ohne Erlaubnis des Lehrers während des Unterrichts nicht betreten darf. Da ist einmal die Türregion, in der sich in der Regel auch das Waschbecken, ein Schrank und der Papierkorb befinden. Sie gestattet das Kommen und Gehen bzw. (symbolisch) das Eindringen und Fliehen. Zum zweiten wirft die Tafelwand einen – je nach Klassenraumgröße – imaginären Schatten, den der Lehrer wie (s)eine Bühne benutzt. Und schließlich beanspruchen nicht wenige Lehrer die zwischen den hufeisenförmig angeordneten Tischen und Stühlen der Schüler sich ergebende Lauffläche, so daß wir erstens vom „Fluchtkorridor", zweitens der „Bühne" und drittens dem „Laufsteg" der Lehrerlokomotion im Klassenzimmer reden könnten.

Acht typische Lokomotionen

Systematische Beobachtungen in mittlerweile 148 Unterrichtsstunden bei 42 Lehrkräften lassen folgende Kennzeichnungen zu (Der Einfachheit halber wird nur die männliche Schreibweise benutzt.):

1. „Der Heizungswärmer“

Auf dem Foto erkennen wir recht deutlich seine bevorzugte Stellung: In der Nähe der Heizung, oft mit dem Gesäß sich daran anlehnend, die Tafel ebenso im Blick habend wie die Schüler, ansonsten relativ immobil und ruhig sowie fast ausschließlich die Tabuzone 2 in Anspruch nehmend.

Diese Lokomotion wird häufiger von Lehrern als von Lehrerinnen und häufiger von älteren als von jüngeren Kollegen benutzt, eher von introvertierten als von extravertierten Personen. Unter psychoanalytischen Gesichtspunkten wird man diesem Typus den durchaus nicht ironisch gemeinten Satz in den Mund legen dürfen: „Auch ein Lehrer braucht Liebe!“

2. „Der Stuhlhocker“

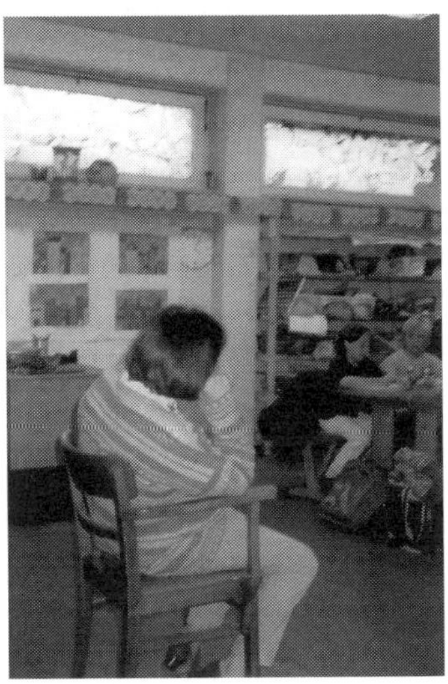

Diese Lokomotion ist gleichfalls relativ starr und bewegungsarm, auch wenn sie sich gelegentlich „Ausflüge“ (etwa zur Tafel) gestattet. Im Unterschied zur vorausgegangenen kommt es ihr nicht so sehr auf Wärme und Zuwendung, sondern auf „Parität mit verteilten Rollen“ an: Die Körperhaltung und -bewegung des Lehrers wird der seiner Schüler angeglichen.

Wo diese Lokomotion extreme Formen annimmt, sind von uns durchweg Langeweile, Müdigkeit und Desinteresse registriert worden. Mit einem nicht nur humorvollen Unterton könnte dieser Typus sagen: „Besser im Sitzen fallen als im Stehen einschlafen!“

3. „Der Tischableger“

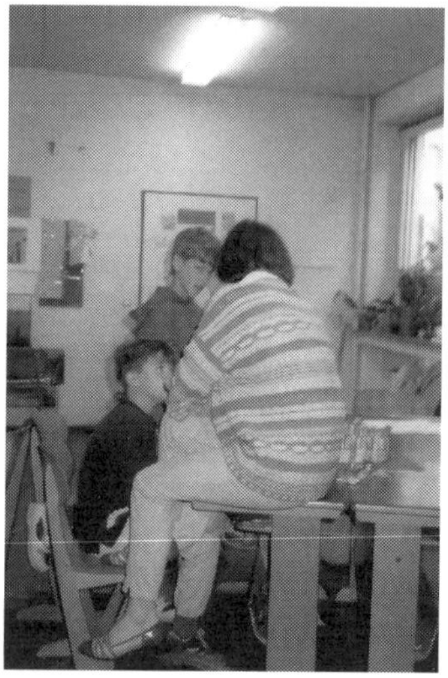

Einen wesentlich temperamentvolleren Unterricht erteilt der mit Vorliebe das Pult oder einen Schülertisch als Sitzfläche nutzende Lehrer, der darüber hinaus durch den buchstäblich erhöhten Blickkontakt Darstellung, Aufmerksamkeit und Kontrolle sucht. Er sieht und will gesehen werden.

In vielen Fällen haben wir ihn in Kombination mit anderen Lokomotionen gesehen (vor allem mit Nr. 6): Er ist der narrative Lehrer, benutzt wesentlich seltener als z. B. der 2. Typus das Schulbuch und verzichtet oft auf Tafelanschriften, die er – etwa im Gegensatz zum 1. Typus – eher verdeckt als freigibt. Sein Erkennungssatz könnte lauten: „Jeder König sucht (s)einen Thron!“

4. „Der Tafelständer“

Der diese Lokomotion bevorzugende und innerhalb der Tabuzone 2 sich aufhaltende Lehrer ist ausgesprochen „logotrop“ (und weniger „paidotrop“[18]), auf einen sokratisch entwickelnden Unterricht eingestellt, ergebnisorientiert und stets Herr der Situation.

Disziplin ist für ihn selbstverständlich und ein hohes sachliches Anspruchsniveau wünschenswert. Dieser Typus ist im Gymnasium (vor allem in den mathematisch-naturwissenschaftlichen Fächern) wesentlich häufiger anzutreffen als in den übrigen Schulen. Die Variationsbreite seines Verhaltens reicht vom „Kleben an der Tafel“ bis hin zum ruhigen Bewegen innerhalb des Kerns des Tafelschattens. Seine Sachlichkeit ist allerdings stets in der Gefahr, in Rigidität einzumünden, so daß es nicht unklug ist, wenn er über seinen (unausgesprochenen) Bekenntnissatz immer wieder kritisch reflektiert: „Vertrauen ist gut, Kontrolle ist besser!“

5. „Der Türsteher“

Lehrer mit dieser bevorzugten Stellung sind am ehesten mit den „Heizungswärmern“ zu vergleichen. Auch sie haben Tafel und Schüler im Blick, begreifen sich als Vermittler, lassen die Schüler gern „nach vorn kommen“, aber: Die ihre Tabuzone 1 selten verlassende Position deutet auch auf gewisse Ängste und Unsicherheiten hin.

Während der Lehrertypus 1 im Schnitt 7 m bis zur Tür braucht, gestattet diese Lokomotion eine sofortige Flucht. Nicht zufällig haben wir festgestellt, daß unter diesen Lehrern auffällig viele relativ streng (bis autoritär) sind. Unter Umständen verdrängen sie die mit jeder Form von Autoritarismus verbundene Angst, die sich jedoch über die Körperhaltung und -bewegung indirekt doch wieder äußert. Je nach Ausmaß definiert der „Türsteher“ die Schüler als „Rasselbande“, „kleine Monster“ oder „Raubtiere“ und sich selbst als deren notwendigen „Dompteur“. In unserer Forschungsgruppe waren wir uns deshalb über den Satz, der diesen Lehrer kennzeichnet, schnell einig: „In einer Arena ist der sicherste Platz neben dem Ausgang!“

6. „Der Gassenläufer“

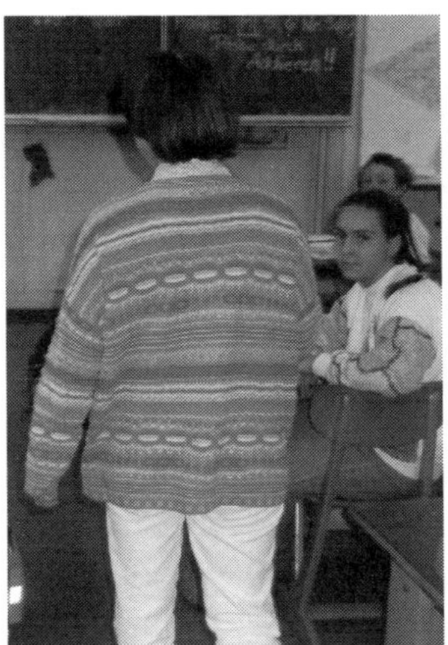

Bei dieser Lokomotion wird in der Regel der „Laufsteg“ (und mitunter auch die „Bühne“) als Forum benutzt, wobei die stereotypen Auf- und Ab-Gänge bzw. die stetigen bis iactativen[19] *Hin- und Her-Bewegungen kennzeichnend sind.*

Vor allem der dozierend-erklärende Unterricht sucht solche Lokomotionen und umgekehrt: Solche Bewegungsstereotypien erzwingen gleichsam einen belehrenden Unterrichtsstil. Lehrer diesen Typs bekommen deshalb kaum Störungen u. ä. .m. mit; sie sind wie Rilkes „Panther“[20] *von tausend unsichtbaren Stäben umgeben und schauen eher in sich hinein als zu den Schülern hin. Der auf diesen Lehrer zutreffende Merksatz könnte folglich lauten: „Der weiche Gang geschmeidig starker Schritte ist seine Sitte!“*

7. „Der Rumflitzer"

Diese vornehmlich in den ersten Unterrichtsstunden eines Schultages zu beobachtende Lokomotion nutzt alle zur Verfügung stehenden Flächen, Steh- und Sitzgelegenheiten des Klassenraumes. Wie ein Tiger flitzt dieser Lehrer hin und her, auf und ab, kreuz und quer. Am liebsten ginge er „über Tisch und Bänke".

Von einem unbändigen Temperament getrieben will er aufmuntern, begeistern, motivieren und ruft nicht selten das Gegenteil hervor: zurückweichendes Schülerengagement vis à vis solch einer geballten Energie. Aber auch extrem unruhiges Schülerverhalten kann die ansteckende Folge sein. Der eine solche Lokomotion praktizierende Lehrer scheint bei jeder Kehrtwende den Satz auszurufen: „Hier schläft man ja ein!"

8. „Der Siebenkämpfer"

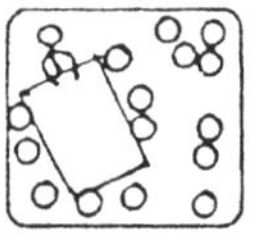

Viele (wir schätzen knapp ein Drittel aller) Lehrer sind nicht eindeutig zuzuordnen, sondern bevorzugen mal diese, dann wieder jene Lokomotion: In Grundschulen häufig die Sitz- und Hockhaltung auf dem Fußboden oder auch die Position inmitten eines Stuhlkreises.

Je nach den zu lehrenden Sachverhalten, didaktischen Intentionen, methodischen Schritten, medialen Hilfsmitteln, Stimmungen, Tageszeiten etc. beherrscht dieser Lehrer im Idealfall alle Positionen und Bewegungen. Sein Wahlspruch ist fast 2 1/2 Tausend Jahre alt, geht auf Euripides zurück und wurde von Cicero zu der Formel geprägt: „Varietas delectat!" – „Abwechslung erfreut!"

Resümee

Was ist aus den obigen Kennzeichnungen nun zu lernen? Zumindest zehn Sachverhalte:

(1.) Kein Lehrer kann sich nicht-verhalten; jedes Dasein in der Klasse hat immer auch lokomotorische Korrelate.

(2.) Diese kommunikativen Verhaltensweisen sind sehr unterschiedlich und weisen auf tieferliegende Bedeutungsschichten hin.

(3.) Sie zu entziffern kann der Erklärung vieler Phänomene dienen: von offensichtlichen Anzeichen äußerer oder innerer Unruhe bis hin zu verdrängten Aggressionen oder Ängsten.

(4.) Jeder Lehrer hat bevorzugte Lokomotionen, auch wenn er mehrere oder gar alle gelegentlich ausführt.

(5.) Keine der insgesamt acht Formen der Lehrerlokomotion ist in und für sich „gut" oder „schlecht". Erst der situative Kontext bzw. die extreme Ausführung und einseitige Praktizierung macht sie eventuell problematisch.

(6.) Mit Sicherheit hat die Lokomotion etwas mit der Lehrerpersönlichkeit zu tun. Wer diese nicht als endogen bedingt oder als unwandelbare Größe ansieht, sondern ein Leben lang in sie hineinlernen will, hat in der Lokomotion ein hervorragendes Medium, dessen Erweiterung und Variierung letztlich auch der Persönlichkeitsbildung dient, wohlgemerkt: seiner bzw. ihrer Persönlichkeitsbildung.

(7.) Die stärkste Auswirkung hat die jeweilige Lokomotion auf die methodische Dimension des Unterrichts. Es gibt bekanntlich 17 Unterrichtsmethoden, die wiederum bestimmte Lokomotionen nahelegen, so daß man von Wechselwirkungen zwischen Lokomotion und Methode sprechen sollte. Diese Interdependenzen sind hingegen noch weitgehend unerforscht.

(8.) Auch unter störfaktorialen Gesichtspunkten ist die Lokomotion der Lehrer interessant. Wer zum Beispiel einen lebendigen, beweglichen , schülerorientierten und handlungsbezogenen Unterricht ermöglichen will und – sagen wir – nur in der 2. Lokomotion verharrt, konstelliert für sich und seine Schüler eine paradoxe Situation, die in der Kommunikationstheorie als double bind, als Beziehungs-Falle, bezeichnet wird: Er fordert das Gegenteil von dem, was er real tut und manövriert damit sich und seine Schüler in eine ausweglose Situation.

(9.) Ziel aller Lehreraus- und Lehrerweiterbildung sollte es sein, neben den unverzichtbaren fachwissenschaftlichen sowie didaktisch-methodischen Kompetenzen auch für solche kommunikativen Sachverhalte zu sensibilisieren. Schulreform findet (gewiß nicht nur, aber auch) im Klassenzimmer, d. h. zwischen Lehrenden und Lernenden statt.

(10.) Die wechselseitige Hospitation mit teilnehmender Beobachtung ist ein hervorragendes Instrument, auf solche und ähnliche Probleme aufmerksam zu

machen und zu werden. Nicht um uns gegenseitig zu etikettieren, wohl aber mit der Absicht, aus der nüchternen Kennzeichnung des jeweiligen Ist-Zustandes Wege zu einem besseren Sollens-Zustand zu finden. „Manchmal genügt es, nicht mehr an einem Ort sein zu wollen, und schon beginnt die Reise“, sagt die kleine Prinzessin in dem gleichlautenden Buch von Arnd Alberti[21]*. Manchmal?*

2. Das Lehrerzimmer

Da die meisten der mit dem Klassenzimmer verbundenen Probleme auch für das Lehrerzimmer gelten, können wir uns in diesem Abschnitt wesentlich kürzer fassen. Immerhin kommen einige Erkenntnisse hinzu.

Wer häufig in Schulen kommt, ist zunächst einmal erstaunt, welch große Variationsbreite sich ihm auftut, wenn er Lehrerzimmer betritt. Sie reicht vom qualvoll engen, verrauchten Kabäuschen über den funktional ausgestatteten Großraum bis hin zur sterilen Stellfläche. Wie kommt das? Nun, auch das Lehrerzimmer ist in seiner Struktur, Sitzordnung und vor allem Ausstattung die Verobjektivation einer Schultheorie, die dem betreffenden Kollegium nicht immer bewußt sein muß, aber dennoch wirkungsmächtig ist. Von daher werden dem Lehrerzimmer bestimmte Funktionen zugesprochen, die wiederum in eine bestimmte Wertigkeit gebracht werden, der verschiedene Kollegen bzw. verschiedene Gruppen im Kollegium durchaus verschieden zustimmen. In der Abbildung 59 sind diese Funktionen idealtypisch aufgelistet worden. Deutlich werden die Spannungen zwischen den einzelnen Funktionen: Wir wollen im Lehrerzimmer arbeiten und uns erholen, miteinander reden und uns zurückziehen, Materialien loswerden bzw. deponieren und etwas mitnehmen, wir wollen einerseits essen, trinken, rauchen oder uns bei Musik entspannen, andererseits ist das Lehrerzimmer Ort der Konferenzen, von Beratungen oder Fortbildungen ... Diese unterschiedlichen Erwartungen führen nicht selten zu Konflikten im Kollegium. Die einen setzen diese, die anderen jene Funktion an die Spitze ihrer Werteskala, und wiederum andere antworten mit Gleichgültigkeit, meiden das Lehrerzimmer und eilen nach Hause, sobald ihre Präsens in der Schule nicht unbedingt erforderlich ist. Es gibt Lehrer, für die ist das Lehrerzimmer ein gegenüber Schülern streng geschützter und abgeschirmter Uterus, in den sie sich gern zurückziehen und der ihnen Kraft für die nächsten Stunden gibt; andere betrachten denselben Raum als nichts weiter denn eine Garderobe. Wenn dies so ist, dann sind jedem Kollegium drei Aufgaben anheimgegegeben:

(1.) Zunächst sollte versucht werden, das Spektrum der verschiedenen Funktionen unseres (!) Lehrerzimmers zu ermitteln, indem z. B. die mit dem Lehrerzimmer assoziierten Metaphern benannt werden („Uterus“, „Bahnhofshalle“, „Pädagogische Werkstatt“, „Gerüchteküche“ etc.).

(2.) Danach gilt es, die damit verbundenen schultheoretischen Überlegungen ausfindig zu machen. Was für eine Schule waren wir? Sind wir? Wollen wir werden? – so lauten die Einstiegsfragen in jede kollegiumsinterne Fortbildung.

(3.) Und schließlich empfiehlt es sich, ein konkretes „Programm zur Gestaltung unseres Lehrerzimmers“ aufzustellen. Vielleicht werden zunächst von einer kleinen Arbeitsgruppe verschiedene Lehrerzimmer besucht, fotografiert, vermessen ... Womöglich wird eine Architektin, Designerin, Raumgestalterin eingeladen ... Unter Umständen startet das Kunst-Department ein Projekt, in das

Abbildung 59: Funktionen des Lehrerzimmers

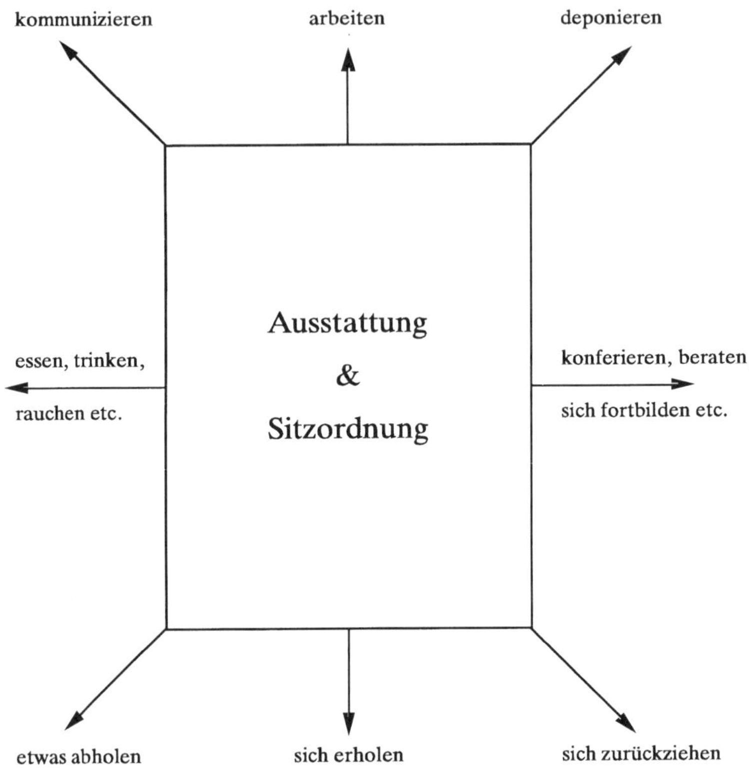

auch die Schüler einbezogen werden ... Denn daran sollte kein Zweifel sein: Das Lehrerzimmer ist die Visitenkarte eines Kollegiums. Und kein Kollegium sollte von seinen Schülern eine Lern- und Lebenskultur erwarten, die es selbst nicht zu realisieren gewillt ist.

Die Ästhetisierung des Lehrerzimmers erschöpft sich also nicht im Aufhängen einiger Bilder, in der Anschaffung von ein paar Blumen, die womöglich auch die großen Ferien ohne Pflege überleben können, oder im Aufstellen einer Stellwand, hinter der man in Ruhe autogen trainieren möchte und nicht angesprochen werden darf. Gewiß sind all diese einzelnen Arrangements wichtig, wichtiger aber ist die Bedeutung der Ästhetisierung des Pädagogischen. So wie die Theorie der Schule immer schon ihre Realität überschreitet und ihre Melioration intendiert, haftet der Ästhetik etwas Utopisches an. „Wer ästhetisch lebt, sieht so allenthalben nichts als Möglichkeiten; sie machen für seine Existenz, die sich selbst widerspricht, sobald sie in der Wirklichkeit dargestellt werden soll, im Spiel unendlicher Freiheit auch den Inhalt der Zukunft aus", schreibt *Joachim Ritter*[22], *Kierkegaard* interpretierend. Ästhetik verfolgt immer „eine Spur der Idee des Schönen"[23], sucht die Versöhnung mit der Utopie und transzendiert leidige Realität. Deshalb ist es nicht unwichtig, wie Lehrer in der Schule, in ihrer Schule 'hausen'.

3. Der Schulhof und der Schulgarten

Die Griechen argumentierten, wenn sie über Schule zu befinden hatten, wesentlich ästhetischer als wir Neuzeitler, denen alles auf Effektivität ankommt. Schule war für sie *s'cholé*, geistige Aktivität, die wir nur unter Vorbehalt mit dem Wort *Muße* übersetzen dürfen, da dieses Wort z. T. ganz andere Assoziationen hervorruft. In dieses ästhetische Umfeld gehören noch zwei weitere Begriffe, die in diesem dritten Abschnitt ihre Berechtigung haben: *Mimesis* und *Methexis*. *Mimesis* heißt Nachahmung (lat.: *imitatio*) einer Idee, eines Vorbildes, eines Vorganges. Von daher gibt es *mimethisches Lernen*, nachahmendes Lernen. Wir alle lernen auch über *Mimesis* – für *Platon* freilich war ein solches nur dann akzeptabel, wenn es nicht nur das Vorbild imitierte, sondern auch an der das Vor-Bild konstituierenden Idee teilhatte. Im 10. Buch seiner Schrift über den „Staat" verdeutlichte er dies am berühmt gewordenen Stuhl-Beispiel[24]: Wenn ein Tischler einen Stuhl herstellt, verwirklicht er die Idee vom Stuhl (dem Sitzen-wollen) und schafft ein Ab-Bild, ein zweitrangiges Abbild. Der Maler nun steht noch eine Stufe tiefer, da er das Abbild eines Abbildes schafft – wenn er in der *Mimesis* haftenbleibt. Denn nach *Platon* muß und kann etwas Zweites hinzukommen: *Methexis*, die Teilhabe an der ewigen Idee, der Wahrheit, den Gesetzen der Natur. Teil-habendes, *methexisches Lernen*, überwindet die Subjekt-Objekt-Spaltung, beherrscht nichts und niemanden, instrumentalisiert das Wissen nicht, funktionalisiert keine Erkenntnisse, manipuliert über Wissen kein Ding, keine Pflanze, kein Tier, keinen Mitmenschen, sondern hat *teil* am Ganzen. Wenn die weißen Eroberer lernten, *wie* man „am besten" eine Büffelherde jagt und möglichst viele dieser Tiere tötet, dann trieb sie ihre Gier nach Mehr-Wert, und deshalb war ihr Lernen nicht *Methexis*, keine Teil-Habe an der Natur. Wenn die Indianer einen Büffel töteten, dann baten sie dieses prächtige Tier um Verzeihung, daß sie es zur Stillung ihres Hungers töten mußten, wohl darauf bedacht, dabei Maß zu halten und vor das Haben-wollen das Teilen-müssen zu bedenken.

Warum dieser Ausflug in die griechische Philosophie? Nun, ich fürchte, daß uns die Gestaltung unserer Schulhöfe dann mißlingen wird, wenn wir sie unter Ausklammerung eben dieser – in der griechischen Antike grundgelegten – ästhetischen Dimension vornehmen. Sicher, in den letzten Jahren ist auf vielen unserer fast 40.000 Schulhöfe viel geschehen: Mitunter kann man beinahe von einer „Schulhofgestaltungsbewegung" sprechen. Aber geschah das alles aus den richtigen Überlegungen heraus? Man kann Asphalt aufbohren und abtragen; Gras sähen, wo vorher Bitumen war; Steinkübel beseitigen und dort Bäume pflanzen … *Warum* aber all diese gewiß nützlichen Veränderungen? Denn darauf soll auch hier bestanden werden: Das *Warum* entscheidet mit über das *Was* und das *Wozu*. Konkret: Man kann den Schulhof umgestalten, weil sich die Schüler nach dem anstrengenden Lernen „austoben müssen" – und gerade deshalb das „anstrengende Lernen" beibehalten, ein Lernen, das womöglich nichts anderes ist als ein kognitives Belehren bzw. eine Überreizung linkshemisphärischer Funktionen, so daß sich in den Pausen die vergewaltigten rechtshemisphärischen Bedürfnisse ebenso melden wie das „Reptiliengehirn" – und sei es in Form blinder Zerstörungswut … Man kann denselben Schulhof aber auch deshalb umgestalten, weil die Pausen integraler Bestandteil des Lernens und Lebens sind; Varianten und Akzentuierungen einer komplexen Lebensführung; Gelegenheiten und Chancen, etwas Besonderes zu erfahren; Möglichkeiten der sinnlichen Wahrnehmung; Angebote ästhetischer Empfindung – und deshalb die Fortführung eines komplexen (unterrichtlichen) Lernens in anderen Kontexten und mit anderen Möglichkeiten, so daß sich auch ein anstrengendes *kognitives* Lernen unter einem Kastanienbaum vollzieht und umgekehrt im gestalteten Klassenraum eine Geburtstags*feier* stattfindet.

Fragen wir also nach den Maß-Gaben einer solchen Schulhofgestaltung, dann sind die folgenden drei zu bedenken:

(1.) Die Schulhofgestaltung dient nicht einer – wie auch immer gearteten – Ventilfunktion, sondern der ästhetischen Bildung von Schülern und Lehrern.

(2.) In diese ästhetische Bildung sind soziale, sportliche, motorische, sinnliche und rekreative Momente einbezogen, die es nicht als isolierte Einzelaufgaben, sondern als Momente der ästhetischen Bildung zu begreifen gilt.

(3.) Und schließlich ist der Schulhof Teil der Schule, seine Gestaltung Teil ihrer Reform und seine Ästhetisierung struktureller Bestandteil des Lernens in der Schule insgesamt.

Erst vor solch einem theoretischen Hintergrund werden die Praxen vor ihrer Pervertierung bewahrt, d. h. in die Lage versetzt, die intendierten Anliegen einzulösen – z. B. das Vorhaben der

Martin-Buber-Oberschule in Berlin-Spandau[25]

Die 1968 gegründete Martin-Buber-Oberschule ist eine 5zügige Gesamtschule mit gymnasialer Oberstufe und wird von etwa 560 Schülerinnen und Schülern in den Klassen 7 bis 10 sowie von etwa 300 Schüler/innen in den Klassen 11 bis 13 besucht. Wer sich dem Spektefeld 33 damals näherte und heute zuwendet, ist von der enormen Veränderung beeindruckt, eine Veränderung, die nicht „von oben" und auch weniger „von außen", wohl aber von der Schule selbst und besonders der Schüler- und Elternschaft getragen wurde – auch wenn der Arbeitskreis „Grün macht Schule" (GmS), die „Zentralstelle für Normungsfragen und Wirtschaftlichkeit im Bildungswesen" (ZNWB) und das „Biologie-Department" der Schule wesentliche Hilfen leisteten. In der Abbildung 60 ist zunächst der Lageplan dieser Schule aufgezeichnet.

Der ursprüngliche Pausenhof der MBS hatte kaum Vegetation, sondern bestand aus einer großen, weitgehend versiegelten und unstrukturierten Freifläche. Die Umgebung freilich war und ist insofern ideal, als die Schule zwischen Spektegrünzug, Falkenhagener See und dem Spandauer Stadtforst ein geradezu ideales Einzugsgebiet besitzt, in dem der ursprüngliche Betonbau eher ein Fremdkörper war und die as-

Abbildung 60: Lageplan der Berliner Martin-Buber-Oberschule

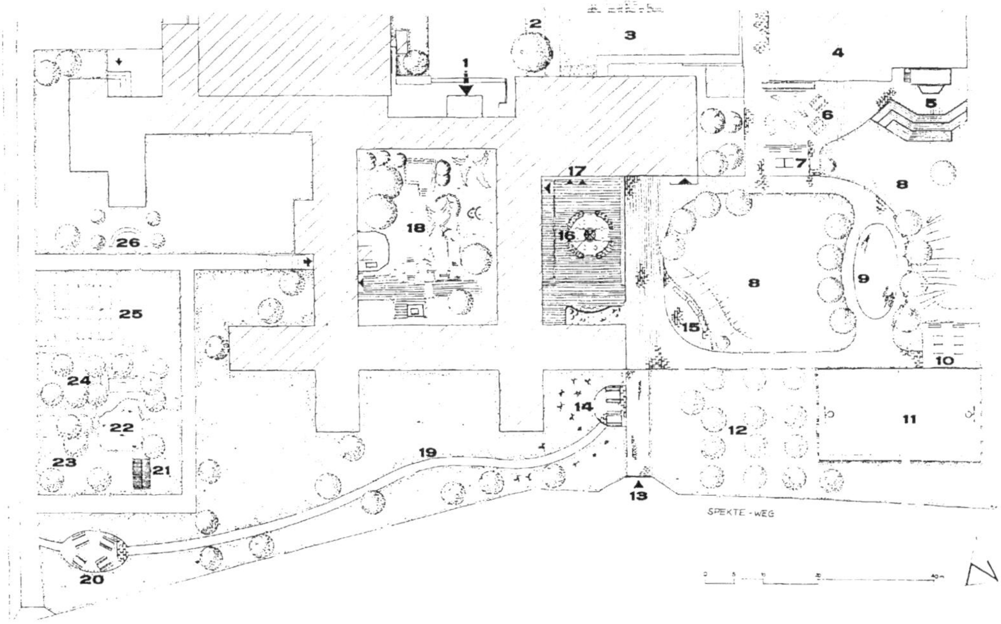

Legende zum Lageplan

1 Haupteingang ● 2 Fahrradständer ● 3 Aufenthaltsbereich mit mehreren Sitzgruppen (Tische und Bänke) ● 4 Sporthalle ● 5 Bühne mit Zuschauerpodesten ● 6 Sitzgruppen ● 7 Tischtennis ● 8 Liegewiese mit Bäumen und Geländemodellierungen ● 9 Reservezone für Gestaltungsprojekte der Schüler (z. B. Brunnenanlage) ● 10 Tischtennis ● 11 Kleinspielfeld mit berankten Ballfanggittern (Basketball, Volleyball, Kleinfeldfußball, Handball etc.) ● 12 Obstbaumwiese ● 13 Feuerwehrzufahrt (Schotterrasen und Großsteinpflaster mit Rasenfugen, tragfähig für schwere Fahrzeuge) ● 14 Sitzgruppe ● 15 Sitzbänke ● 16 Grüner Treffpunkt, laubenartiges Sitzrund (Pergola) mit Pflanzbeeten, festen Tischen, Rankgitter für verschiedene Kletterpflanzen ● 17 Cafeteria (mit enger Verbindung zum Außenraum) ● 18 Von Schülern und Lehrern gestalteter Innenhof: beliebte Freiluftklasse u. a. für die Fächer Werken und Kunst, Biologie und Naturkunde ● 19 Weg aus Rindenmulch mit beidseitigen Wiesenflächen und Sommerblumen ● 20 Freilandlabor für Unterrichts- und Pausennutzung ● 21 Kaltgewächshaus aus alten Fenstern, aus thermischen Gründen in den Boden abgesenkt (Gemeinschaftsarbeit von Schülern und Lehrern) ● 22 Teich ● 23 Komposthaufen ● 24 Laube ● 25 Schulgarten der Sonderschule ● 26 Sitznische

phaltierten Flächen eher dysfunktional wirkten. Der Biologie- und Kunstfachbereich haben von Anfang an das Bewußtsein auf eben diese Defizite, aber auch ihre Überwindungsmöglichkeiten hingelenkt. Kompostierung, Auflisten und Bestimmen heimischer Pflanzen und Tiere, Untersuchungen von Lebewesen im Boden und in Gewässern, Brutbiologie bei Vögeln – so oder ähnlich lauten bis heute die Themen im Wahlpflichtbereich, denen entsprechend andere aus dem Kunstunterricht zur Seite treten. Am Beispiel der Innenhofgestaltung (vgl. Ziffer 18) läßt sich verdeutlichen, daß hier seit Gründung der Schule eine bestimmte ästhetische Grundidee bestand, nämlich alle Räume und Flächen sowie die daraufhin sich verändernden Zeiten so umzugestalten, daß sie vielfältig erlebbar und ökologisch erfahrbar werden konnten. Deshalb (und nicht aus dem Bedürfnis heraus, kognitives Lernen durch handelndes Lernen kompensieren zu müssen) entstanden auf einer Fläche von ca. 25 m x 30 m nach und nach:

● ein Wasserbecken mit unterschiedlichen Wasserpflanzen und einer Brunnenanlage ● eine Sitzmulde aus Trockenmauern und Rundholzstapel ● Wege aus Rindenmulch, ein Trittpflasterweg und ein Weg mit farbigen Bodenmosaikplatten ● ein selbst gemauerter Backofen ● Gartentische und -stühle sowie Sitzbänke ● Keramik- und Metallplastiken ● ein Hühnerstall u. a.m.

Jetzt erst werden Lernprozesse möglich, in die hinein auch soziale, emotionale oder ökologische Fragen Einlaß finden: Verhaltensbeobachtungen bei Pflanzen und Tieren; chemische Untersuchungen; Erfahrungen in Arbeitsgruppen; das Genießen von Luft, Sonne und Stille ...

Darüber hinaus hat die Martin-Buber-Schule einen Schulgarten angelegt, der auf etwa 1000 m² Fläche folgende Einzelbereiche zusammenfaßt:

● ein Nutzgarten (vor allem für die angegliederte Sonderschule)
eine Kompostierungsanlage ● eine Gartenlaube ● ein Kaltgewächshaus ● ein Teich und ● diverse Sitznischen.

Der folgende Ausschnittsplan zeigt in der Abbildung 61 die vielfältigen Nutzungsmöglichkeiten eines Schulgeländes, das nicht nur einen gesonderten Schulgarten aufweist, sondern Elemente eines Gartens über das ganze Gelände verteilt. Zunächst imponiert gewiß die Praxis:

Abbildung 61: Ausschnittsplan der Berliner Martin-Buber-Oberschule

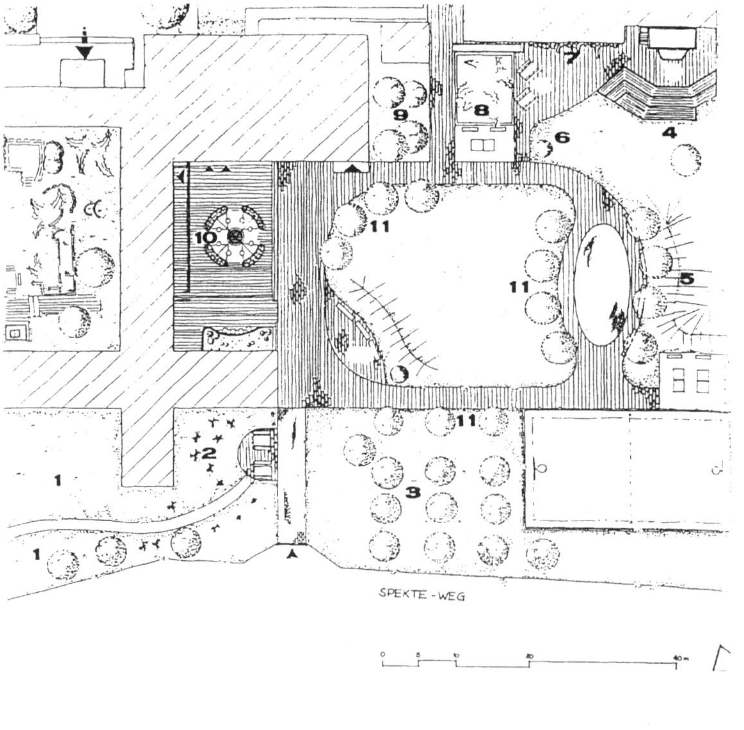

Legende zum Ausschnittsplan 1 (in Auszügen)
(Bepflanzungskonzept aus einem Unterrichtsprojekt von 1989, mit etlichen Ergänzungen inzwischen realisiert)

1 Artenreiche, lokkere Bepflanzung, möglichst Arten mit ausgedehnter Blütezeit
2 Am Rande des Granitpflasters nahe dem Schulgebäude
3 Obstbaumwiese (u. a. Malus domestica, Varietäten, Gartenapfel, versch. Sorten ...

„Die Hauptattraktion des Gartens bildet der von den Schülern selbst angelegte Teich. Er entstand mit wesentlicher Unterstützung der Eltern, die neben ihrer Arbeitskraft auch Materialien wie Zement und Schubkarren u.ä. zur Verfügung stellten. Die Herstellung des Teiches erfolgte in mehreren Einzelschritten, um von Anfang an jegliche Überforderungen der Schüler zu vermeiden. Die Kosten für die Folie übernahm zu 60 % das Gartenbauamt, der Rest wurde von den Eltern gespendet ... Das Projekt Schulteich zeigt beispielhaft, wie groß die Identifizierung der Schüler mit ihrer Schulumwelt werden kann, wenn ein ausreichendes Maß an Selbstbestimmung und eigenverantwortlichem Handeln bei der Umgestaltung der Freianlagen möglich ist. Daß die Schüler die neugeschaffene Teichanlage als ihr Werk ansehen, zeigt u. a. der engagierte Schüleraufruf anläßlich einer Zerstörungsaktion durch unbekannte Jugendliche mehrere Wochen nach Fertigstellung. Die Anlage wurde sofort und unter großer Beteiligung wieder hergerichtet. Inzwischen sind größere Zerstörungen nicht mehr vorgekommen.“[26]

Wäre dieses Schulgelände, das die folgenden Fotos ein wenig näherbringen sollen, unter der „Ventilfunktion“ angelegt worden, hätten es die Schüler wohl selbst zerstört. Und: Mir ist eine Schulleiterin bekannt, die ein ähnliches Vorhaben in einem – sozial gesehen – allerdings schwierigen Stadtteil initiiert hatte, immer wieder von „Zerstörungsaktionen“ enttäuscht wurde und trotzdem nach jeder Niederlage den Satz sprach: „Wir werden einmal mehr reparieren als zerstört wird!”

Warum nun ist ein Schulgarten ein unverzichtbarer Bestandteil einer humanen Schule, der Wissen und Können, Erziehung und Bildung gleich wichtig sind? Es reicht eben nicht, Schülern die schädigenden Folgen des Abholzens der Tropenwäler oder der Verseuchung der Meere kognitiv-belehrend einsichtig zu machen, sondern sie müssen selbst real erfahren, was Bäume für sie bedeuten; sie müssen experimentell erproben, wie und mit welchen Resultaten Erdschichten, Blätter und Kleinlebewesen verschmutztes Wasser anders reinigen als chemische Zusätze; sie müssen nicht nur abstrakte Daten und Erkenntnisse speichern (das auch), sondern darüber hinaus mit allen anderen Sinnen lernen dürfen, wenn – ja, wenn dieses Wissen im Ge-Wissen seine Begründung für ein entsprechendes Handeln finden soll.

Wenn wir wollen, daß unsere Kinder lernen, aufzukommen für die Dinge, die Lebewesen, die Mitmenschen und sich selbst, dann ist nicht amputiertes, sondern vielfältiges Lernen notwendig. Dann ist der Schulhof bzw. der Schulgarten *cultura naturae*, Pflege der Natur. Wer in seinem Leben für keine Pflanze und kein Tier, für kein Säubern und kein Gießen, für kein Helfen und kein Heilen hat Verantwortung übernehmen dürfen, wird auch keine *cultura animi* zustandebringen, keine Geistesbildung. Der Garten (lat. *hortus*) war nicht zuletzt deshalb für *Comenius* die bevorzugte Chiffre einer Schule, der es um Menschen-Bildung geht. Zu Recht ist deshalb in Berlin-Neukölln, im „Böhmischen Dorf", ein Garten in seinem Sinne angelegt worden[27].

Der Garten ist etwas anderes als der Dschungel, in dem das Gesetz des Stärkeren gilt. Er ist auch nicht identisch mit dem Park, den die Beschneidungen zu einem Objekt des Beschneidenden gemacht haben. Der Garten lädt ein, Hüter des Daseins zu sein, teilzuhaben an dem ganz anderen, Ver*antwort*ung zu übernehmen ..., kurz: den Weg der Bildung zu beschreiten.

Martin Buber, der in seiner Berliner Zeit nicht in Spandau, sondern in der entgegengesetzten Richtung, nämlich in Zehlendorf wohnte[28], wäre auf diese Gesamtschule gewiß stolz gewesen. Und vielleicht hätte jener Klassenlehrer, der uns beim Betreten dieses 5. Zimmers im zweiten Stock unseres Schulhauses begegnete und der ein exzellenter Anglist, aber ein ahnungsloser Pädagoge war, den Eltern gar nicht viele Sätze sagen müssen – nur eben die

richtigen und deshalb überzeugenden. So wollte er überreden und eine Praxis herbeiführen, zu der noch keine hinreichende Theorie gekommen war ... Wer über die bereits erwähnte Literatur hinaus – vor allem – praktische Anregungen sucht, dem empfehle ich noch drei weitere Bücher: „Der Schulhof als Ort sozialen Lernens" von *Peter Kraft*[29]; das von *Eduard W.* und *Gerda Kleber* geschriebene „Handbuch Schulgarten"[30] und „Das Schulgartenhandbuch" des Biologen und Botanikers *Gerhard Winkel*[31] – mit dem Verfasser der hier vorgelegten „Theorie und Praxis der Schule" weder verwandt noch bekannt.

Anmerkungen und Literaturhinweise

[1] Vgl. Frankfurter Allgemeine Zeitung, Nr. 259, vom 7.11.1995, S. 13. Die Anzahl der jährlich auf dem Weg zur Schule sowie in der Schule und im Kindergarten verunglückten Kinder und Jugendlichen beläuft sich auf etwa 1,5 Millionen (vgl. Ruhr Nachrichten, Nr. 202, vom 29.8.1996, S. 1.)

[2] Vgl. zunächst eigene Schätzungen, sodann: Die Zeit, Nr. 5, vom 25.1.1991, S. 73 und: Der Tagesspiegel, Nr. 15009, vom 22.8.1994, S. 12.

[3] Vgl. *Robert von Rimscha*: Wider die Mär von den faulen Pädagogen. In: Der Tagesspiegel, Nr. 14040, vom 30.11.1991, S. 19.

[4] Die Zahlen präsentiert die Lokalpresse regelmäßig – z.B. Ruhr Nachrichten, Nr. 220, vom 22.9.1982, S. DO 4.

[5] Vgl. Der Tagesspiegel, Nr. 13593, vom 14.6.1990, S. 16 und: Die Welt, Nr. 93, vom 22.4.1994, S. 10.

[6] *Johann Amos Comenius*: Große Didaktik. Stuttgart: Klett-Cotta 8.1993,S. 99 u. 133.

[7] Vgl. dazu die umfangreichen Berichtsbände aus dem Arbeitskreis „Qualität von Schule". *Hessisches Institut für Bildungsplanung und Schulentwicklung* (Hrsg.): Beiträge aus dem Arbeitskreis „Qualität von Schule". Bd. 1 – 7. Wiesbaden: HIBS 1987ff.

[8] Vgl. *Thankmar von Münchhausen*: Am Ende will man einfach am Leben bleiben. Faustschläge, Molotow-Cocktails: Gewalt an französischen Schulen. In: Frankfurter Allgemeine Zeitung, Nr. 45, vom 22.2.1996, S. 9.

[9] *Josef Rattner*: Der depressive Mensch oder: Das freudlose Dasein. In: *Herbert Gudjons* u.a. (Hrsg.): Psychische Erkrankungen in unserer Zeit. Hamburg: Bergmann & Helbig 1986, S. 38 – 45, zit. S. 44.

[10] Vgl.: Richtlinien und Lehrpläne für die Grundschule. Die Schule in Nordrhein-Westfalen. Eine Schriftenreihe des Kultusministers. Heft 40. Wuppertal-Ratingen-Düsseldorf: Henn 1969. Der Vorsitzende der 20 Mitglieder umfassenden „Lehrplankommission Grundschule" war der Bochumer Pädagoge *Jakob Muth*.

[11] *Hartmut Holzapfel*, in: Der Spiegel, 49. Jg., 5/1996, S. 65.

[12] *Karl-Heinz Burk/Dieter Haarmann* (Hrsg.): Mehr als vier Ecken. Klassenzimmer – neu gestaltet. Bonn/Bad Godesberg: VBE 1980.

[13] *Hanne Mayer-Behrens*: Grundschule – Haus für Kinder. Vom Klassenraum zur Lernlandschaft. Heinsberg: Dieck 1987.

[14] *Marleen Noack*: Der Schulraum als Pädagogikum. Zur Relevanz des Lernorts für das Lernen. Weinheim: Deutscher Studien Verlag 1996.

[15] Vgl. *Jürgen Zinnecker* (Hrsg.) Der heimliche Lehrplan. Weinheim-Basel: Beltz 1975.

[16] Vgl. der Urtext der Kommunikativen Didaktik von *Karl-Hermann Schäfer/Klaus Schaller*: Kritische Erziehungswissenschaft und kommunikative Didaktik. Heidelberg: Quelle & Meyer 1971.

[17] *Norbert Vorsmann*: Wege zur Unterrichtsbeobachtung und Unterrichtsforschung. Ratingen: Henn 1972, S. 118. Vgl. auch: *Rudolf Heidemann*: Körpersprache vor der Klasse. Heidelberg: Quelle & Meyer 2.1986. Und: *Samy Molcho*: Körpersprache. München: Mosaik 1983.

[18] Vgl. dazu: *Christian Caselmann*: Wesensformen des Lehrers. Stuttgart: Klett 4.1970. Der *logo-trope* Lehrer denkt und handelt eher aus dem *logos* (aus dem Wort), der Vernunft und sachlichen Notwendigkeit heraus; der *paido-trope* eher vom Kinde her, dem jeweiligen Mädchen oder Knaben (*pais*).

[19] Das Adjektiv *iactativ* kommt aus dem lateinischen Verb *iacere*: werfen. Iactationen sind stereotype, wurfartige Bewegungen.

20 Vgl. dazu das berühmte Gedicht „Der Panther" von *Rainer Maria Rilke*, in: Werke in drei Bänden. 1. Bd. Frankfurt/M.: Insel 1966, S. 261:

Sein Blick ist vom Vorübergehn der Stäbe
so müd geworden, daß er nichts mehr hält.
Ihm ist, als ob es tausend Stäbe gäbe
und hinter tausend Stäben keine Welt.

Der weiche Gang geschmeidig starker Schritte,
der sich im allerkleinsten Kreise dreht,
ist wie ein Tanz von Kraft um eine Mitte,
in der betäubt ein großer Wille steht.

Nur manchmal schiebt der Vorhang der Pupille
sich lautlos auf –. Dann geht ein Bild hinein,
geht durch der Glieder angespannte Stille –
und hört im Herzen auf zu sein.

21 *Arnd Alberti*: Die Reise der kleinen Prinzessin. Frankfurt/M.: Eichhorn 1988, S. 38.

22 *Joachim Ritter*: Stichwort › Ästhetik. In: *Joachim Ritter* (Hrsg.): Historisches Wörterbuch der Philosophie. Bd. 1. Darmstadt-Basel: Wissenschaftliche Buchgesellschaft – Schwabe 1971, Sp. 555 – 580, zit. Sp. 571.

23 Ebd., Sp. 569 – nach einem Wort von *Friedrich Schelling*.

24 Vgl. *Platon*: Der Staat. 10. Buch. Sämtliche Werke. 2 Bd. Köln-Olten: Hegner 5.1967, S. 366ff, bes. 595 B – 702 C.

25 Der Bericht stützt sich neben eigenen Beobachtungen auf folgende Literatur: *Sekretariat der Kultusministerkonferenz* (Hrsg.): Freiflächen an Schulen. Praktische Beispiele zur Gestaltung und Begrünung von Pausenflächen, Spielflächen und Schulgärten. Bonn-Berlin: KMK-ZNWB 1995, S. 43 – 49.

26 Ebd., S. 45.

27 Die Anlage des Comenius-Gartens in Berlin-Neukölln, mitten im „Böhmischen Dorf", ist das große Verdienst von *Henning Vierck* (Hrsg.): Der Comenius-Garten. Eine Leseprobe aus dem Buch der Natur. Berlin: Edition Hentrich 1992.

28 Vgl. dazu: *Gerhard Wehr*: Martin Buber in Selbstzeugnissen und Bilddokumenten. Reinbek: Rowohlt 1968, bes. S. 28ff.

29 *Peter Kraft*: Der Schulhof als Ort sozialen Verhaltens. Braunschweig: Westermann 1.1977; 2.1979.

30 *Eduard W. Kleber/Gerda Kleber*: Handbuch Schulgarten. Biotop mit Mensch. Weinheim-Basel: Beltz 1994.

31 *Gerhard Winkel* (Hrsg.): Das Schulgartenhandbuch. Seelze: Friedrich 1985.

6. Schulleben, Ausflüge, Praktika: Extracurriculare Reformen

Von 1880 bis 1968 lebte ein seltsamer Kerl. Geboren in Berlin, wurde er recht früh von den Herrnhuter Brüdern erzogen, und bald darauf schickte er sich an, Dichter, Erzähler, Musiker, Tänzer, Jugendbuchautor, *Shakespeare*-Forscher, Seemann und – nun ja: ein Lehrer, Pädagoge, Erzieher, gar „Leiter eines Landerziehungsheimes" und Gründer der „Schule am Meer" auf der Insel Juist (von 1924 bis 1934) zu werden. Sein Name war *Martin Luserke*[1], und er gilt bis heute als einer der schillerndsten Gestalten der deutschen Reformpädagogik, die bekanntlich nicht eben arm an ungewöhnlichen Männern und Frauen war.

Dieser Mann hat einen Gedanken aufgenommen, der tief in der reformpädagogischen Tradition (nicht nur der klassischen Epoche von 1900 – 1932) wurzelt, und ihn realisiert: den Gedanken nämlich, Schule und Leben als „Einheit" zu betrachten, „Ganzheitlichkeit" herzustellen, die verschiedenen Momente von Bildung (also z. B. das kognitive, emotionale, musische Element) im konkreten Schulalltag zu koinzidieren: eine „Synthese von Geist- und Lebensbildung"[2] herzustellen. Hier ist nicht der Ort einer kritischen Analyse dieser und anderer reformpädagogischer Absichten, wohl aber der Ort, um ein weiteres Reformpotential der Schule ins Auge zu fassen: die extracurricularen, genauer die außerunterrichtlichen und außerschulischen Aktivitäten, die letztlich natürlich ebenfalls (wenn auch nicht in derselben Weise) zum Curriculum einer Schule gehören. Sie können ähnlich vordergründig oder auch falsch bedacht werden wie die Raumgestaltungen einer Schule (als Möglichkeiten der Abreaktion oder der Kompensation nämlich) und dann zu entsprechenden Perversionen führen. Diese reichen von einer relativ harmlosen „Hanni-und-Nanni-Pädagogik"[3] über eine schon gefährlichere „Lagerfeuer-Romantik" (die dann z. B. die Nationalsozialisten hervorragend zu nutzen verstanden) bis hin zum „Adriani-Terror", auf den *Kurt Tucholsky* im „Schloß Gripsholm" in so nachdrücklicher und narrativer Weise eingegangen ist.[4] Es muß also in diesem Zimmer gelingen, die kunterbunt durcheinander stehenden Möbelstücke so in eine Ordnung zu bringen, daß es seine Funktion erfüllen kann, nämlich: einen Beitrag zur Renovierung des ganzen Schulhauses zu leisten – und zwar aus der Sicht der außerunterrichtlichen Geschehnisse. Dazu ist zunächst Theoriearbeit nötig, die von drei bereits in den vorausgegangenen Kapiteln zur Sprache gebrachten Thesen fundiert werden soll:

1. *Das Außerunterrichtliche und Außerschulische muß, soll und kann integraler Bestandteil der Schule und des Unterrichts sein.*
2. *Das Außerunterrichtliche und Außerschulische muß, soll und kann umfassende Bildung ermöglichen.*
3. *Das Außerunterrichtliche und Außerschulische muß, soll und kann etwas besonderes jeder Schule sein.*

Zur 1. These: Das Ratsgymnasium zu Bielefeld feierte, als ich 1958 in der Obertertia war, sein 400jähriges Bestehen. Unser damaliger Klassenlehrer war ein Mann, den ich mir von *Elias Canetti* porträtiert gewünscht hätte: kalt bis hin zur Exekution einzelner Schüler mitten im Unterricht dieser „Höheren Lehranstalt“ auf der einen und ein begeisterungsfähiger Pädagoge im Schullandheim auf Langeoog auf der anderen Seite. Seit 1950 besuchten die Schüler dieser altehrwürdigen Penne in regelmäßigem Turnus zwei oder auch drei Wochen lang dieses Schullandheim. Ohne *Koli*, diesen gespaltenen und spaltenden Menschen, würde es kein Bielefelder Schullandheim geben und d. h. Tausende von prägenden Erlebnissen, glücklichen Kindern und aufblühenden Lehrern und Eltern – aber auch ...[5] Man beachte den Unterschied: Das Ratsgymnasium unterhält bis heute ein *Schul*landheim, ist aber kein *Land*schulheim wie z. B. die „Hermann-Lietz-Schule“ auf der benachbarten Insel Spiekeroog oder die „Odenwaldschule“ in Heppenheim. Bereits diese Akzentuierung macht das Problem sichtbar: Denn wir Pennäler fuhren nach Langeoog in dem Bewußtsein, uns von dem angstbesetzten, öden und kalten Paukbetrieb erholen zu dürfen. Wir erlebten dieselben Lehrer von ihrer „menschlichen“ Seite, verzichteten auch selbst auf alle „Racheakte“ und waren von den gemeinsamen Erlebnissen in den Dünen, am Strand, im Meer, „auf Schiffen und unter Sternen“ so angetan, daß ein Großteil der späteren Klassentreffen über Nacherzählungen just diesen außerschulischen Erfahrungen gewidmet wurde. Hier sollen diese Erinnerungen vom Muster des „Wißt-ihr-noch-als“ gar nicht lächerlich gemacht werden, aber das Dilemma gilt es zu sehen. Denn diese Schule sah – wie viele andere – ihr Schullandheim als Refugium an, als Fluchtort, als ein Ventil, als Kompensation, vielleicht auch als die bessere Seite ihrer selbst. Das macht zumindest verständlich, warum solche Schullandheimaufenthalte so überaus begehrt waren und warum wenige Tage oder Wochen danach Lehrer und Schüler wieder in die alten Rollen schlüpften, in den alten Trott verfielen, die alten Taktiken wieder aufnahmen. Ganz selten und quasi kontrafaktisch blieb der dort gestiftete Bezug lebendig: Ich wurde z. B. – wenn auch nur ein einziges Mal – Zeuge eines Vorfalls bzw. ein nur wenige Sätze sagender Gesprächspartner eines Lehrers, der (mir nicht sein Herz ausschüttete, aber) mich ein wenig in sein Herz schauen ließ und einen Weinkrampf erlitt ... Das hielt – bis zu seinem Tod. Ansonsten aber hatten Schule und *Heim*, Lernen und *Leben*, das Pauken des Gravitationsgesetzes und *Ebbe und Flut*, Tangensberechnungen und *Nachtwanderungen*, Vogelkunde und ein *Ausflug in Langeoogs Vogelkolonie*, Politische Bildung und *Diskussionen um ein geklautes Portemonnaie*, die „Amores“ des Dichters *Ovid* und die *ersten Liebesbriefe an die mitgereiste Tochter des Klassenlehrers* ..., sie hatten offiziell nichts miteinander zu tun und hätten doch so unendlich viele Bezüge deutlich machen können, wenn die Lehrer das Außerunterrichtliche und Außerschulische als einen *integralen Bestandteil* ihrer Schule und ihres Unterrichts begriffen hätten. Dazu mußten sie nicht das Leben im Heim, sondern das Lernen in der Schule ändern, konkret: ihre Art und Weise zu lehren ...

Zur 2. These: Kaum ein Begriff ist in den letzten Jahren so gedankenlos benutzt worden wie der einer „Ganzheitlichkeit“ des Lernens. Er gehört zu den Modewörtern heutiger Pädagogik-Sprache, vergleichbar den Substantiven und ihren adjektivischen oder adverbialen Verkleinerungen: Lust, Spaß, Kreativität, Spontanität, Integration, Selbstregulierung, Offenheit etc. Wo immer diese Eindrücke vermeintlich festgestellt werden, assoziieren wir moralische Überlegenheit. Wer sich kreativ verhält, spontan sich äußert, möglichst aus dem Bauch heraus argumentiert, alles und jeden integriert, unheimlich offen ist und Ich-Botschaften formuliert („Sag-ich-jetzt-mal-so!"), der hat die Claqueure – wie in einer Talkshow – auf seiner Seite. Und wer dies öffentlich kritisiert, muß die Bedeutung von *political correctness* nicht erst im Lexikon nachschlagen. Nebenbei: Neu sind solche Moden nicht. 1968ff. mußte man seine Sätze zwar mit anderen Duftworten spicken („Partikularität", „Repressivität", „Emanzipation" u. a.m.), aber deren Funktion war dieselbe wie 1933ff., als nur derjenige zur „Bewegung" gezählt wurde, der in möglichst jedem zweiten Satz verriet, was er von der „Reinrassigkeit", von „den Parteien" oder vom „Führerprinzip" hielt. Das also ist nicht neu. Neu sind die neuen Trennlinien. Nicht mehr die Rasse, nicht mehr die Klasse, nicht mehr die Hautfarbe oder die Abstammung, sondern das Geschlecht trennt Gut und Böse. Mit den neuen Reizwörtern wird nämlich Sanftes verbunden, Weibliches assoziiert und – *das* ist als solches und *per se* gut! Lustfeindlichkeit, Disziplin, Differenzierung, Geschlossenheit, Fremdregulierung …, all dies sind Wörter aus einer virilen Tradition, mit denen Böses assoziiert wird. Natürlich ist an dieser – leider nicht „offen" ausgesprochenen – Unterscheidung etwas Wahres dran, aber eben nur etwas: Arbeit bereitet nicht immer Lust, selbst der Fußballspieler benötigt Disziplin, und Differenzierung schafft Unterschiede.

Just in diesen Zusammenhang gehört das Wort „Ganzheitlichkeit". Wer es auf seine Fahnen schreibt, verhindert Kritik, aber er schafft Illusionen, und deshalb muß es hier kritisiert werden. Ein Beispiel: Vor mir liegt ein Buch mit dem Titel: „Ich schütze nur, was ich liebe. Konzept einer ganzheitlichen Umweltpädagogik"[6]. Schon in der Titelage wimmelt es von Zustimmung heischenden Wörtern: Die Ich-Botschaft ist da; lieben als Gefühl wird beschworen; Umwelt-schützen ist das Gebot der Stunde; und ganzheitlich lernen überwindet den Fächersalat. Um nicht mißverstanden zu werden: In diesem Buch steht viel Wünschenswertes und Anregendes, aber eben auch Falsches, weil Undurchdachtes und unkontrolliert Geliebtes. Was heißt denn Ganzheitlichkeit? Gibt es so etwas überhaupt? Wann bin ich eine Ganzheit? Wenn ich nicht nur denke, sondern auch fühle? Dann sind 50.000 hitzige Fußballfans jeder für sich und alle miteinander eine Ganzheit. Wenn ich mit möglichst vielen Sinnen lerne? Dann lernt ein Terrorist, der bei Nacht und Nebel ein Maschinengewehr oder eine Bombe (tastend, riechend, schmeckend, lauschend, abwiegend) zusammensetzt, ausgesprochen ganzheitlich. Oder ist mit ganzheitlicher Pädagogik gemeint, „daß zunächst die Interessen, Gefühle und Bedürfnisse der Kinder und Jugendlichen im Mittelpunkt stehen müssen"[7]? Dann wird man fragen dürfen, welche „Interessen, Gefühle und Bedürfnisse" arische Kinder hatten, als sie jüdische Kinder verrieten? Welche „Interessen, Gefühle und Bedürfnisse" konsumfixierte Jugendliche haben, wenn sie Drogen nehmen oder fremdenfeindliche Parolen brüllen? Dann wird man nachfragen müssen, wie Interessen entstehen, wer Gefühle manipuliert, wie wandelbar und profitabel Bedürfnisse sind. Nun werden die Autorinnen und mit ihnen andere sagen: So haben wir das doch nicht gemeint! Einverstanden, aber: Warum haben sie es dann so und nicht anders geschrieben? Ganzheitlichkeit ist ein ähnlicher Illusionsbegriff wie – sagen wir – „Selbstregulierung" oder „Entspannung"; ihm fehlt das notwendige Pendant; er leugnet die auch mit ihm verbundene Antinomie. Denn jeder Selbstregulierung ist das Gespür für die Gemeinschaft zugeordnet, wenn nicht maßloser Egozentrismus herrschen soll. Jede Entspannung hat auf der anderen Seite die Anspannung zur Voraussetzung. Eine völlige Entspannung gibt es überhaupt nicht. Selbst eine Qualle braucht zur Aufrechterhaltung einer gewissen Stabilität permanent ein bestimmtes Maß an Anspannung. Ich will damit zu folgender Einsicht führen: All diese Begriffe sind doch nur Teile von Antinomien und ihre Adjektive sind Approximativa; ihnen sind Gegen-Begriffe (*anti-nomina*) zugeordnet, und sie signalisieren allenfalls Annäherungseigenschaften. Zur Lust gehört die Last, zum Spaß der Ernst, zur Offenheit die Geschlossenheit, zur Integration die Separation. Just aus diesen Gegen-Sätzen entspringt sogar die „Produktivität des Antinomischen"[8], die konstitutiv für unser Dasein ist.

Und zweitens können wir immer nur so viel wie *möglich* schleppen, stets nur so viel Spaß haben wie moralisch zu *verantworten* ist, so oft integrieren wie auf separierende Maßnahmen *verzichtet* werden kann. Wo diese Unvollkommenheiten und Begrenzungen geleugnet werden, macht sich Totalitarismus breit: auch und gerade hinter dem Schlagwort „Ganzheitlichkeit" mit dem übrigens auch *Adolf Hitler* hausieren ging, vor allem, wenn er gegen „die übermäßige Betonung der geistigen Ausbildung"[9] wetterte.

Weil also hinter den Schlagworten diese Einsichten verlorenzugehen drohen, werden sie hier kritisiert. Daß diese Tendenz zur Kolportage nebulöser Begriffe Ausdruck einer gewissen romantisierenden Grundströmung unserer Zeit ist, in der die Ent-Differenzierung ebenso modisch wird wie der Superlativ bzw. der Elativ („wahnsinnig toll!" als Verdeutschung des amerikanischen *unbelievable great*), sei wenigstens erwähnt: Die Romantik liebt(e) zu allen Zeiten die Dämmerung, das Kindliche, das Feminine, das Androgyne, das Gefühl, die Lyrik ..., was ja nicht schlimm ist, wenn dabei nicht die Klarheit, das Erwachsene, das Männliche, das Antinomische, das Denken, die Aufklärung auf der Strecke bleiben.

All dies kann nun in geradezu hervorragender Weise durch Schule extracurricular erleb- und erfahrbar werden:

- Mehrere (aber nicht alle) Sinne beim Lernen beteiligen.
- Mit möglichst vielen (aber nicht unbedingt mit allen) etwas erleben wollen.
- Von mehreren Disziplinen (aber nicht irgendwie) bestimmte Probleme erforschen.
- So offen wie möglich (nicht aber planlos) den Prozeß des Lehrens und Lernens gestalten.
- Zusammenhänge und Gemeinsamkeiten sehen (aber keine Widersprüche und Unterschiede leugnen).

- Vernetzungen vornehmen (nicht aber dort, wo keine Anknüpfungen möglich oder erforderlich sind).
- Ausgleichende Erfahrungen schaffen (aber auch Dominanzen zulassen).

Weil solche didaktischen Choreographien mit dem Begriff „Ganzheitlichkeit“ eher verhindert denn ermöglicht werden, wird hier der Begriff des umfassenden Lernens bevorzugt – durchaus im Sinne *Martin Buber*s: Wo die Schule sich öffnet *und* schließt, zu Denkprozessen einlädt *und* Gefühle kultiviert, belehrt *und* Erfahrungen zumutet, Lektionen erteilt *und* auf Reisen geht, die Köpfe, die Herzen *und* die Hände (nicht miteinander verwechselt, wohl aber) je nach didaktischer Einsicht zu sich *und* anderen kommen läßt, Ich, Du *und* Wir in eine immer wieder mühsam herzustellende Balance bittet ..., wo eine Schule dies tut, leistet sie einen unverzichtbaren Beitrag zu einer *umfassenden Bildung*. Um aber Außerunterrichtliches und Außerschulisches in diesem Sinne zur Bildung werden zu lassen, ist es zunächst notwendig, die Schlagworte als solche zu entlarven und die Praxis auf Begriffe zu stützen, die den gemeinten Intentionen entsprechen, konkret: Eine umfassende Bildung tut not, nicht „ganzheitliches Lernen“, das nicht halten kann, was es verspricht, und nicht bewirken soll, was es verschweigt.

Zur 3. These: Integrative Bemühungen schließen das Besondere, das Exklusive und Herausragende nicht aus, sondern ein. So gesehen kann jeder Ausflug, jeder Unterrichtsgang, jede Dichterlesung oder jeder Schullandheimaufenthalt Teil eines Gesamtkonzeptes sein, aber auch Ventil eines ansonsten verstopften Systems. Beispiele mögen diese Aussage illustrieren. Das erste stammt von *Hans Günther Homfeldt* und *Heiner Volkers* bzw. aus ihrem mitreißend geschriebenen Buch „Von Restschülern kann nicht die Rede sein“.[10] Gerade der zuerst genannte Autor, der zunächst an der PH Flensburg und seit 1990 an der Universität Trier lehrende und forschende *Homfeldt*, hat zusammen mit, aber auch im Kontrast zu *Jörg Ziegenspeck* die moderne Erlebnispädagogik theoretisch grundgelegt und praktisch ausgeformt[11] – und zwar in kritischer Aufarbeitung reformpädagogischer Traditionsströme: Schüler aus der 9. Klasse einer Hauptschule berichten unter der Überschrift:

1. Der Schülerclub

„Schule ist bei uns mehr als nur Unterricht. Wir gehen zum Beispiel gern nachmittags in unseren Schülerclub, um mit anderen etwas gemeinsam zu unternehmen. Leider kommen hauptsächlich die Jungen, die Mädchen sagen, sie hätten immer was vor. Wahrscheinlich flanieren sie mit ihren Freunden durch die Stadt oder müssen zu Hause sein. Naja, dann muß es eben noch ein bißchen ohne Mädchen gehen.

Im Sommer toben wir gern auf unserem Sportplatz. Besonders *Uwe* und *Jörg* sind dafür Spezialisten. ’Mal sind sie verspielt, ein anderes Mal müssen sie einfach toben, um Dampf abzulassen. Da fliegt auch schon ’mal ’was durch die Luft.

Oft tut es aber auch ein kleines Gespräch, um den Ärger am Schulvormittag oder aus der Firma loszuwerden.

In unserer Spielecke des Clubraumes ist immer was los. Wir haben einen Klassenraum in verschiedene Interessenecken eingeteilt. Es gibt bei uns eine Spiel-, eine Arbeits-, eine Koch- und eine Sitzgruppe.

Hier im CLUB haben wir so richtige Spielernaturen. *Marko*, zum Beispiel, aber nur solange, wie er gewinnt. Er will immer alles oder nichts. Verliert er, schmeißt er den Kram hin. Macht dies *Simon*, schnauzt er ihn an, er solle sich nicht so anstellen, man muß auch 'mal verlieren können.

Zu besonderen Aktivitäten bei uns kommen sehr viele.

Zur Weihnachtszeit basteln wir Gestecke, die wir anschließend verkaufen. Dazu sind auch einige Mädchen in den CLUB gekommen.

Im Moment bauen wir Uhren aus Plexiglas. Unser Fachmann ist da *Jörg*. Auch an den Uhren haben wir verdient, so daß wir uns neue Uhrenwerke kaufen können. Die ersten Clubeinnahmen kamen aus dem Verkauf alter Sachen auf dem Flohmarkt. Das wollen wir aber nicht mehr. Für so'n bißchen Geld muß man schön lange stehen, und vielleicht kommt dann die Ablösung nicht, weil einer doch was Besseres vorhat.

Manchmal kommen auch die Ehemaligen. Die, die auf die Handelsschule gewechselt sind, müssen schon immer früh nach Hause, weil sie so viel für die Schule arbeiten müssen. Es können alle kommen und gehen, wann sie wollen. Ein Kern von sechs Leuten ist immer da.

Wenn einer Geburtstag hat, machen wir es uns besonders gemütlich. Es gibt weiße Tischdecken, Blumen, Kerzen, Kaffee und Kuchen. Den Kuchen backen wir gemeinsam fürs Geburtstagskind. An solchen Tagen haben wir es nie eilig, nach Hause zu kommen. Ach, eigentlich bleiben wir, *Mirko*, *Simon*, *Jörg*, *Werner*, *Armin*, *Uwe* und ab und zu *Marko* sowieso so lange in der Schule, wie es geht.

Spätestens um 22 Uhr wirft uns der Hausmeister raus.

Andere, wie auch der Hausmeister, können gar nicht verstehen, daß wir auch noch nachmittags in die Schule gehen. Leute wie er haben sowieso die Schule gefressen, weil sie immer so viel pauken mußten. Seitdem der Hausmeister bei uns mitgegessen hat, versteht er aber, was uns die Schule bedeutet.

Mirko ist unser Spezialist fürs Kochen. Wenn er kocht, schmeckt es immer. Er legt sehr großen Wert darauf, nur die besten Zutaten zu nehmen. Manchmal müssen wir ihn dann in die Schranken weisen, denn wir sind doch nicht Krösus. *Simon* kocht immer billig. Vor allem benutzt er wenig Geschirr beim Kochen, denn den Abwaschkampf mit sieben Pizzablechen wird er nie vergessen. Kochen mögen alle gern, Abwaschen wenige. *Jörg* und *Marko* drücken sich öfters. *Jörg* ist wohl ein guter Esser. Wenn er zuviel ißt, kriegt er Ärger mit seiner Mutter. Die sagt nämlich, daß er zu Hause essen kann. *Jörg* kann aber beides. Seitdem er die Lehre als Schlosser macht, hat er immer Geld, sein Essen zu bezahlen. Beim

Streit um den lästigen Abwasch opfert sich oft *Armin*, weil er die lange Diskussion nicht aushalten kann.

Marko wäscht nur ab, wenn er unbedingt muß oder das Los ihn trifft. Naja, schließlich haben wir noch Erzieher. Die müssen uns dann schon 'mal in Schwung bringen, wenn wir keine Lust haben.

Bei uns kann jeder machen, was er will. Das ist nämlich das Reizvolle. Zu Hause gibt es so viele Regeln. Wir haben nur vereinbart, daß andere nicht in ihrer Aktivität gestört werden.

So wollen wir zum Beispiel nicht, daß Computerspiele mitgenommen werden. Sie zerstören irgendwie die Atmosphäre. *Marko* findet ja nicht, aber er hat auch einen Fimmel für solche Spiele. Computerspiele und seine Mofa, die geben ihm noch was, erzählt er uns immer. Spielen mag er aber auch sonst ganz gern. Stolz sind wir auf unseren Liedersänger *Simon*. Erst wollte er seine Lieder ganz allein mit dem Studenten singen, aber das ließen wir nicht zu. Seitdem er selbst Gitarrenunterricht hat, übt er oft in unserer Gegenwart.

Vielleicht sollten wir den Namen unseres Treffens ändern. Irgendwo fördern wir doch kleine Talente. Aus *Mirko* wird bestimmt 'mal ein großer Koch, wo er jetzt doch nicht die Schule beendet, um den Realschulabschluß zu machen, sondern eine Lehrstelle als Koch angenommen hat ..."

Den nächsten Report schrieb eine junge Lehramtsanwärterin, *Katharina Stolper*[12], im Rahmen ihrer Vorbereitung auf das Erste Staatsexamen an der Berliner Hochschule der Künste:

2. Natur zum Anfassen

„Vor mir steigt der Lilienstein aus dem Morgennebel. Wäre ich ein Adler, würde ich abheben und hoch über den Felsen des Elbsandsteingebirges kreisen. Ich flöge über den großen Winterberg, die Hohe Liebe und die Affensteine. Die Elbe erschiene von oben wie eine langsam gleitende Schlange aus Blei. In den Tälern und Schluchten flösse ein Meer aus Dunst und Wolken. Ich landete auf dem Königstein und überblickte das Land.

Da ich aber kein Adler bin, radele ich mit meinem Fahrrad über holprige Steine tief unten an der Elbe entlang zum Fähranleger Königstein. Dort wartet eine Horde Kinder auf mich. Als Praktikantin im Nationalpark Sächsische Schweiz habe ich die Aufgabe, Schulklassen an die Natur heranzuführen. Die Schulkinder aus dem Umfeld von Dresden verbringen häufig ihre Klassenfahrten in dieser Gegend. Seit 1990 wurden besonders urtümliche Kernbereiche der Landschaft zum Nationalpark erklärt, in denen die Natur in dem Maße geschützt wird, daß der Mensch nicht mehr verändernd eingreifen darf, sondern die Natur ihrer eigenen Entwicklung überlassen soll. Dies bedeutet jedoch nicht, Besucher wie

Schulklassen fortan aus diesen Gebieten auszuschließen. Zu Bildungs- und Erholungszwecken bleiben behutsame Naturerfahrungen möglich. Diesem Anspruch versucht die Nationalparkverwaltung in enger Zusammenarbeit mit dem Bildungswerk 'Interpretation – Naturerlebnis Nationalpark' dadurch gerecht zu werden, daß sie Besuchern Betreuung und Anleitung bei ihren Naturerkundungen anbietet.

So können z. B. Schulklassen der Stufen 1 bis 12 mit jeweils verschiedenen Bildungsprogrammen erlebnisorientiert und spielerisch durch den Nationalpark geführt werden. Die Führungen werden in Kleingruppen mit höchstens 10 Personen veranstaltet. Hierbei erhalten sie Anregungen, Natur fächerübergreifend zu erfahren. In erster Linie werden ihnen breite Naturkenntnisse in Anlehnung an die Lehrpläne vermittelt. Doch geschieht dies durch direkte Berührung und Wahrnehmung mit allen Sinnen.

Die wilde Horde von Schülern, eine fünfte Klasse, die ich zusammen mit meinem Mitarbeiter in Empfang nehme, kam mit der S-Bahn aus Dresden. Wir holen sie von der Fähre, mit der sie über die Elbe setzten, ab. Dann erklären wir ihnen, was wir in den folgenden sieben Stunden mit ihnen machen wollen: Wir werden auf den Lilienstein steigen, gemeinsam Pausen machen, ihnen in Spielen und Experimenten die Natur zeigen. Manch ein Stadtkind hatte anderes befürchtet: „Ich dachte, wir gehen in ein Museum, wo Bäume ausgestellt werden. Aber daß wir wandern, auf den Lilienstein, habe ich nicht gedacht."

Zunächst einmal gehen wir in halber Höhe des Liliensteins zur Sellnitz, einem bäuerlichen Gebäudekomplex, verschnaufen dort und verzehren in einem Sitzkreis unter freiem Himmel das mitgebrachte Frühstück. Auf meine Frage an die junge Lehrerin, warum sie hergekommen sei, antwortet sie: „Wir haben die Fahrt hierher vorgeschlagen, weil das zu einem Thema paßt, das wir innerhalb einer Projektwoche an unserer Schule anbieten. Und die Schüler hatten großes Interesse." Außerdem fügt sie hinzu: „Die Landschaft gefällt mir. Mir gefällt die Möglichkeit, sie mit den Kindern kennenzulernen. Und mir gefällt, daß die Kinder mal Ruhe und Zeit haben, sich zu unterhalten, sich zu streiten. In der Schule ist immer zu wenig Zeit füreinander."

In einem Kreisgespräch überlegen wir, was man im Nationalpark tun darf – Vogelstimmen lauschen, die Natur genießen, Felsen betasten, fotografieren, spielen, Tiere beobachten ... – und was man lassen soll – Steine werfen, markierte Wege verlassen, Abfälle wegwerfen, Tiere verfolgen, Pflanzen abreißen, verändernd in die Natur eingreifen ...

Nachdem meine Mitarbeiter und ich kurz im Sellnitzhof verschwunden sind, zaubern wir drei große hölzerne Kisten hervor. Danach teilen wir uns in drei Kleingruppen auf, von denen jede eine Kiste mit auf den Weg bekommt. Jeweils eine von ihnen wird Erfahrungen im Bereich Boden, Pflanzen und Tiere machen, bevor wir uns zur Mittagspause wieder in großer Runde treffen und uns von unseren Erlebnissen berichten.

In den Kisten sind Materialien zu den Naturerfahrungsspielen, die wir aber, um es spannend zu machen, erst eines nach dem anderen hervorholen.

Ich leite die Gruppe, die die Bodenuntersuchungen vornimmt. Nachdem wir zu einem Waldhang des Berges spaziert sind (zwei Schüler tragen die Kiste und beraten laut mit den anderen, was wohl darinnen sei), machen wir halt.

Ich lasse die Schüler die Schuhe ausziehen und verbinde ihnen mit grünen Tüchern die Augen. Nachdem sie sich bei der jeweiligen Vorderperson an den Schultern festhalten, führe ich sie als 'Blinde Barfußraupe' über verschiedene Stellen des Waldbodens. Mit den Füßen lasse ich sie die unterschiedlichen Qualitäten von Boden ertasten: kalte und warme Erde, nackte und sandige Stellen, Laubstreu, das das Sonnenlicht speichert, feuchtes weiches Moos und harten wurzelbewachsenen Boden. Bei immer wiederkehrendem Gekreisch und Gerufe bitte ich um Ruhe. Ich rate ihnen, sich zu konzentrieren, denn nachdem sie die Tücher wieder abgenommen haben, müssen sie den Weg, den die Raupe gegangen ist, beschreiben und mit den Augen wiederfinden. Sinnliche Erfahrungen werden mit Fachwissen verbunden. So klären wir z. B., daß im getasteten warmen Laubstreu viel mehr Bodenorganismen und Tierchen leben als im Sand, der nicht dauerhaft Wärme und Nährstoffe speichern kann.

Mit Handspaten aus der Kiste graben die Schüler Löcher in die Erde, um die verschiedenen Bodenschichten festzustellen. Anhand des Bodenreliefs machen wir uns deutlich, welche Tiere über und unter der Erde und in was für einer Schicht sie dort leben ...

Die Stimmung ist gut. Alle haben Lust, noch auf das hohe Plateau des Liliensteins hinaufzusteigen. Schweißnaß oben angekommen, sind die Schüler begeistert von der Aussicht. Der Wald, den sie eben noch erkundet haben und der Sellnitzhof liegen tief unter ihren Füßen. Allerdings müssen die Lehrerinnen und wir Praktikanten aufpassen, daß nicht die Coladosen und der ganze übrige leider mitgebrachte Müll oder gar die Schüler selbst 300 Meter tief in den Abgrund fliegen.

Beim Abstieg äußert sich eines der Mädchen voller Anerkennung: „Ich find es schön in der Sächsischen Schweiz, die Felsen wie Lilienstein und Königstein und die Wälder ... Also, das ist alles schön."

Im Gespräch mit einigen anderen Schülern erfahre ich, was ihnen an diesem Tag auch noch gefallen hat: „Man sieht richtig, wie wichtig die einzelnen Tiere für die anderen Tiere sind. Und es ist eben wie eine Familie. Und wenn man da mal ein Tier ausläßt, dann ist es halt, wie wenn jetzt ein Familienmitglied stirbt." Sie fügt hinzu: „Also, ich finde das gut, daß man das mal erklärt hat, wie das so ist."

Daraufhin frage ich die Schüler: „Was würdet ihr denn gerne in der Schule mehr machen, was ihr dort nicht machen könnt?"

Ein Schüler antwortet: „In der Schule würde ich sehr viel lieber in Biologie z. B. auch mal nach draußen gehen. Draußen auf dem Schulhof, da haben wir ja auch so eine Wiese. Und da würde ich gerne mal gucken, was dort so abläuft." Ich frage: „Und macht ihr das zu wenig?" Der Schüler sagt: „Na, das haben wir bis jetzt noch gar nicht gemacht. Wir haben immer bloß so'ne Plastikpflanze, so'ne Kirschblüte, angeguckt."

Eine andere Schülerin bestätigt: „In der Schule, da wird vielleicht irgendein Modell auf den Lehrertisch gestellt und dann erklärt, wie's richtig aussieht. Aber wenn man es in Natur sieht, sieht man mal, wie sich das Tier bewegt. Und man sieht, daß es sich viel 'anderser' bewegt, als wenn es nur so dasteht."

Ich frage sie, wo es denn Probleme geben könnte, wenn man sich so einen Unterricht wünscht, wie wir ihn heute erlebt haben?

„In der Stadt, da kann man nicht viel Natur sehen. Da muß man erst weiter weg fahren. Und es ist auch nicht die Zeit dazu." Als ich auf die vermeintliche Wiese vor der Schule anspiele, sagt eine andere Schülerin: "Also, es ist auch da ein bißl schwierig, weil wir ja nur 'ne Dreiviertelstunde haben. Also die Schulstunde ist ganz schön kurz. Und eh dann der Lehrer die Schüler, die ja doch viel quatschen, sich viel zu erzählen haben, bei der Stange hat, da ist die Zeit wieder rum." Nachdem sie ein bißchen überlegt hat, sagt sie: „Aber man könnte es ja vielleicht doch mal versuchen, 'ne Doppelstunde Bio zu machen."

Auch ich beginne zu phantasieren: „Oder man könnte mehr solche Projektwochen veranstalten, als ihr gerade eine habt." „Genau, genau!" erwärmen sich die Schüler, und eine Schülerin spricht weiter: „Man könnte ja einen Wandertag damit verbinden. Und der Biolehrer kommt halt mit."

Mit diesem gemeinsamen Traum verabschieden wir uns am Fähranleger an der Elbe. Die Schulklasse steigt in die S-Bahn nach Dresden, und ich überlege mir noch, auf den Pfaffenstein, einen Berg südlich der Elbe, zu steigen ... Oben angekommen stehe ich auf den vom Wind abgeschliffenen Felsen. Meine Hand fährt über die Sanftheit abgenutzter Steine. Sie fühlen sich an, wie schöne rund Körper aus festgewordenem Sand, auf die ich meine Füße setzen kann – nicht als Eroberer – und die mich sicher tragen, 428 Meter hoch über dem Abgrund. Diesmal verwandle ich mich in einen Indianer. In der Ferne ziehen die Pfaffendorfer Kühe wie eine Büffelherde an mir vorbei. Es wird Abend. Stolz überblicke ich das Land, und es macht mir absolut nichts aus, daß ich nicht über die amerikanische Weite schaue, sondern nur auf ein wunderschönes Fleckchen Erde mitten in Deutschland ..."

Und drittens schließlich will ich ein eigenes Beispiel für „Erlebnispädagogik" geben:

3. Mühle, Meer und Märkische Schweiz

Auch ein Hochschullehrer ist ein *Lehrer* – wenn auch in der Regel in Seminaren und Hörsälen und zumeist mit jungen Erwachsenen arbeitend. Als solcher hat der Autor der *Theorie und Praxis der Schule* mit didaktischer Planung zu tun und mit der Betreuung von Praktika, mit der Ermöglichung von Gruppenarbeit und den damit verbundenen Schwierigkeiten, mit Räumen und Hausmeistern, mit Medien und Zensuren, mit Kollegen und deren mitunter ganz anderen Ansichten und Interessen ... Kurz: Auch ich habe mich an den hier ausgebreiteten Erkenntnissen zu messen und sie – soweit dies geht – einzulösen. *Eine* Erkenntnis ist in diesem Abschnitt begründet worden: Das Außerunterrichtliche und Außerschulische muß, soll und kann Bestandteil der sonstigen Lehr- und Lernprozesse, Teil einer umfassenden Bildung und doch etwas besonderes sein. Natürlich hoffe ich, daß meine Veranstaltungen diesem Anspruch in etwa gerecht werden, auch wenn Unvollkommenheiten nirgendwo und vor niemandem halt machen. *Einen* Weg zu dem Ziel, die besonderen Chancen des Erlebnispädagogischen zu eröffnen, biete ich regelmäßig im Sommersemester meinen Studenten an: Wir veranstalten ein 10-Tages-Seminar in Form eines Workshops unter dem Titel WER BIN ICH? UND: WAS SOLL AUS MIR WERDEN? Die ersten Jahre fuhren wir an die Nordsee, genauer: nach Struckum bei Husum, wo der Liedermacher *Hannes Wader* der Berliner HdK einen Teil seiner dortigen Mühle vermietet hatte. Seit 1993 besitzt die Hochschule ein eigenes und dafür nicht weniger geeignetes Domizil: den Gutshof Sauen, südlich der Märkischen Schweiz, inmitten des Dreiecks Fürstenwalde-Beeskow-Müllrose oder auch Frankfurt an der Oder. Warum solch ein „Seminar", solch eine „Exkursion", solch ein „Erlebnis"?

Ob er der erste war, der darauf hinwies und entsprechend handelte, weiß ich gar nicht. Aber *daß* von ihm die Formel einer „charakterbildenden Erlebnispädagogik" stammt, das wissen wir[13]: von *Kurt Hahn*, der am 5.6.1886 in Berlin geboren wurde, Berater des Reichskanzlers *Prinz Max von Baden* war, das Landerziehungsheim Schloß Salem gründete und (von 1920 – 1933) leitete, nach England emigrierte, wo er Gordonstoun gründete, die weltweit verbreiteten (Abenteuer-)Kurzschulen als *Outward Bound Schools* ins Leben rief und der am 14.12.1974 im Alter von 88 Jahren in Salem starb. Heute würden wir eher von einer „persönlichkeitsbildenden Erlebnispädagogik" sprechen, gleichwohl das Wort „charakterbildend" kein Schimpfwort werden sollte. Denn mit einem charakterlosen Menschen ist in der Erziehung ebenso wenig Gutes anzurichten wie mit Styropor oder Watte – mit Hammerschlägen freilich auch nicht. WER BIN ICH? – so fragen wir uns zehn Tage lang, wobei jeder Tag unter einem bestimmten Motto, einer speziellen Fragehaltung steht: *Wer war ich als Kind? – Was habe ich in der Schule erlebt?* – Oder: *Wie sehen mich andere?* WAS SOLL AUS MIR WERDEN? – so lautet die andere Frage, die ebenfalls spezifiziert wird: *Wovon träume ich? Wovor habe ich Angst?* Oder auch: *Wer sind die anderen?* Hier ist gewiß nicht der Platz, über die einzelnen didaktischen Bewegungen dieses Seminars zu berichten. Statt dessen kommt es auf folgende Herausstellung an:

- Indem wir gemeinsam essen, trinken und feiern –
- Weil da in Gruppen, in Partnerbezügen oder auch allein gelesen, gemalt, musiziert und nachgedacht wird –
- Wo Konflikte zugelassen, bearbeitet und (hoffentlich) produktiv gelöst werden –
- Weil wir zu Ausstellungen und ans Meer, in die Heide und an herrliche Seen, zu Hochsitzen und Höhlen radeln –
- Da miteinander getanzt und gestritten, gelacht und (manchmal auch) getrauert, gearbeitet und getrödelt werden darf –

..., bildet sich ein Geflecht von Beziehungen, Strukturen, Einsichten und Ansichten, an denen der einzelne, der andere und wir alle wachsen können. Noch konkreter: Weil die „Erziehung der Erzieher“[14] die Voraussetzung jedweder Schulerziehung ist und gewährte Bildung sich immer auch um die Selbst-Bildung des einzelnen Lehrers bemühen muß, sind solche und ähnliche Erlebnisse und Erfahrungen unverzichtbare Bestandteile einer Lehrer(aus)bildung. An den früheren Pädagogischen Hochschulen war sie übrigens integraler Bestandteil, an den Universitäten ist sie eher nur kontrafaktisch möglich und gerade deshalb um so dringlicher erforderlich. Ich achte jedenfalls darauf, daß möglichst jeder Student, der bei mir Examen macht, wenigstens einmal mit nach Sauen oder auf eine andere Exkursion fährt und dort der Frage nachgeht: WER BIN ICH? UND: WAS SOLL AUS MIR WERDEN?

Liebevoll-ironisch nennen die HdK-Studenten dieses Seminar „Rainer Winkels Ranger-Ausbildung“, was mich ganz und gar nicht beleidigt – im Gegenteil: Die Studierenden weisen mit diesem Begriff auf etwas hin, was ich den „Ernstcharakter der Erziehung“ nennen möchte: Während eines erlebnispädagogischen Seminars kann niemand fliehen, sich aus dem Felde stehlen, heimlich davonmachen, anderen etwas vorgaukeln – auch der Hochschullehrer nicht. Spätestens nach dem ersten Tag, der ersten Nacht, spüren wir, was wir voneinander zu halten haben: Der Student *X* von der Studentin *Y* und diese vom Hochschullehrer *Z*. Bis in manche intime Sphäre ahnt jede/r die Wahrhaftigkeit des anderen: Da wird zum Beispiel der Unterschied zwischen dem „Pädagogischen Eros“ auf der einen und „Libidinösem Begehren“ auf der anderen Seite zunächst begrifflich herausgearbeitet und spät abends, nach einem gemeinsamen Bad im See oder einem Saunagang, hautnah erfahrbar, wenn – sagen wir – die Studentin *A* sich in den Hochschullehrer meint verliebt zu haben und dieser keine Illusionen weckt oder mit den Möglichkeiten spielt ... In diesen besonderen Situationen liegt der Sinn solcher Unternehmungen, die dadurch vor allem die anschließenden Praktika vorbereiten. Weil auch ich als Hochschullehrer immer wieder der Bildung meiner selbst bedarf und weil die mir anvertrauten Studierenden ein Recht darauf haben, die Erziehung angehender Erzieher nicht nur kognitiv zu ergründen, sondern hautnah zu erfahren, sind solche und ähnliche Erlebnisse außerhalb des offiziellen Curriculum unverzichtbar. Daß sie die Würde des einzelnen zu achten, die Intimsphäre jedes Teilnehmers zu schützen und taktvoll vorzugehen haben, dürfte selbstverständlich sein, auch und gerade weil jeder eingeladen ist sich zu öffnen. Schulpädagogisch fruchtbar gemacht hat diesen Gedanken des außerschulischen Lernens vor allem *Adolf Reichwein*: zunächst als Hochschullehrer an der Pädagogischen Akademie in Halle an der Saale[15] und ab 1933, von den Nazis zum „einfachen" Volksschullehrer degradiert, in Tiefensee, in der Mark Brandenburg, wo er auch sein herrliches Büchlein „Schaffendes Schulvolk" schrieb[16] – ehe die Nazis ihn, den tapferen Widerstandskämpfer, am 20. Oktober 1944 in Plötzensee hinrichteten.

Die Studierenden, denen ich auf solchen Kompaktseminaren begegnen durfte, sind auch in den üblichen Hochschulseminaren vielfältiger erfahrbar, was besonders ihrer Betreuung während der Praktika zugute kommt, in denen bekanntlich die Orientierung und Selbstvergewisserung eine entscheidende Rolle spielen – übrigens auch in der Schule. Wenn wir uns noch einmal an die Berichte erinnern, die *Heide Bambach* und *Susanne Thurn* in Form von Briefen an ihre Schüler/innen schrieben, und wenn ich zusätzlich auf den Lernbericht hinweisen darf, den *Susanne Thurn* über das Berufspraktikum ihrer Schülerin *Olli* schrieb[17], dann wird diese Bedeutung vielleicht erst jetzt, in diesem Raum, hinreichend deutlich. Wir halten einstweilen fest: Es kommt nicht *nur* darauf an, „Das Leben in die Schule (zu) holen"[18] oder nach der Formel zu handeln „Macht die Türen auf, laßt das Leben rein!"[19], sondern auch umgekehrt die – durch Erkenntnis und Erziehung auf Bildung verpflichtete – Schule gleichsam in das Leben hinauszutragen, auf daß die Schule verlebendigt *und* das Leben gebildet wird. Ob es nicht lohnt, daß auch diese Antinomie gründlich bedacht und dann die Praxis entsprechend reformiert wird?

Eine Verschnaufpause ist legitim und bittet Sie auf einen zwar recht kleinen, aber durchaus ungewöhnlichen Balkon.

4. Balkon: Eine kleine Rechenaufgabe mit großen Folgen

Ein reicher persischer König war in Bedrängnis geraten. Wie sollte er seinen mächtigen Nachbarkönig so besänftigen, daß dieser keinen Krieg anfing? In seiner Not half ihm ein weiser Lehrer. Als alles gut überstanden war, ließ der reiche König den weisen Lehrer zu sich kommen und sprach: „Nun, mein kluger Ratgeber, was für eine Belohnung wünschest Du Dir? Wisse wohl, daß ich Dir fast jeden Wunsch erfüllen werde!“ Da ließ der weise Lehrer seinen Blick schweifen und sah ein Schachbrett, auf dem der König gerade gespielt hatte. Er antwortete: „Mein König! Ihr habt die reichsten Kornfelder im ganzen Land. Wie wärs, wenn Ihr mir auf dieses Schachbrett mit seinen 64 Feldern Körner legen laßt? Ich will bescheiden sein und bitte darum, auf das erste Feld ein Korn zu legen, auf das zweite zwei, auf das dritte vier, auf das vierte acht usw., also auf das nächste immer die doppelte Anzahl von Körnern, die auf dem vorigen Feld liegen.“ Da lachte der reiche König und sprach: „O, Du bescheidener weiser Mann! Warum läßt Du mich nicht mit zwei Körnern auf dem ersten Feld beginnen?“ Da antwortete der Lehrer lächelnd: „Weil Ihr so viel Korn in Eurem ganzen Land nicht habt, mein König!“ Da wurde der König böse und schrie: „Wie kannst Du eine solche Lüge aussprechen?”

Frage: Wer von den beiden hatte recht?

Antwort: Bitte das Buch umdrehen oder selber rechnen oder ein 5. Schuljahr, per Gruppenarbeit, ausrechnen lassen!

Antwort: Der Lehrer. Denn auf dem 1. der insgesamt 64 Felder lag zwar nur ein einziges Korn, auf dem 2. aber lagen bereits zwei Körner, auf dem 3. vier, auf dem 8. schon 128, auf dem 16. bereits 32.768, auf dem 24. Feld hätten gar 8.388.608 Körner liegen müssen ...

Anmerkungen und Literaturhinweise

1 Vgl. dazu *Ulrich Schwerdt*: Martin Luserke (1880 – 1968). Frankfurt/M.: Peter Lang 1993. Darüber hinaus publizierte *Hans Peter Schöniger* seine „Erinnerungen an den Pädagogen Martin Luserke“ in: Deutsche Lehrerzeitung, 42 (5/1995), S. 12.

2 Ebd. sowie: *Ders.*: Martin Luserke – Durch Musische Bildung zum ganzen Menschen. Magisterarbeit im Fachbereich Erziehungswissenschaft der Freien Universität Berlin. SoSe 1995.

3 Gemeint sind die weltberühmten und immer nach demselben Muster gestrickten Abenteuer im Internat „Lindenhof“, die *Enid Blyton* ihre Heldinnen, die beiden Zwillinge *Hanni* und *Nanni*, erleben läßt.

4 *Kurt Tucholsky*: Schloß Gripsholm. (Or. 1931) Reinbek: Rowohlt 1993, bes. S. 73ff. Vgl. auch die vom Rowohlt Verlag angebotenen Hörkassetten, auf denen *Uwe Friedrichsen* in seiner unnachahmlichen Manier sowohl die Angst und Schrecken erregende Heimleiterin *Adriani* als auch das unter ihrer Fuchtel wimmernde Mädchen zur Sprache bringt, das lange Zeit immer nur „das Kind“ heißt.

5 Über dieses „aber auch“, d.h. die schrecklichen Seiten dieses Lehrers, habe ich in literarischer Form berichtet und der Maler *Fritz Penzlin* gezeichnet: *Rainer Winkel*: Die gute Fee. Märchen und andere pädagogische Skurrilitäten. Baltmannsweiler: Schneider 1995, S. 30 – 44.

6 *Raingard Knauer/Petra Brandt*: Ich schütze nur, was ich liebe. Konzept einer ganzheitlichen Umweltpädagogik. Freiburg: Herder 1995.

7 Ebd., S. 21.

8 Vgl. *Thomas Kesselring*: Die Produktivität der Antinomie. Frankfurt/M.: Suhrkamp 1984.

9 Vgl. *Adolf Hitler*: Mein Kampf. (Or. 1925; 1927) München: Eher 820.1943, bes. S. 451ff.

10 Vgl. *Hans Günther Homfeldt/Heiner Volkers*: Von Restschülern kann nicht die Rede sein. Lernwege von Schülern und ihren Lehrern. Baltmannsweiler: Schneider 1990, S. 66 – 68.

11 *Hans Günther Homfeldt* (Hrsg.): Erlebnispädagogik. Baltmannsweiler: Schneider 1.1993; 2.1995.

12 Vgl. *Katharina Stolper*: Auf die Berge laßt uns steigen ... In: Deutsche Lehrerzeitung, 41 (48/1994), S. 12. Dieser Bericht war so überzeugend, daß ihn die DLZ abdruckte; hier wird eine gekürzte Fassung wiedergegeben.

13 *Kurt Hahn*: Erziehung und die Krise der Demokratie. Reden, Aufsätze, Briefe eines politischen Pädagogen. Hrsg. von *Michael Klett*. Stuttgart: Klett-Cotta 1986. Dieses Buch ist das z.Zt. einzig lieferbare in deutscher Sprache – ein kleines Skandalon mit Sicherheit, ein Menetekel vielleicht. Deshalb sei zusätzlich hingewiesen auf: *Hellmut Becker*: Auf dem Weg zur lernenden Gesellschaft. Stuttgart: Klett-Cotta 1980, S. 89 – 94. Und der sich um die Erlebnispädagogik besonders verdient machende *Jörg Ziegenspeck*, der auch Herausgeber der seit 1981 erscheinenden „Zeitschrift für Erlebnispädagogik“ ist, sei zitiert: *Jörg Ziegenspeck* (Hrsg.): Kurt Hahn. Erinnerungen – Gedanken – Aufforderungen. Beiträge zum 100. Geburtstag des Reformpädagogen. Lüneburg: Klaus Neubauer 1987. *Helga Weber/Jörg Ziegenspeck*: Die deutschen Kurzschulen. Historischer Rückblick – Gegenwärtige Situation – Perspektiven. Weinheim-Basel: Beltz 1983.

14 Vgl. *Christian Gotthilf Salzmann*: Ameisenbüchlein oder Anweisung zu einer vernünftigen Erziehung der Erzieher. (Or. 1806) Bad Heilbrunn: Klinkhardt 2.1964.

15 Vgl. dazu: *Ullrich Amlung*: Adolf Reichwein 1898 – 1944. 2 Bde. Frankfurt/M.: dipa-Verlag 1991, bes. Bd. 1, S. 264 – 302 und Bd. 2, S. 334 – 386.

16 *Adolf Reichwein*: Schaffendes Schulvolk. (Or. 1937) Braunschweig: Westermann 1951; 3.1964. Jetzt als Neuausgabe: Schaffendes Schulvolk – Film in der Schule. Weinheim-Basel: Beltz 1992.

17 *Susanne Thurn*: Erprobung von Kräften – Bewährung in der Welt. Schüler- und Lehrerberichte über Berufspraktika. In: Jahresheft XIV des Friedrich Verlages mit dem Titel Prüfen und Beurteilen. Seelze: Friedrich 1996, S. 40 – 42.

18 Vgl. dazu das mit vielen guten Anregungen aufwartende und von *Herbert Gudjons* moderierte Heft 2/1996 der Zeitschrift Pädagogik – mit dem Themenschwerpunkt: „Das Leben in die Schule holen".

19 Vgl. *Elisabeth Niggemeyer/Jürgen Zimmer*: Macht die Schule auf, laßt das Leben rein. Von der Schule zur Nachbarschaftsschule. Weinheim-Basel: Beltz 1986.

7. Schulen, Länder, Nationen: Strukturelle Reformen

So bedeutsam die eigenen Schüler, Klassen, Kollegen, Eltern oder Schulen sind, so wichtig sind die fremden Verhältnisse – in anderen Städten, Ländern und Nationen. Und so unverzichtbar die innere Schulreform als permanente Verbesserung hier und jetzt wirksam bleiben muß, so mit-bedingend ist und bleibt die äußere Schulreform, die strukturelle Melioration. Es geht also auch hier nicht um ein Entweder-oder, gar ein Ausspielen der einen gegen die andere Bemühung, sondern "um ein Sowohl-als-auch auf dem Hintergrund einer umgreifenden Strukturreform. Weder die innere noch die organisatorische Reform sind der erstrebenswerte 'Wert an sich', sondern der Beitrag ist es, den eine Reform überhaupt zur Emanzipation des Menschen in einer dynamischen Gesellschaft leisten kann."[1] Im Grunde geht es auch noch *darüber* hinaus um die Synergie aller humanen Potentiale in jedem einzelnen Menschen und in den gesellschaftlichen Systemen, die nur im Zusammenwirken dem geschichtlichen Auftrag gerecht werden können, nämlich aufzuklären und zu humanisieren. *Dietrich Benner* hat diesen Synergismus recht früh gesehen, als er schrieb[2]: „Wer erklärt, der Veränderungswille habe nur im Bereich der Politik seinen Ort, daher seien alle anderen Bereiche, namentlich Wissenschaft, Religion, Sittlichkeit, Kunst und Technik, von ihm frei zu halten, der hypostasiert das politische Handeln genauso zum alleinigen Schauplatz der Geschichte wie derjenige, der den Veränderungswillen für politische Aktionen reserviert, um deren Anspruch auf alle anderen Bereiche auszudehnen. Statt dessen kommt es gerade darauf an, daß ethische, pädagogische und politische Theorie und Praxis sich gegenseitig anerkennen, um der gemeinsamen Aufgabe der Höherbildung der Menschheit zu dienen."

Diesen dreifachen Zusammenhang (zwischen dem Eigenen und dem Fremden, dem Inneren und dem Äußeren und zwischen den verschiedenen gesellschaftlichen Bereichen) wollen und müssen wir beachten, wenn Flickschusterei vermieden werden soll. So wie bei der Ausgestaltung (also der edukativ-didaktischen) Schulreform die äußere (die organisatorisch-strukturelle Reform) immer schon mitbedacht wurde, ist in diesem Abschnitt, in dem die „äußeren" Reformen im Zentrum stehen, die Schulreform „im Inneren" als integraler Bestandteil der einen, der „großen Schulreform" zu sehen. Während also die anderen Zimmer in diesem 2. Stock gleichsam von innen betrachtet wurden, wird der Leser jetzt gebeten, aus dem Fenster in die Ferne zu schauen, auf andere Realitäten und Potentialitäten – um freilich mit den dadurch gewonnenen Erkenntnissen auch dieses Zimmer kritisch zu betrachten, das heißt: an der Reform der Strukturen mitzuwirken, bildungspolitisch mitzuwirken, soweit dies geht. Dies soll durch drei Blickrichtungen ermöglicht werden: Zunächst schauen wir auf die Welt als eine notwendige sowie mögliche Einheit und reale Zerrissenheit, insbesondere auf Europa und die Schulrealitäten in den verschiedenen Ländern. Danach richten wir den Blick auf unser Land, auf Deutschland und seine 16 Bundesländer. Und schließlich soll mein eigener Beitrag zur Reform des Schulwesens anregen (vielleicht auch aufregen), in jedem Fall darauf hinweisen, daß es ein interdependentes, vielleicht sogar ein zirkuläres (Verstärker-)Verhältnis gibt zwischen innerer und äußerer Schulreform, die ich unter der Kürzel „Die Elastische Schule“ vortragen werde.

1. Welt- und europaweit

Natürlich kann es unter dieser ersten Perspektive nicht darum gehen, die Schul-, Ausbildungs- und Hochschulsysteme welt- oder europaweit detailliert wahrzunehmen, wohl aber den Blick von der kleinen Wirklichkeit ab und zu anzuheben und auf jene größere Wirklichkeit zu lenken, von der wir ein Teil nur sind. Alles ist letztlich mit allem verbunden; kein Organismus kann gesunden, solange auch nur ein einziges Organ krank ist; und deshalb muß sich jede Schultheorie und jede Schulpraxis vor dem Ganzen verantworten. Zunächst wieder ein paar Zahlen aus der empirischen Sozialforschung:

- Um 400 *v. Chr.* wird es ca 153 Millionen Menschen auf der Erde gegeben haben; z. Zt. von *Christi* Geburt etwa 252 Millionen; um das Jahr 1000 nicht mehr als 260 Millionen; um 1500 *n. Chr.* etwa 460 Millionen; 1850 lebten bereits 1.241.000 Menschen auf der Erde; 1950 schon 2 1/2 Milliarden; 1960 über 3 Milliarden; 1975 mehr als 4 Milliarden; und 1990 weit über 5 Milliarden ... Im Jahre 2000 werden wir mehr als 6 Milliarden Menschen auf dieser Erde sein[3].
- Das alles wäre allenfalls ein quantitatives Problem, wenn nicht ein gutes Drittel dieser Weltbevölkerung hungerte, an unnötigen Krankheiten litt, in erbärmlichen Verhältnissen lebte bzw. vegetierte: 1,5 Milliarden Kinder (von 0 – 15 Jahre) krümmen sich, besonders in den Ländern der 3. Welt, unter den Geißeln des Hungers, der Krankheit und der Verfolgung, so daß die Fachleute schätzen, daß etwa 15 Millionen Kinder Jahr für Jahr an diesem (!) vermeidbaren Elend sterben[4].
- Hätten die USA auch nur auf eines ihrer Weltraumprojekte (z. B. *Voyager*) verzichtet, das ca. 500 Millionen Dollar gekostet hat, hätten 15 Millionen Kinder ein Jahr lang ernährt und d. h. vor dem Tod bewahrt werden können[5].
- Etwa jeder 3. Erdbewohner kann weder lesen noch schreiben, ist also Analphabet. Wenn wir bedenken, daß es in der Geschichte der hochentwickelten Menschheit bisher etwa 30.000 Generationen gegeben hat und etwa 80 Milliarden Menschen auf dieser Erde gelebt haben, dann ist der Aussage von *Hans Magnus Enzensberger* zuzustimmen, der – diese Zahlen vor Augen – gesagt hat, „daß der Alphabetismus nicht die Regel, sondern die Ausnahme ist.“[6]
- Während die Lebenserwartung eines Europäers heutzutage im Durchschnitt bei etwa 73 Jahren liegt, kann ein Kind der 3. Welt damit rechnen, etwa halb so alt zu werden, was in etwa der Lebenserwartung der Deutschen um 1870 entspricht[7].
- Im 1. Weltkrieg wurden etwa 10 Millionen Menschen getötet (davon 5 % Zivilisten); im 2. Weltkrieg über 50 Millionen (davon 48 % Zivilisten); seit 1945 hat es

weltweit über 100 Kriege gegeben, durch die mehr als 30 Millionen Menschen ihr Leben verloren[8], so daß man zu Recht sagen darf: Keine Gattung bringt so viele Angehörige der eigenen Art gewaltsam um wie – der *homo sapiens*.

- Allein von 1990 bis 1995 befanden sich, gehetzt und gejagt, 45 Millionen Menschen auf der Flucht, als Vertriebene und ihrer Heimat beraubt; auch in Europa, wo über zwei Millionen Menschen brutal aus ihren Behausungen und Städten, ihren Dörfern und Regionen vertrieben wurden[9]. Und eine letzte Zahl:
- Am Mittwoch, am 13. März 1996, stürzte um 9 Uhr 30 der 43jährige *Thomas Hamilton* in die Turnhalle der Grundschule im schottischen Dunblame, feuerte wie wild um sich, erschoß 16 Kinder im Alter von fünf und sechs Jahren, die Lehrerin und, zum Schluß, sich selbst[10].

Diese und ähnliche Daten beschreiben den leidigen Ist-Zustand, der als solcher erst durch die mögliche Sollens-Perspektive erkennbar wird. Diese soll mit Hilfe eines einzigen Dokumentes wenigstens angeleuchtet werden – gemeint sind die hier neuerlich abgedruckten 30 Artikel der „Allgemeinen Erklärung der Menschenrechte der Vereinten Nationen".

Dokumentation/Beschluß vom 10. Dezember 1948

Allgemeine Erklärung der Menschenrechte der Vereinten Nationen

Da die Anerkennung der allen Mitgliedern der menschlichen Familie innewohnenden Würde und ihrer gleichen und unveräußerlichen Rechte die Grundlage der Freiheit, der Gerechtigkeit und des Friedens in der Welt bildet,

Da die Verkennung und Missachtung der Menschenrechte zu Akten der Barbarei führten, die das Gewissen der Menschheit tief verletzt haben, und da die Schaffung einer Welt, in der den Menschen, frei von Furcht und Not, Rede- und Glaubensfreiheit zuteil wird, als das höchste Bestreben der Menschheit verkündet worden ist,

Da es wesentlich ist, die Menschenrechte durch die Herrschaft des Rechtes zu schützen, damit der Mensch nicht zum Aufstand gegen Tyrannei und Unterdrückung als letztem Mittel gezwungen ist,

Da es wesentlich ist, die Entwicklung freundschaftlicher Beziehungen zwischen den Nationen zu fördern,

Da die Völker der Vereinten Nationen in der Satzung ihren Glauben an die grundlegenden Menschenrechte, an die Würde und den Wert der menschlichen Person und an die Gleichberechtigung von Mann und Frau erneut bekräftigt und beschlossen haben, den sozialen Fortschritt und bessere Lebensbedingungen bei größerer Freiheit zu fördern,

Da die Mitgliedsstaaten sich verpflichtet haben, in Zusammenarbeit mit den Vereinten Nationen die allgemeine Achtung und Verwirklichung der Menschenrechte und Grundfreiheiten durchzusetzen,

Da eine gemeinsame Auffassung über diese Rechte und Freiheiten von größter Wichtigkeit für die volle Erfüllung dieser Verpflichtung ist, verkündet die Generalversammlung die vorliegende Allgemeine Erklärung der Menschenrechte als das von allen Völkern und Nationen zu erreichende gemeinsame Ideal, damit jeder einzelne und alle Organe der Gesellschaft sich diese Erklärung stets gegenwärtig halten und sich bemühen, durch Unterricht und Erziehung die Achtung dieser Rechte und Freiheiten zu fördern und durch fortschreitende Maßnahmen im nationalen und internationalen Bereiche ihre allgemeine und tatsächliche Anerkennung und Verwirklichung bei der Bevölkerung sowohl der Mitgliedstaaten wie der ihrer Oberhoheit unterstehenden Gebiete zu gewährleisten.

Artikel 1

Alle Menschen sind frei und gleich an Würde und Rechten geboren. Sie sind mit Vernunft und Gewissen begabt und sollen einander im Geiste der Brüderlichkeit begegnen.

Artikel 2

(1) Jeder Mensch hat Anspruch auf die in dieser Erklärung verkündeten Rechte und Freiheiten ohne irgendeine Unterscheidung wie etwa nach Rasse, Farbe, Geschlecht, Sprache, Religion, politischer oder sonstiger Überzeugung, nationaler oder sozialer Herkunft, nach Eigentum, Geburt oder sonstigen Umständen.

(2) Weiter darf keine Unterscheidung gemacht werden aufgrund der politischen, rechtlichen oder internationalen Stellung des Landes oder Gebietes, dem eine Person angehört, ohne Rücksicht darauf, ob es unabhängig ist, unter Treuhandschaft steht, keine Selbstregierung besitzt oder irgendeiner anderen Beschränkung seiner Souveränität unterworfen ist.

Artikel 3

Jeder Mensch hat das Recht auf Leben, Freiheit und Sicherheit der Person.

Artikel 4

Niemand darf in Sklaverei oder Leibeigenschaft gehalten werden; Sklaverei und Sklavenhandel sind in allen Formen verboten.

Artikel 5

Niemand darf der Folter oder grausamer, unmenschlicher oder erniedrigender Behandlung oder Strafe unterworfen werden.

Artikel 6

Jeder Mensch hat überall Anspruch auf Anerkennung als Rechtsperson.

Artikel 7

Alle Menschen sind vor dem Gesetze gleich und haben ohne Unterschied Anspruch auf gleichen Schutz durch das Gesetz. Alle haben Anspruch auf gleichen Schutz gegen jede unterschiedliche Behandlung, welche die vorliegende Erklärung verletzen würde, und gegen jede Aufreizung zu einer derartigen unterschiedlichen Behandlung.

Artikel 8

Jeder Mensch hat Anspruch auf wirksamen Rechtsschutz vor den zuständigen innerstaatlichen Gerichten gegen alle Handlungen, die seine ihm nach der Verfassung oder nach dem Gesetz zustehenden Grundrechte verletzen.

Artikel 9

Niemand darf willkürlich festgenommen, in Haft gehalten oder des Landes verwiesen werden.

Artikel 10

Jeder Mensch hat in voller Gleichberechtigung Anspruch auf ein der Billigkeit entsprechendes und öffentliches Verfahren vor einem unabhängigen und unparteiischen Gericht, das über seine Rechte und Verpflichtungen oder über irgendeine gegen ihn erhobene strafrechtliche Beschuldigung zu entscheiden hat.

Artikel 11

(1) Jeder Mensch, der einer strafbaren Handlung beschuldigt wird, ist so lange als unschuldig anzusehen, bis seine Schuld in einem öffentlichen Verfahren, in dem alle für seine Verteidigung nötigen Voraussetzungen gewährleistet waren, gemäß dem Gesetz nachgewiesen ist.

(2) Niemand kann wegen einer Handlung oder Unterlassung verurteilt werden, die im Zeitpunkt, da sie erfolgt, aufgrund des nationalen oder internationalen Rechts nicht strafbar war. Desgleichen kann keine schwerere Strafe verhängt werden als die, welche zum Zeitpunkt der Begehung der strafbaren Handlung anwendbar war.

Artikel 12

Niemand darf willkürlichen Eingriffen in sein Privatleben, seine Familie, sein Heim oder seinen Briefwechsel noch Angriffen auf seine Ehre und seinen Ruf ausgesetzt werden. Jeder Mensch hat Anspruch auf rechtlichen Schutz gegen derartige Eingriffe oder Anschläge.

Artikel 13

(1) Jeder Mensch hat das Recht auf Freizügigkeit und freie Wahl seines Wohnsitzes innerhalb eines Staates.

(2) Jeder Mensch hat das Recht, jedes Land, einschließlich seines eigenen, zu verlassen sowie in sein Land zurückzukehren.

Artikel 14

(1) Jeder Mensch hat das Recht, in anderen Ländern vor Verfolgungen Asyl zu suchen und zu genießen.

(2) Dieses Recht kann jedoch im Falle einer Verfolgung wegen nichtpolitischer Verbrechen oder wegen Handlungen, die gegen die Ziele und Grundsätze der Vereinten Nationen verstoßen, nicht in Anspruch genommen werden.

Artikel 15

(1) Jeder Mensch hat Anspruch auf eine Staatsangehörigkeit.

(2) Niemandem darf seine Staatsangehörigkeit willkürlich entzogen noch ihm das Recht versagt werden, seine Staatsangehörigkeit zu wechseln.

Artikel 16

(1) Heiratsfähige Männer und Frauen haben ohne Beschränkung durch Rasse, Staatsbürgerschaft oder Religion das Recht, eine Ehe zu schließen und eine Familie zu gründen. Sie haben bei der Eheschließung, während der Ehe und bei deren Auflösung gleiche Rechte.

(2) Die Ehe darf nur aufgrund der freien und vollen Willenseinigung der zukünftigen Ehegatten geschlossen werden.

(3) Die Familie ist die natürliche und grundlegende Einheit der Gesellschaft und hat Anspruch auf Schutz durch Gesellschaft und Staat.

Artikel 17

(1) Jeder Mensch hat allein oder in Gemeinschaft mit anderen Recht auf Eigentum.

(2) Niemand darf willkürlich seines Eigentums beraubt werden.

Artikel 18

Jeder Mensch hat Anspruch auf Gedanken-, Gewissens- und Religionsfreiheit; dieses Recht umfaßt die Freiheit, seine Religion oder seine Überzeugung allein oder in Gemeinschaft mit anderen, in der Öffentlichkeit oder privat, durch Lehre, Ausübung, Gottesdienst und Vollziehung von Riten zu bekunden.

Artikel 19

Jeder Mensch hat das Recht auf freie Meinungsäußerungen; dieses Recht umfaßt die Freiheit, Meinungen unangefochten anzuhängen und Informationen und Ideen mit allen Verständigungsmitteln ohne Rücksicht auf Grenzen zu suchen, zu empfangen und zu verbreiten.

Artikel 20

(1) Jeder Mensch hat das Recht auf Versammlungs- und Vereinigungsfreiheit zu friedlichen Zwecken.

(2) Niemand darf gezwungen werden, einer Vereinigung anzugehören.

Artikel 21

(1) Jeder Mensch hat das Recht, an der Leitung der öffentlichen Angelegenheiten seines Landes unmittelbar oder durch frei gewählte Vertreter teilzunehmen.

(2) Jeder Mensch hat unter gleichen Bedingungen das Recht auf Zulassung zu öffentlichen Ämtern in seinem Lande.

(3) Der Wille des Volkes bildet die Grundlage für die Autorität der öffentlichen Gewalt; dieser Wille muß durch periodische und unverfälschte Wahlen mit allgemeinem und gleichem Wahlrecht bei geheimer Stimmabgabe oder in einem gleichwertigen Wahlverfahren zum Ausdruck kommen.

Artikel 22

Jeder Mensch hat als Mitglied der Gesellschaft Recht auf soziale Sicherheit; er hat Anspruch darauf, durch innerstaatliche Maßnahmen und internationale Zusammenarbeit unter Berücksichtigung der Organisation und der Hilfsmittel jedes Staates in den Genuß der für seine Würde und die freie Entwicklung seiner Persönlichkeit unentbehrlichen wirtschaftlichen, sozialen und kulturellen Rechte zu gelangen.

Artikel 23

(1) Jeder Mensch hat das Recht auf Arbeit, auf freie Berufswahl, auf angemessene und befriedigende Arbeitsbedingungen sowie auf Schutz gegen Arbeitslosigkeit.

(2) Alle Menschen haben ohne jede unterschiedliche Behandlung das Recht auf gleichen Lohn für gleiche Arbeit.

(3) Jeder Mensch, der arbeitet, hat das Recht auf angemessene und befriedigende Entlohnung, die ihm und seiner Familie eine der menschlichen Würde entsprechende Existenz sichert und die, wenn nötig, durch andere soziale Schutzmaßnahmen zu ergänzen ist.

(4) Jeder Mensch hat das Recht, zum Schutze seiner Interessen Berufsvereinigungen zu bilden und solchen beizutreten.

Artikel 24

Jeder Mensch hat Anspruch auf Erholung und Freizeit sowie auf eine vernünftige Begrenzung der Arbeitszeit und auf periodischen, bezahlten Urlaub.

Artikel 25

(1) Jeder Mensch hat Anspruch auf eine Lebenshaltung, die seine und seiner Familie Gesundheit und Wohlbefinden, einschließlich Nahrung, Kleidung, Wohnung, ärztlicher Betreuung und der notwendigen Leistungen der sozialen Fürsorge, gewährlei-

stet, er hat das Recht auf Sicherheit im Falle von Arbeitslosigkeit, Krankheit, Invalidität, Verwitwung, Alter oder von anderweitigem Verlust seiner Unterhaltsmittel durch unverschuldete Umstände.

(2) Mutter und Kind haben Anspruch auf besondere Hilfe und Unterstützung. Alle Kinder, eheliche und uneheliche, genießen den gleichen sozialen Schutz.

Artikel 26

(1) Jeder Mensch hat das Recht auf Bildung. Der Unterricht muß wenigstens in den Elementar- und Grundschulen unentgeltlich sein. Der Elementarunterricht ist obligatorisch. Fachlicher und beruflicher Unterricht soll allgemein zugänglich sein; die höheren Studien sollen allen nach Maßgabe ihrer Fähigkeiten und Leistungen in gleicher Weise offenstehen.

(2) Die Ausbildung soll die volle Entfaltung der menschlichen Persönlichkeit und die Stärkung der Achtung der Menschenrechte und Grundfreiheiten zum Ziele haben. Sie soll Verständnis, Duldsamkeit und Freundschaft zwischen allen Nationen und allen rassischen oder religiösen Gruppen fördern und die Tätigkeit der Vereinten Nationen zur Aufrechterhaltung des Friedens begünstigen.

(3) In erster Linie haben die Eltern das Recht, die Art der ihren Kindern zuteil werdenden Bildung zu bestimmen.

Artikel 27

(1) Jeder Mensch hat das Recht, am kulturellen Leben der Gemeinschaft frei teilzunehmen, sich der Künste zu erfreuen und am wissenschaftlichen Fortschritt und dessen Wohltaten teilzunehmen.

(2) Jeder Mensch hat das Recht auf Schutz der moralischen und materiellen Interessen, die sich aus jeder wissenschaftlichen, literarischen oder künstlerischen Produktion ergeben, deren Urheber er ist.

Artikel 28

Jeder Mensch hat Anspruch auf eine soziale und internationale Ordnung, in welcher die in der vorliegenden Erklärung angeführten Rechte und Freiheiten voll verwirklicht werden können.

Artikel 29

(1) Jeder Mensch hat Pflichten gegenüber der Gemeinschaft, in der allein die freie und volle Entwicklung seiner Persönlichkeit möglich ist.

(2) Jeder Mensch ist in Ausübung seiner Rechte und Freiheiten nur den Beschränkungen unterworfen, die das Gesetz ausschließlich zu dem Zwecke vorsieht, um die Anerkennung und Achtung der Rechte und Freiheiten der anderen zu gewährleisten und den gerechten Anforderungen der Moral, der öffentlichen Ordnung und der allgemeinen Wohlfahrt in einer demokratischen Gesellschaft zu genügen.

(3) Rechte und Freiheiten dürfen in keinem Fall im Widerspruch zu den Zielen und Grundsätzen der Vereinten Nationen ausgeübt werden.

Artikel 30

Keine Bestimmung der vorliegenden Erklärung darf so ausgelegt werden, daß sich daraus für einen Staat, eine Gruppe oder eine Person irgendein Recht ergibt, eine Tätigkeit auszuüben oder eine Handlung zu setzen, welche auf die Vernichtung der in dieser Erklärung angeführten Rechte und Freiheiten abzielen.

* * *

Die erschreckende Diskrepanz zwischen Sein und Sollen, unter der die Menschen leiden, seit es sie gibt, berechtigt zu einer einzigen, diesen Ausblick insgesamt betrachtenden These:

Weder die kleine Welt des einzelnen noch die große aller Menschen ist in Ordnung, was aber nicht zur Resignation oder zum Haß verleiten darf, sondern uns einlädt, auch und erst recht in unseren Schulen die Ursachen dieser Dilemmata zu ergründen und Möglichkeiten der Abhilfe ins Auge zu fassen.

Wenn es Aufgabe der Schule (von Spitzbergen bis Kapstadt, von Tokio bis Los Angeles) ist, die Welt, so wie sie geworden ist, in den Köpfen der heranwachsenden Kinder zu ordnen und in ihren Herzen die Sehnsucht nach einer Welt, wie sie sein und werden könnte, zu entfachen, dann sind die dazu entwickelten Formen und Strukturen nicht beliebig, austauschbar, gar belanglos.

Schauen wir uns ein wenig in Europa um, so lassen sich u. a. folgende Gegebenheiten und Tendenzen feststellen[11]:

In England: Unter Ausklammerung der schottischen und nordirischen Besonderheiten ist zunächst einmal ein historisches Faktum bedeutsam, denn im Gegensatz zu den eher zentralistischen Tendenzen auf dem Kontinent, die auf eine staatliche Zentralgewalt auch und gerade im Schulbereich hinausliefen, betrachtete man in England die Gründung und die Unterhaltung von sowie die Kontrolle über (Hoch-)Schulen als eine eher kommunale und lokale Aufgabe der Bürger in den Grafschaften und Städten bzw. Gemeinden. Bis heute sind deshalb die Selbstverwaltungskräfte in den 116 *Local Education Authorities* (LEAs) sowie die Selbstgestaltungskräfte in den (1993 registrierten) 18.828 Primar- und den 7.363 Sekundarschulen[12] erheblich – vor allem in Gestalt des englischen *headmaster.* Die Lehrer gelten als seine *assistants*; und gemeinsam ist das gesamte Kollegium einer Schule in Vertretung der Eltern (*in loco parentis*) tätig – auch und gerade erziehlich.

Auf die 6jährigen *Primary Education* folgt nach dem sogenannten 11+-Einschnitt (*eleven-plus*) eine 5jährige Sekundarstufe, wobei *Comprehensive Schools* (Gesamtschulen) vor allem mit den *Grammar Schools* (Gymnasien) und den *Independent* bzw. *Public Schools* (Privatschulen) konkurrieren. „Die Mehrheit der Schüler setzt danach ihre Ausbildung entweder in berufsbezogener Weise fort (*Further Educati-*

on) oder besucht die Oberstufe des Allgemeinbildenden Sekundarschulwesens (die zwei Klassen umfassende *Sixth Form*). Im allgemeinen wird an den Schulen ganztägig unterrichtet (9 bis 16 Uhr). Koedukation ist die Regel; Abweichungen davon finden sich am ehesten im privaten Sektor. Das Schuljahr ist in drei *Terms* unterteilt und umfaßt 39 Schulwochen."[13]

Wichtig ist auch ein Hinweis auf die Leistungsüberprüfungen. Seit 1988 das *National Curriculum* (NC) eingeführt wurde, sind in allen staatlichen Schulen Englisch, Mathematik und Naturwissenschaften Kernfächer (*Core Subjects*); Technik, Geographie, Geschichte, Fremdsprachen, Kunst, Musik und Sport gelten als Grundlagenfächer (*Foundation Subjects*); und Religion ist ein Wahlfach, das alle Schulen anbieten müssen. Im Alter von 7, 11, 14 und 16 Jahren haben sich die Schüler standardisierten Tests zu unterziehen, wobei die Kenntnisse auf zehn Stufen (*Levels of Attainment*) testiert werden. Die Universitäten regeln den Zugang zu ihnen weitgehend selbst, indem sie z. B. selbst bestimmen, in welchen Fächern ihre Studenten für einen bestimmten Studiengang das *A-Level* erreicht haben müssen. Das *General Certificate of Secondary Education* (GCSE) bzw. das *General Certificate of Education* auf dem *Ordinary Level* (in mindestens fünf Fächern) und auf den *Advanced Level* (zumindest in zwei Fächern) gilt als Voraussetzung zum Studium und ist in etwa unserem Abitur vergleichbar. Recht vielfältig, um nicht zu sagen, unübersichtlich ist die berufliche Ausbildung: Sie reicht von den Angeboten berufsorientierter *Colleges* und *Polytechnics* bis hin zum unmittelbaren *training on the job*.

Das akademische Studium in England wird in der Regel einem bestimmten Fach gewidmet und dient nicht so sehr dem Nachweis berufsqualifizierender Kenntnisse als vielmehr der Persönlichkeitsbildung in charakterlicher und intellektueller Hinsicht. Lehrer wird man in England an *Colleges of Education* oder auch an den *Universities*, indem man den *Qualified Teacher Status* (QTS) erreicht – und zwar auf zwei möglichen Wegen: Entweder absolviert man eine vierjährige fachliche, pädagogische und praktische Ausbildung, die alle Anteile integrierend und gleichzeitig (*concurrent*) anbietet. Oder aber man absolviert *nach* einem schulrelevanten Studium (eines bestimmten Faches oder bestimmter Fächer) einen einjährigen Kurs, der in etwa unserem Referendariat entspricht.

*

In Frankreich: Gerade in diesem zweiten hier in den Blick genommenen Land ist das meiste anders als in Großbritannien. Dominierte dort eine Mischung aus Tradition, Dezentralisierung und Offenheit, so herrscht in Frankreich bis heute ein extremer Zentralismus. Gewiß haben diese beiden westeuropäischen Länder zum großen Teil dieselben Probleme zu lösen (von der Leistungsdifferenzierung bis hin zu den Medieneinflüssen), aber sie tun dies auf andere Weise und mit anderen Mitteln und gelangen deshalb auch zu anderen Lösungen. Der Charme britischer Bildungspolitik liegt in ihrer pragmatischen Kommunalität, die Grandeur französischer Bildungspolitik in ihrer Staatlichkeit. Natürlich geht es auch in dieser Skizze nicht um eine Darstellung des französischen Schul-, gar Bildungssystems, wohl aber um das Aufzeigen einiger weniger Eigentümlichkeiten.

In einer zum Teil gänzlich anderen Tradition wurzelnd zeigt sich in Frankreich die „Kaderpolitik“[14] *Napoleon*s bis auf den heutigen Tag – mit ihren Vor- und Nachteilen, die Folgen des „Spannungsverhältnisses von Massenschule und Elitebildung“[15] sind. Das Schulsystem ist für alle verpflichtend (*obligatoire*), es ist unentgeltlich (*gratuit*) und weltanschaulich neutral (*laïque*). Gerade das zuletzt genannte Merkmal wird so konsequent gehandhabt, daß eher ein ganzer Schultag pro Woche (in den Grundschulen) oder ein Nachmittag (in den Sekundarschulen) kein Unterricht erteilt wird, als die Religion in die Schulen zu lassen. Statt dessen wird auf diese Weise allen Schülern die Gelegenheit zum Besuch des außerschulischen Religionsunterrichts eröffnet. Im Vergleich zu anderen Ländern hat Frankreich zwar ein ausgeprägtes Privatschulwesen (ca. 20 %), aber auch dieses ist an die staatlichen Lehrpläne und die staatliche Aufsicht gebunden und kann selbst keine Diplome vergeben bzw. eigenständig Prüfungen abhalten. Die Schulpflicht erstreckt sich vom 6. bis 16. Lebensjahr, wobei die *écoles maternelles* den nicht verpflichtenden Vorschulbereich abdecken und die 5jährige Grundschule auf den Sekundarschulbereich vorbereitet, der entweder vier oder sieben Schuljahre umfaßt. Selektiert wird nach diesem gesamtschulartigen und horizontal sich aufbauenden System also erst nach der Sekundarstufe I: Entweder geht der Schüler den Weg der beruflichen Bildung, oder er besucht ein allgemeinbildendes oder ein technisches Gymnasium, das gleichzeitig einen Technikerabschluß und das 'Abitur', also die allgemeine Hochschulreife (*baccalauréat technologique*), vergibt. 1993 erreichten 54 % der Schüler das *bac*, jedoch nur etwa ein Fünftel im schwierigsten Abiturtyp, dem Profil C = Mathematik und Physik (A = Sprache und Philosophie, B = Ökonomie, D = Mathematik und Biologie oder Agrarwissenschaft und -technik und E = Mathematik und Technik).[16] Dieser von vielen Franzosen als „Imperialismus der Mathematik“ kritisierte Zustand wurde ab 1994/95 insofern etwas korrigiert, als aus den einstmals sechs Kategorien drei allgemeinbildende Abiturtypen gebildet wurden: L = sprachliches, ES = wirtschafts- und gesellschaftliches und S = mathematisch-naturwissenschaftliches Profil. Trotz einer gewissen Auflockerung der Selektionsstruktur bleibt Mathematik das trennscharfe Fach, dem sich auch die Institutionen des tertiären Bereiches verpflichtet fühlen – vor allem die fast 40 Elitehochschulen (*grandes écoles*), aber auch die 86 Universitäten und 89 *instituts universitaires de technologie*. Dient(e) in England das Hochschulstudium der Persönlichkeitsbildung, so in Frankreich eindeutig der Berufsqualifikation. Zwar steht grundsätzlich allen Abiturienten die Universität offen, und es gibt auch keinen *Numerus clausus*, realiter aber betreiben Vorbereitungsklassen der Elitehochschulen und strenge Jahresprüfungen an allen Hochschulen eine scharfe Selektion. Immerhin: Nach zwei Studienjahren kann der Student die Hochschule mit dem *diplôme d'études universitaires générales* (DEUG) verlassen; ein weiteres Studienjahr berechtigt zum Erhalt einer *licence*; nach insgesamt vier Studienjahren kann er die Magisterprüfung ablegen (*maîtrise*) und damit das Hauptstudium beenden; und im Anschluß daran besteht die Möglichkeit zur Promotion (*prendre le grade de docteur*). Aber auch über die Berufliche Bildung ist der Weg zu den Hochschulen offen: Wer keine betriebliche Lehre absolviert oder die berufliche Sekundarstufe II besucht, kann die technische Sekundarstufe II absolvieren, die eine Doppelqualifikation anbietet, nämlich eine Technikerausbildung und die Hochschulreife. Während bis in die 80er Jahre hinein die französische Lehrerbildung zweigeteilt war (Primarstufenlehrer wurden in *écoles normales* auf einer Fachhochschulebene ausgebildet, Sekundarstufenlehrer hingegen an den Universitäten), existieren seit dem Bildungsgesetz von 1989 Universitätsinstitute für Lehrerbildung (*instituts universitaires de formation des maîtres*). "Die Lehrkräfte aller Schularten, die im IUFM ausgebildet werden sollen – Grundschulen, Sekundarschulen, Berufsschulen -, haben jetzt eine gemeinsame (auf die Unterrichtsfächer bezogene) Vorbildung von drei Jahren Hochschulstudium, das mit einer *licence* abgeschlossen wird. Das erste Jahr der IUFM-Ausbildung ist der Vorbereitung der unterschiedlichen Lehramtswettbewerbe ... gewidmet. Dazu gehören nun auch schulpraktische Studien, die ein Viertel der Ausbildungszeit einnehmen sollen. Neben den schulstufen- und schultypenspezifischen Angeboten gibt es auch gemeinsame schulstufenübergreifende Ausbildungsangebote. Die in den Lehramtswettbewerben erfolgreichen Studenten erhalten dann im zweiten Jahr ihre schulpraktische Ausbildung am IUFM, das zum neuen Ort für den Vorbereitungsdienst der Lehrkräfte aller Stufen wird."[17]

Kaum ein Begriff hat im französischen Bildungswesen eine größere Bedeutung als der des *concours*: Wettbewerb bei möglichst lang andauernder Horizontalität und Egalität. Die in 28 regionale Schulverwaltungsbezirke sich gliedernde Schullandschaft, denen die englischen LEAs nicht ganz unähnlich sind, organisieren als äußerstes Zugeständnis an die Kommunalisierung das regionale Zentralabitur, ansonsten aber haben die Kommunen keine gewichtigen Kompetenzen – das ist die eine Seite. Die andere mag eine Zahl und ein Titel markieren: Bis zum Jahr 2000 will das französische Schulsystem etwa 80 % aller Schüler zu einem Abschluß führen, der auf dem 'Abiturniveau' liegt – ein nicht aussichtsloses Unterfangen, das freilich die Selektion um so schärfer im tertiären Bildungsbereich walten lassen wird. Und: Hießen die früheren Grundschullehrer *instituteurs*, so haben sie nun (nach ihrem erfolgreichen Kampf um eine gleichwertige Universitätsausbildung das Recht, sich *professseurs (des écoles)* zu nennen – ein Lehrer an einer *grande école* freilich wird sich demnächst mit Sicherheit anders nennen. So wippen in Frankreich Gleichheit und Verschiedenheit mal mit, mal gegeneinander und halten eines in Bewegung: die Dynamik des Systems – mit anderen Worten das, was zusammengefügt ist: *systema* in der ursprünglichen Bedeutung des griechischen Wortes.

*

In Rußland: Noch haben wir womöglich die volle Bedeutung des Zusammenbruchs von vier europäischen Ländern nicht hinreichend gewürdigt. Neben dem Zerfall der ehemaligen DDR und Jugoslawiens hat auch die einstige Tschechoslowakei ihre Einheit verloren und besteht jetzt aus den selbständigen Staaten Tschechien sowie der Slowakei. Und schließlich zerbrach nach einigen Jahren der von *Michael Gorbatschow* konsequent betriebenen *Perestrojka* (Umgestaltung) und im Zuge des von der aufwachenden Bevölkerung demonstrierten *Glasnost* (wörtlich: lautes bzw. freies Sprechen) im Dezember 1991 das riesige Reich der UdSSR: 15 ehemalige sozialistische Sowjetrepubliken erhielten ihre staatliche Unabhängigkeit – auch die damalige RSFSR, die sich nun „Russische Föderation" nennt. Was über 70 Jahre mit Gewalt, also *contra legem* und widernatürlich, zusammengehalten wurde, bar jeder Rücksicht auf ethnische, kulturelle und religiöse Belange, zerfiel und leitete einen in der europäischen Geschichte bisher noch nicht dagewesenen Prozeß der demokratischen Veränderung bzw. Revolutionierung jenseits des einstigen „Eisernen Vorhangs" ein. Unter dem "Horizont einer Entideologisierung bzw. einer entschiedenen Absage an kommunistisch-sozialistische Denk- und Handlungsschablonen ringt seitdem insbesondere Rußland um die Verwirklichung der drei großen *D*s: *D*emokratisierung, *D*ezentralisierung und *D*iversifikation, denn gerade die Herstellung von Vielfalt an verschiedenen Orten unter demokratischen Bedingungen wird darüber entscheiden, ob Rußland und damit ganz Osteuropa eine Phase postkommunistischer Entwicklung einleiten oder aber in autoritäre Strukturen zurückfallen wird – seien sie marxistischer oder nationalistischer Provenienz.

Diese Unabgeschlossenheit der Entwicklung bzw. Labilität der Verhältnisse gilt es bei der Referierung der folgenden Daten zu berücksichtigen. Auch Rußland hat in Gestalt des zaristischen *und* des kommunistischen Staates seine autokratische und zentralistische Tradition, die sich erst seit Beginn des 1984 einsetzenden Reformprozesses im gesamten Sowjetbereich, seit Gründung der „Russischen Föderation" (1991) und seit dem Bildungsgesetz vom 12.7.1992 aufzulösen beginnt. „Obwohl das sowjetische Einheitsschulmodell einer größeren Vielfalt der Schultypen und Bildungsangebote gewichen ist, bildet eine horizontal strukturierte Stufenschule mit der traditionellen Bezeichnung 'Mittelschule' (*srednjaja škola*) weiterhin den Kern des Schulsystems."[18] Von 66.300 allgemeinbildenden Schulen sind 63 % vollständige, d. h. 11 Klassen umfassende Mittelschulen, die eine 3- oder 4jährige Grundschulbildung einschließen, nach Abschluß der unteren Sekundarstufe, wenn die Schüler das 15. Lebensjahr vollendet haben, zur Beendigung der Schulpflicht führen und in der oberen Sekundarstufe drei Wege eröffnen: Entweder absolviert der Schüler die 2jährige „Oberstufe" und erreicht nach der 11. Klasse die Hochschulreife; oder er besucht eine „beruflich-technische Schule", die in zwei Jahren eine Facharbeiterqualifikation und in drei bis vier Jahren auch die Hochschulreife vergibt; oder er läßt sich in der „Mittleren Fachschule" zum Techniker ausbilden.

Erst Mitte der 90er Jahre traten zwei weitere Schultypen auf: das von der 5. bis zur 11. Klasse reichende „Gymnasium" (*gimnazija*) und das zumeist die beiden letzten

Klassen der oberen Sekundarstufe umfassende Lyzeum (*licej*), eher technisch-naturwissenschaftlich denn akademisch-sprachlich orientiert. Dieser entstehenden Vielgliedrigkeit des Systems korrespondiert eine Flexibilisierung der Curricula sowie eine Humanisierung der Verkehrsformen – durchaus in Anlehnung an schülerorientierte Konzepte der westlichen Reformpädagogik. Acht Lernbereiche sind verpflichtend: Russisch, Fremdsprachen, Kunst, Gesellschaftswissenschaften, Naturwissenschaften, Mathematik, Sport und Technik, wobei die traditionell hoch bewertete Polytechnische Bildung in eben diesem zuletzt genannten Bereich integriert ist. Da es in Rußland fast 20 % nichtrussische Bevölkerungsgruppen in Gestalt von über 100 Ethnien gibt, dürfen in den „Nationalen Schulen" auch die jeweiligen Nationalsprachen Unterrichtssprache sein. Wie in anderen westlichen Ländern auch ist ein Trend zu beobachten, der die „Hilfsschulen" auf ein absolut notwendiges Maß beschränkt, also über „Sonder*klassen*" an Regelschulen zum Beispiel so weit wie möglich integriert und in „Sonder*schulen*" (*special'nye školy*) so umfassend wie notwendig selektiert, das heißt: niemanden (wie häufig assoziiert wird) an eine Rampe stellt, wohl aber die behinderten Kinder gesondert fördert!

Die berufliche Ausbildung ist auf drei Wegen möglich: Vollzeitschulisch über die „Obere Sekundarstufe", in betrieblichen Qualifizierungseinrichtungen und in neu entstehenden Ausbildungszentren bzw. Schulen des „Staatlichen Beschäftigungsdienstes" oder der sich entwickelnden Privatwirtschaft.

Die über 500 staatlichen Hochschulen in Rußland sind ebenfalls in einem Diversifizierungsprozeß begriffen: Ihre Vielfalt wächst, gleichwohl sie eher der „höheren" Berufs(aus)bildung als der Persönlichkeitsbildung dienen. Die „Universitäten" gelten als breite Spektren anbietende wissenschaftliche Hochschulen; „Akademien" sind fachlich auf Schwerpunkte hin orientiert; „Institute" bilden Fachkräfte für bestimmte Tätigkeitsfelder aus (z. B. Lehrer), ohne eine nennenswerte Grundlagenforschung wie die beiden zuerst genannten Institutionen zu betreiben; und „Colleges" sind auf der Fachschulebene angesiedelt und bereiten nicht selten auf ein wissenschaftliches Studium vor. Da die Hochschulen ihre Zulassungsnormen selbst aufstellen und entsprechende Prüfungen in Eigenregie durchführen, entsteht ein Wettbewerb, der die Qualität der zumeist fünf Jahre dauernden Studien in ca. 300 Fachrichtungen entsprechend verbessert. Das Lehrerstudium ist weiterhin zweigeteilt: „Fachlehrer für die fünften bis elften Klassen der Mittelschulen bzw. für die verschiedenen neuen Schultypen absolvieren in der Regel ein Studium an einer Pädagogischen Hochschule (*pedagogičeskij institut*) oder an einer Universität. Grundschullehrer und das pädagogische Personal der Vorschuleinrichtungen sowie Lehrkräfte für Sport, Musik, Kunst oder Arbeitsunterricht erhalten ihre Ausbildung zumeist an Pädagogischen Lehranstalten auf Fachschulebene (*pedagogičeskie učilišča*), neuerdings auch an Pädagogischen Colleges."[19] Zusammenfassend wird man das russische Bildungssystem als ein auf dem Weg befindliches kennzeichnen müssen, das vor enormen Herausforderungen und Chancen, aber auch Gefährdungen steht.

*

Dieser kleine Ausblick auf verschiedene Länder und ihre Bildungssysteme soll auf zwei Notwendigkeiten aufmerksam machen: Eine Theorie der Schule (in einem bestimmten Land) kann nicht bar jeder Kenntnisse anderer Theorien (in anderen Ländern) konzipiert werden und das heißt: Lehrer/innen benötigen die Einbeziehung eines internationalen Bezugshorizontes (speziell des europäischen), wenn sie die nationalen Wirklichkeiten als solche wahrnehmen und verbessern wollen. Hinter jedem Reglement bzw. hinter jeder Praxis eines anderen Bildungs- und Schulelementes wirkt eine bestimmte Theorie, die es zu identifizieren gilt, ehe man Urteile über diese Praxis fällt.

Darüber hinaus konnten wir sehen, daß alle europäischen Länder mit bestimmten Problemen zu tun haben, die sie lösen müssen, wenn sie nicht Schaden nehmen wollen. Die entscheidende Frage dabei lautet nicht: Wie lassen sich unsere Lösungen exportieren? Wohl aber: Wie lösen andere die uns gemeinsam bedrängenden Probleme, und was können wir daraus lernen? Eventuell fragen die anderen aus eben dieser Grundhaltung auch uns, so daß auf dieser Basis und in diesem Klima eine wirkliche Kommunikation wechselseitigen Fragens und Antwortens entsteht. Wer sich mit dieser Absicht in die Darstellungen europäischer (vielleicht auch amerikanischer) Schulsysteme einarbeitet und womöglich auch in gewisser Regelmäßigkeit Schulen im Ausland besucht, wird zumindest folgende sieben Probleme entdecken, die vom Ural bis zur Bretagne, von Spitzbergen bis Zypern unsere Kreativität und unser Engagement herausfordern:

- Das Problem der Leistungsdifferenzierung und Leistungsmessung –
- Das Problem der Integration von behinderten, benachteiligten und schwierigen Schülern –
- Das Problem des Umgangs mit ausländischen Mitbürgern, mit Heimatlosen und Vertriebenen, mit Minderheiten und Kriegsopfern –
- Das Problem der Koedukation bei immer noch nicht hinreichend verwirklichter Gerechtigkeit unter den Geschlechtern –
- Das Problem einer guten Lehrerbildung angesichts ungelöster Theorie-Praxis-Dilemmata –
- Das Problem gewaltiger (!) Medieneinflüsse und:
- Das Problem gesellschaftlicher Schwierigkeiten (von der Arbeitslosigkeit bis hin zur Zerstörung natürlicher Ressourcen), die in die Schule hineinwirken.

Jedes Land – so mein Resümee – kann von jedem Land lernen, wie es aufgrund seiner Tradition sowie im Rahmen seiner Visionen (Theorien) und seiner Wirklichkeiten (Praxen) mit ihnen (nicht) umgehen sollte.

Abbildung 62: Das Bildungssystem der Bundesrepublik Deutschland[20]

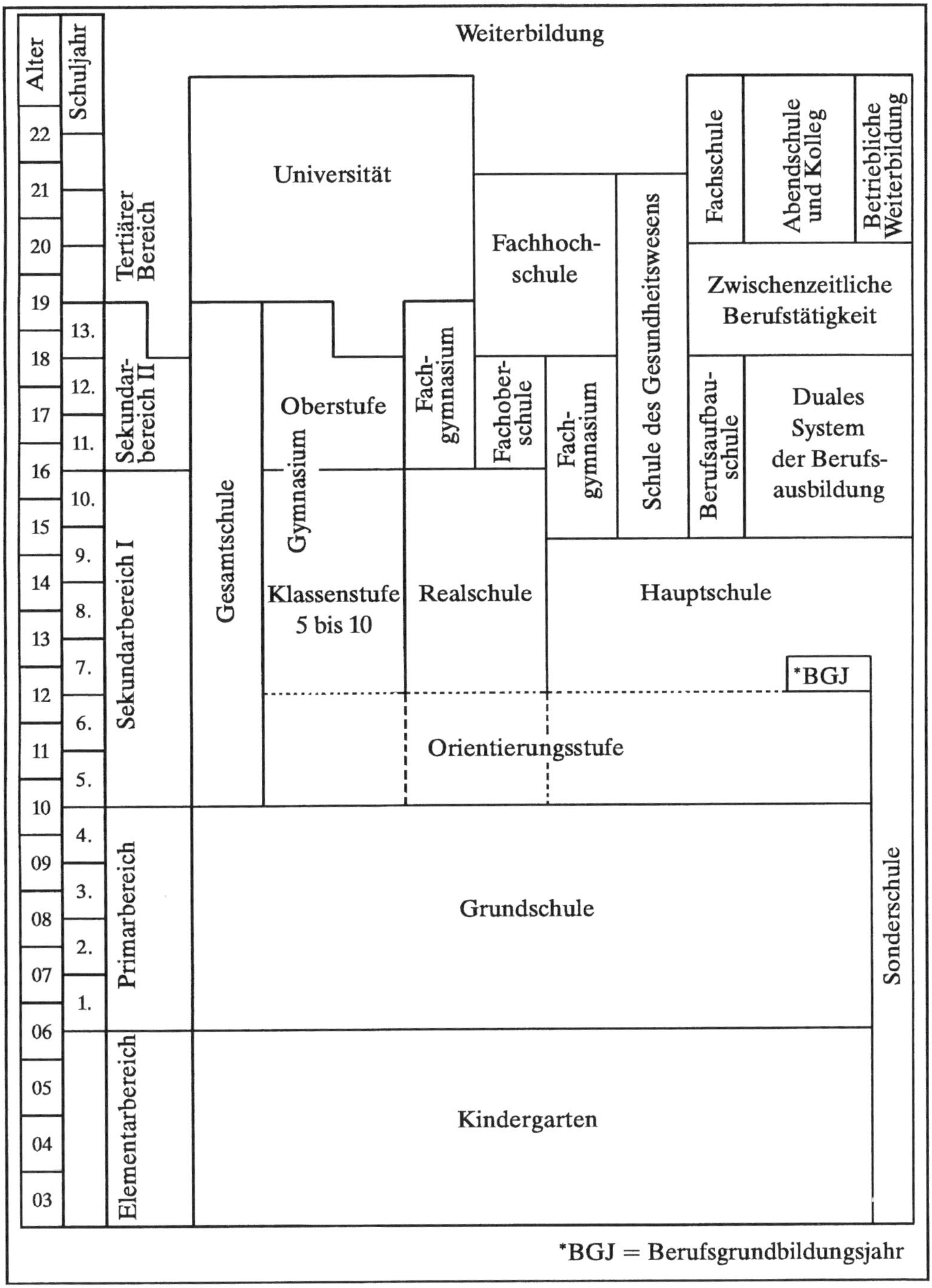

2. Die deutschen Bundesländer

Wechseln wir die Blickrichtung – aus der Ferne in die Nähe, in die seit der Wiedervereinigung Deutschlands (am 3.10.1990) auf 16 Bundesländer größer und gleichzeitig schwieriger gewordene Republik, auf die gerade im Bildungsbereich ausgesprochen föderal konzipierte Bundesrepublik Deutschland und ihre Länder, die nach der per Volksentscheid vom 5.5.1996 gescheiterten Zusammenlegung von Berlin und Brandenburg auch in Zukunft 13 Flächen- und drei Stadtstaaten sein werden. Zunächst ein paar schlichte Informationen[21]:

Über den schematischen Aufbau des deutschen Bildungssystems informiert die Abbildung 62 auf der vorausgegangenen Seite, die aber leicht vergessen macht, wie groß die Unterschiede in den einzelnen Ländern sind.

(1.) In **Baden-Württemberg** ist das gegliederte Schulsystem die Regel, das heißt: Nach dem Besuch der 4jährigen Grundschule entscheiden die Eltern aufgrund von Empfehlungen der Grundschule, ob ihr Kind eine Haupt- oder eine Realschule oder das Gymnasium besuchen soll oder in eine Sonderschule aufzunehmen ist. Hinzukommt die Tatsache, daß nur noch in diesem Bundesland die Grund- und Hauptschullehrer an selbständigen Pädagogischen Hochschulen ausgebildet werden, ein Sachverhalt, dem nur eine ideologische Vormeinung ausschließlich das Etikett des „Reaktionären" anzuheften vermag.

(2.) In **Bayern** sind, bis auf den Hochschulbereich, die Verhältnisse ähnlich. Beide Bundesländer sind darüber hinaus bei der Zulassung und Unterstützung von Privatschulen recht tolerant und großzügig.

(3.) In **Berlin** dominiert eine 6jährige Grundschule und die darauf sich stützende 7jährige Gesamtschule; aber auch Gymnasien, Real-, Haupt- und Sonderschulen konkurrieren um die weniger werdenden Schüler, wobei die Hauptschule wohl als erste 'auf der Strecke bleiben' wird, wenn sie kein eigenständiges Profil zu entwickeln vermag[22].

(4.) In **Brandenburg** sind die Verhältnisse nicht wesentlich anders – bis auf zwei gravierende Fakten: Es gibt in Brandenburg keine Hauptschulen mehr. Und: Der dortige Landtag hat am Donnerstag, am 28. März 1996, mit den Stimmen der SPD-Mehrheit beschlossen, an die Stelle des konfessionellen Religionsunterrichts als eines freiwilligen, aber ordentlichen Lehrfachs das nur auf besonderen Antrag hin abzuwählende Fach LER (Lebensgestaltung – Ethik – Religionskunde) einzuführen, wobei die dagegen angestrengte Verfassungsklage noch anhängig ist. Der 28. März 1996 war übrigens der 404te Geburtstag jenes Pädagogen, der die Schulbildung dreifach grundgelegt hatte: in der *scientia*, in der *politia* und in der *religio*, es war der Geburtstag von *Johann Amos Comenius*. Damit ist – laut § 11 des Brandenburger Schulgesetzes – Religionsunterricht nicht mehr ordentliches Lehrfach, sondern ausschließlich in die Verantwortung der Kirchen gestellt, die ihn (noch) in den Schulen anbieten dürfen. Ansonsten besuchen nach der 6. Klasse etwa 50 % eines Altersjahrgangs die Gesamtschule, 30 % ein Gymnasium, 16 % eine Realschule und 4 % eine Sonder- oder Private Ersatzschule. Auch die 33 Oberstufenzentren dürften ein gewisses Spezifikum darstellen.

(5.) In **Bremen** gibt es, wie in allen übrigen Bundesländern, die 4jährige Grundschule und eine fast ausschließlich dominierende Gesamtschule.

(6.) In **Hamburg** sind die Verhältnisse ähnlich, was natürlich in erster Linie ein Ergebnis der jahrzehntelangen Einflußnahme durch die SPD (und später auch der Grünen) ist. Entsprechend stark ist das dortige Privatschulwesen.

(7.) In **Hessen** herrschen ähnliche Verhältnisse, wobei sich relativ viele Privatschulen etabliert haben, vor allem als Freie bzw. Alternative Schulen[23].

(8.) In **Mecklenburg-Vorpommern** herrschte in den ersten Jahren nach der „Wende" eine größtmögliche Offenheit und Vielfalt: Es existierten alle Skundarschulformen als Haupt-, Real-, Gesamt- und Sonderschulen sowie als Gymnasien, wobei auf die Orientierungsfunktion in den Klassen 5 und 6 besonderer Wert gelegt wurde. Das am 24. April 1996 vom Schweriner Landtag verabschiedete Schulgesetz sieht u. a. eine Zusammenlegung von Haupt- und Realschulen und die Gesamtschule als Regelschule vor. Als besonderes Merkmal darf die Möglichkeit jahrgangsübergreifenden Unterrichts (*inter-class-grouping*) in den Grundschulen dieses Bundeslandes angesehen werden.

(9.) In **Niedersachsen** dürfte die zwischen dem Primar- und Sekundarbereich als Gelenk etablierte „Orientierungsstufe" das eigentliche Proprium sein – und nicht vergessen werden soll die partielle und temporäre Verwirklichung der „Einphasigen Lehrerbildung", die aber im Zuge einer restriktiven Bildungspolitik sowie finanzieller Engpässe immer mehr zurückgenommen wurde.

(10.) In **Nordrhein-Westfalen** finden sich fast alle Strukturen und Systeme – bei steigender Tendenz in Richtung Gesamtschule und immer größerer Popularität des Gymnasiums, das längst zur Hauptschule der Nation geworden ist. Hingewiesen sei auch auf die fünf Gesamthochschulen (in Duisburg, Essen, Hagen, Paderborn und Siegen), denen das Alternative gegenüber den klassischen Universitäten jedoch immer mehr abhanden gekommen ist, gewiß auch aufgrund eines nicht bekömmlichen Kampfes um Status, Prestige und Macht.

(11.) In **Rheinland-Pfalz** hat sich die sogenannte Regionale Schule – wenn auch zaghaft – etabliert. Sie soll langfristig Haupt- und Realschulen zusammenfassen, wobei heftig umstritten ist, welche Schulform dabei eventuell Schaden nehmen wird.

(12.) Im **Saarland** wurden per Landtagsbeschluß vom März 1996 die Hauptschulen gänzlich abgeschafft und zu „Erweiterten Realschulen" umgetauft – die Probleme mit den Schwierigkeiten schwieriger Schüler sind freilich geblieben.

(13.) In **Sachsen** wurde der Streit zwischen Befürwortern eines eher vertikalen oder horizontalen Schulsystems mit der Einführung der „Mittelschule" entschieden, die von der 5. bis zur 10. Klasse reicht und in den beiden ersten Schuljahren eine Orientierungsfunktion aufweist.

(14.) In **Sachsen-Anhalt** gibt es neben den Gymnasien und den sich mehr und mehr durchsetzenden Gesamtschulen die „Sekundarschule", in der sowohl Haupt- als auch Realschulbildungsgänge angeboten werden.

(15.) In **Schleswig-Holstein** geht die Entwicklung in Richtung eines Zwei-Säulen-Systems: Gesamtschulen hier und Gymnasien dort, wobei die bildungspolitischen Rahmenbedingungen, wie in allen Bundesländern, manche Aussage oder Prognose recht unsicher machen.

(16.) In **Thüringen** existieren nach der Grundschule neben den Gymnasien Gesamtschulen und, als neue Schulform, die (Haupt- und Realschulen in sich aufnehmende) „Regelschule".

Diese Synopse läßt sich zusammenfassend wie folgt würdigen:

- In der Bundesrepublik Deutschland haben die Länder einen gravierenden Einfluß auf die äußeren Rahmenbedingungen der Schulen, vor allem über die jeweiligen Schultypen im Spektrum einer möglichst durchgängigen Horizontalisierung oder Vertikalisierung des Schulsystems. Damit bestimmt über die äußere Schulreform weitgehend die Parteipolitik – mitunter im Wechsel von Wahl zu Wahl.
- Darüber hinaus wird man feststellen müssen, daß die berufliche Ausbildung in Form des „dualen Systems" (d.h. praktische Ausbildung in einem Betrieb *und* theoretische Unterweisung in einer Berufsschule) weltweit Anerkennung gefunden hat. Zwar ist es nicht gelungen, die berufliche und allgemeine Bildung innerhalb des Regelschulsystems zu integrieren, aber als „duales System" hat die Berufsbildung in Deutschland für viele Länder Vorbildfunktion.
- Ansonsten sind die Unterschiede zwischen den verschiedenen Bundesländern wesentlich größer als zwischen vergleichbaren Regionen der übrigen europäischen Länder. Wer z.B. in Stuttgart aufwächst, besucht unter Umständen von montags bis samstags eine 4jährige, christlich orientierte Grundschule, absolviert danach von Klasse 5 bis 13 ein humanistisches Gymnasium in Halbtagsform, leistet den Grundwehrdienst bei der Bundeswehr, studiert an der PH Heidelberg für das Lehramt an Grund- und Hauptschulen, wird Referendar und ... Ein Altersgenosse in Frankfurt an der Oder wird Schüler einer 6jährigen, montags bis freitags geöffneten, keinen Religionsunterricht, aber einen Hortbereich anbietenden Grundschule, geht danach auf eine von Klasse 7 bis 13 ausgebaute Gesamtschule in Ganztagsform (Im thüringischen Jena würde er bereits nach 12 Schuljahren Abitur machen können!), leistet seinen Zivildienst in einem Altenkrankenhaus, studiert an der Universität Potsdam Grundschulpädagogik, wird Referendar und ...
- Aufgrund der „Kulturhoheit" der Länder ist „das deutsche Bildungswesen nicht zentral, sondern multizentral organisiert"[24], was Vor- und Nachteile hat. Ein

schwieriges Ausbalancieren ist von daher geboten, wenn ein Auseinanderbrechen dieser Spannung ebenso verhindert werden soll wie eine Nivellierung der Unterschiede. Die Bundesrepublik Deutschland organisiert also auf der gesamtstaatlichen Ebene das Bildungssystem dezentral, auf den Länderebenen hingegen ausgesprochen zentral.

- Das Verhältnis Staat-Kirche ist in Deutschland weder laizistisch noch von Elementen einer Staatskirche geprägt. In außerschulischen Bereichen dominiert ein auf Distanz achtendes Subsidiaritätsprinzip, das heißt: Man leistet dort Hilfe (zur Selbsthilfe), wo die anderen nicht (ausreichend) tätig sind. In der Schule hingegen räumt der zur Weltanschauungsneutralität verpflichtete Staat den beiden christlichen Kirchen, denen jeweils etwa 35 % der Bevölkerung angehören, das Recht einer erziehlichen Mitwirkung ein: Religion ist (mit Ausnahme von Bremen und Berlin) ordentliches Fach der öffentlichen Schule, das aber ab dem 14. Lebensjahr vom religionsmündig gewordenen Schüler abgewählt werden kann – wenn nicht bereits vorher die Eltern ihr Kind vom Religionsunterricht haben befreien lassen, wobei Brandenburg ausgeklammert bleibt.
- Das Privatschulwesen ist in Deutschland relativ schwach ausgeprägt: Rund 95 % aller Schüler besuchen öffentliche Schulen, die größtenteils Halbtagsschulen sind – in Hamburg freilich liegt der Prozentsatz der Privatschüler bei über 8 %[25].
- Und schließlich wird sich ein quantitatives Problem in den nächsten Jahren geradezu dramatisch auswirken: Gemeint sind die rapide sinkenden Geburtenraten, vor allem in den neuen Bundesländern, und damit verbunden eine allmähliche Halbierung der Anzahl der Schüler: Sie wird dort von momentan 2,2 Millionen auf etwa 1,2 Millionen bis zur Jahrtausendwende zurückgehen[26]. Das hat natürlich massive Folgen für den Bestand der Schulen und die Beschäftigung der Lehrer.

Mit diesen Hinweisen wollen wir es bewenden und uns in einer dritten Suchbewegung von der Frage leiten lassen: Wie könnte denn das deutsche Bildungs- bzw. Schulsystem so organisiert und strukturiert werden, daß es einerseits von den Erfahrungen fremder Länder lernt und andererseits die inneren Reformen besser zu verwirklichen vermag? Selbstverständlich reicht eine solche Perspektive über den Tag und die eigene Schule hinaus. Sie ist nur bildungs*politisch* zu bedenken und auf Konkretionen hin auszuleuchten. Dazu sind Mehrheiten nötig, Geduld und öffentlicher Support ... Und doch wird selbst der kleinste didaktisch-methodische Schritt auch davon abhängen, in welche Zielrichtung er unternommen wird.

3. Die Elastische Schule

Der an die Konferenz der Kultusminister gerichtete offene Brief, den der Bielefelder Erziehungs- und Sozialwissenschaftler *Klaus Hurrelmann* unter dem Titel „Zwei Schulen für das eine Deutschland" in der Zeit (Nr. 45/1991) veröffentlichte, ist der seit Jahren wohl am ernstesten zu nehmende Beitrag zur strukturellen Reform des deutschen Schulsystems insgesamt: Er beruht auf einer korrekten Analyse, ist bestechend klar und unter Umständen sogar mehrheitsfähig. Im Kern läuft *Hurrelmann*s Vorschlag darauf hinaus, dem Gymnasium (nach der 4jährigen Grundschule) als einer Lern- und Studienschule mit dem Abitur als Eingangsvoraussetzung in die Universität eine eher lebenspraktisch orientierte sowie berufsbezogene Sekundarschule zur Seite zu stellen, in die Haupt-, Real- und Gesamtschulen aufgehen. Damit diese zweite Säule einerseits dem sich gleichsam zu Tode siegenden Gymnasium Entlastung verschafft und andererseits nicht unter den Berechtigungslevel der Abiturvergabe zurückfällt, soll auf die praxis- und berufsbezogene Mittelstufe dieser neuen Sekundarschule eine mit dem 11. Jahrgang einsetzende 2jährige Oberstufe folgen, die entweder zur Fachhochschulreife führt oder in einem neu zu konzipierenden Bildungsgang von gleichfalls 2 Jahren die fachgebundene Hochschulreife testiert. Schematisch sähe das *Hurrelmann-Modell* wie in der Abb. 63 aus:

Damit nun beide Schularten (Gymnasium und „neue Oberschule") völlig gleichberechtigt sind, sollte an der zuletzt genannten Schule „ergänzend ein Aufbaukurs für diejenigen Schülerinnen und Schüler angeboten werden, die nach Abschluß des zwölfjährigen Bildungsganges noch die allgemeine Hochschulreife an der gleichen Schule erwerben wollen" (zit. ebd.). Dieses „Zwei-Wege-Modell" würde in der Tat
- die einseitig um die leidgeprüfte *Hauptschule* gelagerten Dilemmata beseitigen,
- den auf Bestand des Gymnasiums gerichteten *Elternwillen* respektieren,
- unterschiedliche *Lernographien* behutsam fördern,
- allen dieselben *Chancen* zumindest eröffnen,
- die zerklüftete Bildungslandschaft *übersichtlicher* gestalten,
- den ideologischen Kampf um die bessere Schul*form* (hier Gymnasium, dort Gesamtschule) zugunsten eines Ringens um die jeweils bessere *Schule* beenden und
- im Zuge der *europäischen* Vereinigung geradezu modellhaft wirken.

Warum also nicht sofort beschließen, was doch so vernünftig ist? Mir scheint, unbeschadet dieser Vorzüge sowie der bildungspolitischen Machtfrage unter dem Horizont der „Kulturhoheit der Länder", das Modell noch nicht gänzlich ausgereift und zumindest an drei Stellen ergänzungs- bzw. korrekturbedürftig zu sein.

*

Abbildung 63: Das Zwei-Wege-Modell nach Klaus Hurrelmann

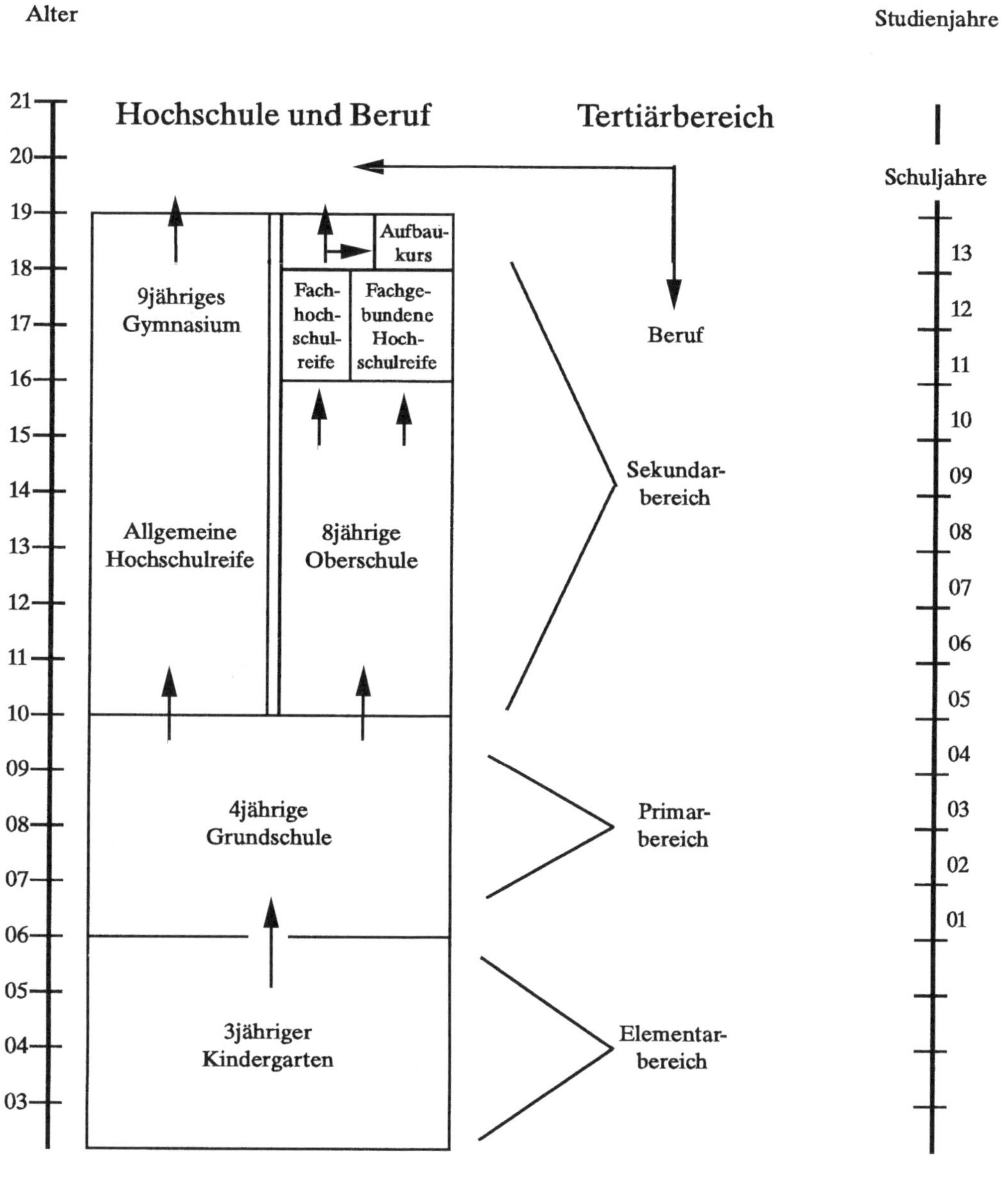

Unter schulsoziologischem Aspekt ist es sicherlich legitim, bei der Reform der Schule den Akzent auf die Schulstrukturen bzw. die Schulorganisation zu setzen. Noch gilt der Satz von *Siegfried Bernfeld*: „Die Schule – als Institution – erzieht."[27] Aber nicht weniger wichtig ist das, *was* da auf welche *Weise* in der Schule gelehrt und gelernt wird. Das dort veranstaltete Lehren und Lernen muß ebenso miteinbezogen werden, wenn die Struktur nicht alles und der Inhalt nichts sein soll. Mit der Schulstruktur verbunden sein muß folglich die Frage nach der zwischen den Generationen immer wieder neu zu gestaltenden *Bildung* junger Menschen, die auf die Schlüsselqualifikationen ihres Lebens zu beziehen ist und die in den einzelnen Schuljahren sowie Fächern ihre jeweiligen Konkretionen erfahren muß. Um was für eine Bildung geht es in den Strukturen eines, wie auch immer gearteten, neuen Schulsystems? Wir wollen und müssen Kindern und Jugendlichen vor allem die Erfahrungen sowie das Wissen darum vermitteln,

- daß alles mit allem verbunden ist, daß also Ursachen, Folgen, Eingriffe, Beschleunigungen, Abwarten u. ä. .m. Wechselwirkungsprozesse konstituieren, mit anderen Worten: nur ein *vernetztes* Lernen sinnvoll ist;

- daß zur Bewältigung von Lern- und Lebensproblemen Neugier und Zuversicht gehören, mit anderen Worten: nur ein *permanentes* Lernen das Überleben in Freiheit und Würde ermöglicht;

- daß drittens beim Lernen möglichst viele Sinne beteiligt sein müssen, wenn verkrüppelte Bildung (sei es die des Verstandes oder die des Bauches) vermieden werden soll, mit anderen Worten: nur ein *umfassendes* Lernen verantwortet werden kann; und

- daß es viertens in der Schule um erziehenden Unterricht geht, um die Bildung des imperfekten Menschen in und zur Freiheit, Gerechtigkeit sowie Brüderlichkeit bzw. Schwesterlichkeit, was vom ersten bis zum letzten Tag der entscheidende (aber nicht gepredigte) Bezugspunkt bei der curricularen Arbeit sein muß, mit anderen Worten: nur ein *erziehendes* Lernen öffentlichen Support verlangen darf.

Gerade dieses letzte Merkmal einer auf Bildung *und* Erziehung fußenden Schule wird im Zuge sich häufender Schwierigkeiten auch von ernsthaften Erziehungswissenschaftlern nicht mehr uneingeschränkt befürwortet. *Hermann Giesecke* zum Beispiel beantwortet die Titelfrage seines neuen Buches („Wozu ist die Schule da?"[28]) dahingehend, daß die Schule allenfalls für die Bildung und das Elternhaus für die Erziehung zuständig sei. Dabei vergleicht er die Schule mit einer sozialen Spielwiese, „auf der sich Lehrer mit Schülern beziehungsharmonisch tummeln dürfen – legitimiert durch entsprechende pädagogische Postulate der Bedürfnisbefriedigung"[29]. Abgesehen von der den realen Problemen nicht gerecht werdenden Ironie begeht *Giesecke* den verhängnisvollen Fehler, die Schule auf Unterricht zu reduzieren sowie Bildung und Erziehung auseinanderzureißen.

Neben diesem pädagogisch-didaktischen Terrain und seinen vier Bezugspunkten ist die Bildungsschule speziellen *Methoden* verpflichtet, die in der Reformpädagogik ihre Wurzeln haben. Ich nenne beispielhaft (von Klasse 1 bis 13): Stuhlkreis und Partnerarbeit, Morgenfeier und Erkundungen, Gruppenunterricht und epochales Studieren, Theateraufführungen und interkulturelle Feiern, Industriepraktikum und Projektunterricht, Auslandsfahrten und Team Teaching, Selbststudium und – das Ganze von vorn, aber in der Variation: Lernspiel und Phantasiereise, Freiarbeit und Klassenfahrten etc. Viele Spiralen schülerorientierten Lernens lassen sich durch alle Jahrgänge „ziehen", wenn man zweitens eine reformpädagogische Schülerschule sein und haben will. Just daran droht das ansonsten durchaus überzeugende *Hurrelmann-Konzept* zu scheitern: Es weist allenfalls der „neuen Oberschule" reformpädagogische Elemente zu, in ihr würden sich entsprechende Lehrer/innen gewiß in diesem Sinne engagieren, das Gymnasium aber würde allenfalls strukturell entlastet, nicht aber in die reformpädagogische Pflicht genommen werden. Deshalb lautet die erste Forderung: *Wir brauchen eine Bildungsschule, die sich dem reformpädagogischen Erbe verpflichtet weiß!*

*

Ein altes Rätsel

Einst ging ich nach Wesel,
da begegneten mir ein Mann und sieben Esel,
jeder Esel trug einen Korb,
in jedem Korb waren sieben Katzen,
jede Katze hatte sieben Kätzchen,
Kätzchen, Katze, Mann, Esel —
Wie viele gingen nach Wesel?

Erst wenn darüber befunden wurde, sollten wir über die hierzu geeigneten Schulstrukturen sprechen bzw. streiten. Ich vertrete seit Jahren das Konzept einer elastischen Schule, das in Kurzform wie folgt ausschaut:

Abbildung 64: Die Elastische Schule nach Rainer Winkel

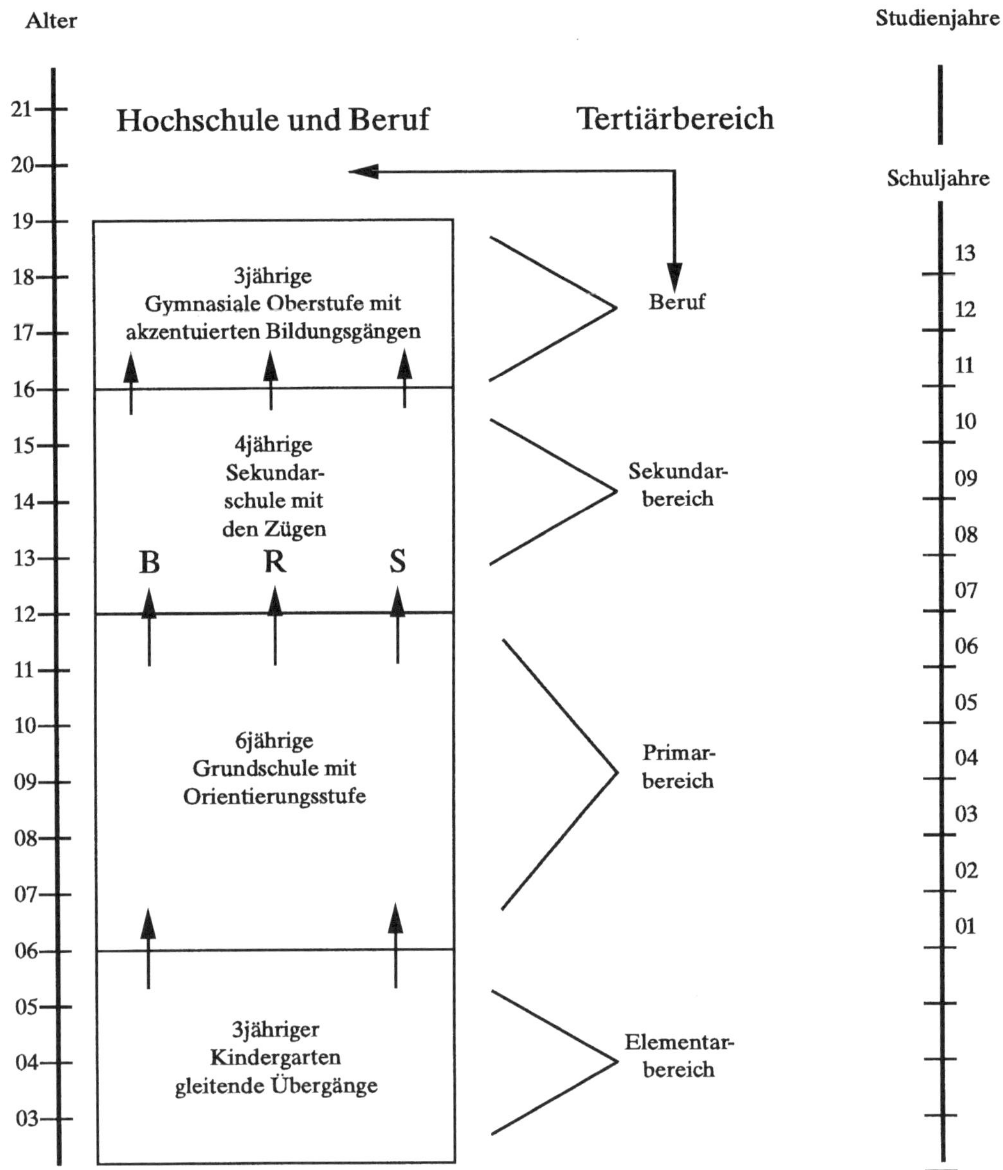

Basis des deutschen Schulsystems sollte eine 6jährige Grundschule werden. Berlin und andere europäische Länder haben jahrzehntelang beste Erfahrungen mit dieser grundlegenden Gesamtschule gemacht, der aber im 5. und 6. Schuljahr eine Orientierungsstufe beizugeben ist. Sie sollte darüber hinaus weitgehend frei sein von der traditionellen Notengebung und statt dessen lerndiagnostisch beraten und begleiten, was im 4. Abschnitt dieses V. Kapitels entfaltet wurde.

Auf dieser Grundschule baut sich eine 4jährige Sekundarschule auf – gleichfalls gesamtschulartig und dennoch die Unterschiede bereits berücksichtigend. In ihr wird es drei Zweige, Departments oder Züge geben (wenn dies vom Gebäude oder der Größe her nötig bzw. möglich ist); in ihr können aber auch drei Schulen als ein Verbundsystem kooperieren (falls bestehende Räumlichkeiten, Populationen und finanzielle Grenzen dies erfordern). Ich nenne diese unter *einer* Schulleitung zusammengefaßten Zweige bzw. Teilschulen die *B*-, *R*- und *S*-Schulen: Die *B*erufsbildungsschulen, die *R*ealschulen und die *S*tudienschulen, in denen entweder neben einer gemeinsamen, d. h. für alle verbindlichen, Allgemeinbildung ein Berufsfeld erlernt wird, die Fächer der bisherigen Realschule im Zentrum stehen oder verstärkt wissenschaftspropädeutischer Unterricht stattfindet. Wichtig und unverzichtbar ist dabei erstens die *allen* Sekundarschülern angebotene Allgemeinbildung, zweitens die Möglichkeit eines Abschlusses der Mittleren Reife, der drittens uneingeschränkt zum Besuch der darauf folgenden 3jährigen Gymnasialen Oberstufe berechtigt. Diese Oberstufe muß deshalb in ihrem curricularen Angebot so umgestaltet werden, daß jeder Schüler aus jedem Zweig dieselben Chancen besitzt, mit seinem mitgebrachten Wissen und Können das Abitur zu erwerben, um später eventuell eine Hochschule zu besuchen. Wer also z. B. die 4jährige Berufsbildungsschule besucht und in ihr u. a. eine „Lehre" im – sagen wir – holzverarbeitenden Bereich absolviert hat, muß im Gymnasium diese *seine* Kompetenz in gleicher Stärke (aber nicht auf dieselbe Weise) zur Geltung bringen können wie die im Computerbereich examinierte Realschülerin oder der drei Fremdsprachen beherrschende Sprachenspezialist, der mehr kognitiv-abstraktes Problembewußtsein in die Oberstufe einbringt. Alle drei müssen also ihre verschiedenen Fähigkeiten in das Gymnasium mit der gleichen Stärke bzw. Chance auf ein Abitur unter Beweis stellen können, mit anderen Worten: Ohne eine entsprechende Reform der Oberstufe würde die *S*tudienschule doch wieder bevorzugt und die *R*eal- sowie *B*erufsbildungsschule wieder benachteiligt werden. In diesem 6-4-3-System hätte auch die leidige Hauptschule ihren Platz und ihre Überwindung zugleich, so daß sie weder täglich von der Auflösung bedroht wäre noch eine schichtspezifische Reproduktion festschriebe, die einer Demokratie unbekömmlich ist. Ein solches System würde darüber hinaus die Vorteile von so viel Horizontalität wie möglich mit so wenig Vertikalität wie nötig verbinden. Und unter einer solchen Perspektive wüßten unsere gerade von der Bildungspolitik immer wieder betrogenen Lehrerinnen und Lehrer, was sie heute tun müssen, wenn sie morgen dieses Bildungssystem haben wollen: Sie dürfen gerade nicht auf Resignation setzen, denn kaputte Einzelschulen sind schlechte Lieferanten für ein neues Bildungssystem. In ihrem temperamentvoll geschriebenen Buch über das Scheitern der Schule mit dem bezeichnenden Titel „Lernen mit beschränkter Haftung“ weist *Marianne Gronemeyer* zu Recht darauf hin, daß die Schule dann nicht mehr zu retten ist, wenn ihr „ein endloses Siechtum bei immer spärlicher werdender Pflege beschieden ist“[30].

Vergleichbar unserem Arm bzw. unserer Hand läßt die hier vorgestellte Schulstruktur die Schüler so lange wie möglich beieinander und trennt sie so spät wie notwendig. Die ausschließliche Dominanz eines vertikalen Schulsystems würde die Schüler viel zu früh selektieren, also die Hand bereits am Ellenbogen ansetzen; und eine auf Einheitlichkeit getrimmte Gesamtschule wäre ein klobiger Arm ohne gegliederte Hand. Weil eine Demokratie aber Einheit *und* Vielfalt braucht, ihre Kinder fördern *und* fordern muß, auf Integration *und* Differenzierung setzt, benötigt sie ein entsprechendes System, das tragen *und* elastisch sein muß, für Bewahrung *und* Veränderung offen ist. Dieses Schulsystem würde selbst ein scheinbar so unlösbares Problem wie das der Sonderschulen bzw. das der Integration behinderter Kinder neuen Lösungen überantworten: Die 6jährige und daraufhin konzipierte Grundschule wäre für die meisten der geeignete und auch ausreichende Ort ihrer (hinreichenden) Förderung, aber auch der Ort, an dem die ihnen (zuzumutende) Forderung Platz findet. So lautet meine zweite Überlegung: *Wir brauchen ein elastisches Schulsystem mit so viel Horizontalität bzw. Einheitlichkeit wie möglich und so wenig Vertikalität bzw. Vielfalt wie notwendig.*

*

Die Bildungsschule, die Schülerschule, die Elastische Schule koinzidiert im Konzept einer „Humanen Schule“, an dem in einem gleichlautenden Reader 18 Autoren der verschiedensten Provenienz mitgearbeitet und der Öffentlichkeit vorgestellt haben[31] – von *Behrendt* bis *Ziehe*. Diese Tatsache stützt meine Vermutung, daß ein solches Schulsystem mehrheitsfähig wäre, wenn allerdings zwei Voraussetzungen akzeptiert würden:

Erstens geht es der jetzt anstehenden Reform des Bildungswesens nicht mehr wie 1968ff. um die „Gleichheit der Chancen“, sondern um eine gerechte „Verteilung von Problemen“: Alle Schulen müssen sich den Schwierigkeiten unserer Zeit öffnen, wenn sie ihre Möglichkeiten demokratisch nutzen sollen. Eine Gesellschaft mit „Restschülern“ ist inhuman, und eine Gesellschaft mit einer „Einheitsschule“ undemokratisch. Und zweitens wird es eine gewisse Zeit des Präsentierens und Veränderns brauchen, um das deutsche Schulsystem auf die Probleme des nächsten Jahrhunderts gut vorzubereiten. Eine solche Streitkultur muß geeignete Formen finden, weshalb ich eine dritte Forderung erhebe: *Wir brauchen zur Findung des bestmöglichen Schulsystems einen neuen Bildungsrat bzw. mehrere Länder, die den Kompetentesten unter uns Zeit und Gelegenheit geben, die dringend benötigte Schulreform konzeptionell zu entwerfen.* Meine eigenen Recherchen haben jedenfalls insofern Erfreuliches ergeben, als z. B. die 6jährige Grundschule heute bereits durchaus Chancen hätte, eine Mehrheit zwischen Rostock und Konstanz zu gewinnen. Sicher, dies wäre „nur“ ein erster Schritt. Aber läge er nicht im Interesse derer, die im 3. Jahrtausend kein Schulchaos, aber auch keine Schuluniform, wohl aber eine *elastische* Schule um ihrer Bildung willen benötigen?

* * *

Damit sind wir durch alle Zimmer unseres zweiten Stockes geschritten, haben kritisch betrachtet und umgeräumt, vielleicht auch ein paar Wände eingerissen und woanders neue gemauert, dieses Möbelstück auf den Müll geworfen und ein anderes angeschafft ... Vor allem haben wir – hoffentlich – das Wichtigste getan: Über die Art und Weise des Be-Wohnens nachgedacht. Denn bei aller Notwendigkeit des Renovierens darf das zentrale Anliegen unseres Hausbaus nicht vergessen werden: Solange die schlechten Funktionen und Aufgaben, die schlechten Gewohnheiten und Wirkungen der Schule unangetastet bleiben, nutzen auch die schönsten Renovierungen nichts. Und schlecht – im pädagogischen Sinn – ist alles das, was der Bildung und Erziehung junger Menschen unter dem Horizont ihres erworbenen Wissens und verantwortlichen Könnens schadet.

So sind Sie nun eingeladen, eine schmale Treppe in den dritten Stock zu steigen, wo sich ein riesiges Dachgeschoß auftut, in dem es keine einzelnen Zimmer mehr gibt, wohl aber eine – verschiedene Arbeitsstätten aufnehmende – große Werkstatt, ohne die entscheidende Regulierungen, Anregungen und Steuerungen nicht möglich wären. Und wer vorher ein wenig Abstand von allzu viel Pädagogik gewinnen will, dem sei ein bißchen Ruhe gegönnt im Erkerzimmerchen, das Sie gleich hinter der Tür neben dem Kamin finden ...

2. Erker: Ein gutes Rätsel mit bösen Folgen

Eines Tages kam der größte griechische Erzähler, der wohl im 7. Jahrhundert vor *Christus* gelebt habende *Homer*, in ein Fischerdorf und fragte die aus Arkadien stammenden Fischer nach ihrem Fang. Als Antwort erhielt er ein von den Knaben der Fischer aufgegebenes Rätsel, das wie folgt lautete:

Was sie gefangen, ist fort, und was sie nicht hätten fangen können, ist ihnen geblieben.

Was war es? – Wenn Sie das Rätsel nicht lösen können, machen Sie es bitte nicht wie *Homer*, der sich aus Verzweiflung darüber, daß er das Rätsel nicht lösen konnte, von einem Felsen herab ins Meer gestürzt haben soll.

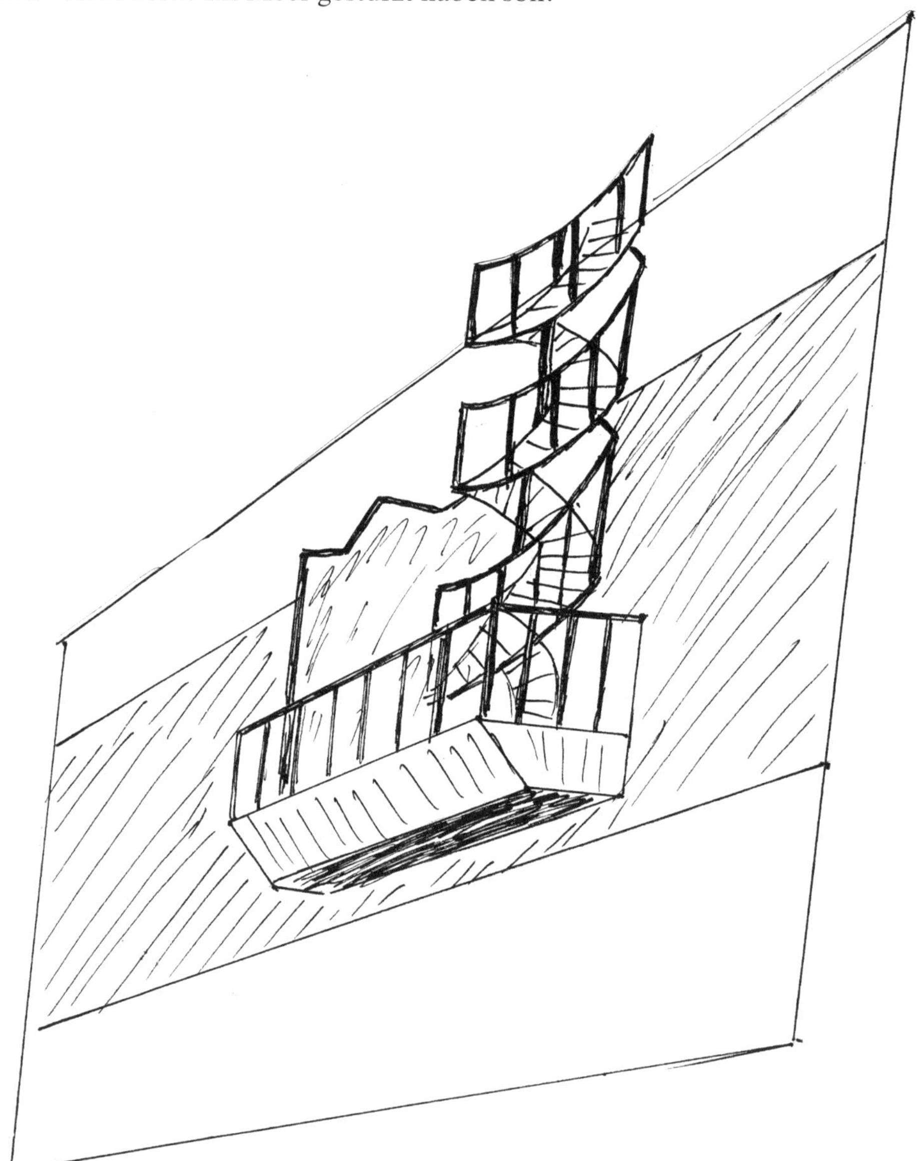

Anmerkungen und Literaturhinweise

1 *Georg M. Rückriem*: Pädagogische Provokationen III. Landpädagogik 1967? Weinheim-Berlin: Beltz 1967, S. 47f.

2 *Dietrich Benner*: Hauptströmungen der Erziehungswissenschaft. München: List 2.1978, S. 15. Jetzt Weinheim: Deutscher Studien Verlag 3.1991.

3 Vgl. diese Angaben in: Frankfurter Allgemeine Zeitung, Nr. 204, vom 2.9.1994, S. 6.

4 Vgl. *Franz Perabo*: Zur gesundheitlichen Lage der Kinder in der Dritten Welt. In: Universitas, 32 (12/1977), S. 1275 – 1282, zit. S. 1275.

5 Vgl. Universitas, 32 (11/1977), S. 1145.

6 *Hans Magnus Enzensberger*: Lob des Analphabeten. In: Die Zeit, Nr. 49, vom 29.11.1985, S. 57 – 58, zit. S. 57.

7 Vgl. Ruhr Nachrichten, Nr. 281, vom 3.12.1981, S. ES 32; Frankfurter Rundschau, Nr. 55, vom 6.3.1989, S. 18; Die Zeit, Nr. 42, vom 13.10.1989, S. 40.

8 Vgl. Die Zeit, Nr. 28, vom 9.7.1982, S. 46.

9 Vgl. Westdeutsche Allgemeine Zeitung, Nr. 277, vom 27.11.1995, S. WTS 150,1.

10 Vgl. Frankfurter Allgemeine Zeitung, Nr. 64, vom 15.3.1996, S. 14.

11 Vgl. dazu: *Oskar Anweiler* u. a.: Bildungssysteme in Europa. Weinheim-Basel: Beltz 1996.

12 Ebd., S. 80.

13 Ebd., S. 64.

14 Ebd., S. 83.

15 Ebd., S. 103.

16 Ebd., S. 93f.

17 Ebd., S. 102f.

18 Ebd., S. 173.

19 Ebd., S. 186.

20 Ebd., S. 52.

21 Vgl. dazu die wohl beste Übersicht der *Arbeitsgruppe Bildungsbericht am Max-Planck-Institut für Bildungsforschung*: Das Bildungswesen in der Bundesrepublik Deutschland. Reinbek: Rowohlt 1990. Neuausgabe 1994, bes. S. 772ff.

22 Zu dieser Profilierung verholfen hat der Hauptschule in jüngster Zeit vor allem *Hanna Kiper*: Zur Stellung der Hauptschule im Bildungssystem. In: PÄD Forum, 9 (2/1996), S. 138 – 146.

23 Vgl. dazu: *Theodor F. Klaßen/Ehrenhard Skiera* (Hrsg.): Handbuch der reformpädagogischen und alternativen Schulen in Europa. Baltmannsweiler: Schneider 2.1993.

24 Vgl. Anm. 21, S. 18.

25 Die genauen Angaben für 1994 lauten: 9.760.429 Schüler/innen besuchten eine allgemeinbildende Schule in Deutschland, davon 473.266 eine Privatschule (= 4,8 %). In Hamburg waren es 14.132 von 170.925 Schülern (also 8,2 %), in Brandenburg hingegen nur 2.459 von insgesamt 400.015 Schülern (mit anderen Worten: lediglich 2,5 %). Vgl. *Statistisches Bundesamt Wiesbaden* (Hrsg.): Fachserie 11. Reihe 1: Allgemeinbildende Schulen 1994. Wiesbaden: Metzler-Poeschel 1996, S. 20ff.

26 Vgl. Der Tagesspiegel, Nr. 15586, vom 3.4.1996, S. 25. Dort werden weitere symptomatische Zahlen referiert: Gibt es z.Zt. noch ca. 200.000 Schulanfänger in den fünf neuen Bundesländern, so werden es um die Jahrtausendwende nur noch etwa 85.000 sein. Unter Beibehaltung der momentanen Standorte der Schulen würden im Jahr 2000 in den ostdeutschen Grundschulen im Schnitt nur noch 99 Schüler unterrichtet, im Jahr 2010 pro Hauptschule nur noch 28 Schüler, pro Realschule 79, pro Gesamtschule 199 und pro Gymnasium noch 364 Schüler, was die Auflösung vieler Schulstandorte zur Folge haben wird.

[27] *Siegfried Bernfeld*: Sisyphos oder die Grenzen der Erziehung. (Or. 1925) Frankfurt/M.: Suhrkamp 1967, S. 28. Jetzt auch Bd. 9 der von *Ulrich Hermann* herausgegebenen Sämtlichen Werke *Bernfeldts*. Weinheim-Basel: Beltz 1991 ff.

[28] *Hermann Giesecke*: Wozu ist die Schule da? Die neue Rolle von Lehrern und Eltern. Stuttgart: Klett-Cotta 1996.

[29] Ebd., S. 174.

[30] *Marianne Gronemeyer*: Lernen mit beschränkter Haftung. Über das Scheitern der Schule. Berlin: Rowohlt-Berlin Verlag 1996, zit. S. 13.

[31] *Ernst Meyer/Rainer Winkel* (Hrsg.): Unser Ziel: Humane Schule. Baltmannsweiler: Schneider 1991.

IM DRITTEN STOCK

„Ein Baum, der meint,
das Leben überlisten zu können,
indem er nur im Schatten lebt,
verdorrt, wenn man ihn zurückbringt
und in die Sonne pflanzt."
Khalil Gibran

VI. Kapitel: Wenn Lehrer lernen oder: Keine Angst vor Ameisen und anderen Kerbtieren

Im dritten Stock unseres Schul-Hauses, dem Dachjuchhe, wollen wir uns der Lehrerfortbildung, der Lehrerpersönlichkeit und der Schulaufsicht bzw. der Schulberatung unter der Leitfrage zuwenden: Was sollten Lehrer auf welche Weise lernen, wenn sie ihr Schulhaus bauen sowie wohnlich einrichten und gastlich unterhalten wollen? Da dort droben manch altes Gerümpel zu sehen ist, müssen wir erst einiges zur Seite räumen, ehe aus dem mitunter recht verstaubten Dachboden ein helles, freundliches und effektiv arbeitendes Großraumbüro werden kann – die Schaltzentrale unseres Hauses. Zunächst vielleicht eine

ÜBUNGSAUFGABE: (Gemeinsam mit anderen! Aber bitte nicht mit jenem verdienstvollen Menschen, dessen Berufsbezeichnung zu Beginn des 20. Jahrhunderts aus 19 Buchstaben bestand und der heute mit acht Buchstaben, in der männlichen Form, seine Profession umschreibt – bevor er vom „14-“ bis zum „16-Ender“ befördert wurde. An zwei Stellen ist dieses aus 19 Buchstaben bestehende Wort weggelassen worden, so daß folgende Frage-Trias zu klären bleibt.):

- Wer ist hier gemeint?
- An wen wendet sich der Text? Und:
- Wem möchten Sie diesen Text, vielleicht mit einer Karikatur oder einem Kommentar versehen, offen oder heimlich zustecken?

„Von allen deinen Vorgesetzten ist für dich der wichtigste dein . . . . Soll dein Verhältnis zu ihm ein normales, für dich und die Schule ersprießliches sein, so sei er dir ein väterlicher Führer in allen dienstlichen und außerdienstlichen Fragen. Bei ihm suche Anregung für deine Schularbeit, Hilfe und Schutz, wenn du einen Fehler begangen, wenn Kummer dich drückt, wenn berechtigte Wünsche dich drängen und beunruhigen. Auf seine Schultern lade die Verantwortung und die Initiative, wenn es sich um Anschaffungen für die Schule, Beseitigung grober äußerer Mängel, um Neugestaltung des Unterrichtsbetriebes, kurz um die Erledigung von Fragen handelt, die deiner Umgebung unbequem sind. Bei allen deinen Wünschen ist sein Urteil in den meisten Fällen ausschlaggebend. Darum ist sein Vertrauen begehrenswert. Wie ist dieses zu erlangen? Durch ehrliche, brave Schularbeit, die sich frei weiß und hält von dem nach äußerem Erfolg haschenden Strebertum, dem es auf einen Betrug nicht ankommt; durch sittliches Wohlverhalten, durch rückhaltlose Offenheit, die auch einen Fehler nicht verschleiert. Halte dich frei von allem, was an Heuchelei erinnert. Achte in deinem . . . . einen Mann, der alle Zuträgereien haßt. Wenn du eines väterlichen oder freundlichen Rates wirklich bedarfst, so wende dich offen und freimütig an ihn; vermeide es aber ihn mit müßigen, unnützen Fragen zu belästigen und aufdringlich zu werden mit Dingen, die belanglos sind und seinem Interesse und seinem Verständnis fernliegen. Vermeide es peinlich, ihm durch Fragen und Wünsche Verlegenheiten zu bereiten; nichts Unrechtes, nichts Unerreichbares verlangen. Bist du des Vertrauens deines Vorgesetzten gewiß, so mißbrauche es nicht. Laß äußerste Vorsicht und Wahrheitsliebe bestimmend sein für dein Urteil über andere und laß dieses nie unaufgefordert über deine Lippen gehen. Laß sein Vertrauen dir ein Mittel sein, andern zu nützen und zu helfen, wo es am Platze ist, und wo dir keine Enttäuschungen und keine großen Schwierigkeiten erwachsen können. Sage nicht alles, was du weißt, aber immer die ungeschminkte Wahrheit; und bitte lieber, schweigen zu dürfen, wenn außerdienstlich oder vertraulich ein hartes Wort von dir erwartet wird. Mußt du aber einer dienstlichen Aufforderung entsprechen, dann sei wahr, klar, sachlich – aber nie lieblos."[1]

Unsere drei Fragen sind rasch beantwortet:

- Hinter dem obsoleten Wort verbirgt sich die Berufsbezeichnung *Kreisschulinspektor*, heute Schulrat (mit der unvermeidlichen Beförderung zum Oberschulrat und zum Schulamtsdirektor).
- Der Text wendet sich an Lehrerinnen, ausschließlich an Lehrer*innen*.
- Und dem Mitteilungsbedürfnis in aufklärender Absicht seien auch hier keine Grenzen gesetzt.

Damit wären wir bei der Sache, dem Problem, das älter ist als seine wissenschaftliche Erforschung. Denn im Grunde geht es um die Frage: Wie (werden und) bleiben diejenigen tüchtige Lehrer, die laut „Strukturplan für das Bildungswesen"[2], jener „Bibel der Schulreform" aus den 70er Jahren, fünf Aufgaben zu erledigen haben. Der Lehrer soll nämlich: lehren, erziehen, beurteilen, beraten und innovieren, wobei er gerade durch diese letzte Aufgabenstellung „zum ersten und wichtigsten Träger fortschreitender Schul- und Bildungsreform"[3] wird, werden soll.

Wir wollen Antworten auf diese entscheidende Frage durch eine dreifache Erkundung zu gewinnen versuchen. Zunächst stehen die Schwierigkeiten und Möglichkeiten schulinterner Lehrerfortbildung im Zentrum unserer Erkundung. Sodann werde ich mit Hilfe meiner Unterlagen nacherzählen, wie eine ausgesprochen erfolgreiche schulinterne Lehrerfortbildung in einem nordrhein-westfälischen Gymnasium stattgefunden hat. Und schließlich geht es um die Frage nach einer Schulaufsicht bzw. Schulberatung, die Schülern, Eltern und Lehrern hilft, ihr Haus des Lebens und Lernens als ein gastliches Haus zu unterhalten. Diese Frage führt zurück zu jenem Kreisschul*inspektor*, der – sich als „Inspektor" verstehend – wohl überflüssig machen, als Schul*rat* hingegen der wohl wichtigste Partner bei der Realisation der Schulreform werden oder bleiben wird.

1. Lehrer auf die Schulbank? Oder: Von den Schwierigkeiten und Möglichkeiten schulinterner Lehrerfortbildung

In seiner „Götzendämmerung" schrieb *Friedrich Nietzsche* 1888 den Satz „Erzieher tun not, die selbst erzogen sind"[4], ein wichtiger pädagogischer Grund-Satz, den freilich 43 Jahre zuvor (aber in einem ganz anderen Kontext) *Karl Marx* in seinen „Thesen über Feuerbach" wie folgt ausgedrückt hatte: „Die materialistische Lehre von der Veränderung der Umstände und der Erziehung vergißt, daß die Umstände von den Menschen verändert und der Erzieher selbst erzogen werden muß."[5] Und noch einmal 39 Jahre vor der Niederschrift der *Marx*schen These veröffentliche ein heute fast vergessener Mann die wohl erste und nicht unwichtig gewordene Schrift über die Notwendigkeit einer „Erziehung der Erzieher". Er nannte es sein „Ameisenbüchlein", in dem sich einer der wichtigsten pädagogischen Sätze findet, was ich begründen will.

Natürlich gibt es sowohl in der pädagogischen Literatur als auch in der pädagogischen Rhetorik kluge und törichte, einfache und komplizierte, wahre und falsche, wichtige und überflüssige Sätze; wir alle kennen Ausführungen, die aufklären oder vernebeln, trösten oder aufregen, nachdenklich stimmen oder langweilen; ich kenne aber keinen zweiten Satz, der Pädagogen dermaßen belastet und provoziert, beunruhigt und zur Verdrängung einlädt wie jener Grund-Satz, jenes Symbolum, das gleichsam den Kern des „Ameisenbüchleins" bildet. Er lautet bekanntlich:

„Von allen Fehlern und Untugenden seiner Zöglinge muß der Erzieher den Grund in sich selbst suchen."[6]

Als über 60jähriger hat *Christian Gotthilf Salzmann*, der am 1.6.1744 im thüringischen Sömmerda geboren wurde und am 31.10.1811 in Schnepfenthal bei Gotha starb, als bereits alternder evangelischer Pfarrer, Religionslehrer und Philanthrop hat er diesen Satz geschrieben: er ist der zumutendste, den je ein Pädagoge zu Papier gebracht hat. Nun hat ihn *Salzmann* nicht aus einer Laune, einer spontanen Empfindung oder gar plötzlichen Verärgerung heraus geschrieben, sondern auf dem Gipfel seines Schaffens: Mehr als 20 Jahre hatte er in der Erziehungsanstalt gewirkt, Schüler unterrichtet, Kinder erzogen und – sehr viele und sehr verschiedene Lehrer kennengelernt. Wie kein zweiter wußte er, daß die Erziehung der Schüler in entscheidendem Maße von der Erziehung der Lehrer abhängt, weshalb er eines seiner sogenannten Kerbtierbücher eben als „Anweisung zu einer vernünftigen Erziehung der Erzieher" schrieb. Es erschien im Jahre 1806, einem Jahr, das drei große pädagogische Schriften hervorbrachte: Außer dem genannten *Jean Paul*s „Levana"[7] und *Johann Friedrich Herbart*s „Allgemeine Pädagogik"[8]. Während jedoch der einstige Haus- und Elementarschullehrer und spätere Dichter und Romancier *Jean Paul* eine „Erziehungslehre" als Hinführung zu einer Pädagogik der Selbständigkeit schrieb und der ebenfalls zunächst als Hauslehrer beginnende, aber später als Universitätsprofessor tätige *Herbart* eine allgemeine Bildungstheorie verfaßte, ging es *Salzmann* um die Frage: Was muß ein Lehrer wissen und können bzw. wie muß er sein, wenn er dem gestellten Auftrag gerecht werden will? Mit anderen Worten: *Salzmann* ging es um eine Selbstbildungslehre, die erste in der Pädagogik als Wissenschaft.

Just darin liegt nun der Grund, warum sie hier einleitend erwähnt wird. Denn die uns gestellte Aufgabe, ein paar – hoffentlich vernünftige – Sätze über individuelle und kollegiale Schwierigkeiten bei Unterrichtsinnovationen und Möglichkeiten der Überwindung durch schulinterne Lehrerfortbildung zu formulieren, knüpft an eben diese *Tradition der „Erziehung der Erzieher“* an, sollte es zumindest tun, wenn sie nicht dem kurzsichtigen *know-how*, dem hektischen Reformeifer oder der bloßen Symptomlinderung anheimfallen soll.

Ein zweiter Hinweis sei einleitend gestattet. *Salzmann* war ein seine pädagogische Praxis immer wieder theoretisch durchdringender sowie seine theoretischen Erkenntnisse praktisch verwirklichender Mensch der Aufklärungsepoche – vor allem des 18. Jahrhunderts. Und er konnte dies tun, weil ihm *Theorie und Praxis* des Lehrens und Erziehens *eine existentielle Einheit* voller Spannungen, Antinomien, Herausforderungen und Lösungen geworden war. Wir alle haben mehr oder weniger zu bekennen, daß wir Opfer einer nicht genügend reflektierten *Praxis* und/oder einer nicht hinreichend realisierten *Theorie* sind. Die in den letzten Jahren exorbitant gestiegenen Lehrerfortbildungsaktivitäten eröffnen hier eine vielversprechende Lösung eines alten Problems. Ohne auch diesen zweiten Sachverhalt hier näher ausführen zu können, sei er gleichsam mitbedacht und – mitgewünscht.

Und drittens möchte ich die „Materialien“ benennen, auf denen meine Sätze fußen: Neben der Fachliteratur in gedruckter und hektographierter Form sind es jährlich etwa drei bis maximal fünf verschiedene Lehrerfortbildungstagungen, an denen ich – teilweise mit Mitarbeitern – in einer noch zu kennzeichnenden Form teilnehme, so daß wir im Laufe von etwa 20 Jahren ca. 70 Kollegien und gewiß mehr als 3.000 Lehrer/innen aller Schularten bei ihren Schwierigkeiten und Möglichkeiten zu beraten versucht haben, die Qualität von Schule und Unterricht im Sinne reformpädagogischer Überlegungen zu gestalten. Natürlich gibt es darüber keine exakte Evaluation, aber: Aufzeichnungen, Fragebögen, Protokolle, Briefe, Notizen, Erinnerungen, Eindrücke u. ä. .m. *Geronnene und reflektierte Erfahrungen* also bilden die Grundlagen meiner Ausführungen, die ich in vier weitere Abschnitte gegliedert habe: Zunächst soll die von mir mitgestaltete schulinterne Lehrerfortbildung in Ausschnitten beschrieben und auf einige ihrer wesentlichen Probleme hin bedacht werden. Und zweitens möchte ich insgesamt zehn Thesen vortragen, die meiner Ansicht nach helfen könnten, die unbestritten vorhandenen Schwierigkeiten bei Unterrichtsinnovationen zu überwinden. Drittens sei noch einmal an *Salzmann* erinnert, aber auch an jemanden, der wohl den größten Wunsch geäußert hat, den man Lehrern übermitteln kann, ehe ein Exkurs die entscheidenden didaktisch-methodischen Bemühungen illustriert, die während einer bestimmten kollegiumsinternen Fortbildung zu beobachten waren. Sie bergen Verallgemeinerungsfähigkeit.

*

Salzmann wollte mit seinem zumutenden Symbolum nicht zum „*flectamus genua*" (auf die Knie also) zwingen, sondern zur Reflexion, zur selbstkritischen Analyse ermuntern. Das wird in seiner eigenen Kommentierung des Symbolum deutlich, die da lautet[9]:

„Meine Meinung ist gar nicht, daß der Grund von allen Fehlern und Untugenden seiner Zöglinge in dem Erzieher wirklich läge, sondern ich will nur, daß er ihn in sich suchen soll."

Salzmanns Anthropologie war also keine statische und negativ festschreibende, sondern offen für das Problem von Gelingen und Mißlingen, von Bemühen und Versagen, von Erfolg und Schuld. Wenn ich Lehrern den ersten Teil dieses Symbolum vorlege, erfahre ich die unterschiedlichsten Reaktionen, die von zerknirschter Zustimmung bis hin zu heftigem Protest reichen. Erinnere ich sie daraufhin an den zitierten Zusatz, so macht sich Nachdenklichkeit breit – keine schlechte Voraussetzung für die Praxis der Lehrerfortbildung, die ich an anderer Stelle[10] bezüglich ihrer geschichtlichen Entwicklung in vier Etappen gegliedert habe: eine die Erziehung der Lehrer pädagogisch *fundierende*, eine die Bildung der Lehrer *organisatorisch* postulierende und eine die einzelne Lehrerpersönlichkeit im Rahmen *andragogischer* Überlegungen neu betrachtende. Mittlerweile hat eine vierte Etappe begonnen, die als *schulinterne* Lehrerfortbildung (SchiLf) oder auch *kollegiumsinterne* Fortbildung (KiF) bezeichnet wird. Sie ist zumindest von zwei strukturellen Determinanten und einer pädagogischen Vision gekennzeichnet:

Noch nie wurden Schüler von so vielen alten und älter werdenden Lehrerinnen und Lehrern unterrichtet und erzogen wie im ausgehenden 20. und zu Beginn des 21. Jahrhunderts. Diese Überalterung bei weitgehender „Gettoisierung" ganzer Lehrerkollegien ist die Folge von kaum noch vorgenommenen Neueinstellungen.

Die zweite Determinante bezieht sich auf die „Teilzeitarbeit", die mittlerweile von etwa 30 Prozent aller Lehrer wahrgenommen wird, was deren Berufseinstellung und *self-image* erheblich beeinflußt.[11] Mit beiden Determinanten, die in diesem Ausmaß neu in der Geschichte der Lehrer sind, muß eine zeitgemäße Lehrerfortbildung rechnen.

Aus diesen zunächst einmal recht bedenklich anmutenden Strukturveränderungen und systemischen Prozessen resultiert eine pädagogische Vision. Denn ohne Übertreibung wird man sagen können, daß just in diesem Dilemma auch die Chancen einer neuen Schulreform liegen. Die Kolleginnen und Kollegen in den Schulen wissen sehr wohl, daß die äußere und innere Schulreform größtenteils ein Torso geblieben ist, daß „von oben" oder „von außen" kaum neue oder bessere Lösungen zu erwarten sind, sondern sie *selbst* nur die steckengebliebene Reform von Schule und Unterricht aufnehmen können. Ihnen bleibt – so hat es ein Schulleiter einmal drastisch ausgedrückt – nur die Wahl: „Gemeinsam in der Resignation zu erstarren oder gemeinsam die Ärmel hochzukrempeln."

Vor dem Hintergrund dieser beiden Determinanten und dieser schulpädagogischen Vision sollen insgesamt vier Prozeduren der schulinternen Lehrerfortbildung herausgearbeitet werden, wie sie (a) von mir mitgestaltet werden und wie sie (b) individuelle sowie kollegiale Schwierigkeiten bei Unterrichtsreformen zu überwinden vermögen.

Mit der ersten Schwierigkeit rechne ich bereits im Vorfeld der SchiLf bzw. KiF. Viele Lehrer reagieren nämlich auf die avisierte Fortbildung ganz und gar nicht mit Begeisterung, Zustimmung oder wenigstens Interesse. Statt dessen sind immer auch Skepsis, Resignation, ja sogar Mißmut und Angst zu beobachten. Vor allem die Angst, von oben oder von außen beäugt, kontrolliert, womöglich gar kritisiert oder bloßgestellt zu werden, steht nicht selten als eine hohe Wand vor der nötigen Fortbildung. Wer folglich Lehrerfortbildung „auf dem Dienstweg" verordnet oder nur über „Experten" initiiert, baut an eben dieser Mauer aus Angst und Abwehr. – Dahinter entsteht rasch ein Getto, in dessen Stimmungslage nicht selten Ratlosigkeit und Mißmut, Lernmüdigkeit und Gleichgültigkeit, also just jene Einstellungen und Verhaltensweisen gedeihen, die dem Lehrer vormittags bei seinen Schülern schwer zu schaffen machen. (Nebenbei: Diese Spiegelung psychoanalytisch aufzuklären, wäre ein vielversprechendes Unternehmen.) – Ich nenne diese erste Schwierigkeit das *Desmotivationssyndrom* in der Lehrerfortbildung: es wird um so mehr verstärkt, je weniger die Lehrer selbst an ihrer Fortbildung aktiv beteiligt werden. Ich rechne mit ihm und antworte darauf mit der folgenden von insgesamt vier Prozeduren: Bereits dem oder den Einladenden (in der Regel der Schulleitung) verdeutliche ich meine grundlegende Einstellung, die nicht auf ein – wie auch immer geartetes – Expertenhandeln hinausläuft, sondern allenfalls Hilfe zur Selbsthilfe aufspüren und entwikkeln kann. Deshalb bestehe ich darauf, daß eine Arbeits*gruppe*, in der ich *einen* Sitz und *eine* Stimme habe, die Fortbildung plant, durchführt und evaluiert. So viel Mitwirkung wie möglich an der Basis (also im Kollegium) mobilisieren und so wenig Expertenwissen wie nötig einbringen – lautet meine erste Formel. Sie befindet sich im Einklang mit entsprechenden Ansätzen in Theorie und Praxis, wie sie exemplarisch in den letzten Jahren *Siegfried Bäuerle*[12], *Fritz Bohnsack* u. a.[13], *Hans Günther Homfeldt* u. a.[14], *Botho Priebe*[15] oder auch und vor allem *Reinhold Miller*[16], *Hans-Günter Rolff*[17] und *Wolfgang Schönig*[18] zur Diskussion gestellt haben. Wer in der Rolle des „change agent" auftritt, der als solcher den Kolleginnen und Kollegen nach vielen Dienstjahren, Hoffnungen und Enttäuschungen nun endlich den „richtigen" Weg zur Schulreform zu weisen verspricht, wird deren Abwehr und Verdrängung verstärken, ihre Lernbereitschaft schwächen und eine Lehrerfortbildung prolongieren, der *Ulrich Scheel*, ein Schulaufsichtsbeamter und dezidierter Reformer, nachdrücklich widersprochen hat[19]: „Beratung verläuft nicht linear von oben nach unten, also hierarchisch. Beratung verläuft spiralförmig (Helix)." Schulinterne Lehrerfortbildung ist also basisorientiert, partizipatorisch und ein kollektiver Selbstbildungsprozeß, der von außen allenfalls angeregt und unterstützt, nicht aber in Fremdregie gleichsam verordnet werden kann.

Eine zweite Schwierigkeit liegt in der Tatsache begründet, daß in vielen Kollegien latente und/oder manifeste Konflikte walten, daß Auseinandersetzungen stattfinden oder auch unterdrückt bzw. projektiv verschoben werden, daß persönlich-kollegiale Feindschaften professionelle Energien absorbieren, Fehden Kräfte lähmen, Cliquen einander bekämpfen oder auch inneres Emigrantentum, Rückzug in den privaten Bereich u.ä..m. sich breitmachen. Die „Kommunikation im Kollegium“, die *Ewald Terhart* einer scharfen Analyse unterzogen hat[20], stimmt vielenorts nicht mehr, sondern muß häufig als gestört bezeichnet werden. Auf *eine* damit verbundene Schwierigkeit sei hier hingewiesen. Der von außen kommende Berater der Lehrer wird unter Umständen mehr oder weniger versteckt in diese Beziehungsdilemmata hineingezogen, als potentiell Verbündeter, Blitzableiter, Prellbock, Schuttabladeplatz o.ä. gesehen und entsprechend in Beziehungsfallen manövriert, wenn – wenn er keine Vorkehrungen trifft. Meine besteht darin, daß ich einerseits diese Herausforderung annehme, mich also nicht auf die rein curricular-didaktisch-methodische Ebene zurückziehe und dennoch gruppen*therapeutische* Aufträge entschieden zurückweise. Wir sind nicht die Psychiater ganzer Kollegien oder die Therapeuten einzelner Symptomträger, wohl aber die außenstehenden Helfer auch und gerade bei den Bemühungen, gruppendynamische Prozesse wahrzunehmen, zu verstehen und womöglich neu zu gestalten. Deshalb lege ich auf die folgenden Absprachen großen Wert: Bereits in der Arbeitsgruppe sollten die wichtigsten Teile oder Problemzonen des Kollegiums vertreten sein, so daß deren kommunikative *crossings* bzw. *failings* von Beginn an sich artikulieren können. Darüber hinaus rege ich an, neben kognitiven Lernphasen auch emotionale und soziale Selbsterfahrungen einzuplanen sowie handelnde Übungen (von der Meditation bis zum gemeinsamen Spiel) sich vorzunehmen. Der Schwierigkeit eines *kommunikativen Störungssyndroms* versuche ich also mit einem didaktischen Schritt zu begegnen, der mit der Formel bezeichnet werden kann: So viel Heterogenität und Vielfalt wie möglich (in die Planungsphase bereits) einbeziehen und so wenig Homogenität und Ausschließlichkeit wie notwendig voraussetzen.

Die dritte Schwierigkeit resultiert aus einer häufig diffusen Vorstellung darüber, was denn die nun anstehende Lehrerfortbildung bezwecken soll. Sicher, über Schlagworte wie „die nötige Schulreform“ oder „die unverzichtbaren Unterrichtsinnovationen“ ist man sich relativ rasch einig. Was aber heißt das konkret? Hier und jetzt? Warum sollen wir das tun und jenes lassen? Wollen wir überhaupt diese oder jene Veränderung? Können wir Team-Kleingruppen installieren? Gruppenarbeit anregen? Die Klassenräume in Schulwohnstuben oder Lernwerkstätten umgestalten? Projektunterricht beginnen? Die Zeitrhythmen verändern? – Aus Dutzenden von möglichen Innovationen müßte man rigoros auswählen, wenn man dem von *Horst Eberhard Richter* so treffend beschriebenen „Ohnmacht-Allmachts-Komplex“[21] nicht anheimfallen und damit dem eigenen psychisch-sozialen *burn-out* nicht Vorschub leisten will. Wer bestimmt aber diese Auswahl? Die Schulaufsicht? Die Wissenschaft? Die Erwartung der Öffentlichkeit? Der eloquenteste Kollege? Die Gewerkschaft? – Weil es bezüglich der inhaltlichen und methodischen, der zeitlichen und legitimatorischen Aspekte der durch Fortbildung zu realisierenden schulischunterrichtlichen Innovationen drittens ein erhebliches *Irritationssyndrom* gibt, muß eine dritte Hilfe angeboten werden. Im Gegensatz zu den beiden zuerst erwähnten Bemühungen dürfte die folgende Hilfsmöglichkeit relativ neu in der Praxis der Lehrerfortbildung sein. Seit etlichen Jahren bitte ich Kollegien, ein sogenanntes *Skolegramm* auszufüllen, das auf den folgenden Seiten abgedruckt ist. Es ist eine Art Fragebogen, der in zwei Fassungen existiert: als Skolegramm für Lehrer/innen und als Skolegramm für Schulleiter/innen. Er dient zu folgenden sieben Problembereichen einer Ist-Analyse sowie einer Sollens-Perspektive: Zur Fortbildungsmotivation, zu den Erziehungswerten, zum Unterricht, zu den Schüler/innen, zu den Kolleginnen und Kollegen, zu den Eltern sowie zum Stadtteil der jeweiligen Schule. Jeder Lehrer ist etwa eine Stunde damit beschäftigt, „seine" Schule ungeschminkt so zu beschreiben, wie sie ist, aber auch Angaben darüber zu machen, wie seine „Schule" (seine *s'cholé*) werden sollte. Zwei Beispiele: In der Rubrik IV, 5. Frage, heißt es: „In wieviel Prozent aller Fälle reagieren Sie im Konfliktfall mit Ihren Schülern a) eher autoritär, b) eher partnerschaftlich; in wieviel Prozent aller Fälle möchten Sie reagieren a) eher autoritär, b) eher partnerschaftlich?" Oder: In der Rubrik III, 1. und 2. Frage, soll sich der Lehrer über folgenden Sachverhalt Rechenschaft geben: „Wenn Sie die Anzahl der von Ihnen erteilten Lektionen mit 100 % angeben, wieviel Prozent des Unterrichts erteilen Sie demnach a) eher frontal-, b) eher gruppenunterrichtlich? Und: Wieviel Prozent des Unterrichts würden Sie gerne erteilen a) eher frontal-, b) eher gruppenunterrichtlich?" Mit Hilfe solcher einfachen Angaben läßt sich also einmal das Innovationspotential eines ganzen Kollegiums sowie jedes einzelnen Lehrers quantitativ und qualitativ exakt angeben; zum anderen wird mit Hilfe solcher Skolegramme das möglich, was die kollegiumsinterne Fortbildung im Kern auszeichnet und was in einer dritten Formel wie folgt festgehalten sein mag: Bei der Realisation der Schulreform durch Kollegiumsinterne Fortbildung (RdS durch KiF) muß so viel Selbstbestimmung wie möglich und so wenig an Außensteuerung wie nötig stattfinden. Dieses Verfahren hat sich besonders in großen Schulen bewährt, wobei in der Regel jeder Kollege eine Auswertung sämtlicher Skolegramme vor der eigentlichen Fortbildung erhält.

Die vierte Schwierigkeit wollen wir das *Stress-Syndrom* der Lehrer nennen, auf denen auch und gerade in der Fortbildung zu viele Reize in zu kurzer Zeit wirken und ihn folglich überfordern. Lehrerfortbildung braucht aber vor allem Zeit, Geduld und einen langen Atem. Am Beispiel einer Schweizer Diplommittelschule sowie einer niedersächsischen Gesamtschule lassen sich die in dieses Syndrom eingreifenden Hilfen illustrieren. Die eine Schule ist relativ klein, hatte zur Zeit der Fortbildung 206 Schüler/innen und 22 Lehrkräfte, die andere ist ausgesprochen groß und zählte seinerzeit 140 Lehrkräfte sowie 1.165 Schüler/innen. Im Jahr der Anfrage findet die sogenannte Hospitationsphase statt, während der ich sowie ein/e Mitarbeiter/in den Unterricht beobachte sowie Gespräche mit Schülern und Lehrern führe und evtl. die Skolegramme ausgefüllt werden. Diese Phase ist in der Regel zweitägig, gelegentlich kann sie aber auch (wie in der Schweiz) eine ganze Woche dauern.

Alle Angaben werden streng vertraulich behandelt!

Realisation der Schulreform durch Kollegiumsinterne Fortbildung

RDS **Datum:**

KIF **Fortbildung von Lehrerinnen und Lehrern** . . . . . .

Erstellung (m)eines Skolegramms

Der vorliegende Fragebogen dient der Ermittlung des jetzigen Ist-Zustandes Ihrer Schule. Nur auf der Basis solcher Daten läßt sich ein möglicher Sollens-Zustand Schritt für Schritt herbeiführen.

Dem Fragebogen geht es also nicht um eine repräsentative Erhebung, sondern er lädt zur kritischen Bestandsaufnahme, aber auch zum anschließenden Gespräch ein. Sie selbst bestimmen, was Sie daraus in welcher Form anderen mitteilen. Seine Auswertung und Einbeziehung in die laufende Beratung geschieht unverzüglich und sukzessive allein durch den Hochschullehrer bzw. seine Mitarbeiter. Selbstverständlich ist Ihre Anonymität uneingeschränkt gewährleistet.

0. Persönliche Daten

männlich: ☐ weiblich: ☐ (Zutreffendes bitte ankreuzen!)

Name: ______________________________

Vorname: ______________________________

Geburtstag: ______________________________

Studierte Fächer: ______________________________

____

____

Momentan unterrichtete Fächer: ______________________________

____

____

Lehrer/in seit: ______________________________

In diesem Kollegium seit: ______________________________

Die folgenden Wertungsangaben beziehen sich nicht auf die übliche Noten-, sondern eine 9er-Skala, wobei 9 die bestmögliche und 1 die schlechteste Wertung bedeutet. („Zwischenzensuren“ sind nicht erlaubt.)

I. Motivation

1. Wie hoch schätzen Sie Ihre persönliche Motivation ein, an der demnächst oder jetzt beginnenden RdS durch Kif mitzuwirken? (9-1) ☐

2. Wie hoch schätzen Ihrer Meinung nach die meisten Ihrer Kollegen und Kolleginnen ihre jeweilige Motivation ein? (9-1) ☐

3. Wie hoch schätzen Sie überhaupt traditionelle Lehrerfortbildungen ein? (9-1) ☐

4. Mit welchem Erwartungswert beurteilen Sie die jetzt beginnende Fortbildung? (9-1) ☐

5. Wie hoch schätzen im Schnitt die meisten Kolleginnen und Kollegen an Ihrer Schule Lehrerfortbildungen in Form von kollegiumsinternen Veranstaltungen (Studientage etc.) ein? ☐

6. Wie hoch ist Ihre Bereitschaft, an und in Ihrer Schule alles beim Alten zu lassen (9-1) ☐

7. Wie hoch ist Ihre Bereitschaft, an und in Ihrer Schule einiges zu ändern? (9-1) ☐

9	=	sehr hoch
1	=	sehr gering

II. Werte

1. In jedem Kollegium gibt es bestimmte Werte bezüglich der zu leistenden Erziehung und Bildung. Welches sind Ihre persönlichen Erziehungs- und Bildungsvorstellungen?

2. Wie beurteilen Sie Ihr eigenes Bemühen, diese Werte im Schulalltag zu realisieren? (9-1) ☐

3. Worin liegen die größten Schwierigkeiten bei der Realisation dieser Werte?

4. Wie hoch ist Ihrer Meinung nach das Ausmaß, mit dem die meisten Kollegen und Kolleginnen diese Ihre Werte teilen bzw. unterstützen? (9-1) ☐

III. Unterricht

1. Wenn Sie die Anzahl der von Ihnen erteilten Lektionen mit 100 % angeben, wieviel Prozent des Unterrichts erteilen Sie demnach realiter

1a) frontalunterrichtlich	☐	100 %
1b) gruppenunterrichtlich	☐	
1c) allein vorbereitet	☐	100 %
1d) mit Kollegen/Kolleginnen vorbereitet?	☐	

2. Entsprechen diese Prozentsätze auch Ihren Wunschvorstellungen? Wieviel Prozent des Unterrichts würden Sie gern erteilen

2a) frontalunterrichtlich	☐	100 %
2b) gruppenunterrichtlich	☐	
2c) allein vorbereitet	☐	100 %
2d) mit Kollegen/Kolleginnen vorbereitet?	☐	

3. Mit welchem Ausmaß stimmen Ihnen bezüglich dieser Wunschvorstellungen die meisten Kollegen/Kolleginnen zu? (9-1) ☐

4. Worin liegen Ihrer Meinung nach die gravierendsten Schwierigkeiten, Unterricht so zu erteilen, daß er Ihren eigenen Wunschvorstellungen entspricht?

5. Falls Sie an und in Ihrem Unterricht bzw. an und in Ihrer Schule etwas ändern wollen, welche der möglichen Reformmaßnahmen hätte Ihrer Meinung nach Priorität?

IV. Schüler/innen

1. Wie gut schätzen Sie den Kontakt zwischen Ihnen und den meisten Schüler/innen ein? (9-1) ☐

2. Wie gut ist der Kontakt der meisten Kollegen/Kolleginnen zu den Schüler/innen? (9-1) ☐

3. Welche Verhaltensweisen Ihrer Schüler/innen bereiten Ihnen die meisten Sorgen?

4. Wie werden Sie damit gegebenenfalls fertig?

5. In wieviel Prozent aller Fälle reagieren Sie im Konfliktfall mit Ihren

	Schülern ↓		und mit Ihren Kolleginnen/Kollegen ↓	
5a) autoritär	☐	} 100%	☐	} 100%
5b) partnerschaftlich	☐		☐	

In wieviel Prozent aller Fälle möchten Sie reagieren

5c) autoritär	☐	} 100%	☐	} 100%
5d) partnerschaftlich	☐		☐	

V. Kollegen/Kolleginnen

1. Wie sind Sie mit Ihrem Kollegium als Ganzem zufrieden? (9-1)

2. Wie mit der Schulaufsicht bzw. Schulleitung? (9-1)?

Dezernent/in	Schulrat/rätin	Schulleiter/in	Stellvertreter/in
↓	↓	↓	↓

3. Was finden Sie ausgesprochen gut im Kollegium?

4. Was finden Sie eindeutig schlecht in Ihrem Kollegium?

5. Wie gut ist zur Zeit die kollegiale Zusammenarbeit? (9-1)

6. Wie gut sollte sie sein bzw. werden? (9-1)

7. Welche Schwierigkeiten stehen dieser Zusammenarbeit im Wege?

8. Wie hoch bewerten Sie die Notwendigkeit einer wechselseitigen Hospitation – auf freiwilliger Basis natürlich? (9-1)

VI. Eltern

1. Wie gut ist Ihr Kontakt zu den meisten Eltern Ihrer Schüler/innen? (9-1) ☐

2. Wie gut sollte er sein bzw. werden? (9-1) ☐

3. Welche Schwierigkeiten stehen diesem gewünschten Kontakt im Wege? Vor allem, wenn Sie an bestimmte Eltern denken …

4. Wie hoch bewerten Sie die Notwendigkeit von Hausbesuchen? (9-1) ☐

5. Wie hoch bewerten Sie die Notwendigkeit von Eltern-Stammtischen? (9-1) ☐

VII. Gemeinde/Stadtteil

1. Wie viele km etwa wohnen Sie von Ihrer Schule entfernt? [km]

2. Liegt Ihr Wohnort in etwa noch im Stadtteil der Schule? (Bitte zutreffendes ankreuzen)

   [ja] [nein]

3. Für wie intensiv schätzen Sie Ihren Kontakt zur Gemeinde Ihrer Schule ein? (9-1) [ ]

4. Wie intensiv sollte er sein? (9-1) [ ]

5. Haben Sie evtl. Vorschläge, um diesen Kontakt zu verbessern?

Die folgende Rubrik füllen Sie bitte nur aus, wenn Sie dies wollen und wenn Sie den Eindruck haben, daß es Konflikte im Kollegium gibt, die ein aufzustellendes „Soziogramm des Kollegiums“ ratsam erscheinen lassen. Über dieses Soziogramm wird aber nur dann berichtet, wenn dies alle Kollegen gestatten – selbstverständlich so, daß niemand identifiziert oder gar bloßgestellt wird. Auch wenn Sie nicht wünschen, daß über dieses Soziogramm berichtet wird, sollten Sie überlegen, ob sich das Ausfüllen nicht doch lohnt – und sei es, um dem außenstehenden Fortbildner Hinweise auf bestimmte Schwierigkeiten und deren Bewältigung zu geben.

VIII. Fragen zur umseitigen Lehrerliste

Ich habe nichts gegen ein Bekanntmachen der Ergebnisse dieser VIII. Rubrik

– allerdings sollte niemand identifiziert werden können. ☐

Ich bin strikt gegen ein Bekanntmachen der Ergebnisse dieser VIII. Rubrik,

– fülle sie aber dennoch aus. ☐

– fülle sie deshalb nicht aus. ☐

1. Geben Sie in der Spalte 1 bitte jedem der angeführten Lehrer/innen (außer Ihnen) einen **Sympathiewert**! (9-1)

2. Schätzen Sie bitte bei jedem Kollegen in der Spalte 2 das Ausmaß seiner/ihrer **fachlichen Kompetenz**! (9-1)

3. In der Spalte 3 kreuzen Sie bitte diejenigen Kollegen an (max. 5), mit denen Sie ganz **gerne zusammenarbeiten** möchten (zum Beispiel in einem Lehrerrat oder bei der Vorbereitung des Unterrichts)!

4. In der Spalte 4 kreuzen Sie bitte diejenigen Kollegen an (max 5), mit denen Sie **nicht zusammenarbeiten** möchten!

5. In der Spalte 5 geben Sie bitte an, wie **sympathisch** Sie selbst von Ihren Kolleginnen und Kollegen eingeschätzt werden! (9-1)

6. In der Spalte 6 schätzen Sie bitte, für wie **fachlich kompetent Sie selbst** von Ihren Kolleginnen und Kollegen eingeschätzt werden! (9-1)

Zu **VIII.: Lehrerliste**
(Nur in Spalte 5 und 6 Selbsteinschätzungen vornehmen!)

	Name	Vorname	1	2	3	4	5	6
1								
2								
3								
4								
5								
6								
7								
8								
9								
10								
11								
12								
13								
14								
15								
16								
17								
18								
19								
20								
21								

Evtl. erweitern!

IX. Freie Äußerungen

Auf diesem letzten Blatt haben Sie Gelegenheit, sich ganz frei über die mit Ihrer Schule verbundenen Probleme zu äußern, wobei Sie bitte fest damit rechnen sollten, daß all Ihre Angaben und Äußerungen streng vertraulich behandelt werden.

Auf der Basis dieser unterrichtlichen Beobachtungen wird ein Bericht erstellt, der mal mündlich (wie in Niedersachsen), mal als ein 54seitiger schriftlicher Bericht (wie in der Schweiz) jedem Kollegen zugänglich gemacht wird. Im darauffolgenden (Halb-)Jahr findet nach mehreren Planungsgesprächen die eigentliche Fortbildungsphase statt, wenn möglich außerhalb der Schule und mehrtägig. Und schließlich findet entlang eines wenigstens eintägigen Schulbesuchs im Jahr darauf eine Evaluationsphase statt, in der zusammen mit der Arbeitsgruppe geprüft wird, welche Reformvorhaben aus welchen Gründen ge- oder mißlungen sind. Der häufig allzu hektischen Erwartungshaltung und nur kurzfristige Erfolge suchenden Fehleinschätzung begegnet also diese vierte Maßnahme, die sich in die Formel kleiden läßt: So viel Zeit für Planung, Durchführung und Auswertung wie möglich und so wenig organisatorische sowie zeitlich-räumliche Zwänge wie nötig bedarf die Lehrerfortbildung.

Den vier aufgezeigten Schwierigkeiten (der Desmotivation, der gestörten Kommunikation, der Irritation und der Gefahr des Stresses) können also die vier folgenden Hilfsangebote zur Seite treten: kollegiale Planung; vielfältige Zugänge, Verfahren und Inhalte; Skolegramme zur Ermittlung der eigenen Innovationsbereitschaft; sowie eine langfristige und relativ aufwendige Planung, Durchführung und Auswertung der jeweiligen Lehrerfortbildung. Aus dieser dargestellten Praxis lassen sich nun einige verallgemeinerungsfähige Erkenntnisse ableiten.

*

Docendo discimus – lautet eine alte (auf *Seneca* zurückgehende[22]) pädagogische Weisheit: Durch Lehren lernen wir. Aber reicht dies aus? So richtig diese Einsicht ist, so notwendig müssen einige Erkenntnisse hinzukommen, wenn die „Erziehung der Erzieher“ und die „Bildung der Lehrer“ professioneller Bestandteil ihrer Tätigkeit eines *life-long-learning* werden soll. Die folgenden Thesen mögen diesen Gesamtzusammenhang umreißen.

1. These: Lehrer- und Erzieher-Sein ist ohne gelegentliches Versagen, ja ohne Fehlermachen und auch Schuldigwerden nicht denkbar.

2. These: Aus dieser Tatsache eine stigmatisierende Einstellung abzuleiten, wäre jedoch ausgesprochen ideologisch und anti-emanzipatorisch.

3. These: Die humane Konsequenz aus diesem defizitären Modus menschlicher Befindlichkeit muß statt dessen in der Realisation einer dynamischen Anthropologie liegen, die der permanenten und nie abzuschließenden Lernfähigkeit und Lernbereitschaft des Menschen Chancen und Gelegenheiten eröffnet.

4. These: Das Sprichwort „Was Hänschen nicht lernt, lernt Hans nimmermehr“ entlarvt sich vor einer kritisch-emanzipatorischen Anthropologie als partikular und anti-reformerisch; es muß in Pädagogik und Andragogik geradezu auf den Kopf gestellt werden: „Was Hänschen nicht lernt, lernt Hans allemal“.

5. These: Für die Lehrerfortbildung bedeutet dies die unverzichtbare Forderung nach einer Permanenz der Selbstbildung; wo sie ausbleibt oder erschwert wird, muß die Pädagogik der Lehrer infolge ihrer defizitären Andragogik Schaden nehmen.

6. These: Vor den geschichtlichen Rhythmen, in denen die Lehrerfortbildung gesehen werden muß, kann der Anspruch an ihre Theorie und Praxis nur dann legitimiert werden, wenn er die Merkmale der Demokratisierung, der Basisorientierung und der Professionalisierung (nicht nur postuliert, sondern) zur Realisation bringt.

7. These: So gesehen ist die Politik (genauer: die Bildungspolitik) gefragt: Sie muß die Bedingungen pädagogischen und andragogischen Handelns schaffen und darf aus der Verpflichtung nicht entlassen werden, für die Melioration der *res publica* um der *res humana* willen aufzukommen.

8. These: Da die heutige Lehrerfortbildung von den Merkmalen einer kollegialen Gettoisierung und einer weit verbreiteten Teilzeitarbeit gekennzeichnet ist, andererseits die „mißratene Schulreform" (wenn, dann) in der Lehrerschaft ihre entscheidende Chance zur Korrektur ihrer selbst besitzt, ist die schul- bzw. kollegiumsinterne Fortbildung notwendiger denn je.

9. These: Dieser Vision stehen eine Reihe von Schwierigkeiten gegenüber, von denen die folgenden vier empirisch nachweisbar sind: Viele Lehrer reagieren auf traditionelle Fortbildungsangebote oberflächlich zwar zustimmend, dahinter kann sich aber auch ein Schulfluchtmotiv verbergen, das folgende Syndrome zur Voraussetzung hat: Viele Lehrer leiden unter einer Desmotivation zu lehren und folglich zu lernen; sie empfinden zweitens ihr Kollegium mehr oder weniger gestört; sie sind angesichts der Fülle möglicher Innovationen eher irritiert; und häufig beklagen sie die fehlende Zeit, Ruhe und Muße, um dringend nötige Reformen *peu à peu* zu realisieren.

10. These: Diese vier allgemeinen dilemmatorischen Sachverhalte, die in der Schulrealität mal (eher) individuell als persönliche Not erlebt, mal (eher) kollegial als defizitärer Zustand erfahren werden, lassen sich mit folgenden vier Hilfsangeboten zumindest teilweise beheben: Durch Partizipation der Fortbildungs(un)willigen von Beginn der Planung an; mit Hilfe von kognitiven, sozial-emotionalen und pragmatisch-ästhetischen Lernangeboten; durch Ermittlung des wirklichen Innovationspotentials (etwa mit Hilfe eines Skolegramms); und schließlich durch den Verzicht auf überfordernde Totaleinsätze oder durch den Verzicht auf das Gießkannenprinzip zugunsten von langfristigen und durchaus aufwendigen intensiven Beratungen nur so vieler Schulen, wie man pro Jahr „verkraften" kann. (Nebenbei: Wenn von den in Frage kommenden Erziehungswissenschaftlern, also nur von den im neuesten *Kürschner*[23] angeführten 1.365 Kollegen der allgemeinen, der schulpädagogischen und der andragogischen Erziehungswissenschaft, solche über mehrere Jahre sich erstreckende „Patenschaften" unterhalten würden, könnten jährlich etwa 5.000 Schulen in dem hier aufgezeigten Sinne kollegiumsinterne Fortbildungen veranstalten, und in acht Jahren wären unsere etwa 38.000 Schulen gewiß nicht schlechter als heute.

*

Wer dieses Dachgeschoß unseres Schulhauses ausgestalten will, tut gut daran, sich von der nüchternen Realitätssicht, aber auch vom Optimismus der Aufklärung leiten zu lassen. *Immanuel Kant*, Zeitgenosse *Salzmann*s, hat beides in seinen drei berühmten Sätzen „über Pädagogik" ausgedrückt[24]:

„Der Mensch kann nur Mensch werden durch Erziehung. Er ist nichts, als was die Erziehung aus ihm macht. Es ist zu bemerken, daß der Mensch nur durch Menschen erzogen wird, durch Menschen, die ebenfalls erzogen sind."

Nun hatte ich diese Ausführungen mit dem Zitat des wohl zumutendsten Satzes begonnen, den je ein Pädagoge den Pädagogen gesagt hat: *Salzmann*s häufig vergessenes und verdrängtes Symbolum. Aber es wäre nicht fair, es bei dieser bloßen Aufforderung zu belassen, von allen Fehlern und Untugenden unserer Zöglinge den Grund in uns selbst zu suchen. Wenn wir dies tun, immer mal wieder tun, benötigen wir etwas, das gleichfalls nicht vom Himmel fällt, sondern mühsam erarbeitet werden muß. Ehe dies aber geschieht, hat es jemand gefordert, theoretisch durchdacht oder auch nur schlicht gewünscht. Kein geringerer als der wohl bedeutendste Lehrerbildner deutscher Sprache, kein geringerer als *Adolph Diesterweg* hat diesen Wunsch als erster formuliert. Er schreibt im „Wegweiser zur Bildung für deutsche Lehrer"[25], die um ihre Selbstbildung sich bemühenden Lehrer im Auge habend:

„Mit Recht wünscht man ihnen die Gesundheit und Kraft eines *Germanen*, den Scharfsinn eines *Lessing*, das Gemüt eines *Hebbel*, die Begeisterung eines *Pestalozzi*, die Klarheit eines *Tillich*, die Beredsamkeit eines *Salzmann*, die Kenntnisse eines *Leibniz*, die Weisheit eines *Sokrates* und die Liebe *Jesu Christi*."

Fürwahr, ein schöner Wunsch! Und schon wollen gewiß nicht wenige wissen, wie man diesen zur Erfüllung bringt. Vielleicht ist dies ein allzu großer Wunsch, der eher in die bescheidenere Frage einfließen soll: Wie lassen sich eigentlich Lehrerfortbildungen (ob als KiFs oder SchiLfs) so organisieren, daß Prozesse der Selbstbildung ermöglicht werden? Und zwar jenseits von Utopie und jenseits von Resignation ...[26] *Eine* Antwort will der folgende Abschnitt geben.

2. „Stop talking, please!“ Oder: Ein Gymnasium reformiert sich selbst

Nicht telefonisch, sondern brieflich fragte der Leiter eines nordrhein-westfälischen Gymnasiums an, ob ich – und zu welchen Konditionen – mit seinem Kollegium eine Fortbildungsveranstaltung durchführen könnte. Diese Anfrage erreichte mich im Herbst; für den kommenden Sommer kann ich zusagen, wenn meine vier „Konditionen“ akzeptiert werden:

- Vorherige Hospitation in der Schule bei möglichst vielen Kollegen –
- Ausarbeitung eines Arbeitsprogramms mit einer vom Kollegium gewählten Vorbereitungsgruppe –
- Die eigentliche Fortbildung sollte wenigstens einen ganzen (Studien-)Tag dauern –
- Und spätestens ein Jahr danach müßten die Veränderungen evaluiert werden.

Gegenüber diesen Konditionen sind die materiellen relativ harmlos: Mischfinanzierungen (vom Regierungspräsidenten über den Schulverein bis hin zur örtlichen Stadtsparkasse und einem Eigenanteil der Kollegen) haben es bisher immer gewährleistet, daß wegen finanzieller Engpässe noch keine KiF scheitern mußte. Material über die Schule wird mir zugeschickt; in etlichen Telefonaten verabreden wir Einzelheiten; der Tag der Hospitation rückt näher ... Nach den Osterferien betrete ich zum erstenmal dieses Gymnasium, das weit über seinen Einzugsbereich hinweg einen glänzenden Ruf besitzt, diesen auch behalten möchte, aber spürt, daß gewandelte gesellschaftliche, familiäre und vor allem mediale Prozesse Reformen dringend nötig machen. Andere Schüler brauchen (zwar keine anderen Lehrer, wohl aber) andere edukative und didaktisch-methodische Bemühungen. Dieser Sachverhalt wird auch und gerade durch die Unterrichtshospitationen deutlich – drei seien skizziert:

6. Klasse, Physik, bei Frau *A.*: „Wärmeleitung“ heißt das Thema. Aber die Schüler (20 Jungen und 9 Mädchen) lassen sich von allen möglichen Dingen leiten, nur nicht von „guten“ und „schlechten“ Wärmeleitern. Die Sitzordnung ist frontal; die Stunde traditionell aufgebaut; die Lokomotion der Lehrerin starr (zwischen Tafel und Pult). Zwei Jungen tragen Footballmützen; ein Mädchen schläft; die meisten reden, wann immer sie wollen. Ab und zu balgt man sich, wirft mit etwas oder kommentiert, zumeist lachend, irgendwelche Sachverhalte. Nach 25 Minuten wird es dermaßen laut, daß auch die Lehrerin mit großer Lautstärke darauf reagiert und ihre Lokomotion verändert, also herumläuft und damit die Unruhe verstärkt. Da die Schüler die vorbereiteten Experimente nur passiv beobachten dürfen, selbst aber voller Tatendrang sind, lenken sie ihr Aktivitätspotential woanders hin: Eine auf dem Fensterbrett gelandete Dohle ruft schieres Entzücken hervor; die Witze von *Christian* werden weitererzählt; dem Besucher demonstriert man manches pennälerhafte Können ... Die Lehrerin bleibt, trotz dieser Störungen, fest an ihrem didaktisch-methodischen Gerüst hängen, das sie offensichtlich in ihrer Ausbildung gelernt hat und heute wie ein verhunzter *Herbartianismus* anmutet: Anknüpfung, Experiment, Festhalten der Erkenntnisse, Vertiefung durch das Lehrbuch und Stellung der Hausaufgabe. Keinen Millimeter weicht sie davon ab. Und doch verbraucht Frau *A.* unheimlich viel Energie, um die Störungen einigermaßen unter Kontrolle zu halten bzw. einen Unterricht zu präsentieren, der auf hohem fachlichen, aber extrem niedrigem didaktisch-methodischen Niveau angesiedelt ist …

8. Klasse, Mathematik, bei Herrn *B.*: „Addieren von Brüchen" bzw. das „KGV" und die „Addition von Bruchtermen" stehen auf dem Programm und die 15 Jungen und 17 Mädchen wie eine Eins hinter dem Unterrichtskonzept und der Persönlichkeit dieses ruhigen, humorvollen, frontal *und* schülerorientiert unterrichtenden sowie eine „natürliche" Autorität ausstrahlenden Lehrers. Immer wieder ermöglicht OStR *B.* Phasen von Nachdenklichkeit und nutzt die von seinem Kollegen *Fritz Reheis* so überzeugend beschriebene „Kreativität der Langsamkeit"[27], indem er diesen (oft von Atemlosigkeit und Stress gekennzeichneten) Schülern weder Chaos zumutet noch Rigidität verordnet, sondern: Zeit läßt, Raserei entschleunigt, das Lernen rhythmisiert, die Tempi wechselt und die Methoden variiert – und zum Beispiel die folgende Textaufgabe einer Partnerarbeit überantwortet[28]:

> *Ein Geschäftsmann aus Sulingen fährt oft mit dem Auto nach Hamburg. Auf der Autobahn kann er erfahrungsgemäß doppelt so schnell fahren wie auf der Landstraße. Mit welcher Geschwindigkeit ist er auf der Landstraße gefahren, wenn er nach zwei Stunden Fahrzeit in Hamburg eintrifft? Fülle zur Lösung der Aufgabe zunächst die Tabelle aus und vereinfache dann geeignet den Term, der die Gesamtfahrzeit in Abhängigkeit von v angibt.*

Das auszurechnen braucht Zeit, Angstfreiheit, Nachdenklichkeit, Ruhe, *vita contemplativa*, die Beachtung jener Einsicht, die *Rousseau* im „Emile" wie folgt ausgedrückt hatte: „Wenn man Kindern etwas beibringen will, muß man viel Zeit verlieren, um desto mehr zu gewinnen."[29] Dieser Lehrer verliert viel und gewinnt umso mehr …

8. Klassen (a, b, c), bilingualer Unterricht in Biologie, aber auf Englisch, wobei eine Leistungsdifferenzierung die besonders „guten" Englischschüler zu Frau *C.* geführt hat: „*The Organs of Bees*" werden durchgenommen. Trotz mancher Störungen (vom Zuspätkommen bis hin zum Dazwischenreden) brennt die Kollegin ein wahres Feuerwerk ab. *Heart shaped like a tube … The yellow blood … Can't carry oxygen … The internal structure of insects …*

Mir schwirrt der Kopf; ich bin fasziniert, aber auch unheimlich erschöpft, möchte – wie die meisten dieser Schüler – ab und zu verweilen dürfen. *Sascha* und *Nils* nehmen sich dieses Recht und unterbrechen dieses curriculare Feuerwerk – *whenever they want.* Und Frau *C.*? Ab und zu ruft sie in die Klasse (ohne einen bestimmten Schüler anzusprechen): „*Would you please stop talking?!*" Ansonsten ignoriert sie weitgehend diese Störungen und damit ihre latenten Botschaften, die in den Appell münden: Nun halt' doch bitte einen Moment mal inne! – Erst als die Schüler den Tafeltext abschreiben sowie eine Folie abzeichnen dürfen, kommt Ruhe auf, und auch

Sascha und *Nils* lassen ihre Störungen, die zum Teil recht boshaften Charakter hatten …

*

Noch am Nachmittag desselben Tages gebe ich dem Vorbereitungsausschuß einen ersten Bericht über meine Hospitationseindrücke. Nach einer ausführlichen Diskussion beschließen wir, dem (größtmögliche Offenheit wünschenden) Kollegium zwei Reformperspektiven vorzuschlagen:

- Wegen der allzu vielen und gewiß zum Teil unnötigen Unterrichtsstörungen sowie der Verhaltensprobleme vieler Schüler die:
  Entwicklung eines sozialen Curriculum …

- Und als Antwort auf die Dominanz des Frontalunterrichts bzw. auf die bei vielen Kollegen festzustellende Methodenarmut die:
  Entwicklung eines methodischen Curriculum

Wichtig und unverzichtbar blieb die Tatsache, daß diese beiden Innovationen den Kollegen nicht von außen aufgeschwatzt wurden, sondern von innen heraus als sinnvolle und notwendige Reformen entstanden. Der außenstehende Lehrerfortbildner hatte die Aufgabe, begrifflich zu schärfen, latente Eindrücke bewußt zu machen, vorhandene Bereitschaften zu fokussieren u. ä. .m.

Ebenfalls offen wurden mögliche Widerstandspotentiale im Kollegium thematisiert – als da zu vermuten waren: Disparate pädagogische Überzeugungen; Resignation und Beharrungsvermögen; Angst vor Kontrollverlust und Minderleistung; Ahnung von didaktisch-methodischer Schwäche; und schließlich eine gewisse Furcht bzw. Scheu vor eventueller Mehrarbeit.

Manche Bedenken konnten im Gespräch ausgeräumt werden, andere blieben, wurden aber in die weitere Planung einbezogen, das heißt: nicht negativ besetzt oder unterdrückt, sondern ernstgenommen und als zunächst einmal berechtigte Bedenken zugelassen. Und schließlich legte die Vorbereitungsgruppe in groben Zügen das didaktisch-methodische Gerüst der eigentlichen KiF fest. Es ließ sich von drei Notwendigkeiten leiten: Es sollte (angestrengt) gearbeitet, (in Entspannung) gemeinsam gegessen und getrunken sowie (je nach Bedürfnis) auch gefeiert, gelacht bzw. freie Zeit genossen werden. Deshalb sollten Impulsreferate die erforderlichen Informationen vermitteln; Gruppenarbeiten die Realisation der Einsichten ermöglichen; praktische Übungen waren als Anregungen gedacht; und ein „Bunter Abend" sollte der *conviviality* dienen, dem gemeinsamen Erleben des Feierns, Sich-erholens und Miteinander-freuens. Neugier und Vorfreude entstanden …

Abbildung 65: Die drei Gs in der Familie und die drei Rs in der Schule

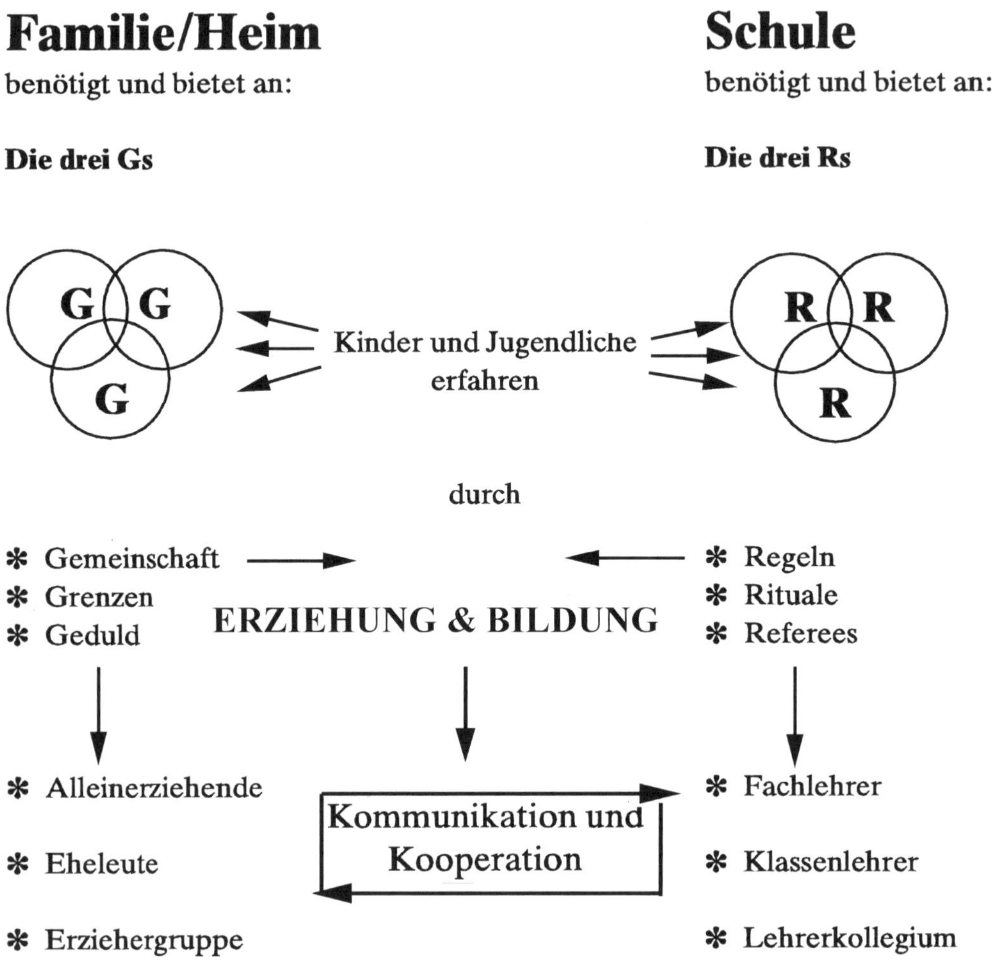

*

Enorm wichtig war die Tatsache, daß sowohl der Schulleiter als auch die Vorbereitungsgruppe uneingeschränkt hinter der nun beginnenden KiF (und auch dem sie „leitenden" Hochschullehrer) standen. Sie fand übrigens nicht in der Schule, sondern in einer Landvolkshochschule statt. 57 Kollegen und vier Referendare warteten gespannt auf die nächsten Schritte. In den Impulsreferaten wurden vor allem drei Sachverhalte vorgestellt: Die sich wandelnden Aufwachsbedingungen für heutige Kinder und Jugendliche (vgl. Exkurs 1 auf S. 17 ff.); die von dorther notwendigen Erziehungskonzeptionen, die seitens der Schule und der Familie neu aufzubringen sind – ein Sachverhalt, der in der Abbildung 65 illustriert wurde und heftige Diskussionen hervorrief; und schließlich didaktisch-methodische Reformen, die letztlich in der Abbildung 35 koinzidierten (vgl. S. 170). An praktischen Übungen lernten wir einige Entspannungs- sowie einige Anti-Wut-Übungen, wobei diejenigen Kollegen, denen diese vegetativen Zugänge noch recht fremd waren, mehr oder weniger interessiert zuschauten. Die eigentlichen Fortschritte wurden in den Arbeitsgruppen erzielt: Als es darum ging, die in „unserer" Schule wünschenswerten Erziehungsvorstellungen bzw. Verhaltensweisen zu konkretisieren, wurden vier jahrgangsspezifische Gruppen gebildet und von Mitgliedern der Vorbereitungsgruppe moderiert: Kollegen, die an der Erziehungsarbeit in den Jahrgängen 5 und 6, 7 und 8, 9 und 10 sowie 11 bis 13 interessiert waren, bildeten jeweils eine Gruppe und sollten die ihrer Meinung nach drei wichtigsten *R*egeln im Umgang miteinander aufstellen sowie mit entsprechenden *R*itualen versehen, so daß jeder Kollege die ihm daraus zukommenden Aufgaben als *R*eferee des nicht ohne Konflikte möglichen Erziehungsgeschehens erkennen konnte. Demgegenüber vollzog sich die Konzeption eines methodischen Curriculum in vier fachorientierten Gruppen: Wer an der Methodenvielfalt in den Sprachen, in Mathematik und Naturwissenschaften, in den sportlichen, künstlerischen und musischen Fächern sowie in den gesellschafts- und geschichtswissenschaftlichen und in den religiösen Fachbereichen interessiert war, ordnete sich der entsprechenden Gruppe zu und wurde jetzt auch von einem anderen Mentor angeregt, unter *fach*didaktischen Gesichtspunkten zu überlegen, an welchen Inhalten entlang bzw. in welchen Jahrgängen welche Methoden in welcher Weise behutsam eingeführt werden sollten. Dabei machten die meisten Kollegen zwei wichtige Erfahrungen:

Ein methodisches Gerüst in das Haus einer Schule einzuziehen, ist genauso auf ein behutsames Bauen von unten nach oben angewiesen wie die Errichtung eines sozialen Gerüstes – konkret: Ehe der Projektunterricht realisiert werden kann, müssen Schüler und Lehrer den Gruppenunterricht beherrschen; wo noch keine Gruppenfähigkeit ausgebildet ist, muß die Partnerfähigkeit gelernt werden; und wenn auch diese noch mißlingt, muß erst einmal die Einzelarbeit geübt werden (im Kontext eines guten Frontalunterrichts). Dieses sukzessive Vorgehen galt auch für die Errichtung eines sozialen Curriculum: Erst gilt es zum Beispiel (in den 5. Klassen) Spiel- und Gesprächsregeln aufzustellen, ehe (in den 6. Klassen) Konfliktlösungen gelernt werden und (in den 7. Klassen) erste soziale Aufgaben in den Horizont rücken. Um die gestuften Anforderungen an die behutsam zu entwickelnden Spiel-, Du-, Ich- und Wir-Kompetenzen zu illustrieren, wurde die Abbildung 44 (vgl. S. 203) in die Arbeitsgruppen eingebracht.

Darüber hinaus spürten jetzt erst die meisten Kollegen, daß sie ein wirkliches *collegium* nur dann sind, wenn jedes Mitglied dieser „per Gesetz" geschaffenen Vereinigung (*con* und *lex* steckt in dem Wort *collegium*) das Gemeinsame sieht bzw. anerkennt, aber auch alle dem einzelnen einräumen, daß sein Beitrag zum Ganzen ein spezifischer sein darf. Konkret: Während, sagen wir, die Englischlehrerin in ihren beiden 5. Klassen vor allem die Verhaltensweisen in einem Stuhlkreis erfahrbar machen wird und zum Beispiel das Reden und Schweigen noch mit Hilfe eines herumgereichten Redesteins ritualisiert, will der Religionslehrer einfache Formen der konzentrativen Selbstentspannung (etwa in Form von Phantasiereisen) einüben. Auf dieser sozialen und methodischen Kompetenz kann, sagen wir, der Physiklehrer in den 6. Klassen aufbauen, der seinerseits bei den Versuchen und Experimenten behutsam die Einzel- und Partnerarbeit einführen, aber die Finger von der Gruppenarbeit lassen wird, die – sagen wir – erst in den 8. Klassen (und zwar zunächst nur in den Übungssequenzen des Mathematikunterrichts und bei den vorbereitenden Hausaufgaben im Deutschunterricht) angeboten werden ... Auf diese Wiese entsteht ein gestuftes soziales *und* eng daran gekoppeltes methodisches Curriculum an und in der Schule, das hier anders sein darf als an einer benachbarten Hauptschule, das aber jeden Kollegen einlädt, zum Wohle des Ganzen *seinen* Beitrag zu leisten. Und da ist es völlig legitim, wenn der eine durch einen exzellenten Frontalunterricht nachvollziehendes Lernen durch sokratisches Lehren anbietet und ein anderer Kollege Kleingruppen betreut oder eine Theateraufführung arrangiert und dadurch nicht weniger bedeutsame soziale und ästhetische Lernerfahrungen ermöglicht. Entscheidend in einem Kollegium ist die Verpflichtung aller gegenüber dem Ganzen (dem *common sense*) *und* die Toleranz gegenüber den unterschiedlichen Beiträgen einzelner Kollegen (den *personalities*).

Ich selbst bin während der Gruppenarbeitsphasen „gependelt“, habe zugehört, notiert, mal angeregt oder auch geschlichtet, ansonsten aber als Arbeitsgedächtnis fungiert, das nach den Gruppenberichten eventuell zu vergleichen, zu bündeln oder festzuhalten hatte. Wie erfolgreich diese KiF letztlich war, beweist folgendes Ereignis: Noch vor der abendlichen Freizeitgestaltung wurde von einer Kollegin, die weder zur Schulleitung noch zur Vorbereitungsgruppe gehörte, der förmliche Antrag gestellt, eine Arbeitsgruppe zu bilden, die in den nächsten Wochen die hier in Umrissen sichtbar gewordenen „curricularen Stützkorsette“ fertigstellen und auf der nächsten Gesamtkonferenz zur Abstimmung bringen sollte. Dieser Antrag wurde angenommen – einstimmig angenommen ...

Einer der Väter der Bildungsforschung und der Schulreform in Deutschland, der 1909 geborene, am Berliner Max-Planck-Institut für Bildungsforschung von 1964 bis 1977 tätige und dem Deutschen Bildungsrat von 1966 bis 1972 angehörende *Friedrich Edding* wurde nicht müde, den entscheidenden Satz bei der Realisation der Schulreform zu sprechen, der da lautet: „Schulen und Hochschulen müssen mehr Selbstverantwortung bekommen.“[30] Und zwar nicht im Bereich der Mängelverwaltung und der Selbstausbeutung bis hin zur Selbstzerstörung, sondern dort, wohin sich dieses Gymnasialkollegium hin orientierte: an die Ausgestaltung einer auf Bildung verpflichteten Schule, die ohne permanente Selbstbildung nicht die Bildung anderer ermöglichen kann.

3. Nicht Vorbild, sondern Beispiel! Oder: Gute Schulleiter und gute Schulräte

Es gibt ein (böses) Sprichwort, das lautet: Der Fisch stinkt vom Kopfe her. Wenn ich dies systemisch deute und positiv wende, dann sprechen all meine Erfahrungen dafür: Die entscheidende Variable bei der Ausgestaltung einer möglichst guten Schule ist der Schulleiter bzw. die Schulleiterin oder die Schulleitung (als Gremium) *und* der zuständige Schulrat bzw. die zuständige Schulrätin oder auch das für die jeweilige Schule zuständige Dezernat (in der Regel bei der Bezirksregierung). Damit sollen die Strukturen und die Verhältnisse, die Ressourcen und die Beziehungen, das Management[31] und das *Corporate Identity*[32] nicht gering geachtet, wohl aber an die ihnen gemäße Stelle gerückt werden: Gegenüber den personalen Faktoren sind all die anderen Einflußgrößen (nicht bedeutungslos, wohl aber) sekundär. Deshalb setze ich in Sachen SchiLf oder KiF nicht auf die in vielen Bundesländern ins Leben gerufenen Landesinstitute – so wichtig diese etwa bei der Entwicklung von Curricula sein mögen. Für eine basisorientierte, dezentrale und lokale Fortbildung der Lehrer taugen sie nicht, auch nicht über das sogenannte Moderatorenkonzept, wohl aber für eine fachspezifische Fortbildung der Lehrer – etwa im Bereich moderner Textverarbeitung, der Drogenprävention oder fachdidaktischer Neuerungen. Die entscheidenden Ressourcen bei der Reform der Schule liegen in den Menschen selbst, in ihren Bildungsbemühungen, die durch Schul*leiter* und Schul*räte* entweder behindert oder gefördert werden. Wie ist das zu verstehen? Oder anders gefragt: Was müssen wir von deren Persönlichkeit und Tätigkeit erwarten, wenn sie diesen Support leisten sollen? 1965 erschienen in der sowjetischen Zeitschrift *Narodnoje obrasowanije* die berühmten „Gespräche mit einem jungen Schuldirektor“. Hartnäckig, gut 180 Seiten lang, pochte *Wassili Suchomlinski*[33] auf Fragen wie diesen: „Wie soll man bei der *Leitung* der Bildung und Erziehung vorgehen? Wie ist die eigene Arbeit am besten zu *organisieren*, zu planen und einzuteilen, damit alle Details des komplizierten Mechanismus, den das Leben in der Schule darstellt, erfaßt werden? Wie kann man den *Eltern* helfen, ihre Kinder zu erziehen? Wie lassen sich Formalismus und *administratives Verhalten* in der Leitung vermeiden? Muß der Direktor mit allen *Fächern des Lehrplans* vertraut sein? Wie kann man unmittelbar und mittelbar am *Leben* und an der *Arbeit der Kinder* teilnehmen?”

Solche und ähnliche Fragen waren damals ungewöhnlich; sie wurden selten gestellt (auch hierzulande) und galten als provokativ. Heute kann man in fast allen Programmen staatlicher, kirchlicher oder gewerkschaftlicher Institutionen der Lehrerfortbildung Tagungen zur „Fortbildung pädagogischer Führungskräfte“ finden, die – mehr oder weniger – im Spektrum der Problematik „zwischen Verwalten und Gestalten“ angesiedelt sind. Auf ihnen werden Fragen wie diese diskutiert:

- Welche *Anforderungen* werden an Schulleiter und Schulaufsichtsbeamte gestellt?

- Sind sie Manager, Organisatoren, Kommunikationsexperten, Psychologen, Juristen ... oder schlicht *fachkundige Pädagogen* inmitten pädagogischer Probleme?
- Wie werden sie auf ihre Aufgaben *vorbereitet* und *fortgebildet*?
- Sollen *administrative* und *beratende* Gesichtspunkte bzw. Auswahlkriterien bei ihrer Berufung dominieren?
- In welcher Weise unterstützen oder behindern *Verbundsysteme* die notwendigen Aufgaben?

Solche und ähnliche Fragen werden auf den besagten Tagungen mitunter recht leidenschaftlich diskutiert und bilden die dritte Perspektive, unter der wir diesen Stock unseres Schulhauses kritisch betrachten sowie mutig umgestalten wollen.

Wer sich einmal die Mühe macht und (zum Beispiel auf Fortbildungstagungen) für Mitglieder der Schulleitung die einzelnen Verantwortungsbereiche identifiziert, die einer Schulleitung anheimgegeben sind, kommt auf wenigstens neun solcher Bereiche, die wiederum von insgesamt 42 Tätigkeitsfeldern umgeben sind. Die umseitige Abbildung 66 soll eine Vorstellung dieser komplexen und schwierigen Profession vermitteln.

Mit Bedacht ist in dieser Abbildung von der Schulleitung in *Deutschland* die Rede. Nicht weil nationaler Stolz uns treibt, sondern weil dieser Sachverhalt „typisch", fast repräsentativ für Deutschland ist, wo man eben nicht zwischen *administration* auf der einen und *guidance and counceling* auf der anderen Seite (wie etwa in den USA) unterscheidet. Der deutsche Schulleiter ist alles zugleich: Er soll seinen Kollegen Rat geben und sie gleichzeitig beurteilen; er soll ein exzellenter Pädagoge sein und ebenso ein guter Verwaltungsexperte; ihm sind die Belange der Wirtschaft nicht weniger vertraut als die seiner Problemschüler ... Ein schier überforderndes Berufsprofil. Was also tun? Wo Akzente setzen? Wie vernünftig haushalten – „zwischen Verwalten und Gestalten"? Wo die Koinzidenz suchen, wenn es denn einen solchen Schnittpunkt aller Verantwortlichkeiten überhaupt gibt?

Spätestens seit der „Rutter-Studie"[34] ist der empirische Nachweis erbracht, daß weder die mit Beton umbauten Kubikmeter noch die Anzahl der Computer, weder die mit Teppichböden bedeckten Quadratmeter noch die Anzahl der verbrauchten OHP-Marker die Qualität einer Schule ausmachen, sondern in erster Linie jene geistige Verfassung, die in den anglo-amerikanischen Ländern *morale* genannt wird: der *Geist* einer Schule, die das Kollegium einigende *Pädagogik*, das *Ethos*, mit dem Schüler, Eltern und Lehrer ihre Schule begründen. Worin besteht nun dieser „Arbeitsgeist"? Dazu zehn beschreibbare Merkmale:

❶ Nur die letztlich um *Erziehung und Bildung* sich bemühende Schule kann erstens, zweitens und drittens das ABC, die Zinsrechnung und das Gerundivum lehren. Die auf Erziehung und Bildung verzichtende oder nicht mehr bauende Schule ist eine schlechte Schule.

❷ Dieser Bildungsauftrag bedeutet einerseits, die *Wahrheit* der Probleme, Fakten, Dinge und Lebewesen zu ermitteln und anderseits für ihre *Humanisierung* aufzu-

Abbildung 66:
Verantwortungsbereiche und Tätigkeitsfelder der Schulleitung in Deutschland

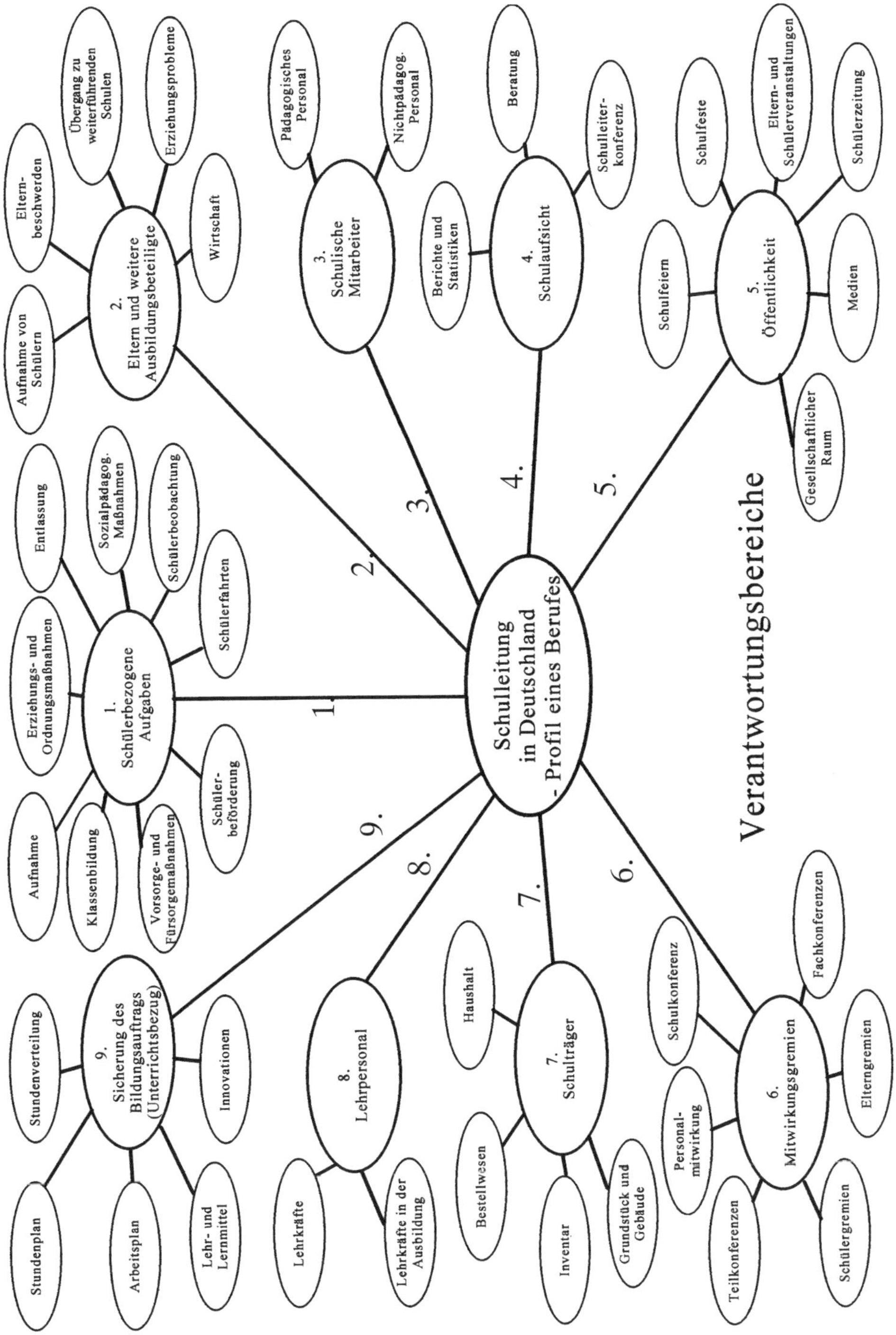

kommen. Schule ist folglich ein Ort nüchternen Denkens bzw. Lernens, aber auch eine Stätte von Menschlichkeit und Lebendigkeit, ein Forum von Belehrung und Erfahrung.

❸ Ohne Aushalten sowie Gestalten von Spannungen und Widersprüchen (*Antinomien*) ist ein solcher Auftrag nicht zu erledigen. Schüler müssen *peu à peu* die Realität so erfahren, wie sie *ist* (mit all ihren Defekten), aber auch ahnen lernen, wie die Welt sein *könnte* (mit all ihren Meliorationen).

❹ Dieses sicherlich nicht leichte Bemühen wird eine gute Schule in *Bescheidenheit* praktizieren. Die Schule soll nicht alles tun, sondern etwas: Heute dieses (möglichst gründlich) und morgen jenes (ein wenig besser).

❺ Unverzichtbar ist ein Klima der Angstarmut, der Aggressionsbewältigung sowie der Konkurrenzvermeidung. Nur in einer Atmosphäre der *Lehr- und Lernfreude* können Rationalität und Humanität gedeihen – jenseits von billiger Lust und modischem Spaßmachen-müssen.

❻ Ein solches Klima benötigt nicht Vermassung und Anonymisierung, wohl aber *Überschaubarkeit*. Eine Schule ohne Gruppierungen, Teamarbeit, Behaglichkeit, Nischen von Wärme und Formen von vernünftigen Auseinandersetzungen ist eine schlechte Schule – egal wie ihr „Firmenschild" lautet.

❼ Auch wenn Schule mehr ist als Unterricht (nämlich Gespräche, Spiele, Feiern und Begegnungen), bleiben im Zentrum eines reichhaltigen Schullebens die organisierten Lehr- und Lernprozesse. Diese unterrichtlichen Arrangements sind für die Schüler da und folglich auf diese hin zu orientieren (nicht aber zu zentrieren) und von diesen Schritt für Schritt *mit(bestimmend)* zu gestalten.

❽ Wer diese Mitbestimmung ernst nimmt, kann Selektion, Benachteiligung, Außenseitertum usw. nicht wollen, sondern wird *weitgehende Integration* sukzessive anstreben müssen. So viel Gemeinsamkeit wie möglich, so wenig gesonderte Hilfen wie nötig – lautet folglich diese Maxime.

❾ Nicht nur bei dieser Aufgabe, sondern auch in der gesamten Choreographie des Lehrens und Lernens wird die um Qualität sich bemühende Schule aus der Reformpädagogik lernen. Ob *Petersen* oder *Montessori*, *Freinet* oder *Dewey*, *Steiner* oder *Minna Specht* – eine *Profilierung* gewinnt die Schule nur in kritischer Auseinandersetzung mit dem reformpädagogischen Erbe des In- und Auslandes.

❿ Und schließlich wird jede Schule erst dann auf dem Weg eines Besserwerdens sein, wenn sie sich um allgemeine und *berufliche* Bildung bemüht. Sie reicht vom Besuch der örtlichen Müllabfuhr im 1. Schuljahr bis hin zur Doppelqualifikation in der Kollegschule. Ohne Öffnungen zur Arbeits- und Wirtschaftswelt bleibt die Schule ein Torso.

Ehe wir also unter einem soziologischen oder betriebswirtschaftlichen Aspekt die Aufgaben von Schulleitern und Schulräten auflisten und zu einer Struktur formen, müssen wir sie (schul-)pädagogisch fundieren, wozu der vorausgegangene Merkmalskatalog einladen möchte, der die gebündelten Erkenntnisse unserer *Theorie undPraxis der Schule* gleichsam als ein verknotetes Gesamtgeflecht präsentierte. In ihm liegt der bisher zu Recht vermißte Koinzidenzpunkt, von dem aus die einzelnen Verantwortungsbereiche und Tätigkeitsfelder erst ihre Bedeutung gewinnen – auch ihre Gewichtung. Denn kein Schulleiter und kein Schulrat soll alles zu jeder Zeit mit gleicher Energie leisten, sondern hier und jetzt das pädagogisch Notwendige und Sinnvolle tun.

Wenn man nun diese zehn Merkmale auf das Arbeitsfeld pädagogischer Führungskräfte bezieht, müssen sie auf vier Ebenen konkretisiert werden. Schulleiter/innen agieren 1. auf einer *persönlichen* Ebene mit all ihren psychischen, sozialen und körperlichen Korrelaten. Eine 2. Ebene bezieht sich auf den *Unterricht* und wirft edukative sowie didaktisch-methodische Probleme auf. Die 3. Ebene ist die *kollegiale*, denn Schulleiter/innen sind einerseits Lehrende unter Lehrenden, andererseits auch deren Vorgesetzte. Und 4. schließlich wird unter systemischen Aspekten die *amtliche* Ebene sichtbar, auf der Verwaltungsarbeiten, öffentliche Belange, Kontakte zur Kommune, Schulaufsicht etc. zu regeln sind. Auf all diesen vier Ebenen (PUKA) erfahren Schulleiter/innen spezifische Herausforderungen, Belastungen, Möglichkeiten und Grenzen, was die Abbildung 67 illustrieren soll.

Abbildung 67: PUKA-Ebenen im Berufsfeld der Schulleiter/innen

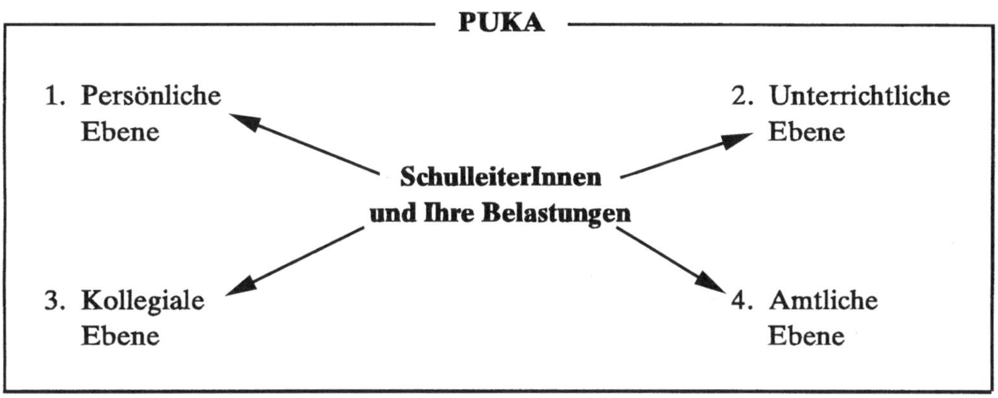

Von den zehn Sollensperspektiven einer relativ guten Schule und Gegebenheiten einer auf vier Handlungsebenen angesiedelten Tätigkeit her sind also vier Qualifikationen unverzichtbar: Ein Schulleiter benötigt ebenso wie eine Schulleiterin: 1. ein hohes Maß an *Konfliktfähigkeit*. Im Bereich des Unterrichts wird von ihm oder ihr eine anregende *Orientierungsfähigkeit* erwartet. Auf der kollegialen Ebene benötigen die Leiter/innen von (bes. großen) Schulen eine Spannungen ausbalancierende *Antinomiefähigkeit*. Und als Träger eines Amtes wird von ihnen 4. die *Politikfähigkeit* erwartet, denn sie besitzen an der Gelenkstelle zwischen Schule und Gesellschaft ein die *polis*, die *community*, den Stadt-Teil und die *s'cholé*, die Stätte des Lehrens und Lernens, die Schule im Auge habende andragogische bzw. kommunalpolitische Aufgabe.

Abbildung 68: KOAP-Fähigkeiten im Berufsfeld der Schulleiter/innen

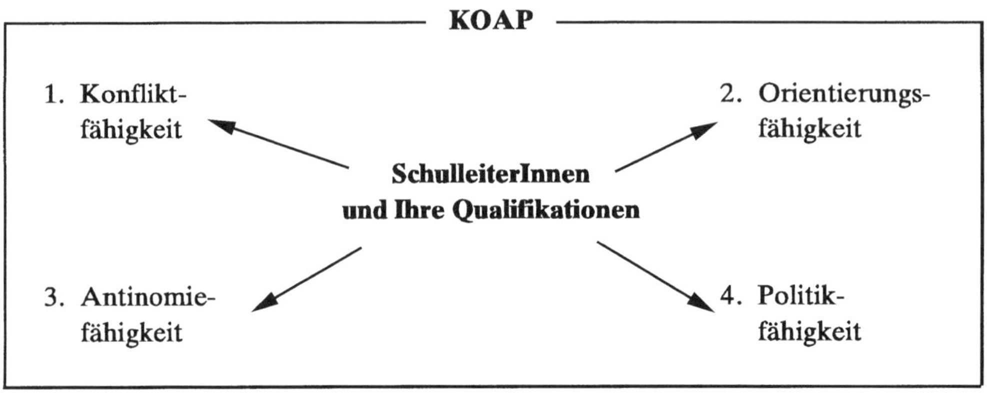

Diese vier Qualifikationen bringt niemand *per se* oder von allein in sein Amt. Den „geborenen" Schulleiter gibt es nicht, den „gemachten" freilich auch nicht – wohl aber den ausge*bildeten*. Wie aber läßt sich dieser Bildungsprozeß gestalten? Die Teilnehmerin an einer Fortbildungsveranstaltung für Schulleiter meinte in einer Gesprächspause: „Wenn ich ehrlich bin, sind wir denkbar schlecht auf unsere Aufgaben vorbereitet worden!" Eine zutreffende Feststellung, die zu einem *weiteren Fazit* berechtigt:

Unter professionellen Gesichtspunkten ist die Aus- und Fortbildung von Schulleitern geradezu amateurhaft: Das Qualifikationsprofil von pädagogischen Führungskräften bedarf dringend einer berufsspezifischen Vermittlung. Diese ist Aufgabe der Schulaufsicht, die in den Prozeß der Schulberatung entscheidend einzubeziehen ist. Ansonsten gelten bei der Aus*bildung* von pädagogischen Führungskräften dieselben Erkenntnisse wie bei der Ausbildung der Lehrerpersönlichkeit, in die hineinzulernen unverzichtbar ist – ein Leben lang. Über dieses Binnenverhältnis hinaus sollte noch die Beziehung zu anderen (Kollegen) bedacht werden, die nicht vom Vor-Bild, sondern vom *exemplum* geprägt sein soll. *Jakob Muth* betonte deshalb 1986 zu Recht: „Unter allen Faktoren, von denen erzieherische Wirkung ausgeht, kommt vielleicht dem Beispiel die stärkste Bedeutung zu."[35] Wer unter diesen Gesichtspunkten die Praxis seiner pädagogischen Führungsaufgaben bedenkt, wird nach der geeigneten Metapher seiner Tätigkeit ebenso suchen wie nach der wünschenswerten Kennzeichnung des ihm anvertrauten Kollegiums. Auch wenn die beiden folgenden Auflistungen keine kodifizierten Berufsbezeichnungen beinhalten, sind sie doch im Kontext vielfältiger praktischer Erfahrungen entstanden. Sie wollen dazu einladen, nachzudenken, mit anderen ins Gespräch zu kommen und die eine oder andere Realität behutsam zu verbessern. Wichtig sind hier wie an ähnlichen Stellen nicht die Pointierungen, wohl aber die hoffentlich dadurch ausgelösten Prozesse des Suchens und Findens – möglichst *guter* Schulleitungen und möglichst *guter* Lehrerkollegien.

Aus der Fülle der analytischen Erkenntnisse über die Aufgaben einer möglichst guten Schulleitung sowie aus dem umfänglichen Katalog vernünftiger Vorschläge, Anregungen und Forderungen seien ausgewählt, weil für besonders wichtig erachtet: Fünf Einsichten und drei Postulate.

❶ Schulleiter/innen haben es heute vor allem mit folgenden Dilemmata zu tun: Mit einer Lehrerschaft, die im Schnitt immer älter wird; mit einer weitgehenden Gettoisierung ihres jeweiligen Kollegiums; mit ca. einem Drittel 'nur' teilzeitbeschäftigter Kollegen; sowie mit einem steckengebliebenen Reformprozeß inmitten schrumpfender Schülerpopulationen, wobei die Einflüsse der Medien auf diese Schüler *gewaltig* geworden sind.

❷ Alle Schulleiter stimmen den Aussagen zu, daß Schule ohne Sinn sinn-los ist; daß Erziehung ohne Werte wert-los bleibt; und daß ein Kollegium ohne Ziele ziel-los herumirrt.

❸ Daraus wurde die Erkenntnis abgeleitet: Schulleiter/innen sind angesichts der Fülle der an sie herangetragenen Erwartungen, der realen Gegebenheiten sowie der aktuellen Aufgaben vor allem Profis für Arbeitsgestaltungsprozesse. Sie regen an, bündeln, delegieren, vermitteln, koordinieren und sind damit eher Team-Leader denn Vor-Gesetzte.

❹ *Ein* offenes Problem liegt in der Notwendigkeit begründet, laufend auswählen, akzentuieren, entscheiden zu müssen, wobei über Prioritäten kaum bzw. selten Konsens herzustellen ist. Die einen halten die Einführung von, sagen wir, Gruppenarbeit für wichtiger als, sagen wir, die Gestaltung des Schulhofes; und die anderen sehen dies umgekehrt oder noch anders und stellen z. B. das bildungspolitische Engagement an die Spitze aller Aufgaben.

❺ Nichts entzweit Schulleiter mehr als die Frage nach ihrer eigenen Qualifizierung. Sollen sie frühzeitig als potentielle Führungskräfte entdeckt und geschult werden? Ist die zeitlich limitierte Tätigkeit besser als die auf Dauer angelegte Ernennung? Können uns aus der Wirtschaft bekannt gewordene Konzepte weiterhelfen? Wer befindet über einen Kandidaten? Wie läßt sich der Anteil an Frauen in Führungspositionen erhöhen? Ein weiteres Fazit lautet demzufolge:

In der Wahrnehmung von Dilemmata sowie in der Akzeptanz basaler pädagogischer Überzeugungen gibt es unter deutschen Schulleitern wesentlich mehr Konsens als die Forschung vermutete. Strittig ist unter Schulleitern nicht die Pädagogik, wohl aber die eigene Qualifizierung bzw. Kompetenzgewinnung.

Abbildung 69: Sechs mögliche Schulleitungen

Sechs mögliche Schulleitungen

1. Der Boss/Die Chefin → befehlen
2. Der Mediator/Die Quagltreterin → ausbalancieren
3. Der Kutscher/Die Dompteuse → dirigieren
4. Der Macher/Die Managerin → schuften
5. Der Seemann/Die Träumerin → visionieren

6. Der Kapitän/Die Spielführerin → verantworten

perspektivieren | mobilisieren | korrigieren

Abbildung 70: Sechs mögliche Lehrerkollegien

Sechs mögliche Lehrerkollegien

1. Die Firma → Fabrikation
2. Die Cliquenwirtschaft → Destruktion
3. Der chaotische Haufen → Privation
4. Die Werkstatt → Reparation
5. Die Klinik → Therapie

6. Das Lehrerteam → Kooperation

Transparenz | Delegation | Mitbestimmung

Wenn man gemeinsam in Schwierigkeiten steckt, helfen in der Regel verschiedene Vorschläge. Drei davon seien genannt:

❶ Transparenz, wechselseitige Hospitation und Teamarbeit muß vom Schulleiter weniger gefordert (wohl aber gefördert) als vielmehr: gelebt werden. *Er* öffnet seine Türen; *er* lädt ein in seinen Unterricht; *er* plant, handelt und evaluiert aus Gruppenbezügen heraus und – *er* entscheidet dann.

❷ Die Realisation der Schulreform kann nicht von oben verordnet (wohl aber angeregt) werden, sondern muß im Kollegium Gestaltung finden: Die kollegiumsinterne Fortbildung (KiF) bzw. die schulinterne Lehrerfortbildung (SchiLf) sind dabei die geeigneten Arrangements, für die Schulleiter/innen eine wesentliche Mitverantwortung aufbringen können.

❸ Nichts schadet einer Schule mehr als der (sich und) sein Kollegium überfordernde, drangsalierende oder auch anpeitschende Schulleiter. Seine wichtigste Maxime sollte deshalb lauten: Die *kleinen* Taten verbessern die Welt, auch die der Schule. So läßt sich ein vorletztes Fazit ziehen:

Postulate sind gut, konkrete Reformen sind besser. Schulleiter/innen sind Ermöglichende der Schulreform oder – ihr Gehalt nicht wert.

*

Cum grano salis (in der Tat: mit einem Körnchen Salz, aber ansonsten unverändert) gelten die bisherigen Ausführungen auch für Schulräte, Dezernenten und andere Schulaufsichtsbeamte, weshalb dieser Abschnitt wesentlich kürzer ausfallen kann. Immerhin: Dieses Körnchen Salz (dieses *granum salis*) muß als solches identifiziert werden.

Die wohl ausgereiftesten Überlegungen zur Reform der Schulaufsicht stammen von *Ulrich Scheel*[36] und *Hans-Günter Rolff*[37] – der eine eher *erziehungs-*, der andere mehr *sozial*wissenschaftlich argumentierend. Sie laufen auf eine völlig neue Struktur und ein neues Berufsbild des Schulrates hinaus. Wer die umseitige Abbildung 71 in die Realität übersetzt, wird zumindest für folgende Veränderungen plädieren, ohne die eine demokratische Schulaufsicht nur begrenzt ihre Aufgaben wird wahrnehmen können:

❶ War der Schulrat in der Vergangenheit eher eine personale Größe, ein Einzelkämpfer und häufig nur punktuell wirkender Beamter, wird er in Zukunft eher systemisch wirken, das heißt: in einem Verbundsystem, in einer vernetzten und sich vernetzenden Gesamtstruktur sowie aus Arbeitsgruppen heraus tätig sein. Das nimmt ihm nichts von seiner „Persönlichkeit", sondern bettet ihn lediglich in größere und effektivere Zusammenhänge ein.

❷ Die zweite Reform wird die vielfach belegte Einsicht zu verwirklichen haben, die darauf hinausläuft, daß Aufsicht und Beratung letztlich nicht von einer Person gleichzeitig glaubwürdig aufzubringen sind. An der Praxis von SchiLfs und KiFs

Abbildung 71:
Die Schulaufsicht im Kontext regionaler Reformen (nach H.-G. Rolff)

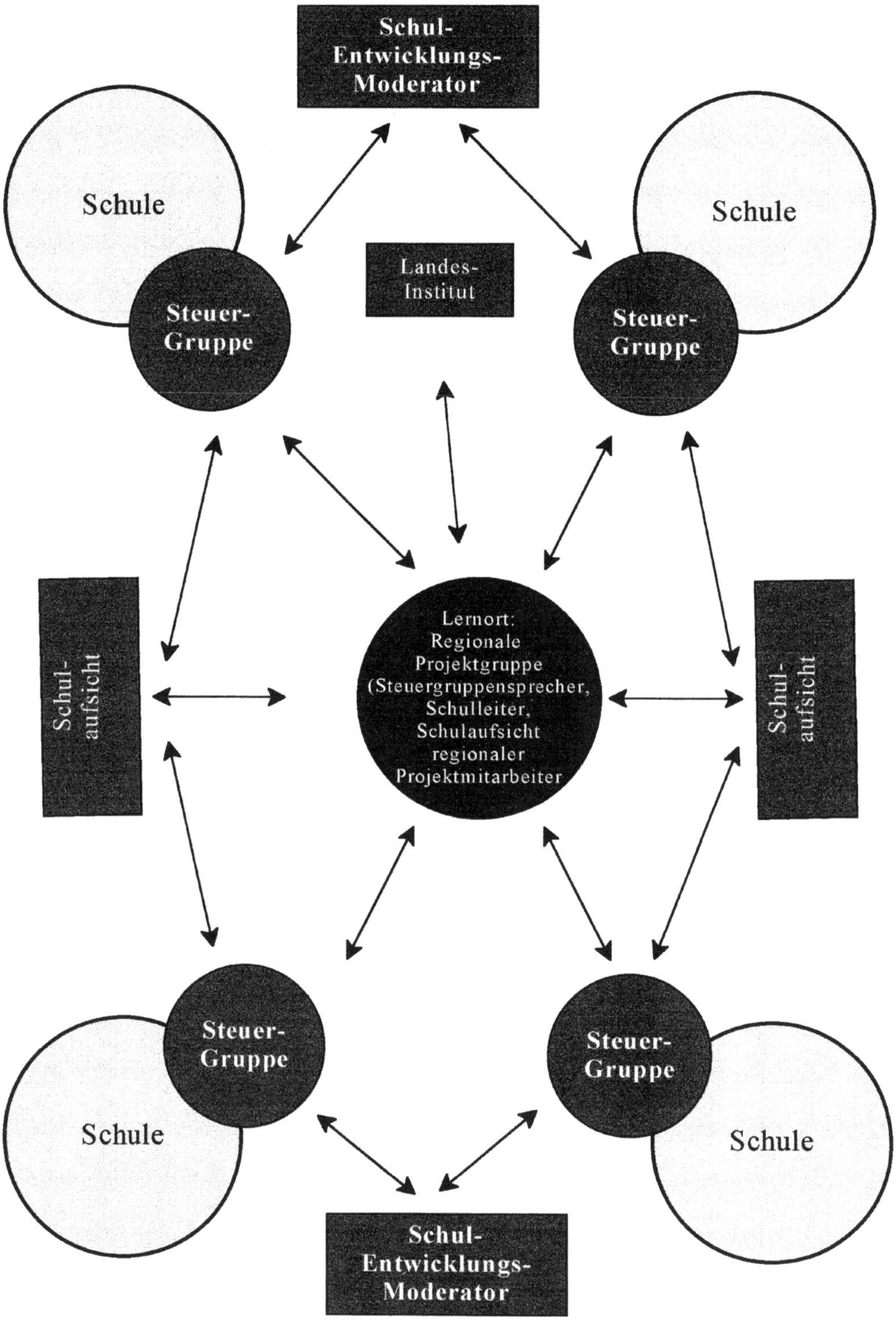

wird dies besonders deutlich: Welches Kollegium lädt schon den zuständigen Schulrat oder Dezernenten ein, wenn es darum geht, interne Fortbildungen zu arrangieren!? Wer öffnet sich schon einem Schul*rat* gegenüber, berichtet zum Beispiel über seine Schwierigkeiten im Umgang mit problematischen Schülern oder mit nicht ganz einfachen Eltern, wenn er weiß, daß in einigen Wochen die Regel*beurteilung* ansteht, die eben dieser Schulrat vornehmen wird!? Wir werden also nicht umhinkommen, in der Schulaufsicht zwei Berufsgruppen zu etablieren: die eine tendiert mehr zum *school-administrator* (zur Verwaltung bzw. Aufsicht), die andere mehr zum *school-councelor* (zur Beratung bzw. Fortbildung).

❸ Und schließlich wird das Besondere in der Profession der Schulaufsicht bzw. Schulberatung, deren gemeinsamer Bezugspunkt die Schulentwicklung ist, in der Flexibilität der Zugehörigkeit liegen. In den vorausgegangenen Passagen habe ich mich für eine starke Schulleitung ausgesprochen, weshalb ich eine in kurzen Abständen stattfindende „Wahl des Schulleiters" für nicht sinnvoll halte. Als Marionette eines Kollegiums kann kein Schulleiter die ihm angetragenen Aufgaben erfüllen – als Dompteur desselben freilich auch nicht. Um also einerseits so viel personale Unabhänigigkeit wie möglich und so viel demokratische Kontrolle wie notwendig zu ermöglichen, plädiere ich für den Schulleiter auf Zeit (und zwar für 12 Jahre mit der Möglichkeit einer einmaligen Wiederwahl) und für den Schulrat auf Abordnung (und zwar für sechs Jahre mit der Möglichkeit einer einmaligen Wiederwahl). Beide Reglements würden die Vorteile von Unabhängigkeit und Kontrolle sowie von Distanz und Nähe miteinander verknüpfen. Denn gerade der Schulrat muß den Kontakt zur Schul- und vor allem zur Unterrichtsrealität immer wieder durch hauptamtliches Unterrichten und Erziehen herstellen, wenn er nicht den Weg gehen soll, den *Jürgen Henningsen* als einen „Vom Klempner zum Schwätzer"[38] bezeichnet hatte. Schulleiter auf Lebenszeit sind in ähnlich problematischen Bezügen wie Schulaufsichtsbeamte in der Stadtverwaltung oder bei der Bezirksregierung – und die Zeit jenes Kreisschulinspektors, der zu Beginn dieses Kapitels zu Wort kam, ist nun wirklich vorbei. Die in unserem gemeinsamen Interesse liegende Reformperspektive läßt sich also wie folgt ausleuchten: Starke „Schulleiter auf Zeit", bei deren Ernennung das betreffende Kollegium ein gewichtiges Wort mitzureden hat, sind ebenso nötig wie „Schulaufsichtsbeamte auf Abordnung", die *aus* der Schule kommen, *für* die Schule wirken und *in* die Schule zurückkehren. (Nebenbei: Eine solche Regelung würde auch den Professoren für Erziehungswissenschaft guttun – noch dazu, wenn sie die Schulpädagogik vertreten!) Deshalb ein letztes Fazit: Wie immer die neu zu gestaltende Ebene der Schulaufsicht und Schulberatung gestaltet werden wird, ohne Vernetzung, Aufgabenzentrierung und Flexibilisierung wird keine vernünftige Reform entstehen können.

Mit diesen Hinweisen wollen wir es belassen, gleichwohl noch manches Vergleichbare etwa über die Bildungspolitik oder die Lehrerbildung, die pädagogische Publizistik oder die mit der Schulentwicklung verzahnte Lehrergewerkschaft(en) zu sagen wäre. Irgendwann aber muß jede Ausführung ihren Punkt finden.

Abbildung 72: Aspekte einer zeitgemäßgen Schultheorie

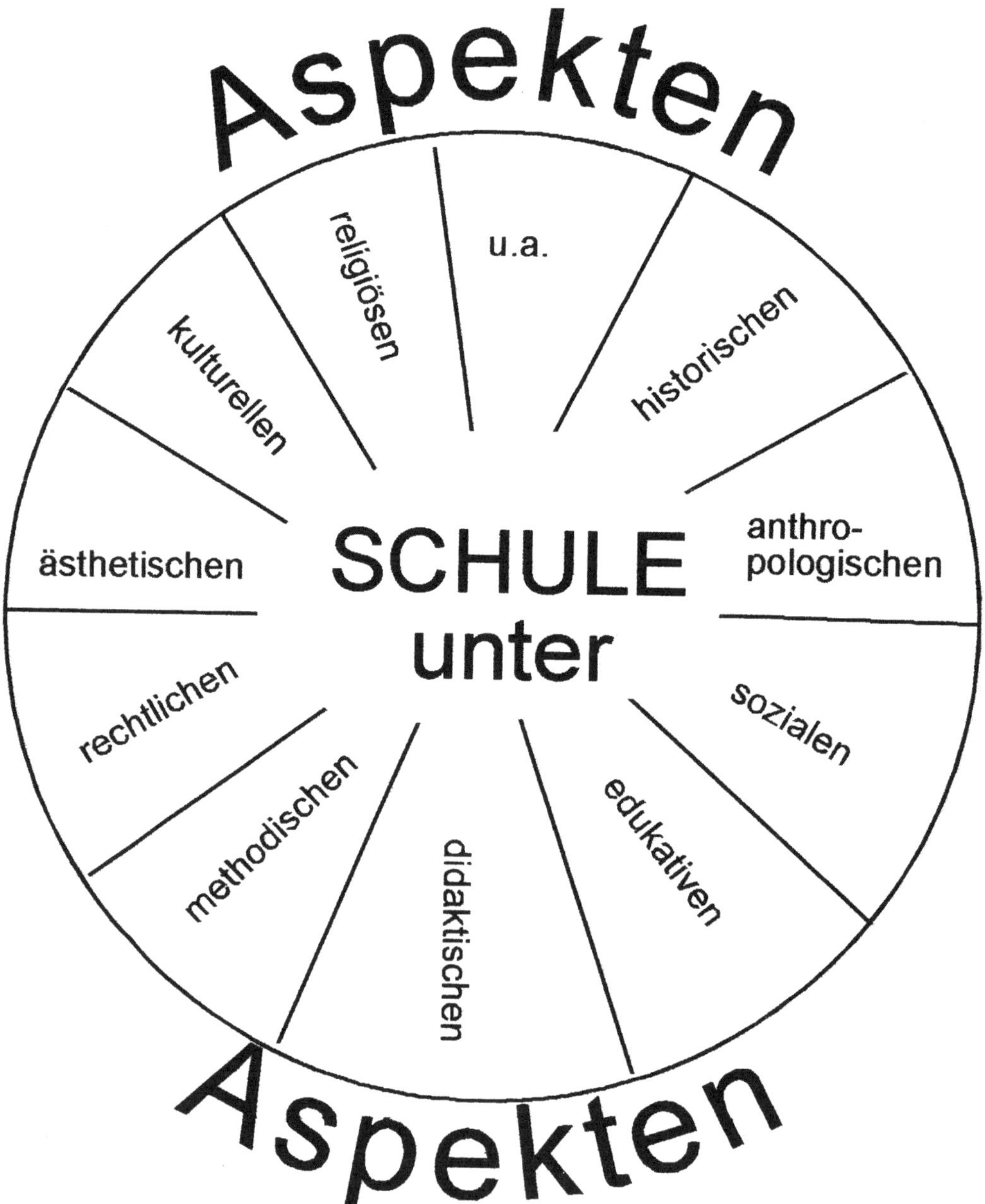

Wer unser Schul-Haus bis hierher erkundet, also vom Keller bis zum Dachboden erforscht hat, wer sich dabei von der Abbildung 72 noch einmal rückschauend zum Nach-Denken anregen und zum eigenständigen Weiter-Denken anstiften läßt, wird sich womöglich drei abschließende Fragen stellen, die ich mit drei Gegenfragen beantworten möchte. Da lautet eine erste, mitunter recht bange Frage:

- Die Renovierung eines Hauses kann im Gegensatz zum Neubau an jeder Stelle beginnen … Wo also anfangen, wenn in jedem Stockwerk und in jedem Zimmer

Arbeiten erledigt werden müßten? *Meine Gegenfrage*: Warum nicht dort beginnen, wo die Aussichten auf eine erfolgreiche Arbeit am größten sind?

- Zweitens wird man zu bedenken geben: Die meisten Arbeiten erfordern viele Hände, viele Materialien, viele Ressourcen und noch mehr Zeit und Kraft ... Wo also all dies hernehmen, wenn Mit-Hilfe sowie Unter-Stützung selten geworden sind? *Meine Gegenfrage*: Warum nicht das erledigen, was wirklich erledigt werden kann – und sei es das Anbringen eines Schildes, auf dem geschrieben steht: ACHTUNG! MITARBEITER BEI RENOVIERUNGSARBEITEN GESUCHT!?
- Und schließlich stelle auch ich mir immer wieder die Frage nach dem Sinn dieser ganzen Plackerei: Da gibt es so viele Bemühungen und Versuche, Verbesserungen und Erfolge, aber noch mehr Enttäuschungen und Rückschläge, Mißerfolge und Versagen ... Warum also weiter-arbeiten, wo doch so wenig und so selten unser Wirken erfolgreich ist? *Meine Gegenfrage*: Ist da nicht „jemand", an den wir just all die – mitunter schier verzweifelten – Fragen richten dürfen, die uns in der Tat in die Verzweiflung treiben, wenn wir aufhören, sie zu stellen und – wenn wir uns weigern, auf „seine" Antworten zu hören?

*

Mit diesen Worten darf sich der Autor dieses Buches von seinen Lesern verabschieden – Dank sagend für Geduld, Hoffnung hegend auf Engagement und Mithilfe anbietend bei Bedarf und bei Möglichkeit. Die Einladung zu einem kurzen Besuch auf dem Dach unseres Schulhauses wird zwar noch von mir ausgesprochen, aber was Sie dort oben, den gestirnten Himmel über Ihnen, zu hören bekommen, hat nun wahrlich nichts mehr mit mir und der *Theorie und Praxis der Schule* zu tun. Oder doch?

Anmerkungen und Literaturhinweise

[1] Vgl. Wegweiser für Lehrerinnen von Schulrat *Hochscheidt.* Königl. Kreisschulinspektor in Trier. Trier: Mosella-Verlag 1911, S. 20f.

[2] *Deutscher Bildungsrat/Empfehlungen der Bildungskommission* (Hrsg.): Strukturplan für das Bildungswesen. Stuttgart: Klett 1970, S. 217 – 220.

[3] Ebd., S. 220.

[4] *Friedrich Nietzsche*: Götzendämmerung. (Or. 1888) In: *Ders.*: Sämtliche Werke in 12 Bänden. Bd. VIII. Stuttgart: Kröner 1964, S. 77 – 183, zit. S. 126. Diese Forderung erhebt *Nietzsche* im Zusammenhang mit seiner Kritik am höheren Erziehungswesen in Deutschland und darüber hinaus im Zusammenhang mit seiner Kritik an der idealistischen Anthropologie einerseits und an dem zeitgenössischen Darwinismus andererseits, die beide zu einer „Verarmung und Verödung des deutschen Geistes" (ebd., S. 594) geführt haben.

[5] *Karl Marx*: Thesen über Feuerbach. (Or. 1845) In: *Karl Marx/Friedrich Engels*: Studienausgabe in 4 Bänden. Bd. I. Frankfurt/M.: Fischer Bücherei 1966, S. 139 – 141, zit. S. 139. Dieser Vorwurf und die daraus gezogene Konsequenz richtet sich an die bisherige, von *Ludwig Feuerbach* vertretene und durch *Marx* erst „richtig" ausgelegte materialistische Lehre.

[6] *Christian Gotthilf Salzmann*: Ameisenbüchlein oder Anweisung zu einer vernünftigen Erziehung der Erzieher. (Or. 1806) Bad Heilbrunn: Klinkhardt 2.1964, S. 13.

[7] *Jean Paul*: Levana oder Erziehungslehre. (Or. 1807) Das Buch erschien im Handel zwar erst 1807, die Vorrede jedoch stammt vom „2ten Mai 1806". Paderborn: Schöningh 1963. Oder: *Ders.*: Sämtliche Werke. Abteilung I. Bd. 5. München: Hanser 2.1996 und Frankfurt/M.: Zweitausendeins 1996, S. 515 – 874.

[8] *Johann Friedrich Herbart*: Allgemeine Pädagogik aus dem Zweck der Erziehung abgeleitet. (Or. 1806) Bochum: Kamp 5.1988.

[9] Vgl. Anm. 6, a. a. O. S. 13.

[10] Vgl. *Rainer Winkel*: Lehrerbildung heute – Ein Plädoyer für die „Erziehung der Erzieher". In: Erziehungswissenschaft – Erziehungspraxis. 3 (2/1987), S. 1 – 7.

[11] Diese Angaben beruhen auf Zahlen der KMK, die z. B. abgedruckt sind in: *rheinland-pfälzische schule*, 47 (6/1996), S. 113. Interessant sind auch die Extremwerte: In den *Grundschulen Sachsens* sind 80,5 % aller Lehrkräfte teilzeitbeschäftigt (im Bundesdurchschnitt 'nur' 46,2 %), während in den *sächsischen Berufsschulen* lediglich 2,8 % der Lehrkräfte Teilzeitlehrer/innen sind (im Bundesdurchschnitt 17,7 %).

[12] Vgl. *Siegfried Bäuerle* (Hrsg.): Lehrer auf die Schulbank. Vorschläge für eine zeitgemäße Lehreraus- und -fortbildung. Stuttgart: J. B. Metzler-Poeschel 1991.

[13] Vgl. *Fritz Bohnsack* u. a.: Schüleraktiver Unterricht. Weinheim: Beltz 1984.

[14] Vgl. *Hans Günther Homfeldt* u. a.: Student sein – Lehrer werden? Selbsterfahrung in Studium und Beruf. München: Kösel 1983. Vgl. auch das Heft 4/1989 der Zeitschrift Forum Pädagogik (jetzt PÄD Forum), das unter der Moderation von *H. G. Homfeldt* dem Themenschwerpunkt gewidmet war: „Wie Lehrer und Lehrerinnen lernen können".

[15] Vgl. *Botho Priebe*: Erziehung und Erziehungsprobleme in Schule und Unterricht. Auswertungsbericht des landesweiten Schwerpunktprojektes zur Lehrerfortbildung. Soest: Landesinstitut für Schule und Weiterbildung 1987. Beispielhaft illustrieren eben diesen Ansatz: *Norbert Posse/Botho Priebe*: „Wie kommen wir da bloß raus? Lehrerkollegien bearbeiten Unterrichtsstörungen gemeinsam". Jahresheft V des Friedrich Verlages in Zusammenarbeit mit Klett. Seelze: Friedrich 1987, S. 128 – 133. Darüber hinaus sei empfohlen. *Botho Priebe*: Wie LehrerInnen gemeinsam lernen und ihre Schulen entwickeln können. In: Forum Pädagogik, 2/1989, 4, S. 160 – 167. *Ulrich Greber* u. a. (Hrsg.): Auf dem Weg zur „Guten Schule": Schulinterne Lehrerfortbildung. Weinheim-Basel: Beltz 1991.

[16] Vgl. *Reinhold Miller*: Lehrer lernen. Weinheim-Basel: Beltz 5.1993. *Ders.*: Schilf-Wanderung. Wegweiser für die praktische Arbeit in der schulinternen Lehrerfortbildung. Weinheim-Basel: Beltz 3.1992. *Ders.*: „Das ist ja wieder typisch!" Kommunikation und Dialog in Schule und Schulverwaltung. Weinheim-Basel: Beltz 1996.

17 Vgl. *Hans-Günter Rolff*: Wandel durch Selbstorganisation. Weinheim-München: Juventa 1993.

18 *Wolfgang Schönig*: Schulinterne Lehrerfortbildung als Beitrag zur Schulentwicklung. Freiburg: Lambertus 1990. *Wolfgang Schönig/Ewald Johannes Brunner* (Hrsg.): Organisationen beraten. Impulse für Theorie und Praxis. Freiburg: Lambertus 1993. *Dies.*: Theorie und Praxis von Beratung. Freiburg: Lambertus 1990.

19 *Ulrich Scheel*: Von der Schulaufsicht zur Schulberatung. In: Forum Pädagogik, 2 (1/1989), S. 21 – 26.

20 *Ewald Terhart*: Kommunikation im Kollegium. In: Die Deutsche Schule, 79 (4/1987), S. 440 – 450.

21 *Horst Eberhard Richter*: Der Gotteskomplex. Reinbek: Rowohlt 1979.

22 *L. Annaeus Seneca*: Briefe an Lucilius. Gesamtausgabe I. Briefe 1 – 80. Reinbek: Rowohlt 1965, S. 17 (7. Brief, 8. Abschnitt).

23 Vgl. *Kürschners Deutscher Gelehrten-Kalender 1992*. Berlin: Walter de Gruyter 1991, 16. Ausgabe, 3. Bd., S. 4516ff. Dort werden angeführt: ca. 600 Professoren als Erziehungswissenschaftler, 560 als Allgemeine Didaktiker, 120 als der Erwachsenenbildung sich zurechnende und 65 als Schultheoretiker sich bezeichnende Kollegen. Zusammen also 1.365 auch für die Lehrerfortbildung kompetente Wissenschaftler.

24 *Immanuel Kant*: Über Pädagogik. (Or. 1803) In: *Ders.*: Werke. Bd. XII. Frankfurt/M.: Insel 1964, S. 691 – 761, zit. S. 699.

25 *Adolph Diesterweg*: Wegweiser zur Bildung für deutsche Lehrer. (Or. 1835) Essen: Baedeker 3.1844, S. XII.

26 Diesem noch weitgehnd unbekannten Terrain zwischen Utopie und Resignation hat sich eine Forschungsgruppe um *H.-U. Grunder* genähert, die anhand von literarischen und realen Beispielen vor allem utopisches Denken auf seine schulpädagogischen Zusammenhänge befragt: *Hans-Ulrich Grunder* (Hrsg.): Utopia. Die Bedeutung von Schule, Unterricht und Lernen in utopischen Konzepten. Baltmannsweiler: Schneider 1996.

27 Vgl. *Fritz Reheis*: Die Kreativität der Langsamkeit. Darmstadt: Wissenschaftliche Buchgesellschaft 1996.

28 Vgl. *Arno Brüning/Karlheinz Spallek* (Hrsg.): Zahl und Zuordnung. Mathematisches Unterrichtswerk für Gymnasien. 8. Schuljahr. Hannover: Schroedel 1992, S. 97.

29 *Jean-Jacques Rousseau*: Emile oder Über die Erziehung. (Or. 1762) Stuttgart: Reclam 1963, S. 307.

30 *Friedrich Edding*, in: Focus, Nr. 10/1996, vom 4.3.1996, S. 132.

31 Vgl. beispielhaft: *Reiner Czichos*: Creaktivität & Chaos-Management. München: Reinhardt 1993.

32 Vgl. beispielhaft: *Wally Olins*: Corporate Identitiy. Strategie und Gestaltung. Frankfurt/M.: Campus 1990.

33 *Wassili Suchomlinski*: Gespräche mit einem jungen Schuldirektor. Berlin (Ost): Volk und Wissen 1982, S. 12.

34 Vgl. *Michael Rutter* u.a.: Fünfzehntausend Stunden. Schulen und ihre Wirkung auf die Kinder. Weinheim-Basel: Beltz 1980.

35 *Jakob Muth*: Integration von Behinderten. Essen: Neue Deutsche Schule 1986, zit. S. 134.

36 Vgl. Anm. 19.

37 Vgl. Anm. 17. Darüber hinaus: *Hans-Günter Rolff*: Die Schule als Organisation erzieht. In: Pädagogik, 47 (2/1996), S. 17 – 21.

38 *Jürgen Henningsen*: Vom Klempner zum Schwätzer. Voraussagen zur Lehrerbildung. In: Neue Sammlung, 21 (2/1981), S. 84 – 99.

Dritter Planet im Sonnensystem

Abbildung 73: Dritter Planet im Sonnensystem

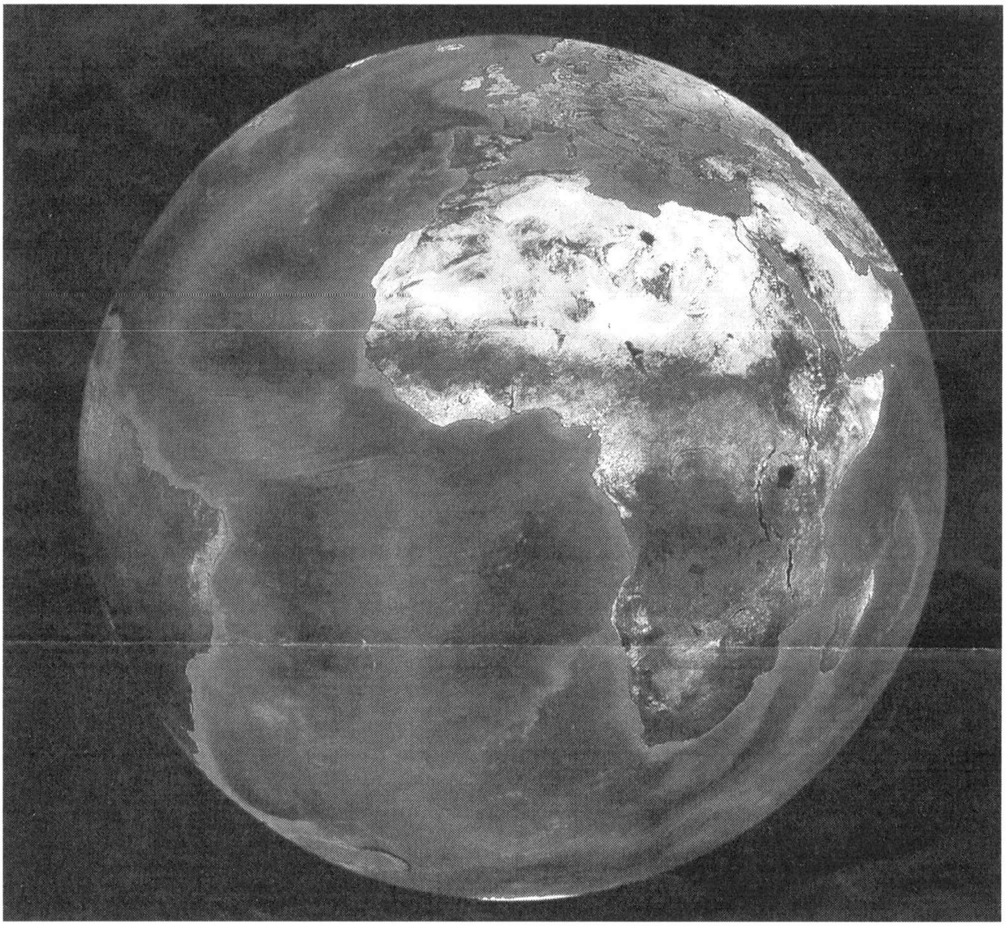

Ein Geoid, 6×10^{24} kg schwer, Zeichen ♁

AUF DEM DACH

„Ich habe das Ohr der Welt
erreicht,
ich bin nicht länger eine Stimme
im leeren Raum,
ein Kerzenlicht,
das einem Blinden leuchtet."
Khalil Gibran

VII. Kapitel: Kometen, Galaxien und die falschen Fragen oder: Was Aristoteles, Galilei, Hawking u.a. auf unserem Schuldach zu tun haben

Auf dem mittleren Teil des Daches unseres Schulhauses, einem recht großen Flachdach, haben sich am Samstag, am 30. März 1996, zwischen 23 Uhr 10 und 24 Uhr, folgende Personen eingefunden:

Aristoteles (384 – 322 v.Chr.), *Claudius Ptolemäus* (87 – 165), *Nikolaus Kopernikus*(1473 – 1543), *Galileo Galilei* (1564 – 1642), *René Descartes* (1596 – 1650), *Isaac Newton* (1643 – 1727), *Albert Einstein* (1879 – 1955), *Edwin Hubble* (1889 – 1953), *Stephen Hawking* (geb. 1942) und *Gerhard Börner* (geb. 1943).

Der Anlaß ist ein simpler und epochaler zugleich: In der besagten Zeit rast nämlich der Komet *Hyakutake* in einem Abstand von etwa 50.000 km an unserer Erde vorbei – seit 1556 ist kein Komet von einer solchen Größe der Erde so nahe gekommen ...

Kopernikus: Nun, Meister *Aristoteles*? Hätten Sie das heutige Wissen, wären Sie gewiß nicht auf die Idee gekommen, die Erde in den Mittelpunkt des Weltalls zu rücken und damit fast 2000 Jahre eine falsche Welt-Anschauung den Menschen gepredigt zu haben.

Aristoteles: Ich weiß gar nicht, was Sie sich so brüsten. Auch Ihr Weltbild, das die Sonne in das Zentrum des Universums rückt, ist – gemessen am heutigen Stand der Forschung – falsch. Entscheidend sind doch die relativen Fortschritte. Denn meine Landsleute glaubten zu *Homers* Zeiten noch, die Erde sei eine auf dem Wasser schwimmende Scheibe ...

Einstein: Apropos, relativ. Meine Theorie besagt bekanntlich ...

Descartes: Nun hören Sie doch auf, uns zum xstenmal Ihre Relativitätstheorie zu erklären, die Sie ja selbst nie verstanden haben und die Sie uns, seit Sie gestorben sind, jede dritte Nacht zu erklären versuchen.

Galilei: Bitte lassen Sie doch diese Schärfe! Das sind doch törichte Eifersüchteleien. Ich möchte den Kometen *Hyakutake* beobachten, den unser japanischer Kollege *Yuji* am 31. Januar am südlichen Himmel mehr oder weniger zufällig entdeckt hat. Darf ich durch Ihr Fernglas schauen, guter *Hubble*?

Hubble: Bitte sehr. Im Grunde interessieren uns Astronomen ...

Hawking: Ich bin Physiker ...

Hubble: Im Grund interessieren uns Astronomen und – Astrophysiker doch nur diese zwei Fragen: Wie ist das Weltall, die Materie also, entstanden? Und zweitens: Was wird aus dem Universum im allgemeinen und aus der Erde im besonderen werden?

Descartes: Wieso im besonderen? Die Erde, dieser fast 6 mal 20^{24} kg schwere Geoid, ist nichts besonderes. *Ich* bin etwas besonderes – so lange ich denke. *Cogito ergo sum*!

Einstein: Jetzt geht das wieder los!

Aristoteles: Bitte, meine Herren!

Galilei: Das ist es, meine *Herren* ... In den *Herren* liegt unser Übel!

Hubble: Bitte, keine Geschlechterdiskussion! Fangen wir doch mit der zweiten, der einfacheren Frage an: Keine Materie bleibt ewig konstant ...

Einstein: Einspruch, Euer Ehren!

Hubble: Geschenkt, Herr Professor. Ich frage also anders: Läßt sich beim Stand heutiger wissenschaftlicher Erkenntnis einiges über die Zukunft des uns relativ gut bekannten Sonnensystems bzw. unserer Erde aussagen? Wenn ja, was ist das? – Vielleicht geben wir diese Frage an unseren deutschen Kollegen, den am Max-Planck-Institut für Astrophysik ...

Einstein: Wo ist eigentlich *Max*? Der wollte doch auch kommen ...

Hubble: ... den am Münchener M-P-Institut tätigen *Gerhard Börner*, der mit seinen Mitarbeitern ganz Szenarien durchgerechnet hat.

Börner: Eigentlich beschäftigen wir uns mehr mit der Vergangenheit, also dem Entstehen der Welt. Aber auch über deren Zukunft gibt es verläßliche Daten. Ich teile mal lediglich die harten Fakten mit: Zur Zeit leben auf dieser Erde 5,78 Milliarden Menschen, wobei jährlich etwa 80 Millionen hinzukommen ...

Hawking: ... was durch AIDS und ähnliche Variablen schon wieder völlig korrigiert werden kann.

Börner: Ich sprach vom Ist-Zustand und gleichbleibenden Faktoren, die solche Hochrechnungen erlauben.

Hawking: Mathematisch gesehen: Unsinn!

Aristoteles: Bitte, meine Herren! Lassen Sie den Kollegen *Börner* doch mal seine Hochrechnung präsentieren. Wir können uns im Anschluß daran gern auch Ihre anhören, verehrter *Hawking*.

Descartes: Dann gehe ich gleich wieder in mein Grab zurück. -

Börner: Die Modellberechnungen meiner amerikanischen Kollegen in Pasadena haben erstens ergeben, daß die Zukunft der Erde untrennbar mit der weiteren Entwicklung der Sonne verbunden ist, genauer mit ihrem Altern. Zweitens wissen wir, daß die Sonne zunächst wie ein „roter Riese" alles auf dieser Erde zum Schmelzen bringen wird und danach als „weißer Zwerg" die Erde gleichsam in einen Tiefkühlkeller verwandeln wird.

Ptolemäus: Das müssen Sie jemandem erklären, der – Gott sei's geklagt – nach seinem Ableben nicht mehr viel Fachliteratur gelesen hat.

Börner: Nun, wir wissen, daß die Strahlung der Sonne seit ihrem Entstehen vor etwa 4,5 Milliarden Jahren um etwa 30 Prozent zugenommen hat: Sie wird immer heißer und heller. Daraus haben wir einen weiteren Anstieg von jeweils 10 Prozent alle 1,1 Milliarden Jahre errechnet. Wenn in 6,4 Milliarden Jahren der gesamte Wasserstoffvorrat der Sonne verbraucht sein wird, dann wird sie doppelt so hell wie heute scheinen; ein gigantischer Treibhauseffekt läßt alle Ozeane verdunsten; und die Sonne beginnt, sich exorbitant auszudehnen.

Ptolemäus: Wieso auszudehnen?

Newton: Weil sich das Helium in ihrem Inneren entzündet und brennt. Das hätte man alles nachlesen können ...

Ptolemäus: Entschuldigen Sie bitte meine Nachlässigkeit!

Börner: Da gibt es nichts zu entschuldigen. Auch im heutigen Sonnenfeuer entsteht bei 15 Millionen Grad Celsius aus Wasserstoff Helium, aber ... Just das Verbrennen des Helium läßt die Sonne in den nächsten 1,3 Milliarden Jahren auf einen 170mal so großen Durchmesser wie heute anwachsen. Und bekanntlich paßt bereits heute die Erde 1,3millionenmal in die Sonne. Die Glut der äußeren Sonnenschale, die momentan bei knapp 6000 Grad Celsius liegt, verschlingt den innersten Planeten Merkur, aber: Es ist der Todeskampf der Sonne, bei dem sie sich fast bis zur Umlaufbahn der Erde ausdehnt und etwa 5200mal so hell wie heute sein wird.

Ptolemäus: Das ist ja schrecklich! Da war meine Theorie aber angenehmer.

Kopernikus: Und meine erweist sich nachträglich als die einzig richtige. Die Sonne war, ist und bleibt im Zentrum unseres Planetensystems – und sei es dadurch, daß sie alle anderen Planeten in sich verschlingt.

Börner: Das eben wird wohl nicht geschehen. Im Laufe der vielen Milliarden Jahre wird die Sonne dermaßen viel an Masse eingebüßt haben, daß ihre sich stetig verringernde Schwerkraft die Erde bis zur Bahn des Planeten Mars zurückweichen läßt. Auch die Venus wird bis zur heutigen Erdbahn quasi hinausdriften und damit dem Schicksal des Merkur entgehen. Zwischenzeitlich aber ist es auf der Erde etwa 2000 Grad heiß geworden; alles Leben ist erloschen; Millionen von Jahre vergehen; und niemand wird mehr beobachten können, wie die Sonne stirbt, zum kalten, weißen Zwerg wird und die Erde im dunklen und eiskalten Weltraum versinkt ...

Hawking: Sie sagen das mit einem Betroffenheitstremolo in der Stimme, daß selbst meine mit Hilfe eines Computers gesteuerte Roboterstimme ein Mit-Schluchzen kaum unterdrücken kann. *To be honest*: Sie bestätigen in jeder Ihrer Hochrechnungen, daß dieses Universum keinen Schöpfer hat.

Galilei: Also, entweder ist der Komet schon vorbei oder noch gar nicht zu sehen gewesen; ich vermag ihn jedenfalls nicht zu sichten.

Hubble: Mir kommt bei der Prognose des Kollegen *Börner*, die ich übrigens teile, ein ganz anderer Gedanke. Sie wissen, daß mit Hilfe des nach mir benannten Teleskops Anfang 1996 der wohl tiefste Blick ins Weltall gelungen ist. „Hubble" nahm das schwache Licht von 1.500 Galaxien auf, von denen die meisten zuvor völlig unbekannt waren. Sie liegen mehr als 10 Milliarden *Licht*jahre entfernt, gleich oberhalb der „Deichsel" des „Großen Wagen". Und wir sehen einige dieser Galaxien, wie sie bei ihrer Entstehung vor mehr als 10 Milliarden Jahren aussahen. Wenn es stimmt, daß die entdeckten Galaxien sich in unterschiedlichen Stadien ihrer Entwicklung befinden ...

Aristoteles: ..., dann ist Ihre Theorie vom Ur-Knall doch gar nicht mehr zu halten.

Hubble: Moment! Tatsache ist, daß die „Rotverschiebung“ des Lichtes, das wir von den Galaxien empfangen, auf ein sich ausdehnendes Universum schließen läßt: die Galaxien rasen auseinander, was nur dadurch zu erklären ist, daß die gesamte Materie aus einer einzigen gewaltigen Explosion entstanden ist. Aus diesem, wenn Sie so wollen, immensen Energieknäuel bildeten sich Elementarteilchen, Atome und ganze Galaxien mit jeweils Milliarden von Sternen.

Newton: Was aber war vor dem „Big Bang“? Was explodierte denn da?

Galilei: Nun gut! Wir wissen also, daß sich alle Galaxien von uns entfernen, und zwar um so schneller, je weiter sie von uns entfernt sind. Diese Fluchtgeschwindigkeit ist gewiß ein möglicher Beweis für ein expandierendes Universum. Und ich lasse auch noch zu, daß die heutigen Astronomen aus dem Kehrwert der „Hubble-Konstanten“ das Alter des Universums berechnen: je höher ihr Wert, desto jünger das All. Damit aber kommen sie aus dem entscheidenden Widerspruch nicht heraus: Nach den aktuellen Messungen der Entfernungen und Geschwindigkeiten der seit dem mutmaßlichen Ur-Knall auseinanderfliegenden Himmelskörper ist das Universum wahrscheinlich acht, höchstens zehn Milliarden Jahre alt. Nach denselben Berechnungen aber kennen wir Sterne, die 12, 13 oder gar 14 Milliarden Jahre alt sind. In einem 10 Milliarden Jahre alten Universum aber kann es keine 14 Milliarden alten Sterne geben. Wenn ich das glauben sollte, hätte die Kirche einen neuen Prozeß gegen mich zu führen.

Kopernikus: Die Kirche wohl nicht, vielleicht aber die physikalischen Gesellschaften.

Descartes: Mit anderen Worten: Die erste Frage nach der Entstehung der Erde bzw. des Weltalls ist nicht zu beantworten.

Hubble: Aber wir müssen sie stellen.

Descartes: Nur ein Narr wartet auf Antwort.

Einstein: Sie schmücken sich schon wieder mit fremden Federn!

Descartes: Wieso?

Einstein: Weil dieser Satz ein Zitat ist und aus einem Gedicht von *Heinrich Heine* stammt ...

Galilei: *Pax vobiscum*!

Aristoteles: Eingedenk meines akademischen Großvaters *Sokrates*: Wir wissen exakter, was wir nicht wissen: wie nämlich die Welt entstanden ist – exakter als das, was wir wissen möchten.

Hawking: O, das wissen wir sehr genau.

Aristoteles: Da bin ich aber gespannt.

Hawking: Wir müssen uns nur einen Anfang ohne Anfangsbedingungen vorstellen und die törichte Frage unseres Kollegen *Einstein* („Wieviel Entscheidungsfreiheit hatte Gott bei der Erschaffung des Universums?“) ein für allemal mit dem Wort beantworten: Keine!

Börner: Dem kann ich nicht zustimmen. Nur weil wir Kosmologen nicht alle Fragen beantworten können, sollten wir die nach einem möglichen Gott nicht auch noch als erledigt deklarieren. Interessant ist ja auch die neuere Theorie unseres russischen Kollegen *Andrej Linde*.

Ptolemäus: Was hat der denn rausbekommen?

Börner: Nach der „Linde-Theorie“ befindet sich das Universum, das eigentlich ein Multiversum ist, in beständigen Energieschwankungen, sogenannten Quantenfluktuationen. Laien erkläre ich das gern mit einem ständigen Wabern. Wie in einem Schaumbad bilden sich kleinere und größere Blasen, dehnen sich aus und zerplatzen wieder. Jede dieser Blasen ist ein eigener Kosmos, ein Universum für sich, ein sich selbst reproduzierendes Universum. Innerhalb dieser Universen gilt die Ur-Knall-Theorie von *Hubble* und – nicht zu vergessen – von *George Gamow*. Und vielleicht ist das für uns sichtbare Universum lediglich eine einzige Blase in dem riesigen Schaumbad des gesamten Daseins. In dieser unserer Blase gelten womöglich ganz andere physikalische Gesetze als in einer anderen – womöglich gibt es Universen ohne Licht, ohne schwere Atomkerne, mit uns ganz unbekannten Elementen und Gesetzen.

Descartes: So einen Unsinn habe ich noch nie gehört!

Newton: Die Gravitationsgesetze gelten entweder nirgends oder überall!

Einstein: Sind Sie da so sicher?

Hubble: *Linde* hat neulich seine „Inflationstheorie“, die mit meiner durchaus vereinbar ist, recht schön erklärt. Ich zitiere ein paar Sätze von ihm. Er schreibt: ”In meiner Theorie ist die Welt nicht nur ein einziger expandierender Materieball, sondern ein Ball oder eine Blase, die immer wieder neue Blasen hervorbringt. Unser Kosmos ist eine solche Blase. Jede Blase, die da heute entsteht, ist ein eigener, separater Kosmos ... Nach der sogenannten Inflationstheorie, was ’aufgeblasen’ bedeutet, geriet das Universum während seines heißen Anfangs für Sekundenbruchteile in einen Moment der Instabilität. Wir glauben, daß in diesem Augenblick durch einen Quanteneffekt – Physiker nennen es die ’Energie des Vakuums’ – alle Materie voneinander abstieß. Daher flog die Welt explosionsartig auseinander – eine exponentielle Expansion. Die Zustände vor dieser Inflationsphase passen nicht ins klassische Bild von Raum und Zeit. Da gab es zu große Quanteneffekte ...”

Einstein: Sehr richtig!

Descartes: Absoluter Unsinn!

Kopernikus: Wer kommt denn da zu uns? Pünktlich um Mitternacht ...

Descartes: Den kenne ich. Das ist *Johann Amos Comenius*, ein fürchterlich frommer Mensch!

Comenius: Seid gegrüßt, meine Herren. Salve! Und: Der Herr sei mit Euch!

Descartes: Ich sagte es ja, ein fürchterlich ...

Aristoteles: Bitte, Monsieur *Descartes, cela suffit*!

Comenius: Ich habe Ihnen eine Zeitlang zugehört und bin zutiefst erschrocken.

Ptolemäus: Sie auch? Diese Szenarien sind aber auch schrecklich, nicht wahr?

Comenius: Nein, diese meine ich nicht. Gottes Schöpfung ist nicht schrecklich. Was Ihr aus Eurer Freiheit zu denken macht, das ist schrecklich.

Aristoteles: Wie dürfen, wie sollen wir das verstehen?

Comenius: Weil Ihr über das Wissen verfügt, nicht aber an ihm teilhaben wollt, stellt Ihr die falschen Fragen auf falsche Weise. Ihr lehrt demzufolge die falschen Antworten und laßt Eure Schüler das Falsche lernen.

Descartes: Das habt Ihr mir schon auf Schloß Endegeest im Jahre 1642 vergeblich zu erläutern versucht.

Comenius: Nun, vielleicht gelingt es mir heute, 354 Jahre später. Bleiben wir bei Eurem Thema und den beiden Fragen nach der Entstehung und dem zukünftigen Schicksal unserer Erde, ja: des ganzen Kosmos. Euch interessieren Geschwindigkeiten und Rotverschiebungen, Temperaturen und Volumina – recht so! Fragt nach dem, was da ist und warum es so ist! Dabei aber dürft Ihr nicht stehenbleiben. Fragt darüber hinaus auch nach dem, wozu etwas ist!

Descartes: Damit überschreiten wir das der Wissenschaft anheimgegebene Feld nachprüfbarer Fakten und begeben uns auf die schlüpfrige Ebene des Meinens, Glaubens und Hoffens.

Comenius: Ganz und gar nicht. Ich meine diese Fragen nach dem „Wozu" und nach dem „Wenn-aber-nicht-dann" durchaus wissenschaftlich, naturwissenschaftlich, also zum Beispiel physikalisch.

Galilei: Das müssen Sie uns erläutern!

Comenius: Nun denn, ich stelle drei Fragen, um meine Kritik zu illustrieren:

- Was geschähe, wenn – die Kraft, die alle Atomkerne zusammenpreßt, auch nur ein ganz klein wenig stärker wäre?

Kopernikus: Nun, jeder Chemiker weiß heute, daß sich dann fast aller Wasserstoff in schwerere chemische Elemente umgewandelt hätte ...

Comenius: Sehr richtig! Und auf einer Welt ohne Wasserstoff gäbe es auch kein Wasser, die Quelle allen Lebens. Es gäbe auch keine Sonne, die ihre Energie bekanntlich aus der Fusion von Wasserstoff zu Helium gewinnt. – Nun meine zweite Frage:

- Was geschähe, wenn – die uns und alles Leben haltende Schwerkraft ein ganz klein wenig stärker wäre?

Newton: Nun, jeder Physiker weiß heute, daß solche Naturgesetze ein viel kleineres und wohl auch nur kurzlebiges Universum erzwungen hätten ...

Comenius: Sehr richtig. Die Sonne hätte nur kurz geleuchtet, die Erde wäre nur wenige Jahre alt geworden, und die Evolution von Lebewesen wäre unmöglich gewesen. – Nun meine dritte Frage:

● Was geschähe, wenn – der mittlere Abstand zwischen den Sternen aufgrund einer zufälligen Explosion ein ganz klein wenig geringer wäre als er tatsächlich ist?

Einstein: Also, ich habe das mal ausgerechnet. Wäre der Abstand zwischen den Sternen etwa zehnmal kleiner, hätten wir keine Überlebenschancen, denn die Wahrscheinlichkeit, daß dann Sterne kollidieren, ist riesengroß.

Comenius: Recht habt Ihr. Es würde schon genügen, unsere Erde in eine mäßig exzentrische elliptische Bahn zu bringen, um alles Leben auf ihr zu vernichten.

Descartes: Ich verstehe immer noch nicht, was das soll und ...

Comenius: Solange Ihr solche und ähnliche naturwissenschaftliche Fragen *nicht* stellt, bleibt Euch die Frage nach dem „Wozu“ verborgen, geht Euch der Sinn des Ganzen nicht auf. Deshalb habe ich in der „Mathetik“ von der Dreistufigkeit des Wissens gesprochen: Wir dürfen und sollen erstens erkennen, *was* da ist. Wir dürfen und sollen zweitens erkennen, *wodurch* etwas ist. Und wir dürfen und sollen erkennen, *wozu* alles da ist. Diese dritte Frage habt Ihr aus der Wissenschaft vertrieben und den Scharlatanen überlassen, den Sektengründern und Psychotherapeuten, der Unterhaltungsindustrie und der Beliebigkeit. Und Ihr seid so sehr in Eure Streitfragen vertieft, daß Ihr noch nicht einmal gesehen habt, mit welcher Schönheit und Eleganz der Komet *Hyakutake* vorhin an uns vorbeigeflogen ist. Sicher, ein Gasnebel raste in einem Abstand von 50.000 km an der Erde vorbei. Aber daß er in 50.000 km *vorbei*raste und in 28.000 Jahren *wieder*kommen wird, daß alles mit allem zum Wohle des Menschen verbunden ist, das wird nur denen offenbar, die nach solchen Sinnzusammenhängen auch wirklich suchen ...

Newton: Ist das nicht allzu scharf, um nicht zu sagen unberechtigt oder übertrieben?

Comenius: Ich meine nein. Denn schaut: Weil die westliche Industriegesellschaft just diesen Irrweg beschritten hat, produziert sie jenes Elend, das sie nun beklagt. Sie hat die *Erkenntnis*frage an die erste Stelle gesetzt und merkt nun, daß eine andere dorthin gehört: die *Überlebens*frage nämlich. Nur wenn sich die Suche nach Erkenntnis letztlich an der Liebe zum Leben ausrichtet, verliert sie ihre Kälte, ihre Arroganz und ihre schiere Herrschaft. Deshalb ist der Lebensbaum wichtiger als der Baum der Erkenntnis – im Garten des Menschen ... Nun laßt uns aufbrechen. Ich habe den Auftrag erhalten, Euch zurückzuführen, einen jeden an seinen Platz. – Vielleicht faßt Ihr Euch an den Händen an, denn Ihr seid in einem *Haus des Lebens und des Lernens*, das just diese dreifache Aufgabe sich zu eigen gemacht hat: Zu fragen, was da ist, warum dieses so ist und – wozu dies alles gut ist. Folgt Ihr mir bitte?

Ernst Jandl

jetzt lege ich mich hin
weil ich schläfrig bin
und tu als ob ich schliefe
bis ich eingeschlafen bin

Namenverzeichnis

Der AUTOR

Prof. Dr. Rainer Winkel, M. A.,
geb. 1943 in Dresden. Nach einem Lehrerstudium war er im Schuldienst tätig und absolvierte danach ein Zweitstudium an der Universität Bochum in Pädagogik, Psychologie und Psychiatrie.

Er magistrierte 1971, promovierte 1973 und habilitierte sich 1975. In Essen gründete er die dortige Freie Schule, arbeitete einige Jahre in ihr und war an der Universität / Gesamthochschule als apl. Professor tätig.

Seit 1980 ist *Rainer Winkel* Inhaber eines Lehrstuhls für Erziehungswissenschaft an der Berliner Hochschule der Künste, wobei seine Arbeits- und Forschungsschwerpunkte vier Bereiche umfassen:

Auffällige Schülerinnen und Schüler, Freie und Alternative Schulen bzw. Schulreform, Kommunikative Didaktik und Lehrerfortbildung.

Winkel ist Mitherausgeber und Schriftleiter der Zeitschrift *„PÄD Forum"* und war einige Zeit Herausgeber der *„Deutschen Lehrerzeitung"*.

Seine Bibliographie weist über 400 Aufsätze sowie ein gutes Dutzend Bücher auf, wobei die folgenden seine bekanntesten sein dürften:

„Pädagogische Psychiatrie für Eltern, Lehrer und Erzieher (2.1995); *Der gestörte Unterricht* (6.1996); *Schwierige Kinder – Problematische Schüler* (2.1996) sowie *Antinomische Pädagogik und Kommunikative Didaktik* (2.1988).

Der Autor ist verheiratet, Vater von zwei Kindern und in seiner Freizeit literarisch tätig. 1991 gründete er die COMENIUS-STIFTUNG zur Unterstützung notleidender Kinder.

Sein 1997 erschienenes Buch *Theorie und Praxis der Schule Oder: Schulreform konkret – im Haus des Lebens und Lernens* betrachtet nicht nur *Rainer Winkel* als sein Hauptwerk.

Kontaktieren kann man mit ihm unter folgenden Anschriften:

Hochschule der Künste, Erziehungs- u. Gesellschaftswissenschaften, Bundesallee 1–12, PF 126720, 10595 Berlin, Tel.: 030 / 3185–2332, FAX: 030 / 3185–2259.

Privat: Swedestraße 6, 44388 Dortmund, Tel. & FAX: 0231 / 693663 sowie: Georg-Wilhelm-Straße 12, 10711 Berlin, Tel.: 030 / 8914639.

Notizen

Notizen

Notizen